Schlechtriem/Schmidt-Kessel · Schuldrecht, Allgemeiner Teil

D1722766

Peter Schlechtriem/Martin Schmidt-Kessel

Schuldrecht
Allgemeiner Teil

Sechste, neubearbeitete Auflage

Mohr Siebeck

Dr. Dr. h.c. iur. *Peter Schlechtriem*, Prof. em., war Professor für Bürgerliches Recht, Handelsrecht, ausländisches und internationales Privatrecht und Rechtsvergleichung in Freiburg und Direktor des Instituts für ausländisches und internationales Privatrecht, Abt. I.

Dr. iur. *Martin Schmidt-Kessel*, Prof., ist Professor für Bürgerliches Recht, Rechtsvergleichung, Europäisches und internationales Privatrecht in Osnabrück und Mitglied des European Legal Studies Institute der Universität Osnabrück.

1. Auflage 1992
2., neubearbeitete Auflage 1994
3., neubearbeitete Auflage 1997
4., neubearbeitete Auflage 2000
5., neubearbeitete Auflage 2003
6., von Martin Schmidt-Kessel neubearbeitete Auflage 2005

ISBN 3-16-148781-8

Die Deutsche Bibliothek verzeichnet diese Publikation in der Deutschen Nationalbibliographie; detaillierte bibliographische Daten sind im Internet über *http://dnb.ddb.de* abrufbar.

© 2005 Mohr Siebeck Tübingen

Das Buch wurde von Gulde-Druck in Tübingen aus der Rotation gesetzt, auf säurefreies Werkdruckpapier gedruckt und von der Buchbinderei Held in Rottenburg gebunden. Den Umschlag entwarf Uli Gleis aus Tübingen.

Vorwort zur 6. Auflage

Die Übernahme eines eingeführten Lehrbuchs ist für einen jungen Wissenschaftler ein Glücksfall, besonders wenn es sich auch noch um das Werk des eigenen Lehrers handelt. Beim zweiten Überlegen mischt sich freilich die beklommene Frage in das Glücksgefühl, ob man wohl den damit gestellten Anforderungen gerecht werden könne. Und so hoffe ich, daß sich die Fußstapfen nicht als zu groß erweisen werden. Meinem sehr verehrten Lehrer, Prof. Dr. Dres. h.c. Peter Schlechtriem, gilt mein ganz herzlicher Dank für das in mich gesetzte Vertrauen. Dem Verlag und besonders Herrn Dr. Franz-Peter Gillig danke ich für die hilfreiche und unkomplizierte Unterstützung.

Das Programm des Buchs läßt sich heute nicht treffender beschreiben, als Peter Schlechtriem dies für die erste Auflage dieses Kurzlehrbuchs getan hat: Weniger die begrifflich-dogmatische Lösung von Einzelproblemen steht im Mittelpunkt des Bemühens als vielmehr der Versuch, ein Gespür für die Sachfragen und das Spektrum der hierzu möglichen Lösungen zu wecken; die Lösung des deutschen Rechts ist immer nur *eine* unter diesen. In der sich neu durchbildenden Lehre vom Allgemeinen Schuldrecht sind zudem die Grundstrukturen des Schuldrechts zu erinnern, welche der Reformgesetzgeber von 2001 im Gesetzestext wieder hat erkennbar werden lassen. Sie sind den Linien der europäischen und internationalen Rechtsentwicklung weit stärker angenähert, als die unter dem alten Schuldrecht vielfach herrschende Auffassung sich anzunähern vermocht hat.

Im Einzelnen habe ich mich bei der Überarbeitung von dem Bemühen leiten lassen, die Struktur des Schuldrechts noch konsequenter – mancher mag meinen radikaler – herauszuarbeiten. Dies hat zu Umstellungen geführt: Auf die allgemeinen Überlegungen des ersten Teils folgen im zweiten zwar nach wie vor die Ausführungen zum Inhalt des Schuldverhältnisses. Dann jedoch geht es im dritten Teil zunächst um die – zumindest überwiegend – ordnungsgemäße Durchführung oder ordentliche Beendigung von Schuldverhältnissen und erst der vierte Teil ist dem Leistungsstörungsrecht gewidmet. Dieser ist – unter weitgehender Beibehaltung des alten Textes – auch in sich neu gegliedert, um den Dualismus aus Pflichtverletzung und Rechtsbehelfen noch stärker hervortreten zu lassen. Für den herkömmlichen Abschnitt zu den besonderen Rechtsbehel-

V

fen bei gegenseitigen Verträgen war danach kein Raum mehr, diesen habe ich vielmehr auf die verschiedenen Teile des Lehrbuchs verteilt. Damit soll auch dem Umstand Rechnung getragen werden, daß der gegenseitige Vertrag der Regel- und kein Sonderfall des Schuldverhältnisses ist. Den Schluß des Buches bilden wie auch schon bisher die Ausführungen zum Kreis der Beteiligten.

Die Übernahme und Überarbeitung dieses Lehrbuchs wäre ohne die tatkräftige Unterstützung meiner Mitarbeiterinnen und Mitarbeiter nicht möglich gewesen. Die spannenden Diskussionen mit ihnen haben mich sehr bereichert. Zu danken habe ich daher zuförderst Frau Rechtsreferendarin Friederike Schäfer sowie Frau ass.iur. Mareike Telkamp jeweils auch für die Koordination der Arbeiten, außerdem Frau stud.iur. Stephanie Gole, Frau stud.iur. Veronika Herz, Frau Katrin Mayer, LL.B., LL.M., Herrn Rechtsreferendar Patrik Merkle und Herrn stud.iur. Matthias Rabbe. Ihnen allen gilt mein herzliches Vergelt's Gott.

Osnabrück im Juli 2005   Martin Schmidt-Kessel

Aus dem Vorwort zur 1. Auflage

„Die Publikation dieses Grundrisses des Allgemeinen Teils des Schuldrechts, nachdem schon 1987 das Kurzlehrbuch Schuldrecht, Besonderer Teil vorgelegt worden ist, entspricht der Planung, beide Teile des Schuldrechts als unterrichtsbegleitendes und -unterstützendes Material zur Verfügung zu stellen. Gegenüber den schon im Vorwort zur ersten Auflage des Besonderen Teils berücksichtigten Bedenken, ob neben den zahlreichen gelungenen und gut eingeführten Lehrwerken vergleichbaren Zuschnitts überhaupt noch Bedarf und Platz für ein weiteres derartiges Hilfsmittel ist, kann ich nur erneut auf die von Studenten immer wieder an mich herangetragene Bitte verweisen, das Skriptum meiner Vorlesungen zum Schuldrecht zugänglich zu machen, um Nach- und Mitarbeit zu erleichtern. Die dadurch bestimmte Zielsetzung gebot nicht nur zwingend Beschränkungen des Umfanges, sondern vor allem auch in der Auswahl von Literatur und Rechtsprechung zu Einzelfragen. Eine erschöpfende Behandlung der schuldrechtlichen Regelungen in und außerhalb des BGB konnte und sollte deshalb nicht unternommen werden.

Auch für den Allgemeinen Teil des Schuldrechts gilt die Feststellung im Vorwort zur ersten Auflage des Besonderen Teils, daß die Rechtsentwicklung, vorangetrieben von Rechtsprechung und Wissenschaft, vor allem aber auch durch die Gesetzgebung, zunehmend schneller verläuft und in Kernbereichen des Schuldrechts Strukturen, die die Verfasser des BGB zugrundegelegt hatten, aufgegeben oder doch in Frage gestellt hat. Teilweise zeichnen sich neue Konturen und entsprechende Übereinstimmungen ab, etwa im Recht der Leistungsstörungen. Aber teilweise sind auch die Grundlagen bestimmter Regelungsbereiche ganz unsicher geworden, und die Meinungsvielfalt dazu ist kaum noch übersehbar. Deshalb könnte es naheliegen, sich in der Darstellung solcher Gebiete auf die Ergebnisse der Rechtsprechung zu Einzelfällen und -problemen zurückzuziehen, z.B. im Schadenersatzrecht. Studenten mit entsprechenden Details zu belasten, die für sie aus Kommentaren jederzeit abrufbar sind, kann aber nicht Ziel unserer Ausbildung sein – ganz abgesehen davon, daß manches Detailproblem und die höchstrichterliche Lösung dazu schon während der Ausbildungszeit durch den bekannten Federstrich des Gesetzgebers oder eine neue höchstrichterliche Entscheidung seine Relevanz verlieren kann. Unterricht und unterrichtsbegleitende Materialien müssen deshalb m.E. in solchen durch Meinungsvielfalt schwer zugänglich gewordenen Gebieten die Sachfragen in den Vordergrund stellen, um deren Lösung es in gesetzlichen Regeln, gerichtlichen Entscheidungen und wissenschaftlichen Analysen geht. Da zumeist auf eine Sachfrage unterschiedliche Antworten gegeben werden können, muß deutlich bleiben, daß die gesetzliche Regelung, die höchstrichterliche Rechtsprechung oder die sog. herrschende Ansicht nur *eine* mögliche Antwort darstellen. Die Kenntnis anderer Lösungsmöglichkeiten für eine Sachfrage schafft die erwünschte Distanz zur dargestellten und erläuterten Regelung, die ein kritisches und deshalb nachhaltigeres Verständnis erhoffen läßt. Die im Einheitskaufrecht normierten Lösungen für bestimmte Probleme werden deshalb hier ebenso berücksichtigt wie die Vorschläge der Schuldrechtsreformkommission. Daß durch eine Erläuterung der gesetzlichen Regelung des BGB als Anschauungsmaterial für Lösungsmöglichkeiten die Überzeugungskraft des Gesetzes gemindert werden könnte, ist nur dort zu befürchten, wo seine Lösungen als solche im Vergleich zu anderen Möglichkeiten nicht mehr zu überzeugen vermögen.

Eine solche Vermittlung des Schuldrechts, die vor allem Wert auf das Verständnis der Sachfragen legt, die bestimmte gesetzliche Vorschriften, gewohnheitsrechtliche Regeln, höchstrichterliche Rechtsprechung oder Lehrmeinungen veranlaßt haben, ist aber m.E. noch aus einem weiteren Grunde geboten. Wir bilden heute unsere Studenten immer noch allein oder doch überwiegend im deutschen Recht aus. Die meisten von ihnen werden aber schon morgen, d.h. mit Eintritt in das Berufsleben, mit ausländischem Recht zu tun haben. Zugang zu und Verständnis für Regeln fremder Rechtsordnungen läßt sich aber nur finden, wenn man zum eigenen Recht gelernt hat, das zu regelnde Sachproblem zu erkennen. Das ist die Grundlage, von der aus sich in Rechtsregeln gegossene Lösungen fremder Rechtsordnungen erschließen und verstehen lassen. Sachfragen zu verdeutlichen und die Fähigkeit zu vermitteln, sie zu erkennen, muß deshalb auch und gerade in der Darstellung des in diesem kleinen Buch aufbereiteten Materials Leitlinie sein."

Inhaltsübersicht

5. Teil: Der Kreis der Beteiligten – Erweiterung und Veränderungen

Inhalt

1. Teil: Wesen und Entstehung der Schuldverhältnisse

Inhalt

Inhalt

2. Teil: Inhalte von Schuldverhältnissen

Inhalt

3. Teil: Erlöschen und Beendigung von Schuldverhältnissen

Inhalt

4. Teil: Pflichtverletzung und Rechtsbehelfe

Inhalt

Inhalt

5. Teil: Der Kreis der Beteiligten – Erweiterung und Veränderungen

Inhalt

Inhalt

Abkürzungsverzeichnis

aA	andere(r) Ansicht
aaO	am angegebenen Ort
ABGB	Allgemeines Bürgerliches Gesetzbuch für Österreich
Abl EG	Amtsblatt der Europäischen Gemeinschaften
Abl EU	Amtsblatt der Europäischen Union
Abs.	Absatz
AbzG	Gesetz betreffend die Abzahlungsgeschäfte vom 16. 5. 1894, RGBl. S. 450
AcP	Archiv für die civilistische Praxis
ADG-E	Entwurf eines Gesetzes zur Umsetzung europäischer Antidiskriminierungs- richtlinien vom 16. 12. 2004, BT-Drs. 15/4538
ADSp.	Allgemeine Deutsche Spediteurbedingungen, www.dvz.de/download/da- teien/adsp2003.pdf
a. E.	am Ende
AEG	Allgemeines Eisenbahngesetz vom 27. 12. 1993, BGBl. I S. 2378, 2396
a. F.	alte Fassung
AFG	Arbeitsförderungsgesetz vom 25. 6. 1969, BGBl. I S. 582
AG	Aktiengesellschaft; Amtsgericht
AGB	Allgemeine Geschäftsbedingungen
AGBG	Gesetz zur Regelung des Rechts der Allgemeinen Geschäftsbedingungen (AGB-Gesetz) vom 9. 12. 1976, BGBl. I S. 3317
AktG	Aktiengesetz vom 6. 9. 1965, BGBl. I S. 1089
Alt.	Alternative
AMG	Arzneimittelgesetz vom 24. 8. 1976, BGBl. I S. 2445
Anm.	Anmerkung
AnwKomm-BGB	Anwaltskommentar zum BGB
AöR	Archiv des öffentlichen Rechts
AP	Arbeitsrechtliche Praxis
AR-Blattei	Arbeitsrecht-Blattei
arg. e.	argumentum ex
Art./Artt.	Artikel
AS	Allgemeines Schuldrecht
AT	Allgemeiner Teil
Aufl.	Auflage
AuslInvestmG	Gesetz über den Vertrieb ausländischer Investmentanteile und über die Be- steuerung der Erträge aus ausländischen Investmentanteilen (Auslandsin- vestment-Gesetz) vom 28. 7. 1969, BGBl. I S. 986
AVBEltV	Verordnung über Allgemeine Bedingungen für die Elektrizitätsversorgung von Tarifkunden vom 21. 6. 1979, BGBl. I S. 684

BAFöG	Bundesgesetz über individuelle Förderung der Ausbildung i. d. F. vom 6.6. 1983, BGBl. I S.646
BAG	Bundesarbeitsgericht
BAGE	Entscheidungen des Bundesarbeitsgerichts
BAT	Bundesangestelltentarifvertrag vom 23.2. 1961, MinBlFin. S.214
BauGB	Baugesetzbuch vom 23. Juni 1960, BGBl. I 1960, S.341
BauR	Zeitschrift für das gesamte öffentliche und zivile Baurecht
BB	Betriebsberater
BBG	Bundesbeamtengesetz i. d. F. d. Bek. vom 31.3. 1999
BBiG	Berufsbildungsgesetz vom 14.8. 1969, BGBl. I S.1112
Bd.	Band
Bearb.	Bearbeiter
Beil.	Beilage
Bek.	Bekanntmachung
bes.	besonders, besonderer
betr.	betreffend
BeurkG	Beurkundungsgesetz vom 28.8. 1969, BGBl. I S.1513
BFH	Bundesfinanzhof
BGB	Bürgerliches Gesetzbuch vom 18.8. 1896, RGBl. S.195
BGBl.	Bundesgesetzblatt
BGE	Entscheidungen des Schweizerischen Bundesgerichts
BGH	Bundesgerichtshof
BGHZ	Entscheidungen des Bundesgerichtshofes in Zivilsachen
BImSchG	Gesetz zum Schutz vor schädlichen Umwelteinwirkungen durch Luftverunreinigungen, Geräusche, Erschütterungen und ähnliche Vorgänge (Bundes-Immissionsschutzgesetz) i. d. F. d. Bek. vom 14.5. 1990, BGBl. I S.881
BJagdG	Bundesjagdgesetz i. d. F. d. Bek. vom 29.9. 1976, BGBl. I S.2849
BMJ	Bundesministerium der Justiz
BörsG	Börsengesetz i. d. F. d. Bek. vom 27.5. 1908, RGBl. I S.215
BRAO	Bundesrechtsanwaltsordnung vom 1.8. 1959, BGBl. I S.565
BR-Drs.	Bundesratsdrucksache
BS	Besonderes Schuldrecht
BSHG	Bundessozialhilfegesetz i. d. F. d. Bek. vom 10.1. 1991, BGBl. I S.94
Bsp(e).	Beispiel(e)
BT	Besonderer Teil
BT-Drs.	Bundestagsdrucksache
BVerfGE	Entscheidungen des Bundesverfassungsgerichts
bzw.	beziehungsweise
C.L.R.	Commonwealth Law Reports (Australien)
cic	culpa in contrahendo
CISG	Convention on the International Sale of Goods (Übereinkommen der Vereinten Nationen über Verträge über den internationalen Warenkauf vom 11.4. 1980, Einheitliches UN-Kaufrecht)
CISG-online	Internet- Datenbank, Universität Basel, www.cisg-online.ch
DAR	Deutsches Autorecht
d.h.	das heißt
DB	Der Betrieb
DDR	Deutsche Demokratische Republik
ders.	derselbe

DiskE	Diskussionsentwurf eines Schuldrechtsmodernisierungsgesetzes v. 4.8. 2000
Diss.	Dissertation
DJT	Deutscher Juristentag
DJZ	Deutsche Juristen-Zeitung
DNotZ	Deutsche Notar-Zeitschrift
DRiZ	Deutsche Richterzeitung
E	Entwurf
EAG	Einheitliches Gesetz über den Abschluß von internationalen Kaufverträgen über bewegliche Sachen vom 17.7.1973, BGBl. I S.868
EFZG	Gesetz über die Zahlung des Arbeitsentgelts an Feiertagen und im Krankheitsfall v. 26.5.1994
EG	Europäische Gemeinschaft
EGBGB	Einführungsgesetz zum Bürgerlichen Gesetzbuche vom 18.8.1896, RGBl. S.604
EKG	Einheitliches Gesetz über den internationalen Kauf beweglicher Sachen vom 17.7.1973, BGBl. I S.856
EnergiewirtschaftsG	Gesetz über die Elektrizitäts- und Gasversorgung vom 24.4.1998, BGBl. I 1998, S.730
ErbbauVO	Verordnung über das Erbbaurecht vom 15.1.1919, RGBl. S.72, BGBl. III Nr.403–6
ErbStG	Erbschaftssteuer- und Schenkungsgesetz vom 17.4.1974, BGBl. I 1974, S.933
ErfK	Erfurter Kommentar zum Arbeitsrecht
etc.	et cetera
EU	Europäische Union
EuGH	Gerichtshof der Europäischen Gemeinschaften
EVO	Eisenbahn-Verkehrsordnung vom 8.8.1938, RGBl. II S.663, BGBl. III S.9
evtl.	eventuell
EWG	Europäische Wirtschaftsgemeinschaft
EWiR	Entscheidungen zum Wirtschaftsrecht
f./ff.	(fort)folgend(e)
FamRZ	Zeitschrift für das gesamte Familienrecht
FernUSG	Gesetz zum Schutz der Teilnehmer am Fernunterricht vom 24.8.1976, BGBl. I 1976, S.2525
Fn.	Fußnote
FS	Festschrift
GBO	Grundbuchordnung i. d. F. d. Bek. vom 5.8.1935, RGBl. I S.1073
GbR	Gesellschaft bürgerlichen Rechts
GenTG	Gesetz zur Regelung der Gentechnik (Gentechnikgesetz) vom 20.6.1990, BGBl. I S.1080
GewO	Gewerbeordnung i. d. F. d. Bek. vom 1.1.1987, BGBl. I S.426
GG	Grundgesetz für die Bundesrepublik Deutschland vom 23.5.1949, BGBl. I S.1
ggfs.	gegebenenfalls
GmbH	Gesellschaft mit beschränkter Haftung
GmbHG	Gesetz betreffend die Gesellschaften mit beschränkter Haftung i. d. F. d. Bek. vom 20.5.1898, RGBl. S.846

GoA	Geschäftsführung ohne Auftrag
GPR	Zeitschrift für Gemeinschaftsprivatrecht
GS	Gesammelte Schriften/Großer Senat
GSB	Gesetz über die Sicherung der Bauforderungen (Bauforderungsgesetz) vom 1.6. 1909, RGBl. S. 449
GWB	Gesetz gegenWettbewerbsbeschränkungen i. d. F. vom 26.8. 1998, BGBl. I S. 2546
hA	herrschende Ansicht
HGB	Handelsgesetzbuch vom 10.5. 1897, RGBl. S. 219
HintO	Hinterlegungsordnung vom 10.3. 1937, RGBl S. 285
hL	herrschende Lehre
hM	herrschende Meinung
HPflG	Haftpflichtgesetz i. d. F. d. Bek. vom 4.1. 1978, BGBl. I S. 145
Hrsg.	Herausgeber
hrsgg.	herausgegeben
Hs.	Halbsatz
HWiG	Gesetz über den Widerruf von Haustürgeschäften und ähnlichen Geschäften vom 16.1. 1986, BGBl. I S. 122
i. d. F.	in der Fassung
i.e.	im einzelnen/id est
insbes.	insbesondere
i.e.S.	im engeren Sinn
i. R.	im Rahmen
i.S.	im Sinn(e)
i.S.v.	im Sinne von
ital.	italienisch
i. ü.	im übrigen
InfoV	Verordnung über die Informationspflichten nach Bürgerlichem Recht (BGBInfoV) i. d.F. der Bekanntmachung vom 2.1. 2002, BGBl. I S. 332
InsO	Insolvenzordnung vom 5.10. 1994, BGBl. I S. 2866
iSd	im Sinne des
i.V.m.	in Verbindung mit
J.C.P.	Juris-Classeur Périodique (La Semaine Juridique)
JA	Juristische Arbeitsblätter
JherJB.	Jherings Jahrbücher für Dogmatik des bürgerlichen Rechts
JR	Juristische Rundschau
Jura	Juristische Ausbildung
JuS	Juristische Schulung
JW	Juristische Wochenschrift
JZ	Juristenzeitung
KAGG	Gesetz über Kapitalanlagegesellschaften i. d. F. d. Bek. vom 14.1. 1970, BGBl. I S. 127
Kap.	Kapitel
KE	Entwurf der Schuldrechtskommission
Kfz	Kraftfahrzeug
KG	Kammergericht/Kommanditgesellschaft
KO	Konkursordnung i. d. F. d. Bek. vom 20.5. 1898, RGBl. S. 612
KOM	Dokument der Kommission bestimmt für die Öffentlichkeit
krit.	kritisch

KSchG	Kündigungsschutzgesetz i. d. F. d. Bek. vom 25.8. 1969, BGBl. I S.131
KunstUrhG	Gesetz betreffend das Urheberrecht an Werken der bildenden Künste und der Photographie (Kunsturhebergesetz) vom 9.1. 1907, RGBl. S .7
KWG	Gesetz über das Kreditwesen i. d. F. d. Bek. Vom 11.7. 1985, BGBl. I S.1473
LAG	Landesarbeitsgericht
LG	Landgericht
lit.	litera
Lit.	Literatur
LM	Nachschlagewerk des Bundesgerichtshofs, begründet von Fritz Lindenmaier und Philipp Möhring
LuftVG	Luftverkehrsgesetz i. d. F. d. Bek. vom 14.1. 1981, BGBl. I S.61
lzr	Leibniz-Rechenzentrum der Bayerischen Akademie der Wissenschaften
m. a. W.	mit anderen Worten
MaBV	Verordnung über die Pflichten der Makler, Darlehens- und Anlagenvermittler, Bauträger und Baubetreuer (Makler- und Bauträgerverordnung) i. d. F. d. Bek. vom 11.6. 1975, BGBl. I S.1351
Mat.	Materialien
MDR	Monatsschrift für Deutsches Recht
m.E.	meines Erachtens
MedR	Zeitschrift für Medizinrecht
MinBlFin	Ministerialblatt des Bundesministeriums der Finanzen
Mot.	Motive zu dem Entwurf eines Bürgerlichen Gesetzbuchs, amtliche Ausgabe, 5 Bände
MuW	Markenschutz und Wettbewerb
MünchKomm	Münchener Kommentar zum Bürgerlichen Gesetzbuch
m.w.N.	mit weiteren Nachweisen
Nachw.	Nachweise
NdsAGBGB	Niedersächsisches Ausführungsgesetz zum BGB vom 4. März 1971, Nds GVBl. S.73
n.F.	neue Fassung
NJW	Neue Juristische Wochenschrift
NJWE-WettbewerbsR	Entscheidung in der NJW zum Wettbewerbsrecht
NJW-RR	NJW-Rechtsprechungs-Report Zivilrecht
Nr.	Nummer
NZA	Neue Zeitschrift für Arbeits- und Sozialrecht
OGH	Oberster Gerichtshof (Österreich)
oHG	Offene Handelsgesellschaft
OLG	Oberlandesgericht
OLGZ	Entscheidungen der Oberlandesgerichte in Zivilsachen
OR	Schweizerisches Obligationenrecht vom 30.3. 1911
öst.	österreichisch
ÖstJBl	österreichische Juristische Blätter
PatG	Patentgesetz i. d. F. d. Bek. vom 16.12. 1980, BGBl. I S. 2
PECL	Principles of European Contract Law, Parts I, II (Combined and Revised), Fassung 2000, hrsgg. v. *Lando/Beale*; Part III, Fassung 2003, hrsgg. v. *Lando/ Clive/Prüm/Zimmermann*
PflVG	Gesetz über die Pflichtversicherung für Kraftfahrzeughalter vom 5.4. 1965, BGBl. I S.213

PICC	UNIDROIT-Principles of International Commercial Contracts of 2004
ProdHaftG	Gesetz über die Haftung für fehlerhafte Produkte (Produkthaftungsgesetz) vom 15.12. 1989, BGBl. I S. 2198
Prot.	Protokolle der Kommission für die II. Lesung des Entwurfs des Bürgerlichen Gesetzbuchs
r + s	Recht und Schaden
RabelsZ	Rabels Zeitschrift für ausländisches und internationales Privatrecht
RdW	Österreichisches Recht der Wirtschaft
RegE	Regierungsentwurf eines Gesetzes zur Modernisierung des Schuldrechts v. 9.5. 2001, BT-Drs. 14/6040
RG	Reichsgericht
RGBl.	Reichsgesetzblatt
RGZ	Entscheidungen des Reichsgerichts in Zivilsachen
RIW	Recht der Internationalen Wirtschaft
RL	Richtlinie
Rn.	Randnummer
Rs	Rechtssache
Rspr.	Rechtsprechung
S.	Satz/siehe
s.a.	siehe auch
SAE	Sammlung arbeitsrechtlicher Entscheidungen der Vereinigung der Arbeitgeberverbände
SchRModG	Gesetz zur Modernisierung des Schuldrechts v. 26.11. 2001, BGBl. I S. 3138.
SchwbG	Schwerbehindertengesetz i. d. F. d. Bek. vom 26.8. 1986, BGBl. I S. 1422
Sec.	Section(s)
SGB IX	Sozialgesetzbuch, Neuntes Buch vom 19.6. 2001, BGBl. I S. 1046, 1047
SGB X	Sozialgesetzbuch, Zehntes Buch vom 18.8. 1980, BGBl. I S. 1469
Slg.	Sammlung der Rechtsprechung des EuGH
s.o.	siehe oben
sog.	sogenannte/sogenannter/sogenanntes
Sonderbeil.	Sonderbeilage
StBerG	Gesetz über die Rechtsverhältnisse der Steuerberater und Steuerbevollmächtigten (Steuerberatergesetz) i. d. F. d. Bek. vom 4.11. 1975, BGBl. I S. 2735
StGB	Strafgesetzbuch i. d. F. d. Bek. vom 10.3. 1987, BGBl. I S. 945, ber. S. 1160
StHG	Staatshaftungsgesetz vom 26.6. 1981, BGBl. I S .553
str.	strittig
StVG	Straßenverkehrsgesetz vom 19.12. 1952, BGBl. I S. 837
StVZO	Straßenverkehrs-Zulassungs-Ordnung i. d. F. d. Bek. vom 15.11. 1974, BGBl. I S. 3193
s.u.	siehe unten
Teilzeit-Wohn-rechteG	Gesetz über die Veräußerung von Teilzeitnutzungsrechten an Wohngebäuden vom 20.12. 1996, BGBl. I 1996, S. 2154
u.a.	und andere
UmweltHG	Umwelthaftungsgesetz vom 10.12. 1990, BGBl. I S. 2634
UNIDROIT	Institut International pour l'Unification du Droit Privé (Internationales Institut für die Privatrechtsvereinheitlichung)

XXVIII

UNIDROIT-Principles	Principles of International Commercial Contracts of 2004
UN-Kaufrecht	Übereinkommen der Vereinten Nationen über Verträge über den internationalen Warenkauf vom 11. 4. 1980 (CISG)
UrhG	Gesetz über Urheberrecht und verwandte Schutzrechte (Urheberrechtsgesetz) vom 9. 9. 1965, BGBl. I S. 1273
Urt.	Urteil
usw.	und so weiter
u. U.	unter Umständen
UWG	Gesetz gegen den unlauteren Wettbewerb vom 7. 6. 1909, RGBl. S .499
u. z.	und zwar
v.	vom; von; versus
v. a.	vor allem
Var.	Variante
VerbrKrG	Verbraucherkreditgesetz vom 17. 12. 1990, BGBl. I S. 2840
VerkProspG	Wertpapierverkaufsprospektgesetz vom 9.9.1998, BGBl. I S. 2701
VersR	Versicherungsrecht
vgl.	vergleiche
VOB/B	Verdingungsordnung für Bauleistungen Teil B: Allgemeine Vertragsbedingungen für die Ausführung von Bauleistungen i. d. F. d. Bek. vom 12. 9. 2002
Vorbem.	Vorbemerkung
VRS	Verkehrsrecht-Sammlung
VVG	Gesetz über den Versicherungsvertrag vom 30. 5. 1908, RGBl. S .263
W. L. R.	The Weekly Law Reports (England)
WährG	Erstes Gesetz zur Neuordnung des Geldwesens (Währungsgesetz) vom 20. 6. 1948, BGBl. III Nr. 7600–1-a
WarnR	Warneyer, Rechtsprechung des (Reichsgerichts oder) Bundesgerichtshofs in Zivilsachen
WEG	Gesetz über das Wohnungseigentum und das Dauerwohnrecht (Wohnungseigentumsgesetz) vom 15. 3. 1951, BGBl. I S. 175
WG	Wechselgesetz vom 21. 6. 1933, RGBl. I S. 399
WHG	Gesetz zur Ordnung des Wasserhaushalts (Wasserhaushaltsgesetz) i. d. F. d. Bek. vom 23. 9. 1986, BGBl. I S. 1530, 1654
WM	Wertpapiermitteilungen, Zeitschrift für Wirtschafts- und Bankrecht
WoVermG	Gesetz zur Regelung der Wohnungsvermittlung vom 4. 11. 1971, BGBl. I S. 1745
WPO	Gesetz über eine Berufsordnung der Wirtschaftsprüfer (Wirtschaftsprüferordnung) i. d. F. d. Bek. vom 5. 11. 1975, BGBl. I S. 2804
WUB	Entscheidungssammlung zum Wirtschafts- und Bankrecht
z. B.	zum Beispiel
z. T.	zum Teil
z. Zt.	zur Zeit
ZahlungsbeschleunigungsG	Zahlungsbeschleunigungsgesetz vom 1. 5. 2000, BGBl. I, S. 330
ZAkDR	Zeitschrift der Akademie für Deutsches Recht
ZBB	Zeitschrift für Bankrecht und Bankwirtschaft
ZEuP	Zeitschrift für Europäisches Privatrecht
ZfA	Zeitschrift für Arbeitsrecht

Literaturübersicht

I. Lehrbücher

1. Altes Schuldrecht

Esser/Schmidt, Schuldrecht Bd. 1: Allgemeiner Teil, Teilbd. I, 8. Aufl., Heidelberg 1995; Teilbd. II, 8. Aufl., Heidelberg 2000.
Fikentscher, Schuldrecht, 9. Aufl., Berlin 1997.
Gernhuber (Hrsg.), Handbuch des Schuldrechts in Einzeldarstellungen:
Bd. I: Schadensersatz *(H. Lange/Schiemann)*, 3. Aufl., Tübingen 2003
Bd. II: Sukzessionen *(Nörr/Scheyhing/Pöggeler)*, 2. Aufl., Tübingen 1999
Bd. III: Die Erfüllung und ihre Surrogate *(Gernhuber)*, 2. Aufl., Tübingen 1994
Bd. IV: Ungerechtfertigte Bereicherung *(Reuter/Martinek)*, Tübingen 1983
Bd. V: Mehrheit von Schuldnern und Gläubigern *(Selb)*, Tübingen 1984
Bd. VI: Kaufrecht *(Walter)*, Tübingen 1987
Bd. VII: Gebrauchsüberlassungsverträge *(Gitter)*, Tübingen 1988
Bd. VIII: Das Schuldverhältnis *(Gernhuber)*, Tübingen 1989
Bd. IX: Leistungsstörungen *(Huber)*,
    Teilbd. 1: Die allgemeinen Grundlagen – Der Tatbestand des Schuldnerverzugs – Die vom Schuldner zu vertretenden Umstände, Tübingen 1999
    Teilbd. 2: Die Folgen des Schuldnerverzugs – Die Erfüllungsweigerung und die vom Schuldner zu vertretende Unmöglichkeit, Tübingen 1999.
Bd. X: Geld und Geldgeschäfte *(Heermann)*, Tübingen 2003.
Heck, Grundriß des Schuldrechts, Tübingen 1929.
Larenz, Lehrbuch des Schuldrechts, Bd. I, Allg. Teil, 14. Aufl., München 1987.
Larenz/Canaris, Lehrbuch des Schuldrechts, Bd. II: Bes. Teil, Halbbd. 2, 13. Aufl., München 1994.

2. Neues Schuldrecht

Dauner-Lieb/Arnold, Das neue Schuldrecht, Heidelberg 2002.
Huber/Faust, Schuldrechtsmodernisierung: Einführung in das neue Recht, München 2002.
Langenbucher, Europarechtliche Bezüge des Privatrechts, Baden-Baden 2005
Lorenz/Riehm, Lehrbuch zum neuen Schuldrecht, München 2002.
Medicus, Schuldrecht I, Allgemeiner Teil, 16. Aufl., München 2005.
Schlechtriem, Schuldrecht Besonderer Teil, 6. Aufl., Tübingen 2003

II. Grundrisse

1. Altes Schuldrecht

Becker, Vertragliche Schuldverhältnisse, Köln (u.a.) 2002.
Emmerich, Das Recht der Leistungsstörungen, 4. Aufl., München 1997.
Köhler, BGB, Recht der Schuldverhältnisse I, Allgemeiner Teil, 18. Aufl., München 2000.
Medicus, Grundwissen zum Bürgerlichen Recht, 5. Aufl., Köln (u.a.) 2002.
Wertheimer, Die Leistungsstörungen im Bürgerlichen Recht, 2. Aufl., Köln 1998.
Westermann/Bydlinski, BGB – Schuldrecht, Allg. Teil, 4. Aufl., Heidelberg 1999.

2. Neues Schuldrecht

Brox/Walker, Allgemeines Schuldrecht, 30. Aufl., München 2004.
Emmerich, Das Recht der Leistungsstörungen, 6. Aufl., München 2005.
Looschelders, Schuldrecht, Allgemeiner Teil, 2. Aufl., Köln 2004.
Medicus, Grundwissen zum Bürgerlichen Recht, 6. Aufl., Köln (u.a.) 2004.
Westermann/Buck, Das Schuldrecht 2002: systematische Darstellung der Schuldrechtsreform, Stuttgart 2002.
Westermann/Bydlinski, BGB – Schuldrecht, Allg. Teil, 5. Aufl., Heidelberg 2003.

III. Kommentare

Achilles/Greiff, Bürgerliches Gesetzbuch, Hauptwerk, 21. Aufl., Berlin 1958; Nachtrag zur 21. Aufl., Berlin 1963
Dauner-Lieb/Heidel//Ring (Hrsg.), Anwaltkommentar, Bonn 2003–2005.
Erman, Bürgerliches Gesetzbuch, 11. Aufl., Münster 2004.
Gebauer/Wiedmann, Zivilrecht unter europäischem Einfluss, Stuttgart 2005.
Jauernig, Bürgerliches Gesetzbuch, 11. Aufl., München 2004.
Kropholler, Bürgerliches Gesetzbuch:Studienkommentar, 8. Aufl., München 2005.
Münchener Kommentar zum Bürgerlichen Gesetzbuch, hrsg. von *Rebmann* und *Säcker*, 4. Aufl. München 2001–2004
Palandt, Bürgerliches Gesetzbuch, 64. Aufl., München 2005.
Schlechtriem/Schwenzer, CISG-Kommentar, 4. Aufl., München 2004.
Soergel/Siebert, Bürgerliches Gesetzbuch, 11. Aufl., Stuttgart 1978ff.; 12. Aufl., Stuttgart 1987ff.; 13. Aufl. 1995ff.
Julius von Staudingers Kommentar zum Bürgerlichen Gesetzbuch, 12. Aufl., Berlin 1978ff., 13. und spätere Bearbeitungen, Berlin 1993ff.

VI. Materialien

1. BGB

Jakobs/Schubert, Die Beratung des BGB, Recht der Schuldverhältnisse, Bd. II, Berlin 1983.
Motive zum Entwurf eines Bürgerlichen Gesetzbuchs, 5 Bde., Berlin und Leipzig 1888.
Mugdan, Die gesamten Materialien zum Bürgerlichen Gesetzbuch für das Deutsche Reich, 5 Bde., Berlin 1899.
Protokolle der Kommission für die zweite Lesung des Entwurfs des Bürgerlichen Gesetzbuchs, 7 Bde., Berlin 1897–1899.

2. Schuldrechtsmodernisierung

Abschlußbericht der Kommission zur Überarbeitung des Schuldrechts, hrsg. vom Bundesminister der Justiz, Bonn 1992.
Canaris, Schuldrechtsmodernisierung 2002, München 2002.

1. Teil: Wesen und Entstehung der Schuldverhältnisse

Kapitel 1: Bedeutung des Rechtsgebiets „Schuldrecht"

§ 1 Schuldverhältnisse

I. Abgrenzung und Funktionen

„Schuldrecht" ist das Recht der Schuldverhältnisse, wobei „**Schuld**" nichts 1
mit einem moralischen Vorwurf, sondern mit „Schulden" i.S. von „**Verpflich-**
tung" (deshalb im Schweizer Recht: Obligationenrecht) zu tun hat, „Schuld" ist
deshalb „Pflicht". Das Schuldrecht regelt Schuldverhältnisse zwischen Privatpersonen (natürlichen oder juristischen Personen); die *Rechtssubjekte*, zwischen denen das Schuldverhältnis besteht, sind grundsätzlich durch *gleichge-
ordnete Beziehungen* verbunden. Über- und Unterordnung zwischen juristischen Personen des öffentlichen Rechts (Staat und seine Gliederungen) einerseits und Privatpersonen andererseits werden in der Regel vom öffentlichen
Recht geordnet. Das schließt jedoch nicht aus, daß eine schuldrechtliche Beziehung des Privatrechts Über- und Unterordnungsverhältnisse bewirkt, z.B. im
Arbeitsverhältnis durch ein Direktionsrecht des Arbeitgebers und eine korrespondierende Pflicht des Arbeitnehmers, Weisungen zu befolgen (vgl. § 315,
nunmehr ausdrücklich § 106 GewO).

Kern des **Schuldverhältnisses** sind regelmäßig eine oder mehrere **Verpflich-** 2
tungen zu Leistungen, durch die im Ergebnis Wertverschiebungen vom Verpflichteten (Schuldner) zum Berechtigten (Gläubiger) erreicht werden sollen.[1]
Der durch die Schuldrechtsreform angefügte § 241 II spricht nunmehr auch die
sog. Schutzpflichten ausdrücklich an, die auch schon vor der Neufassung des
§ 241 anerkannt und aufgearbeitet worden waren.[2] Ihre Besonderheit ergibt
sich aus der Ausrichtung auf die in § 241 II genannten „Rechte, Rechtsgüter und

---

[1] Vgl. auch *Larenz*, Schuldrecht 1, § 1, S. 5: „... ein rechtliches ‚Band', demzufolge der eine
von dem anderen ein bestimmtes Verhalten (oder auch: Die Herbeiführung eines bestimmten
Erfolges) verlangen kann ..."
[2] Vgl. zu Leistungs- und Schutzpflichten unten Rn. 160ff. Zum Begriff „Leistung" im Bereicherungsrecht s. *Schlechtriem*, BT, Rn. 722.

Interessen des anderen Teils". Werden Pflichten aus einem Schuldverhältnis verletzt, stehen dem Betroffenen regelmäßig Rechtsbehelfe zur Verfügung.[3]

3   Das BGB verwendet das Wort Schuldverhältnis in zwei verschiedenen Bedeutungen. Unter **Schuldverhältnisse im engeren Sinne** versteht man üblicherweise die einzelne rechtliche Forderungsbeziehung (Obligation).[4] In diesem Sinne findet sich der Begriff etwa in §§ 241 I, 362, 364, 397. Unter **Schuldverhältnis im weiteren Sinne** wird hingegen gewöhnlich ein komplexes schuldrechtliches Rechtsverhältnis verstanden, das regelmäßig eine ganze Reihe von Pflichten und Rechten zwischen den an ihm beteiligten Personen zusammenfaßt. In dieser Bedeutung verwendet das Gesetz den Ausdruck „Schuldverhältnis" etwa in den §§ 280 I 1, 311 I und 425 I. Hinter ihm steht die Vorstellung davon, daß eine Gesamtheit von Rechtsbeziehungen zwischen Parteien durch einen Begriff beschrieben und zusammenfassend bezeichnet werden kann. Dieses – anderen Rechtsordnungen nicht immer leicht vermittelbare – Verständnis entspricht dem Bild vom Schuldverhältnis als „Organismus" (*Sieber*) oder „sinnhaftes Gefüge" (Larenz).[5] Für § 241 II ist die Einordnung umstritten.[6] Richtigerweise bezeichnet das Wort Schuldverhältnis hier die einzelne Verpflichtung zur Rücksichtnahme; ein Verständnis, das auch mit den Verweisen in §§ 311 II, III übereinstimmt. Um in der weiteren Darstellung Unklarheiten zu vermeiden, wird der Ausdruck Schuldverhältnis im Folgenden immer im weiteren Sinne verwendet, soweit nicht ausdrücklich von Schuldverhältnis i.e.S. die Rede ist.

4   Die Verpflichtung unterscheidet das Schuldverhältnis vom **Gefälligkeitsverhältnis**: Ein Gefälligkeitsverhältnis verpflichtet nicht selbst zu der in Frage stehenden Gefälligkeit, doch können aus ihrer Erbringung Verpflichtungen entstehen, etwa, wenn jemand „aus Gefälligkeit" Geschäfte eines anderen besorgt.

Beispiel: Eine Arbeitnehmerin wurde während der Arbeitszeit krank und deshalb von einer Kollegin mit dem Wagen einer Dritten nach Hause gebracht. Dabei kam es zu einem Unfall und wegen des entstandenen Schadens zum Streit, ob ein Auftrag, d.h. ein Vertrag zwischen den Beteiligten abgeschlossen worden oder nur eine Gefälligkeit geschehen war. Der BGH verneinte den für einen Vertrag erforderlichen **Bindungswillen**: Ein Bindungswille sei bei sog. Gefälligkeitshandeln des täglichen Lebens, bei Zusagen im rein gesellschaftlichen Verkehr oder ähnlichen Vorgängen in der Regel zu verneinen. Auch müsse die Annahme einer Rechtspflicht für den Handelnden wegen des sich daraus ergebenden Schadensersatzrisikos (!) zumutbar sein.[7]

---

[3] Hierzu unten Rn. 446ff.

[4] *MünchKomm/Kramer*, Einl. vor §§ 241, Rn. 13.

[5] Vgl. die Nachweise bei *Staudinger/Schmidt*, Einl. zu §§ 241ff., Rn. 199ff.

[6] Für Schuldverhältnis im weiteren Sinne etwa *Schapp*, JA 2002, 939 (941ff.).

[7] BGH NJW 1992, 498; s. aber auch OLG Hamm NJW-RR 2001, 455: Unentgeltliches Verlegen von Bitumenschweißbahnen Auftrag, nicht „reines Gefälligkeitsverhältnis". Zur „gefälligen" Geschäftsbesorgung für einen anderen s. schon §§ 677ff. (Geschäftsführung ohne Auftrag).

Die Unverbindlichkeit eines Gefälligkeitsverhältnisses schließt vor allem nicht aus, daß für die Parteien **außervertragliche Pflichten** bestehen bzw. entstehen, so die Pflicht zur Sorgfalt gegenüber den Rechtsgütern des anderen, durch die Gefälligkeit Begünstigten. Eine Verletzung dieser allgemeinen Verkehrspflichten kann Schadensersatzansprüche nach § 823 I auslösen, ohne daß die „Gefälligkeit", die Anlaß zu dem Kontakt gegeben haben mag, zwangsläufig zu einer Milderung des Verantwortungsmaßstabs (Verschulden) führen muß (str.).[8]

Abgrenzungsschwierigkeiten zwischen schuldrechtlicher Verpflichtung und unverbindlicher Gefälligkeit bestehen vor allem bei unentgeltlichen Leistungszusagen, wobei die Abgrenzung bei der Schenkung leichter fällt als bei der Leihe oder unentgeltlich erbrachten Dienstleistungen: Bei der vollzogenen Schenkung ist der Bindungswille bereits durch die Übereignung oder sonstige Verfügung klargestellt, während er sich beim unvollzogenen Schenkungsversprechen aus der Einhaltung der Form nach § 518 I 1 ergibt.[9]

Rechtsgeschäftlich begründete Schuldverhältnisse sollen primär **Güterbewe-**   5
gungen bewirken bzw. begründen und dienen so dem Wirtschaftsverkehr. Man bezeichnet deshalb das Schuldrecht auch als „dynamisch" und auf Änderung des gegenwärtigen Zustandes gerichtet.[10] Ein weiterer Regelungsbereich ordnet die Rechtsfolgen von Interessenbeeinträchtigungen, insbesondere der Beeinträchtigung von Vermögensinteressen, durch Schadensersatz- und Ausgleichsansprüche; in diesem Bereich haben schuldrechtliche Regeln **güterschützende Funktion**.

II. Entstehung von Schuldverhältnissen

Schuldverhältnisse können durch **Rechtsgeschäft**, insbesondere durch **Ver-**   6
trag begründet werden, § 311 I (dazu noch unten Rn. 50 ff.). Außerdem entstehen Schuldverhältnisse aufgrund Gesetzes, genauer aufgrund bestimmten Verhaltens oder bestimmter Zustände, an die das Gesetz rechtliche Folgen in Gestalt von Verpflichtungen knüpft. „Gesetz" ist dabei nicht im formellen Sinne,

---

[8] Ein Gefälligkeitsverhältnis kann auch andere gesetzliche Auswirkungen als Entstehung oder Verstärkung von Verkehrspflichten zwischen den Parteien haben, so, wenn jemand aus Gefälligkeit, d.h., ohne dem anderen dazu verpflichtet zu sein, der Schuld des anderen als Mitschuldner beitritt. Die aus der so entstehenden Gesamtschuld möglichen Ausgleichspflichten – § 426 und dazu unten Rn. 839 ff. – rechtfertigen dabei auch, daß dieses zwischen den Gesamtschuldnern bestehende Gefälligkeitsverhältnis durch Kündigung aus wichtigem Grund nach § 314 I 1 beendet wird (vgl. BGH NJW 1986, 978 zu BGB a.F.). Dies hat zur Folge, daß der „Gefällige" einen Freistellungsanspruch gegen den ersten Schuldner erwirbt.

[9] Vgl. *Schlechtriem*, BT, Rn. 183 ff., 190. Ein gentleman's agreement kann Bedeutung als Geschäftsgrundlage haben, OLG Nürnberg, NJW-RR 2001, 636.

[10] *Brox*, AS, Rn. 7.

3

sondern als Rechtsregeln der Gesamtrechtsordnung zu verstehen, seien sie Gesetz im formellen Sinne, Gewohnheitsrecht oder in Fortbildung des gesetzten Rechts durch Rechtsprechung und Wissenschaft geschaffene Institute und Rechtsregeln. Gesetzliche Schuldverhältnisse sind z.B. die aus einer unerlaubten Handlung (§§ 823 ff.) entstehende Schadensersatzverpflichtung, das aufgrund ungerechtfertigter Bereicherung (§§ 812 ff.) bewirkte Ausgleichsverhältnis, aber auch die durch Verwandtschaft oder Scheidung begründeten Unterhaltspflichten. Seit 1.1. 2002 normiert, kann ein *gesetzliches* Schuldverhältnis auch durch Aufnahme von Vertragsverhandlungen, durch Anbahnung eines Vertrages oder ähnliche geschäftliche Kontakte entstehen, § 311 II, sowie zu bestimmten Dritten, § 311 III; das SchRModG hat mit diesen Normen für die Regeln zur Haftung aus Verletzung vorvertraglicher Pflichten (culpa in contrahendo) eine Grundlage geschaffen (dazu unten Rn. 28 ff.).

III. Regelungsort, -technik und -geschichte

1. Regelungsort

7   Das 2. Buch des BGB – „Recht der Schuldverhältnisse", §§ 241–853 – ist im deutschen Privatrecht der wichtigste Regelungsbereich für Schuldverhältnisse, doch finden sich schuldrechtliche Vorschriften auch in anderen Büchern des BGB sowie in sonstigen Gesetzen: Aus dem Handeln eines vollmachtlosen Vertreters kann ein Schuldverhältnis zwischen dem Vertreter und dem Vertragspartner entstehen, § 179; zwischen dem Finder einer fremden Sache und dem Verlierer oder Eigentümer entstehen schuldrechtliche Beziehungen, vgl. § 965; zwischen Familienangehörigen bestehen vielfältige schuldrechtliche Verpflichtungen, z.B. zur Gewährung von Unterhalt, zur Erteilung von Auskünften unter bestimmten Voraussetzungen, (ausnahmsweise) auch zu Dienstleistungen (vgl. § 1619). Ebenso können Erbverträge und Erbfälle schuldrechtliche Beziehungen entstehen lassen. Außerhalb des BGB regeln manche Nebengesetze im Wesentlichen schuldrechtliche Materien,[11] so z.B. spezielle Gesetze und Vorschriften zur Haftung für Schäden aus gefährlichen Unternehmungen, vor allem aber auch handelsrechtliche Gesetze wie das HGB, das Wechsel- und Scheckgesetz, das Aktiengesetz und das GmbH-Gesetz. Gleichwohl – und nach der Rückführung einer Reihe von früheren Nebengesetzen in das BGB durch das SchRModG wieder in größerem Umfang – enthält das 2. Buch des BGB auch heute noch nicht nur die wichtigsten gesetzlichen Regeln für Schuldverhältnisse, sondern aufgrund der Regelungstechnik des BGB eine grundsätzliche Ordnung für das gesamte Recht der Schuldverhältnisse.

---

[11] In der Schweiz sind solche Materien deshalb oft im Obligationenrecht geregelt.

2. Regelungstechnik

Das Bürgerliche Gesetzbuch beruht auf dem **Regelungsprinzip**, allgemeine,   8
in einer Vielzahl von Regelungsbereichen gleichartig auftretende Probleme vor
die Klammer zu ziehen und sie gleichsam abstrakt zu regeln, d.h. abstrahiert
von konkreten Details typischer Rechtsbeziehungen. Diese Regelungstechnik
ist augenfällig im 1. Buch des BGB, das einen allgemeinen Teil für Personen, Sachen und Rechtsgeschäfte normiert. Sie ist ebenfalls im 2. Buch „Schuldverhältnisse" erkennbar: Die §§ 241–432, oft als „Allgemeines Schuldrecht" oder
„Allgemeiner Teil des Schuldrechts" umschrieben (und gelehrt), enthalten **allgemeine, d.h. für alle Schuldverhältnisse geltende Regeln.**

So bestimmen die §§ 249 ff. Inhalt und Umfang von Schadensersatzpflichten allgemein
für alle Schadensersatzansprüche, mögen sie aus Verletzung bestimmter Verträge, aus
schuldhaft unerlaubter Handlung oder aus einer außerhalb des BGB geregelten verschuldensunabhängigen (Gefährdungs-) Haftung entstanden sein. Wird z.B. etwas anderes als
der ursprünglich geschuldete Gegenstand geleistet, so stellt es unabhängig vom konkreten Schuldverhältnis ein allgemeines Problem dar, ob und wann die Verpflichtung erlischt. Dabei kann es sich um die unterschiedlichsten Verpflichtungen handeln; Um die
Verpflichtung eines Vertreters, der ohne Vertretungsmacht abgeschlossen hat, um die
Verpflichtung eines Käufers, Darlehensnehmers oder Unterhaltsschuldners zur Zahlung
oder um die Schuld eines Erben, der dem Vermächtnisnehmer verpflichtet ist. Diese Fragen normiert unsere Rechtsordnung nicht bei den einzelnen Schuldbeziehungen, sondern vor die Klammer gezogen in den allgemeinen Regeln des 2. Buchs (vgl. zunächst
§§ 362 ff.).

Konkreter ist die Regelung einzelner Schuldverhältnisse im 7. Abschnitt des
2. Buches, §§ 433–853, doch haben auch die in diesem Abschnitt durchnor-
mierten Schuldverhältnisse teilweise die Funktion eines allgemeinen Teils für
speziellere Regelungen, auf den zurückzugreifen ist, falls und soweit die Spe-
zialregelung schweigt.

Für den Handelskauf, d.h. Kaufverträge unter Kaufleuten, finden sich in den §§ 373 ff.
HGB Sonderregeln, doch bleiben Grundlage für die Beurteilung der Rechtsfragen aus einem Handelskauf die §§ 433 ff. (und ggfs. die noch allgemeineren Normen der §§ 241 ff.,
275 ff., 320 ff.). Die Normen für die bürgerlich-rechtliche Gesellschaft – §§ 705 ff. – sind
gleichzeitig allgemeiner Teil für das im HGB geregelte Recht der Personengesellschaften,
die §§ 631 ff. für den Werkvertrag bilden die Grundlage der spezielleren Regelung verschiedener Beförderungsverträge im HGB (s. z.B. §§ 407 ff. HGB zum Frachtgeschäft zu
Lande, §§ 556 ff. HGB zum Seefrachtgeschäft).

3. Schuldrechtsmodernisierungsgesetz (SchRModG)

9 Das Gesetz zur Modernisierung des Schuldrechts vom 26. November 2001[12] und seine seit 1. 1. 2002 geltende Neufassung des BGB[13] haben eine tiefgreifende Neuordnung des alten, seit dem 1. 1. 1900 geltenden Textes des Schuldrechts gebracht. Ihr Verständnis und der verständige Umgang mit den neuen Vorschriften setzt Kenntnis der Entstehungsgeschichte und der Einflüsse, die die Neufassung bestimmt haben, voraus. Diese Einflüsse werden bei den Einzelerläuterungen verdeutlicht. Die Entstehungsgeschichte wird hier skizziert.

10 In der Entstehungsgeschichte der Schuldrechtsreform lassen sich zwei Phasen unterscheiden. Die erste Phase beginnt in der zweiten Hälfte der 70er Jahre, als man bei den Beratungen über den Entwurf eines AGB-Gesetzes zum einen überlegte, ob nicht Sondergesetze künftig wieder in größerem Umfange in das BGB eingefügt werden sollten, aber auch, ob nicht eine umfassende Reform des allgemeinen und besonderen Schuldrechts geboten sei. In einer Sitzung des Bundestags vom 25. 1. 1978 teilte der Bundesminister der Justiz mit, daß in seinem Haus entsprechende Überlegungen angestellt würden.[14] Das Bundesjustizministerium erteilte dann Aufträge zur Erstattung von Gutachten, die als „Gutachten und Vorschläge zur Überarbeitung des Schuldrechts" in den Jahren 1981–1983 veröffentlicht worden sind. In der Folge berief der Bundesminister der Justiz eine Kommission für die Überarbeitung des Schuldrechts (1. Reformkommission) ein, die sich am 2. 2. 1984 konstituierte.[15] Die Kommission legte das Ergebnis ihrer Arbeit in dem 1992 veröffentlichten „Abschlußbericht der Kommission zur Überarbeitung des Schuldrechts"[16] vor, in dem Neuregelungen des Verjährungsrechts, des Rechts der allgemeinen Leistungsstörungen sowie des Kauf- und Werkvertragsrechts in Form konkreter und mit Begründung versehener Normentwürfe vorgeschlagen wurden. Im Leistungsstörungsrecht wie auch im Kaufrecht waren dabei bereits bei den ersten Arbeitsentwürfen die von *Ulrich Huber* erstatteten Gutachten zum allgemeinen Recht der Leistungsstörungen und zum Kaufrecht von großer Bedeutung.[17] *Ulrich Huber* hatte damals

---

[12] BGBl. I, 3138.

[13] Bekanntmachung der Neufassung des Bürgerlichen Gesetzbuchs vom 2. 1. 2002, BGBl. I, 42.

[14] Vgl. Abschlußbericht der Kommission zur Überarbeitung des Schuldrechts, S. 14.

[15] Einzelheiten, auch zu ihrer Zusammensetzung, s. Abschlußbericht S. 14 f.

[16] Hrsg. vom Bundesminister der Justiz, Verlag Bundesanzeiger 1992.

[17] *U. Huber*, Leistungsstörungen. Empfiehlt sich die Einführung eines Leistungsstörungsrechts nach dem Vorbild des Einheitlichen Kaufgesetzes? Welche Änderungen im Gesetzestext und welche praktischen Auswirkungen im Schuldrecht würden sich dabei ergeben? Gutachten und Vorschläge zur Überarbeitung des Schuldrechts Bd. I, hrsg. vom Bundesminister der Justiz, Verlag Bundesanzeiger, 1981, S. 647 ff., und *Ulrich Huber*, Kaufvertrag. Welche Ergänzungen und Fortentwicklungen sind im Kaufrecht im Hinblick auf die technischen, wirtschaftlichen und juristischen Weiterentwicklungen der Rechtswirklichkeit geboten? Sollten Sonder-

vorgeschlagen, Grundstrukturen der sog. Einheitlichen Kaufrechte zu übernehmen und insbesondere mit dem Begriff der „Nichterfüllung" einen einheitlichen Oberbegriff für alle Fälle der Leistungsstörungen einzuführen.[18] Die 1. Reformkommission ist dieser Richtungsweisung gefolgt und hat sich in ihren Vor-
schlägen eng an das in der Zwischenzeit erarbeitete und von einer UN-Vollver-
sammlung verabschiedete – in Deutschland aber damals noch nicht ratifizierte –
„Übereinkommen der Vereinten Nationen über Verträge über den internationalen Warenkauf – CISG –" angelehnt.[19]

Die Vorschläge der 1. Reformkommission wurden in zahlreichen wissen-   **11**
schaftlichen Beiträgen berücksichtigt, analysiert und im Einzelnen unterschiedlich bewertet. Der 60. Deutsche Juristentag 1994 (Münster) beriet in der Abtei-
lung Zivilrecht diese Vorschläge und votierte mit großen Mehrheiten für ihre
Umsetzung.[20] Dann aber wurde es um die Pläne einer Schuldrechtsreform ru-
hig, und sie wären wahrscheinlich ad acta gelegt worden, wenn nicht im Jahre
1999 durch die Verkündung von drei EG-Richtlinien, insbesondere durch die
Richtlinie 1999/44/EG zu bestimmten Aspekten des Verbrauchsgüterkaufs und
der Garantien für Verbrauchsgüter,[21] Handlungsbedarf entstanden wäre. Das
Bundesjustizministerium stand in der Frage, in welcher Form die Richtlinien,
insbesondere die Verbrauchsgüterkaufrichtlinie, umgesetzt werden sollten, vor
der Alternative, sie als zusätzliche Sonderregelung – entweder als Nebengesetz
oder als zusätzliche Bestimmungen im Kaufrecht des BGB – in Kraft zu setzen
oder die Implementierung zum Anlaß zu nehmen, das Schuldrecht insgesamt
neu zu gestalten und dabei auch die den Verfassern des BGB nicht gelungene Integration von allgemeinem Leistungsstörungsrecht und Rechtsbehelfen bei Störung des Leistungsprogramms in einzelnen Vertragstypen durch eine Reform
der allgemeinen Lehren des Schuldrechts nachzuholen. Man entschied sich für
letzteren Weg, nicht zuletzt um zu vermeiden, daß im deutschen Zivilrecht fünf
verschiedene kaufrechtliche Regelungskomplexe nebeneinander gelten würden
(Kaufrecht des BGB, Handelskauf, Recht des grenzüberschreitenden Warenkaufs, Viehkauf- und schließlich Verbraucherkaufrecht). Dazu griff man auf die
Vorschläge der Schuldrechtsreformkommission zurück und legte im August
2000 einen „Diskussionsentwurf eines Schuldrechtsmodernisierungsgesetzes"
vor.[22] Die damit beabsichtigte Anregung einer Diskussion hatte vollen Erfolg,
denn in der Folge wurde der Entwurf auf Tagungen, Symposien, Konferenzen

---

entwicklungen außerhalb des BGB (Abzahlungsgesetz, Handelskauf, kaufrechtliche Bestimmungen des AGBG) in die Kodifikation eingearbeitet werden? aaO S. 911 ff.

[18] S. Gutachten aaO (vorige Fn.) S. 779 ff.
[19] S. Abschlußbericht (oben Fn. 14) S. 26 et passim.
[20] Abstimmungsergebnisse i.e. s. NJW 1994, 307 ff.
[21] ABl. EG Nr. L 171 vom 7. 7. 1999, S. 12.
[22] Abgedruckt bei *Canaris*, Schuldrechtsmodernisierung 2002.

und in einer Vielzahl von literarischen Analysen durchleuchtet.[23] Die Bundes-
ministerin der Justiz setzte im Dezember 2000 eine Kommission zur Überarbeitung des Leistungsstörungsrechts ein, die sich auf einer ersten Sitzung am 17. 1.
2001 konstituierte (2. Reformkommission) und der einige Mitglieder der ersten
Schuldrechtsreformkommission angehörten, zu der aber auch eine ganze Reihe
neuer, bisher an der Reform nicht beteiligter Wissenschaftler hinzugezogen
wurden. Parallel dazu arbeitete eine „Bund-Länder-Arbeitsgruppe".[24] Über eine konsolidierte Fassung des Diskussionsentwurfs eines Schuldrechtsmodernisierungsgesetzes auf der Grundlage des Diskussionsentwurfs eincs Schuldrechtsmodernisierungsgesetzes, der hierzu vorliegenden Stellungnahmen und
der Ergebnisse der Beratungen der Arbeitsgemeinschaften zu den einzelnen
Komplexen und der Kommission Leistungsstörungsrecht führte der Weg zum
Regierungsentwurf vom 9. 5. 2001;[25] er wurde zusammen mit einem gleich lautenden Fraktionsentwurf von SPD und BÜNDNIS 90/DIE GRÜNEN eingebracht und in erster Lesung am 18. 5. 2001 im Deutschen Bundestag behandelt.
(Gegen-)Vorschläge des Bundesrats in einer Stellungnahme vom 13. 7. 2001 sowie Beschlußempfehlungen des Rechtsausschusses des Deutschen Bundestags[26] wurden vom BJM aufgenommen und in den RegE eingearbeitet. Am
11. 10. 2001 verabschiedete der Bundestag das Modernisierungsgesetz in 2. und
3. Lesung; am 1. 1. 2002 ist es in Kraft getreten. Freilich ist das Schuldrecht seitdem bereits wieder mehrfach geändert worden.

IV. Bedeutung des Gemeinschaftsprivatrechts

Lit.: *Baldus*, Codification of Private Law in the EC: Legal Basis, Subsidiarity and Other
Questions, in: *Gavin Barrett/Ludovic Bernardeau* (eds.), Towards a European Civil
Code. Reflections on the Codification of Civil Law in Europe, ERA Forum Special Issue,
Trier 2002, S. 89–108; *Franzen*, Privatrechtsangleichung durch die Europäische Gemeinschaft, Berlin 1999; *Gebauer*, Grundfragen der Europäisierung des Privatrechts, Heidelberg 1998; *Heiderhoff*, Grundstrukturen des nationalen und europäischen Verbraucher-
vertragsrechts, München 2004; *Körber*, Grundfreiheiten und Privatrecht, Tübingen
2004; *Lurger*, Grundfragen der Vereinheitlichung des Vertragsrechts in der Europäischen
Union, Wien 2002; *Remien*, Zwingendes Vertragsrecht, Tübingen 2003; *Riesenhuber*,

---

[23] Vgl. *Ernst/Zimmermann* (Hrsg.), Zivilrechtswissenschaft und Schuldrechtsreform, 2001;
Schulze/Schulte-Nölke (Hrsg.), Die Schuldrechtsreform vor dem Hintergrund des Gemeinschaftsrechts, 2001; *Helms/Neumann/Caspers/Sailer/Schmidt-Kessel* (Hrsg.), Das neue
Schuldrecht, Jahrbuch Junger Zivilrechtswissenschaftler, 2001.
[24] Einzelheiten s. *Canaris* aaO (oben Fn. 22) S. IXf.
[25] Sowohl der konsolidierte Diskussionsentwurf als auch der Regierungsentwurf sind abgedruckt bei *Canaris* (oben Fn. 22) S. 349ff., 429ff.
[26] BR-Drucks. 338/01, abgedruckt bei *Canaris* (oben Fn. 22) S. 935ff. (Stellungnahme des
Bundesrates) und – Beschlußempfehlungen des Rechtsausschusses – S. 429ff. (in Gegenüber-
stellung zum Regierungsentwurf).

System und Prinzipien des Europäischen Vertragsrechts, Berlin 2003; *ders.*, Europäisches Vertragsrecht, Berlin 2003.

Der deutsche Gesetzgeber ist schon seit längerer Zeit nicht mehr der einzige   **12**
Rechtsetzer im Bereich des Schuldrechts. Neben einer Reihe zum Teil sehr bedeutender völkerrechtlicher Verträge zum Internationalen Einheitsrecht wie insbesondere dem Internationalen UN-Kaufrecht, CISG,[27] tritt in jüngerer Zeit verstärkt das Recht der Europäischen Gemeinschaft. Bereits die Römischen Verträge enthielten Vorschriften mit Privatrechtswirkung.[28] Seit Mitte der 80er Jahre sind die Kernbereiche des Schuldrechts verstärkt Gegenstand von Rechtsakten der Gemeinschaft. Von diesen sind die drei Richtlinien über bestimmte Vertriebspraktiken gegenüber Verbrauchern,[29] die Richtlinien über Zahlungsverzug im Geschäftsverkehr und über mißbräuchliche Klauseln in Verbraucherverträgen[30] sowie die einzelne Vertragstypen betreffenden Richtlinien zum Verbrauchsgüterkauf, zum Verbraucherkredit, zu Pauschalreisen und zu Handelsvertreterverträgen[31] nur die Wichtigsten.[32] Für die Gesamtheit der in ihrer Zahl kaum noch überschaubaren gemeinschaftsrechtlichen Vorschriften hat sich die Bezeichnung „Gemeinschaftsprivatrecht" (*Müller-Graff*) eingebürgert.

Die Frage, ob die Europäische Gemeinschaft eine Kompetenz für die Verein-   **13**
heitlichung von Zivilrecht hat, läßt sich nicht pauschal beantworten. Sicherlich unrichtig ist die gelegentlich zu hörende Behauptung, die Gemeinschaft verfüge über keine Kompetenz auf dem Gebiet des Zivilrechts. Ausgangspunkt für die Beantwortung der Kompetenzfrage ist vielmehr das Prinzip der begrenzten Einzelermächtigung (Art. 5 I EG). Danach kann die Gemeinschaft auch auf dem Gebiet des Zivilrechts nur tätig werden, soweit sie über eine einschlägige Kompetenznorm verfügt. Neben einer Reihe von Spezialvorschriften (insbesondere Artt. 44 II lit. g, 65, 71, 80 II, 137 EG) sowie der problematischen Generalklausel des Art. 308 EG ist dies vor allem die Kompetenz für „Maßnahmen zur Angleichung der Rechts- und Verwaltungsvorschriften der Mitgliedstaaten, welche die Errichtung und das Funktionieren des Binnenmarktes zum Gegenstand ha-

---

[27] Dazu *Schlechtriem*, Internationales UN-Kaufrecht, 3. Aufl., Tübingen 2005.

[28] Siehe nur Art. 81 (ex-Art. 85) EG mit der Anordnung der Nichtigkeit wettbewerbshindernder Vereinbarungen und Beschlüsse zwischen Privaten.

[29] Richtlinie 85/577/EWG vom 20. 12. 1985 betreffend den Verbraucherschutz im Falle von außerhalb von Geschäftsräumen geschlossenen Verträgen; Richtlinie 97/7/EG vom 20. 5. 1997 über den Verbraucherschutz bei Vertragsschlüssen im Fernabsatz; Richtlinie 2002/65/EG vom 23. 9. 2002 über den Fernabsatz von Finanzdienstleistungen an Verbraucher.

[30] Richtlinie 2000/35/EG bzw. 93/13/EWG.

[31] Richtlinie 1999/44/EG über den Verbrauchsgüterkauf; Richtlinie 87/102/EWG über den Verbraucherkredit; Richtlinie 90/314/EWG über Pauschalreisen; Richtlinie 86/653/EWG über Handelsvertreterverträge.

[32] Vgl. dazu die Textsammlung von *Magnus*, Europäisches Schuldrecht, München 2002 (nicht mehr ganz aktuell). Für den Bereich des europäischen Arbeitsrechts: *Neumann*, Europäisches Arbeitsrecht, München 2003.

ben", in Art. 95 EG. Auf diese Vorschrift ist die überwiegende Zahl privatrechts-vereinheitlichender Akte des Sekundärrechts gestützt. Ob sie darüber hinaus auch ein ganzes Zivilgesetzbuch zu tragen vermag, ist umstritten. Vernünftiger-weise wird sich ein europäischer Zivilgesetzgeber jedoch nicht auf das Risiko einlassen können, eine zivilrechtliche Kodifikation – und sei sie auch be-schränkt auf das Obligationen- und Sachenrecht – ohne eine explizite Grundla-ge im Primärrecht zu erlassen.

14   Das Zusammenspiel von Gemeinschaftsprivatrecht und nationalem Zivil-recht bereitet den Mitgliedstaaten jedoch zunehmend Schwierigkeiten. Zu den Ursachen dafür gehört zunächst die Form, in welcher es zum größten Teil ge-setzt ist: die Richtlinie (s. Art. 249 III EG). Gemeinschaftsprivatrecht gilt weitge-hend[33] nicht unmittelbar, sondern nur Kraft Umsetzung durch die mitglied-staatlichen Gesetzgeber.[34] Hat dieser dabei ohnehin schon einige Spielräume,[35] werden diese durch die verbreitete Praxis des Gemeinschaftsgesetzgebers noch vergrößert, lediglich Mindeststandards zu setzen, über welche die Mitgliedstaa-ten in vielfältiger Art und Weise hinausgehen.[36] Außerdem beruhen die prakti-schen Schwierigkeiten bei der Anwendung des privatrechtlichen *acquis com-munautaire* auch auf dessen inhaltlicher Ausgestaltung: Neben einigen redak-tionellen Schwächen finden sich in großem Maße Inkohärenzen, Unvollständig-keiten und Unklarheiten, die nicht zuletzt auf dem Fehlen einer – bislang nur in ersten Ansätzen erkennbaren – Dogmatik des Gemeinschaftsprivatrechts beru-hen. Weder über die Begriffe noch die Strukturen hat sich bis dato auch nur an-nährende Gewißheit erzielen lassen.

15   Im Blick auf diese Defizite und angespornt durch zahlreiche Initiativen aus der Europäischen Privatrechtswissenschaft[37] hat die Kommission durch ihre Mitteilung zum Europäischen Vertragsrecht vom 11. 7. 2001[38] den Prozeß einer Konsolidierung, Kodifizierung und Fortschreibung des Gemeinschaftsprivat-rechts in Gang gesetzt, der bis heute andauert.[39] In Ihrem Aktionsplan „Ein ko-

---

[33] Verordnungen mit privatrechtlichen Regeln finden sich bislang nur im Wettbewerbs-, Transport- und Gesellschaftsrecht. Vgl. *Calliess/Ruffert/Kahl*, Art. 95 Rn. 12 zu den Gründen.

[34] Zur Frage der sog. horizontalen Direktwirkung von Richtlinien unter Privaten im Falle verspäteter oder mangelhafter Umsetzung in nationales Recht zuletzt EuGH, C-201/02, 7. 1. 2004, (*Wells*) m.Anm. *Baldus*, GPR 2003/04, 124 sowie etwa *Weyer*, Unanwendbarkeit ge-meinschaftsrechtswidriger nationaler Normen im Privatrechtsverhältnis, GPR 2003/04, 226.

[35] Zu den Grenzen siehe etwa EuGH, C-52/00, 25. 4. 2002, *Kommission/Frankreich*, EuGH, C-154/00, 25. 4. 2002, *Kommission/Griechenland* und EuGH, C-183/00, 25. 4. 2002, *González Sánchez*, die jeweils zur Produkthaftungsrichtlinie ergangen sind.

[36] Die Beschränkung auf Mindeststandards ist unter Art. 95 EG – anders als nach Art. 137 IV für das Arbeitsrecht – keineswegs zwingend.

[37] Siehe den Überblick bei *Schmidt-Kessel*, RIW 2003, 481ff.

[38] KOM(2001) 398 endg., ABl. EG Nr. C 255 vom 13. 9. 2001, S. 1.

[39] Zum Stand der Dinge *von Bar*, GPR 2005, 1; *Schmidt-Kessel*, GPR 2005, 2ff.

härentes Europäisches Vertragsrecht" vom 12.2. 2002[40] schlug sie dann drei Maßnahmen vor, nämlich die Verbesserung des geltenden und künftigen Gemeinschaftsrechts durch einen Gemeinsamen Referenzrahmen, die Förderung der Verwendung unionsweit verwendbarer Allgemeiner Geschäftsbedingungen und die Möglichkeit eines optionalen Instruments im Bereich des Europäischen Vertragsrechts.[41] Im bislang jüngsten Konsultationspapier, der Mitteilung „Europäisches Vertragsrecht und Überarbeitung des gemeinschaftlichen Besitzstands – weiteres Vorgehen" vom 11.10. 2004,[42] entwickelt die Kommission nun vor allem die Idee des Gemeinsamen Referenzrahmens fort. Dabei soll es sich um einen offiziellen aber nicht bindenden Text handeln, der zunächst gemeinsame vertragsrechtliche Grundsätze – samt Hinweisen auf etwa notwendige Ausnahmen – benennt, diese sodann durch Definitionen ergänzt und schließlich Mustervorschriften formuliert.[43] Mit den wissenschaftlichen Vorarbeiten hat die Kommission ein Konsortium verschiedener Forschergruppen unter Führung der von *Christian von Bar* geleiteten *Study Group on a European Civil Code* beauftragt. Es ist absehbar, daß der von den Wissenschaftlern ausgearbeitete Vorentwurf im Bereich des allgemeinen Schuldrechts weitgehend den *Principles of European Contract Law* entsprechen wird.[44]

Bis die Pläne einer stärkeren Harmonisierung und Systematisierung in das **16** Stadium ihrer gesetzgeberischen Realisierung treten, sind im Umgang mit gemeinschaftsrechtlich determinierten nationalen Regelungen besondere Regeln zu beachten.[45] Die wichtigste unter diesen ist das Gebot der gemeinschaftsrechtskonformen und konkreter **richtlinienkonformen Auslegung** des Umsetzungsrechts. Soweit etwa Vorschriften des BGB auf Richtlinien beruhen – was häufig aber nicht immer durch entsprechende amtliche Anmerkungen deutlich gemacht wird –, muß die Auslegung dieser Vorschriften dem von den Richtli-

---

[40] KOM (2003) 68 endg., ABl. EU Nr. C 63 vom 15.3. 2003, S 1.

[41] Zu dieser Idee eines Rechtsakts, den die Parteien eines Vertrags als anwendbares Recht wählen können, vgl. *Staudenmayer*, Weitere Schritte im Europäischen Vertragsrecht, EuZW 2005, 103 (104ff.).Vorbild für das optionale Instrument sind offenbar die verschiedenen Konventionen zur Vereinheitlichung des Kaufrechts.

[42] KOM(2004) 651 endg. Dazu *von Bar*, GPR 2005, 1; *Schmidt-Kessel*, Auf dem Weg zum Gemeinsamen Referenzrahmen: Anmerkung zur Mitteilung der Kommission vom 11. Oktober 2004, GPR 2005, 2ff. (m.w.N.); *Staudenmayer* (vorherige Fn.).

[43] KOM(2004) 651 endg., S.12, siehe auch schon S.3: „Der GRR wird dann klare Definitionen von Rechtsbegriffen, Grundprinzipien und kohärente Mustervorschriften des Vertragsrechts enthalten, die auf dem gemeinschaftlichen Besitzstand und bewährten Problemlösungen aus den Rechtsordnungen der Mitgliedstaaten beruhen".

[44] Siehe *Schmidt-Kessel*, GPR 2005, 2, 5f.

[45] Zur Methodik des Europäischen Privatrechts allgemein *Gebauer/Wiedmann/Gebauer*, S 95ff.; *Langenbucher*, in *dies.*, Europarechtliche Bezüge des Privatrechts, Baden-Baden 2005, 25ff. sowie demnächst *Riesenhuber* (Hrsg.), Europäische Methodenlehre – Grundfragen der Methoden des Europäischen Privatrechts, Berlin 2005.

nien geforderten Ergebnis möglichst nahe kommen. Dazu muß der nationale Richter alle Möglichkeiten ausschöpfen, welche ihm die Umsetzungsnorm sowie die nationale Methodik bei der Auslegung von Gesetzen einräumten. Das gilt nicht nur für den klassischen Kanon der Auslegung nach dem Wortlaut, der Entstehungsgeschichte, der Einordnung im System und – im Umkreis des Gemeinschaftsrechts von besonderer Bedeutung – den Normzweck (Telos). Der Richter muß vielmehr auch die vorhandenen Generalklauseln, in Deutschland also insbesondere §§ 138, 242, 826, ausschöpfen (s. u. Rn. 154a) und dabei im Zweifel auch rechtsfortbildend tätig werden.

17   Das richtige Vorgehen bei der Anwendung richtliniendeterminierten deutschen Rechts ist also ein Zweischritt: Zunächst ist die Bedeutung der einschlägigen Vorgaben des Gemeinschaftsprivatrechts, also der Richtlinie in ihrem systematischen Zusammenhang, zu ermitteln, wobei der Zweck der einzelnen Norm sowie die generelle Binnenmarktfinalität des Gemeinschaftsrechts zu beachten sind; den damit befaßten Gerichten wird hierbei nicht selten Art. 234 EG die Möglichkeit oder gar die Pflicht einer Vorlage der anstehenden Auslegungsfragen an den Europäischen Gerichtshof entstehen. Sodann ist das nationale Recht mit allen methodisch zulässigen Mitteln so auszulegen, daß es den Vorgaben der Richtlinie entspricht. Das wird nur in wenigen Ausnahmefällen nicht möglich sein.

§ 2 Einordnung

I. Relative und absolute Rechte

18   Die aus Schuldverhältnissen entstehenden Rechte (und Pflichten) wirken nur zwischen den beteiligten Personen, d. h. „**relativ**", und können dritten Personen grundsätzlich nicht entgegengehalten werden. Das unterscheidet sie von den „**absoluten**" Rechten, die ihrem Inhaber Schutz gegen jedermann verleihen. **Relative Rechte** schaffen bzw. sind *Sonderverbindungen zwischen Personen*, die nur zwischen diesen Personen durchsetzbaren Schutz genießen, während **absolute Rechte** einzelnen Personen bestimmte Güter zuordnen (z. B. Sacheigentum, Recht auf körperliche Unversehrtheit) und diese Zuordnung durch eine gegenüber jedermann geschützte Ausschließlichkeit charakterisiert ist.[46]

Der Gläubiger eines Lieferungsanspruchs aus einem Kaufvertrag hat gegenüber dem Verkäufer nur ein „relatives" Recht. Wird die Kaufsache von einem Dritten fahrlässig zerstört, während sie noch im Eigentum des Verkäufers steht, so hat der nur „relativ" geschützte Gläubiger (Käufer) ausnahmsweise einen außervertraglichen Schadensersatzan-

---

[46] Die rechtlichen Formen der **Zuordnung von Sachen** sind vor allem im 3. Buch des BGB – **Sachenrecht** – geregelt.

spruch gegen den Dritten (hA).[47] Pfändet ein Gläubiger des Verkäufers den Kaufgegenstand, solange er noch dem Verkäufer gehört, dann wirkt der nur „relative" Lieferungsanspruch des Käufers ebenfalls nicht gegenüber dem pfändenden Gläubiger. In der Insolvenz des Verkäufers kann der Käufer, wieder Verbleib des Eigentums beim Verkäufer vorausgesetzt, die Sache nicht aus der Insolvenzmasse herausverlangen, da seine Position, d.h. der nur schuldrechtliche Anspruch auf Lieferung (genauer: auf Übereignung und Besitzverschaffung) gegenüber den Ansprüchen anderer Gläubiger nicht bevorrechtigt ist. Wenn dagegen der Verkäufer bereits Eigentum auf den Käufer übertragen hätte, der Käufer deshalb Inhaber eines „absoluten", gegenüber jedermann geschützten Rechts geworden wäre, könnte er – auch wenn der Besitz des Kaufgegenstandes noch beim Verkäufer verblieben wäre – gegen einen Schädiger einen außervertraglichen Schadensersatzanspruch aus § 823 I geltend machen, gegenüber einem Pfändungsgläubiger mit der Drittwiderspruchsklage nach § 771 ZPO vorgehen oder den Gegenstand aus der Insolvenzmasse aussondern, § 47 InsO.

Freilich ist zu dieser grundsätzlichen Unterscheidung anzumerken, daß sie   **19**
nicht ausnahmslos durchgeführt wird: Gegenüber bestimmten deliktischen Verletzungen genießen auch relative Rechte Schutz, etwa, wenn ein Dritter den Vertragsschuldner vorsätzlich zum Vertragsbruch verleitet und so den – an sich nur relativ, d.h. inter partes wirkenden – Vertragsanspruch des Gläubigers vereitelt (§§ 138, 826). Bestimmte schuldrechtliche Ansprüche können u.U. in der Zwangsvollstreckung gegen den Anspruchsschuldner Vorrang haben und dadurch ebenfalls einen gewissen Schutz gegenüber anderen Gläubigern genießen, vgl. etwa §§ 39, 53, 55 InsO. Die Einziehung einer Forderung durch einen Nichtberechtigten, d.h. Nicht-Gläubiger dieser Forderung, kann einen Ausgleichsanspruch des wirklichen Gläubigers nach Bereicherungsrecht auslösen, § 816 II; gegen derartige Eingriffe wirkt das grundsätzlich relative Recht „Forderung" absolut, d.h. es ist gegen jeden Nicht-Gläubiger geschützt. Die strenge Unterscheidung zwischen relativen, nur im Verhältnis zwischen Gläubiger und Schuldner wirkenden und geschützten Rechten, und absoluten, gegen Dritte geschützten Rechten, ist auch deshalb einzuschränken, weil Zwischenformen existieren: Der berechtigte Besitzer, Pächter oder Käufer genießt gegen Eingriffe Dritter absoluten Schutz, obwohl sein Besitz als solcher kein absolutes Recht ist und seine Besitzberechtigung an sich nur relativ aufgrund des Schuldverhältnisses (Miete, Pacht, Kaufvertrag) vom Eigentümer abgeleitet ist.[48]

Auch grundsätzlich sind Zweifel an der Dichotomie relativer und abstrakter Rechte anzumelden: Von wenigen Ausnahmen abgesehen, erfolgen Zuweisung und Verteidigung

---

[47] Zur Bedeutung dieser Einschränkung des Schutzes durch die außervertragliche Haftungsordnung s. *Schlechtriem*, BT, Rn. 845.

[48] Einprägsam *Gernhuber*, Schuldverhältnis, § 3 IV, S. 52 ff.: „Reflektorische Verdinglichung". Str. ist allerdings, ob nur der berechtigte oder auch der unberechtigte Besitz, z.B. des Diebes, geschützt ist; im letzteren Sinne die hL, s. *Gernhuber*, aaO.: „Es ist der Besitz selbst, der deliktischen Schutz genießt; das Recht zum Besitz (besser: Die Befugnis zur Nutzung der Sache) kommt nur als Element der Schadensberechnung in Betracht."

der üblicherweise als „absolut" eingeordneten Rechtspositionen nur in Relation zu einzelnen Dritten. Übertragungsakte (etwa Abtretung und Übereignung) erfolgen regelmäßig nur „inter partes" und nur ganz ausnahmsweise erfolgt die Zuweisung einer Rechtsposition mit Wirkung „erga omnes" (vgl. §§ 814ff. ZPO). Auch die zur Verteidigung bereitstehenden Rechtsbehelfe des Inhabers eines „absoluten" Rechts (etwa §§ 985, 1004) wirken nur gegen die jeweils passivlegitimierten Personen. Auf ein erstrittenes Urteil kann sich der Inhaber der Rechtsposition dementsprechend nur gegenüber dem Beklagten und nicht gegenüber anderen Dritten berufen. Das die Idee „absoluter" Rechte in der Praxis gleichwohl funktioniert, liegt darin, daß bei der prozessualen Durchsetzung an Publizitätsakte (etwa den Besitz: § 1006) angeknüpft werden kann, die in einer ganz überwiegenden Zahl von Fällen kollidierende Gerichtsentscheidungen vermeiden helfen. Gleichwohl bleibt die Erkenntnis, daß ein „absolutes" Recht sich immer nur in Relation zu einzelnen Personen durchsetzen läßt.

20   Zu beachten ist, daß die aus der Verletzung absoluter Rechte entspringenden Ansprüche überwiegend relative Rechte darstellen, so z.B. ein Schadensersatzanspruch aus § 823 oder ein Bereicherungsanspruch aus § 812 bei Verlust oder Vorenthaltung des (absoluten) Eigentums: Kann der wegen einer Eigentumsverletzung auf Schadensersatz haftende Schuldner seine Verpflichtung nicht erfüllen, weil ihn ein Dritter schuldhaft körperlich verletzt hat, kann der Gläubiger des Schadensersatzanspruchs nicht gegen den Dritten vorgehen, obwohl sein Anspruch aus der Verletzung eines absolut geschützten Rechts herrührt. Dagegen kann der Eigentümer bei Verletzung seines Eigentums durch Besitzentziehung mit dem dinglichen Herausgabeanspruch aus § 985 – der rei vindicatio – vorgehen, der Vorrang vor Ansprüchen anderer Gläubiger des Besitzers hat, also „absolut" wirkt.

II. Schuld und Haftung

21   Die aufgrund eines Schuldverhältnisses bestehende **Verbindlichkeit** des Schuldners **(Schuld)** *verpflichtet* ihn zu einem Verhalten (zur Leistung s. u. Rn. 160ff.), während **Haftung** das *Einstehenmüssen* für die Verpflichtung bezeichnet.[49]

Der Unterschied wird deutlich, wenn sich die **Haftung** eines Schuldners auf **bestimmte Vermögensgegenstände beschränkt** bzw. beschränken läßt. Zwar haftet der Schuldner grundsätzlich mit seinem gesamten Vermögen, das notfalls im Wege der Zwangsvollstreckung zur Begleichung seiner Verbindlichkeit verwertet werden kann, doch gibt es auch Fälle beschränkter Vermögenshaftung, so unter bestimmten Voraussetzungen für die Erben hinsichtlich der auf sie übergegangenen Schulden des Erblassers (s. §§ 1922 I, 1975).
Eine **Haftung ohne persönliche Verbindlichkeit** wird durch die Einräumung *dinglicher Sicherungsrechte* an Gegenständen (Sachen oder Rechten) begründet, etwa durch Bestel-

---

[49] Im allgemeinen Sprachgebrauch wird Haften dagegen auch i.S. von Schulden oder Verantwortung für verursachte Schäden gebraucht.

lung eines Pfandrechts oder durch Sicherungsübereignung als Sicherheit für eine fremde Schuld: Verpfändet die Ehefrau Wertpapiere für ein ihrem Ehemann gewährtes Darlehen, dann schuldet sie zwar nicht selbst Rückzahlung des Darlehens, haftet aber mit den Wertpapieren für die persönliche Verbindlichkeit ihres Mannes.

Schließlich gibt es auch **Verbindlichkeiten ohne Haftung.** Sie können vom Schuldner erfüllt, ihre Erfüllung vom Gläubiger aber nicht erzwungen werden, und zwar weder mit gerichtlicher Hilfe noch durch Aufrechnung oder Zurückbehaltung des Gegenstandes einer eigenen Schuld. Ebenso wenig können sie durch Konventionalstrafen oder Sicherheiten wie Bürgschaft oder Pfandrecht abgesichert oder durch ein Schuldanerkenntnis „bewirkt" werden (s. z.B. § 762 II). Man bezeichnet solche unvollkommenen (oder natürlichen) Verbindlichkeiten als **Naturalobligationen.**[50] Daß es sich dabei um Verpflichtungen handelt, zeigt sich, wenn der Schuldner auf derartige Naturalobligationen geleistet hat: Er kann seine Leistung nicht deshalb wegen ungerechtfertigter Bereicherung zurückverlangen, weil sie nur auf eine unvollkommene Verbindlichkeit erfolgte.[51]

III. Einteilungen

1. Typen der inneren causa

Zuweilen werden *Schuldverhältnisse aus Rechtsgeschäft* entsprechend dem **22** **Zweck** eingeordnet, den die Parteien mit diesem Geschäft verfolgen: Bei Austauschverträgen verpflichten sich die Parteien um der Gegenleistung willen, bei unentgeltlichen Geschäften ist *causa* die Absicht, etwas ohne Gegenleistung zuzuwenden, bei Gesellschaftsverträgen soll durch Zusammenwirken ein gemeinsamer Zweck erreicht werden, in einem Vergleich oder anderen Feststellungsgeschäften soll eine unklare Rechtslage zwischen den Parteien bindend geklärt werden, Sicherungsgeschäfte dienen der Absicherung des Gläubigers gegen Zahlungsunfähigkeit oder Zahlungsunwilligkeit des Schuldners. Dieser Geschäftszweck kann im einzelnen Bedeutung gewinnen, falls die Rechtsordnung ihn mißbilligt (s. dazu unten Rn. 58ff.) oder wenn er nicht verwirklicht werden kann, also z.B. bei einem Austauschvertrag eine Seite den Zweck ihrer Verpflichtung nicht erreichen kann, die Gegenleistung der anderen Seite bzw. eine entsprechende Verpflichtung zu erhalten.

Das Gesetz kennt aber auch Verpflichtungen, die „neutral", d.h. von einem **23** bestimmten Zweck gelöst sind und deshalb „**abstrakte Verpflichtungen**" genannt werden, so Schuldversprechen und Schuldanerkenntnis, §§ 780, 781, sowie in bestimmten Wertpapieren verbriefte Forderungen.

---

[50] Der Begriff „Naturalobligation" wird allerdings unterschiedlich gebraucht, vgl. *Larenz,* Schuldrecht I, § 2 III, S. 21.

[51] S. jedoch *Larenz,* Schuldrecht I, § 2 III, S. 20 f., der annimmt, mangels Durchsetzbarkeit bestehe keine *rechtliche* Verpflichtung. Rechtsgrund im Rahmen der ungerechtfertigten Bereicherung sei das Bestehen einer moralischen Pflicht oder eine auf „den Anstand zu nehmende Rücksicht". Für diesen Rückforderungsausschluß würde jedoch § 814 genügen.

Diese „Abstraktion" von einem mit der Verpflichtung verfolgten Zweck darf nicht verwechselt werden mit der „Abstraktheit" eines bestimmten Rechtsgeschäftes von der Gültigkeit eines anderen Rechtsgeschäftes. Z.B. ist die Übereignung, die aufgrund eines Kaufvertrages erfolgt, deshalb abstrakt, weil sie in ihrer Wirksamkeit von der Gültigkeit des Kaufvertrages grundsätzlich unabhängig ist.

Regelmäßig wird eine solche „abstrakte" Verpflichtung begründet, um die Stellung des Gläubigers zu stärken und die Gefahr zu verringern, daß aus einer kausalen Beziehung zwischen Gläubiger und Schuldner Einwendungen oder Einreden gegen die Verpflichtung hergeleitet werden: Eine abstrakte Verpflichtung des Darlehensnehmers „sichert" den Gläubiger gegen Einwendungen oder Einreden des Darlehensschuldners aus dem kausalen Darlehensverhältnis. Freilich wirkt die Abstrahierung einer solchen Verpflichtung von dem ihr zugrunde liegenden Geschäft nicht ohne jegliche Einschränkung: Eine abstrakte Verpflichtung, die aufgrund eines nichtigen oder mit einer dauernden Einrede behafteten (vgl. § 813) Grundgeschäftes eingegangen worden ist, stellt eine ungerechtfertigte Bereicherung des Gläubigers dar (vgl. zunächst § 812 II). Abstrakte Verpflichtungen zur Sicherung einer undurchsetzbaren Naturalobligation können ihrerseits nicht eingeklagt werden, vgl. für eine Spielschuld § 762 II.

2. Dauerschuldverhältnisse

24   Schuldverhältnisse können auf Erbringung oder Austausch von Leistungen durch einen einmaligen und kurzfristigen Vorgang gerichtet sein. Sie können aber auch zur Leistung über einen längeren Zeitraum hinweg verpflichten, wobei der Umfang der Leistung sogar entscheidend vom Zeitraum, für den das Schuldverhältnis gelten soll, abhängen kann: Der Umfang der Leistung des Vermieters wird wesentlich – auch – durch die Mietzeit bestimmt, der Umfang der Unterhaltsleistung insgesamt hängt von der Dauer der Unterhaltsberechtigung und -verpflichtung, d.h. vor allem von der Bedürftigkeit des Gläubigers und der Leistungsfähigkeit des Unterhaltsschuldners ab, vgl. §§ 1602, 1603. Solche durch zeitlich dauernde Leistungserbringung gekennzeichneten Schuldverhältnisse heißen **Dauerschuldverhältnisse;**[52] das Gesetz berücksichtigt sie ganz allgemein vor allem in § 314, aber auch in §§ 308 Nr. 3, 309 Nr. 1.[53] Bei vertraglich begründeten Dauerschuldverhältnissen kann die Abgrenzung zu „normalen" Lieferungsverträgen schwierig sein, wenn die Lieferung in Raten und deshalb

---

[52] Krit. zu diesen Erklärungsversuchen vermittels einheitlicher Kriterien *Gernhuber*, Schuldverhältnis, § 16 I 1, S. 378 f.
[53] Neuregelung durch das SchRModG, zur Rechtslage bis zum 01. 01. 2002 s. 4. Auflage dieses Lehrbuchs Rn. 14,15.

ebenfalls über einen längeren Zeitraum hinweg erfolgen soll.[54] Die praktische Bedeutung der Herausarbeitung eines besonderen Typs vertraglich begründeter Dauerschuldverhältnisse liegt darin, daß bei Störungen, die erst nach zunächst einwandfreiem Verlauf in der weiteren Vertragsdurchführung eintreten, *besondere Rechtsbehelfe* erforderlich sind, die in den Wirkungen von den Rechtsbehelfen für die Störung „normaler" Austauschverträge abweichen.[55] Auch stellt sich bei Verträgen, die sich über einen längeren Zeitraum erstrecken, besonders häufig das Problem, daß die ursprünglich vereinbarte bzw. vorausgesetzte Äquivalenz von Leistung und Gegenleistung durch eine Veränderung der wirtschaftlichen Verhältnisse aus dem Gleichgewicht gerät und deshalb Anpassungsnotwendigkeiten entstehen bzw. behauptet werden, s. dazu zunächst § 313.

3. Einseitig und mehrseitig verpflichtende Verträge

Für Schuldverhältnisse aus Rechtsgeschäft wird zunächst unterschieden, ob   25
sie mehrseitig verpflichten, d.h. Obligationen für alle Parteien des Schuldverhältnisses begründen,[56] oder ob Pflichten wie beim Schenkungsvertrag oder bei einer Bürgschaft grundsätzlich nur für eine Seite entstehen. Bei mehrseitig verpflichtenden Verträgen wird weiter danach unterschieden, ob die Verpflichtungen im **Gegenseitigkeitsverhältnis (Synallagma)** stehen, *causa* und Wirksamkeitsvoraussetzung der Verpflichtung der einen Seite deshalb die wirksame Verpflichtung der anderen Seite ist.[57] Die Unterscheidung der gegenseitig ver-

---

[54] Vgl. *Horn*, Vertragsdauer. Die Vertragsdauer als schuldrechtliches Regelungsproblem. Empfiehlt sich eine zusammenfassende Regelung der Sonderprobleme von Dauerschuldverhältnissen und langfristigen Verträgen? in: Gutachten und Vorschläge zur Überarbeitung des Schuldrechts, hrsgg. v. Bundesminister der Justiz, Bd. II, Köln 1981, S. 551, 561f.

[55] Zeitlich gestreckte Lieferungsverträge zur Versorgung mit Strom, Wasser und Gas hat man früher auch als „Wiederkehrschuldverhältnisse" zu erklären versucht, bei denen aufgrund einer Rahmenvereinbarung jeweils mit dem Bezug des Versorgungsguts ein neuer Vertrag geschlossen wurde. Die praktische Bedeutung dieser Konstruktion lag in § 17 der alten KO (hierzu *Kreft*, Die Wende in der Rechtsprechung zu § 17 KO, ZIP 1997, 865ff.); die Sachfrage ist jetzt in §§ 103ff., 105 InsO gelöst: Vergütung der bereits bezogenen Leistungen als normale Insolvenzgläubiger, für weitere Leistungen als Massegläubiger, § 55 I Nr. 2 InsO.

[56] Davon zu unterscheiden ist die Frage, ob ein rechtsgeschäftlich begründetes Schuldverhältnis durch einseitige Willenserklärung (einseitiges Rechtsgeschäft) oder – wie regelmäßig – durch korrespondierende Willenserklärungen (zwei- oder mehrseitiges Rechtsgeschäft) zustande kommt.

[57] Die dogmatische Konstruktion dieser wechselseitigen Abhängigkeit ist freilich umstritten: gegenseitige Bedingtheit, gegenseitige Abhängigkeit der Fälligkeiten, inhaltliche Beschränkung der jeweiligen Ansprüche durch austauschweise Erbringung der eigenen Leistung, Gegenleistung als Mitwirkungsobliegenheit des Gläubiger bei der Leistungserbringung des Schuldners, s. hierzu *Ernst*, Die Gegenseitigkeit im Vertragsvollzug, AcP 199 (1999), 485ff., 490ff. sowie Rn. 396ff.

pflichtenden Verträge von den übrigen mehrseitig verpflichtenden Verträgen[58] ist für die anwendbaren Rechtsbehelfe bei Leistungsstörungen von großer Bedeutung, da bei synallagmatisch verknüpften Pflichten die Vorschriften der §§ 320 ff. gelten, falls eine Seite ihre derart verknüpfte Pflicht nicht erfüllt. Die Bedeutung dieser Verknüpfung für die Rechtsbehelfe eines Gläubigers hat jedoch abgenommen (s. Rn. 184 ff.). Die auf einen Austausch von Leistungen zielenden Pflichten stehen regelmäßig in einem solchen gegenseitigen Abhängigkeitsverhältnis, z.B. die Pflicht zur Lieferung der Kaufsache und die Verpflichtung zur Kaufpreiszahlung, die Pflicht des Vermieters, die Mietsache für die Dauer der Mietzeit zu überlassen und die Pflicht des Mieters, den Mietzins zu zahlen, usw. Grundsätzlich steht es den Parteien auch frei, vertraglich vereinbarte Pflichten in ein solches Verhältnis gegenseitiger Abhängigkeit zu bringen: Obwohl der Mieter im Normalfall als Gegenleistung für die Überlassung der Mietsache nur den Mietpreis schuldet, seine Verpflichtung zur Rückgabe der Mietsache in unversehrtem Zustand deshalb nicht im Synallagma steht, konnten die Parteien die Reparaturpflicht des Mieters dergestalt „aufwerten", daß sie in ihrer Bedeutung einer synallagmatisch verknüpften Leistungspflicht nahe kommt und §§ 320 ff. anwendbar sind.[59] Freilich hat das SchRModG diese „Aufwertung" unnötig gemacht.

26   Häufig finden sich in Verträgen *synallagmatisch verknüpfte Obligationen* und andere Pflichten: Bei einem Darlehensvertrag ist der Darlehenszins (synallagmatisch verknüpfte) Gegenleistung für die Überlassung des Darlehenskapitals auf bestimmte Zeit, § 488 I, während die Verpflichtung zur Rückzahlung der Darlehensvaluta nach Ablauf der Darlehenslaufzeit – § 488 I 2 – eine sog. **Rückabwicklungpflicht** ist, die nicht etwa im Gegenseitigkeitsverhältnis zur Überlassung der Darlehensvaluta steht (insoweit unglücklich § 488 I 2).

4. Real- und Konsensualverträge

27   Eine weitere, zuweilen im Zusammenhang mit dem „alten Schuldrecht" erörterte Einteilung betrifft das Zustandekommen von Verträgen: Während regelmäßig ein rechtsgeschäftlicher Konsens der Parteien den Vertragsschluß bewirkt, wurde für eine Reihe von Verträgen aufgrund der durch historische Vorbilder beeinflußten Formulierung des Gesetzes vertreten, der Vertrag selbst komme als sog. Realvertrag durch einen bestimmten Zuwendungsvorgang zu-

---

[58] Andere Bezeichnung: unvollkommen zweiseitige und vollkommen zweiseitige Verträge, so *Medicus*, Schuldrecht I, § 40 I Rn. 472.

[59] Vgl. BGH NJW-RR 1992, 1226 f. zu § 326 a.F. Nach der Neuregelung sind Rücktritt (nach § 323 V 1) oder Kündigung (nach § 314) möglich, ohne daß es auf die synallagmatische Verknüpfung noch ankommt.

stande. Dies galt für § 516 (Realschenkung), § 688 (Verwahrung) und früher nach § 607 a. F. auch für das Darlehen. Entscheidend für den Vertragsschluß dürfte auch bei diesen Verträgen jedoch allein der Konsens der Parteien sein; für das Darlehen hat § 488 I (n. F.) dies klargestellt. Der Zuwendungsvorgang hat dagegen je nach Vertragstyp unterschiedliche Bedeutung: Bei der Schenkung in Form der Handschenkung (§ 516 I) ist er neben dem Konsens zusätzliche Wirksamkeitsvoraussetzung; er hat ähnliche (Warn-)Funktion wie die meisten Formvorschriften. Bei der Verwahrung ist die Hingabe des geschuldeten Gegenstandes lediglich Voraussetzung für das Entstehen von Rückgewähransprüchen; der Vertrag kann dagegen schon vor der Zuwendung zustande kommen. Einzelheiten gehören in die Darstellung des Besonderen Teils bzw. der einzelnen Vertragstypen.

Auch das zuweilen als Sonderkategorie behandelte Institut der „faktischen" Verträge betrifft keinen besonderen Typ von Schuldverhältnissen, sondern Probleme fehlerhaft zustande gekommener Verträge. Es dient einer Einschränkung der Fehlerfolgen bei bestimmten Vertragstypen (meist Dauerschuldverhältnissen) sowie der Inanspruchnahme von üblicherweise nur aufgrund Vertrages gewährten Leistungen unter ausdrücklicher Verwahrung gegen einen Vertragsschluß. Die Lehre von den „faktischen" Verträgen, die zeitweise auch von der Rechtsprechung genutzt worden ist, darf heute als überwunden gelten.[60]

Kapitel 2: Schuldverhältnisse aus Vertragsanbahnung und ähnlichen geschäftlichen Kontakten

Lit. (zur Rechtslage vor dem 1. 1. 2002): *Canaris*, Reichweite der Expertenhaftung gegenüber Dritten, ZHR 163 (1999), 206–245; *Emmerich*, Zum gegenwärtigen Stand der Lehre von der culpa in contrahendo, Jura 1987, 561–567; *ders.*, Das Recht der Leistungsstörungen, 34–76; *Horn*, Culpa in Contrahendo, JuS 1995, 377–387; *U. Huber*, Aufklärungspflichten vor Vertragsschluß, Karlsruher Forum 2001, 5–38; *Medicus*, Verschulden bei Vertragsverhandlungen. Empfehlen sich eine Normierung der Lehre vom Verschulden bei Vertragsverhandlungen und eine Neuregelung vorvertraglicher Rechte und Pflichten im BGB? Können Widerrufsrechte und ähnliche sondergesetzliche Regelungen zum Schutz von nachteiligen Vertragsbindungen im BGB geregelt werden?, in: Gutachten und Vorschläge zur Überarbeitung des Schuldrechts, hrsgg. v. Bundesminister der Justiz, Bd. I, Köln 1981, 479–550; *Hans Stoll*, Tatbestände und Funktionen der Haftung für culpa in contrahendo, FS v. Caemmerer, Tübingen 1978, 435–474; *Wiegand*, „Sachwalterhaftung" als richterliche Rechtsfortbildung, Berlin 1991.
Lit. (zur Rechtslage nach dem 1. 1. 2002): *Grigoleit*, Reformperspektiven der vorvertraglichen Informationshaftung, in: *Schulze/Schulte-Nölke* (Hrsg.), Die Schuldrechtreform vor dem Hintergrund des Gemeinschaftsrechts (2001), 269; *Koch*, § 311 Abs. 3

---

[60] Zum Aufstieg dieser Lehre, der auch durch nationalsozialistisches Gedankengut begünstigt wurde, und ihrem Niedergang s. *Lambrecht*, Die Lehre vom faktischen Vertragsverhältnis, Tübingen 1994.

BGB als Grundlage einer vertrauensrechtlichen Auskunftshaftung, AcP 2004 (2004), 59–80; *Köndgen*, Die Positivierung der culpa in contrahendo als Frage der Gesetzgebungsmethodik, in: *Schulze/Schulte-Nölke* (Hrsg.), Die Schuldrechtsreform vor dem Hintergrund des Gemeinschaftsrechts (2001), 231; *Lieb*, Culpa in contrahendo und Dritthaftung, in: *Dauner-Lieb/Heidel/Lepa/Ring*, Das neue Schuldrecht (2002), 138; *Lieb*, Culpa in contrahendo und Dritthaftung, in: *Dauner-Lieb/Heidel/Lepa/Ring*, Das neue Schuldrecht (2002), 138; *Mertens*, Die Rechtsfolgen einer Haftung aus culpa in contrahendo beim zustande gekommen Vertrag nach neuem Recht, ZGS 2004, 67–73; *ders.*, Culpa in contrahendo beim zustande gekommen Kaufvertrag nach der Schulrechtsreform, AcP 203 (2003), 818–854; *Schaub*, Beratungsvertrag und Sachmängelgewährleistung nach der Schuldrechtsmodernisierung, AcP 202 (2002), 757–807.

§ 1 Überblick

28   Schuldrechtliche Beziehungen entstehen nicht erst mit dem Abschluß eines Vertrages, sondern bereits mit seiner Anbahnung. Eine zu vertretende Verletzung der Pflichten aus diesem vorvertraglichen Schuldverhältnis löst Schadensersatzansprüche aus culpa in contrahendo aus. Das Institut des Schuldverhältnisses aus Vertragsanbahnung war ursprünglich im BGB nicht allgemein geregelt, doch bestand im Prinzip allgemeine Übereinstimmung über seine Anerkennung als Rechtsinstitut und – vor allem – über die mögliche Rechtsfolge von Schadensersatzansprüchen aus culpa in contrahendo.

29   Nachdem schon das durch das SchRModG aufgehobene AGBG in § 11 Nr. 7 dieses Institut gesetzlich berücksichtigt hatte, ist es jetzt allgemein in § 311 II durch die Statuierung von Schutzpflichten i.S.v. § 241 II (s. o. Rn. 2) aufgrund der Aufnahme von Vertragsverhandlungen, Anbahnung von Verträgen und ähnlichen geschäftlichen Kontakten normiert worden. Zu seiner Auslegung und der Ausfüllung der verwendeten wertungsoffenen Begriffe kann aber auf Rspr. und Literatur zur Konkretisierung der alten culpa in contrahendo-Regeln zurückgegriffen werden, soweit die neue gesetzliche Regelung nicht notwendig zu abweichenden Ergebnissen führt oder für bisher schon erreichte Lösungen eine neue Begründungsgrundlage geschaffen hat.[1] Abs. 3 fügt eine Regelung der Einbeziehung Dritter in das Pflichtengefüge im Vorfeld eines Vertrages hinzu, die ebenfalls auf Lösungen zur culpa in contrahendo nach dem alten Rechtszustand aufbaut (dazu unter Rn. 35a, 37).

30   Die Lehre von der culpa in contrahendo ist im 19. Jahrhundert von *Rudolf von Jhering* aus römisch-rechtlichen Quellen entwickelt worden;[2] allerdings enthielt schon das Allgemeine Preußische Landrecht von 1794 in Teil I, Titel 5,

---

[1] Vgl. Begründung RegE zu § 311 II: „... regelt aufbauend auf einer gefestigten Rechtsprechung".

[2] *Von Jhering*, Culpa in contrahendo oder Schadensersatz bei nichtigen oder nicht zur Perfektion gelangten Verträgen, JherJB. 4 (1861), 1–112.

§§ 284 f. eine allgemeine gesetzliche Regel. Gesetzliche Berücksichtigung fand das Prinzip einer Schadensersatzhaftung wegen Verletzung von Pflichten zur Aufklärung über bzw. Vermeidung von Umständen, die zur Nichtigkeit des Vertrages führen, im BGB in den §§ 307, 309 a.F. und in §§ 122, 179 II.[3] *Von Jherings* Arbeit hatte auch Einfluß auf die Rechtswissenschaft außerhalb Deutschlands,[4] doch war die Rezeption des Instituts der culpa in contrahendo dort vor allem von theoretisch-dogmatischer Bedeutung.[5]

Die Einheitsrechtsprojekte sehen zunächst als vorvertragliche Verhaltens-   **31** pflicht vor, daß (nur) bei treuwidrigem – Art. 2:301 PECL – oder bösgläubigem – Art. 2.1.1.5 UNIDROIT-Principles – Abbruch von Vertragsverhandlungen gehaftet wird, wobei aus den Verfasserkommentaren deutlich wird, daß man vor allem an Fälle des Verhandelns ohne Absicht oder im Verlauf der Verhandlungen aufgegebener Absicht, zu einem Vertragsschluß zu kommen, gedacht hat. Aber die PECL enthalten im Zusammenhang mit der Anfechtung wegen Irrtums auch eine Regelung der Haftung für Fehlinformationen, auf die die andere Partei bei Vertragsschluß vertraut hat, Art. 4:106, während die UNIDROIT-Principles in Art. 3.18 eine generelle Schadensersatzhaftung dessen vorsehen, der den Grund für die Anfechtbarkeit eines Vertrages kannte oder kennen mußte, unabhängig davon, ob angefochten worden ist. Damit ist eine Reihe der im folgenden zu behandelnden Fallkonstellationen ebenfalls abgedeckt. Hingegen erfaßt das CISG grundsätzlich keine Fragen der Haftung für vorvertragliches Fehlverhalten.[6] Ein Rückgriff auf nationale Regeln kommt gleichwohl nur dort in Betracht, wo die Konvention entsprechende Sachverhalte nicht selbst löst: Insbesondere kommt angesichts von Art. 35 CISG die Anwendung nationaler Regeln dort nicht in Betracht, wo es um die Behandlung von falschen Angaben eines Verkäufers hinsichtlich der Qualität der Kaufsache geht.

Zahllose vorvertragliche Pflichten von Parteien beruhen heutzutage auf Gemeinschaftsrecht.[7] Eine geschlossene Konzeption einer Schadensersatzhaftung für Fehlverhalten im Vorfeld eines Vertrages hat das Gemeinschaftsrecht jedoch bisher nicht ausgebildet. Es finden sich bisher lediglich drei Ansatzpunkte: So verlangen die beiden sog. Rechtsmittelrichtlinien zum Vergaberecht, daß einem in rechtswidriger Weise benachteiligtem Bieter ein Schadensersatzanspruch und ein Verfahren zur Durchsetzung zur Verfügung stehen müssen.[8] Des weiteren schreibt die Prospekthaftungsrichtlinie

---

[3] Gegen diese Deutung des § 122 durch die hL jedoch *Stoll* (Lit. vor Rn. 28), FS v. Caemmerer, 439 m w N.

[4] Vgl. die Nachweise bei *Stoll* (Lit. vor Rn. 28), FS v. Caemmerer, 435 Fn. 2.

[5] S. jedoch auch die Regelung in Artt. 1337 f. ital. Codice civile.

[6] *Schlechtriem/Schwenzer/Schlechtriem*, Vor Artt. 14–21, Rn. 6; *Schlechtriem/Schwenzer/Stoll/Gruber*, Art. 74, Rn. 11.

[7] S. den Überblick bei *Riesenhuber*, Europäisches Vertragsrecht, Rn. 278–325.

[8] Art. 2 I lit. c Richtlinie 89/665/EWG und Art. 2 I lit. d Richtlinie 92/13/EWG. Die deutsche Umsetzung findet sich in § 126 GWB.

2003/ 71/EG in ihrem Art. 6 vor, daß die Mitgliedstaaten für die von der Richtlinie erfaßten Prospekte eine Haftung der Verantwortlichen für fehlerhafte Angaben vorsehen.[9] Schließlich kann es auch außerhalb des Vergaberechts zu Konstellationen kommen, in denen vorvertragliche Pflichten ausnahmsweise einmal einen Mitgliedstaat oder dessen Untergliederungen treffen.[10] Besondere Schwierigkeiten bereitet die Haftung für vorvertragliches Fehlverhalten bei der Anwendung der EG-Verordnung über die gerichtliche Zuständigkeit und die Vollstreckung gerichtlicher Entscheidungen in Zivil- und Handelssachen.[11]

§ 2 Einzelne Fallgruppen

I. Vorvertragliche Schutzpflichten für Leib, Leben und Sacheigentum

32   Nach Inkrafttreten des BGB wurde das Institut der culpa in contrahendo von der Rechtsprechung zunächst vor allem angewandt, um vorvertragliche Schutzpflichten für Gesundheit oder Eigentum zwischen künftigen Vertragspartnern zu begründen und so Haftungsnormen für die Verletzung von Pflichten aus bereits bestehenden Schuldverhältnissen anwendbar werden zu lassen. Insbesondere ging es um die Anwendung des § 278, d.h. der strengen Verantwortung des Geschäftsherrn für Pflichtverletzungen durch seine Erfüllungsgehilfen (vgl. hierzu Rn. 604ff.). Dieser Vorteil besteht auch nach der Neuregelung weiter:

> Rutscht ein Kaufhausbesucher auf einem Gemüseblatt aus, das vom Reinigungspersonal fahrlässig übersehen worden ist, oder wird er durch eine umstürzende Linoleumrolle verletzt, die ein Angestellter des Kaufhauses unachtsam umgestoßen hat, dann ermöglicht die Annahme eines bereits vor Abschluß eines Kaufvertrages bestehenden gesetzlichen Schuldverhältnisses zwischen dem Unternehmen und dem Kaufhausbesucher, daß das Unternehmen nach § 278 für die Angestellten einzustehen hat, deren es sich zur Erfüllung seiner Schutzpflichten aus diesem Schuldverhältnis bedient.[12] Auch kann durch Anwendung des § 280 I 2 auf die Verletzung der vorvertraglichen Schutzpflicht nach §§ 311 II, 241 II die Beweislast für den Geschädigten (hierzu Rn. 589) erleichtert werden.[13]

Freilich hatte sich schon vor der Neukodifikation die Ansicht durchzusetzen begonnen, daß es sich bei diesen verletzten Schutzpflichten eigentlich um allgemeine, aufgrund der jeweiligen Situation konkretisierte Verkehrspflichten[14]

---

[9] Dazu *König*, GPR 2003–04, 152, 154f. Vgl. §§ 44,45 BörsG, §§ 13, 13a VerkProspG.

[10] *Kuesko-Stadlmayer*, in: *Heinz Mayer*, Kommentar zu EU- und EG-Vertrag, Wien 2004, Art. 288, Rn. 66ff., 75ff.

[11] EuGH, Rs. C-334/00, 17.9. 2002, Slg. 2002, I-7357 (*Tacconi*) mit Anmerkung von *Schmidt-Kessel*, ZEuP 2004, 1019.

[12] Vgl. RGZ 78, 239 – Linoleumrollen-Fall.

[13] Vgl. BGHZ 66, 51, 53f. – Gemüseblatt-Fall – zur alten Rechtslage.

[14] Zum Begriff s. *Schlechtriem*, BT, Rn. 852ff.

handelt, deren Verletzung deliktische Schadensersatzansprüche auslösen kann und die lediglich deshalb zu Pflichten aus einem vorvertraglichen Schuldverhältnis aufgewertet worden sind, um bestimmte Schwächen des Deliktsrechts der §§ 823 ff., insbesondere bei der Gehilfenhaftung – § 831 mit Exkulpationsmöglichkeit für den Geschäftsherrn – zu vermeiden.[15]

II. Vorvertragliche Pflichten zum Schutz von Vermögensinteressen

Vielfältiger und unübersichtlicher sind die vorvertraglichen Pflichten und **33** Haftungsfolgen bei Verletzung anderer, durch ihre Vertragsbezogenheit abgrenzbarer Interessen des Verhandlungspartners, auf die nach § 241 II „Rücksicht" zu nehmen ist. Zum einen geht es um Pflichten, die den wirksamen Abschluß des angebahnten Vertrages ermöglichen und sichern sollen; in die Gruppe der entsprechenden Pflichten kann man den in Rn. 30 erwähnten gesetzlich geregelten Fall des § 122 sowie die in den Prinzipienprojekten ins Auge gefaßten Situationen (s. Rn. 31) einordnen. Zum anderen sollen vorvertragliche Pflichten – vor allem zur Information und Aufklärung über den Gegenstand des Vertrages und seine Verwendungsfähigkeit – dem anderen Teil Entscheidungsmöglichkeiten eröffnen (Rn. 35). Schuldner solcher Pflichten – und damit Haftungsadressat bei Pflichtverletzungen – kann nicht nur der Vertragsgegner selbst sein, sondern u. U. auch ein Vertragsmittler („Sachwalter"), der jetzt in § 311 III 2 besonders berücksichtigt worden ist.

Eine der verschiedenen Fallgruppen ist, wie oben erwähnt, dadurch gekenn- **34** zeichnet, daß vorwerfbares Verhalten einer Seite einen wirksamen Vertragsschluß verhindert, sei es, daß mangels Aufklärung über bestehende Form- und Genehmigungserfordernisse ein abgeschlossener Vertrag unwirksam bleibt[16] oder eine Partei die Sittenwidrigkeit und damit die die Nichtigkeit bewirkenden Umstände zu verantworten hat,[17] sei es, daß Vertragsverhandlungen von einer Seite grundlos abgebrochen werden, nachdem bei der anderen Seite das berech-

---

[15] Vgl. schon *v. Caemmerer*, Wandlungen des Deliktsrechts, in: Hundert Jahre Deutsches Rechtsleben, FS Hundert Jahre DJT, Karlsruhe 1960, Bd. 2, 49, 56, 58; *Horn* aaO (Lit. vor Rn. 28), 379; *Medicus* (Lit. vor Rn. 28), Gutachten, 489 ff. m.w.N.; s.a. *Emmerich*, Leistungsstörungen, 38 (unbestreitbarer Vorteil).

[16] Vgl. zu dieser Fallgruppe *Medicus* (Lit. vor Rn. 28), Gutachten, 507, der darauf hinweist, daß in den Fällen eines Formmangels nicht nur Ansprüche aus cic in Betracht kommen, sondern vor allem der Einwand rechtsmißbräuchlicher Berufung auf den Formmangel. Dieser Einwand ist für den Betroffenen günstiger, weil er dann mehr, nämlich die Durchführung des Vertrages bzw. das Erfüllungsinteresse (zu diesem Begriff unten Rn. 282 f.) verlangen kann. Allerdings werden Gerichte dazu nicht immer den nötigen Mut aufbringen.

[17] Vgl. BGHZ 99, 101, 106 ff.; EuGH, Rs. C-334/00, 17.9. 2002, Slg. 2002, I-7357 (Tacconi).

tigte Vertrauen geweckt worden ist, ein Vertragsschluß sei sicher.[18] Der Grundsatz der Vertragsfreiheit, der auch die negative Vertragsfreiheit, d.h. die Freiheit, Verträge *nicht* zu schließen, beinhaltet (s. Rn. 53 ff.), gebietet es jedoch, die Haftung wegen Abbruchs weit fortgeschrittener Vertragsverhandlungen als Ausnahme zu sehen, die nur eingreift, wenn der Abbrechende sich damit eines schweren Verstoßes gegen die Verpflichtung zu redlichem Verhalten bei Vertragsverhandlungen schuldig macht.[19] Im einzelnen differenziert die Rspr. auch danach, ob es sich um die Vereitelung formbedürftiger oder formfreier Verträge handelt.[20]

III. Enttäuschung der Vertragserwartungen einer Partei durch vorwerfbares Verhalten der anderen Seite

35   Eine inhomogene Gruppe umfaßt schließlich Fälle, in denen der Vertrag zwar zustande kommt, der von einem vorwerfbaren Verhalten während der Vertragsverhandlungen betroffene Vertragspartner jedoch in seinen Leistungserwartungen enttäuscht wird. Typisch sind die Fälle unterlassener oder unrichtiger Aufklärung über Verwendungsmöglichkeiten des Vertragsgegenstandes, über Eigenschaften im weitesten Sinne, über Werthaltigkeit von Gesellschaftsanteilen, steuerliche Vorteile des Geschäfts usw.[21] Da hier ggfs. für vorvertragliches Fehlverhalten gehaftet wird, obwohl ein Vertrag zustande gekommen ist, stellt sich in diesen Fällen in besonderem Maße die Frage nach der Konkurrenz zum Lei-

---

[18] Vgl. zu dieser Fallgruppe BGH WM 1989, 685.

[19] BGH NJW 1996, 1884 ff.; krit. *Ochsenfeld* ZIP 1996, 1176 ff. In concreto ging es um einen formbedürftigen – § 313 S. 1 a. F. – Vertrag, über den die Parteien einig waren; der Kaufinteressent hatte deshalb Umbauten am Kaufobjekt vorgenommen. Zur Beweislast s. auch BGH NJW 1996, 2503 (Angabe falscher Umsatzzahlen – Schädiger muß beweisen, daß der andere Teil bei richtiger Information nicht Abstand genommen hätte). Vgl. auch die oben Rn. 31 zitierten Regelungen. Speziell zu Ausschreibungen (d.h. Beginn von Vertragsverhandlungen durch invitatio ad offerendum) s. OLG Celle ZfBR 1997, 40 (Pflicht zu ordnungsmäßiger Durchführung des Vergabeverfahrens); vgl. auch §§ 97 ff. GWB, insbes. § 126 GWB (Anspruchsgrundlage). Zu den gemeinschaftsrechtlichen Implikationen des Vergaberechts s. o. Rn. 31.

[20] Vgl. die Analyse von *Kaiser*, Schadensersatz aus culpa in contrahendo bei Abbruch von Verhandlungen über formbedürftige Verträge, JZ 1997, 448 ff.

[21] Vgl. zu unrichtigen Angaben über den Gewinn eines verkauften Unternehmens und Haftung des Verkäufers aus Verschulden bei Vertragsschluß BGH NJW 1988, 1907; BGH ZIP 2001, 918 (gesteigerte Aufklärungspflicht); zur – versäumten – Aufklärung über bestimmte Gefahren bei Termin- und Optionsgeschäften BGH NJW 1988, 2882, NJW 1997, 2171; zur sog. Prospekthaftung – Haftung für unrichtige oder unvollständige Angaben auf Prospekten für den Erwerb einer Kapitalanlage – BGHZ 79, 337; BGHZ 93, 264, 266. Zur Beweislast s. auch BGH NJW 1996, 2503 (Angabe falscher Umsatzzahlen – Schädiger muß beweisen, daß der andere Teil bei richtiger Information *nicht* Abstand genommen hätte). Eingehend *U. Huber* (Lit. vor Rn. 28).

stungsstörungsrecht (dazu Rn. 47); gelegentlich ist in der Lehre sogar die Rede davon gewesen, die Rechtsprechung begründe auf der Basis einer Haftung aus culpa in contrahendo ein „Schattengewährleistungsrecht".[22] Durch die Einbeziehung eines Fehlverhaltens bei Vertragsschluß in die Voraussetzungen einer Garantiehaftung i.S.v. § 311a II (s. Rn. 576) ist die Schwierigkeit dieser Konkurrenzfrage noch erhöht worden.

Pflichten treffen nicht nur den Vertragspartner selbst, sondern auch seinen Vertreter[23] oder einen anderen „**Sachwalter**",[24] wenn dieser in die Vertragsverhandlungen eingeschaltet ist. Die Eigenhaftung solcher „Sachwalter" ist jetzt in § 311 III (mit)geregelt. Sie setzte früher voraus, daß Sachwalter ein eigenes wirtschaftliches Interesse am Zustandekommen des Geschäftes hatten und deshalb die Verhandlungen „gleichsam in eigener Sache" geführt[25] oder in besonderem Maße persönliches Vertrauen in Anspruch genommen haben.[26] Die Neuregelung hebt jetzt in § 311 III 2 – „insbesondere" – die Inanspruchnahme besonderen Vertrauens und den dadurch kausal gewordenen Einfluß auf die Vertragsverhandlungen und den Vertragsschluß hervor, doch darf aus dieser beispielhaften Hervorhebung keine Einschränkung gegenüber den ohnehin wertungsoffenen Kriterien zu sehen sein, die vor der Neukodifikation zugrunde gelegt worden sind.[27] Im einzelnen geht es bei der sog. Sachwalterhaftung um recht verschiedene Interessenlagen, so daß die Verwendung dieses Instituts keine klaren Konturen hatte[28] und wohl auch nach der Neuregelung nicht hat. Eine

35a

---

[22] *Mertens* (Lit. vor Rn. 28), AcP 203 (2003), 818, 852.

[23] Vgl. BGHZ 88, 67.

[24] Vgl. zu diesem Begriff BGH NJW 1989, 294: Gesellschafter/Geschäftsführer einer GmbH, die in den Vertragsverhandlungen durch unrichtige Angaben den Betroffenen zu für ihn unvorteilhaftem Geschäft veranlaßt haben. Zur Eigenhaftung des GmbH-Geschäftsführers s. auch BGH JZ 1993, 649–652 sowie unten Fn. 31. Umfassend zum Rechtszustand vor dem SchRModG *Canaris*, Reichweite der Expertenhaftung gegenüber Dritten, ZHR 163 (1999), 206ff., 224ff.

[25] Vgl. BGH NJW-RR 1989, 110: Begriff der „Tätigkeit gleichsam in eigener Sache" sei eng zu fassen; BGH NJW-RR 1992, 605ff.: Verhandelnder müsse „als wirtschaftlicher Herr des Geschäfts anzusehen" sein.

[26] Vgl. BGH ZIP 1990, 1402, 1403; neben die Eigenhaftung des Sachwalters kann aber auch eine Haftung dessen, für den er als Erfüllungsgehilfe den Vertrag anbahnt, treten, BGH WM 1991, 1173 (falsche Angaben über Steuervorteile aus Wohnungskauf – Haftung auch des Verkäufers für seinen Verhandlungsgehilfen). S.a. BGH NJW 1990, 166; BGH NJW 1995, 1213ff. (in concreto keine Haftung des Betreuers einer in einem Altenheim untergebrachten pflegebedürftigen Person gegenüber dem Pflegeheim als „Sachwalter", da der Betreuer nicht in besonderem Maße persönliches Vertrauen gegenüber dem Pflegeheim in Anspruch genommen habe). S. zum Verhältnis „Eigeninteresse" und „In-Anspruchnahme von besonderem Vertrauen" BGH RIW 2002, 713, 714.

[27] Für die Entwicklung einer allgemeinen Auskunftshaftung auf der Basis von § 311 III *Koch* (Lit. vor Rn. 28).

[28] S. *Wiegand* (Lit. vor Rn. 28), 20ff. nach kritischer Auswertung der Rspr.: keine gemeinsame Vorstellung der Senate des BGH in der Verwendung dieses Begriffs.

Reihe von Entscheidungen betraf Gebrauchtwagenhändler, die juristisch nur als „Vermittler" auftraten, der Sache nach aber Vertragspartner waren und deshalb für ihre Angaben haften sollten.[29] Eine andere Gruppe von Fällen umfaßte und umfaßt weiter die Vermittlung riskanter Kapitalanlagen.[30] Eine besondere, durch gesellschaftsrechtliche Vorgaben beeinflußte Konstellation stellen schließlich die Fälle der Inanspruchnahme von Gesellschaftern/Geschäftsführern[31] von GmbHs für Schulden der zusammengebrochenen Gesellschaft dar.[32]

IV. Dogmatische Einordnung

36   Zur dogmatischen Einordnung dieser Haftung wurden unterschiedliche Theorien vertreten. Das vor allem in den Fallgruppen Ziff. II. und III. als Voraussetzung der Entstehung eines Schuldverhältnisses oft für erforderlich gehaltene besondere Vertrauen, das eine Seite der anderen entgegenbringt, war Anlaß, die culpa-in-contrahendo-Haftung als eine besondere Vertrauenshaftung einzuordnen.[33] Die Haftung wegen culpa in contrahendo war deshalb zuweilen Teil und (Mit-)Auslöser theoretischer Überlegungen zu einer grundsätzlichen Neuordnung des Haftungsrechtes, sei es, daß Vertrauenshaftung generell als „dritte Spur" zwischen Vertrags- und Deliktshaftung gesehen,[34] sei es, daß der grundsätzliche Unterschied zwischen Vertrags- und Deliktshaftung überhaupt geleugnet und eine allgemeine Interessehaftung vertreten wurde, die in Sonderverbindungen aufgrund Vertrages oder Vertragsanbahnung verstärkt und auf den Schutz reiner Vermögensinteressen erweitert sein kann.[35]

---

[29] Vgl. BGH WM 1991, 1730; NJW 1997, 1233f. m.w.N. und grundlegenden Ausführungen zu den Voraussetzungen Inanspruchnahme von besonderem Vertrauen und unmittelbares wirtschaftliches Eigeninteresse.

[30] Vgl. BGH ZIP 1992, 612 (Vermittlung von Warentermingeschäften); NJW 1997, 2171 (unverbindliches Börsentermingeschäft).

[31] S. grundlegend BGH JZ 1993, 682–688; hierzu umfassend *Geißler*, Strittige Restanten bei der Haftung des GmbH-Gesellschafters aus culpa in contrahendo, ZIP 1997, 2184ff., 2186f.

[32] Zu dieser Fallgruppenbildung s.a. BGH WM 1992, 700.

[33] Vgl. *Ballerstedt*, Zur Haftung für culpa in contrahendo bei Geschäftsabschluß durch Stellvertreter, AcP 151 (1950/51), 501, 506; BGHZ 60, 221, 226.

[34] S. *Canaris*, Ansprüche wegen „positiver Vertragsverletzung" und „Schutzwirkung für Dritte" bei nichtigen Verträgen, JZ 1965, 475, 478, 482; sowie zur cic *ders.*, Die Vertrauenshaftung im deutschen Privatrecht, München 1971, 266ff., 521ff., 532ff.

[35] *Picker*, Vertragliche und deliktische Schadenshaftung, Überlegungen zu einer Neukonstruierung der Haftungssysteme, JZ 1987, 1041–1058, sowie *ders.*, Positive Forderungsverletzung und culpa in contrahendo – Zur Problematik der Haftungen „zwischen" Vertrag und Delikt, AcP 183 (1983), 369, 418ff.; wohl auch *Müller*, Schutzpflichten im Bürgerlichen Recht, JuS 1998, 894ff., 897f.

Mit der Regelung in § 311 III dürfte die von der hL befürwortete dogmatische   37
Annahme eines besonderen, auf Vertrauen gegründeten Schutzpflichtverhält-
nisses jedoch eine ausreichende Erklärung und Einordnung des Haftungsinsti-
tuts in diesen Fällen erfahren haben.[36] Es handelt sich also um ein *gesetzliches*
Schuldverhältnis. Allerdings sollte das Hauptgewicht bei seiner Deutung nicht
allein auf dem – oft ohnehin fehlenden und deshalb fingierten, wenn auch in
§ 311 III 2 als Beispiel hervorgehobenen – Vertrauen liegen,[37] als vielmehr auf
der Annahme situationsgebotener Verhaltenspflichten (in Gestalt von Aufklä-
rungs-, Informations- und Förderungspflichten) einzelner Berufsgruppen zum
Schutz bestimmter vertragsbezogener Interessen der jeweiligen Verhandlungs-
und Vertragspartner. „Vertrauen" kann schon deshalb kein eigenständiger Zu-
rechnungsfaktor sein, weil es auch notwendiges Glied der zum Schaden führenden Kausalkette sein, d.h. „Einfluß" auf die Entscheidung des Betroffenen gehabt haben muß.[38] Die gebotene Konkretisierung kann (und sollte) durch Typisierung der Pflichten geschehen, also z.B. Pflichten hinsichtlich der Leistungs-
beschreibung, Aufklärungspflichten beim Unternehmenskauf, Informationspflichten bei Kapitalanlagegeschäften usw.

In der Literatur findet sich gelegentlich die Auffassung, § 311 III erfasse außer der sog.
Sachwalterhaftung auch die Konstellation des Vertrages mit Schutzwirkung für Dritte.[39]
Richtigerweise bezieht sich die Vorschrift jedoch nur auf „rechtsgeschäftliche Sachverhalte" in der Phase der Vertragsanbahnung.[40] Soweit Dritte in diese einbezogen werden,
ist § 311 III freilich einschlägig (Rn. 44).

§ 3 Voraussetzungen der Haftung

I. Entstehung eines gesetzlichen Schuldverhältnisses

In Konkretisierung des § 311 II, III ist zu klären, unter welchen Voraussetzun-   38
gen das Schuldverhältnis aus Vertragsverhandlungen usw. entsteht. Diese Frage
läßt sich nicht einheitlich beantworten. Pflichten zur Rücksichtnahme hinsichtlich fremden Eigentums sowie der persönlichen Rechtsgüter Leib, Leben und
Gesundheit bestehen ohnehin als allgemeine Verkehrspflichten. Ob sie konkre-

---

[36] Vgl. *Staudinger/Löwisch* (2005), § 311 Rn. 149 ff.; zur Kritik *Gernhuber*, Schuldverhältnis, § 8 I 6, 178 ff.

[37] Vgl. zur Übernahme des Gedankens einer Vertrauenshaftung in der Schweiz *Widmer*,
Vertrauenshaftung – Von der Gefährlichkeit des Überflüssigen, Zeitschrift für Schweizerisches
Recht 2001, 101 ff.

[38] Vgl. *Picker*, Gutachterhaftung – Außervertragliche Einstandspflichten als innergesetzli-
che Rechtsfortbildung, FS Medicus, 1999, 397 ff., 423 f.

[39] Insbesondere *Canaris*, JZ 2001, 499, 520.

[40] *Staudinger/Löwisch* (2005), § 311 Rn. 161; *Staudinger/Jagmann* (2004), § 328 Rn. 92
m. w. N. zum Streitstand.

tisiert und verschärft werden, wenn die Parteien zur Anbahnung eines Vertrages oder sonst geschäftlich in Kontakt gekommen sind, richtet sich nach den besonderen Umständen, insbesondere nach dem vom Verhalten einer Seite sowie der von ihrem Unternehmen und seiner Organisation usw. ausgehenden Gefahren für andere.

39   Für die Aufklärungspflichten aufgrund Anbahnung eines Vertrages kommt es darauf an, ob und ab wann der Aufklärungspflichtige erkennen konnte, daß der andere Teil Informationen benötigt oder wünscht, um die Erreichbarkeit der mit dem Vertrag verbundenen Erwartungen richtig abschätzen zu können.[41] Soweit es um Pflichten zur Herbeiführung der Wirksamkeit eines Vertrages geht, ist nicht nur das Vertrauen des anderen Teils auf das Zustandekommen zu berücksichtigen, sondern auch die ratio der rechtlichen Regelung, an der die Wirksamkeit des Vertrages gescheitert ist. Beispielsweise muß bei Nichtigkeit eines Vertrages wegen Sittenwidrigkeit auch die Mißbilligung des Rechtsgeschäfts durch die Rechtsordnung berücksichtigt werden, so daß über §§ 311 II, 241 II nicht Erfüllung oder Erfüllungsinteresse verlangt werden kann. In ähnlicher Weise muß der Schutzzweck einer gesetzlichen Formvorschrift (dazu unten Rn. 61 ff.) oder eines Genehmigungsvorbehalts Berücksichtigung finden. Für vorvertragliche Kontakte aufgrund von Ausschreibungen, insbesondere der öffentlichen Hand (vgl. §§ 97 ff. GWB), gelten gesteigerte Treuepflichten, etwa zur Geheimhaltung von Geboten (= Angebote) und zu der in § 97 II GWB angeordneten Gleichbehandlung der Bieter.[42]

II. Pflichten und geschützte Rechtsgüter

40   Die Übersicht über die wichtigsten Fallgruppen hat bereits gezeigt, daß nicht schlechthin alle Interessen der Vertragsparteien Schutz genießen. Neben den auch durch das Deliktsrecht geschützten (absoluten) Rechten und Rechtsgütern Eigentum, Leib, Leben und Gesundheit, d.h. Rechten und Rechtsgütern nach § 241 II, kommt als geschützte Position auch das Interesse des betroffenen Teils am Abschluß des Vertrages oder zumindest an der Vermeidung von Aufwendungen, die durch den Nichtabschluß nutzlos werden, in Betracht.[43] Ob auch das Interesse an einer den Erwartungen entsprechenden Durchführung des Vertrages und an der Verwendbarkeit des Vertragsgegenstandes nach § 241 II ge-

---

[41] Hierzu *U. Huber* (Lit. vor Rn. 28), mit detaillierter Aufgliederung.

[42] Vgl. oben Fn. 19 sowie OLG Düsseldorf, NJWE-WettbewerbsR 1999, 68.

[43] Die Verletzung einer Schutzpflicht, etwa durch Vorenthaltung geschuldeter Informationen oder Aufklärung, kann deshalb m.E. durchaus auch zu § 284 führen, d.h. zu einem Anspruch auf Ersatz vergeblicher Aufwendungen statt der nicht mehr sinnvollen und ohnehin nicht einklagbaren Schutzleistung „Information" oder „Aufklärung". Zum Anwendungsbereich von § 284 siehe Rn. 645 ff.

schützt sein kann, so daß die Verletzung einer entsprechenden Pflicht zum positiven Interesse führen würde, ist angesichts des neuen § 311a durchaus zweifelhaft (s. auch Rn. 45, 575 ff.).

Der Verweis auf § 241 II bedeutet, daß das gesetzliche Schuldverhältnis aus **41** § 311 II, III „nur" Schutzpflichten entstehen läßt. Gleichwohl kann der Schutzpflichtige dadurch natürlich zu einem Tun oder Unterlassen, das für den Schutz des Begünstigten erforderlich ist, verpflichtet sein, etwa zur Information, zur Unterhaltung eines sicheren Zustandes seiner Räume, usw. Der Begünstigte kann ggfs. die Erfüllung dieser Pflichten auch in Natur durchsetzen; hinsichtlich der vorvertraglichen Schutzpflichten fällt der Schutzstandard auf der Rechtsbehelfsseite nicht hinter den nach oder analog § 1004 gewährleisteten zurück.[44]

III. Vertretenmüssen des Schuldners

Wichtiger als die dogmatische Qualifikation ist die Klärung einer Reihe von **42** Sachfragen der Haftung bei Verletzung von Pflichten aus §§ 311 II, III, 241 II: Die Verletzung der aufgrund Vertragsanbahnung usw. entstandenen gesetzlichen Pflichten muß zu vertreten sein, um eine Haftung auszulösen. Es gelten die §§ 276, 278, aber auch § 280 I 2 für die Beweislast. Besondere Haftungsmilderungen für Schuldner, die beim Zustandekommen eines Vertrages unentgeltlich zu leisten hätten – Schenker, Verleiher (vgl. §§ 521, 599) –, kommen nur insoweit zur Anwendung, als das von solch speziellen Haftungsmilderungen erfaßte Interesse des Gläubigers verletzt worden ist. Das kann z. B. bei Untauglichkeit des verschenkten Gegenstandes und unzureichender Aufklärung über seine beschränkte Verwendbarkeit der Fall sein.[45]

IV. Berechtigter und verpflichteter Personenkreis

Schutzpflichtig ist regelmäßig der Partner des angebahnten Vertrages. Aus- **43** nahmsweise können nach § 311 II jedoch auch Dritte, die am Zustandekommen des Vertrages als sog. Sachwalter[46] mitgewirkt haben, haftpflichtig werden, falls sie am Zustandekommen des Vertrages ein eigenes wirtschaftliches Interesse hatten, auf Zustandekommen und Durchführung des Vertrages einwirken konn-

---

[44] Vgl. *Schlechtriem* BT, Rn. 1013 ff.; generell zu der nur scheinbaren Dichotomie von Leistungs- und Schutzpflichten siehe oben Rn. 164.

[45] Vgl. *Gernhuber*, Schuldverhältnis, § 8 IV 1, 201 f.

[46] S. o. Rn. 35a, 37.

ten und besonderes persönliches Vertrauen in Anspruch genommen haben (s. oben Rn. 35a, 37).[47]

44   Grundsätzlich genießt den Schutz aus dem Schuldverhältnis aufgrund Vertragsanbahnung ebenfalls nur der jeweilige (potentielle) Vertragsgegner. Wo er ausnahmsweise auf Dritte ausgedehnt worden ist,

> Beispiel: Nicht die Kundin des Kaufhauses selbst, sondern ihr Kind rutscht auf einer Bananenschale aus,[48]

geht es um eine Erweiterung, die entsprechend den Eingrenzungskriterien des Vertrages mit Schutzwirkungen zugunsten Dritter (hierzu Rn. 740ff.) vorzunehmen ist. Leider läßt § 311 III nicht deutlich erkennen, ob diese Schutzwirkungen zugunsten Dritter aus Vertragsanbahnung usw. mit geregelt worden sind: Während die insoweit weite Fassung von § 311 III 1 diese Auslegung erlaubt, lassen das „insbesondere" in S. 2 sowie die Begründung des RegE[49] darauf schließen, daß man mit Absatz 3 nur eine Erweiterung des Kreises der Verpflichteten, nicht aber der Begünstigten beabsichtigt hat. M.E. ist jedoch eine ausdehnende Auslegung des S. 1 zu befürworten,[50] die es erlaubt, an die vor der Neukodifikation entwickelten Regeln zur Begünstigung Dritter für den Fall der Vertragsanbahnung usw. anzuknüpfen.

V. Haftungsumfang und Haftungsdauer

45   a) Vielschichtig und umstritten ist die Frage nach dem Haftungsumfang: Hat der Haftpflichtige nur das sog. Vertrauensinteresse (negatives Interesse, zum Begriff s.u. Rn. 284) oder auch das sog. Erfüllungsinteresse (positives Interesse, zum Begriff s.u. Rn. 283) zu ersetzen? Ist der Betrag des negativen Interesses durch das positive Interesse begrenzt? Der Schaden kann in einer Personenverletzung oder Sachbeschädigung bestehen, im Ausbleiben der Vorteile eines nicht zustande gekommenen oder im Abschluß eines ungünstigen[51] Vertrages, in vergeblichen Aufwendungen und anderweitig entgangenen Vorteilen, einer Wertminderung des Vertragsgegenstandes usw. Entscheidend sollte sein, welches Interesse die jeweils verletzte Pflicht schützen sollte; der Grundsatz, daß der Haftungsumfang durch den Schutzzweck der verletzten Pflicht begrenzt

---

[47] BGH WM 1992, 700; *Horn* aaO (Lit. vor Rn. 28), 382; s. *Zugehör*, Berufliche „Dritthaftung" – insbesondere der Rechtsanwälte, Steuerberater, Wirtschaftsprüfer und Notare – in der deutschen Rechtsprechung, NJW 2000, 1601, 1606.

[48] BGHZ 66, 51, 56ff.

[49] S. Begründung RegE bei *Canaris*, Schuldrechtsmodernisierung 2002, 722.

[50] Wie hier ohne Zweifel AnwKomm-BGB/*Krebs*, § 311 Rn. 120; *Kindl*, Das Recht der Leistungsstörungen nach dem Schuldrechtsmodernisierungsgesetz, WM 2002, 1313, 1323 (mit Hinweis auf BGHZ 66, 51); dagegen anders *Palandt/Heinrichs*, § 311 Rn. 52.

[51] Vgl. schon BGH NJW 2001, 2875: Unterbliebene Aufklärung über Rechtsmangel.

wird, gilt auch für die Beratungs- und Auskunftspflichten im Rahmen vorvertraglicher Schuldverhältnisse.[52] Der Geschädigte ist dann grundsätzlich so zu stellen, als ob die Pflicht korrekt erfüllt worden wäre. Der im Vergabeverfahren einer Ausschreibung benachteiligte Bieter kann unter bestimmten engen Voraussetzungen deshalb das volle Vertragsinteresse verlangen.[53] Der nicht ordnungsgemäß aufgeklärte Käufer, der bei richtiger Information einen anderen, günstigeren Vertrag geschlossen hätte, kann (ausnahmsweise) das Erfüllungsinteresse verlangen.[54]

Hat der Geschäftsführer der Käuferin gegenüber die Aufklärung über die drohende Insolvenz des Unternehmens unterlassen, die den Verkäufer vom Abschluß *dieses* Vertrages abgehalten und statt dessen zu einem anderen, mit Gewinn durchzuführenden Geschäft veranlaßt hätte, dann gehört zu dem nach § 249 zu ersetzenden Schaden das, was der Verkäufer aus diesem anderen Geschäft erlangt hätte.[55]

Die Konkretisierung dieser Pflichten und ihres schutzbereichsbestimmenden Inhalts muß – wie bei anderen Verkehrspflichten auch – der Rechtsprechung überantwortet bleiben. Im übrigen gelten für den Umfang des Schadensersatzes die §§ 249 ff. Die Unterscheidung von negativem und positivem Interesse wird dadurch m.E. überflüssig (s. auch unten Rn. 282).[56]

b) Die Haftungsdauer, d.h. die auf Schadensersatzansprüche wegen Verlet- **46** zung vorvertraglicher Pflichten anwendbare Verjährungsnorm, war unter dem alten Recht streitig, doch gelten jetzt §§ 195, 199; das SchRModG hat hier weitgehende Klarheit geschaffen. Im Blick auf die §§ 438, 634a bleibt das Problem freilich bestehen (s. Rn. 17), wenngleich die Annäherung der Verjährungsfristen zu einer gewissen Entlastung geführt hat.

VI. Konkurrenz zu anderen Rechtsbehelfen

Culpa in contrahendo kann mit anderen Rechtsbehelfen konkurrieren und **47** deren Sonderordnung stören,[57] z.B. im Bereich der Sonderverjährungs- oder Ausschlußfristen: Hat der betrogene Unternehmenskäufer Anfechtung innerhalb der Frist des § 124 versäumt, dann soll er gleichwohl noch mit einem Scha-

---

[52] BGH NJW 1992, 555; NJW 1998, 2900, BGH WM 2001, 1302; *Emmerich*, Leistungsstörungen, 42ff.

[53] S. OLG Celle, ZfBR 1997, 40; vgl. auch BGH BauR 1981, 368, 369; BauR 1993, 214, 217.

[54] BGH NJW 2001, 2875.

[55] BGH NJW 1988, 2234, 2236; dort auch zur Beweiserleichterung des Geschädigten hinsichtlich der entgangenen Gewinne nach § 252 S. 2.

[56] *Soergel/Wiedemann*, Vor § 275 Rn. 180ff.; in der Sache jetzt ebenso *Mäsch*, Anm. zu Cass. 26.11.2003, ERPL 2005, 452, 453; s. dagegen noch *Horn* aaO (Lit. vor Rn. 28) 382f.

[57] Hierzu *Gernhuber*, Schuldverhältnis, § 8 III, 195ff.

densersatzanspruch aus culpa in contrahendo Rückgängigmachung des Kaufvertrages verlangen können.[58] Mangelnde Aufklärung über Eigenschaften eines gekauften Gegenstandes kann eine Konkurrenz zwischen Ansprüchen aus culpa in contrahendo und solchen aufgrund Sachmängelgewährleistung auslösen. HL und Rechtsprechung hatten hier zugunsten eines Vorranges der speziellen Sachmängelgewährleistung entschieden, wenngleich über Einzelheiten viel Streit bestand;[59] hingegen war von der Rechtsprechung ein Nebeneinander von cic und Rechtsmängelhaftung angenommen worden.[60] Beim Vorrang der speziellen Vorschriften für Rechtsbehelfe bei Mängeln sollte es auch nach neuem Recht bleiben,[61] es sei denn, selbständige, vor Abschluß des Kaufvertrages hinsichtlich des Kaufgegenstandes übernommene Beratungspflichten wurden verletzt.[62] Informiert der Vermieter von Räumen für eine Gastwirtschaft falsch über die erforderlichen Kfz-Stellplätze, dann kann ihr Fehlen Sachmangel (i.S.d. § 538) sein, die Fehlinformation dagegen auch cic.[63] Durch die Vereinheitlichung der Verjährungsfristen ist das Problem teilweise entschärft worden, kann aber im Anwendungsbereich von Sonderfristen – etwa §§ 438, 634a für Mängelansprüche – weiter auftreten. Eine allgemein gültige Formel für die Lösung der Konkurrenz von Ansprüchen aus culpa in contrahendo zu solchen aus Vertragsbruch oder Delikt gibt es nicht. Die Probleme sind deshalb bei der jeweiligen Haftungsordnung für Verträge bzw. für außervertragliche Verantwortung zu lösen.

Exkurs: Unbestellte Lieferungen und Leistungen

48   § 241a, eingefügt in Umsetzung von Art. 9 der Fernabsatzrichtlinie[64] durch Gesetz vom 27.06. 2000, gehört nicht ins Schuldrecht, sondern in den Rege-

---

[58] Vgl. BGH WM 1988, 124, 125; BGH NJW 1998, 302ff., 304; dazu *Grigoleit*, Neuere Tendenzen zur schadensrechtlichen Vertragsaufhebung, NJW 1999, 900ff.; *St. Lorenz*, ZIP 1998, 1053ff.; *Fleischer*, AcP 200 (2000), 91ff.

[59] Vgl. hierzu *Marutschke*, Probleme der Konkurrenz von Sachmängelgewährleistung und culpa in contrahendo beim Kauf, JuS 1999, 729ff. zu den verschiedenen Ansichten, insbesondere der Rechtsprechung des BGH (S. 730), der für weitgehend freie Konkurrenz eintritt (s. Schlußzusammenfassung S. 736).

[60] BGH NJW 2001, 2875, 2876; s. hierzu *Schlechtriem*, BT, Rn. 117.

[61] *Schaub* (Lit. vor Rn. 28), AcP 202 (2002), 757, 782f. (auch für Fälle der Arglist); *Palandt/ Heinrichs*, § 311 Rn. 17.

[62] *Palandt/Heinrichs*, § 311 Rn. 20.

[63] Vgl. BGH NJW 1997, 2813, 2814: Vorrang der Gewährleistung (§ 538) grundsätzlich ab Gefahrübergang = Übergabe der Räume; bei bewußt wahrheitswidriger Information cic aber auch noch nach Gefahrübergang geltend zu machen. Dagegen BGH NJW 2001, 2875, 2876: Konkurrenz der Haftung aus cic und §§ 440 I, 326 a.F., durch die Neuregelung m.E. überholt.

[64] Richtlinie 97/7/EG des Europäischen Parlaments und des Rates vom 20. Mai 1997 über den Verbraucherschutz bei Vertragsabschlüssen im Fernabsatz, Abl. EG Nr. L 144, 19; s. außer-

lungszusammenhang der Vorschriften zum Vertragsschluß im Allgemeinen Teil im Buch 1, §§ 145 ff.[65] Er soll in erster Linie der Gefahr vorbeugen, daß durch die Erbringung unbestellter Leistungen der Empfänger in eine Auseinandersetzung darüber gezogen wird, ob er ein in der Leistung liegendes Angebot konkludent angenommen hat, etwa durch Ge- oder Verbrauch unbestellt zugesandter Sachen – ein Problem, das auch schon vor Einführung des § 241a glatt und zufriedenstellend gelöst werden konnte. Die Vorschrift gilt nur bei Erbringung unbestellter Leistungen an Verbraucher (zum Verbraucher s. § 13), nicht im Rechtsverkehr zwischen Unternehmern.

Völlig überflüssige Probleme hat die Vorschrift dadurch geschaffen, daß sie – **49** wie ein Umkehrschluß aus Absatz 2 ergibt – auch gesetzliche Ansprüche gegen den Verbraucher im Regelfall ausschließt und davon eine Ausnahme nur für den Fall eines erkennbaren Irrtums des Unternehmers macht. Damit geht die deutsche Umsetzung weit über die Anforderungen der Richtlinie hinaus, nach welcher nämlich lediglich kein Anspruch auf die Gegenleistung („consideration") entstehen darf; Fragen des gesetzlichen Ausgleichs sind davon nur insoweit erfaßt, als ein solcher – zumindest wirtschaftlich – der verbotenen Gegenleistung gleichkommt. Für die Bewältigung dieser mißlichen Lage ist zwischen Sach- und Dienstleistungen zu differenzieren:

Bei Lieferung unbestellter *Sachen* sind „abgesehen von den Fällen des § 241a II" Ansprüche nach §§ 985 ff. oder §§ 812 ff. ausgeschlossen. Dieser Schutz des Verbrauchers muß nach dem Zweck der Vorschrift auch einem Dritten zugute kommen, an den der Verbraucher die Sache weiterveräußert – ansonsten würde der Verbraucher nämlich im Wege der Rechtsmängelhaftung in Mitleidenschaft gezogen werden. Zumindest funktional enthält § 241a für Sachleistungen daher die **Fiktion einer Handschenkung**; richtigerweise sollte die Vorschrift auch dogmatisch in diesem Sinne eingeordnet werden. Im Regelfall soll durch die Lieferung unbestellter Sachen oder die Erbringung unbestellter sonstiger Leistungen überhaupt keine Verpflichtung des Empfängers ausgelöst werden, also auch nicht aus §§ 985 ff. oder 812 ff. Der Verbraucher kann demnach ge- oder verbrauchen und soll selbst bei vorsätzlicher Beschädigung oder Veräußerung nicht haftbar sein.[66]

Eine **teleologische Reduktion** von § 241a ist m. E. aber geboten, wenn der Unternehmer, etwa ein Arzt oder ein Rettungsdienst, als berechtigter Geschäftsführer ohne Auftrag Leistungen erbringt (Aufwendungsersatzanspruch aus

---

dem Art. 9 der Richtlinie 2002/65/EG. Beide Vorschriften sind zwischenzeitlich durch Art. 15 der Richtlinie 2005/29/EG über unlautere Geschäftspraktiken, ABl. EU Nr. L 149 vom 11.6. 2005, S. 22, geändert worden. Ein Änderungsbedarf zu § 241a ergibt sich dadurch nicht.

[65] Vgl. hierzu *Flume*, Vom Beruf unserer Zeit für Gesetzgebung, ZIP 2000, 1427; krit. ferner *Schwarz*, § 241 ABGB als Störfall für die Zivilrechtsdogmatik, NJW 2001, 1449 ff.

[66] S. *Palandt/Heinrichs*, § 241a Rn. 4; krit. *Schwarz* aaO (Fn. 65), 1450.

§§ 683, 670).[67] Das gilt freilich nicht für einen darüber hinausgehenden Vergütungsanspruch nach § 354 HGB, weil dieser nach dem Regelungszweck der Richtlinie wie von § 241a gerade ausgeschlossen sein soll.

Eine eigene Ausnahme macht die Vorschrift in Absatz 3 für solche Fälle, in denen aufgrund einer Bestellung eine andere, in Qualität und Preis gleichwertige Leistung angeboten wird; dabei geht es um Fälle des § 364 I (s. unten Rn. 363). Der Empfänger kann dann annehmen oder kostenfrei zurücksenden, muß aber darauf hingewiesen werden. Auch ansonsten ist die Rücksendung für ihn kostenfrei; seine Aufwendungen kann er nach §§ 683, 670 erstattet verlangen.

Kapitel 3: Vertragsprinzip und Vertragsfreiheit

50   Die in Kap. 1 § 2 III berichteten Einteilungen für Schuldverhältnisse haben deutlich werden lassen, daß in einem weiten Bereich Schuldverhältnisse von den Beteiligten durch Rechtsgeschäft begründet werden. Zur rechtsgeschäftlichen *Begründung* und *inhaltlichen Gestaltung* eines Schuldverhältnisses ist regelmäßig ein **Vertrag** erforderlich, § 311 I.

§ 311 I enthält nicht nur den oben in Rn. 6 wiedergegebenen Befund, daß Schuldverhältnisse durch Vertrag begründet und inhaltlich geändert werden können, sondern beruht auf dem – nicht ausdrücklich ausgesprochenen, aber vorausgesetzten – Grundsatz der **Vertragsfreiheit**, der ein ungeschriebenes und verfassungsrechtlich gewährleistetes Prinzip unserer Rechtsordnung darstellt.[1] Die Vertragsfreiheit ist auch Grundlage des Gemeinschaftsprivatrechts. Sie hat in den Grundfreiheiten wie auch in den Regeln des Wettbewerbsrechts ihren Niederschlag gefunden.[2] Sie gilt als allgemeiner Grundsatz des Gemeinschaftsrechts wie auch als „gemeinsames Fundament" der Vertragsrechte der Mitgliedstaaten.[3] Sowohl die Unidroit-Principles als auch die Principles of European Contract Law beruhen auf diesem Grundsatz (Art. 1.1. PICC; Art. 1:102 PECL) und auch der anstehende Gemeinsame Referenzrahmen für ein Europäi-

---

[67] Differenzierend zu den sog. Erbensucher-Fällen *Hau*, Geschäftsführung ohne Verbraucherauftrag, NJW 2001, 2863ff.

[1] Art. 2 I GG, s. dazu BVerfGE 12, 341, 347 sowie grundlegend *Ruffert*, Vorrang der Verfassung und Eigenständigkeit des Privatrechts, Tübingen 2001, 287ff. Anders dagegen der französische Conseil Constitutionnel in einer Entscheidung v. 3.4. 1994 mit Hinweis auf die juristischen und wirtschaftlichen Realitäten sowie die Gefahr, daß uneingeschränkte Vertragsfreiheit zum Recht des Stärkeren führe; ebenso 20.3. 1997, J.C.P. 1997, I., 4066.

[2] *Rittner*, Die wirtschaftsrechtliche Ordnung der EG und das Privatrecht, JZ 1990, 838, 840f.; *Riesenhuber*, System und Prinzipien des Europäischen Vertragsrechts, Berlin 2003, 240; *Heiderhoff*, Gemeinschaftsprivatrecht, München 2005, 94f.; *Staudinger/Löwisch*, § 311 Rn. 6.

[3] *Remien*, Zwingendes Vertragsrecht und Grundfreiheiten des EG-Vertrages, Tübingen 2003, 178.

sches Vertragsrecht wird ihn zum Ausgangspunkt haben.[4] Das Internationale Einheitskaufrecht enthält es in Art. 6 CISG.

Vertragsfreiheit wird dabei nicht nur als **Abschlußfreiheit** gewährleistet, son-   **51** dern auch als **Freiheit der inhaltlichen Ausgestaltung**: Die Parteien können m.a.W. nicht nur zwischen den in der Privatrechtsordnung normierten Vertragstypen wählen, sondern diese Verträge inhaltlich abweichend vom Gesetz ausgestalten oder auch dem Gesetz ganz unbekannte Vertragstypen (Verträge sui generis) rechtsverbindlich festlegen und abschließen. Die Freiheit zum Abschluß von Verträgen wird erleichtert durch den – ebenfalls ungeschriebenen – Grundsatz der **Formfreiheit**, der den mündlichen Abschluß von Verträgen ermöglicht.

Vertragsfreiheit als Freiheit zum Abschluß und zur inhaltlichen Ausgestal-   **52** tung von Verträgen kann aber nicht grenzenlos sein. Obwohl ein schuldrechtlicher Vertrag grundsätzlich nur „relative", d.h. zwischen den Parteien wirkende Rechtsbeziehungen begründet, kann er die schutzwürdigen Interessen Dritter berühren. Auch können Wertvorstellungen und herrschende Überzeugungen der Allgemeinheit in einem so krassen Widerspruch zu bestimmten Vertragsinhalten stehen, daß Verbindlichkeit für derartige Vereinbarungen ausgeschlossen sein muß: Die Rechtsordnung stellt ihnen ihren Schutz nicht zur Verfügung. Vor allem aber kann auch der Schutz einer Vertragspartei, insbesondere wenn sie wirtschaftlich oder intellektuell schwächer ist, der Vertragsfreiheit und ihrer Ausnutzung durch die andere Partei Grenzen setzen.[5]

§ 1 Abschlußfreiheit

Abschlußfreiheit beinhaltet die Freiheit, einen angebotenen Vertragsschluß   **53** abzulehnen, aber auch Verträge zu schließen. Beide Erscheinungsformen der Abschlußfreiheit unterliegen Einschränkungen.

I. Abschlußzwang

1. Gesetzliche Regelungen

Spezielle Gesetze können für Verträge über bestimmte Leistungen **Abschluß-**   **54** **zwang** vorsehen. Solche Regelungen finden sich z.B. im Bereich des Transport-

---

[4] *Schmidt-Kessel*, Auf dem Weg zum Gemeinsamen Referenzrahmen; Anmerkungen zur Mitteilung der Kommission vom 11. Oktober 2004, GPR 2005, 2, 5.

[5] Umfassend *St. Lorenz*, Der Schutz vor dem unerwünschten Vertrag, München 1997, insbesondere 445 ff., 245 ff., sowie zum Schutzinstrumentarium 44 ff., 245 ff., zu den Grundlagen der Vertragsfreiheit 28 ff.

und Verkehrswesens.[6] Insbesondere die Monopolstellung eines Anbieters auf einem bestimmten Teilmarkt und wichtige Grundbedürfnisse der potentiellen Nachfrager, z.B. auf dem Energiemarkt,[7] können die Normierung entsprechender Abschlußgebote veranlassen.[8]

Der für die Normierung von manchen Abschlußgeboten maßgebende Gedanke, daß marktbeherrschende Unternehmen nicht willkürlich bestimmte Abnehmer, die auf ihre Leistungen angewiesen sind, von der Belieferung ausschließen und dadurch diskriminieren können, hat vor allem im Wettbewerbsrecht große Bedeutung; §§ 20, 33 GWB[9] bewirkt deshalb ebenfalls einen Kontrahierungszwang.[10]

55 Als Abschlußzwang kann auch das Diskriminierungsverbot aus § 611a BGB verstanden werden: Wenn der Arbeitgeber bei Einstellung eines neuen Mitarbeiters in der Auswahl nicht mehr frei ist, sondern bei Bewerbung von Angehörigen beiderlei Geschlechts nur nach objektiven Kriterien auswählen darf und, wenn diese objektiven Kriterien gegeben sind, einstellen muß, dann ist auch insoweit die Abschlußfreiheit tangiert.[11]

Neben den besonderen arbeitsrechtlichen Antidiskriminierungsregeln machen verschiedene EG-Richtlinien die Einführung entsprechender Regeln für das allgemeine Vertragsrecht erforderlich.[12] Nach einem ersten gescheiterten Versuch in der 14. Legislaturperiode[13] haben die Koalitionsfraktionen Ende 2004 den Entwurf eines Gesetzes zur

---

[6] S. § 10 AEG für die Personenbeförderung durch öffentliche Eisenbahnen, ferner § 22 PersonenbeförderungsG für die Beförderung mit Straßenbahnen, Obussen und Kraftfahrzeugen.

[7] Vgl. §§ 6, 6a und 10 EnergiewirtschaftsG.

[8] Die Motive für die gesetzliche Regelung eines Abschlußzwanges können freilich vielfältig sein, vgl. z.B. § 5 II PflVG zur Verpflichtung der Kraftfahrzeughaftpflichtversicherer, mit den dazu verpflichteten Haltern von Kraftfahrzeugen Haftpflichtversicherungen abzuschließen; §§ 48 bis 49a BRAO zur Verpflichtung von Rechtsanwälten zur Übernahme von Prozeßvertretung, Pflichtverteidigung und Beratungshilfe; §§ 71ff. SGB IX zur sozialpolitisch motivierten Verpflichtung von Unternehmen, schwerbehinderte Menschen einzustellen.

[9] Gesetz gegen Wettbewerbsbeschränkungen i.d.F.d. Bek. vom 26.8. 1998, BGBl. I 2546. Der Entwurf zur 7. GWB-Novelle (BT-Drs. 15/3640) sieht insoweit keine grundsätzliche Änderung vor.

[10] Vgl. als Beispiele die Fälle BGH NJW 1976, 801 („Rossignol") und BGH NJW 1979, 2152 („Nordmende") zu § 26 II GWB a.F. – in beiden Fällen waren die beklagten Firmen verurteilt worden, bestimmte Händler zu beliefern. Zu Art. 85 a.F. EG-Vertrag s. BGH BB 1998, 2332.

[11] Vgl. hierzu *Herrmann*, Die Abschlußfreiheit – ein gefährdetes Prinzip. ZfA 1996, 19ff., 40 (Zusammenfassung); ferner 41ff., 46 zum Anspruch auf Schadensersatz wegen Verletzung des Persönlichkeitsrechts.

[12] Insbesondere die Richtlinie 2000/43/EG zur Anwendung des Gleichbehandlungsgrundsatzes ohne Unterschied der Rasse oder der ethischen Herkunft, ABl. EG Nr. L 180 vom 19.7. 2000, 22 und neuerdings die Richtlinie 2004/113/EG zur Verwirklichung des Grundsatzes der Gleichbehandlung von Männern und Frauen beim Zugang zu und bei der Versorgung mit Gütern oder Dienstleistungen, ABl. EG Nr. 373 vom 21.12. 2004, 37.

[13] Vgl. den Diskussionsentwurf des Bundesjustizministeriums (http://www.lrz-muen-

Umsetzung europäischer Antidiskriminierungsrichtlinien (Antidiskriminierungsgesetz)[14] im Bundestag eingebracht, welcher auf breiten politischen Druck hin zwischenzeitlich erheblich modifiziert wurde.[15] Die – nach aktueller Zählung – §§19ff. ADG-E enthalten weitreichende Einschränkungen der Abschlußfreiheit unter Privaten in Hinblick auf Diskriminierungen wegen Rasse oder ethnischer Herkunft, Geschlecht, Religion oder Weltanschauung, Behinderung, Alters oder sexueller Identität. Insbesondere ist in §21 ein Kontrahierungszwang vorgesehen. Nach §22 genügt die Glaubhaftmachung von Tatsachen, die eine Diskriminierung vermuten lassen, um dem anderen Teil den Beweis der Nichtdiskriminierung aufzubürden. Das nach wie vor sehr umstrittene Vorhaben wird aller Voraussicht nach der parlamentarischen Diskontinuität zum Opfer fallen; mit einer schnellen Richtlinienumsetzung ist also nicht zu rechnen, obwohl die Bundesrepublik Deutschland bereits wegen Nichtumsetzung einer der Richtlinien vom EuGH verurteilt worden ist.[16]

2. Kontrahierungszwang aufgrund § 826

Die Ablehnung eines angebotenen Vertragsschlusses, um den Offerenten vorsätzlich und sittenwidrig zu schädigen, kann eine Schadensersatzverpflichtung aus § 826 auslösen, die zur Naturalrestitution in Form des abgelehnten Vertragsschlusses führen kann.[17] Ähnlich kann ein Verein mit Monopolstellung zur Aufnahme eines Bewerbers als Mitglied verpflichtet sein.[18] Die praktische Bedeutung des über § 826 vermittelten Kontrahierungszwangs für Monopolisten, welche in der berühmten „Blinkfuer"-Entscheidung des Bundesverfassungsgerichts[19] auch zur Bestätigung der Lehre von der mittelbaren Wirkung der Grundrechte über die zivilrechtlichen Generalklauseln geführt hat, ist mit dem Erlaß des GWB im Jahre 1957 im großen Umfang entfallen.[20] Wettbewerbsvorschriften können freilich auch heute Schutzgesetze i.S.v. §823 II sein und ihre Verletzung deshalb auf Naturalrestitution, d.h. Vertragsschluß gerichtete Scha-

56

---

chen.de/~Lorenz/material/antidis/diskussionsentwurf.htm); dazu etwa Vorauflage Rn.44 sowie *Säcker*, ZRP 2002, 286 und *von Koppenfels*, WM 2002, 1489.

[14] BT-Drs. 15/4538 dazu etwa *Armbrüster*, Antidiskriminierungsgestz – Ein neuer Anlauf, ZRP 2005, 41.

[15] Vgl. http://www.spdfraktion.de/rs_datei/0,,5047,00.pdf.

[16] EuGH, Rs. C-329/04 vom 28.4. 2005.

[17] In RGZ 133, 388 lehnte das Reichsgericht in concreto das auf §826 gestützte Verlangen eines Theaterkritikers ab, Zutritt zum städtischen Theater zu erhalten, das ihm wegen seiner Kritiken keine Eintrittskarten mehr verkaufen wollte. Es ging aber von der grundsätzlichen Möglichkeit eines inhaltlich auf Vertragsschluß gerichteten Schadensersatzanspruchs aus; s. aber *Bezzenberger*, Ethnische Diskriminierung, Gleichheit und Sittenordnung, AcP 196 (1996), 395ff., 427ff.: Anspruch auf Schutz vor künftigen Beeinträchtigungen, der den negatorischen Unterlassungs- und Beseitigungsansprüchen verwandt ist.

[18] Vgl. BGHZ 63, 282, 284.

[19] BVerfGE 25, 256.

[20] *Staudinger/Oechsler* (2002), §826 Rn.429 m.w.N.

densersatzansprüche auslösen,[21] welche mit den spezielleren wettbewerbs-
rechtlichen frei konkurrieren.

57   Der Grundsatz, die Offerte bis zum verbindlichen Vertragsschluß noch ablehnen zu können, gebietet Zurückhaltung bei der Annahme einer vorvertraglichen Pflichtverletzung bei Abbruch von Vertragsverhandlungen.[22] Die Einheitsrechtsprojekte, die für vorvertragliche Pflichten den Fall des Abbruchs von
Vertragsverhandlungen regeln, stellen jeweils als Grundsatz an den Anfang, daß
die Parteien frei seien, einen Vertrag zu schließen oder dies zu unterlassen, und
daß aus dem Scheitern von Vertragsverhandlungen keine Haftung entstehen
soll, schränken dies aber dann (nur) für den Fall des Abbruchs „contrary to good
faith and fair dealing" – Art. 2:301(1) (2) PECL – oder „in bad faith" –
Art. 2.1.15 (1) (2) UNIDROIT-Principles – ein. Dennoch kann eine Bindung, die
zum Vertragsschluß verpflichtet, auch durch ein Verhalten bei den Vertragsverhandlungen auf der Grundlage von § 311 II Nr. 1, 2 bewirkt werden, das im anderen Teil berechtigtes Vertrauen auf das Zustandekommen des Vertrages er-
zeugt hat.[23] Die Schutzpflicht i. S. v. §§ 311 II, 241 II kann als geschützte Interessen durchaus auch das Interesse am Abschluß eines bestimmten Vertrages umfassen.[24]

II. Abschlußverbote

1. Spezielle Gesetze

58   Abschlußverbote können in speziellen Gesetzen normiert sein. Sanktion des
Abschlußverbotes kann dabei Nichtigkeit des verbotenen Vertrages sein, § 134,
doch kann auch die schwächere Wirkung einer Buße oder Strafe ausgelöst werden. Maßgebend ist, ob Sinn und Zweck des Verbotsgesetzes die Rechtsfolge
der Nichtigkeit fordern.[25] Wo ein Verbot nicht nur äußere Umstände rechtsgeschäftlichen Handelns, sondern den Regelungsinhalt bestimmter Verträge verhindern will, wird regelmäßig Nichtigkeitsfolge anzunehmen sein.

---

[21] Vgl. BGH BB 1998, 2332.

[22] Vgl. BGH WM 1982, 1436; BGH NJW 1996, 1884ff.

[23] S. oben Rn. 34 zur cic wegen Abbruchs von Vertragsverhandlungen.

[24] Zu eng deshalb die Auslegung, § 241 II schütze (nur) das Integritätsinteresse (*Palandt/ Heinrichs* § 241 Rn. 6).

[25] Beispiele: Verkauf nach der gesetzlichen Ladenschlußzeit, Abgabe rezeptpflichtiger Arz-
nei ohne Rezept sowie Gastaufnahme nach Polizeistunde stellen zwar Gesetzesverstöße dar,
jedoch sind die Verträge nicht aufgrund des Verbots nichtig. Schwierigkeiten bereitet die
Schwarzarbeit, vgl. BGHZ 85, 39, 43ff.; BGH NJW 1990, 2542 – grundsätzlich Nichtigkeitsfolge; das soll jedoch nicht gelten, wenn der Kunde vom Gesetzesverstoß des anderen Teils
nichts weiß, BGHZ 89, 369, 371ff.; hierzu *Köhler*, Schwarzarbeitsverträge: Wirksamkeit, Vergütung, Schadensersatz, JZ 1990, 466ff.

2. Verstoß gegen die guten Sitten

Bei Verstößen gegen die guten Sitten, etwa durch Versprechen unsittlichen **59**
Verhaltens oder einer Belohnung für eine Handlung, die nur aus Gewissens-
gründen erfolgen soll, ordnet § 138 I direkt Nichtigkeit an. Das Gleiche gilt für
die in § 138 II als Beispiel eines sittenwidrigen Vertragsinhaltes verbotene
wucherische Übervorteilung.[26] Auch Interzessionen – Sicherheiten für fremde
Schuld durch persönliche Verpflichtung des Sicherungsgebers – können u.U.
wegen Überrumpelung[27] oder Benachteiligung des unerfahrenen Sicherungsgebers sittenwidrig sein.[28]

3. Einzelregelungen im allgemeinen Teil des Schuldrechts

Einige ob ihres Inhalts nichtige Verträge regelt das BGB im Anschluß an das **60**
Vertragsprinzip des § 311 I. So ordnet es Nichtigkeit für einen Vertrag an, durch
den sich der eine Teil verpflichtet, sein **künftiges Vermögen** oder einen **Bruchteil** seines **künftigen Vermögens** *zu übertragen* oder mit einem Nießbrauch *zu
belasten*, § 311b II. Dasselbe gilt für **Verträge über den Nachlaß** eines noch lebenden Dritten, über den Pflichtteil oder ein Vermächtnis aus dem Nachlaß eines noch lebenden Dritten, § 311b IV (Ausnahme § 311b V). Beiden Nichtig-
keitsgründen liegen spezifisch privatrechtliche Erwägungen zugrunde. Das Verbot, sich zur Übertragung seines künftigen Vermögens oder eines Bruchteils davon zu verpflichten, beruht auf dem Gedanken, daß eine solche Verpflichtung
eine zu weitgehende Beschränkung der wirtschaftlichen Freiheit des Schuldners und eine Lähmung seines Erwerbssinnes bewirken würde. Der Vertrag
kann ein Kauf- oder Gesellschaftsvertrag, ein Leibrentenversprechen etc.
sein.[29]

Die Vorschrift hindert dagegen nicht die Verpflichtung zur Übertragung einzelner
künftiger Vermögensgegenstände, sofern diese bestimmt oder hinreichend genau bestimmbar sind. Falls sie wirtschaftlich das gesamte Vermögen darstellen, entscheidet der
Wille der Parteien, ob mit der vollständigen Aufzählung der einzelnen Vermögensgegenstände das gesamte Vermögen bezeichnet werden sollte.

---

[26] Zu den Voraussetzungen der Sittenwidrigkeit, insbesondere zu den Qualifikationen in
§ 138 II, muß hier auf die Literatur zum Allgemeinen Teil sowie auf die Kommentare zu § 138
verwiesen werden.

[27] Vgl. BGH NJW 1997, 1980 und dazu *St. Lorenz*, NJW 1997, 2578: Abschlußkontrolle.

[28] S. zunächst BGH ZIP 1996, 1977 sowie unten Rn. 80.

[29] Weitergehende Schuldverpflichtungen, die praktisch das gesamte (pfändbare) Einkommen
für alle Zukunft „binden", fallen nicht darunter, s. zum gleich lautenden § 310 a.F. BGH NJW
1989, 1276, sondern ggfs. unter §§ 138, 242, vgl. zur (Mit-)Verpflichtung mittelloser Familienangehöriger BVerfG NJW 1994, 36, 39; BGH NJW 1994, 1278 m.w.N.; BGH NJW 1999, 58ff.
und dazu *Tiedtke*, NJW 1999, 1209ff. sowie unten Rn. 80.

Das in § 311b IV verbotene Geschäft wird wegen der Unsicherheit der Erwerbsaussicht und damit des Vertragsgegenstandes als zu riskant bewertet.[30] Die Ausnahme in Absatz 5 soll bei verschollenem Erblasser die Auseinandersetzung erleichtern, etwa, wenn ein Erbe auswandern will.

§ 2 Abschlußerschwerungen, insbesondere Formerfordernisse

61   Der Gesetzgeber kann den Abschluß bestimmter Verträge erschweren, indem er ihre Wirksamkeit von der **Zustimmung**, insbesondere der **Genehmigung** eines Gerichts (z.B. Vormundschaftsgericht), dritter Personen (z.B. Gegenvormund, Beistand) oder einer Behörde abhängig macht.[31] Auch durch **Formerfordernisse** kann der Abschluß eines Vertrages erschwert werden. Genehmigungs- und Formerfordernisse können der *staatlichen Kontrolle* bestimmter Verträge dienen (**Kontrollfunktion**)[32] oder den *Schutz einer Vertragspartei* verstärken, so bei den erforderlichen vormundschaftsgerichtlichen Genehmigungen und bei Formvorschriften, die übereilten Vertragsschlüssen vorbeugen (**Warnfunktion**) sowie fachkundige Beratung und Belehrung bei komplizierten Rechtsvorgängen (**Beratungsfunktion**) sichern sollen. Formvorschriften können daneben die Grenze zwischen Vorverhandlungen und Geschäftsabschluß verdeutlichen und den Geschäftsinhalt zuverlässig beweisbar machen (**Beweisfunktion**).[33] In den allgemeinen Regeln des Schuldrechts finden sich drei Formvorschriften, die jeweils notarielle Beurkundung verlangen.[34]

---

[30] Vgl. Mot. II 184 = Mugdan II S. 100 ff. zu § 312 a.F. § 311b IV hindert nicht die Verpflichtung zur späteren Veräußerung eines bestimmten Gegenstandes aus dem erhofften Nachlaß oder Vermächtnis.

[31] Für Teilung eines Grundstücks im Geltungsbereich eines Bebauungsplans als Voraussetzung einer Übertragung der Teilfläche war eine Genehmigung erforderlich, für deren Erteilung die Baugenehmigungsbehörde zuständig ist, vgl. § 19 BauGB a.F.; jetzt Genehmigung nur noch nach § 19 BauGB erforderlich, falls in Satzung vorgesehen.

[32] Vgl. z.B. die für wettbewerbsbeschränkende Abreden in § 34 GWB a.F. früher vorgeschriebene Schriftform. Die Kontrollfunktion gehört wegen der Mitteilungspflichten des Notars (etwa § 34 ErbStG; weitere Beispiele bei *Staudinger/Hertel*, [2004], Vorbem zu §§ 127a, 128 [BeurkG], Rn. 652 f.) auch zu den Zwecken des § 311 b I 1.

[33] Zu den verschiedenen Formen und den Folgen von Formverstößen s. §§ 125–129 sowie *Leipold*, BGB I: Einführung und Allgemeiner Teil, 3. Aufl. 2004, Rn. 469 ff.

[34] S. zur notariellen Beurkundung § 17 BeurkG, insbesondere Abs. 1 S. 1: „Der Notar soll den Willen der Beteiligten erforschen, den Sachverhalt klären, die Beteiligten über die rechtliche Tragweite des Geschäfts belehren und ihre Erklärungen klar und unzweideutig in der Niederschrift wiedergeben." – In diesem Grundsatz kommt der Formzweck notarieller Beurkundung deutlich zum Ausdruck.

I. Übertragung des gegenwärtigen Vermögens

§ 311b III: Der durch das SchRModG neugefaßte § 311b – früher §§ 311–313 **62**
a.F. – faßt eine Reihe von beurkundungsbedürftigen Verträgen zusammen. Ein
Vertrag, der zur **Übertragung des gegenwärtigen Vermögens** bzw. eines **Bruchteils** desselben oder zur **Belastung** mit einem Nießbrauch verpflichtet, bedarf
notarieller Beurkundung. Die Form soll Übereilungsschutz und Sicherung fach-
licher Beratung gewährleisten, da es sich um ein Geschäft von erheblicher Tragweite und Gefahr für den Verpflichteten handelt. Auch kann ein solches Geschäft eine Erbfolge vorwegnehmen, so daß Umgehung erbrechtlicher Formvorschriften verhindert werden muß. Nicht erfaßt wird ein Vertrag, der alle Gegenstände aufzählt, auch wenn sie das gesamte Vermögen ausmachen, es sei
denn, die Auslegung ergibt, daß sich die Verpflichtung auf das gesamte Vermögen erstreckt.

II. Rechtsgeschäfte unter künftigen gesetzlichen Erben über Erb- oder Pflichtteil(e)

§ 311b V erlaubt – in Ausnahme zu § 311b IV – **Rechtsgeschäfte unter künfti-** **63**
gen gesetzlichen Erben über ihren gesetzlichen Erb- oder Pflichtteil, doch ist
ein solcher Vertrag wegen seines spekulativen Einschlags gefährlich. Auch verlangt ein Vertrag dieser Art Kenntnis der Beteiligten über Erb- und Pflichtteile,
so daß fachliche Beratung erforderlich ist. Das Gesetz sieht deshalb notarielle
Beurkundung vor, § 311b V 2.

III. Grundstücksgeschäfte

Die praktisch größte Bedeutung kommt § 311b I zu, der notarielle Beurkun- **64**
dung für **Grundstücksgeschäfte** vorschreibt. In der ursprünglich geltenden Fassung des § 313 a.F. waren nur solche Verträge formbedürftig, die zur **Veräußerung** verpflichteten; seit 1973 galt der Formzwang des § 313 a.F. auch für **Er-
werbsverpflichtungen.**[35] Die vorgeschriebene notarielle Beurkundung soll bei
Grundstücksgeschäften, die für die überwiegende Mehrheit der Teilnehmer am
Rechtsverkehr wirtschaftlich erhebliche Bedeutung haben, **Schutz vor Übereilung** und unüberlegten, folgenreichen Verpflichtungen bieten, **sachgemäße Be-**

---

[35] Gesetz vom 30.5.1973, BGBl. I 501; zu den Mißbräuchen formloser Erwerbsverpflich-
tungen gegenüber Wohnungsbauunternehmen, die 1973 zur Erweiterung des § 313 a.F. geführt haben, s. *Medicus,* Schuldrecht I, § 13 III 1 b, 12. Aufl., Rn. 96.

ratung gewährleisten und durch **Klarheit** in Gestaltung und Formulierung Auslegungszweifel vermeiden.[36]

1. Formbedürftige Verträge

65   § 311b I 1 verlangt notarielle Beurkundung für **Verpflichtungsverträge** über **Eigentum** oder **Miteigentumsanteile** an Grundstücken.[37] § 311b I 1 betrifft deshalb **nicht**:

a) Verfügungsgeschäfte; für die zur Übertragung des Grundstücks erforderliche Einigung (Auflassung) s. § 925;

b) Verpflichtungen zur *Belastung* des Grundstücks mit Pfandrechten oder Nutzungsrechten (Ausnahme: Belastung des Eigentums mit Erbbaurecht, § 11 II ErbbauVO) und

c) Verpflichtungen zur Übertragung *anderer* Grundstücksrechte.

66   Eine Verpflichtung zur Veräußerung oder zum Erwerb von Grundstückseigentum kann *nicht nur* in einem Kaufvertrag begründet werden, sondern auch in anderen Vertragstypen, z.B. in einem **Gesellschaftsvertrag** (Grundstück als versprochene Einlage eines Gesellschafters).[38] Auch die durch einen Aufhebungsvertrag begründete Rückübertragungspflicht bedarf der notariellen Beurkundung.[39]

67   Ein **Auftrag** kann ebenfalls Erwerbs- und Veräußerungspflichten hinsichtlich eines Grundstücks begründen; so, wenn der Auftragnehmer ein Grundstück für den Auftraggeber erwerben oder ersteigern soll.[40]

---

[36] Eingehend zu den Formzwecken nunmehr *Harke*, Formzweck und Heilungsziel, WM 2004, 357ff.

[37] S. auch § 4 III WEG für Wohnungseigentum und § 11 II ErbbauVO für das Erbbaurecht.

[38] Vgl. zu § 313 a.F. OLG Koblenz, NJW-RR 1992, 614. Zum Gesellschafterwechsel bei BGB-Gesellschaft, die Grundeigentum hält, s. dagegen *Ulmer/Löbbe*, DNotZ 1998, 711ff. (formfrei, es sei denn, Gesetzesumgehung bezweckt).

[39] Vgl. BGHZ 83, 395, 397f.

[40] Vgl. jedoch BGHZ 85, 245, 249: § 313 a.F. sei nicht schon deshalb anwendbar, weil der Beauftragte das aus der Geschäftsbesorgung Erlangte, d.h. das Grundstück nach § 667 an den Auftraggeber herausgeben müsse, denn diese Eigentumsübertragungspflicht werde nicht als vertragliche begründet, sondern entstehe als gesetzliche Folge der Ausführung des Auftrags; ebenso BGH NJW 1994, 3346f.; BGH NJW 1996, 1960f. Das ist m.E. angreifbar, da bereits der Auftrag, d.h. der Vertrag, die durch seine Ausführung bedingte Verpflichtung des Auftragnehmers zur Herausgabe entstehen läßt. Der BGH gründete die gleichwohl angenommene Anwendbarkeit des § 313 S. 1 a.F. jedoch ausschließlich auf die vertraglich begründete Verpflichtung des Auftragnehmers, (zunächst) von dem Dritten zu erwerben. Unterschiede ergeben sich bei Zugrundelegen dieser Ansicht für die Heilung: Nach der Ansicht des BGH, der die Formbedürftigkeit (nur) aufgrund der Erwerbsverpflichtung annimmt, ist ein Formmangel mit Erwerb des Beauftragten geheilt, vgl. BGH NJW 94, 3347. Nach der hier zugrunde gelegten Ansicht würde Heilung dagegen erst durch Übertragung des Grundstücks vom Beauftragten auf den Auftraggeber eintreten.

Auch eine **bedingte** Veräußerungs- oder Erwerbsverpflichtung ist formbe-   68
dürftig. Eine sog. Ausbietungsgarantie, d.h. eine Erklärung, im Falle der
Zwangsversteigerung ein Gebot abzugeben, durch welches das durch die Garantie geschützte Grundpfandrecht voll abgelöst wird, ist eine solche bedingte Verpflichtung zum Erwerb.[41]

2. Erweiterungen

Für eine Reihe von Fällen, in denen keine direkt auf Erwerb oder Veräuße-   69
rung gerichtete Verpflichtung zu beurteilen ist, wird darüber hinaus die Anwendbarkeit des § 311b I 1 angenommen, weil die von einer Partei eingegange-
ne Verpflichtung wirtschaftlich auf eine Veräußerungs- oder Erwerbsverpflichtung abzielt (teleologische Extension): So ist ein **Vertragsstrafeversprechen** in
einem Maklervertrag, das für den Fall des Unterlassens des Vertragsschlusses
mit einem vom Makler nachgewiesenen Interessenten vorgesehen war, als
formbedürftig beurteilt worden, weil es den Auftraggeber des Maklers unter
Druck setzt, das Grundstück zu verkaufen.[42] Formbedürftig ist auch ein Vertrag, nach dem der Bauunternehmer das für den Bau bestimmte Grundstück be-
und verschaffen soll.[43] Eine **Vollmacht** ist entgegen § 167 II ausnahmsweise
formbedürftig, wenn sie für den Vollmachtgeber **unwiderruflich** ist, denn das
bedeutet, daß er sich bezüglich Erwerb oder Veräußerung praktisch in die Hand
des Bevollmächtigten begeben, sich also wie ein Verpflichteter gebunden hat.
Ein **Vorvertrag**, der auf Abschluß eines Grundstückserwerbs- oder Veräuße-
rungsvertrages gerichtet ist, ist ebenfalls formbedürftig.[44] Auch die Verpflichtung zur Übertragung eines **Anwartschaftrechts** auf Eigentumserwerb an einem
Grundstück ist der Verpflichtung zur Eigentumsübertragung gleichgestellt worden,[45] während die Verpflichtung zur Abtretung des Auflassungsanspruchs, der
dem Berechtigten im Unterschied zum Anwartschaftsrecht noch keine unentziehbare Rechtsposition gibt, nicht unter dieses Formgebot fällt.[46]

3. Umfang des Formzwangs

Nicht allein die Veräußerungs- und Erwerbspflicht, sondern der **gesamte Ver-**   70
trag ist formbedürftig. Das gilt vor allem für die Vereinbarung des Kaufprei-

---

[41] BGH NJW 1990, 1662, 1663.
[42] S. BGHZ 76, 43, 46f. mwN; s.a. BGH NJW 1987, 1628 zur Heilung.
[43] BGHZ 78, 346.
[44] BGHZ 69, 260, 263; 82, 398, 403.
[45] BGHZ 83, 395, 399f.
[46] BGHZ 89, 41.

ses.[47] Lassen die Parteien zum Schein einen niedrigeren Preis beurkunden, dessen Vereinbarung als Scheingeschäft nach § 117 nichtig ist und der die formlose (höhere) Preisvereinbarung verdecken soll, dann ist diese (höhere und wirklich gewollte) Preisvereinbarung wegen Nichteinhaltung der Form des § 311b I nichtig. Zu beurkunden sind ferner alle Haupt- und Nebenabreden, die von den Parteien als Bestandteil des Vertrages bestimmt worden sind.[48] Ob alle Bestandteile des gesamten Geschäftes, z.B. bei zusammengesetzten Verträgen auch der an sich formfreie Teil, der Form des § 311b I unterliegen, hängt davon ab, ob nach dem Willen der Parteien das Grundstücksgeschäft nur in Verbindung mit dem oder den anderen Geschäften Geltung haben sollte.[49] Inwieweit bei Formunwirksamkeit einzelner Abreden im Übrigen der gesamte, insbesondere ein zusammengesetzter Vertrag nichtig ist, muß nach der Auslegungsregel des § 139 beurteilt werden.[50]

71   Umstritten ist, ob Bestimmungsbefugnisse, insbesondere für einen Dritten, die den Inhalt der Verpflichtungen aus dem Kaufvertrag später konkretisieren sollen, mit dem Formgebot zu vereinbaren sind.[51] Nach hA soll die Bestimmungsvereinbarung beurkundungsbedürftig, die Leistungsbestimmung selbst dagegen formfrei möglich sein.[52]

72   Ob und inwieweit spätere Änderungen eines Grundstücksvertrages formbedürftig sind, ist entsprechend dem Schutzzweck des § 311b I 1 danach zu entscheiden, ob die Verpflichtung zum Erwerb oder zur Veräußerung des Grundstücks berührt wird.[53]

4. Heilung des Formmangels

73   Die Nichtigkeit des Vertrages aufgrund Formmangels wird durch „Auflassung und Eintragung" geheilt, § 311b I 2. Grund dafür ist, daß mit Einhaltung der Formvorschriften für die Übereignung (Auflassung und Eintragung) der Schutz-

---

[47] S. auch BGH NJW 1984, 974 zur Abrede der Anrechnung einer Vorauszahlung auf den Kaufpreis.

[48] Vgl. *MünchKomm/Kanzleiter*, § 311b, Rn. 50.

[49] Vgl. BGH NJW 1987, 1069 zu einem sog. Mietkauf zur Realisierung eines Abschreibungsmodells, bei dem alle Einzelvereinbarungen nur in ihrer Gesamtheit die angestrebten wirtschaftlichen (steuerlichen) Vorteile bewirken konnten; ferner BGHZ 104, 18 zu einer Kombination von Grundstückskauf, Darlehen und Pachtvertrag und zur Formbedürftigkeit des Willens, der die Verklammerung bewirken soll.

[50] Vgl. BGH NJW 1984, 974, 975: Diese Vermutung könne durch die besonderen Umstände des Falles widerlegt sein.

[51] Verneinend OLG Düsseldorf, ZMR 1981, 248.

[52] Vgl. *Jauernig/Stadler*, § 311b Rn. 18.

[53] Vgl. BGH NJW 1982, 434: Erlaß eines Teilbetrages des Grundstückskaufpreises bedarf notarieller Beurkundung.

zweck des Formgebots erfüllt ist.[54] Voraussetzung ist jedoch, daß die Willensübereinstimmung der Parteien in Bezug auf die Verpflichtung zum Erwerb oder
zur Veräußerung bis zur Auflassung fortbesteht.[55]

Die Heilung wirkt nach hA im Zeitpunkt der Vervollständigung des Übereig-   **74**
nungsgeschäftes.[56] Es wird jedoch vermutet, daß die Vertragspartner einander
das gewähren wollen, was sie bei Abschluß des Vertrages zu gewähren beabsichtigt haben.[57]

Da die Heilung den Vertrag „in seinem ganzen Inhalt" erfaßt, wird durch den   **75**
Vollzug eines unvollständig beurkundeten Grundstückskaufvertrags auch die
formwidrige Nebenabrede geheilt.[58] Findet § 311b I 1 auf Verträge Anwendung, die nicht direkt Verpflichtungen zur Übertragung und zum Erwerb von
Grundstückseigentum betreffen, dann gilt auch die Heilungsvorschrift des
§ 311b I 2 entsprechend: Verpflichtet sich ein Grundstückseigentümer, sein
Grundstück an einen vom Vertragspartner nachgewiesenen Dritten zu verkaufen, so wird der formnichtige Verpflichtungsvertrag bereits mit dem formgültigen Abschluß des Kaufvertrages mit dem Dritten geheilt.[59]

5. Einschränkungen von Formerfordernis und Nichtigkeitsfolgen

Einschränkungen der Rechtsfolgen der Formnichtigkeit hat die Rechtspre-   **76**
chung in Fällen, in denen das Ergebnis „Nichtigkeit des Vertrages" in grobem
Maße unbillig erschien, mit zwei Instrumenten erreicht:

a) Die Berufung auf die Formnichtigkeit kann treuwidriger Rechtsmißbrauch
sein, wenn die Nichtigkeit für den anderen Teil ein „schlechthin untragbares Er-

---

[54] BGHZ 32, 11, 13; aA BGHZ 82, 398, 405 (Aufrechterhaltung sachenrechtlich abgeschlossener Verhältnisse im Interesse der Rechtssicherheit).

[55] BGH NJW 1981, 2293.

[56] *Jauernig/Stadler*, § 311b Rn. 43, str.; aA *Larenz*, Schuldrecht I, § 5, 73f.

[57] BGHZ 54, 56, 63f.; s. aber auch BGH NJW 1979, 1985: Das bedeute nicht, daß die Vertragspartner den Vertrag auch hinsichtlich des Schuldnerverzuges als schon seit Vertragsabschluß wirksam behandeln wollen, so daß Verzug eingetreten sei. Ferner BGH NJW 1989,
2050: Mangelkenntnis des Käufers zwischen Kaufabschluß und Heilung, die für § 460 S. 1 a.F.
– jetzt § 442 I 1 – wichtig war. § 460 S. 1 a.F. sei „jedenfalls dann" nicht anwendbar, wenn der
Käufer bei Eintragung zwar den Mangel erfahren hat, die bis dahin bestehende Unwirksamkeit
des Kaufvertrages aber nicht kennt.

[58] Vgl. BGH NJW 1978, 1577: Mündlich erteiltes Leibrentenversprechen in einem unvollständig beurkundeten Grundstückskaufvertrag (vgl. § 761).

[59] BGHZ 82, 398: Eine Bauträgerfirma hatte sich in einem privatschriftlichen Vertrag
Grundstücke „an die Hand geben" lassen. Dieser formlose Verpflichtungsvertrag einschließ-
lich der darin enthaltenen Vergütungsregelung wurde mit dem Abschluss der Kaufverträge mit
den einzelnen Bauherren geheilt. S. auch BGH NJW 1987, 1628: Heilung eines formnichtigen
Vertragsstrafeversprechens gegenüber Makler durch Abschluss des formgerecht beurkundeten
Kaufvertrages mit nachgewiesenem Interessenten.

gebnis" darstellt und der sich auf Formnichtigkeit berufende Teil den Formmangel, obwohl er ihn kannte, nicht offenbart hat.[60]

b) Schuldhafte Verursachung der Formnichtigkeit oder vorwerfbare Unterlassung von Informationen über Formbedürftigkeit kann Verletzung einer vorvertraglichen Pflicht aus § 311 II, also culpa in contrahendo sein und deshalb zu Schadensersatz verpflichten, der u. U. auch das Erfüllungsinteresse des Betroffenen umfassen kann.[61] Wenn die Formvorschrift des § 311b I und ihr Schutzzweck nicht ausgehöhlt werden sollen, muß eine solche Lösung aber die Ausnahme bleiben.[62]

§ 3 Inhaltsfreiheit und ihre Einschränkungen

77   Vertragsfreiheit bedeutet vor allem auch Freiheit zur inhaltlichen Ausgestaltung von Verträgen und zur Abweichung von den gesetzlichen Regeln, die die Rechte und Pflichten der Parteien aus einem Vertrag normieren; diese gesetzlichen Regeln gestalten den Vertragsinhalt grundsätzlich nur insoweit, als die Parteien nichts anderes vereinbart haben, sie sind also „**dispositives Recht**". Auch von der Freiheit der inhaltlichen Ausgestaltung gibt es jedoch Ausnahmen.

I. Inhaltskontrolle und Abschlußfreiheit

78   Verbietet das Gesetz bestimmte Vertragsinhalte und ahndet es sie mit der Nichtigkeitsfolge – z. B. sittenwidrige Verträge, Verträge über künftiges Vermögen oder Nachlässe (s. oben Rn. 59 ff.) –, liegt eine Inhaltskontrolle vor, die bereits in den Bereich der Abschlußfreiheit vorverlagert ist. Soweit durch das gesetzliche Verbot nur einzelne Abreden mit der Nichtigkeitssanktion belegt werden, der Vertrag im Übrigen aber gültig bleibt, wird er damit inhaltlich teilweise durch Gesetz gestaltet. So verbietet § 276 III Freizeichnung von der Haftung für vorsätzliche Schadenszufügung, doch zieht – abweichend von § 139 – die Nichtigkeit einer solchen Haftungsausschlußklausel nicht die Unwirksamkeit des ganzen Vertrages nach sich.[63] Gleiches gilt für Freizeichnungen des Verkäufers bei Kaufverträgen mit einem Verbraucher, § 475 I, sowie für die Freizeichnung von Garantiezusagen eines Verkäufers, § 444: Aufrechterhaltung des Vertrages

---

[60] S. BGHZ 16, 334, 336 ff.; BGHZ 35, 272, 279, BGH NJW 1985, 2579, 2580; ferner unten Rn. 149 zu § 242.

[61] S. BGH NJW 1965, 812, 813 f., sowie oben Rn. 45.

[62] S. BGH WM 1979, 458, 462: Kein Anspruch aus cic allein wegen versäumter Aufklärung über Formbedürftigkeit. Ob eine Aufklärungspflicht bestand, muß erst aus den Umständen ermittelt werden. S. auch BGH NJW 1996, 1884: in der Regel nur bei vorsätzlich pflichtwidrigem Verhalten.

[63] Vgl. BGHZ 40, 235, 238 f.

wird hier dadurch erreicht, daß der Verkäufer sich (nur) nicht auf die Haftungsfreizeichnung oder -beschränkung berufen kann. Damit wird eine inhaltliche
Gestaltung des Vertrages bewirkt.[64]

II. Inhaltskontrolle durch zwingendes Recht

Ausnahmsweise ordnet das im BGB geregelte Schuldrecht aber bestimmte **79**
Vertragsinhalte zwingend an, so z.B. Fürsorgepflichten des Dienstberechtigten
gegenüber bestimmten Arbeitnehmergruppen, § 618, die vertraglich nicht **abbedungen** werden können, § 619. Man unterscheidet deshalb „**zwingendes**"
und „**nachgiebiges**" Recht und lehrt, daß im Schuldrecht der Grundsatz der
Vertragsfreiheit auf der Ebene der inhaltlichen Gestaltung nur selten und ausnahmsweise durch zwingendes Recht eingeengt werde. Das ist jedenfalls insoweit richtig, als die Privatautonomie Grundlage und Ausgangspunkt des Schuldrechts ist: Dessen Normen weichen daher grundsätzlich abweichenden vertraglichen Vereinbarungen (s. § 311 I) und auch dem Inhalt sonstiger vom Gesetz als
wirksam angesehener Rechtsgeschäfte. Der Struktur nach ist zwingendes
Schuldrecht folglich die Ausnahme. Das ändert freilich nichts daran, daß der
Gesetzgeber den Parteien offenbar im wachsenden Maße mißtraut und ihnen
mehr und mehr zwingende Vorgaben für den Vertragsinhalt macht. Im hier zu
behandelnden Allgemeinen Teil des Schuldrechts wird vor allem die parteiauto-
nome „Gestaltung rechtsgeschäftlicher Schuldverhältnisse durch Allgemeine
Geschäftsbedingungen" in den §§ 305–310 (in weitgehender Übernahme des
alten AGBG, hierzu 4. Auflage dieses Lehrbuchs, Rn. 63 ff.) eingeschränkt (hierzu im folgenden Rn. 81 ff.) sowie die Ausgestaltung von Verträgen bei bestimmten Vertriebsformen und ihre (endgültige) Wirksamkeit geregelt, §§ 312–312 f
(hierzu im folgenden Rn. 121; zum zwingenden Charakter s. schon § 312 f).

III. Strukturelle Vertragsparität

Auch die speziellen – zwingenden – Regeln zum Schutz der schwächeren Ver- **80**
tragspartei gewährleisten grundsätzlich nicht, daß der Leistungsaustausch, auf
den sich die schwächere Partei eingelassen hat, fair und gleichwertig ist. Die
„laesio enormis", die Verträge bei einem Mißverhältnis von Leistung und Gegenleistung nichtig oder anfechtbar machte, ist von den Verfassern des BGB

---

[64] Einen guten Überblick über das Instrumentarium und die Maßstäbe der Inhaltskontrolle
findet sich bei *Becker*, Vertragsfreiheit, Vertragsgerechtigkeit und Inhaltskontrolle, WM 1999,
709 ff.

ausdrücklich nicht übernommen worden.[65] Das Bundesverfassungsgericht hat allerdings in der sog. Schuldturmentscheidung[66] eine Pflicht der Gerichte zur Inhaltskontrolle von Verträgen, die einen der Vertragspartner ungewöhnlich stark belasten und das Ergebnis strukturell ungleicher Verhandlungsstärke sind, angenommen: „Handelt es sich … um eine typisierbare Fallgestaltung, die eine strukturelle Unterlegenheit des einen Vertragsteils erkennen läßt, und sind die Folgen des Vertrags für den unterlegenen Vertragsteil ungewöhnlich belastend, so muß die Zivilrechtsordnung darauf reagieren und Korrekturen ermöglichen"; Korrekturbehelfe sind die §§ 138 und 242.[67] Die befürchteten Folgen, daß künftig jeder Vertrag mit Hinweis auf ein strukturelles Ungleichgewicht der Parteien nachträglich angegriffen werden könne, sind bisher allerdings nicht eingetreten.[68] Jedenfalls wird Nichtigkeit wegen Sittenwidrigkeit nur anzunehmen sein, wenn zur strukturellen Ungleichheit der Parteien noch weitere Momente hinzukommen; § 242 ermöglicht dagegen eine flexiblere, insbesondere den Zweck der Bürgschaft berücksichtigende Anpassung der Bürgenverpflichtung.[69]

---

[65] Der zugrunde liegende Gedanke, eine Übervorteilung eines Vertragspartners durch den anderen zu korrigieren, ist im BGB aufgrund der liberalen Überzeugung, daß beim Aushandeln von Verträgen, von Leistung und Gegenleistung, jeder seine Interessen selbst wahren könne, nur noch im § 138 II zu finden, wo aber zusätzlich zum Mißverhältnis von Leistung und Gegenleistung subjektive Voraussetzungen auf Seiten des Übervorteilenden erforderlich sind, die freilich von der Rspr. durch Anwendung des § 138 I abgeschwächt worden sind, s. BGH NJW 2001, 1127. Die Einheitsrechtsprojekte PECL und UNIDROIT-Principles sehen dagegen Anfechtung bei „grobem Mißverhältnis" – Art. 3.10 UNIDROIT-Principles – oder „übermäßigem Vorteil oder unangemessener Ausnutzung" – Art. 4:109 PECL – sowie Möglichkeit der Vertragsanpassung auf Verlangen des Anfechtungsberechtigten vor.

[66] BVerfGE 89, 214 = NJW 1993, 36; es ging um die Bürgschaft einer Ehefrau für Schulden ihres Mannes, die für die Bürgin angesichts ihrer Vermögens- und Einkommensverhältnisse unerträglich belastend war.

[67] Die Entscheidung hat erhebliche Kritik erfahren, vgl. *Adomeit*; NJW 1994, 2467 (die Theorie gestörter Vertragsparität sei nichts anderes als ein Trugbild, dem das Bundesverfassungsgericht erlegen sei); kritisch vor allem *Wiedemann*, JZ 1994, 413 (künftig sei jedes Rechtsgeschäft auf seine Schieflage zu überprüfen); ferner *Rittner*, NJW 1994, 3330; *Schapp*, ZBB 1999, 30ff., insbesondere zum Maßstab der Grundrechte, 36. Positive Stellungnahme: *Wellenhofer-Klein*, ZIP 1997, 774ff.

[68] Aus der Rspr. der Zivilgerichte s. vor allem BGH BB 2002, 1881, 1883; ferner BGH NJW 1997, 52, 53 zur Bürgschaft von Kindern für Geschäftskredite der Eltern; BGH NJW 1997, 3372; BGH NJW 1999, 58ff. und dazu *Tiedtke*, NJW 1999, 1209ff.; BGH NJW 2001, 815 zur Mitverpflichtung einer Ehefrau für die Rückzahlung eines Kredits ihres Ehemannes. Keine Anwendung der Grundsätze über Ehegattenbürgschaften bei Gesellschaftern, BGH BB 2002, 425. Auf die Bestellung dinglicher Sicherheiten sind die Grundsätze zu sittenwidrigen Interzessionen wohl nicht zu übertragen, s. BGH WM 2002, 1642 (Sicherungsgrundschuld). Zum Schutz Minderjähriger s. a. das Minderjährigenhaftungsgesetz – § 1629a – und dazu *Behnke*, NJW 1999, 3078ff.

[69] Zum Ganzen *Horn*, Übermäßige Bürgschaften mittelloser Bürgen: Wirksam, unwirksam

§4 Grundzüge des Rechts der Kontrolle vorformulierter Geschäftsbedingungen

Lit. zum ABGB: *Ulmer/Brandner/Hensen*, Kommentar zum Gesetz zur Regelung des Rechts der Allgemeinen Geschäftsbedingungen, 9. Aufl., Köln 2001; *Wolf/Horn/Lindacher*, AGB-Gesetz, 4. Aufl., München 1999. Lit. zur Regelung im BGB: *Von Westphalen*, AGB-Recht ins BGB – Eine erste Bestandsaufnahme, NJW 2002, 12 ff.

I. Gründe für die Verwendung vorformulierter Geschäftsbedingungen

Für die deutsche Rechtsprechung und den deutschen Gesetzgeber stand und   **81** steht der Mißbrauch der Vertragsfreiheit durch standardisierte, d. h. von einer Seite vorformulierte Allgemeine Geschäftsbedingungen im Vordergrund, so daß dieser Problembereich im folgenden Text im Vordergrund steht.[70] Für die Verwendung vorformulierter Geschäftsbedingungen gibt es verschiedene Gründe:

a) **Neue Vertragsformen** – z. B. Leasing – lassen sich den gesetzlich geregelten   **82** Vertragstypen nur schwer einpassen, so daß es nicht möglich ist, sich auf die Dispositivregeln des Gesetzes zur Ergänzung eines abgeschlossenen, aber von den Parteien nur in den Grundzügen festgelegten Vertrages zu verlassen.[71] Andererseits können die Parteien *aus Zeit- und Kostengründen*, vor allem aber auch aus Mangel an rechtlicher Sachkenntnis, nicht bei jedem Vertragsschluß jedes Detail eines gesetzlich nicht vorgesehenen Vertragstyps besprechen, aushandeln und rechtlich einwandfrei verabreden. Es bietet sich deshalb an, solche im Gesetz nicht geregelten Verträge durch fachkundige Berater entwerfen und den Bedürfnissen der Vertragsparteien entsprechend gestalten zu lassen.

b) Auch im Bereich der gesetzlich geregelten Vertragstypen kann das Bedürf-   **83** nis entstehen, **Abweichungen vom Gesetz** oder Ergänzungen zu finden, weil die zuweilen sehr allgemeine und abstrakte Regelung eines bestimmten Vertragstyps durch das Gesetz die konkreten Interessen der Parteien nicht berücksichtigt, aber auch, weil veränderte wirtschaftliche Rahmenbedingungen die Regelung des Gesetzes und die zugrunde liegenden Vorstellungen über den Ablauf wirtschaftlicher Vorgänge überholt haben. Zur Anpassung an diese Gegebenheiten kann häufig von den – oft nicht rechtskundigen – Parteien nicht verlangt werden, daß sie bei jedem Vertragsschluß entsprechende Vertragsbedin-

---

oder mit eingeschränkten Umfang?, WM 1997, 1081 ff.; *Schlechtriem*, BT Rn. 632 zur Rspr. des BGH.

[70] Überblick bei *Becker*, Vertragsfreiheit, Vertragsgerechtigkeit und Inhaltskontrolle, WM 1999, 709 ff.

[71] Hierzu *Oechsler*, Gerechtigkeit im modernen Austauschvertrag, Tübingen 1997, insbesondere 337 ff.

gungen entwerfen. Zur Beurteilung der Zulässigkeit einer bestimmten Ausgestaltung durch AGB ist aber zunächst der Vertragstyp als Leitbild zu ermitteln; nicht etwa kann dieser durch die AGB selbst bestimmt werden.[72]

84   c) Schließlich kann Motiv für das Entwerfen einer vorformulierten Vertragsordnung aber auch sein, daß man sich bestimmten, im Gesetz geregelten Pflichten entziehen oder der anderen Seite zusätzliche, im Gesetz nicht vorgesehene Pflichten bzw. Obliegenheiten auferlegen möchte, also eine **Begünstigung des Verwenders**. Es ist vor allem das letztere Motiv, das diese Art von Geschäftsbedingungen zum Problem hat werden lassen. Zwar ist denkbar, daß eine vorformulierte Vertragsordnung, die von der gesetzlichen Regelung abweicht, von Interessenvertretern beider Seiten, z.B. Verbänden typischer Vertragsparteien wie Mieter und Hausbesitzer, ausgehandelt wird und deshalb einen akzeptablen Interessenausgleich vorsieht, in dem zugunsten und zu Lasten beider Seiten von der rechtlichen Regelung abgewichen wird.[73] Auch können Verordnungen den Inhalt bestimmter Versorgungsverträge regeln und die „Tarifkunden" schützen (s. § 310 II). **Regelmäßig** werden die Standardbedingungen jedoch **von einer Seite** aufgestellt und als Teil der Offerte des Verwenders so in den Vertrag eingeführt, daß die andere Seite faktisch keine Möglichkeit hat, am vorformulierten Inhalt dieser Allgemeinen Geschäftsbedingungen etwas zu ändern. Das kann auch der Fall sein, wenn die vorformulierten Bedingungen nur zu einmaligem Gebrauch entworfen worden sind.[74]

II. Einseitigkeit der Vertragsgestaltung

85   Die Verbesserung der eigenen Rechtsposition, die der Verwender vorformulierter Geschäftsbedingungen im Regelfalle anstrebt und bei wirksamer Einführung seiner Bedingungen in den Vertrag auch erreicht, bedeutet, daß die Vertragsfreiheit zur inhaltlichen Gestaltung *praktisch nur von einer Seite* und *zugunsten dieser Seite* genutzt wird. Zugespitzt kann man formulieren, daß das Prinzip der Vertragsfreiheit dazu benutzt wird, der anderen Seite die Freiheit zur inhaltlichen Gestaltung zu beschneiden. Dieser Befund ist um so bedenklicher, als der Verwender solcher Geschäftsbedingungen im Regelfall dem anderen Teil wirtschaftlich überlegen und juristisch besser informiert ist: Allgemeine

---

[72] Vgl. BGH NJW 1997, 2043.

[73] Beispiel ist der vom Deutschen Mieterbund auf der einen Seite und vom Haus- und Grundbesitzerverband auf der anderen Seite ausgearbeitete Mustermietvertrag, s. zur Sonderbehandlung derartiger, von Verbänden ausgehandelter Bedingungen BGHZ 86, 135 (zu der VOB/B) und BGH NJW 1982, 1820 (zu den ADSp). Vgl. zur daran anknüpfenden Privilegierung der VOB/B bei der AGB-Kontrolle *Kretschmann*, Zum Vorschlag des BMJ zur Änderung der BGB-Regelungen über die Privilegierung der VOB/B, BauR 2005, 615ff.

[74] S. schon § 310 III Nr. 2 für Verträge mit Verbrauchern.

Geschäftsbedingungen werden, wenn der Verwender nicht selbst rechtskundig ist, von Spezialisten ausgearbeitet und sind in ihrer rechtlichen Tragweite für den anderen, zumeist rechtlich unerfahrenen Teil, nicht übersehbar. Aber auch wo der andere Teil die rechtliche Tragweite solcher Standardbedingungen erkennt oder erkennen kann, wird er häufig nicht in der Lage sein, sie zu beeinflussen. Lebensnotwendige Güter bekommt er häufig nur zu gleichartigen Bedingungen angeboten, die von Verbänden, zu denen sich die Anbieter zusammengeschlossen haben, für ihre Verbandsmitglieder ausgearbeitet worden sind.[75] Der Verwender vorformulierter Geschäftsbedingungen wird notfalls auf einen Abschluß mit einem Kunden verzichten – und wirtschaftlich verzichten können –, wenn dieser die Bedingungen nicht akzeptieren will, während der Kunde auf die in Frage stehende Leistung angewiesen ist.

Beispiel: Allgemeine Geschäftsbedingungen der Banken, die für den normalen Kunden nicht abdingbar sind und die er hinnehmen muß, weil er aufgrund der Entwicklung des Geldverkehrs auf die Dienstleistungen von Kreditinstituten angewiesen ist.

III. Kontrolle von AGB in der Entwicklung bis zum SchRModG

Zunächst hat die Rechtsprechung den Mißständen, die sich aus der Verwen-   **86**
dung Allgemeiner Geschäftsbedingungen ergeben haben, mit zwei Instrumenten zu begegnen versucht: Da Geschäftsbedingungen häufig für den Vertragspartner gar nicht zugänglich waren oder völlig überraschende Vertragsgestaltungen enthielten, ist die Einbeziehung von Allgemeinen Geschäftsbedingungen in den Vertrag bestimmten Anforderungen unterworfen worden: Der Vertragspartner muß die Möglichkeit zur Kenntnisnahme haben und braucht mit überraschenden Klauseln nicht zu rechnen. Wichtiger war freilich die zunächst mit den Generalklauseln der §§ 138, 157 und 242 geleistete Inhaltskontrolle, die zur offenen Verwerfung besonders anstößiger Klauseln führte. Die einschlägige Rechtsprechung hat heute insoweit noch Bedeutung, als sie nach wie vor für solche Rechtsgeschäfte gilt, die nicht in den Anwendungsbereich der §§ 305 ff. fallen. Im Jahre 1976 hatte der Gesetzgeber mit dem „Gesetz zur Regelung des Rechts der Allgemeinen Geschäftsbedingungen" eingegriffen, das am 1. 4. 1977 in Kraft getreten und weitgehend auf den von der Judikatur entwickelten Regeln aufgebaut war. Aufgrund der EG-Richtlinie 93/13/EWG über mißbräuchliche Klauseln in Verbraucherverträgen[76] mußte das Gesetz ergänzt

---

[75] Beispiel: Reparaturbedingungen im Kraftfahrzeughandwerk, dazu BGHZ 101, 307; ferner die Allgemeinen Geschäftsbedingungen der Banken, die zuerst 1937 aufgestellt, seitdem oft geändert und an die Rechtsentwicklung – AGBG! – angepaßt worden sind; letzte Fassung 1. 4. 2002.

[76] ABlEG Nr. L 95 v. 21. 5. 1993 S. 29 = NJW 1993, 1838.

und sein Anwendungsbereich erweitert werden.[77] Mit Wirkung zum 1.1. 2002 hat das SchRModG die Vorschriften des AGBG weitgehend[78] in das BGB eingefügt, §§ 305 ff. Bei deren Auslegung ist wegen des Gebots richtlinienkonformer Auslegung immer auch die Richtlinie 93/13/EWG in den Blick zu nehmen (s. o. Rn. 16f. und Rn. 98).

IV. Grundzüge des Rechts der Allgemeinen Geschäftsbedingungen

87   Die §§ 305 ff. finden nicht auf alle Vertragstypen direkt Anwendung, s. § 310 IV. Die früher nach AGBG ausgenommenen Arbeitsverträge, die oft durch standardisierte „Allgemeine Arbeitsbedingungen" konkretisiert werden, sind jedoch grundsätzlich erfaßt.[79] Auch vom Geltungsbereich der §§ 305 ff. ausgenommene Vertragstypen, etwa Gesellschaftsverträge, unterliegen jedoch der Kontrolle nach §§ 157, 242 (die vor Einführung spezieller Kontrollvorschriften durch – früher – das AGBG und jetzt §§ 305 ff. BGB bereits als Kontrollinstrumente eingesetzt worden waren, s. o. Rn. 86), wobei in Auslegung und Inhaltskontrolle durchaus auf die spezielleren Kontrollvorschriften des BGB und die ihnen zugrunde liegenden Wertungen zurückgegriffen werden kann.

1. Begriff der Allgemeinen Geschäftsbedingungen, § 305 I

88   Die Vertragsbedingungen müssen für eine *Vielzahl von Verträgen*, d.h. wohl mindestens drei Verwendungsfälle, aufgestellt, nicht dagegen schon verwendet worden sein – auch bei erstmaliger Verwendung unterliegen sie den §§ 305 ff., jedoch muß jedenfalls Absicht der Mehrverwendung gegeben sein.[80] Dabei genügt die mehrfache Verwendung gegenüber einem einzigen Vertragspartner.[81] Vorformuliert bedeutet nicht notwendig schon schriftlich fixiert.[82] Auf der an-

---

[77] Gesetz zur Änderung des AGB-Gesetzes v. 24.7. 1996, BGBl I 1996, 1013.

[78] Die Regelungen der §§ 13 ff. AGBG, die besondere Verfahrensregeln für Unterlassungs- und Widerrufsansprüche, die von bestimmten Institutionen gegen Verwender von AGB geltend gemacht werden konnten, sind in ein besonderes „Gesetz über Unterlassungsklagen bei Verbraucherrechts- und anderen Verstößen (Unterlassungsklagengesetz)" ausgegliedert worden.

[79] S. § 310 IV 2. Zu den Einzelheiten s. *Hromadka*, Schuldrechtsmodernisierung und Vertragskontrolle im Arbeitsrecht, NJW 2002, 2523, 2525 ff. sowie die arbeitsrechtliche Spezialliteratur.

[80] BGH ZIP 2001, 1921 (Bauvertrag).

[81] BGH NJW 2004, 1454.

[82] Str., s. BGH NJW 1988, 410, aber auch BGH BB 1996, 2535: Berücksichtigung aller Umstände erforderlich; nur einmal wiederholte Anwendung begründet noch keine Vermutung für die Absicht der Verwendung in einer Vielzahl von Fällen. S. jedoch BGH NJW 1999, 2180, 2181: Vorformuliert auch dann, wenn Bedingungen nur im Kopf des AGB-Verwenders oder Abschlußhilfen „gespeichert" sind. Ferner: Eine Leerstelle im vorgedruckten Text, in die der Kunde Datum und Zeitpunkt und ggfs. den jeweiligen Zahlungsbetrag einfügen kann, ändert nichts am Charakter als AGB, wenn die handschriftliche Eintragung „Restzahlung vor Liefe-

deren Seite hindert auch die Verlesung und Beratung durch einen Notar und seine Beurkundung nicht, daß ein vorformuliertes Vertragsmuster zugrunde gelegt wird und der notariell beurkundete Vertrag dem AGBG unterfällt.[83] Soweit Klauseln jedoch *ausgehandelt* worden sind, greift das AGB-Recht nicht ein, § 305 I 3.[84] Dem Aushandeln steht es nicht entgegen, daß die vom Verwender angebotenen – ebenfalls vorformulierten – Alternativen mit einem erhöhten Entgelt verbunden sind.[85]

Wenn jedoch auf einer Seite ein „Unternehmer", d.h. eine Person, die in Ausübung ihrer gewerblichen oder beruflichen Tätigkeit handelt, und auf der anderen Seite ein „Verbraucher", d.h. eine natürliche Person, die den Vertrag zu einem Zweck abschließt, der weder einer gewerblichen noch einer selbständigen beruflichen Tätigkeit zugerechnet werden kann, stehen, werden Kontrollvorschriften auch auf Verträge angewendet, in denen die zu beanstandende Klausel nur für einen einmaligen Gebrauch entworfen worden ist, § 310 III.[86] Diese Erweiterung betrifft freilich den wichtigsten Teil des Anwendungsbereichs des AGB-Rechts, so daß damit eine generelle Kontrolle vorformulierter Vertragsbedingungen in Verträgen mit Verbrauchern erreicht worden ist. Verschärft wird die Anwendbarkeit des Gesetzes auch dadurch, daß bei Verwendung Allgemeiner Geschäftsbedingungen davon ausgegangen wird, daß sie von dem als Vertragspartei beteiligten Unternehmer gestellt worden sind, § 310 III Nr. 1.

Eine **erste Kontrollstufe** ist bereits bei der Einbeziehung von Geschäftsbedingungen dergestalt vorgesehen, daß der Vertragspartner des Klauselverwenders in seiner Möglichkeit der Kenntnisnahme sowie gegen überraschende Klauseln geschützt ist, §§ 305 II, 305 c I.[87]   **89**

---

rung" vom Verwender eingesetzt worden ist. Eine solche Klausel ist auch nach § 307 unwirksam, weil sie §§ 320, 322 aushebelt. Dagegen: Läßt ein vorformulierter Vertragstext Ausführungsalternativen, die es dem Vortragspartner ermöglichen, zwischen unterschiedlichen Inhalten zu wählen, so liegt *insoweit* keine Standardbedingung vor, s. BGH NJW 1998, 1066, 1067 (Wahl zwischen unterschiedlichen Laufzeiten eines Dauerschuldverhältnisses).

[83] BGH NJW 1984, 171, 172.

[84] Wird ein vorformulierter Text verwendet, so bedeutet „aushandeln", daß die einzelnen Klauseln dieses Textes ernsthaft und vom anderen Teil erkannt zur Disposition gestellt worden sind, dieser also eine reale Einflußmöglichkeit hatte, vgl. BGH NJW 1988, 410.

[85] BGH WM 2003, 445.

[86] Anwendbar sind § 305 c II (Unklarheitenregel; dazu Rn. 91); § 306 (Teilungültigkeit; dazu Rn. 92); ferner vor allem die Generalklausel des § 307 (dazu unten Rn. 95) sowie die Klauselkataloge in §§ 308, 309 (dazu unten Rn. 93).

[87] Vertragsschluß und die dabei und damit geschehende Festlegung des Vertragsinhalts sind im BGB durch die Regelung der §§ 145 ff. im 1. Buch systematisch vom Prinzip der Vertragsfreiheit und ihren Schranken im 2. Buch des BGB getrennt. Das ist aber nicht zwingend geboten, wie andere Regelungssysteme zeigen, in denen der Vertragsschluß im Zusammenhang mit bestimmten Vertragstypen, z.B. wie im CISG mit dem Kaufvertrag, oder – wie in den PECL und den UNIDROIT-Principles – generell mit Vertragsrecht zusammen geregelt ist; die Kritik aus Anlaß der Rückführung des AGB-Rechts in das BGB durch das SchRModG, die Einbezie-

Geltungsgrund der AGB ist eine einvernehmliche Einbeziehung, nicht eine Unterwerfung des Vertragspartners des AGB-Verwenders. Einverständnis setzt Kenntnis oder – bei Verzicht auf Kenntnisnahme – ihre Möglichkeit voraus. Das soll durch § 305 II sichergestellt werden. § 305c I will der Gefahr vorbeugen, daß der Vertragspartner zwar die AGB „überfliegt" und hinnimmt, dabei aber auch ungewöhnliche Klauseln, mit denen er vernünftigerweise nicht rechnen konnte, mit „durchgeschmuggelt" werden. Der geschützte Teil soll nicht „überrumpelt" werden.[88] Dagegen spielt Unbilligkeit der überraschenden Klausel keine Rolle, mag sie auch oft anzunehmen sein.

90   § 305b regelt den Vorrang von Individualabreden vor Allgemeinen Geschäftsbedingungen, eine schon vor Inkrafttreten der gesetzlichen Regelungen von der Rechtsprechung entwickelte Regel, die dem Mißstand steuern sollte, daß der Klauselverwender individuell gegebene Versprechen in den Allgemeinen Geschäftsbedingungen zurücknimmt bzw. durch Haftungsfreizeichnungen praktisch aushöhlt. Verschärft worden ist diese Regel jetzt durch § 444, der auch für individuell formulierte Garantien gilt. Auch konkludente Individualabreden können AGB verdrängen:

Die vorformulierte Pflicht zur Abnahme eines Bankdarlehens kann durch konkludente Individualabrede weiterer Voraussetzungen der Abnahmepflicht, z.B. Gelingen einer Zwischenfinanzierung, modifiziert sein.[89]

91   § 305c II normiert mit der sog. **Unklarheitenregel** ein ebenfalls schon vor seiner gesetzlichen Normierung von der Rechtsprechung entwickeltes Instrument, das es erlaubt, Unklarheiten in den den Verwender begünstigenden Klauseln zu seinen Lasten gehen zu lassen.[90] Weitgefaßte und vage Klauseln, mit denen der Verwender nicht selten im Streitfall den anderen Teil zunächst einmal „bedroht", können so entschärft werden.[91] Aber § 305c II darf nicht dazu eingesetzt werden, eine im Ganzen unzulässige Klausel auf einen gerade noch haltba-

---

hungsvorschriften wären – wenn überhaupt – ins 1. Buch des BGB einzustellen gewesen (vgl. *P. Ulmer*, Das AGB-Gesetz: Ein eigenständiges Kodifikationswerk, JZ 2001, 491 sowie in: Integration des AGB-Gesetzes in das BGB, in: *Schulze/Schulte-Nölke* (Hrsg.), Die Schuldrechtsreform vor dem Hintergrund des Gemeinschaftsrechts, Tübingen 2001, 220f. – „systematische Verwerfung") wäre deshalb wohl nur ernst zu nehmen, wenn die Gliederung des BGB, insbesondere die Ausgliederung eines Allgemeinen Teils, auch heute noch als Gipfel der Gesetzgebungskunst gesehen werden könnte. Das ist nicht der Fall.

[88] Vgl. als Beispiel: Weit gefaßte „Zweckerklärung" in einer Sicherungsabrede, durch die die Haftung der Sicherheit auf *alle zukünftigen Forderungen* einer Bank ausgedehnt wird, als überraschende Klausel, BGHZ 109, 197, 202f.; BGHZ 83, 56, 60.

[89] BGH JR 1986, 459, 460 m. Anm. *Lindacher*.

[90] In Art. 4.6 UNIDROIT-Principles und Art. 5:103 PECL ist diese *contra proferentem*-Regel auch für individuell abgefaßte Vereinbarungen festgeschrieben worden.

[91] Vgl. BGH NJW 1985, 849 (Zurückbehaltungsrecht der Sparkassen); BGH NJW 1986, 1803 (Zinsanpassungsklausel).

ren Kern zurückzuführen (Verbot der sog. teleologischen Reduktion). Voraussetzung der Anwendbarkeit ist deshalb, daß mehrere Auslegungsmöglichkeiten bestehen und mindestens eine davon zu einem zulässigen Inhalt führt.

Während nach allgemeinem Recht die Nichtigkeit einzelner Vertragsbestimmungen im Zweifel zur Nichtigkeit des gesamten Vertrages führt (vgl. § 139), würde eine entsprechende Regel bei der Kontrolle einzelner Allgemeiner Geschäftsbedingungen den Verwender vielfach begünstigen, denn er liefe bei der Verwendung von verbotenen Geschäftsbedingungen nur das Risiko, einen Vertrag zu verlieren. § 306 I sieht deshalb vor, daß der Vertrag trotz Nichtigkeit Einzelner AGB regelmäßig gültig bleibt und an die Stelle der nichtigen Geschäftsbedingungen die gesetzliche Regelung tritt, § 306 II.[92] Gesamtnichtigkeit kann aber eintreten, falls das Festhalten am – durch gesetzliche Regeln nach § 306 II ergänzten Vertrag – eine unzumutbare Härte für *eine* Partei (auch: Verwender selbst) bewirken würde, § 306 III.[93]

92

2. Inhaltskontrolle

Aufbauend auf Ergebnissen der Rechtsprechung, die schon vor Inkrafttreten des AGBG bestimmte Klauseln als anstößig bewertet hatte, enthielt das AGBG in den §§ 10 und 11 Kataloge von bedenklichen Geschäftsbedingungen. Diese zweite Kontrollebene der **Inhaltskontrolle**, d.h. der Beschränkung der Parteiautonomie zur inhaltlichen Gestaltung von Verträgen, ist jetzt in den §§ 308 und 309 – unter teilweiser Verschärfung im Vergleich zum aufgehobenen AGBG[94] normiert, wobei § 308 Klauselverbote mit Wertungsspielraum (Unwirksamkeit der Klauseln, wenn sie „unangemessene" oder „sachlich nicht gerechtfertigte" Details enthalten), § 309 solche ohne Wertungsspielraum enthält. Einzelheiten sind hier nicht zu behandeln, sondern werden im Zusammenhang der Rechtsinstitute und Vertragstypen, bei denen durch die verbotenen Klauseln von der gesetzlichen Regelung abgewichen werden soll, berücksichtigt; im Übrigen muß in einem Kurzlehrbuch auf die Erläuterung in Spezialwerken verwiesen werden.[95]

93

---

[92] Zur Frage, ob die durch Nichtigkeit einzelner Klauseln entstehende oder aus anderen Gründen gegebene Lücke auch durch ergänzende Vertragsauslegung geschlossen werden kann s. BGHZ 90, 69, 75f.; BGHZ 92, 363, 370 zu § 6 AGBG: Auch die die Vertragsauslegung ermöglichenden §§ 157, 133 seien gesetzliche Vorschriften i.S. des § 6 II AGBG; dazu *J. Neumann*, Geltungserhaltende Reduktion und ergänzende Auslegung von Allgemeinen Geschäftsbedingungen, Baden-Baden 1988, 133 ff.

[93] Vgl. BGH NJW-RR 1996, 1010; BGH BB 2002, 1017.

[94] Bsp. vor allem: § 309 Nr. 7 a), der jetzt Freizeichnung oder Beschränkung der Haftung selbst für leichte Fahrlässigkeit nicht (mehr) zuläßt; ferner § 309 Nr. 8 b)ff), der eine Verkürzung der Verjährung der Haftung für Mängel von Bauwerken oder Baumaterialien als unzulässig regelt.

[95] Dabei können unter Beachtung der legislatorischen Verschärfungen (s. vorige Fn.) auch

94   Die Klauselverbote in den Katalogen der §§ 308 und 309 finden keine direkte Anwendung, wenn sie vom Verwender in Verträgen mit Unternehmern oder der öffentlichen Hand verwendet werden (lies § 310 I 1). Jedoch kann die Inhaltskontrolle aufgrund der Generalklausel des § 307 (dazu sogleich Rn. 95) auch bei solchen Verträgen dazu führen, daß die an sich nicht direkt verbotenen Klauseln aus diesen Katalogen in einem konkreten Vertrag darauf hin zu prüfen sind, ob sie eine unangemessene Benachteiligung des Unternehmers (oder der öffentlichen Hand) als Vertragspartner des Klauselverwenders darstellen, § 310 I 2. Bei der im Rahmen der wertungsoffenen Formeln des § 307 gebotenen Abwägung sind nicht nur die „im Handelsverkehr geltenden Gewohnheiten und Gebräuche angemessen" zu berücksichtigen, § 310 I 2 Hs 2 – was u.U. zur Gültigkeit auch „scharfer" Klauseln führen kann –, sondern auch die den einzelnen Verboten in den Klauselkatalogen zugrunde liegenden Wertungen.

Eine **Inhaltskontrolle** findet nicht statt, soweit Allgemeine Geschäftsbedingungen Rechtsvorschriften entsprechen, § 307 III 1. Dagegen unterliegen „anderweitige Gestaltungen", die die Inhaltskontrolle unzulässiger Klauseln unterlaufen sollen, ebenfalls den §§ 307–309, s. § 306a (Umgehungsverbot).

Beispiel: Kfz-Händler nimmt beim Verkauf neuer Fahrzeuge alte Wagen der Käufer in Zahlung und verkauft diese Gebrauchtwagen. Um § 310 III Nr. 1 zu umgehen, verkauft er diese Gebrauchtwagen nicht im eigenen Namen, sondern aufgrund sog. „Agenturverträge" im Namen der Neuwagenkäufer, die das jeweilige Fahrzeug in Zahlung gegeben haben (und von denen er sich eine entsprechende Vollmacht hat geben lassen), um so zu einem Vertrag zwischen Privatleuten (statt zwischen Unternehmer und Verbraucher) zu kommen. M.E. eine unzulässige Umgehung, wenn das wirtschaftliche Risiko beim Kfz-Händler und nicht beim Neuwagenkäufer liegt; s. auch schon § 475 I 2 und dazu BGH, NJW 2005, 1039.

3. Generalklausel

95   Unabhängig von den Klauselkatalogen in den §§ 308, 309 sind Allgemeine Geschäftsbedingungen stets einer Kontrolle aufgrund der **Generalklausel** des § 307 unterworfen, und zwar auch dann, wenn sie im Rechtsverkehr mit Unternehmern oder der öffentlichen Hand Verwendung finden (s. vorige Rn.). § 307 erklärt Geschäftsbedingungen für unwirksam, „wenn sie den Vertragspartner des Verwenders entgegen den Geboten von Treu und Glauben unangemessen benachteiligen". Eine solche Benachteiligung kann auch durch Bestimmungen, die „nicht klar und verständlich" sind, geschehen, § 307 I 2; der Gesetzgeber hat hier das von der Rechtsprechung entwickelte sog. **Transparenz-**

---

die Kommentare sowie die Rechtsprechung zum AGBG herangezogen werden (s. Lit. vor Rn. 81).

gebot[96] normiert. Dies beruht auf Art. 4 II, V der AGB-Richtlinie, welche nach Auffassung des EuGH einer hinreichend klaren Umsetzung bedarf.[97]

Der **Billigkeitsmaßstab** wird sodann in § 307 II dahin **konkretisiert**, daß eine solche unangemessene Benachteiligung im Zweifel dann anzunehmen ist, wenn eine Bestimmung entweder mit wesentlichen Grundgedanken der gesetzlichen Regelung, von der abgewichen wird, nicht zu vereinbaren ist, oder wesentliche Rechte oder Pflichten, die sich aus der Natur des Vertrages ergeben, so einschränkt, daß die Erreichung des Vertragszwecks gefährdet wird, während Rechtsvorschriften entsprechende Klauseln kontrollfest sind, § 307 III 1. Beide Konkretisierungen verlangen freilich von den Richtern eine Bewertung. Die „wesentlichen Grundgedanken der gesetzlichen Regelung" müssen vielfach bestimmt werden, da der Gesetzgeber bei den dispositiven Normen des Vertragsrechts selbst nicht deutlich gemacht hat, welche Vorschriften wesentliche Grundgedanken zum Ausdruck bringen. Noch schwieriger ist die Anwendung der zweiten Konkretisierung. Die Rechtsprechung, die insoweit mit dem Begriff der **Kardinalpflichten** eines Vertrages[98] arbeitet, d.h. mit den für die Erreichung des Vertragszwecks wesentlichen Pflichten, muß auch hier letztlich von Fall zu Fall entscheiden, was wesentliche Rechte oder Pflichten sind, „die sich aus der Natur des Vertrages ergeben". Dies gilt insbesondere für solche Vertragstypen, die im Gesetz nicht geregelt sind. Für die Einzelheiten kommt es auf den jeweiligen Vertrag an; für Typisierungen muß auf Spezialliteratur zurückgegriffen werden.

Tatsächlich ist mit diesen Generalklauseln der Rechtsprechung und Wissenschaft eine **96** neue Aufgabe zugewachsen. Sie müssen im Grunde für die gesetzlich geregelten wie für die von der Kautelarpraxis neu geschaffenen Vertragstypen ein Gerüst von Normen entwickeln, an denen Geschäftsbedingungen jeweils zu messen sind. Dies ist eigentlich eine Aufgabe des Gesetzgebers, die aber von der Legislative deshalb nicht übernommen werden kann, weil es ihr praktisch an Anschauungsmaterial fehlt. Außerdem müssen Mißstände durch Allgemeine Geschäftsbedingungen sofort im konkreten Fall und nicht erst aufgrund einer Intervention des Parlaments abgestellt werden können. Der Prozeß der Ausbildung eines Regelwerks und die darin liegende bzw. geschehende Interessenbewertung anhand der den Gerichten unterbreiteten Verträge sind ständig im Fluß, wobei die wissenschaftliche Aufarbeitung und Konsolidierung bisher allenfalls in Teilbereichen zu einem gewissen Abschluss geführt hat.

Klauseln, die das Preis-leistungs-verhältnis betreffen, können zwar nicht **97** auf ihre Angemessenheit hin überprüft werden – insoweit bleibt nur die

---

[96] Leitentscheidungen des BGH s. BGHZ 106, 42 ff. und 259 ff.; weitere Nachweise bei *Kreienbaum*, Transparenz und AGB-Gesetz, Berlin 1998, 184 ff.

[97] EuGH, 10.5. 2001, Rs. C-144/99 (*Kommission ./. Niederlande*) und dazu *Tilmann*, GPR 2003/04, 182 f.

[98] Vgl. schon BGHZ 49, 356, 363; BGH NJW 1973, 1878.

Schranke des § 138 (s. Rn. 59) –, aber unterliegen dem Transparenzgebot, § 307 III 2.[99]

98 Die Generalklausel des § 307 stellt zugleich eine Umsetzung der in Artt. 3 und 4 der AGB-Richtlinie enthaltenen Generalklausel dar. Im Blick auf die Vorlageverfahren nach Art. 234 EG war lange Zeit umstritten, wer diese gemeinschaftsrechtlichen Generalklauseln konkretisieren dürfe.[100] Die praktische Spitze dieses Streits ergab sich aus der Vorlagepflicht gemäß § 234 III EG: Wäre der EuGH zur Entscheidung berufen, müßte jedes letztinstanzliche Gericht, das eine umstrittene Klausel als nicht mißbräuchlich passieren lassen will, an den Gerichtshof in Luxemburg vorlegen; im gegenteiligen Falle wäre die gemeinschaftsrechtliche Frage wegen der Mindestschutzbestimmungen in Art. 8 AGB-Richtlinie nicht entscheidungserheblich.[101] Der Europäische Gerichtshof hat diesen Streit in der Entscheidung „Freiburger Kommunalbauten"[102] in differenzierter Weise entschieden: Grundsätzlich versagt er sich die Prüfung einzelner Klauseln. Von dieser Zurückhaltung macht er jedoch drei Ausnahmen. Zunächst behält sich der Gerichtshof die Auslegung der „vom Gemeinschaftsgesetzgeber zur Definition des Begriffs der mißbräuchlichen Klausel verwendeten allgemeinen Kriterien" vor und hält sich damit letztlich doch die Prüfung jedes Einzelfalls offen. Außerdem kommt eine Feststellung der Mißbräuchlichkeit durch den Gerichtshof in Betracht, wenn diese möglich ist, ohne daß (a) alle Umstände des Vertragsschlußes geprüft und (b) die mit der Klausel verbundenen Vor- und Nachteile im Rahmen des auf den Vertrag anwendbaren nationalen Rechts gewürdigt werden. Diese Fallgruppe, die auf die Entscheidung „Océano Grupo Editorial"[103] zurückzuführen ist, eröffnet ein Tätigwerden des Gerichtshofs insbesondere im Falle von Unterlassungsklageverfahren durch Verbraucherverbände (s. Rn. 99). Schließlich kommt die Prüfung einer Klausel dann in Betracht, wenn das Gemeinschaftsrecht selbst hinreichende Konkretisierungsmaßstäbe bereithält, vor allem wenn die zu prüfende Klausel von dispositivem Gemeinschaftsrecht abweicht.[104]

---

[99] *Palandt/Heinrichs*, § 307 Rn. 55. Siehe etwa BGH NJW 2003, 507 (Intransparenz einer reisevertraglichen Preisanpassungsklausel).

[100] Für eine Befugnis des Gerichtshofs selbst insbesondere *Basedow*, FS Brandner, 1996, 651, 675, 680; *Leible*, RIW 2001, 422, 426f.; *Remien*, ZEuP 1994, 34, 58ff.; *Röthel*, Normkonkretisierung im Privatrecht, 2004, 355ff. m.w.N. auch zur Gegenauffassung; für einen Vorbehalt der nationalen Gerichte dagegen *Franzen*, Privatrechtsangleichung durch die Europäische Gemeinschaft, 1999, 536ff.; *Roth*, FS Drobnig, 1998, 135ff.

[101] *Tilmann*, GPR 2003/04, 182, 189; *Schmidt-Kessel*, WUB IV F. Art. 3 RL 93/13/EWG 1.04.

[102] EuGH, 1. 4. 2004, Rs. C-237/02.

[103] EuGH, 27. 6. 2000, Rs. C-240/98 bis 244/98, Slg. 2000 I-4941.

[104] S. zum Ganzen die Analyse bei *Röthel*, ZEuP 2005, 418ff. sowie *Schmidt-Kessel*, aaO.

4. Unterlassungsklage

Außer der Möglichkeit, im konkreten Fall die Gültigkeit einer Standardbe-   99
dingung aufgrund der §§ 307–309 anzugreifen, sieht das Unterlassungsklagengesetz[105] ein besonderes Verfahren vor, in dem bestimmte Verbände die Verwender von Allgemeinen Geschäftsbedingungen auf Unterlassung bzw. auf Widerruf entsprechender Verwendungsempfehlungen in Anspruch nehmen können.[106] Auch in einem solchen Verfahren ist die grundsätzliche Frage regelmäßig, welche Vertragsordnung einen gerechten Interessenausgleich zwischen den
Parteien bewirkt und ob die angegriffene Gestaltung dem Ergebnis dieser Wertung entspricht oder widerspricht.

§ 5 Bestimmbarkeit und Bestimmung des Vertragsinhaltes

I. Bestimmtheit des Vertragsinhaltes als Voraussetzung für die Durchführbarkeit eines Vertrages

Ein gültiger Vertrag setzt nicht nur Willensübereinstimmung geschäftsfähiger   100
(oder ordnungsgemäß vertretener) Parteien voraus, sondern auch einen Pflich-
tenkern als Vertragsgegenstand, der konkret genug ist, Erfüllung und, sofern es
sich nicht um Naturalobligationen handelt, Durchsetzung zu ermöglichen. Die
Worte „ich kaufe etwas" bringen, auch wenn der Angesprochene dazu nickt,
keinen *Vertrag mit durchführbarem Inhalt* zustande. Ein bestimmter Inhalt ist,
obwohl das Gesetz dies nicht ausdrücklich sagt, bereits Voraussetzung einer an-
nahmefähigen Offerte, ohne die es nicht zu einem Vertrag kommen kann.[107] Allerdings genügt es für diese **Voraussetzung**, daß sich ein bestimmter Inhalt
durch Auslegung des Vertrages ermitteln läßt oder daß der Leistungsinhalt anhand der Umstände bestimmbar ist.

Ergibt sich im oben genannten Beispiel aus den Vorverhandlungen der Parteien, welcher Kaufgegenstand gemeint war, dann lassen sich die Worte „ich kaufe" nach § 133 auf
den in den Vorverhandlungen festgelegten Vertragsgegenstand beziehen, so daß eine hinreichend bestimmte Offerte gegeben ist.

Der genaue Schuldinhalt kann deshalb u. U. auch durch erst später eintreten-   101
de Ereignisse bestimmt werden, etwa wenn die gesamte künftige und im Zeitpunkt des Vertragsschlusses noch ungewisse Ernte oder die gesamte Ladung eines noch auf See befindlichen Fangschiffes verkauft worden ist und noch nicht
feststeht, wie viele und welche Fischarten sie im Einzelnen enthalten wird.

---

[105] Früher §§ 13 ff. AGBG, s. oben Fn. 73.
[106] S. zu den Reparaturbedingungen des Kraftfahrzeughandwerks BGHZ 101, 307.
[107] Vgl. *Jauernig/Jauernig*, § 145 Rn. 2; s. auch Art. 14 I CISG.

Auch die Gegenleistung – der Preis – kann von bestimmten Faktoren abhängig gemacht werden, etwa vom Marktpreis im Lieferzeitpunkt oder – in den vorgenannten Beispielen der Ernte oder des Fischfangs – vom Umfang der Ernte oder der Fänge. Für andere Details des Leistungsgegenstandes und des Inhalts der beiderseitigen Pflichten können ergänzend gesetzliche Regeln eingreifen, z.B. §§ 269, 271 I (dazu unten Rn. 151 ff.), §§ 311c, 612 II, 632 II und § 354 HGB.

Diese ergänzenden Regeln führen zusammen mit den sogleich zu behandelnden Bestimmungsbefugnissen (Rn. 102) dazu, daß die Lehre von den essentialia negotii als Geltungsvoraussetzung des Vertrages[108] im Bereich des Schuldrechts sehr stark zurückgedrängt ist.

II. Bestimmungsbefugnisse

1. Bestimmungsbefugnis einer Partei

102   Die **Bestimmung eines Vertragsinhaltes**, d.h. des Gegenstandes und der Ausgestaltung Einzelner oder mehrerer Pflichten aus einem Vertrag, können die Vertragsparteien (oder auch das Gesetz) zunächst ausdrücklich offen lassen und die Gestaltung im Einzelnen einer der beiden Parteien oder einem Dritten überlassen, §§ 315 f. Die **Bestimmungsbefugnis** kann dabei bei einem gattungsmäßig schon bestimmten Leistungsgegenstand nur die **Konkretisierung** der konkret geschuldeten Stücke betreffen und auch dabei noch an gesetzliche oder vertragliche Vorgaben gebunden sein, wie bei der Auswahl der zur Erfüllung einer Gattungsschuld auszusondernden Stücke, vgl. § 243 I (dazu unten Rn. 228 ff., 230) oder sich auf die Auswahl zwischen mehreren fest bestimmten Leistungsinhalten beschränken, wie bei der Wahlschuld nach §§ 262 ff. (dazu unten Rn. 229).

Einen Sonderfall berücksichtigt § 375 HGB: Der Käufer kann nachträglich Form, Maß „oder ähnliche Verhältnisse" bestimmen. So kann in der Praxis des Automobilhandels der Käufer große Teile der Ausstattung des Wagens bis kurz vor Lieferung bestimmen oder ändern. Das Weisungsrecht des Arbeitgebers führt auch zu einer einseitigen Bestimmung der Pflichten des Arbeitgebers und wurde früher auf § 315 gestützt; nunmehr ergibt es sich aus § 107 GewO.

103   Je weniger Vorgaben die Ausübung des Rechts zur nachträglichen Bestimmung des Vertragsgegenstandes einengen, desto größer wird das Schutzbedürfnis dessen, der auf die durch die Bestimmung erfolgende Konkretisierung seines Rechts oder –besonders – seiner Pflicht keinen Einfluß nehmen kann. So erklären manche Rechtsordnungen einen Vertrag für unwirksam, bei dem der Ver-

---

[108] Vgl. *Bork*, Allgemeiner Teil des BGB, Tübingen 2001, Rn. 711 ff.

käufer nachträglich den Kaufpreis frei festsetzen kann.[109] Im deutschen Recht wäre eine solche Abrede – „Preis freibleibend" – grundsätzlich möglich. In *Allgemeinen Geschäftsbedingungen* ist eine dem Verkäufer vorbehaltene Preisbestimmungsbefugnis allerdings (außer im kaufmännischen Verkehr) grundsätzlich unwirksam, sofern nicht für den Kunden ein Lösungsrecht eingeräumt wird, falls der Tagespreis den Anstieg der Lebenshaltungskosten „nicht unerheblich" übertrifft.[110] In *Individualvereinbarungen* gestattet das Gesetz dagegen grundsätzlich, daß die Bestimmung der Leistung durch eine gestaltende Willenserklärung einer Partei getroffen wird, setzt aber der Bestimmungsbefugnis die Grenze, daß sie **nach billigem Ermessen** zu erfolgen hat, andernfalls unverbindlich ist, § 315 I, III 1.[111] Eine wegen Unbilligkeit unverbindliche oder eine verzögerte Bestimmung kann durch Urteil ersetzt werden, § 315 III 2.[112]

Eine solche **Bestimmungsbefugnis** wird im Zweifel sogar angenommen, wenn **104** in einem Vertrag die für eine Leistung versprochene **Gegenleistung nicht bestimmt ist:** Die Bestimmung kann dann vom Gläubiger der Gegenleistung getroffen werden, § 316. Ist eine Sache verkauft worden, ohne daß die Parteien über den Kaufpreis gesprochen haben, kann der Verkäufer – freilich im Rahmen billigen Ermessens – den Kaufpreis festsetzen.[113] § 316 ist der zentrale Punkt, durch welchen die Lehre von den essentalia negotii zurückgedrängt wird; liegt

---

[109] S. Art. 1591 des französischen Code civil, dazu *Witz*, Der unbestimmte Kaufpreis. Ein rechtsvergleichender Beitrag zur Bedeutung des pretium certum, Frankfurt 1989; der Kassationshof hat jedoch in einer Plenarentscheidung v. 1.12.1995 die Anforderungen an die Bestimmtheit des Preises stark gelockert, J.C.P. 1996. II. 22565.

[110] Vgl. § 309 Nr. 1 für kurzfristige Preiserhöhungen sowie BGH NJW 1985, 855, 856; ferner (zu einer sog. Tagespreisklausel in einem Pkw-Kaufvertrag) BGH NJW 1985, 621; zum kaufmännischen Verkehr dagegen BGHZ 92, 200. Inhaltskontrolle wird auch bei anderen formularmäßig vorgesehenen Bestimmungsbefugnissen ausgeübt, z.B. Gebührenfestsetzungsklauseln oder Zinsanpassungsklauseln, zum Ganzen *Schimanski*, Zinsanpassungsklauseln in AGB, WM 2001, 1169ff.; ferner *Paulusch*, Die Rechtsprechung des Bundesgerichtshofs zum Kaufrecht, WM 1986, Beil. 10, 27f. Anders dagegen BGHZ 118, 126, 131 zur Bestimmung der Zinshöhe für Überziehungskredite: Eine Bestimmungsbefugnis der Bank sei zulässig, überprüfbar bleibe die Festsetzung der Zinshöhe nach § 315 III.

[111] S. hierzu *Kronke*, Zur Funktion und Dogmatik der Leistungsbestimmung nach § 315 BGB, AcP 183 (1983), 113–144; zur „Billigkeit" in Stromlieferungsverträgen grundlegend BGH WM 1991, 2065, 2067. Gegen eine Kontrolle am Maßstab läßt sich nicht argumentieren, der zur Bestimmung berechtigte könne sich den Vorgaben des Wettbewerbs nicht entziehen, so aber *Kunth/Tüngler*, Kontrolle von Gaspreisen, NJW 2005, 1313ff.

[112] Zur Ausübung der Bestimmung durch empfangsbedürftige Erklärung gegenüber dem Vertragspartner s. § 315 II; zur Rechtsnatur *Kronke* (Fn. 111), AcP 183 (1983), 113, 142ff.

[113] Vgl. aber auch Art. 55 CISG, nach dem bei unbestimmtem Kaufpreis angenommen wird, die Parteien hätten sich stillschweigend auf den bei Vertragsschluß für derartige Ware im betreffenden Geschäftszweig unter vergleichbaren Umständen berechneten Preis geeinigt. Beachte ferner Vorschriften wie §§ 612 II, 632 II und § 354 HGB, deren Preisbestimmungsverfahren dem § 316 vorgehen.

der Wille zur vertraglichen Bindung feststellbar vor, scheitert der Vertrag nicht an der nicht feststellbaren Preisvereinbarung.[114]

105 Die Grenze des „billigen Ermessens" für die Bestimmungsbefugnis einer Seite kann – in Individualvereinbarungen – abbedungen werden. Doch wird in einem solchen Fall, insbesondere wenn weitere Umstände wie wirtschaftliche Übermacht des bestimmungsbefugten Gläubigers hinzukommen, die Anwendbarkeit des § 138 wegen Übervorteilung oder Knebelung des Schuldners nahe liegen. Auch die Bestimmung selbst kann gegen § 138 verstoßen.

2. Bestimmungsbefugnis für Dritte

106 *Die Parteien können die* **Bestimmung** auch einem oder mehreren **Dritten** überlassen, §§ 317 ff. Ein gesetzlich geregeltes Beispiel einer Bestimmungsbefugnis regelt § 2156 für den Fall eines inhaltlich offenen und nur durch den vom Erblasser bestimmten Zweck gebundenen Vermächtnisses: Die nähere Konkretisierung der Leistung kann – je nach Anordnung des Erblassers – durch den Beschwerten (den vermächtnisverpflichteten Erben) oder einen Dritten erfolgen. Praktisch häufige Beispiele für § 317 sind die Bestimmung des Preises durch einen Sachverständigen, aber auch die Anpassung von Dauerschuldverhältnissen an veränderte Umstände. Unter den Gedanken des § 317 fällt auch die einem Dritten überlassene Feststellung von Tatsachen, die mittelbar für den Leistungsinhalt Bedeutung haben, oder die Ermittlung eines nur durch einen sachverständigen Dritten genau feststellbaren Bedeutungsgehalts bestimmter Klauseln usw.; der Dritte ist in einem solchen Fall ein sog. Schiedsgutachter i.e.S., d.h. er hat seine Entscheidung nach objektiven Maßstäben und nicht nach seinem persönlichen Ermessen zu treffen. Auf die Vereinbarung einer solchen Bestimmung durch einen Schiedsgutachter sind die Vorschriften der §§ 317 ff. entsprechend anwendbar.

107 Vom Schiedsgutachter muß der Schiedsrichter i.S. der §§ 1025 ff. ZPO unterschieden werden, der anstelle eines Gerichts für die Parteien ein streitiges Rechtsverhältnis verbindlich entscheidet. Für die Abgrenzung von Schiedsgutachter und Schiedsrichter kommt es darauf an, ob nur Tatbestandselemente festgestellt werden sollen (dann Schiedsgutachter und entsprechende Anwendung der §§ 317 ff.) oder ob ein Rechtsverhältnis zwischen den Parteien entschieden werden soll (dann Schiedsrichter, §§ 317 ff. nicht anwendbar); die zunehmende Bedeutung sog. Moot Courts für die juristische Ausbildung und Qualifikation sollte und dürfte dies freilich ändern.

108 Auch der Dritte ist im Zweifel für seine Bestimmung an die Grenze „billigen Ermessens" gebunden, § 317 I, sofern die Parteien ihm nicht eine Bestimmung nach freiem Belieben gestattet haben, s. § 319 II.

---

[114] *Palandt/Heinrichs*, § 316 Rn. 1.

Bei der durch billiges Ermessen begrenzten Bestimmungsbefugnis des Dritten ist eine **109** diese Grenze überschreitende Bestimmung im Unterschied zu § 315 erst dann unverbindlich, wenn sie „*offenbar* unbillig" ist. Der Unterschied zu § 315 erklärt sich daraus, daß bei einem Dritten von Unparteilichkeit und deshalb im Zweifel von billiger Entscheidung ausgegangen werden darf. Ein gerichtliches Urteil soll nur dann an die Stelle seiner Bestimmung gesetzt werden können, wenn der Maßstab von Treu und Glauben sofort erkennbar (offenbar) verletzt worden ist.

Während die durch billiges Ermessen gebundene Bestimmung des Dritten unter be- **110** stimmten Voraussetzungen von einem Gericht getroffen werden kann – s. § 319 I –, ist die gleiche Möglichkeit bei einer „nach Belieben" zu treffenden Bestimmung durch einen Dritten nicht gegeben: Kann der Dritte diese Bestimmung nicht treffen oder verzögert er sie, dann ist der Vertrag überhaupt unwirksam, § 319 II. Das Gesetz geht dabei davon aus, daß es den Parteien bei einer ins freie Belieben gestellten Bestimmung durch den Dritten gerade auf die Bestimmung durch den Dritten angekommen ist. Trifft er die Bestimmung und ist sie offenbar unbillig, dann kann allenfalls § 138 eingreifen[115].

§ 6 Vertragsbindung und Wegfall der Geschäftsgrundlage

§ 313 normiert die im Schuldrecht a.F. auf der Grundlage von § 242 (s. u. **111** Rn. 141) contra legem, d.h. gegen eine entsprechende Grundentscheidung der BGB-Verfasser[116] entwickelten Regeln zum Fehlen oder Wegfall der Geschäftsgrundlage.

Die Verfasser des BGB hatten die gemeinrechtliche Lehre von der clausula rebus sic stantibus[117] nicht als generelle Regel übernommen, da sie befürchteten, daß der Grundsatz *„pacta sunt servanda"* in einer die Rechtssicherheit gefährdenden Weise eingeschränkt würde, wenn die Gerichte die Möglichkeit hätten, wegen veränderter Umstände Verträge aufzulösen oder zu ändern[118]. Der jetzt in § 313 normierte Rechtsgrundsatz, daß bei einem Wegfall oder Fehlen der Geschäftsgrundlage unter bestimmten Voraussetzungen der Vertrag angepaßt oder aufgelöst werden kann, hatte sich aber schon vor dem SchRModG durchgesetzt. Die Grundsätze zur Änderung der Geschäftsgrundlage, die zur Entwicklung insbesondere des Rechtsbehelfs der Vertragsanpassung geführt hatten, haben also ebenfalls den gesetzgeberischen Plan im Bereich des Rechts der Leistungsstörungen und der Willensmängel ergänzt. Die Durchsetzung der Lehre von der Geschäftsgrundlage geschah vor allem in der Zeit nach dem Ersten Weltkrieg, als durch die einschneidenden Umbrüche der Inflation eine Anpassung von Verträgen erforderlich wurde.

---

[115] Zu weiteren Einzelheiten – mehrere Bestimmungsbefugte, Erklärung und Anfechtung der Bestimmung – s. die gesetzliche Regelung in den §§ 317 II, 318.

[116] Einzelheiten und weiterführende Nachweise s. 4. Auflage dieses Lehrbuchs, Rn. 298ff.

[117] Sie formuliert den Grundsatz, daß die Wirksamkeit eines Vertrages vom Fortbestand der bei seinem Zustandekommen maßgebenden Umstände abhängt.

[118] Die Nichtigkeit eines Vertrages bei Irrtum über die Vergleichsgrundlage – § 779 – konnte jedoch als Regelung eines speziellen Falles der Geschäftsgrundlage gesehen werden; ferner §§ 321, 519, 527, 528, 530, 593, 594e, 605, 651j, 723, 775, 1301, 1612a, 2077, 2079.

Die Regelung des § 313 übernimmt weitgehend die vor dem Jahr 2002 herrschenden Vorstellungen der Lehre von der Geschäftsgrundlage. Bei den Voraussetzungen unterscheidet das Gesetz zwischen den späteren *schwerwiegenden* Veränderungen der Umstände, die Vertragsgrundlage waren – § 313 I – und dem *anfänglichen* Fehlen der Grundlage, d. h. entsprechenden Fehlvorstellungen der Parteien, schon bei Vertragsschluß, § 313 II. Rechtsfolge einer Störung nach Abs. I, II ist die Anpassung des Vertrages, welche jedoch nicht *ipso iure* erfolgt, sondern als Anspruch ausgestaltet ist. Kommt eine Anpassung nicht in Betracht, kann der Vertrag durch Rücktritt oder Kündigung aufgehoben werden, § 313 III. Die Anpassung hat jedoch generell Vorrang vor der Vertragsaufhebung.[119]

I. Grenzen der vertraglichen Bindung bei schwerwiegenden Störungen

112   Ein auf § 313 gestützter Eingriff in die vertragliche Bindung ist nur bei schwerwiegenden Störungen akzeptabel. Der Gesetzgeber hat daher die Anpassung des Vertrages an das Erreichen mehrerer Schwellen geknüpft: Umstände, die Vertragsgrundlage waren, müssen sich (erstens) so schwerwiegend verändert haben, daß (zweitens) die Parteien den Vertrag nicht oder nicht so abgeschlossen hätten, wenn sie diese Veränderung vorausgesehen hätten. Die Veränderung muß (drittens) das Festhalten am Vertrag mit unverändertem Inhalt unzumutbar machen; die Zuordnung des mit der Veränderung eingetretenen Risikos zum Risikobereich der benachteiligten Partei aufgrund Vertrages oder Gesetzes schließt die Unzumutbarkeit und damit auch den Anspruch auf Anpassung aus. Dasselbe kann sich auch aus der Voraussehbarkeit der Änderungen für die betroffene Seite ergeben.

Ein Beispiel für unerwartete und wohl auch nicht voraussehbare Änderung der Umstände, von deren Fortbestand viele Parteien ausgegangen sind, ist das Verschwinden der ehemaligen DDR, das in der Tat zu vielen gerichtlichen Auseinandersetzungen in Anwendung der Geschäftsgrundlagenlehre geführt hat.[120]

113   Mit dem Gesichtspunkt der Risikozuordnung ist die zentrale Sachfrage der Lehre von der Geschäftsgrundlage angesprochen: Welcher Seite wird das Risiko einer schwerwiegenden Störung externen Ursprungs zugewiesen. Häufig geht es darum, ob sich ein einer Partei zuzuordnendes Risiko verwirklicht hat – was Eingriffe in den Vertrag ausschließt – oder die Änderung der Sachlage Risiko beider Parteien war, daß beide durch Anpassung, notfalls Aufhebung des Vertrages zu tragen haben. Im Einzelnen wird man hierzu die zum Schuldrecht a.F. herausgearbeiteten Fallgruppen zur Gliederung weiter berücksichtigen kön-

---

[119] Vgl. *v. Hase* (Lit. vor Rn. 541), 2279 zur Kündigung nach § 314.
[120] S. etwa BGH NJW 1994, 2688, 2690.

nen.[121] Letztlich erhält daher auch § 313 eine vertragsimmanente Risikozuweisung.

Die häufig zu lesende Auffassung, die Umstände die i.S.d. Vorschrift zur Grundlage des Vertrages geworden sind, dürften nicht zugleich Gegenstand des Vertrages sein,[122] ist daher zumindest irreführend: § 313 zieht vielmehr gerade die Konsequenz daraus, daß die betreffenden Umstände tatsächlich oder doch typischerweise Teil des Konsenses geworden sind. Richtig an der angesprochenen Auffassung ist allein, daß eine individuelle oder typische vertragliche Risikoverteilung geeignet ist, die Regeln des § 313 zu verdrängen.

II. Fallgruppen

Wirtschaftliche Erschwerung der Leistung für den Schuldner kann durch **114** nachträgliche Veränderungen, etwa Ausbruch von (Bürger)Kriegen, gesellschaftlichen Umwälzungen, Naturkatastrophen, usw. eintreten.

Beispiele: Ein Krieg im Nahen Osten führt zur Schließung des Suezkanals, so daß die aus dem Sudan zu beschaffende Ware zeit- und kostenaufwendig um das Kap der Guten Hoffnung oder auf dem Luftweg transportiert werden muß; der Sturz der Regierung eines ölproduzierenden Landes durch eine fundamentalistische Gruppe führt zum Explodieren der Ölpreise; ein Tankerunglück vernichtet die Hummerbestände der Region, aus der ein Verkäufer seine Hummer bezieht.

In diesen Fällen ist stets zu fragen, ob es sich nicht um vorhersehbare und deshalb vom Schuldner übernommene Risiken handelt.

Wird deshalb Anpassung abgelehnt, bleibt dem Schuldner m.E. noch die Berufung auf § 275 II gegen den Anspruch auf Lieferung, d.h. Naturalerfüllung (s. Rn. 480), freilich mit der möglichen Folge einer Schadensersatzhaftung, weil Beschaffungsprobleme aufgrund finanzieller Mehrbelastungen stets zu vertreten sind (dazu oben Rn. 595).

Eng verwandt mit den Fällen der wirtschaftlichen Erschwerung der Lei- **115** stungserbringung für den Schuldner sind die sog. **Äquivalenzstörungen von Leistung und Gegenleistung**, insbesondere bei langfristigen Verträgen oder Lieferverträgen, die ganz oder teilweise Monate oder Jahre nach Vertragsschluß zu erfüllen sind. Die oben Rn. 114 gebrachten Beispiele lassen sich dahin ergänzen, daß der Preis nicht mehr dem – u.U. exorbitant – erhöhten Beschaffungsaufwand oder dem Wert der Gegenleistung entspricht.

Beispiel: Ein Fußballverein hat einen Spieler für eine Millionensumme „eingekauft". Aufgrund einer Verletzung oder einer Verbandssperre kann er nicht spielen.

---

[121] So auch Begründung RegE.
[122] Etwa *Palandt/Heinrichs*, § 313 Rn. 6.

116   Äquivalenzstörungen können aber besonders durch Währungsverfall eintreten.[123]

> Beispiele: Für die Unterhaltung eines Kanals war Anfang des 19. Jh.s eine bestimmte, damals angemessene Summe in französischen Francs versprochen worden, die 100 Jahre später aufgrund Geldentwertung und Währungsumstellung(en) praktisch keinen Wert mehr hatte.

> Die Vorstandsbezüge im Anstellungsvertrag des Vorstandes einer AG, die Teil der Gegenleistungen für seine Tätigkeit sind, haben bei Eintritt in den Ruhestand 60% ihres Wertes verloren.

Auch hier ist zu fragen, ob ein voraussehbares und einer Partei zuzuordnendes Risiko eingetreten ist, was bei Inflationsrisiken trotz des Stabilitätspaktes der Mitglieder der Währungsunion wohl auch heute noch anzunehmen ist (Verträge berücksichtigen deshalb dieses Risiko oft durch Anpassungs- und Wertsicherungsklauseln).[124]

117   Bei sog. **Zweckstörungen** ist die Durchführung des Vertrages für einen Teil zwecklos geworden.[125] Anschauliche Bespiele bieten die englischen Krönungszugfälle:

> Für den Festzug anläßlich der Krönung Königs Edwards VII im Jahre 1902 waren Fensterplätze vermietet worden. Der Krönungszug fiel wegen Erkrankung des Königs aus,[126] und die Mieter verweigerten Zahlung oder forderten Rückzahlung des Mietzinses.

> Ferner: Verkauft werden Einrichtungen, Maschinen usw. zum Bau einer Brauerei, die der Käufer in einem arabischen Land errichten will. Durch einen Umsturz kommt ein fundamentalislamisches Regime an die Macht, das Herstellung und Konsum von Alkohol verbietet. Der Käufer bleibt auf seinen Brauereiteilen sitzen.

Der Verwendungszweck ist regelmäßig Risiko des Gläubigers, so daß Vertragsanpassung oder Auflösung ausscheiden.[127] § 313 kann aber ausnahmsweise eingreifen, wenn sich die besondere Verkehrsfähigkeit des nunmehr „nutzlosen" Gegenstands gerade aus dem nunmehr gestörten Zweck ergeben hat.

---

[123] Diese Fälle waren in Deutschland Anlaß zur richterrechtlichen Anerkennung der Lehre von der Geschäftsgrundlage, grundlegend RGZ 107, 78, 87; s. umfassend *Gruber*, Geldwertschwankungen und handelsrechtliche Verträge in Deutschland und Frankreich, Berlin 2002, 367 ff.; ferner *Horn*, Vertragsdauer. Empfiehlt sich eine zusammenfassende Regelung der Sonderprobleme von Dauerschuldverhältnissen und langfristigen Verträgen? in: Gutachten und Vorschläge zur Überarbeitung des Schuldrechts, hrsg. v. Bundesminister der Justiz, Bd. 1, Köln 1981, 551 ff., 576 ff.; *Jung*, Die Bindungswirkung des Vertrages unter veränderten geschäftswesentlichen Umständen, Baden-Baden, 1995.

[124] Grundlegend *Gruber*, 32 ff. (vorige Fn.), 153 ff., 202 ff.

[125] Hierzu *Jung* aaO (Fn. 123)

[126] S. *Schmidt-Kessel*, Standards vertraglicher Haftung im englischen Recht, 2003, 58 f. m. w. N.

[127] Vgl. BGH NJW 1993, 311 f.: Verkauf einer Presse, die für den Irak bestimmt war, aber wegen eines zwischenzeitlich verhängten Embargos gegen den Irak nicht an den Endkäufer ausgeliefert werden konnte: Verwendungsrisiko des Käufers.

Von der nachträglichen Veränderung der Umstände ist die **Fehlvorstellung** **118**
beider Parteien über gegenwärtige *wesentliche* Umstände zu unterscheiden,
§ 313 II, nach einem von *Larenz* geprägten Wort auch „subjektive Geschäftsgrundlage" genannt. Die theoretisch einleuchtende Unterscheidung kann praktisch schwierig sein, weil natürlich auch nachträgliche Veränderungen als die
Fehlvorstellung bei Vertragsschluß, daß keine Veränderungen eintreten werden, gesehen werden können.

Auch hier müssen aber die Einschränkungen nach Abs. 1 berücksichtigt werden: Gehört die Fehlvorstellung zum Risiko einer Partei, kann sie nicht Vertragsanpassung verlangen.

Bestand das Embargo, das Verwendung des gekauften Gegenstandes verhindert,
schon bei Vertragsschluß, dann gehört die Nichtverwendbarkeit zum Risikobereich des
Käufers; dies um so mehr, als von ihm erwartet werden kann, alle die Verwendbarkeit des
gekauften Gegenstandes beeinflussenden Umstände, d.h. die für ihn maßgebenden Voraussetzungen des Geschäftes, geprüft zu haben.

Im Grunde schließt also ein zurechenbarer Irrtum der Seite, die Vertragsanpassung verlangen will, einen Anspruch auf Vertragsanpassung ebenso aus wie
es bei Vertretenmüssen der eingetretenen Störung regelmäßig der Fall ist.

III. Anspruch auf Anpassung eines Vertrages wegen Störung der Geschäfts-
grundlage

Rechtsbehelf ist, wenn die Voraussetzungen § 313 I oder II vorliegen, ein An- **119**
spruch auf Zustimmung zur vorgeschlagenen Anpassung.[128] Verworfen hat man
damit die Möglichkeit, die Anpassung ipso iure eintreten zu lassen, so daß eine
gerichtliche Entscheidung ein Feststellungsurteil gewesen wäre, aber auch eine
Gestaltungsbefugnis für die Gerichte – wie sie die UNIDROIT-Principles in
Art. 6.2.3 (3) und die PECL in Art. 6:111 (3)(b) vorsehen –, die ein Gestaltungsurteil ermöglicht hätten. Der Kläger muß also sein Anpassungsverlangen sub-
stanziieren; inwieweit er einen insoweit offenen Klageantrag auf „angemessene
Anpassung"[129] stellen kann, bleibt abzuwarten. Der Anspruch auf Anpassung
steht beiden Seiten des Vertrages zu (§ 313 III e contrario), so daß auch die
durch die Geschäftsgrundlagenstörung nicht benachteiligte Partei richtigerweise die Anpassung erzwingen und so die weitere Durchführung des Vertrages sicherstellen kann.

---

[128] Zu dieser sog. Herstellungstheorie s. Begründung RegE (*Canaris*, Schuldrechtsmodernisierung 2002, 745) unter Berufung auf BGHZ 91, 32, 36: Konstruktive Schwierigkeiten „erscheinen…lösbar".
[129] Dafür *Schmidt-Kessel/Baldus*, Prozessuale Behandlung des Wegfalls der Geschäftsgrundlage nach neuem Recht, NJW 2002, 2076, 2077.

IV. Vertragsaufhebung als ultima ratio

120   Scheitert Anpassung, weil sie faktisch nicht in Betracht kommt oder dem anderen Teil nicht zumutbar ist, kann der benachteiligte Teil vom Vertrag zurücktreten oder – ein Dauerschuldverhältnis – kündigen, § 313 III 1, 2. Bei Rücktritt ergeben sich die weiteren Rechtsfolgen aus §§ 346 ff. (s. Rn. 417). Bei der Kündigung hingegen wird der Vertrag nur für die Zukunft beseitigt, so daß sich Rückabwicklungsfragen regelmäßig nicht stellen.

§ 7 Schutz des Verbrauchers bei bestimmten Vertriebsformen und Vertragsgegenständen

Lit:.: *Felke/Jordans*, Umsetzung der Fernabsatz-Richtlinie für Fianzdienstleistungen, NJW 2005, 710–712; *Grigoleit*, Besondere Vertiebsformen im BGB, NJW 2002, 1151–1158; *Schmidt-Kessel*, Die gesetzliche Ausweitung des Widerrufsrechts nach Heininger, ZGS 2002, 311 ff.

121   §§ 312–312f, zuletzt geändert durch das OLG-Vertretungsänderungsgesetz v. 23. 7. 2002,[130] und das Gesetz zur Änderung der Vorschriften über Fernabsatzverträge bei Finanzdienstleistungen v. 2. 12. 2004[131] regeln als Unterabschnitt „Besondere Vertriebsformen" bestimmte Situationen und Verfahren beim Vertragsschluß, welche die Entscheidungsfreiheit und -möglichkeit bestimmter Verkehrskreise, vor allem der Verbraucher, überfordern können. Schon vor Neufassung des BGB durch das SchRModG, das diesen Unterabschnitt neu eingeführt hat, schützten das „Gesetz über den Widerruf von Haustürgeschäften und ähnlichen Geschäften" v. 16. 1. 1986 und das „Fernabsatzgesetz" v. 27. 6. 2000, beide durch entsprechende EG-Richtlinien veranlaßt und geprägt,[132] Verbraucher vor Überrumplung durch Vertragsschlüsse an der Haustür und in ähnlichen Situationen außerhalb der Geschäftsräume des Unternehmers und vor Verträgen mittels „Fernkommunikationsmitteln" im Rahmen entsprechender Absatzsysteme. Das erwähnte Gesetz v. 2. 12. 2004 hat diesen Ansatz in Umsetzung der Richtlinie über den Fernabsatz von Finanzdienstleistungen an Verbraucher fortgeschrieben, s. § 312b I. Der Umstand, daß es sich bei diesen Vorschriften ganz überwiegend um Umsetzungsrecht handelt, weist dem Instrument der richtlinienkonformen Auslegung für die §§ 312–312f

---

[130] Hierzu *Meinhof*, Neuerungen im Verbrauchervertragsrecht durch das OLG-Vertretungsänderungsgesetz, NJW 2002, 2273, 2274; *Schmidt-Kessel* (Lit. vor Rn. 121).

[131] *Felke/Jordans* (Lit. vor Rn. 121), NJW 2005, 710 ff.

[132] Zum europarechtlichen Hintergrund s. *Grigoleit*, aaO (Lit. vor Rn. 121), 1151: Der Untertitel sei „europarechtlich vorgeprägt".

eine ganz besondere Bedeutung zu.[133] Die E-Commerce Richtlinie,[134] umgesetzt in § 312e, soll vor allem vor den Gefahren der Möglichkeit vorschneller
elektronischer Erklärungen und entsprechender Irrtümer und Fehler schützen,
gilt aber nicht nur bei Geschäften mit Verbrauchern: Bezeichnenderweise sind
beim sog. b2b (business to business) Geschäft Erleichterungen für parteiautono-
me Gestaltungen vorgesehen, s. § 312e II 2.

Als grundsätzlich der Parteidisposition entzogene – s. § 312f – **Schutzinstru-**   **122**
mente werden – wie auch in anderen verbraucherschützenden Regelungen[135] –
Widerrufsmöglichkeiten[136] für den Verbraucher und gesteigerte, konkretisierte
Informationspflichten für den Unternehmer vorgesehen. Das in § 355 geregelte
Widerrufsrecht ist dabei hinsichtlich des Beginns der für seine Ausübung laufen-
den Frist von zusätzlichen förmlichen Belehrungen abhängig.[137]

Sog. „Haustürgeschäfte" – lies § 312 I 1 Nr. 1–3 zu den geregelten Situationen – können nach § 355 widerrufen werden; anstelle des Widerrufsrechts kann dem Verbraucher
auch ein Rückgaberecht eingeräumt werden, § 312 I 2. Ausnahmen von Widerrufs- oder
Rückgaberecht s. § 312 III; zur Belehrung s. §§ 312 II, 357; zum Vorrang anderer ver-
braucherschützender Normen s. § 312a. „Fernabsatzverträge" – zur Definition s. § 312b
I, II, zu Ausnahmen § 312b III können ebenfalls nach § 355 widerrufen werden; ersatzweise kann auch hier ein Rückgaberecht eingeräumt werden, lies § 312d I, II, Ausnahmen
s. Abs. IV.[137a]

Doppelter Schutz gilt auch für bestimmte Vertragstypen: So etwa für Verträ-   **123**
ge über Teilzeitwohnrechte (§§ 482, 485; s. BT, Rn. 194 ff.), Verbraucherdar-
lehnsverträge (§§ 492, 495; s. BT, Rn. 205 ff.), Verträge über die Teilnahme am
Fernunterricht (§§ 3, 4 FernUSG) und bestimmte Konstellationen bei Versiche-
rungsverträgen (§§ 5a, 8, 48b, 48c Versicherungsvertragsgesetz, § 10a Versiche-
rungsaufsichtsgesetz).

I. Informationspflichten des Unternehmers

Belehrungen über das Widerrufsrecht bei Haustür- und Fernabsatzverträgen,   **124**
§§ 355, 312 II, vor allem aber Unterrichtung bei Fernabsatzverträgen vor ihrem

---

[133] Dazu insbesondere die Beiträge von *Wiedmann, Schinkels* und *Haubold*, in: *Gebauer/
Wiedmann*, Zivilrecht unter europäischem Einfluss, Stuttgart 2005.
[134] RL 2000/31/EG des Europäischen Parlaments und Rates vom 8. 6. 2000 über bestimmte
Aspekte der Dienste der Informationsgesellschaft, insbesondere des elektronischen Geschäfts-
verkehrs, im Binnenmarkt, ABl. EG Nr. L 178 S. 1.
[135] S. §§ 499 ff. und 655a ff zu Verbraucherkrediten und ihrer Vermittlung; Einzelheiten BT.
[136] Zur (Bereinigung der) Konkurrenz von Widerrufsrechten durch das OLG-Vertretungsänderungsgesetz (Rn. 121) s. § 312a und *Meinhof*, aaO (Fn. 125), 2275.
[137] S. unten Rn. 125 ff.
[137a] Zur Reichweite des § 312b III Nr. 6 vgl. nunmehr das Urteil des EuGH v. 10. 3. 2005 – C-
336/03; dazu Anm. *Baldus*, GPR 2005-03, 124 ff.; Anm. *Telkamp*, ecolex 07/2005, 583f.

Abschluß über Einzelheiten und den geschäftlichen Zweck, § 312c I, des Vertrages sowie beim elektronischen Geschäftsverkehr, vor allem Informationen über die Möglichkcit der Korrektur von Eingabefehlern sollen ebenso wie die bei Fernabsatzverträgen und elektronisch geschlossenen Verträgen ergänzend geltende – s. §§ 312c I, II, 312e I Nr. 2 – „Verordnung über Informationspflichten nach Bürgerlichem Recht (BGB-InfoV)",[138] die eine Reihe von Informationspflichten konkret festlegt, Informationsdefizite der (deshalb) schwächeren Partei ausgleichen.[139] Sanktionen ihrer Verletzung sind Unterlassungsansprüche nach dem Unterlassungsklagengesetz,[140] Verlängerung der Widerrufsmöglichkeit, vor allem aber Schadensersatzansprüche aus cic, weil diese Informationspflichten als Schutzpflichten i.S.d. §§ 280, 311 II, 241 II (cic) zu sehen sind. Auch ein Rücktrittsrecht nach § 324 dürfte ausnahmsweise in Betracht kommen, wenn die dort eingezogene Zumutbarkeitsschwelle erreicht wird und die verbrauchervertragstypische Möglichkeit der Lösung vom Vertrag durch Widerruf nicht oder nicht mehr zur Verfügung steht.[141]

II. Widerrufs- und Rückgaberechte für Verbraucher

125   Widerrufsrechte für Verbraucher haben zuerst in Nebengesetzen zum BGB, beginnend mit der Novellierung des früheren Abzahlungsgesetzes im Jahre 1974, Eingang in das deutsche Schuldrecht gefunden. Sie wurden dann zu einem allgemein verwendeten Instrument des Verbraucherschutzes, auch in EG-Richtlinien, wichen aber in Einzelheiten der gesetzlichen Regelungen und der dogmatischen Klärung ihrer Wirkungen voneinander ab.[142] Der Gesetzgeber hatte zunächst mit der Einfügung der §§ 361a und 361b a.F. in das BGB durch Gesetz vom 27. 6. 2000 eine Konsolidierung der Widerrufsrechte erreicht; das SchRModG hat die verbraucherschützenden Normkomplexe in den §§ 312–312d, 485, 495 geregelt (s. o. Rn. 121 ff.) und für die dort vorgesehenen Widerrufs- und Rückgaberechte wegen ihrer Verwandtschaft mit Rücktrittsrechten einen neuen Untertitel 2 – §§ 355–359 –, der die §§ 361a und 361b a.F. ersetzt, hat, aufgenommen.[143]

---

[138] In der Fassung der Bekanntmachung v. 2. 1. 2002, BGBl. I, 342, abgedruckt bei *Palandt/ Heinrichs*, Anhang zu § 312c.

[139] S. hierzu *Grigoleit* (Lit. vor Rn. 121), 1155.

[140] Oben Rn. 99.

[141] *Grigoleit*, aaO, 1155; zu §§ 323, 324 s. unten Rn. 509.

[142] S. hierzu 4. Auflage dieses Lehrbuchs, Rn. 450.

[143] S. zu dieser Verwandtschaft aufgrund § 361a a.F. *Bülow*, Widerruf und Anwendung der Vorschriften über den Rücktritt, WM 2000, 2361 ff. Zum folgenden s.a. Rn. 121 ff.; dort auch zu weiteren Widerrufsfällen.

1. Rechtsnatur und Ausübung

Das Widerrufsrecht wird durch einseitige, empfangsbedürftige Willenserklä-   **126** rung ausgeübt, die innerhalb von 2 Wochen gegenüber dem anderen Teil – dem Unternehmer, s. § 14 – abzugeben ist, § 355 I 2; zur Fristwahrung genügt rechtzeitige Absendung. Eine Begründung ist nicht erforderlich; Textform oder konkludente Erklärung durch Rücksendung der aufgrund des widerrufenen Vertrages erhaltenen Sache genügen.[144]Zum Fristbeginn s. § 355 II, III 2; die detaillierten Einzelregelungen sollen sicherstellen, daß der widerrufsberechtigte Verbraucher über sein Widerrufsrecht zureichend informiert wird. Das Widerrufsrecht erlischt spätestens 6 Monate nach Vertragsschluß, § 355 III 1, jedoch nicht, wenn der Verbraucher nicht ordnungsgemäß über sein Widerrufsrecht belehrt worden ist, S. 3.[145]

Abweichungen von den allgemeinen Regeln in § 355 finden sich etwa in §§ 312d, 312e und 485. Bei der Prüfung eines Widerrufs ist daher immer darauf zu achten, ob sich aus den jeweiligen Gründen des Widerrufrechts Besonderheiten für dessen Modalitäten ergeben.

Ein gesetzliches Widerrufsrecht kann in bestimmten, gesetzlich vorgesehe-   **127** nen Fällen – §§ 312 I 2, 312d I 2 – beim Vertragsschluß durch ein Rückgaberecht des Verbrauchers ersetzt werden, § 356 I 1 (zu den Voraussetzungen i.E. s. § 356 I 2). Es wird durch Rücksendung der Sache oder, falls diese nicht durch Paket versandt worden ist, durch Rücknahmeverlangen ausgeübt, für das die Vorschriften zum Widerruf – § 355 I 2 – entsprechend gelten.

2. Wirkungen

Vor Ausübung des Widerrufsrechts oder eines Rückgaberechts ist der wider-   **128** rufbare Vertrag voll wirksam; insbesondere stehen den Parteien Erfüllungsansprüche zu.[146] Die Bindung endet erst mit dem Widerruf, § 355 I 1.

Nach Ausübung des Widerrufsrechts bzw. eines Rückgaberechts gelten die   **129** Folgen des Rücktritts, § 357 I 1 i.V.m. §§ 346ff. (oben Rn. 425ff.). Allerdings muß die Rückabwicklung für den Verbraucher weitgehend kostenfrei sein, § 357 II, es sei denn, die Bestellung überschreitet nicht den Betrag von 40 € § 357 II 2 (Gegenausnahme: Falschlieferung). Auch hat der Verbraucher u. U.

---

[144] Zur Konkurrenz von Widerrufsrechten s. Rn. 123 Fn. 131.
[145] Eingefügt in Konsequenz des Urteils EuGH in der Sache *Heininger ./. Hypo Vereinsbank* – C-481/99 v. 13. 12. 2001; hierzu *Schmidt-Kessel*, (Lit vor Rn. 121).
[146] Leistungsweigerungsrecht des Verbrauchers während der Widerrufsfrist str., s. *Palandt/ Heinrichs*, § 355 Rn. 4. Jedenfalls hat Verbraucher ein Zurückbehaltungsrecht nach § 273 wegen der ihm zustehenden Belehrung in der durch § 355 II 1 gebotenen Form.

abweichend von den Rücktrittsfolgen Wertersatz für Verschlechterung auch dann zu leisten, wenn er sie bestimmungsgemäß mit eigenüblicher Sorgfalt gebraucht hat und auf diese Rechtsfolge und die Möglichkeit ihrer Vermeidung spätestens bei Vertragsschluß in Textform hingewiesen worden ist, ferner bei ordnungsgemäßer Belehrung über sein Widerrufsrecht, § 357 III 3.

> Beispiele: Der Verbraucher hat einen auf einer sog. Kaffeefahrt gekauften Pullover – s. § 312 I Nr. 2 – getragen oder ein im Versandhandel bezogenes Fahrrad gefahren: Der – mitunter durch In-Gebrauchnahme erhebliche – Wertverlust ist zu erstatten.

130   Verschlechterung aufgrund Prüfung der Ware bleibt allerdings wertersatzfrei, § 357 III 2.

III. Widerrufs- und Einwendungsdurchgriff bei verbundenen Verträgen

131   Rechtsbehelfe zum Schutz eines Käufers wegen Nichterfüllung oder Schlechterfüllung durch den Verkäufer und Widerrufsrecht zugunsten eines Verbrauchers können wirtschaftlich leer laufen, wenn der Käufer/Verbraucher zur Finanzierung des Geschäfts ein Darlehen aufgenommen hat. Erweisen sich Rechtsbehelfe gegen den Verkäufer als nicht durchsetzbar und muß der Käufer/Verbraucher gleichwohl sein Darlehen bei der den Kauf finanzierenden Bank zurückzahlen, dann ist er im Ergebnis schutzlos: Er zahlt für schlechte oder überhaupt nicht erhaltene Ware. Schon z.Zt. der Geltung des Abzahlungsgesetzes von 1894[147] hatte deshalb die Rechtsprechung auf der Grundlage von § 242 für Fälle, in denen sich Verkäufer und Darlehensgeber dem Käufer als wirtschaftliche Einheit darstellten, einen sog. Einwendungsdurchgriff gegen die Bank zugelassen, dem Käufer/Darlehensnehmer also gestattet, seine Gegenrechte aus dem Kaufvertrag unter bestimmten Voraussetzungen auch dem Darlehensgeber entgegenzuhalten. Der Gesetzgeber hatte diese von der Rechtsprechung entwickelte Regel zunächst in § 9 III des VerbraucherkreditG a.F. normiert und in § 9 II, IV auf den Widerruf sowie andere finanzierte Leistungen erweitert;[148] das SchRModG hat diese Regeln in §§ 358, 359 übernommen. Der Widerrufsdurchgriff ist dabei zweigleisig möglich: Kann der Verbraucher den Vertrag über Lieferung einer Ware oder Erbringung einer anderen Leistung widerrufen, dann kann er auch den finanzierenden Darlehensvertrag widerrufen. Umgekehrt schlägt ein Widerruf des Verbraucherdarlehensvertrages auf den finanzierten Vertrag durch, § 358 I, II. Einwendungen aus

---

[147] Ersetzt 1990 durch VerbraucherkreditG, dieses durch das SchRModG.
[148] Entsprechende Regeln fanden sich auch im FernabsatzG und im Teilzeit-WohnrechteG (beide durch SchRModG aufgehoben), s.a. 4. Aufl. Rn. 99 sowie BT, 5. Aufl., Rn. 293ff.

dem finanzierten Geschäft muß sich der Darlehensgeber nach § 359 entgegenhalten lassen.

1. Verbundenes Geschäft

Voraussetzung für den „Durchgriff" ist zunächst ein **verbundenes Geschäft.**   **132**
Verbraucherdarlehen und dadurch finanziertes Geschäft – Kauf-, Werk-, Reisevertrag, usw. – müssen durch den Finanzierungszweck des Darlehens verbunden sein und eine wirtschaftliche Einheit bilden, § 358 III 1. Das ist insbesondere in den in § 358 III 2 genannten Konstellationen anzunehmen, d.h. im Falle,
daß der leistende Unternehmer, etwa ein Verkäufer, selbst als Darlehensgeber
zusätzlich noch einen Kreditvertrag zur Finanzierung seiner Leistung mit dem
Verbraucher abschließt oder bei der Vorbereitung oder dem Abschluß des Darlehensvertrages mit einem anderen Darlehensgeber mitwirkt.

Beispiel: Der Kfz-Händler bietet eine Finanzierung durch eine Bank (etwa eine Tuch-
ter des Herstellers oder auch ein anderes, unabhängiges Kreditinstitut) an und legt mit
den Kaufvertragsformularen – bei denen der Käufer zunächst nur einen Kaufantrag un-
terschreibt – einen Darlehensantrag, gerichtet an die X-Bank, vor. Nach den Unterschrif-
ten des Kunden leitet der Kfz-Händler den Darlehensantrag an die Bank, die die Bonität
des Kunden prüft. Nimmt sie den Darlehensantrag an, dann nimmt auch der Händler den
Kaufantrag an. Für den Laien sind die juristischen Vorgänge fast undurchschaubar, jedenfalls stellen sie für ihn eine „wirtschaftliche Einheit" dar, denn er hätte weder den einen
noch den anderen Vertrag ohne den jeweils anderen geschlossen.

Eine Anhebung der Schwelle gilt allerdings bei Immobiliendarlehen in ver-   **133**
bundenen Geschäften. Da nach dem durch das OLG-Vertretungsänderungsgesetz v. 23. 7. 2002 (s. Rn. 121) geänderten § 491[149] Immobilienkredite, d.h.
grundpfandrechtlich abgesicherte Darlehen an Verbraucher, stets widerrufen
werden können, würde das bei Grundstücksverkäufen regelmäßig erforderliche
Zusammenwirken zwischen Veräußerer und dem in die Immobilienfinanzie-
rung eingeschalteten Kreditinstitut stets zum Widerrufsdurchgriff führen. Man
hat deshalb in § 358 III 3 eine qualifiziertere Form des Zusammenwirkens für
die Annahme eines verbundenen Geschäfts vorgesehen, die stärker an die innere Rechtfertigung der Durchgriffshaftung anknüpfen soll.

2. Widerrufsdurchgriff

§ 358 III verweist für die Folgen des Widerrufs für die verbundenen Geschäf-   **134**
te auf § 357 und damit weitgehend auf die Rücktrittswirkungen nach §§ 346 ff.,

---

[149] Erforderlich geworden durch das Urteil des EuGH in der Sache *Heininger ./. Hypo Vereinsbank* (oben Fn. 145); dazu *Schmidt-Kessel*, aaO (Fn. 145), 315 f.

freilich mit den oben beschriebenen Änderungen (Rn. 129). Zusätzlich bindet er den Darlehensgeber in die Rückgewährpflichten des Unternehmers, der die finanzierte Leistung erbracht hat, ein, wenn – wie üblich – diesem die Darlehensvaluta direkt (und vor Wirksamwerden des Widerrufs) zugeflossen ist; er tritt an die Stelle[150] des leistenden Unternehmers, § 358 IV 3. Wo das Widerrufsrecht durch ein Rückgaberecht ersetzt worden ist, wirkt der Durchgriff gegen den Darlehensgeber bei Rückgabe der finanzierten Leistung entsprechend, s. die Verweisung in § 358 IV auf § 357 sowie die Erwähnung des Rückgaberechts in § 358 IV 3 und V.

3. Einwendungsdurchgriff

135   Einen Einwendungsdurchgriff gegen den Darlehensgeber eines mit einem Liefer- oder zu sonstigen Leistungen verpflichtenden Vertrag verbundenen Darlehens (i.S. eines verbundenen Vertrages, oben Rn. 131) gewährt dem Verbraucher § 359 S. 1, soweit nicht die als Geringfügigkeitsgrenze gesehene Entgeltsumme unter 200€ bleibt, § 359 S. 2. Beispiel: In dem oben bei Rn. 132 verwendeten Beispiel eines finanzierten Autokaufs hat das Fahrzeug Mängel. Der Käufer kann die ihm gegen den Verkäufer aufgrund §§ 433 I 2, 437 gegen den Verkäufer als Einrede oder Einwendung(en) zustehenden Gegenrechte auch gegen den Rückzahlungsanspruch des Darlehensgebers als Einrede geltend machen.

Kapitel 4: Das Prinzip von Treu und Glauben

136   Das BGB stellt die Bestimmung des § 242, wonach der Schuldner verpflichtet ist, die Leistung so zu bewirken, wie Treu und Glauben mit Rücksicht auf die Verkehrssitte es erfordern, ganz an den Anfang der Regelung des Schuldrechts. Bereits die Stellung im Gesetz macht deutlich, daß dieser Grundsatz für alle Schuldverhältnisse gilt. Allerdings kann dem Wortlaut nur entnommen werden, daß der *Schuldner* bei der *Bewirkung seiner Leistung* an diesen Grundsatz gebunden ist. Damit ist – zunächst – gemeint, daß für den Gesetzgeber oder die Vertragsparteien regelungsunwürdige Details der Leistungserbringung vom Schuldner nicht völlig frei und ohne Rücksicht auf die Belange des anderen bestimmt werden können. Beispiele sind etwa das Gebot, die Leistung nicht zur Nachtzeit anzubieten, einen großen Geldbetrag nicht in kleiner Münze zu zahlen, usw.

137   Die Vorschrift hat jedoch eine über den engen Wortsinn und auch über die Absichten des historischen Gesetzgebers hinausgehende Bedeutung erfahren

---

[150] Nicht als Gesamtschuldner *neben* den Unternehmer, s. *Palandt/Heinrichs*, § 358 Rn. 11. Rechtspolitisch wünschenswert wäre m.E. Gesamtschuld von Darlehensgeber und Unternehmer hinsichtlich der Rückgewährschuld gewesen.

und ist zur gesetzlichen Stütze für die Rechtsfortbildung durch Wissenschaft und Praxis geworden, die nicht selten zu **neuen Rechtsinstituten** und zur **Ergänzung geregelter Schuldbeziehungen** um zusätzliche Pflichten geführt hat, welche dann der Anlehnung an § 242 nicht mehr bedurften.[1] Diese Entwicklung hat zuweilen zu der Behauptung geführt, daß § 242 eine allgemeine Billigkeitsnorm sei, an der das gesamte Privatrecht zu messen sei, ja auf die letztlich alles Recht zurückgeführt werden könne und die deshalb notfalls auch Korrekturen des Gesetzes erlaube. Eine solche Deutung würde aber den Grundsatz der Bindung des Richters an das Gesetz und damit die ohnehin stets gefährdete Rechtssicherheit zugunsten einer allein an subjektiven Billigkeitsempfindungen orientierten Justiz opfern.[2] Richtig ist jedoch, daß in einer Reihe von gesetzlichen Vorschriften zur Erweiterung oder Beschränkung von Rechten ebenfalls auf Treu und Glauben, anständiges Verhalten usw. zurückgegriffen wird.

Literatur und Rechtsprechung zu § 242 sind unübersehbar.[3] Für die Vermittlung im Unterricht und in Lehrbüchern, die für Studenten noch aufnehmbar bleiben soll, muß versucht werden, die Fülle des Entscheidungsmaterials und der Literaturansichten zu reduzieren und zu ordnen. Dabei sind m.E. grundsätzlich zwei Ebenen zu unterscheiden, deren Vermengung Verständnis wie Anwendung des § 242 erschweren würde: Zum einen geht es um die Funktionen, die § 242 hat bzw. die ihm im Verlauf der Rechtsentwicklung zugewachsen sind (dazu sub § 1).[4] Zum anderen geht es um die Maßstäbe und Wertungen, die bei der Anwendung des § 242 in seinen verschiedenen Funktionen erkennbar zugrunde gelegt worden sind (sub § 2).

138

§ 1 Funktionen des Prinzips von Treu und Glauben

§ 242 ist und bleibt wichtig für die Konkretisierung der Details in der Erbringung der Leistung durch den Schuldner, die für den Gesetzgeber oder die Ver-

139

---

[1] Vgl. zur Entwicklung *Medicus*, Schuldrecht I, 12. Aufl. § 16 I, Rn. 124f.; MünchKomm/*Roth*, § 242 Rn. 21 ff.; als Beispiel solcher zunächst noch auf § 242 gestützten und später „verselbständigten" Pflichten darf die vor der Reform des Kaufrechts durch das SchRModG entwickelte Verantwortung des Verkäufers für Mangelfolgeschäden gelten, s. dazu *Gernhuber*, § 242 BGB – Funktionen und Tatbestände, JuS 1983, 764, 765 bei Fn. 10.

[2] Vgl. *Gernhuber* (Fn. 1), JuS 1983, 764: subjektive Evidenzerlebnisse des entscheidenden Richters.

[3] Vgl. etwa Versuch einer Konkretisierung des Begriffs „Treu und Glauben" aufgrund seiner Sprachstrukturen bei *Sonnenberger*, Treu und Glauben – ein supranationaler Grundsatz?, Festschrift Odersky, 1996, 703 ff., 708: (2.) „… Gebot billiger Rücksichtnahme auf die Interessen des Partners entsprechend den Wertungen der von Rechtsgleichheit ausgehenden westlich-abendländischen Rechtskultur".

[4] Zu einer solchen funktionalen Analyse des § 242 grundlegend *Wieacker*, Zur rechtstheoretischen Präzisierung des § 242, Tübingen 1956, S. 20 ff.

tragsparteien als **Minimalia** *nicht regelungswürdig* waren (s.o. Rn. 136f.). Über diesen ursprünglichen Regelungskern der Vorschrift hinaus, erfüllt § 242 heute eine ganze Reihe von Funktionen, welche sich – nach dem Vorbild des niederländischen Rechts (Art. 6:248 Burgerlijk Wetboek) – unter den Schlagworten Ergänzungsfunktion und Schrankenfunktion zusammenfassen lassen. Derartige Differenzierungen nach Funktionen finden sich in der Lit. häufig; freilich sind dabei Ordnungsgesichtspunkte und Akzente nicht deckungsgleich. Beide großen Funktionsgruppen haben in sehr unterschiedlicher Art und Weise Ergänzungen des gesetzgeberischen Plans herbeigeführt, von denen einige heute so selbstverständlich sind, daß ihnen der Charakter von Gewohnheitsrecht zugeschrieben wird.

140   Eine Ergänzung des gesetzgeberischen Plans liegt schließlich auch in der **Entwicklung neuer Rechtsbehelfe**, die mit § 242 abgestützt werden. Beispiel war etwa der – jetzt teilweise in § 358 geregelte – Einwendungsdurchgriff des Käufers oder Bestellers einer von einem Dritten (Bank) finanzierten Leistung, die nicht oder nicht richtig erbracht wird. Die Rechtsprechung gestattete dem Käufer/Besteller, seine Einwendungen gegen den Verkäufer/Werkunternehmer auch gegenüber dem Darlehensgeber, der auf Rückzahlung seines Darlehens klagt, geltend zu machen, wenn zwischen Verkäufer/Werkunternehmer auf der einen Seite und Darlehensgeber auf der anderen Seite eine bestimmte Beziehung besteht, die diese beiden nach außen als wirtschaftliche Einheit erscheinen ließ.[5] Vor allem kann § 242 Grundlage für Gegenrechte eines Schuldners sein, die das Gesetz nicht vorsieht (s. Rn. 149ff.).

141   Besonders weit in der Ergänzung, ja Abänderung der Vorstellungen des Gesetzgebers gingen die Rechtsbehelfe wegen Fehlens, Wegfalls oder Änderung der **Geschäftsgrundlage;**[6] der durch das SchRModG eingeführte § 313 normiert weitgehend die früher auf § 242 abgestützten Rechtsbehelfe (s. o. Rn. 111ff.).[7] An dieser Stelle ist jedoch festzuhalten, daß die Verwendung

---

[5] S. § 358 für Widerruf eines Kaufvertrages usw. Einwendungsdurchgriff kann auch außerhalb des Verbraucherschutzes in Betracht kommen, z.B. beim Grundstückskauf, s. BGH WM 2000, 1287, 1288 (in concreto aber abgelehnt).

[6] Vgl. BGH NJW 1984, 1746: Vertrag, der zu Bierlieferungen in den Iran verpflichtete, war durch die Veränderung der politischen Verhältnisse im Jahre 1979, die ein unter Androhung der Todesstrafe stehendes Alkoholverbot gebracht hatten, praktisch undurchführbar geworden. Der BGH billigte die vom OLG vorgenommene Vertragsanpassung, nach der das Risiko, das sich in der Störung der Geschäftsgrundlage verwirklicht hatte, auf beide Parteien je zur Hälfte zu verteilen war, so daß die Parteien den Schaden aus den stornierten Bierlieferungen je zur Hälfte zu tragen hatten. Vgl. dagegen auch BGH WM 1978, 322: Ölpreissteigerungen im Jahre 1973 nötigten nicht zur Anpassung der Lieferverträge.

[7] Auch hier hat der Gesetzgeber also auf § 242 gestützte Ergänzungen des Gesetzes durch ihre Normierung obsolet werden lassen.

des § 242 als gesetzliche Abstützung zur Ausbildung des im BGB nicht vorgesehenen Rechtsbehelfs der **Vertragsanpassung** geführt hat.[8]

I. Ergänzung und Weiterentwicklung des gesetzgeberischen Entwurfs für einzelne Schuldverhältnisse (Ergänzungsfunktion)

Nicht nur Minimalia der Schuldnerleistung müssen in einem Gesetz, das die **142** für eine übersichtliche Kodifikation erforderliche Abstraktionshöhe einhalten will, ungeregelt bleiben. Oft erweist sich in der täglichen Praxis, daß die rechtliche Regelung des Gesetzgebers unvollständig ist, sei sie einzig geltende oder nur subsidiäre Ordnung, die die in der Parteivereinbarung offen gebliebenen Punkte füllt. Solche Unvollständigkeiten können nicht nur im Bereich der Leistungserbringung des Schuldners deutlich werden, sondern das Verhaltensprogramm der Rechtsordnung kann für alle Beteiligten eines Schuldverhältnisses Lücken aufweisen. Da die Gerichte in solchen Fällen Entscheidungen nicht ablehnen können, müssen diese Lücken gefüllt werden. Dazu kann entweder der Anwendungsbereich der gesetzlichen Regelung oder – bei Schuldverhältnissen aus Rechtsgeschäft – der Parteiwille durch großzügige Auslegung ausgedehnt werden. Die Erweiterung des Geltungsbereichs gesetzlicher Regelungen ist dabei auf verschiedenen Wegen möglich: Wo die Techniken, durch Auslegung Gesetzesvorschriften einen weiteren Anwendungsbereich zu erschließen oder die ihnen zugrunde liegende Wertung durch Analogieschluß auf ungeregelte Fälle zu übertragen, nicht ausreichen – oder nicht überzeugend eingesetzt werden können –, geschieht die Ergänzung unter Rückgriff auf § 242. Freilich sind die Grenzen der verschiedenen Ergänzungstechniken – erweiternde Auslegung, Analogieschluß oder offene Ergänzung unter Abstützung auf § 242 – nicht immer klar und eindeutig zu ziehen; nicht selten wird z.B. die erweiterte Auslegung einer Vorschrift (auch) auf § 242 gestützt. Und die Reform des Schuldrechts durch das SchRModG hat deutlich gemacht, daß auf § 242 abgestützte Ergänzungen des legislatorischen Plans durch den berühmten „Federstrich des Gesetzgebers" ebenso obsolet werden können wie gesetzliche Regelungen selbst: Eine Reihe der auf § 242 abgestützten Pflichten, deren Verletzung zu Ansprüchen aus cic oder der sog. positiven Vertragsverletzung alten Rechts führen konnte, sind in der Neufassung des BGB gesetzlich normiert worden – s. etwa §§ 241 II, 311 II, 312e I (dazu oben Rn. 2, 29ff.) –, so daß es des Rückgriffs auf § 242 nicht mehr bedarf.

Während § 242 zur Ergänzung des legislatorischen Plans für ein bestimmtes, **143** typisiertes oder typisierbares Schuldverhältnis eingesetzt wird, dient § 157 der

---

[8] Vgl. BGHZ 89, 226, 238f.

Ergänzung des „Plans" der Parteien für ein konkretes Geschäft. Beides liegt bei Verträgen oft nahe beieinander, weil es eine Frage des Blickwinkels ist, ob man eine Lücke im Vertrag dadurch füllt, daß eine stillschweigende Parteiabrede nach Treu und Glauben angenommen wird oder eine entsprechende gesetzliche Verpflichtung auf der Grundlage des § 242. Gerichtliche Entscheidungen zitieren deshalb die §§ 157 und 242 oft nebeneinander ohne klare Unterscheidung ihrer Anwendungsbereiche. Der Unterschied wird aber praktisch, wenn die Ergänzung des Vertrages nur aufgrund besonderer Umstände des Einzelfalles und nur für den konkreten Fall möglich ist, also nicht eine generalisierende, normative Ergänzung (für die allein § 242 zuständig wäre) vorgenommen wird.

Beispiel: Der Käufer eines Grundstücks hatte sich verpflichtet, die den Verkäufer treffenden Erschließungskosten zu übernehmen. Später schloß der Verkäufer mit der Gemeinde eine Vereinbarung über den gesamten Grundstückskomplex und seine Erschließung, in der sich der Verkäufer verpflichtete, die Erschließung auf eigene Kosten durchzuführen. Die dadurch entstandenen Erschließungskosten waren aber höher als bei einer öffentlich-rechtlichen Erschließung durch die Gemeinde. Fraglich war, ob der Käufer auch die privatrechtliche Erschließung durch den Verkäufer in voller Höhe zu tragen hatte. Nach BGH soll in Anwendung des § 157 „im Wege der ergänzenden Vertragsauslegung festzustellen (sein), ob und in welchem Umfang der Käufer auch solche Erschließungskosten ersetzen muß".[9]

144 Die Ergänzung und Weiterentwicklung der gesetzlichen Regelung von Schuldverhältnissen auf der Grundlage von § 242 kann nicht in eine umfassende und subsumtionsfähige Formel gefaßt werden. Vielmehr sind folgende Fälle zu unterscheiden:

145 a) Die Parteien des Schuldverhältnisses können zu mehr verpflichtet sein, als die gesetzliche Regelung eigentlich vorsieht. § 242 ist m.a.W. Grundlage für **zusätzliche normative Pflichten** (vor allem Schutz- oder Nebenleistungspflichten) der Parteien, z.B. zur Auskunft, zur Anzeige, zur Aufklärung und Mitwirkung, zur Offenlegung,[10] vor allem aber zum Schutz der Rechtsgüter des anderen.

Der Arbeitnehmer kann verpflichtet sein, den Arbeitgeber auf einen drohenden Schaden aufmerksam zu machen; aus der ehelichen Lebensgemeinschaft können sich Auskunftspflichten hinsichtlich der Vermögenssituation ergeben, die für Dispositionen des anderen Teils von Bedeutung sind;[11] der Gläubiger muß u.U. bei der Annahme der Leistung mitwirken.

---

[9] BGH NJW-RR 1987, 458; zu einer solchen Fallkonstellation jetzt auch BGH WM 2000, 1109f. (ergänzende Vertragsauslegung dahin, daß die gegenüber einer öffentlichen Erschließung entstehenden Mehrkosten von beiden Teilen gleichmäßig zu tragen sind. § 157 wird gar nicht mehr zitiert!). Zur Kostentragungspflicht s. jetzt § 436 I.

[10] Vgl. zur Offenlegungspflicht einer Bank aus Vermögensverwaltung BGH NJW 2001, 962.

[11] Vgl. BGH FamRZ 1978, 677f.

b) Besonders häufig geht es bei der **Ergänzung von Verträgen** um Pflichten, **146** deren Gegenstand und Notwendigkeit von den Parteien und vom Gesetzgeber nicht gesehen worden sind. Insoweit überschneidet sich § 242 mit § 157, der es ermöglicht, Vertragslücken im Wege der Auslegung zu schließen, die ebenfalls an Treu und Glauben und der Verkehrssitte zu orientieren ist (vgl. oben Rn. 143).

Der Verkäufer muß ggfs. transportsicher verpacken, der Werkunternehmer die Bedienung der von ihm hergestellten Maschine erklären und Arbeitnehmer des Bestellers einweisen. Da in diesen Fällen keine normative Ergänzung der gesetzlichen Regelung für *alle* Kauf- und Werkverträge erforderlich ist, sollte Lückenfüllung durch Auslegung des Vereinbarten auf der Grundlage von § 157 erfolgen. Wo es um den Schutz der Rechtsgüter des anderen Teils geht, gelten die entsprechenden Pflichten dagegen allgemein für alle vergleichbaren Verträge; die Ergänzung des Pflichtenprogramms durch Schutzpflichten nach § 241 II ist deshalb auf § 242 zu stützen.

c) Die Ergänzung der Legalordnung um zusätzliche Pflichten geschieht nicht **147** nur als Konkretisierung und Ergänzung bestehender Schuldverhältnisse, sondern greift über zustande gekommene oder beendigte Schuldverhältnisse hinaus: Im vorvertraglichen Stadium wurde früher eine auch auf das Prinzip von Treu und Glauben abgestützte Verpflichtung angenommen, auf die Belange des (künftigen) Vertragspartners Rücksicht zu nehmen und ihm nicht in vorwerfbarer Weise Schäden zuzufügen; sie ist jetzt in §§ 311 II, 241 II normiert (hierzu oben Rn. 28ff.). Nach Abwicklung eines Schuldverhältnisses können nachvertragliche Pflichten, etwa zur Aufklärung oder Betreuung des anderen Teils, fortwirken.[12] § 242 war und ist in solchen Fällen nicht mehr Ergänzung gegebener, sondern Quelle neuer Schuldverhältnisse, die *praeter legem* entwickelt wurden.

Haben sich solche zunächst auf der Grundlage von Treu und Glauben den **148** Parteien auferlegte Pflichten so eingebürgert, daß sie aufgrund der Anerkennung durch Rechtsprechung und Wissenschaft sowie aufgrund ständiger Beachtung und Akzeptanz durch die Parteien als Gewohnheitsrecht angesehen werden können, dann bedarf es der Abstützung durch § 242 nicht mehr; ein Beispiel dafür sind die inzwischen durch das SchRModG in § 241 II anerkannten Schutzpflichten.[13]

---

[12] Vgl. BGH ZfBR 1985, 119: Nachwirkende Mitwirkungspflicht des Architekten, den Bauherrn bei der Behebung von Baumängeln zu betreuen.
[13] S. 4. Aufl. Rn. 97.

II. Schrankenfunktion

1. Verbot des Rechtsmißbrauchs (venire contra factum proprium
und exceptio doli)

149   a) Unter bestimmten Voraussetzungen kann die Ausübung einer formal gültigen und eindeutigen Rechtsposition ein **Rechtsmißbrauch** sein, so daß sich die
Rechtsordnung dem Schutz dieser Rechtsposition versagen muß. So können die
Berufung auf den Formmangel eines Geschäftes oder auf die eingetretene Verjährung ausnahmsweise gegen Treu und Glauben verstoßende Rechtsmißbräu-
che sein.[14] Rechtsmißbräuchlich – und deshalb unbegründet – kann z.B. auch
eine aktienrechtliche Anfechtungsklage sein, wenn mit ihr letztlich finanzielle
Sondervorteile (Abfindung gegen Klagerücknahme) angestrebt werden.[15] Oft
wird auch widersprüchliches Verhalten (*venire contra factum proprium*) als Fall
genannt, in dem Rechtsbehelfe des Berechtigten eingeschränkt sein oder verloren gehen können.[16]

Beispiel (nach BAG BB 97, 1850f.): Der Kläger war längere Zeit bei einem Sender als
Interviewer, Sprecher, Übersetzer und Moderator tätig; die Parteien behandelten diese
Tätigkeit als freie Mitarbeit. Vergütet wurde der Kläger nach den Vorschriften eines Ho-
norar-Tarifvertrags für freie Mitarbeiter auf der Basis von Einzelhonoraren je Arbeitseinsatz. Nachdem jahrelang die Einnahmen aus seiner Tätigkeit sehr hoch lagen, gingen sie
in den Jahren 1981 und 1982 zurück. Daraufhin erhob der Kläger Feststellungsklage, daß
es sich bei dem Vertrag mit der Beklagten um ein unbefristetes Arbeitsverhältnis handele. Der Klage wurde stattgegeben. Im Jahre 1983 schlossen die Parteien einen Aufhebungsvertrag, mit dem das gerichtlich als solches festgestellte unbefristete Arbeitsverhältnis einvernehmlich aufgehoben und der Kläger wieder als freier Mitarbeiter tätig
wurde. In der Folgezeit erzielte er wiederum höhere Honorareinnahmen als freier Mitarbeiter. Vom Oktober 1993 an wurde er jedoch nur noch beschränkt (als Sprecher) mit
Aufträgen beschäftigt. Deshalb klagte er erneut auf Feststellung, daß er in einem unbefri-
steten Arbeitsverhältnis stehe. Die Klage blieb ohne Erfolg: „Es würde gegen Treu und

---

[14] S. BGH NJW 1983, 566, 567 (Berufung des Auftragnehmers auf den Formmangel des
Auftrags über die Ersteigerung eines Grundstücks als Verstoß gegen Treu und Glauben) aber
auch BGH WM 2005, 991, 992 (Verhältnis zur Verwirkung: Strenge Anforderungen für Versagung der Berufung auf Formmangel); ferner: Berufung eines wegen fehlerhafter Rechtsberatung schadensersatzpflichtigen Anwalts auf die eingetretene Verjährung ist Rechtsmißbrauch,
wenn der Anwalt den Mandanten dazu bewogen hat, zunächst den Ausgang eines anderen Kla-
geverfahrens abzuwarten, OLG Düsseldorf, MDR 1984, 843; BGH WM 2002, 1842, 1843;
aber auch BGH NJW 1988, 2245, 2247: Strenger Maßstab, da die Verjährungsregelung durch-
brochen wird, s.a. BGHZ 93, 64, 66ff.; BAG NJW 1997, 3461 jeweils mwN; zum umgekehrten
Fall – Verwirkung eines Anspruchs *vor* Ablauf der gesetzlichen Verjährung s. Rn. 151 a.E.

[15] Vgl. BGH NJW-RR 1992, 1388f.

[16] Vgl. MünchKomm/*Roth*, §242 Rn. 255ff.; kritisch jedoch *Singer*, Das Verbot widersprüchlichen Verhaltens, München 1993, der dieser Regel konstitutive Bedeutung nur noch für
Tatbestände der Ver- und Erwirkung, der fortgesetzten Übung, der Duldung von Zuwiderhand-
lungen sowie der Ausübung von Alternativbefugnissen zumißt, s. S. 49, und ihr im Übrigen nur
die Bedeutung eines Rechtssprichworts beimißt, das häufig tautologisch verwendet werde.

Glauben verstoßen und das Vertrauen im Rechtsverkehr untergraben, wenn es erlaubt wäre, sich nach seinem Belieben mit seinen früheren Erklärungen und seinem früheren Verhalten derart in Widerspruch zu setzen. Das Verbot des Selbstwiderspruchs hindert Vertragsparteien auch daran, sich auf die Unwirksamkeit eines Vertrages zu berufen, den sie viele Jahre lang als rechtswirksam angesehen und beiderseits erfüllt haben ...".

b) Die Schrankenfunktion des § 242 kann Rechtsbehelfe in ihren Auswirkun-   **150**
gen oder in ihrer Durchsetzung begrenzen. Wer z.B. etwas fordert, was er aus anderem Rechtsgrund sofort zurückgeben müßte, kann seinen an sich gegebenen Rechtsbehelf nicht durchsetzen (*dolo agit, qui petit, quod statim redditurus est*).

Hat der Bereicherungsgläubiger dem Bereicherungsschuldner den Bereicherungsgegenstand nach dem bereichernden Geschehen verkauft, dann wäre die Geltendmachung eines Bereicherungsanspruches, welcher auf Rückgabe des Bereicherungsgegenstandes gerichtet ist, ein Rechtsmißbrauch, wenn der Gegenstand vom Bereicherungsgläubiger aufgrund seiner Verpflichtung als Verkäufer sofort zurückübertragen werden müßte.[17]

Die Ausübung eines formal bestehenden Rechts kann vor allem dann unzulässig sein, wenn das Recht durch gesetz-, sitten- oder vertragswidriges Verhalten des Berechtigten begründet worden ist. Niemand darf aus seinem eigenen unredlichen Verhalten rechtliche Vorteile ziehen.[18] Einen gesetzlich geregelten Fall des zugrunde liegenden Gedankens enthält § 162 II. Beispiele sind etwa die Verhinderung des Zugangs oder der Zustellung einer an den Verhindernden gerichteten Willenserklärung,[19] die Inanspruchnahme einer Sicherheit nach treuwidriger Herbeiführung des Garantiefalles,[20] die Aufrechnung mit einer „in nicht banküblicher Weise" erworbenen Forderung[21] und die Vollstreckung aus materiell unrichtigen, aber unanfechtbar gewordenen Urteilen.[22]

---

[17] Für den umgekehrten Fall (entgegenstehende Rückgewährpflicht wegen Scheiterns des Vertrags) BGH NJW-RR 2004, 229. Vgl. auch BGHZ 90, 287, 292: Inanspruchnahme einer Garantie ohne Vorliegen eines „materiellen" Garantiefalles bei einer Garantie auf erstes Anfordern; BGHZ 100, 95, 105f.: Geltendmachung von Sicherungsrechten nach Wegfall des Sicherungszwecks; BGHZ 101, 84, 91f.: Ansprüche aus Akkreditiv bei Lieferung von zur Vertragserfüllung gänzlich ungeeigneter Ware.

[18] BGHZ 94, 125, 131.

[19] Vgl. BGHZ 67, 271, 278f.

[20] Vgl. BGH WM 1984, 586.

[21] BGH NJW 1987, 2997: Die Forderung war von einer Schwesterbank erworben worden, (nur) um im Wege der Aufrechnung Zugriff auf das Kundenguthaben zu nehmen.

[22] Vgl. BGH WM 1988, 611, 612: Durchbrechung der Rechtskraft eines über einen Anspruch aus einem sittenwidrigen Ratenkreditvertrag erwirkten Vollstreckungsbescheids; Rechtsgrundlage war jedoch § 826; Abstützung auf § 242 aber in OLG Hamm, WM 1990, 1104, 1105.

2. Verwirkung

151   Einen wichtigen Ausschnitt aus dieser Schrankenfunktion des § 242 bilden schließlich die Fälle der Verwirkung. Unterläßt es der Berechtigte über einen längeren Zeitraum hinweg, sein Recht geltend zu machen, obwohl er dazu in der Lage wäre, und konnte sich der Verpflichtete mit Rücksicht auf das gesamte Verhalten des Berechtigten darauf einrichten, daß dieses Recht auch in Zukunft nicht geltend gemacht werde, dann kann eine Verwirkung des Rechts wegen illoyaler Verspätung der Rechtsausübung eintreten.[23] Erforderlich ist also ein Zeitablauf und ein berechtigtes „Sicheinrichten" des Verpflichteten („Zeitmoment" und „Umstandsmoment").[24]

Hat der Unterhaltsgläubiger seit seinem Mahnschreiben 3 Jahre verstreichen lassen, ohne seinen Unterhalt gerichtlich geltend zu machen, und hat sein Verhalten beim Unterhaltsschuldner berechtigterweise den Eindruck entstehen lassen, daß der Unterhaltsgläubiger Unterhalt nicht mehr verlangen werde, dann kann Verwirkung eingetreten sein.[25] Beweisschwierigkeiten, denen der Schuldner ausgesetzt ist, wenn der Gläubiger nach längerer Zeit Ansprüche geltend macht, vermögen den Einwand der Verwirkung grundsätzlich nicht zu rechtfertigen, denn ihre Anerkennung als Verwirkungsgrund würde bedeuten, daß lange Verjährungsfristen kaum noch ausgeschöpft werden könnten.[26]

Gerade bei der Schrankenfunktion des § 242 muß man freilich besonders vorsichtig sein, die für einen Einzelfall formulierten Voraussetzungen des Rechtsmißbrauchs zu verallgemeinern und damit zu abstrakt formulierten Gegenrechten zu kommen, die nicht nur aufgrund der Besonderheiten eines Einzelfalles, sondern allgemein eingesetzt werden können: Das konkrete Verhalten eines Gläubigers kann im Schuldner die berechtigte Überzeugung, er müsse nicht mehr leisten, und ein darauf gegründetes Vertrauen und Verhalten bewirkt haben und deshalb schließlich dem Gläubiger die Durchsetzung seiner Rechte abschneiden. Aber es kommt dabei auf die Verhaltensweisen des Gläubigers und des Schuldners im Einzelnen an, wann und ob man das Gläubigerrecht als verwirkt ansieht. Allgemeine Formulierungen für die Voraussetzungen wie „Zeitmoment" und „Umstandsmoment" können nur den Wertungsrahmen angeben.

---

[23] Vgl. BGHZ 92, 184, 187 mwN.
[24] S. BAG EWiR 2001, 899 (*Löwisch*); BGH GRUR 2001, 323; zur Einordnung als Unterfall widersprüchlichen Verhaltens s. BGHZ 84, 280, 284; zum Grundgedanken des Vertrauensschutzes MünchKomm/*Roth*, § 242 Rn. 257, 264ff.
[25] Vgl. BGH NJW 1988, 1137, 1138: Das „Zeitmoment" für die Verwirkung von Trennungsunterhalt kann sogar schon dann eingetreten sein, wenn die Rückstände Zeitabschnitte betreffen, die etwas mehr als ein Jahr zurückliegen. Die Entscheidung enthält eingehende Ausführungen zum „Zeitmoment" und zum sog. „Umstandsmoment", d.h. den Umständen, aufgrund derer sich der Unterhaltsverpflichtete nach Treu und Glauben darauf einrichten durfte und darauf eingerichtet hat, daß der Unterhaltsberechtigte sein Recht nicht mehr geltend machen werde.
[26] BGH NJW-RR 1992, 1240f.

3. Kontrollfunktion

§ 242 kann schließlich auch der **Kontrolle von Vertragsinhalten** dienen. So   152
hat die Rechtsprechung bis zum Inkrafttreten des früheren AGBG – jetzt
§§ 305–310 – Allgemeine Geschäftsbedingungen unter Zuhilfenahme des § 242
kontrolliert, eine Funktion, die jetzt vor allem durch § 307 übernommen worden ist, außerhalb des Anwendungsbereiches der §§ 305 ff. jedoch ihre Bedeutung behält, z.B. bei der Inhaltskontrolle von vorformulierten Gesellschaftsverträgen (vgl. oben Rn. 87) oder von AGB, die vom Vertragspartner des Verwenders eingeführt werden.[27]

§ 2 Standards für die Anwendung des § 242

Soll die oben nach Funktionen gegliederte und dargestellte Anwendung des   153
§ 242 nicht zur unkontrollierbaren und allein von subjektiven (Vor-)Urteilen ge-
steuerten Billigkeitsrechtsprechung ausarten, dann bedarf es einer Vergewisserung über die jeweils verbindlichen Maßstäbe. Sie kann nicht durch andere Generalklauseln ersetzt werden, wie z.B. „§ 242 gebietet, entsprechend den herrschenden Anschauungen aufeinander Rücksicht zu nehmen". Tatsächlich können die Standards auch je nach Funktion, zu der § 242 eingesetzt wird, verschieden sein.

I. Grundgesetz als Wertordnung

Eine in allen Funktionen des § 242 als verbindlich zu beachtende Wertord-   154
nung setzt die **Verfassung**, die in das Zivilrecht vor allem *über Generalklauseln*
wie § 242, aber auch § 157 und § 826 hineinwirkt.[28] So ist das auf Art. 2 I GG
gestützte allgemeine Persönlichkeitsrecht zunächst in erster Linie außervertraglich gegen unerlaubte Verletzungen geschützt, zunehmend aber auch zu Inhalts-
bestimmungen von Pflichten aus Verträgen herangezogen worden, z.B. im
Dienstverhältnis.

Beispiele: Einschränkung bestimmter Befugnisse des Arbeitgebers zum Schutz der
Würde und Persönlichkeit seiner Arbeitnehmer, z.B. Mithören von Telefongesprächen

---

[27] Vgl. BGH NJW 1984, 2094 (zum früheren AGBG).
[28] Einzelheiten zu der (umstrittenen) Funktion der Verfassung, insbesondere der Grundrechte, als Wertmaßstab s. *Schapp*, Grundrechte als Wertordnung, JZ 1998, 913 ff. mit Nachweisen des verfassungsrechtlichen Schrifttums, zur Einwirkung auf die Zivilrechtsordnung
und ihre Generalklauseln, aaO S. 918. Grundlegend zur Problematik aus Sicht des Verfassungs-
rechts nunmehr *Ruffert*, Vorrang der Verfassung und Eigenständigkeit des Privatrechts, Tübingen 2001.

usw.; Anspruch des Arbeitnehmers auf Entfernung einer Abmahnung aus der Personalakte, wenn diese unrichtige Tatsachenbehauptungen enthält.[29]

Das BVerfG hat deshalb z.B. auch den Zivilgerichten aufgegeben, die Ergebnisse „strukturellen Ungleichgewichts" bei Vertragsschlüssen mit § 242 zu korrigieren (s. o. Rn. 80): Die verfassungsmäßig gewährleistete Vertragsfreiheit sei gefährdet, wenn und soweit zwischen den Parteien eine strukturell ungleiche Verhandlungsstärke besteht. Die Gerichte müssen deshalb auf der Grundlage von § 242 – in extremen Fällen mit § 138 – das Ergebnis solch ungleicher Verhandlungsstärke, etwa aufgrund geschäftlicher Unerfahrenheit einer Partei, durch eine Inhaltskontrolle der jeweiligen Verträge korrigieren.[30]

II. Durchsetzung von Gemeinschaftsrecht

154a   Besondere Bedeutung wird § 242 zukünftig auch bei der Durchsetzung gemeinschaftsrechtlicher Vorgaben zukommen. Die insoweit meist einschlägigen EG-Richtlinien gelten unter Privaten grundsätzlich nicht unmittelbar (s. o. Rn. 14). Allerdings hat der Europäische Gerichtshof das Gebot der richtlinienkonformen Auslegung (s. o. Rn. 16) in jüngster Zeit erheblich ausgeweitet. Insbesondere verlangt der Gerichtshof, daß die nationalen Gerichte das *gesamte* nationale Recht berücksichtigen, um zu prüfen, ob es so angewendet werden kann, daß es nicht zu einem der Richtlinie widersprechenden Ergebnis führt.[31] Zu den anzuwendenden Bestimmungen zählt zweifellos auch § 242. Dabei muß der deutsche Richter auch auf die Grundsätze zurückgreifen, nach denen die Wertungen des Grundgesetzes über die Generalklauseln des BGB in Privatrechtsverhältnisse hineinwirken. Ermöglicht es nämlich das nationale Recht durch die Anwendung seiner Auslegungsmethoden, eine innerstaatliche Bestimmung unter bestimmten Umständen so auszulegen, daß eine Kollision mit einer anderen Norm innerstaatlichen Rechts vermieden wird, so ist das nationale Gericht nach Auffassung des EuGH verpflichtet, die gleichen Methoden anzuwenden, um das von der Richtlinie verfolgte Ziel zu erreichen.[32] Dieses Gebot der **Gleichbehandlung des Gemeinschaftsrechts** zwingt neben der richt-

---

[29] S. BAG NZA 1986, 227.

[30] „Die Zivilrechtswissenschaft ist im Ergebnis darüber einig, daß der Grundsatz von Treu und Glauben eine immanente Grenze vertraglicher Gestaltungsmacht bezeichnet und die Befugnis zu einer richterlichen Inhaltskontrolle des Vertrages begründet ...", BGH NJW 1994, 36, 38. Zur dadurch beeinflußten Rspr. s. umfassend *Ganter*, Aktuelle Probleme der Kreditsicherheiten in der Rechtsprechung des BGH, WM 1996, 1705ff., 1710–1715.

[31] EuGH, 25.2. 1999, Rs. C-131/97, Slg. 1999, I-1103 (*Carbonari*), Rn. 49f.

[32] EuGH, 5.10. 2004, Rs. C-307/01 bis C-403/01 (*Pfeiffer*), Rn. 116; dazu *Riesenhuber/ Domröse*, RIW 2005, 47ff. und *Staffhorst*, GPR 2005, 89, 90f.

linienkonformen Auslegung auch zur **richtlinienkonformen Rechtsfortbildung,** welche für das Schuldrecht vorzugsweise auf § 242 BGB zu stützen ist.

III. Wertordnung anderer gesetzlicher Vorschriften

Im Bereich der Ergänzung des gesetzgeberischen Entwurfs durch Konkreti-   **155** sierung und Erweiterung von schuldrechtlichen Pflichten, aber auch bei der Entwicklung neuer Rechtsbehelfe ist zunächst wie in den herkömmlichen Verfahren der Lückenfüllung und Ergänzung des Gesetzes darauf zu achten, daß eine *Übereinstimmung mit den vergleichbaren und durchgeregelten Sachfragen* und den ihrer Regelung *zugrunde liegenden Wertungen* des Gesetzgebers erhalten bleibt. Besonders deutlich wird diese Berücksichtigung der Wertungen, die einer gesetzlichen Regelung zugrunde liegen, in § 307 II, der für die treuwidrige unangemessene Benachteiligung einer Partei darauf abstellt, ob und wie weit von wesentlichen Grundgedanken der gesetzlichen Regelung abgewichen wird. Die Berücksichtigung gesetzlicher Wertungen in anderen Vorschriften als den unmittelbar Anwendbaren kann und wird regelmäßig zu einer Erweiterung von Gestaltungsmöglichkeiten durch Gewährung zusätzlicher Ansprüche oder gesetzlich nicht vorgesehener Einwendungen führen, die eine Änderung oder Ergänzung von gesetzlich oder vertraglich geregelten Schuldinhalten bewirken.

Gesetzlich oder vertraglich eindeutig zugeordnete Risiken können aber auch Rechtsbehelfe, die auf § 242 gestützt werden, einschränken. So kann sich eine Partei nicht auf Wegfall oder Änderung der Geschäftsgrundlage berufen, wenn ein gesetzlich oder vertraglich eindeutig ihr zugeordnetes Risiko eingetreten ist; § 313 I hält das jetzt gesetzlich fest:[33] Die Parteien müssen sich an dieser Risikozuordnung festhalten lassen, es sei denn, eine gesetzliche Risikoverteilung wird heute allgemein als unrichtig und korrekturbedürftig bewertet.

Besondere Zurückhaltung ist also geboten, wo **eindeutige Entscheidungen**   **156** **des Gesetzgebers** und die zugrunde liegenden Wertungen normativ, d.h. mit allgemein gültiger Wirkung geändert werden sollen. Wo neue Wertüberzeugungen Verfassungsrang haben, läßt sich freilich die Korrektur von Lösungen des BGB mit dem Vorrang der Verfassung begründen.[34] Dasselbe gilt für Vorgaben des Gemeinschaftsrechts. Ansonsten ist zu bedenken, daß Wertungen des Gesetzgebers nicht über § 242, sondern vom Gesetzgeber selbst korrigiert werden sollten.

---

[33] Vgl. BGH WM 1990, 1118, 1119 mwN: Die vertragliche Zuordnung bestimmter Risiken kann sich auch aufgrund ergänzender Vertragsauslegung ergeben. Die beiden Möglichkeiten, auf der Grundlage der §§ 157, 242 den Vertrag auslegend zu ergänzen oder ihn nach § 313 I anzupassen, sind also voneinander zu unterscheiden.

[34] S. BVerfGE 7, 198, 205; 39, 1, 67.

157   Wo Korrekturen nur auf das Ergebnis eines Einzelfalles abzielen und auf die besonderen Umstände dieses Einzelfalles gestützt sind – wie etwa bei der Sperre formal unangreifbarer Rechtspositionen durch den Mißbrauchseinwand –, ist eine solche Einzelfallkorrektur noch keine Gefährdung des Vorrangs des Gesetzgebers. Bedenklicher ist es, wenn nicht nur Einzelfallentscheidungen auf der Grundlage von § 242 die gesetzliche Regelung korrigieren, sondern daraus eine ständige Praxis wird, die unter Berufung auf herrschende Überzeugungen („Verkehrssitte") Wertungen des Gesetzgebers umstößt.

Beispiel: Die Annahme eines allgemeinen Rechtsprinzips der Verwirkung allein durch Fristablauf würde die Entscheidungen des Gesetzgebers korrigieren, die in den Verjährungsfristen gesetzlich festgehalten sind (s.o. Rn. 151).

IV. Kollektive Wertvorstellungen

158   Gleichwohl vollzieht sich auch in Anwendung des § 242 eine solch rechtsschöpferische Änderung gesetzlicher Regeln und der ihnen zugrunde liegenden Wertentscheidungen des Gesetzgebers unter Rückgriff auf „in der sozialen Wirklichkeit akzeptierte Normalmaßstäbe korrekten sozialen Verhaltens".[35] Es geht um kollektive Wertvorstellungen, die sich im Laufe der Zeit ändern können und geändert haben.[36] Dafür muß nicht immer die Überzeugung der Mehrheit maßgebend sein. Zwischen der Erfahrung und Umsetzung solcher Wertvorstellungen als kognitiver Prozeß und ihrer Beeinflussung und Weiterentwicklung besteht allerdings eine Wechselwirkung: Zuweilen wird, was heute von einem erkennenden Gericht als bereits allgemein akzeptierter Maßstab behauptet wird, erst durch diese Entscheidungspraxis zur sozialen Norm. Auch diese präjudizielle Rechtsetzung kann aber auf Dauer nur dort und insoweit auf Wirkung und Akzeptanz hoffen, wo sie in der Entwicklungsrichtung bereits anerkannter Standards bleibt.

---

[35] *Gernhuber* (Fn. 1), JuS 1983, 764; s.a. *Sonnenberger* (oben Fn. 3).

[36] Vgl. hierzu BVerwG NJW 1996, 1423, 1424 zur Sittenwidrigkeit von Peep-Shows: Der Maßstab der „guten Sitten" sei normativer Natur. Ausschlaggebend sei deshalb nicht eine tatsächliche Übung oder Gewohnheit, sondern das ethisch Gewollte, das in der Gesellschaft Anerkennung gefunden hat. Eine demoskopisch ermittelte Auffassung der Bevölkerung, wonach „nur" 49% der befragten Personen der Auffassung waren, daß durch Peep-Shows die Menschenwürde der auftretenden Frauen verletzt würde, reiche allein nicht aus, das Urteil der Unsittlichkeit zu widerlegen.

2. Teil: Inhalte von Schuldverhältnissen

Kapitel 5: Schuldverhältnis, Leistungspflicht und Leistungsinhalte

§ 1 Pflichteninhalte

Eine oder mehrere Pflichten bilden konstitutiv das Schuldverhältnis zwi- **159** schen Rechtssubjekten, zwischen Schuldner(n) und Gläubiger(n), dessen Regelung Gegenstand des 2. Buches des BGB ist. Dabei, d.h., im Regelungsgebiet „Schuldrecht", ist die jeweilige Pflicht vor allem der zentrale Bezugspunkt für Störungen und Störungsfolgen: Abweichung(en) vom konkreten Inhalt der Pflicht – oder mehrerer Pflichten –, der deshalb zunächst genau festgestellt werden muß, ist eine Störung, die Rechtsfolgen, insbesondere „Rechtsbehelfe" einer anderen Person, vor allem des Gläubigers, auslösen kann (dazu unten Rn. 282 ff.). § 241 steht deshalb am Anfang des 2. Buches des BGB, des Schuldrechts, und benennt zunächst drei mögliche Pflichteninhalte: Leistungspflichten, § 241 I 1, Unterlassungspflichten als ausdrücklich angesprochener Unterfall der Leistungspflichten, § 241 I 2, und Schutzpflichten, § 241 II.

Das neue Schuldrecht insgesamt verlangt freilich nach der Aufgabe der einander ausschließenden Kategorien der Leistungs- und Schutzpflichten. Als heuristische Ordnungsbegriffe entfalten sie zwar eine gewisse Funktion, weil sie die typischen Zwecksetzungen einzelner Pflichten umschreiben helfen. Ihre Fortschreibung als harte dogmatische Kategorien ist jedoch bereits wegen der – durch die Schuldrechtsreform offen zutage tretenden – Unabgrenzbarkeit gegeneinander (s.u. Rn. 164) ausgeschlossen. Sie ist außerdem entbehrlich, weil die bislang mit den Pflichtentypen verbundenen und damit in den Begriffen verschlüsselten Sachentscheidungen unter den nunmehr regierenden Generalklauseln offen entschieden werden müssen. Darüber hinaus kann eine strikte dogmatische Differenzierung nach Leistungs- und Schutzpflichten zu sehr problematischen Ergebnissen führen, wenn etwa wegen der „Wesensverschiedenheit des Schutzgegenstands" völlig unterschiedliche Haftungsstandards damit verbunden werden.[1]

---

[1] Ein Beispiel dafür bietet die Neukonstruktion der Arbeitnehmerhaftung durch *Richardi* (Leistungsstörungen und Haftung im Arbeitsverhältnis nach dem Schuldrechtsmodernisierungsgesetz, NZA 2002, 1004 [1009 ff.]), der unterschiedliche Haftungsstandards annimmt, je nach dem ob eine Leistungs- oder eine Schutzpflicht verletzt ist.

I. Leistungspflichten i.S. von § 241 I

160   § 241 I 1 formuliert, daß der Gläubiger kraft des Schuldverhältnisses vom Schuldner eine Leistung fordern kann. Zutreffender wäre ein Wortlaut, der deutlich machte, daß ein Schuldverhältnis im Regelfall nicht nur *eine* **Leistungspflicht** für eine Seite und ein entsprechendes Forderungsrecht für die andere Seite begründet, sondern daß regelmäßig verschiedene Leistungspflichten und Forderungsrechte für beide Seiten begründet werden, also jede Partei eines Schuldverhältnisses gleichzeitig forderungsberechtigter Gläubiger und leistungsverpflichteter Schuldner ist (Schuldverhältnis im weiteren Sinne). § 241 I ist aber nicht nur *Beschreibung* eines bestimmten Pflichteninhalts, sondern regelt auch, daß der Gläubiger **Erfüllung** verlangen und ggfs. erzwingen kann, etwa durch gerichtliche Geltendmachung oder Zurückhaltung einer vom Gläubiger selbst dem Schuldner geschuldeten Leistung nach §§ 273, 320 (dazu unten Rn. 173 ff.).

Der **Erfüllungsanspruch** des Gläubigers, u.z. der Anspruch auf Erfüllung in Natur,[2] ist in dem aufgrund des SchRModG neugeregelten System der Rechtsbehelfe derjenige Rechtsbehelf des Gläubigers, der oft vorrangig – evtl. unter Setzen einer Nachfrist für den Schuldner – geltend gemacht werden muß, bevor auf andere Rechtsbehelfe zurückgegriffen werden kann (hierzu unten Rn. 505 ff.).[3]

161   Grundsätzlich kann der Pflichteninhalt auf jedes schutzwürdige Interesse bzw. seine Verschaffung, gerichtet sein, z.B. Zahlung von Geld, Verschaffung oder Überlassung von Sachen oder Rechten, Abgabe einer Willenserklärung, z.B. zum Abschluß eines Vertrages,[4] ein bestimmtes Tun (Beispiel: Dienstvertrag), ein bestimmter Erfolg (Beispiel: das Werk beim Werkvertrag). Gegenstand einer Leistungspflicht können auch nichtvermögenswerte Leistungen sein, z.B. die Verpflichtung einer Gemeinde im Zusammenhang mit dem Er-

---

[2] Auch ein Schadensersatzanspruch statt der Erfüllung in Natur soll im Ergebnis das Erfüllungsinteresse des Gläubigers „erfüllen", so daß etwa das englische Recht den Schadensersatzanspruch als primären Rechtsbehelf sehen und Leistung von Schadensersatz als Erfüllung des Vertrages sehen kann. Seit der Schuldrechtsreform läßt sich freilich auch für das deutsche Recht die Auffassung vertreten, daß es sich beim Schadensersatz statt der Leistung um eine Form der Erfüllung handelt (s.u. Rn. 282 ff.). Der Erfüllungsanspruch des § 241 I ist dagegen auf *Natural*erfüllung gerichtet. Auch im gemeinen Recht hat sich der Erfüllungsanspruch als allgemeiner und primärer Rechtsbehelf erst durchsetzen müssen, da ihn das römische Recht grundsätzlich nicht kannte, vgl. *Würthwein*, Zur Schadensersatzpflicht wegen Vertragsverletzungen im Gemeinen Recht des 19. Jahrhunderts, Berlin 1990, S. 24 ff.

[3] Zum Anspruch auf Erfüllung in Natur als Rechtsbehelf s. *Stoll*, Überlegungen zu Grundfragen des Rechts der Leistungsstörungen aus der Sicht des Schuldrechtsmodernisierungsgesetzes, in FS Werner Lorenz, 287, 288; *ders.* Notizen zur Neuordnung des Rechts der Leistungsstörungen, JZ 2001, 589, 590.

[4] S. zu Vorvertrag, aus dem auf Abgabe der zum Abschluß des Hauptvertrages erforderlichen Willenserklärung geklagt werden kann, BGH WM 2001, 634.

werb eines Grundstücks, bei der Bauplanung ein Privatgrab derart zu berücksichtigen, daß das Pietätsempfinden der Angehörigen geschont bleibt, die Pflicht eines Mieters, Klavier nur zu bestimmten Zeiten zu spielen, die Zusage eines Nachbarn, bestimmte Sträucher im Garten zu pflanzen, etc.

II. Unterlassungspflichten

Lit.: *Köhler*, Vertragliche Unterlassungspflichten, AcP 190 (1990), 496–537.

Das Gesetz nennt in § 241 I 2 ausdrücklich „**Unterlassen**" als Gegenstand eines Schuldverhältnisses. Damit ist nicht die allgemeine Rechtspflicht gemeint, Eingriffe in die Rechtssphäre anderer Personen zu unterlassen, sondern regelmäßig eine solche Tätigkeit, zu der der Schuldner an sich berechtigt wäre. **162**

Beispiel: Der südamerikanische Käufer von Textilien eines europäischen Herstellers kann sich verpflichten, diese Ware nicht in die EU zu reimportieren.

Allerdings können auch durch Vertrag gesetzliche Unterlassungspflichten verstärkt werden, etwa solche hinsichtlich unlauteren Wettbewerbs. Ein Vertrag kann aber auch zum Inhalt haben, an sich erlaubten Wettbewerb zu unterlassen.[5] Schließlich kann die Unterlassung von (an sich erlaubtem) Wettbewerb auch als Nebenpflicht aufgrund Auslegung eines Vertrages nach §§ 157, 242 geschuldet sein.

Beispiel: Der Verkäufer eines Ladengeschäfts kann aufgrund des Kaufvertrages verpflichtet sein, nicht im selben Haus ein Ladengeschäft im gleichen Geschäftszweig zu eröffnen.

Unterlassungspflichten begründet z.B. auch die Absprache, bei einer Versteigerung nicht mitzubieten oder das eigene Grundstück nicht zu bebauen. Auch gesetzlich kann Unterlassung von Wettbewerb geschuldet sein. Dies gilt für den Gesellschafter einer oHG, § 112 HGB, oder den Handlungsgehilfen, § 60 HGB.

III. Schutzpflichten

§ 241 II regelt die sog. Schutzpflichten, die schon vor ihrer Normierung durch das SchRModG von Wissenschaft und Rechtsprechung herausgearbeitet und gewohnheitsrechtlich anerkannt waren. **163**

Sie konnten gesetzlich normiert sein wie z.B. die Schutzpflichten aus § 311 II (Vertragsanbahnung usw.) oder gewohnheitsrechtlich gelten wie die Schutzpflichten beim Vertrag mit Schutzwirkungen zugunsten Dritter (unten Rn. 740ff.) oder auf der Grundlage von § 242 (s. o. Rn. 136ff.) generell für bestimmte Vertragstypen oder nach § 157 indi-

---

[5] Ein solcher Vertrag muß sich jedoch an Artt. 81, 82 EG, sowie am GWB messen lassen.

viduell für einen bestimmten Vertrag aufgrund ergänzender Vertragsauslegung begründet werden.

164   Das Begriffspaar **Leistungspflicht – Schutzpflicht** kann allerdings Mißverständnisse bewirken. Die Unterscheidung geht davon aus, daß Schutzpflichten nicht zu einer erzwingbaren Leistung verpflichten, sondern nur Schadensersatzansprüche im Falle ihrer Verletzung auslösen.[6] Das ist aber so nicht richtig: Etwa hat der Dienstverpflichtete auf die in § 618 und in anderen Gesetzen normierten Schutzmaßnahmen einen durchsetzbaren und erzwingbaren Anspruch. Für manche Verträge ist Schutzgewährung sogar die zentrale Pflicht eines Teils, weil sie typischer Vertragsgegenstand ist, so bei einem Bewachungsvertrag, der die Bewachung einer wertvollen Sache oder ihre Bewahrung vor schädigenden Einflüssen zum Inhalt hat. In solchen Fällen kann der Gläubiger nicht nur einen Anspruch auf die Leistung „Schutzgewährung" gerichtlich verfolgen (s. u. Rn. 167), sondern vor allem auch durch Zurückhaltung seiner eigenen Leistung zu erzwingen versuchen.[7]

Der Arbeitnehmer kann die Dienstleistung nach § 273 (Rn. 186 ff.) zurückhalten, wenn die in § 618 (oder in anderen Gesetzen) vorgesehenen Arbeitsschutzmaßnahmen vom Dienstberechtigten nicht getroffen werden; der Auftraggeber eines Bewachungsauftrags kann die versprochene Vergütung zurückhalten, wenn die zugesagten Bewachungsmaßnahmen nicht geleistet werden. Das muß auch für andere Schutzpflichten gelten.

165   § 241 II regelt **Schutzpflichten**, für die ihrem Inhalt nach Erzwingbarkeit der Naturalerfüllung zumeist ausscheidet: Einerseits kommen diese Pflichten erst dann zur Sprache, wenn ein Schaden eingetreten ist und diesbezüglich kein Interesse an der Erfüllung in Natur mehr besteht. Andererseits reichen Schutzpflichten in aller Regel nicht so weit, daß sie es dem geschützten Teil erlauben würden, dem Verpflichteten die Einhaltung der Schutzstandards in jedem Detail aufzuzwingen. Abgesehen von Sonderbereichen wie dem Arbeitsschutzrecht kommt eine Durchsetzung von Schutzpflichten in Natur regelmäßig nur dann in Betracht, wenn eine konkrete Gefährdung von Rechtsgütern vorliegt (vgl. § 1004 und dazu Schuldrecht BT, Rn. 1020).

Der Kaufhausbesucher kann nicht im Wege einer Leistungsklage, gestützt auf die Pflichten aus dem vorvertraglichen Schuldverhältnis, vom Inhaber des Kaufhauses, das er zu betreten gedenkt, verlangen, daß zuvor der Boden gereinigt wird; er kann nur Schadensersatz verlangen, wenn er auf einer Bananenschale ausgleitet und sich ein Bein bricht. Der Notar, der einen Erblasser bei Abfassung eines Testaments betreut, aus dem ein Dritter nach dem Willen des Erblassers begünstigt werden soll, kann von dem Dritten

---

[6] Vgl. *Heinrich Stoll*, Abschied von der Lehre von der positiven Vertragsverletzung, AcP 136 (1932), 257, 298 ff.; *ders.*, Die Lehre von den Leistungsstörungen, Tübingen 1936, S. 27 ff.
[7] Vgl. *Motzer*, Schutzpflichtverletzung und Leistungsunmöglichkeit, JZ 1983, 884, 886; aA *Hans Stoll*, Die Beweislastverteilung bei positiven Vertragsverletzungen, FS von Hippel, Tübingen 1967, S. 528–559.

nicht auf Leistung verklagt werden, wenn er durch einen Formmangel die wirksame Erbeinsetzung des begünstigten Dritten verhindert hat; er schuldet dem Dritten nicht Verschaffung der Erbenstellung, aber u. U. Schadensersatz.[8]

Schutz kann also Gegenstand einer Leistungspflicht sein; Schutzpflichten im engeren Sinne verpflichten dagegen im Falle ihrer Verletzung in erster Linie zu Schadensersatz;[9] freilich kann Verletzung auch Rücktrittsgrund sein, s. § 324 (dazu unten Rn. 505 ff.). Auch ist m.E. Erzwingung ihrer Erfüllung durch Zurückhaltung eigener Leistung möglich, falls sie „aus demselben rechtlichen Verhältnis" stammen, § 273 I (s. u. Rn. 175).[10]

IV. Haupt- und Nebenpflichten

Die Pflichten aus einem Schuldverhältnis können nach Gegenstand und Inhalt der Leistungspflicht geordnet werden, also z. B. in Geldschulden, Sachschulden, Rechtsschulden und Schulden anderen Inhalts, etwa Schadensersatz oder Herausgabe einer Bereicherung.[11] Nach altem Recht war eine Einteilung üblich, die auf das Gewicht einzelner Pflichten für den Gläubiger, ihren Rang im Schuldverhältnis abstellte und Bedeutung für die Rechtsbehelfe bei Pflichtverletzungen hatte. Danach wurden **Haupt- und Neben(leistungs)pflichten** unterschieden. Diese Unterscheidung hat auch heute noch Berechtigung, soweit es um die einen bestimmten Vertragstyp bezeichnenden Pflichten geht: Lieferung ist insoweit Hauptpflicht des Kaufvertrages, Herstellung Hauptpflicht des Werkvertrages usw., während die vielfältigen Nebenpflichten – Verschaffung von Einfuhrbescheinigungen, Prüfungszeugnissen, angemessene Verpackung usw. – für die Charakterisierung des Vertragstyps ohne Belang sind. **166**

Dagegen hat die früher, d.h. vor dem SchRModG, wichtige Funktion dieser Unterscheidung von Haupt- und Neben(leistungs)pflichten für die Rechtsbehelfe des Gläubigers im Falle ihrer Verletzung, vor allem bei Verletzung vertragli- **167**

---

[8] Vgl. BGH NJW 1965, 1955, 1957, und dazu *v. Caemmerer*, Verträge zugunsten Dritter, FS Wieacker, Göttingen 1978, S. 311, 315.

[9] (Nur) für diese Schutzpflichten im engeren Sinne trifft deshalb die pauschale Behauptung zu, Schutzpflichten seien nicht auf Leistung gerichtet. Zu weitgehend dagegen *Motzer* (Fn. 7), JZ 1983, 884, 886 f., der bei allen Schutzpflichten Einklagbarkeit annimmt.

[10] Reine Schutzpflichten, etwa aus Vertragsanbahnung, stehen den außervertraglichen Verkehrs(sicherungs)pflichten nahe, deren Verletzung Deliktsansprüche auslösen kann (s. BT Rn. 854). Das zeigt sich auch daran, daß Schutzpflichten, die zwischen Vertragsparteien entstehen, vom Bestand des Vertrages unabhängig sein können. vgl. *Thiele*, Leistungsstörungen und Schutzpflichtverletzung, JZ 1967, 649 ff.; *Brors*, Quasivertragliche Haftung trotz verbotener Rechtsberatung? ZIP 2001, 317 ff. zu BGB NJW 2000, 69. Erzwingung ihrer Einhaltung setzt freilich, wie im Text bemerkt, voraus, daß sie aus dem gleichen Schuldverhältnis, also insbesondere aus dem gleichen Vertrag wie ein möglicher Gegenanspruch stammen.

[11] Vgl. *Medicus*, Schuldrecht I, 15. Aufl., § 15 II, Rn. 118 ff.

cher Pflichten (dazu 4. Aufl. Rn. 114 f.), ihre Bedeutung weitgehend verloren, weil grundsätzlich jede Pflichtverletzung die im Gesetz vorgesehenen Rechtsbehelfe (unten Rn. 247 ff.) auslösen kann. Ob eine Haupt- oder Neben(leistungs)pflicht verletzt worden ist, wird nur dann noch eine Rolle spielen, wenn und wo das Gesetz für bestimmte Rechtsbehelfe wie etwa den Rücktritt oder die Kündigung aus wichtigem Grund (unten Rn. 505 ff., 541 ff.) auf das Gewicht der Pflichtverletzung und ihre Auswirkung(en) auf das Gläubigerinteresse abstellt. Die Qualifikation der einzelnen Pflicht als Haupt- oder Nebenpflicht ist dabei freilich nur ein Indiz für das Gewicht der eingetretenen Verletzung (vgl. §§ 281 I 2 und 3, 323 V; dazu unten Rn. 453); nicht etwa steht mit ihr schon fest, daß der Vertrag beendet werden kann. Für einzelne Rechtsbehelfe, etwa die Einrede des nichterfüllten Vertrages (dazu unten Rn. 184 ff.), kommt es freilich weiter auf den „Rang" der verletzten Pflicht als einer solchen, die mit der Gegenleistung synallagmatisch verknüpft ist (s. Rn. 125, 187), an.

§ 2 Das Synallagma als besondere Pflichtenordnung

Lit. zum Schuldrecht a. F.: *van den Daele*, Probleme des gegenseitigen Vertrages, Hamburg 1968; *Klinke*, Causa und genetisches Synallagma, Berlin 1983; *Ernst*, Die Gegenseitigkeit im Vertragsvollzug, AcP 199 (1999), 485–524.

168   In gegenseitigen Verträgen können die Leistungspflichten der Parteien auf einen Leistungs**austausch** gerichtet sein; Leistung und Gegenleistung stehen dabei in einem gegenseitigen Abhängigkeitsverhältnis, im **Synallagma** (oben Rn. 125, dort auch zu den dogmatischen Erklärungsversuchen). Im Einzelnen sind vier Sachfragen bzw. Regelungsbereiche zu unterscheiden:

1. Die synallagmatische Verknüpfung von Leistungspflicht und Gegenleistungspflicht führt primär zu einer *zeitlichen* Verknüpfung der Durchsetzbarkeit im sog. **Zug-um-Zug-Prinzip**: Leistung ist (nur) gegen Gegenleistung zu erbringen, sofern nichts anderes vereinbart ist. Dies bedeutet aber weiter, daß bei Ausbleiben der Gegenleistung die eigene Leistung zurückgehalten werden kann (hierzu unten Rn. 184 ff.). Dieses Verweigerungsrecht schließt zunächst die Pflichtverletzung als solche aus, so daß der andere Teil etwa nicht aus diesem Grunde vom Vertrag zurücktreten kann; die Pflicht ist suspendiert.

2. Außer der Suspendierung der Pflicht bewirkt das Verweigerungsrecht auch eine Einschränkung des auf Erfüllung der Pflicht gerichteten Anspruchs: Dessen klagweise Durchsetzung ist während der Suspendierung nicht ausgeschlossen, jedoch schlägt sich die Verknüpfung mit der Gegenleistungspflicht in einer beschränkten Vollstreckbarkeit des Urteils nieder (s. Rn. 193).

3. Die gegenseitige Abhängigkeit von Leistungs- und Gegenleistungspflicht bedeutet aber auch, daß eine aufgrund § 275 I-III berechtigte Weigerung des Schuldners, in Natur zu erfüllen, Einfluß auf die Verpflichtung des anderen Teils haben muß. Diese Sachfrage wird in § 326 geregelt (s. Rn. 505).

4. Nach Schuldrecht a.F. war die synallagmatische Verknüpfung besonders **169** wichtig für die Rechte und Ansprüche des Gläubigers bei zu vertretenden Leistungsstörungen des Schuldners – Unmöglichkeit und Verzug, §§ 325, 326 a.F. –, da die dort geregelten Rechtsbehelfe an sich an die Verletzung einer im Gegenseitigkeitsverhältnis stehenden Pflicht des Schuldners anknüpften. Die Rechtsprechung hatte aber die damit vorgegebene Beschränkung teils dadurch überwunden, daß sie großzügig solche synallagmatischen Verknüpfungen von zusätzlichen Pflichten angenommen hatte,[12] teils umgangen, indem sie bei Verletzung anderer Pflichten auf Verletzung einer „zusätzlichen Hauptpflicht" abgestellt hatte.[13] Die Neuregelung durch das SchRModG hat diese Beschränkung aufgegeben. Obwohl die Regelung des Rücktritts des Gläubigers noch im Titel 2 – Gegenseitiger Vertrag – eingestellt ist, kommt es für das Rücktrittsrecht nicht mehr darauf an, daß die verletzte Pflicht des Schuldners mit einer Gegenleistungspflicht des Gläubigers synallagmatisch verknüpft war, sondern Voraussetzung ist nur noch, daß eine Pflicht aus einem gegenseitigen Vertrag verletzt worden ist (dazu unten Rn. 506 f.).

§ 3 Gegenrechte des Schuldners

Die Berechtigung des Gläubigers, vom Schuldner eine Leistung zu *fordern*, **170** gibt dem Gläubiger einen **Anspruch** i.S. von § 194 I.[14] Der Begriff „Anspruch" beinhaltet dabei nicht nur die materielle Berechtigung des Gläubigers, sondern vor allem auch die Möglichkeit klagweiser Geltendmachung und Durchsetzung; das Wort Erfüllungs„anspruch" kennzeichnet deshalb besonders deutlich den Charakter als Rechtsbehelf zur Durchsetzung des Gläubigerrechts (s.u. Rn. 465).[15]

---

[12] Etwa indem sie die Verpflichtung des Mieters, Schönheitsreparaturen auszuführen, als Teil seiner Gegenleistung (neben dem Mietzins) für die Gebrauchsüberlassung des Mietgegenstandes qualifizierte, vgl. BGHZ 104, 6, 10f. sowie 4. Aufl. Rn. 396.

[13] Vgl. BGH NJW 1998, 3197, 3198f.: Montagepflicht beim Kauf einer Förderanlage als „weitere Hauptpflicht".

[14] S. *Larenz*, Allg. Teil, § 14 I, S. 243 zur streitigen Gleichsetzung von „Anspruch" und „Recht des Gläubigers auf die Leistung".

[15] S. zum Anspruchsbegriff des BGB und seinen geschichtlichen Wurzeln s. *Larenz*, Allg. Teil, § 14 I, S. 245; zum Anspruch auf Erfüllung in Natur unter Rn. 465 ff.

I. Einwendungen und Einreden

171   Der Anspruch kann durch Einreden oder Einwendungen in unterschiedlichem Maße entkräftet sein. Einwendungen bedeuten, daß das vom Gläubiger
geltend gemachte Anspruch nicht entstanden (rechtshindernde Einwendung)
oder wieder untergegangen ist (rechtsvernichtende Einwendung); auch eine nur
zeitweilig die Erfüllung eines Anspruchs hindernde Einwendung kann möglich
sein.

Ist der Kaufvertrag, aus dem der Verkäufer den Kaufpreis verlangt, wegen Verstoßes
gegen ein Verbotsgesetz nichtig, dann hat der Käufer eine rechtshindernde Einwendung
gegen ein evtl. Verlangen, den Kaufpreis zu zahlen. Hat der Käufer bei einem gültigen
Kaufvertrag den Kaufpreis dagegen gezahlt, und ist deshalb der Kaufpreisanspruch
durch Erfüllung erloschen, dann steht dem Käufer eine rechtsvernichtende Einwendung
zu.
Ist der verkaufte Gegenstand untergegangen, kann der Verkäufer gegenüber dem Anspruch des Käufers auf Lieferung, d.h. Erfüllung in Natur, § 275 I einwenden.

Die gegen einen bestimmten Anspruch mögliche Einwendung ist von der
Pflicht, die den Anspruch begründet und evtl. als Rechtsbehelf ausgelöst hat, zu
unterscheiden: Sie „entfällt" nicht zwangsläufig mit der Einwendung gegen „ei-
nen" Anspruch, sondern kann Grundlage weiterer (anderer) Ansprüche sein.
So sperrt etwa § 275 den Erfüllungsanspruch und läßt zugleich die Pflicht des
Schuldners unberührt, während § 273 bereits die Pflicht suspendiert und die
Durchsetzbarkeit des Erfüllungsanspruchs einschränkt.

Einwendungen und Einreden können also sowohl auf der Ebene der Pflichten der Parteien als auch auf der Ebene der Rechtsbehelfe bei deren Verletzung wirken. Sowohl im
Gesetz als auch in der dazu bislang veröffentlichten Literatur finden sich freilich nur selten Hinweise auf diese beiden Wirkungsebenen; hier sind die Konsequenzen aus der
Schuldrechtsmodernisierung noch nicht überall gezogen.

172   Einreden sind Gegenrechte, die die Durchsetzung des bestehenden Anspruchs hindern. Sie werden in dauernde (peremptorische) und zeitweilige (di-
latorische) Einreden eingeteilt. Dauernde Einreden verhindern die gerichtliche
Durchsetzung des Anspruchs für immer, zeitweilig wirkende (aufschiebende)
Einreden verhindern die Durchsetzung für eine bestimmte Zeit. Beispiel für eine dauernde Einrede ist die Verjährung eines Anspruchs; eine zeitweilige Einrede wird z.B. durch die Stundung bewirkt.

Anspruchsbeschränkende Einreden hindern die gerichtliche Durchsetzung
nicht völlig, doch führt ihre Geltendmachung zu einer eingeschränkten Verurteilung, z.B. Zug um Zug gegen Empfang einer dem Einredeberechtigten zustehenden Leistung (Beispiel: Einrede des nichterfüllten Vertrages, s. hierzu § 320
und unten Rn. 184ff.). Anspruchsbeschränkende Einreden sind in aller Regel di-
latorischer Natur.

Für Einzelheiten und insbesondere Einzelregelungen von Einreden darf auf die Darstellungen des Allgemeinen Teils des BGB sowie auf den Besonderen Teil des Schuldrechts verwiesen werden. Zu erinnern ist hier jedoch daran, daß Einreden grundsätzlich nur dann zur Entkräftung eines Anspruchs führen, wenn sie vom Berechtigten im Prozeß geltend gemacht werden. Einwendungen sind dagegen „von Amts wegen", d.h. vom Gericht, zu berücksichtigen, ohne daß der Berechtigte sich darauf berufen muß.

II. Allgemeines Zurückbehaltungsrecht

Lit.: *Keller*, Das Zurückbehaltungsrecht nach § 273 BGB, JuS 1982, 665–668; *Münzberg*, Die Einreden des Zurückbehaltungsrechts und des nichterfüllten Vertrags im Prozeß, NJW 1961, 540–542; *Österle*, Die Leistung Zug um Zug, Berlin 1980.

Eine in der Praxis wichtige Einrede, durch deren Geltendmachung die Durchsetzbarkeit des Rechts eines Gläubigers auf die Leistung eingeschränkt werden kann, gibt das Zurückbehaltungsrecht aus § 273. **173**

Durch die Geltendmachung des Zurückbehaltungsrechts kann der Schuldner das Recht des Gläubigers auf die Leistung dahin umgestalten, daß der Gläubiger seinen Anspruch nur noch durchsetzen kann, wenn er gleichzeitig eine Gegenforderung des Schuldners erfüllt. Der Schuldner kann deshalb durch Zurückhaltung der geschuldeten Leistung unter den Voraussetzungen des § 273 Druck auf den Gläubiger ausüben, die vom Gläubiger geschuldete Leistung an den Schuldner zu erbringen. Bis zum Erhalt der vom Gläubiger geschuldeten Leistung wird der Schuldner gleichzeitig durch das Zurückbehaltungsrecht gegen eine Herausgabe der von ihm geschuldeten Leistung gesichert.[16] Teilweise wird das Zurückbehaltungsrecht aus § 273 auch als konkrete Ausprägung des Grundsatzes von Treu und Glauben gesehen.[17]

1. Voraussetzungen des Zurückbehaltungsrechts

a) **Gegenseitigkeit**: Beide Parteien müssen jeweils einen Anspruch gegen den anderen haben, also gleichzeitig Schuldner und Gläubiger der jeweiligen Ansprüche sein.[18] Für die im Synallagma stehenden Ansprüche aus einem gegenseitigen Vertrag gilt jedoch § 320 (s. u. Rn. 184 ff.). **174**

b) **Konnexität**: Der Anspruch des Gläubigers und der Gegenanspruch des Schuldners müssen „aus demselben rechtlichen Verhältnis" stammen, § 273 I. **175**

---

[16] Vgl. hierzu *Gernhuber*, Schuldverhältnis, § 30 I 4, S. 671 f.
[17] S. *Brox*, ASS, Rn. 145.
[18] Zu einigen Ausnahmen s. AnwKomm-BGB/*Schmidt-Kessel*, § 273 Rn. 14.

Wörtlich genommen würde dies bedeuten, daß die Ansprüche der Beteiligten aus einem *einheitlichen Rechtsverhältnis*, z.B. aus *einem* Vertrag, entstanden sind. Die Rechtsprechung hat den Normtext jedoch verlassen und läßt es ausreichen, wenn zwischen den Ansprüchen „ein innerer, natürlicher, wirtschaftlicher Zusammenhang besteht, sie also auf einem einheitlichen Lebensverhältnis beruhen".[19]

Beispiel: Die Parteien sind Eheleute, die sich scheiden lassen wollen. Der Ehemann hat seiner Frau eine Grundstückshälfte unter der auflösenden Bedingung einer Scheidung geschenkt. Er verlangt jetzt Rückübertragung der Grundstückshälfte. Die Ehefrau verteidigt sich mit einem Zurückbehaltungsrecht wegen ihres „Zugewinnausgleichsanspruchs". Es ging also zum einen um einen Anspruch wegen Auflösung eines Schenkungsvertrages, zum anderen um einen güterrechtlichen Anspruch. Beide Ansprüche stammten jedoch aus einem „innerlich zusammengehörigen, einheitlichen Lebensverhältnis", d.h. der Ehe und ihrer Scheidung.[20]

Die Geltendmachung des eigenen Anspruchs ohne Rücksicht auf die eigene Verpflichtung kann in einem solchen Fall häufig Hinweis auf einen Verstoß gegen Treu und Glauben sein.[21]

176 § 273 II sieht in der dort geregelten Situation Konnexität für die fraglichen Ansprüche (auf Herausgabe eines Gegenstandes und Verwendungsersatz bzw. Schadensersatz) als gegeben an und hat damit klarstellende Funktion. Die Ausnahme, daß der Herausgabepflichtige den Gegenstand durch eine vorsätzlich begangene unerlaubte Handlung erlangt hat (§ 273 II a.E.), berücksichtigt, daß es unbillig wäre, wenn z.B. ein Dieb die gestohlene Sache zurückbehalten könnte, bis seine Verwendungen auf die Sache ersetzt worden sind.

Beispiel: Aufgrund einer Personenverwechslung ist ein von dem verstorbenen Erblasser seiner Haushälterin vermachtes Möbelstück deren Schwester ausgehändigt worden. Diese hat es mit großem Aufwand restauriert. Den Herausgabeansprüchen der Erben, die den vermachten Gegenstand der richtigen Vermächtnisnehmerin zukommen lassen wollen, kann die Schwester ihre Ansprüche auf Verwendungsersatz entgegenhalten. Anders wäre es jedoch, wenn sie sich das Möbelstück aus dem Nachlaß durch eine vorsätzlich unerlaubte Handlung angeeignet hätte.

Keine Konnexität wird für das kaufmännische Zurückbehaltungsrecht aus § 369 HGB verlangt.

177 c) **Fälligkeit des Gegenanspruchs**: Der Anspruch des Schuldners gegen den Gläubiger muß vollwirksam entstanden und durchsetzbar, d.h. vor allem **fällig**

---

[19] BGHZ 64, 122, 126. Vgl. OLG Düsseldorf, NJW 1997, 1156: Ein Käufer, der innerhalb eines Jahres bei einem Galeristen wiederholt Kunstwerke desselben Künstlers erwirbt, kann gegenüber dem Kaufpreisanspruch aus dem einen Geschäft ein Zurückbehaltungsrecht wegen eines Anspruchs aus dem anderen Geschäft geltend machen.
[20] Vgl. BGHZ 92, 194, 196.
[21] Vgl. zu den Einzelheiten *Gernhuber*, Schuldverhältnis, § 30 II 2, S. 676ff.

sein. Bedingte, künftige oder unvollkommene Forderungen können deshalb regelmäßig kein Zurückbehaltungsrecht begründen, ebensowenig Ansprüche, die selbst durch eine Einrede entkräftet sind. Es genügt allerdings, daß der Gegenanspruch spätestens bis zum Zeitpunkt der Erbringung der geschuldeten Leistung entsteht und fällig wird.[22] Dagegen ist Fälligkeit nicht erforderlich bei dem speziellen Zurückbehaltungsrecht wegen Verwendungsersatzes nach § 1000.

Auch eine verjährte Gegenforderung des Schuldners kann an sich nicht mehr durchgesetzt werden. § 215 läßt jedoch die Ausübung des Zurückbehaltungsrechts zu, wenn die Verjährung in dem Zeitpunkt, in dem der Anspruch des Gläubigers entstanden ist, noch nicht eingetreten war.

2. Ausschluß des Zurückbehaltungsrechts

a) Der Wortlaut des § 273 I „sofern nicht aus dem Schuldverhältnis sich ein **178** anderes ergibt" macht deutlich, daß das Zurückbehaltungsrecht vertraglich oder durch Gesetz ausgeschlossen sein kann. In AGB kann das Zurückbehaltungsrecht des Vertragspartners, der nicht Kaufmann ist, jedoch weder ausgeschlossen noch eingeschränkt werden, § 309 Nr. 2 b).

b) Die Ausübung des Zurückbehaltungsrechts wirkt, wenn auch schwächer, **179** ähnlich wie eine Aufrechnung (hierzu unten Rn. 372 ff.). Sie ist deshalb häufig ausgeschlossen, wenn und soweit eine Aufrechnung unzulässig ist.[23] Das Bestehen einer Aufrechnungslage schließt die Zurückbehaltung nicht aus.[24]

c) Da eine der Funktionen des Zurückbehaltungsrechts die Sicherung des eigenen **180** Gegenanspruchs des Schuldners ist, kann der Gläubiger die Ausübung des Zurückbehaltungsrechts dadurch abwenden, daß er für seine Verpflichtungen Sicherheiten stellt, § 273 III 1. Dem zugrunde liegenden Gedanken, der Schuldner benötige bei ausreichender Sicherheit kein Zurückbehaltungsrecht, trägt die hL dadurch Rechnung, daß sie ein Zurückbehaltungsrecht auch dann als ausgeschlossen ansieht, wenn der Anspruch des Schuldners bereits anderweitig ausreichend gesichert ist.[25]

Beschränkungen des Zurückbehaltungsrechts können sich aus § 242 ergeben, **181** insbesondere wenn die Berufung auf ein Zurückbehaltungsrecht rechtsmißbräuchlich ist, ferner aber auch aus der Rechtsnatur des vom Gläubiger geltend gemachten Anspruchs. So können etwa Ansprüche der Eltern auf Herausgabe

---

[22] BGHZ 73, 317, 319.
[23] AnwKomm-BGB/*Schmidt-Kessel*, § 273, Rn. 38.
[24] A. A. offenbar Staudinger/*Gursky* (2000), § 388, Rn. 14.
[25] Vgl. hierzu *Gernhuber*, Schuldverhältnis, § 30 IV 1, S. 691.

ihres Kindes nicht durch ein Zurückbehaltungsrecht wegen evtl. Auslagen für das Kind entkräftet werden, welche die Eltern zu ersetzen haben.[26]

3. Wirkungen

182   § 273 entfaltet **Gestaltungswirkungen**: Mit der **Geltendmachung** des Zurückbehaltungsrechts wird der Anspruch des Gläubigers mit demjenigen des Schuldners dergestalt verknüpft, daß der Gläubiger seinen Anspruch nur noch im Austausch gegen die von ihm selbst geschuldete Leistung durchsetzen kann. Solange das Zurückbehaltungsrecht noch nicht ausgeübt worden ist, kann es auch die Durchsetzbarkeit des Anspruchs des Gläubigers nicht einschränken und die Pflicht des Schuldners nicht suspendieren, so daß der Schuldner mit der Erfüllung einer durchsetzbaren Verpflichtung säumig werden kann.[27]

Die Geltendmachung der Einrede wird von der hA – mit einer Ausnahme[28] – ganz generell verlangt. Eine Verknüpfung der gegenläufigen Pflichten ist freilich dort nicht erforderlich, wo sich diese aus demselben Vertrag ergeben; dann nämlich ergibt sich ihre gegenseitige „Bedingtheit" bereits aus dem Vertrag selbst. In diesen Fällen ist die Geltendmachung der Einrede entgegen der hA folglich entbehrlich.

183   Erhebt der Schuldner die Einrede im Prozeß oder beruft er sich im Prozeß darauf, sie geltend gemacht zu haben, dann kann er nur zur Leistung Zug um Zug verurteilt werden, § 274 I. Das Zurückbehaltungsrecht führt also nicht zur (vollständigen) Klageabweisung. Will der Gläubiger aus dem Zug-um-Zug-Urteil vollstrecken, dann muß er entweder den Anspruch des Schuldners befriedigen oder diesen jedenfalls in Annahmeverzug setzen, § 274 II.[29]

Der Annahmeverzug des Beklagten mit der Gegenforderung verhindert freilich nach hA nicht, daß der Kläger zunächst auf eine einschränkende Zug-um-Zug-Verurteilung verwiesen wird. Vielmehr kann sich der Kläger auf den Annahmeverzug des Beklagten erst im Rahmen der Zwangsvollstreckung berufen (§ 274 II; §§ 726 II, 756, 765 ZPO).[30] Zur Erleichterung des Nachweises im Vollstreckungsverfahren wird der Kläger den Annahmeverzug des Beklagten häufig bereits zusammen mit seiner Klage auf Erfüllung gerichtlich feststellen lassen.

---

[26] Weitere Einzelheiten s. *Gernhuber*, Schuldverhältnis, § 30 III 1, 2, S. 682ff.
[27] BGH ZIP 1994, 1770, 1772f.
[28] BGHZ 60, 319, 323: Gläubiger beantragt im Prozeß von vornherein nur ein Zug-um-Zug-Urteil.
[29] Vgl. dagegen zum kaufmännischen Zurückbehaltungsrecht, das dem Zurückbehaltungsberechtigten zusätzlich ein Recht zur Befriedigung aus dem zurückbehaltenen Gegenstand, d.h. zur Verwertung wie ein Pfand, gibt, § 371 HGB.
[30] Gegen die hA: AnwKomm-BGB/*Schmidt-Kessel*, § 274, Rn. 8.

III. Besonderheiten bei synallagmatischen Pflichten

1. Zug-um-Zug-Leistung und die Einrede des nichterfüllten Vertrages.

Lit.: *Oesterle*, Die Leistung Zug um Zug, Berlin 1980; *H. Roth*, Die Einrede des bürgerlichen Rechts, München 1988.

§ 320 liegt das Prinzip zugrunde, daß im Synallagma stehende Pflichten aus **184** einem gegenseitigen Vertrag **Zug um Zug**, also durch Austausch der Leistungen, erfüllt werden **(funktionelles Synallagma)**. Dies gilt allerdings nur, wenn und soweit nicht eine Vertragspartei gesetzlich, aufgrund vertraglicher Individualvereinbarung oder Natur der geschuldeten Leistung zur Vorleistung verpflichtet ist.

Beispiele: Beim Werkvertrag muß der Werkunternehmer, sofern nichts anderes vereinbart ist, das Werk zunächst herstellen, also vorleisten, bevor mit der Abnahme der Werklohn fällig wird, § 641 I. Zum Dienstvertrag s. § 614, zum Mietvertrag § 579. Bei Dauerschuldverhältnissen ist schon wegen der Natur der dauernd zu erbringenden Leistungen die Gegenleistung nur in Zeitabschnitten zu bewirken, so daß Vorleistung der einen oder der anderen Seite unvermeidbar ist.

Häufig wird Vorleistung vereinbart.

Beispiel: Der Verkäufer gewährt für die Zahlung des Kaufpreises 30 Tage Ziel, liefert selbst aber sofort.

Tatsächlich scheint sofortiger Leistungsaustausch in der Praxis eher die Ausnahme zu sein. Dabei darf aber nicht übersehen werden, daß das Prinzip des Leistungsaustauschs Zug um Zug und die zugrunde liegenden Ziele (dazu unten Rn. 185) mit anderen Mitteln erreicht werden können:

Beim Kauf unter Eigentumsvorbehalt erwirbt der Käufer das Eigentum erst mit vollständiger Bezahlung des Kaufpreises. Auch hier findet der letzte Akt des Leistungsaustauschs (Erwerb des Eigentums gegen Restzahlung des Kaufpreises) gleichzeitig statt. Schuldrechtlich läßt sich die Vereinbarung eines Eigentumsvorbehalts dementsprechend auch als Konkretisierung von § 320 deuten (vgl. BT, Rn. 151 ff.); das hätte zur Konsequenz, daß die Berechtigung zu einem Eigentumsvorbehalt sich immer schon aus § 320 ergibt.

Häufig finden sich im Handel, insbesondere im internationalen Warenverkehr, Vereinbarungen, daß „Kasse (d.h. Zahlung) gegen Dokumente" zu erfolgen hat: Die Zahlung durch den Schuldner oder durch eine von ihm beauftragte Bank erfolgt gegen Aushändigung der Papiere, die die Ware repräsentieren,[31] z.B. eines Konnossements (Wertpapier, das die Herausgabeansprüche gegen einen Beförderer verbrieft). Auch bei einem solchen Vorgang werden die Hauptleistungen simultan ausgetauscht.

---

[31] Vgl. aber BGH NJW 1987, 2435f., wo die Klausel „cash against documents" als Vorleistungspflicht des Käufers gedeutet wurde; zurückhaltender nunmehr BGH NJW – RR 2005, 388f.

185   Das Zug-um-Zug-Prinzip hat zwei **Funktionen**: Zum einen wird jede Seite dagegen gesichert, die eigene Leistung aus der Hand zu geben, ohne die Gegenleistung zu erhalten; Vorleistung beinhaltet das Risiko, daß der bloß schuldrechtliche Anspruch auf die Gegenleistung – z.B. – durch einen Konkurs des anderen Teils entwertet wird. Zum anderen ist das Zug-um-Zug-Prinzip aber auch Druckmittel, die jeweils andere Seite zur Leistung zu veranlassen, also ein Rechtsbehelf: Gibt es ohne Geld keine Ware, sind beide Seiten gezwungen, die jeweils von ihnen geschuldete Leistung zu erbringen, um die jeweilige Gegenleistung zu erhalten.

186   Diese Sicherungs- und Druckfunktion läßt Klauseln in Allgemeinen Geschäftsbedingungen, die abweichend von der gesetzlichen Regelung Vorleistung vorsehen, als bedenklich und kontrollbedürftig erscheinen.[32]

2. Die Einrede des nichterfüllten Vertrages (exceptio non adimpleti contractus)

187   Zur Verwirklichung des Zug-um-Zug-Prinzips und der zugrunde liegenden Zwecke gibt das Gesetz jedem Schuldner für die Erfüllung von Pflichten, die im gegenseitigen Vertrag im Synallagma, d.h. in gegenseitiger Abhängigkeit, stehen, ein Leistungsverweigerungsrecht bis zur „Bewirkung der Gegenleistung". Voraussetzung ist zunächst die synallagmatische Verknüpfung der fraglichen Leistungspflichten. Sie ist Sache der Parteivereinbarungen, sofern nicht schon aufgrund des gesetzlichen Typus des Vertrages ein Austauschverhältnis gegeben ist. Insbesondere können auch mehrere Verträge von den Parteien so verbunden werden, daß die jeweiligen Leistungspflichten synallagmatisch verknüpft sind.[33]

188   Das Leistungsverweigerungsrecht aus § 320 als Konsequenz des Zug-um-Zug-Prinzips wirft zwei grundsätzliche Fragen auf:

a) Dogmatisch ist umstritten, ob die gegenseitige Abhängigkeit bereits den Inhalt der jeweiligen Leistungspflicht so einschränkt, daß sie bis zum Bewirken der Gegenleistung noch nicht voll durchsetzbar, sondern gleichsam bedingt ist, oder ob jede im Synallagma stehende Leistungspflicht an sich voll wirksam und

---

[32] Bei Verwendung von AGB gegenüber Nichtkaufleuten verbietet § 309 Nr. 2 a) AGBG deshalb einen Ausschluß oder eine Einschränkung des § 320; s. auch BGHZ 100, 157, 161 zur Vorleistungspflicht von Reisenden aus einem Reisevertrag; BGHZ 118, 229, 241 zum Vertrag mit Bauträger: § 320 kann nicht dahin beschränkt werden, daß das Zurückbehaltungsrecht nur wegen anerkannter oder rechtskräftig festgestellter Forderungen geltend gemacht werden dürfte.

[33] Zur Verknüpfung mehrerer Verträge zu einem solchen Zusammenhang s. BGH NJW 1984, 869; BGH NJW 1996, 1745ff.: Werkvertrag über individuelle Software und Kaufvertrag über Hardware (entschieden zu § 326 a.F.).

durchsetzbar ist, der jeweils in Anspruch genommene Schuldner jedoch durch eine Erklärung oder einen sonstigen Akt die Einschränkung der Durchsetzbarkeit (erst) herstellen kann.

Die praktische Bedeutung dieses Streits liegt in der Frage, ob eine Situation nach § 320 auch ohne Erhebung der Einrede eine Pflichtverletzung des Schuldners ausschließt.[34] Insbesondere kann im ersten Fall bei Annahme einer gegenseitigen Bedingtheit keiner der Schuldner vor Leistung der anderen Seite, d.h. vor der damit bewirkten Durchsetzbarkeit der Verpflichtung des Schuldners durch den Gläubiger, in Verzug geraten (s. zur Voraussetzung „Durchsetzbarkeit" für den Verzug unten Rn. 685). Sind dagegen die Leistungspflichten zunächst und grundsätzlich in ihrer Fälligkeit und Durchsetzbarkeit voneinander unabhängig und wird die entsprechende Einschränkung erst durch Geltendmachung der Abhängigkeit hergestellt, dann wäre es vertretbar, daß jedenfalls bis zum Zeitpunkt der Geltendmachung der zur Leistung aufgeforderte (gemahnte) Schuldner in Verzug geraten ist.

Außerdem wirkt sich der Streit auf die Frage aus, ob der verklagte Schuldner bei Unterbleiben der Berufung auf die gegenseitige Abhängigkeit im Prozeß eingeschränkt werden muß (s.u. Rn. 193).

Das Gesetz hat die gegenseitige Abhängigkeit nicht als inhaltliche Beschrän   189
kung der Austauschansprüche ausgestaltet, sondern es sieht vor, daß sie durch Einrede geltend gemacht werden muß **(Einredetheorie)**. Man wollte dem Kläger im Prozeß ersparen, die eigene Erfüllung behaupten zu müssen.[35] Das bedeutet, daß der Gläubiger im Prozeß seinen Anspruch tatsächlich durchsetzen kann, falls der Schuldner es unterläßt, sich mit der **Einrede des nichterfüllten Vertrages** darauf zu berufen, der Gläubiger habe seinerseits noch nicht geleistet.[36] Es kann also insbesondere ein Versäumnisurteil ergehen.

Dagegen berücksichtigt die hA bei der Frage, ob der Schuldner in Verzug geraten kann, obwohl ihm die Einrede aus § 320 zusteht, die materiellrechtliche Verknüpfung der Ansprüche: Das Bestehen der Einrede schließt bereits den Verzug des einredeberechtigten Vertragsteils aus.[37] Der Gläubiger kann dann nur durch ein tatsächliches Angebot seiner Leistung Verzug des Schuldners herbeiführen.[38]

An dieser Differenzierung zeigt sich, daß § 320 dieselbe Doppelfunktion hat wie § 273 (s.o. Rn. 173ff.): Einerseits wird die Pflicht suspendiert und damit grundsätzlich der Eingriff zu Rechtsbehelfen wegen Pflichtverletzung verwehrt; andererseits gilt dies für

---

[34] Vgl. zu diesem Problem *MünchKomm/Emmerich*, § 320 Rn. 2; *U. Huber*, Leistungsstörungen Bd. 1, § 12 III. 1., S. 306ff.

[35] Motive II, 204; Prot. I, 632f.

[36] BGH NJW 1999, 53f.

[37] *MünchKomm/Emmerich*, § 320 Rn. 46; BGHZ 116, 244, 249 mwN.; *Ernst*, aaO (Lit. vor Rn. 168), AcP 199 (1999), S. 504ff. S. ferner *U. Huber* aaO (oben Fn. 34), S. 307.

[38] BGHZ 116, 244, 249.

den Rechtsbehelf des Erfüllungsanspruchs so nicht, weil dieser nicht mangels Pflichtverletzung ausgeschlossen, sondern als Folge der Einrede nur eingeschränkt ist.

190   b) Nach dem Wortlaut des Gesetzes müßte der Gläubiger, der Leistung verlangt, die eigene Leistung „bewirken", also eigentlich bereits erbringen, und damit, wenn auch nur für einen Augenblick, vorleisten. Es genügt jedoch, daß er den anderen Teil durch ein tatsächliches Angebot (außer im Falle des § 295) in Annahmeverzug setzt.[39]

Von der hA wird dies freilich nur für den Fall so gesehen, in dem § 320 die Pflichtverletzung suspendiert: Der Annahmeverzug beseitigt die Suspendierung und ermöglicht den Schuldnerverzug.[40] Im Übrigen wird aus dem Verweis in § 322 III auf § 274 II geschlossen, daß der Annahmeverzug die Einrede des § 320 – wie diejenige nach § 273 (s. Rn. 173ff.) – immer erst in der Zwangsvollstreckung ausräumt.[41] Wegen der Möglichkeit über eine gerichtliche Feststellung des Annahmeverzugs funktional doch zu einer uneingeschränkten Verurteilung zu gelangen, sollte die hA jedoch aufgegeben werden, weil sie das Zusammenspiel von §§ 320, 322 und 293ff. nur unnötig kompliziert.

191   Um die Einrede aus § 320 zu entkräften, muß die Leistung vom Gläubiger grundsätzlich vollständig und mangelfrei bewirkt bzw. in Annahmeverzug begründender Weise angeboten worden sein. Allenfalls bei einem geringfügigen Manko kann Berufung auf § 320 gegen Treu und Glauben verstoßen und deshalb unzulässig sein, § 320 II. Auch können die Parteivereinbarungen etwas anderes ergeben: Bei der Klausel „cash against documents" muß der Käufer die Dokumente aufnehmen und zahlen, auch wenn die Ware mangelhaft ist, die durch die Dokumente repräsentiert wird.[42]

192   Anders als beim Zurückbehaltungsrecht nach § 273 (oben Rn. 173ff.) kann die Einrede des nichterfüllten Vertrages nicht durch Sicherheitsleistung abgewendet werden, § 320 I 3.

3. Rechtsfolgen der Berufung auf die Einrede des nichterfüllten Vertrages

193   Die Erhebung der Einrede des nichterfüllten Vertrages bedeutet nicht, daß die Klage vollständig abzuweisen ist, sondern daß der Schuldner zur Erfüllung Zug um Zug zu verurteilen ist, § 322 I. Die Abwicklung Zug um Zug wird also in die Zwangsvollstreckung verlagert.

Beispiel: Der Käufer, der eine Leistung eingeklagt hat, ohne den Kaufpreis zu zahlen, und deshalb nur eine Verurteilung des Verkäufers zur Lieferung Zug um Zug gegen Zah-

---

[39] Schmidt-Kessel, Gläubigerfehlverhalten, § 20 I 1 a) aa); dagegen die hA: Staudinger/*Otto* (2004), § 320, Rn. 41.

[40] BGHZ 116, 244, 249 mwN; zum Ganzen *Ernst*, aaO (Lit. vor Rn. 168), AcP 199 (1999), S. 499ff.

[41] Staudinger/*Otto* (2004), § 320, Rn. 41.

[42] Vgl. zur Auslegung dieser Klausel in diesem Sinn BGH NJW 1987, 2435.

lung erreicht hat, muß, wenn er nicht seinerseits vor Vollstreckung zahlen will oder den Gläubiger in Annahmeverzug gesetzt hat, die eigene (Gegen-)Leistung gleichzeitig mit dem Vollstreckungszugriff anbieten, z.B. durch den Gerichtsvollzieher (s.o. Rn.186).

U.U. kann, wenn die vom Gläubiger Zug um Zug zu erbringende (Gegen-) Leistung ihrerseits von einer Gegenleistung des Schuldners abhängig ist, eine doppelte Zug-um-Zug-Verurteilung erfolgen.

Beispiel: Verurteilung zur Restzahlung des Werklohns gegen Mängelbeseitigung, diese jedoch nur gegen (aufgrund Werterhöhung durch Nachbesserung geschuldete) Zuschusszahlungen.[43]

4. Vorleistungspflichten und Verschlechterungseinrede

Mit einer Vorleistung wird eine Art Kredit gewährt. Wird nach Abschluß des **194** Vertrages, in dem die Vorleistung vereinbart worden ist, eine Verschlechterung der Leistungsfähigkeit des anderen Teils erkennbar, dann kann der Vorleistungspflichtige nicht mehr an diesem Versprechen festgehalten werden. § 321 I gibt deshalb dem Vorleistungsverpflichteten eine Einrede.

Beispiel: Der Verkäufer einer Industrieanlage hat sich zur Vorleistung verpflichtet; Zahlung soll vier Wochen nach Ablieferung erfolgen. Vor dem Leistungstermin stellt der Käufer seine Zahlungen an andere Gläubiger wegen Sperrung seiner Betriebskredite ein, so daß der Anspruch des Verkäufers auf den Kaufpreis gefährdet wird. Der Verkäufer muß seine Vorleistung zurückhalten können.

Das SchRModG hat § 321 I zunächst dadurch verändert, daß die Verschlech-**195** terung der Leistungskapazität nicht erst nach dem Vertragsschluß *eingetreten*, sondern daß sie *erkennbar* geworden sein muß. Das entspricht Art.71 (1) CISG.[44] Es kommt auch nicht mehr nur auf die Vermögenslage an.

Beispiel: K hat von der Maschinenbaufirma V eine Spezialmaschine gekauft, die V herstellen und am 1.9. liefern soll. Nach dem Vertrag muß K am 1.8. eine Anzahlung in Höhe von 1/3 des Kaufpreises (vor)leisten. Am 25.7. brennt die Fabrik des V nieder; Wiederaufbau und Wiederaufnahme der Produktion werden ca. 6 Monate dauern. V ist versichert und Tochter eines gut gehenden Konzerns, so daß eine finanzielle Gefährdung durch den Brand nicht eingetreten ist. Aber V kann nicht wie vorgesehen liefern; K kann die Anzahlung nach § 321 I 1 zurückhalten.

---

[43] BGHZ 90, 354.
[44] Nach § 321 a.F. hätte sich der Schuldner gegen die Einrede des vorleistungspflichtigen Gläubiger mit dem odiosen Argument wenden können, er sei auch schon vor Vertragsschluß ein schlechter Zahler gewesen; das ließ dem Gläubiger nur den Ausweg, wegen eines Irrtums über die Kreditwürdigkeit des Schuldners nach § 119 II anzufechten. S. zur alten Rechtslage *Lindacher*, Rechte des vorleistungspflichtigen Verkäufers bei anfänglicher Kreditunwürdigkeit des Käufers, MDR 1977, 797–801, der die mit dem SchRModG Gesetz gewordene Rechtslage schon damals vertreten hat.

196   Die (erkennbar gewordene) Verschlechterung der Leistungsfähigkeit des nachleistungspflichtigen Gläubigers gibt dem vorleistungsverpflichteten Schuldner ein vorübergehendes Leistungsweigerungsrecht. Er kann zurückhalten, bis die Gegenleistung des Gläubigers bewirkt worden ist oder dieser Sicherheit gestellt hat, § 321 I 2.

197   Die „gefährdete" Nachleistungspflicht des Gläubigers kann eine sog. beständige Nachleistungspflicht sein, weil sie erst und nur eine bestimmte Zeit nach Erbringung der Vorleistung fällig wird. Jede Verschiebung der Vorleistung verschiebt deshalb automatisch die Fälligkeit der Nachleistung.

> Beispiel: Baubeginn soll 10 Tage nach Leistung einer Anzahlung von 5% des Werklohns erfolgen. Hält der Bauherr (Schuldner einer Vorleistungspflicht hinsichtlich der Anzahlung) die Anzahlung zurück, weil eine Verschlechterung der Situation des Bauunternehmens seine Insolvenz befürchten läßt, dann wird der Baubeginn nicht fällig.

Daraus könnte – und konnte nach § 321 I a. F. – eine Schwebelage entstehen, die mit dem durch das SchRModG eingefügten § 321 II aufgelöst werden kann: Der vorleistungsverpflichtete Schuldner kann für die Nachleistung des Gläubigers eine Frist für die Leistung Zug um Zug gegen seine eigene Leistung oder für das Stellen einer Sicherheit (dazu lesen: § 232) setzen, die Leistung des Gläubigers also unabhängig von der Vorleistung fällig werden lassen. Nach Ablauf der Frist kann der vorleistungspflichtige Schuldner vom Vertrag zurücktreten, § 321 II 2.

> Im vorstehenden Beispiel kann der Bauherr dem Bauunternehmen eine Frist für den Baubeginn setzen und nach deren Ablauf zurücktreten, sofern nicht das Unternehmen eine Sicherheit (für die Rückzahlung der Anzahlung) stellt.

§ 4 Konkretisierung des Leistungsinhalts und Modalitäten der Leistung

I. Konkretisierung des Leistungsinhalts

198   Die Leistung, zu welcher der Schuldner verpflichtet ist, muß aus zwei Gründen einen bestimmten und konkreten Inhalt haben:
Soll die Erfüllung einer Leistungspflicht des Schuldners erzwungen werden, dann ist es für die Zwangsvollstreckung unabdingbar, daß das zu vollstreckende Urteil einen **eindeutigen Leistungsbefehl** ausspricht. Ein Urteil, das den Schuldner nur zur Lieferung verurteilte, ohne daß Leistungsgegenstand, Leistungszeit und Leistungsort bestimmt sind, oder ein Zahlungsurteil ohne Angabe des zu zahlenden Betrages wäre nicht vollstreckbar. Bestimmtheit oder mindestens Bestimmbarkeit der Leistungspflicht sind deshalb Voraussetzung für die Durchsetzung von Rechten aus Schuldverhältnissen gegen den Schuldner.

199   Auch wenn der Gläubiger als Rechtsbehelf nicht den Erfüllungsanspruch, sondern einen **Schadensersatzanspruch** geltend macht, ist der genaue Inhalt der

Leistungsverpflichtung des Schuldners Grundlage für die Feststellung, ob eine Pflichtverletzung vorliegt und inwieweit ein geltend gemachter Schaden aus der Pflichtverletzung entstanden ist:

> Ob eine Verschlechterung des Zustandes des Patienten Schadensersatzansprüche begründet, hängt davon ab, wozu der behandelnde Arzt verpflichtet war (und ob er diese Pflichten verletzt hat); ob die Wärmedämmung eines Hauses mangelhaft ist, kann nur beurteilt werden, wenn feststeht, welchen Inhalt die Verpflichtung des Bauunternehmers im Detail hatte.

Nach einer neueren Auffassung wird auch das Ausmaß der ersatzfähigen Schäden durch den Pflichteninhalt begrenzt.

> Holt ein Taxifahrer den Fahrgast zu spät ab und verletzt er dadurch seine Verpflichtung aus dem Beförderungsvertrag, so haftet er doch nicht dafür, daß der Passagier während des Wartens von einem Blitzschlag getroffen worden ist. Dieses Risiko ist durch die Verpflichtung aus dem Beförderungsvertrag nicht mit abgedeckt (unten Rn. 306ff., 309).[45]

Ob **Erfüllung** erreicht und damit eine Verpflichtung erloschen ist, hängt ebenfalls vom Inhalt der konkreten – ggfs. durch Auslegung zu konkretisierenden – Pflicht ab: **200**

> Der Arzt hat seine Pflicht aus dem Arztvertrag durch sorgfältige Behandlung erfüllt, auch wenn ein Behandlungserfolg ausbleibt. Der Werkunternehmer hat dagegen (noch) nicht erfüllt, wenn das Werk mangelhaft, der versprochene Erfolg also ausgeblieben ist.

Bei Schuldverhältnissen aus Verträgen müssen die essentialia negotii bestimmt sein, da ansonsten ein offener **Einigungsmangel** den Vertragsschluß hindert, vgl. § 154. Freilich ergänzt das Gesetz oft durch Auslegungsregeln fehlende Vereinbarungen über Kernbestandteile eines Vertrages, etwa über die Vergütung bei Dienst- und Werkvertrag[46] oder generell zu Inhalt und Höhe einer Gegenleistung (s.o. Rn. 102). Ein Vertrag, der solche Leistungsdetails offen läßt, ist deshalb nicht etwa wegen eines offenen Einigungsmangels über wichtige Punkte ungültig. **201**

II. Einzelheiten der Leistungserbringung

Rechtsunkundige oder geschäftsungewandte Parteien pflegen beim Abschluß von Verträgen bestimmte Einzelheiten der vereinbarten Leistungspflichten zu übersehen. Aber auch bei gesetzlich begründeten Schuldverhältnissen müssen Details der Leistungsmodalitäten geregelt werden. Das Gesetz enthält deshalb in den §§ 266ff. allgemeine Regeln über Teilleistungen, Leistungen durch Drit- **202**

---

[45] Vgl. zu diesem Fragenkreis schon BGH NJW 1990, 2057, 2058.
[46] Vgl. §§ 612, 632.

te, Ort und Zeit der Leistung. Über ihren nur ergänzenden und grundsätzlich dispositiven Charakter hinaus dürfen diese Bestimmungen aber auch als Maßstab herangezogen werden, wenn die in Frage stehenden Leistungsmodalitäten in Allgemeinen Geschäftsbedingungen einseitig von einer Seite festgelegt worden sind.

III. Ort und Zeit der Leistung

1. Leistungsort

203   Die **Bestimmung des Ortes**, an dem die Leistung zu erbringen ist, ist für die Frage von entscheidender Bedeutung, ob der Schuldner richtig erfüllt hat und deshalb von seiner Verpflichtung frei geworden ist: Hat der Schuldner die Leistungshandlung am falschen Ort vorgenommen, dann wird er regelmäßig nicht befreit, Ablehnung der am falschen Ort angebotenen Leistung begründet keinen Gläubigerverzug, und der Schuldner selbst kann in Leistungsverzug geraten. Bedeutung hat die Leistung am „richtigen" Ort auch für ein Zurückbehaltungsrecht des anderen Vertragsteils aus §§ 273, 320, die Konkretisierung von Gattungsschulden gemäß § 243 II und den Übergang der Preisgefahr bei Versendung des geschuldeten Gegenstandes (s. zunächst §§ 447, 644 II).

204   **Leistungsort** wird oft mit **Erfüllungsort** gleichgesetzt. Die Vereinbarung eines bestimmten Ortes als Erfüllungsort meint regelmäßig eine Festlegung des Leistungsortes.

Allerdings kann mit der Vereinbarung eines bestimmten Erfüllungsortes auch nur die Vereinbarung eines Gerichtsstandes und des anwendbaren Rechtes gemeint sein.[47]

Vom Leistungs- (Erfüllungs-)Ort ist jedoch der Ort zu unterscheiden, an dem der **Leistungserfolg** eintreten soll (**Erfolgsort**): Hat der Verkäufer laut Vertrag die Ware zu versenden, dann ist Leistungs- (Erfüllungs-)Ort der Versendungsort, während der Erfolg, auf den die Leistungspflicht des Verkäufers abzielt, nämlich dem Käufer Eigentum und Besitz zu verschaffen, erst mit Ankunft und Ablieferung am Wohnorte des Käufers eintreten kann.

205   Als **Leistungsort** kommt der Wohnsitz oder Aufenthaltsort des Schuldners, des Gläubigers oder auch ein dritter Ort in Frage. Das Gesetz sieht *im Zweifel* den **Wohnsitz des Schuldners** zurzeit der Entstehung des Schuldverhältnisses als Leistungsort vor, § 269 I; bei Verbindlichkeiten aus dem Gewerbebetrieb eines Schuldners ist der Ort der gewerblichen Niederlassung entscheidend, § 269 II. Freilich hat stets die **vertragliche Vereinbarung** Vorrang: Je nach Leistungsort unterscheiden wir **Bringschulden** (Leistungsort ist der Wohnsitz des Gläubi-

---

[47] S. § 29 ZPO.

gers), **Holschulden** (Leistungsort ist der Wohnsitz des Schuldners – die subsidiäre Regelung des §269 I begründet also eine Holschuld) und **Schickschulden** (Leistungsort ist der Wohnsitz des Schuldners, aber er hat zusätzlich zu versenden und das Versenden zu organisieren). Ein Beispiel für eine Schickschuld ist der sog. *Versendungskauf*, §447. Legt der Vertrag den Leistungsort nicht ausdrücklich fest, muß zunächst durch Auslegung des Vertrages versucht werden, einen Leistungsort zu ermitteln, wobei das Gesetz die **Umstände**, insbesondere die **Natur des Schuldverhältnisses** zu berücksichtigen gebietet, §269 I. Allerdings soll aus dem Umstand allein, daß der Schuldner die Kosten der Versendung übernommen hat, noch nicht auf eine Bringschuld geschlossen werden, §269 III.

Im Handelsverkehr wird der Leistungsort häufig durch Kurzformeln festgelegt (**Handelsklauseln, Trade Terms**), die für den internationalen Verkehr als sog. **Incoterms** – International Commercial Terms – von der Internationalen Handelskammer in Paris ausgearbeitet worden sind und eine international einheitliche Auslegung solcher Handelsklauseln sichern sollen.[48] Klauseln wie „fas" (free alongside ship) und „fob" Hamburg (free on board) bestimmen den Verschiffungshafen, „cif" dagegen den Bestimmungshafen (z.B. „cif New York"), regeln aber darüber hinaus auch noch die Tragung bestimmter Kosten und den Gefahrübergang. So muß etwa bei der Klausel „cif" (cost/insurance/freight) der Verkäufer die Ware verschiffen und die Versendungskosten einschließlich der Versicherung und Fracht bis zum benannten Bestimmungshafen tragen, doch hat er mit der Versendung erfüllt (Leistungsort ist also der Verschiffungshafen). Die Gefahr zufälligen Untergangs ist damit auf den Empfänger übergegangen.[49] Handelsklauseln und Incoterms gelten nicht als Rechtsnormen, sondern aufgrund Parteivereinbarung, sie sind also – bei Vorliegen der weiteren Voraussetzungen des §305 I – Allgemeine Geschäftsbedingungen. **206**

Bei der Vereinbarung eines Leistungsortes in Allgemeinen Geschäftsbedingungen ist §305c zu beachten, falls der formularmäßig vorgesehene Leistungsort vom gesetzlichen Leistungsort (Wohnsitz des Schuldners) oder einem nach den Umständen in Betracht kommenden Leistungsort so weit abweicht, daß seine Bestimmung als überraschend bewertet werden muß. – Beispiel: Der Verkäufer in Freiburg verwendet Geschäftsbedingungen, die eine Klausel „ab Werk Hamburg" enthalten. Sie kann für den Käufer in Freiburg überraschend sein. **207**

Für **Geldschulden** bestimmt §270 I, daß Geld vom Schuldner grundsätzlich auf seine Kosten dem Gläubiger (Wohnsitz, bzw. bei Forderungen aus dem Gewerbebetrieb des Gläubigers an seine gewerbliche Niederlassung) zu übermitteln ist; abweichend vom Fall der normalen Schickschuld (vgl. §§275, 243 II) **208**

---

[48] Die 1953 niedergelegten Incoterms sind mit Wirkung vom 1.1. 2000 neugefaßt worden; dazu *Ramberg*, ICC-Guide to Incoterms, Paris 2000.

[49] Einzelheiten s. *Baumbach/Duden/Hopt*, (6) Incoterms.

trägt der Geldschuldner auch die Gefahr der Übermittlung. Die Regelung des § 270 I, II wird deshalb auch als **qualifizierte Schickschuld** bezeichnet. Gleichwohl bleibt Leistungsort der Schuldnerwohnsitz bzw. seine gewerbliche Niederlassung nach § 269 I, II, womit in erster Linie erreicht wird, daß der an den Leistungsort (Erfüllungsort) angekoppelte besondere Gerichtsstand nach § 29 ZPO am Wohnsitz bzw. an der gewerblichen Niederlassung des Schuldners verbleibt.[50] Der Schuldner muß also bei Geldschulden, obwohl er das Geld zum Gläubiger schicken muß, nicht befürchten, am Wohnsitz des Gläubigers verklagt zu werden.

209   „Gefahr" i.S.d. § 270 I ist nach hA nur die Verlustgefahr: Geht das Geld auf dem Transport verloren, trägt der Schuldner die Leistungsgefahr, er muß also erneut zahlen. Dagegen soll die Verzögerungsgefahr zu Lasten des Gläubigers gehen, falls der Schuldner rechtzeitig abgesandt hat, da er mit der Absendung des Geldes am Leistungsort die ihm obliegende Leistungshandlung rechtzeitig vorgenommen hat.[51] Besondere Schwierigkeiten bestehen im bargeldlosen Zahlungsverkehr (s. hierzu unten zur Erfüllung, Rn. 346, 365, 370).

2. Leistungszeit

210   Zu unterscheiden sind **Fälligkeit** und **Erfüllbarkeit**. § 271 I hält als subsidiäre Regel fest, daß der Schuldner die Leistung sofort bewirken und der Gläubiger sie sofort verlangen kann. Beides kann aber durch Parteivereinbarungen anders geregelt werden und auseinander fallen: Eine gestundete Forderung kann sofort erfüllbar sein, aber noch nicht eingefordert werden, also noch nicht fällig sein. Auch die Erfüllbarkeit kann freilich hinausgeschoben werden: Bei einem verzinslichen Darlehen hat der Gläubiger im Regelfall kein Interesse an vorzeitiger Tilgung, es sei denn, die Zinsen steigen und er kann das vorzeitig zurückgezahlte Geld besser anlegen.[52] Als Zweifelsregelung sieht § 271 II jedoch vor, daß eine erst später fällige Forderung im Zweifel sofort erfüllt werden kann.

---

[50] Bei grenzüberschreitenden Fällen beachte jedoch Art. 5 der EG-VO Nr. 44/2001 des Rates vom 22.12.01 über die gerichtliche Zuständigkeit und die Anerkennung und Vollstreckung von Entscheidungen in Zivil- und Handelssachen; abgedruckt in ABlEG Nr. L 12 vom 16.01. 2001, S. 1.

[51] Der Umfang des Gefahrübergangs ist str., s. *v. Caemmerer*, Zahlungsort, FS F.A.Mann, München 1977, S. 3–19, der aus § 270 I, II entnimmt, daß die Geldschuld grundsätzlich Bringschuld sei, der Schuldner also auch die Verzögerungsgefahr trage, während der mißverständlich formulierte § 270 IV allein den Gerichtsstand des Schuldnerwohnsitzes bewahren soll (s. jedoch auch S. 11, wo entsprechende Korrekturen der herrschenden, durch die Rspr. gefestigten Ansicht nur noch de lege ferenda gefordert werden).

[52] S. zur vorzeitigen Rückzahlung eines unverzinslichen Darlehens § 488 III 3.

Beispiel: Ein im Kaufvertrag eingeräumtes Zahlungsziel – „zahlbar 30 Tage ab Rechnungsstellung" – hindert nicht, daß der Käufer den Kaufpreis sofort zahlt.

Allerdings kann bei vorzeitiger Bezahlung einer unverzinslichen Schuld keine Rückvergütung von Zwischenzinsen verlangt werden, § 272.

Auch die **Leistungszeit** ist wie der Leistungsort für die *„richtige" Erfüllung* **211** durch den Schuldner von entscheidender Bedeutung: Wo vorzeitige Erfüllung versucht wird, aber nicht gestattet ist, gerät der Gläubiger nicht in Annahmeverzug. Dagegen kann verspätete Erfüllung **Schuldnerverzug** darstellen und Verzugsfolgen auslösen; u.U. kann bei Versäumung des Leistungstermins auch der Inhalt der noch möglichen Leistung so verändert werden, daß die verspätete Leistung einen ganz anderen Leistungsinhalt bekommt, so daß die Leistung zum vereinbarten Zeitpunkt unmöglich geworden ist und Naturalerfüllung nicht mehr erbracht und verlangt werden kann (s.u. Rn. 277ff., 299).[53]

Beispiel: Bleibt das Flugzeug, das zum Besuch eines Weltmeisterschaftsspiels gechartert worden ist, wegen eines Defekts auf dem Flugfeld stehen, dann ist die Leistung später, d.h. nachdem das Spiel vorbei ist, nicht mehr nachholbar und deshalb unmöglich geworden, obwohl an sich wieder geflogen werden kann.

IV. Teilleistungen

Teilleistungen braucht der Gläubiger **nicht** anzunehmen, § 266. Er kann also **212** eine Teilleistung zurückweisen, ohne bezüglich des angebotenen Teils in Annahmeverzug zu kommen; für den Schuldner treten hinsichtlich der Gesamtleistung Nichterfüllungsfolgen ein (Verzug, evtl. Unmöglichkeit, ferner § 320). Allerdings gilt § 266 nicht ausnahmslos. Kann überhaupt nur in Teilen geleistet werden, ist der Gläubiger verpflichtet, auch Teilleistungen anzunehmen.[54]

Kann das gekaufte Getreide wegen seiner Menge nur auf mehrere Schiffe verladen werden, dann kann der Gläubiger nicht eine Schiffsladung zurückweisen.

Häufig wird § 266 auch abbedungen, so beim Sukzessivlieferungsvertrag. Eine entsprechende Vereinbarung kann wegen der Natur der geschuldeten Leistung auch konkludent getroffen worden sein, so im obigen Beispiel der aufgrund der Transportmittel unvermeidbaren Teilleistung.

Zweck der Vorschrift ist *Schutz* des Gläubigers *vor Belästigung* durch einzel- **213** ne Leistungsraten. Dieser Schutzzweck rechtfertigt eine Einschränkung der Vorschrift durch teleologische Reduktion, hilfsweise durch Rückgriff auf § 242: Die Berufung auf § 266 ist rechtsmißbräuchlich bei einem ganz geringen Rest-

---

[53] Vgl. *Schildt*, Ein Fixgeschäft mit ungewissem Erfüllungszeitraum – Die Taxi-Fahrt zum Bahnhof, JURA 1995, 66ff. (ausgehend von einer Sonderkonstellation).
[54] *Gernhuber*, Erfüllung, § 8, 6, S. 153f.

betrag oder bei der Zurückweisung einer Schadensersatzzahlung, die nur noch wegen eines Einzelpostens streitig ist. Bei einem Schadensersatzanspruch läßt sich die an sich einheitliche Schadensersatzsumme oft in Einzelposten aufgliedern und eine gesondert erfüllbare Verpflichtung hinsichtlich jedes Einzelpostens annehmen.[55]

> Beispiel: Aus einem Kraftfahrzeugunfall sind Körperverletzungen und Sachschäden entstanden. Nur die Höhe des Schmerzensgeldes ist streitig. Der Gläubiger kann nicht Annahme der Schadensersatzsumme verweigern, durch die Heilungskosten und Sachschaden abgedeckt werden sollen, weil über die Hohe des Schmerzensgeldes Streit besteht.

> In diesen Fällen einer Einschränkung des § 266 besteht die Sachfrage darin, ob der Gläubiger – insbesondere bei Schadensersatzansprüchen – wegen Restbeträgen, deren Höhe vielleicht streitig ist, die Annahme angebotener Leistungen verweigern und die gesamte Summe mit entsprechender Kostenfolge für den Schuldner einklagen darf.[56] Dann könnte er nämlich dem Schuldner mit einem kostspieligen Prozeß drohen und ihn so außergerichtlich zwingen, die streitige Summe zu zahlen. Andererseits könnte sich der Schuldner ohne Risiko Rabatte verschaffen, wenn der Gläubiger einen Teilbetrag von 95–99% der geschuldeten Summe stets annehmen müßte, da der Rest so gering sein kann, daß sich seine gerichtliche Durchsetzung angesichts des zeitlichen Aufwandes nicht lohnt.

214   Nicht zu verwechseln mit der *Berechtigung* zu Teilleistungen ist die *Verpflichtung* des Schuldners, Teilleistungen zu erbringen, falls der Gläubiger zunächst nur einen Teil seines Anspruchs geltend macht. Der Gläubiger kann damit sein Prozeßkostenrisiko geringer halten. Der Schuldner kann freilich ggfs. den übrigen Teilbetrag durch die Erhebung einer negativern Feststellungsklage in den Rechtsstreit mit einbeziehen, so daß Prozesskosten aus dem gesamten Betrag anfallen.

V. Leistung in Person oder durch Dritte

1. Leistung in Person

215   Ob der Schuldner *in Person* leisten muß, ob und inwieweit er *Erfüllungsgehilfen* beiziehen kann oder die *Leistung* überhaupt *durch einen Dritten* erbringen darf, ergibt sich aus **Vereinbarung, Gesetz** (vgl. §§ 613, 664 I 1, 691) oder aus der **Natur des Schuldverhältnisses**:

> Der Arbeitnehmer muß regelmäßig in Person leisten, und er wird zumeist auch nicht einen Freund oder Verwandten als Erfüllungsgehilfen mitbringen und einsetzen dürfen.

---

[55] S. *Gernhuber*, Erfüllung, § 8, 6, S. 153 ff.
[56] Vgl. *Medicus*, Schuldrecht I, 16. Aufl., § 17 I, Rn. 138; ein sofortiges Teilanerkenntnis mit der Kostenfolge des § 93 ZPO ist nicht möglich: Zöller/Herget, ZPO (24. Auflage 2004), § 93, Rn. 6.

Der Arzt muß zwar in Person behandeln, darf aber Erfüllungsgehilfen (z.B. medizinisch-technische Assistenten) zuziehen.

Im Übrigen, d.h. bei Fehlen eines gesetzlich oder vertraglich festgehaltenen Interesses des Gläubigers an der persönlichen Leistung des Schuldners, kann auch ein Dritter die Leistung bewirken, § 267 I 1. Er kann das aufgrund entsprechender Vereinbarungen mit dem Schuldner tun,

Beispiel: Der Verkäufer veranlaßt seinen Lieferanten zur Leistung an den Käufer,

doch ist die Zustimmung des Schuldners nicht erforderlich, § 267 I 2.

2. Leistung durch Dritte

Sofern nicht Leistung in Person geschuldet ist (s. Rn. 215), kann ein Dritter **216** die Leistung ohne jegliche Veranlassung durch den Schuldner erbringen, und der Gläubiger kann diese Leistung nur ablehnen, wenn der Schuldner widerspricht, § 267 II. Der Gläubiger braucht den Widerspruch jedoch nicht zu beachten: Er kann die Drittleistung auch gegen den Willen des Schuldners annehmen. Das Gesetz regelt damit eine Ausnahme vom Grundsatz, daß man sich keine Leistung aufdrängen lassen muß: Der Schuldner muß sich Schuldbefreiung durch den leistenden Dritten gefallen lassen.

Bei einer nicht durch den Schuldner veranlaßten Drittleistung sind zwei Pro- **217** bleme zu beachten:

a) Da der Dritte *nicht als Erfüllungsgehilfe* des Schuldners *eingesetzt* wird, sind seine schädigenden Schlechtleistungen dem Schuldner nicht nach § 278 zurechenbar. Das ist nicht zu beanstanden, da ein Dritter, der vom Schuldner nicht eingesetzt worden ist, regelmäßig nicht seinem Risiko- und Verantwortungsbereich zugerechnet werden kann; der Gläubiger handelt mit der Annahme der Leistung eines Dritten auf eigenes Risiko.[57]

b) Die **Zuordnung** der vom Dritten an den Gläubiger erbrachten „**Leistung**" **218** zum Schuldverhältnis Schuldner – Gläubiger kann Schwierigkeiten bereiten, wenn der Dritte selbst ebenfalls verpflichtet ist.

Beispiel: Ein Vater bezahlt die Arztrechnung seiner Tochter; er selbst schuldet dem Arzt aufgrund eigener Behandlung ebenfalls Geld.

Entscheidend für die Zuordnung ist ein entsprechender – nicht rechtsgeschäftlicher – **Konsens** zwischen Drittem und Gläubiger bei Leistung oder eine für den Gläubiger erkennbare **Zweckbestimmung** (oder Tilgungsbestimmung)

---

[57] Zu Einzelheiten und besonderen Fallkonstellationen, in denen ausnahmsweise der Gläubiger Ansprüche wegen einer schlechten Leistung durch einen Dritten gegen den Schuldner hat, s. *Rieble*, Die schlechte Drittleistung, JZ 1989, 830–835.

des Dritten, die sich freilich auch aus den Umständen des Falles ergeben kann (vgl.u. Rn. 349 ff.).

Im obigen Beispiel des zahlenden Vaters kann durch Bezugnahme auf die jeweilige Arztrechnung (Datum, Rechnungsnummer etc.) deutlich gemacht werden, ob der Vater seine eigene Schuld oder die seiner Tochter tilgen will.

Die richtige Zuordnung ist vor allem in Fällen schwierig, in denen die Schuld, die der Dritte erfüllen wollte, gar nicht bestand: Hat er seine Leistung eindeutig dem – nicht bestehenden – Schuldverhältnis zugeordnet und wollte er den (Schein-)Schuldner von dessen Leistungsverpflichtung befreien, dann muß er sich wegen der Rückabwicklung nach § 812 an den (Schein-)Schuldner halten, der seinerseits die Leistung vom Gläubiger aus Bereicherungsrecht zurückverlangen muß. Für Einzelheiten ist hier auf die Darstellungen des Bereicherungsausgleichs in Drei-Personen-Verhältnissen im BT zu verweisen.

VI. Leistung aufgrund eines Ablösungsrechts

219   Der Gläubiger kann Leistung durch einen Dritten trotz des Widerspruchs des Schuldners nicht ablehnen, wenn er die Zwangsvollstreckung in einen dem Schuldner gehörenden Gegenstand betreibt und dadurch der Dritte Gefahr läuft, ein Recht an dem Gegenstand oder den Besitz einer Sache zu verlieren, § 268 I 1, 2. Der Dritte kann dabei – anders als nach § 267 – auch durch Hinterlegung und selbst durch Aufrechnung erfüllen, obwohl keine Gegenseitigkeit besteht. Das Interesse des Dritten – das Recht am gefährdeten Gegenstand oder der Besitz an der durch Zwangsvollstreckung gefährdeten Sache – wird vom Gesetz also höher bewertet als das Interesse des Schuldners, in Person zu leisten.

Beispiele für Rechte am Vollstreckungsgegenstand sind Pfandrechte oder andere dingliche Rechte, aber auch das Anwartschaftsrecht des Käufers. Besitz am Vollstreckungsgegenstand kann mittelbarer oder unmittelbarer sein und ist vor allem für Pächter und Mieter wichtig.

220   Der leistende Dritte ist im Falle des § 268 I durch eine besondere **Regreßmöglichkeit** in Abs. 3 privilegiert: Die abgelöste Forderung geht auf ihn über, soweit der Dritte den Gläubiger befriedigt hat. Über § 412 gelten die §§ 398 ff. (dazu Rn. 800); wichtig ist vor allem § 401, da nach dieser Vorschrift Sicherungsrechte auf den zahlenden Dritten mit übergehen.

§ 5 Gattungsschuld und Stückschuld

Der Gegenstand einer Verpflichtung aus einem Schuldverhältnis kann fest be- **221**
stimmt sein: Ein bestimmtes Grundstück ist Gegenstand des Kaufvertrages, ein
bestimmtes Bild ist in einem Testament letztwillig vermacht worden, eine bestimmte Sache ist rechtsgrundlos geleistet worden und deshalb nach § 812 I 1
zurückzugeben. In all diesen Fällen liegt eine **Stückschuld** (Speziesschuld) vor.
Die Verpflichtung des Schuldners beschränkt sich hier allein auf die bestimmte
Sache. Der Gegenstand der Verpflichtung kann aber auch nur gattungsmäßig
festgelegt sein, so daß eine *relative Unbestimmtheit* und damit eine **Gattungsschuld** vorliegt. Sie kann durch Vertrag oder einseitiges Rechtsgeschäft (Gat-
tungsvermächtnis in einem Testament, § 2155) entstehen.

Eine Gattungsschuld kann – und wird regelmäßig – vertretbare, d.h. nach
Maß, Zahl oder Gewicht bestimmte bewegliche Sachen zum Gegenstand haben, s. § 91, kann sich aber auch auf unvertretbare Sachen beziehen.

Beispiele: Kauf von 50 kg neuseeländischer Kiwis, 100 kg Weizen, 10 Säcken Zement
oder irgendeines bebaubaren Grundstücks in einer bestimmten Lage.

Die relative Unbestimmtheit der Gattungsschuld macht es erforderlich, daß
irgendwann eine Konzentration (**Konkretisierung**) der Schuld auf bestimmte
Stücke stattfindet, damit das Schuldverhältnis durch Erfüllung der Pflicht erlischt. Im Einzelnen entstehen aus der relativen Unbestimmtheit des Pflichteninhalts bei einer **Gattungsschuld** folgende Sachprobleme:

I. Konkretisierung und Leistungsgefahr bei der Gattungsschuld

Bei einer nur der Gattung nach bestimmten Verpflichtung muß geklärt wer- **222**
den, wann der Schuldner durch teilweisen Untergang der Gattung frei wird.

Beispiel: Die Firma Petrol-AG, ein Heizölgroßhändler, hat an das Industriewerk X
100 000 Tonnen leichtes Heizöl verkauft. Vor der Lieferung verbrennt das gesamte Tanklager der Petrol-AG. Ist sie frei geworden oder muß sie sich entgegenhalten lassen, daß in
Rotterdam bei ihren Zulieferern noch genügend Öl der fraglichen Gattung vorhanden ist
und auch jederzeit durch Raffinerien nachproduziert werden kann?

Bevor die Leistungspflicht nicht auf bestimmte Stücke oder abgesonderte
Mengen aus der Gattung konzentriert ist, bleibt der Verkäufer grundsätzlich so
lange verpflichtet, wie noch Stücke oder Mengen der betreffenden Gattung beschaffbar sind; er trägt das Beschaffungsrisiko und hat Nichtleistung nach § 276
I 1 zu vertreten,[58] auch wenn er sich u.U. gegenüber dem Lieferanspruch auf
§ 275 II berufen könnte.

---

[58] Vgl. auch § 279 a.F.

113

223   Die Auslegung des Vertrages kann jedoch eine Beschränkung der Verpflichtung des Schuldners ergeben (**beschränkte Gattungsschuld**).[59]

> Ein Bauer, der Weizen verkauft, will im Zweifel nur seine eigene Ernte verkaufen und, falls sie durch ein Unwetter vernichtet wird, nicht zum Einkauf bei anderen Produzenten oder Händlern verpflichtet sein; wer von einem Weinhändler, der auf seine letzten Flaschen eines bestimmten Bordeaux-Jahrgangs hingewiesen hat, diese Flaschen kauft, will den Händler damit nicht verpflichten, notfalls den gleichen Wein bei anderen Händlern zu beschaffen. Ist von einem Kohlengroßhändler Kohle aus einer bestimmten Zeche verkauft worden, dann wird der Verkäufer von der Lieferpflicht nach § 275 II und ggfs. von einer Schadensersatzpflicht nach § 276 frei, wenn die Kohlenzeche stillgelegt wird, obwohl Kohle aus dieser Zeche (vielleicht) noch bei anderen Händlern vorhanden ist.[60]

Die beschränkte Gattungsschuld bezieht sich in diesen Fällen auf eine bestimmte Produktionsquelle oder einen bestimmten Vorrat und verpflichtet den Schuldner nicht (mehr) zur Erfüllung oder zum Schadensersatz, wenn diese Produktionsquelle stillgelegt oder der bestimmte Vorrat vernichtet worden ist, ohne daß dies der Schuldner zu vertreten hat.

224   Wenn der Schuldner aus der Gattung bestimmte Sachen oder Mengen für den Gläubiger auswählt, beschränkt sich seine Verpflichtung auf diese Sachen oder Mengen, falls und soweit er das „zur Leistung … seinerseits Erforderliche getan" hat, § 243 II. Das ist jedenfalls dann der Fall, wenn er die Sachen oder Mengen ordnungsgemäß, d.h. am richtigen Ort, zur richtigen Zeit und in der richtigen Qualität, dem Gläubiger angeboten hat. Das kann bei der **Bringschuld** durch *tatsächliches Angebot beim Gläubiger*, bei der **Schickschuld** durch *ordentliche Versendung* und – nach hA – bei der **Holschuld** durch *Ausscheiden und Benachrichtigung* oder Aufforderung des Gläubigers zur Abholung geschehen.[61] Hat der Schuldner dies getan, so ist Konkretisierung auf die ausgesonderten Stücke eingetreten, er schuldet also nur noch die ausgesonderten Waren. Damit geht die **Leistungsgefahr** auf den Gläubiger über, d.h. dessen Erfüllungsanspruch geht nach § 275 I unter, ohne daß der Schuldner dies zu vertreten hat.[62] Da hiermit fast immer auch Gläubigerverzug bewirkt wird (hierzu unten Rn. 682ff., 697), wird der Schuldner jedenfalls (auch) durch die Regelung in § 300 II entlastet.

> Teilweise wird jedoch aus § 300 II geschlossen, daß Konkretisierung nur bei Gläubigerverzug eintritt, da erst mit dem Bewirken des Gläubigerverzugs der Schuldner das seinerseits Erforderliche getan habe.[63] Die hL versucht dagegen, § 300 II ein Anwendungsfeld

---

[59] Hierzu grundlegend *Ballerstedt*, Zur Lehre vom Gattungskauf, FS Nipperdey, München 1955, S. 261, 265ff.

[60] Vgl. den Fall OLG Karlsruhe, JZ 1972, 120.

[61] Vgl. *Jauernig/Vollkommer*, § 243 Rn. 9.

[62] Vgl. OLG Köln NJW 1995, 3128f.: Übergabe an Transporten bei Versendungskauf.

[63] Vgl. *v. Caemmerer*, Anleiheschulden und Einlösungsmittel, JZ 1951, 740, 744; *U. Huber*, Zur Konzentration beim Gattungskauf, FS Ballerstedt, Berlin 1975, S. 327, 338.

in den Ausnahmefällen zu erschließen, in denen Gläubigerverzug auch ohne Konkretisierung konstruierbar ist, z.B. im Falle der im Voraus verweigerten Annahme, die bereits bei wörtlichem Angebot des Schuldners zum Gläubigerverzug führt, § 295.[64]

Die mit Konkretisierung geschehende Konzentration der Verpflichtung des   225
Schuldners auf die ausgesonderten Stücke oder Mengen bindet ihn nach hL
nicht: Gehen die ausgesonderten Sachen unter, dann kann der Schuldner sich
darauf berufen, frei geworden zu sein. Er braucht es jedoch nicht und kann, etwa bei fallenden Preisen für derartige Sachen, leisten, um sich den Anspruch
auf die Gegenleistung zu erhalten.

II. Erfüllung bei der Gattungsschuld

Erfüllung einer Verbindlichkeit setzt **vertragsgemäße Leistung** voraus   226
(s. hierzu auch Rn. 707ff.). Bei einem nur nach Gattungsmerkmalen bezeichneten Leistungsgegenstand ist dieser vom Schuldner auszuwählen. Die Gläubige-
rerwartung kann enttäuscht werden, wenn zwar die Gattungsmerkmale gegeben sind, die ausgewählten Gegenstände oder die gelieferte Menge aber von
schlechter Qualität sind.

Beispiel: Das an den Käufer ausgelieferte Tiefkühlgut ist zwischenzeitlich aufgetaut
gewesen und deshalb nur noch bedingt verwendbar.

Auch kann die Gattung so weitgefaßt sein, daß die ausgewählten Stücke Eigenschaften haben, die der Gläubiger nicht erwartet hat. Sachfrage ist deshalb,
welche Freiheit dem Schuldner bei Auswahl der Gegenstände aus der jeweiligen
Gattung zuzugestehen ist.

1. Eine „Gattung" wird durch gemeinschaftliche Merkmale abgegrenzt, wo-   227
bei je nach Zahl der angegebenen Merkmale die Gattung weiter oder enger sein
kann. Bei einer weitgefaßten Gattung kann u.U. eine spätere Bestimmungsbefugnis des Gläubigers nach § 315 (s. Rn. 100) eine allzu freie Bestimmungsmög-
lichkeit des Schuldners vermeiden.

Beispiel: Ein Pkw Golf mit 75 PS ist gattungsmäßig bestimmt genug, eine Erfüllung der
Lieferverpflichtung des Verkäufers zu ermöglichen. Freilich könnte bei derart weitgefaß-

---

[64] Vgl. *Larenz*, Schuldrecht I, § 25 II b, S. 396; *Jauernig/Vollkommer*, § 300 Rn. 4. Der Unterschied zwischen der Mindermeinung und der hL ist in der praktischen Auswirkung freilich
gering, wie *Hager*, Die Gefahrtragung beim Kauf, Frankfurt 1982, nachgewiesen hat: Bei
Bringschuld und Holschuld kommen beide Auffassungen zu weitgehend gleichen Ergebnissen,
weil bei der Bringschuld das Angebot der Ware beim Käufer sowohl Aussonderung als auch
Gläubigerverzug bewirkt, bei der Holschuld dagegen die zusätzlich zur Aussonderung von der
hL verlangte Benachrichtigung des Gläubigers regelmäßig auch Gläubigerverzug (wegen Unterlassen einer Mitwirkungshandlung) eintreten läßt; freilich tritt Gläubigerverzug erst nach
Ablauf einer angemessenen Abholfrist ein, so daß nach der Mindermeinung die Konkretisierung also etwas später als nach der hL stattfindet.

ter Gattung der Verkäufer die Farbe selbst bestimmen, was unüblich wäre. Die Parteien können deshalb die Gattung enger fassen (Golf, 75 PS, rot) oder dem Käufer eine entsprechende Bestimmungsbefugnis einräumen (die ggfs. bis zu einem bestimmten Zeitpunkt vor Lieferung ausgeübt werden muß).

Fehlen der gelieferten Sache Merkmale, die sie zur vereinbarten Gattung gehören lassen würden, dann hat der Schuldner mit dieser Sache noch nicht pflichtgemäß erfüllt. Der Gläubiger kann weiterhin auf Lieferung aus der „richtigen“, d.h. vertragsmäßigen, Gattung bestehen und ggfs. Rechtsbehelfe wegen einer Leistungsstörung geltend machen (dazu unten Rn. 457 ff.).

228   2. Wenn und soweit der Schuldner wie im Regelfall selbst aus der Gattung auszuwählen hat, muß er, sofern der Vertrag nichts anderes vorsieht, Sachen „mittlerer Art und Güte“ leisten, § 243 I. Sachen, die unter diesem Standard bleiben, bewirken grundsätzlich ebenfalls keine Erfüllung, der Gläubiger kann auf einer neuen Leistung (Ersatzlieferung beim Kauf, s. § 439 I) bestehen und Rechtsbehelfe wegen pflichtwidriger Leistungsstörung geltend machen (Rn. 457 ff.), falls die Nacherfüllung ausbleibt.[65] Der Vertrag kann den Bestimmungsrahmen für den Schuldner der gattungsmäßig umschriebenen Leistung enger oder weiter ziehen, also z.B. in Abweichung zu § 243 I Minderqualitäten zulassen (Mostäpfel statt Tafeläpfel) oder Spitzenqualität („nur erstklassige Ware“) vorschreiben.

§ 6 Wahlschuld, Ersetzungsbefugnisse

I. Wahlschuld

229   Bei einer **Wahlschuld** sind mehrere Gegenstände geschuldet, doch kann die Verpflichtung mit nur einem dieser Gegenstände erfüllt werden. Wer auswählen darf, kann im Vertrag bestimmt werden. § 262 ordnet das **Wahlrecht** im Zweifel dem Schuldner zu. In der Praxis sind freilich Bestimmungsrechte des Gläubigers häufiger, so, wenn ein Gutschein zur Auswahl zwischen mehreren Getränken berechtigt, der Gewinner bei einer Tombola zwischen mehreren Preisen wählen darf usw. Nimmt der Gläubiger die Wahl nicht vor und gerät er dadurch in Verzug, dann geht das Wahlrecht auf den Schuldner über, § 264 II.

Beispiel: Ein Tankstellenpächter hatte von einer Mineralölfirma Produkte – Öle, Schmierstoffe, Korrosionsschutzmittel – nach seiner Wahl in einer Menge von 2500 kg pro Jahr gekauft, insgesamt 15000 kg für sechs Jahre. Im ersten Jahr nahm er nur 388 kg, im zweiten Jahr nur noch 120 kg ab. Die Verkäuferin forderte zur Wahl auf, wählte

---

[65] Auf die Frage, ab wann eine Abweichung von den Gattungsmerkmalen „nur“ eine fehlerhafte oder bereits eine „ganz andere“, d.h. eine aliud-Leistung ist, kommt es nicht mehr an, § 434 III.

schließlich selbst, bot Lieferung der ausgewählten Ware an und klagte auf Abnahme. Das Wahlrecht war hier nach § 264 II 2 auf die Schuldnerin übergegangen.[66]

Für die Einzelheiten darf auf die §§ 262–265 verwiesen werden.

II. Ersetzungsbefugnisse

Während bei Gattungsschuld und Wahlschuld der genaue Inhalt der Verpflichtung noch offen steht und von entsprechenden Bestimmungen durch Schuldner oder Gläubiger abhängt, ist bei der Ersetzungsbefugnis (facultas alternativa) ein bestimmter Inhalt der Leistungspflicht festgelegt, doch kann an die Stelle der ursprünglich geschuldeten Leistung durch Ausübung der Ersetzungsbefugnis eine andere treten. Da eine bestimmte Leistung geschuldet ist, gelten bis zur Ausübung der Ersetzungsbefugnis alle für Pflichtverletzungen einschlägigen Regeln hinsichtlich des zunächst geschuldeten Gegenstandes: Geht er unter, ohne daß der Schuldner das zu vertreten hat, wird der Schuldner frei; bietet er den geschuldeten Gegenstand dem Gläubiger richtig an, so kann der Gläubiger bei Nichtannahme in Annahmeverzug geraten. Nach Ausübung der Ersetzungsbefugnis ist dagegen das Schicksal des Leistungsgegenstandes entscheidend, der durch Ausübung der Ersetzungsbefugnis Gegenstand der Verpflichtung geworden ist. Nach hL ist der zur Ausübung der Ersetzungsbefugnis Berechtigte an seine entsprechende Wahl gebunden; ein Teil der Lehre nimmt dagegen grundsätzlich Widerruflichkeit an, sofern nichts anderes vereinbart ist.[67]

230

Ersetzungsbefugnisse können **vertraglich** eingeräumt, aber auch **gesetzlich** vorgesehen sein. Die Befugnis kann dabei dem Schuldner oder dem Gläubiger zustehen. Ihre Ausübung kann an bestimmte Voraussetzungen gebunden sein. So kann beispielsweise der Schadensersatzschuldner statt der Herstellung Geldersatz leisten, wenn Naturalrestitution unverhältnismäßig teuer ist, § 251 II. Dagegen kann der Gläubiger nach § 249 S. 2 durch Ausübung seiner Ersetzungsbefugnis im Falle der Verletzung einer Person oder der Beschädigung einer Sache stets Geldersatz statt Wiederherstellung verlangen.

231

---

[66] Vgl. BGH NJW 1960, 674.

[67] Beispiel: Wurde eine Ersetzungsbefugnis vereinbart, die statt Barzahlung Hingabe von Wertpapieren gestattet, und hat sich der Berechtigte zunächst für die Hingabe der Wertpapiere entschieden, so soll er nach dieser Ansicht seine Wahl widerrufen und seine Schuld durch Barzahlung erfüllen können.

§7 Geldschuld

Lit.: *Gruber*, Geldwertschwankungen und handelsrechtliche Verträge in Deutschland und Frankreich, Berlin 2002; *Heermann*, Geld und Geldgeschäfte, Tübingen 2003

232   Geldschulden dürften hinsichtlich ihrer Häufigkeit und ihres Gesamtumfangs zu den wichtigsten Verpflichtungen überhaupt gehören. Das BGB enthält dafür freilich nur unzureichende Regeln, so in §270 zum Ort der Leistung, in den §§244, 245 zur Fremdwährungsschuld und Münzsortenschuld sowie in den §§246–248 Vorschriften, die Rechtsfragen der Verzinsung regeln. Rechtsdogmatisch hat man zuweilen versucht, die Geldschulden als Gattungsschulden[68] einzuordnen, doch passen die Vorschriften über die Gattungsschuld weithin nicht: Man schuldet im Regelfall nicht Münzen oder Noten „mittlerer Art und Güte", eine Beschränkung der Haftung des Schuldners auf seinen vorhandenen Geldvorrat dürfte kaum je vereinbart werden, und die Gattung „Geld" als solche kann nie ausgehen, es sei denn, die Geldschuld ist auf eine bestimmte Währung beschränkt. Tatsächlich ging es darum, eine Grundlage für eine verschuldensunabhängige Haftung des Geldschuldners (in §279 a.F.) zu finden, der es heute nicht mehr bedarf (s. Rn. 672, 591 ff., 595).

Ausnahmsweise kann Geld Gegenstand einer Gattungsschuld sein, wenn es nicht als Zahlungsmittel, sondern als Sache(n) geschuldet ist, z.B. beim Kauf von Münzen (Münzsortenschuld) oder Geldscheinen anderer oder vergangener Währungen, *echte Geldsortenschuld* im Gegensatz zur *unechten Geldsortenschuld* (= echte Geldschuld des §245, näher unten Rn. 242). In Betracht kommt aber auch Stückschuld, z.B. beim Kauf einer bestimmten Münze.

In Deutschland ist seit dem 1.1. 2002 gesetzliche Währung der Euro.[69] Im Einzelnen entstehen für die Verpflichtung zur Leistung von Geld folgende Einzelfragen:

I. Erfüllung

233   Der Gesetzgeber war für die Geldschuld am Modell der in Münzen oder Noten zu begleichenden Verbindlichkeit orientiert, d.h. am Bargeldverkehr.[70] **Erfüllung** einer Geldschuld in bar geschieht durch *Übereignung* und *Besitzübergabe* von *Münzen* oder *Noten*, die selbst dann gutgläubig erworben werden können, wenn sie gestohlen sind, vgl. §935 II. Freilich wird heute nur noch ein

---

[68] Vgl. *Fikentscher*, Schuldrecht, §29 I 1, Rn. 216: Gattungsschulden besonderer Art; BGHZ 28, 123, 128; 83, 293, 300.

[69] Zur Geschichte und Rechtsgrundlage seiner Einführung s. 4. Aufl. Rn. 165.

[70] Zum gesetzlichen Modell und seiner Ablösung in der Praxis durch den bargeldlosen Zahlungsverkehr sowie zu den Vor- und Nachteilen beider Zahlungsformen *Hoffmann*, Die Barleistung zwischen gesetzlichem Regelmodell und wirtschaftlicher Last, WM 1995, 1341–1344.

kleiner Teil der Geldbewegungen mit Bargeld durchgeführt; überwiegend wird auf Geldverbindlichkeiten unbar geleistet, z.B. durch Überweisungen, Lastschriften, elektronische Abbuchungen vom Schuldnerkonto vermittels spezieller Zahlungskarten etc. Zum Buchgeld kommt zunehmend das sog. Chip-Geld, d.h. in Geldkarten gespeichertes „elektronisches" Geld, sowie das in Rechnernetzen verwendete Netzgeld.[71] Auch insoweit sind jedoch die in den §§ 362 ff. geregelten Voraussetzungen für die Erfüllung, die zum Erlöschen der Leistungspflicht führt, maßgebend; dort ist auf die Erfüllung von Geldschulden zurückzukommen (s. Rn. 346 ff.).

II. Erfüllungsort und -zeit

Eine weitere Frage betrifft den **Erfüllungsort**; sie ist oben Rn. 208 bei Erläuterung des § 270 dargestellt worden.   **234**

Wichtig ist die **Erfüllungszeit** für die Frage, ob der zahlende Schuldner rechtzeitig geleistet hat oder durch seine Versäumung des Zahlungstermins in Verzug geraten ist (Rn. 654 ff.). Auch hier bereitet vor allem der bargeldlose Zahlungsverkehr Schwierigkeiten: Ist rechtzeitig gezahlt, wenn der Schuldner seiner Bank einen Überweisungsauftrag eingereicht oder einen Scheck zur Post gegeben hat? Grundsätzlich ist für die *Rechtzeitigkeit* der Leistung, nicht der Eintritt des Leistungserfolges, also der Eingang der Valuta bei der Bank des Gläubigers, maßgebend (s.u. Rn. 657 ff.), sondern die Leistungshandlung, § 270 I BGB (oben Rn. 208),[72] freilich ist nur erfüllt, wenn der Leistungserfolg eingetreten, also die Valuta bei der Empfängerbank eingetroffen ist. Aus einer Vereinbarung eines Zahlungstermins kann sich aber aufgrund Auslegung etwas anderes ergeben, d.h. Einhaltung des Zahlungstermins nur bei rechtzeitigem Eingang beim Gläubiger.

III. Befreiung

Auch für die Geldschuld ist wie für andere Verbindlichkeiten zu fragen, ob,   **235**
inwieweit und unter welchen Voraussetzungen ein Schuldner *bei Leistungshin-*

---

[71] S. hierzu *Blaurock/Münch*, Elektronisches Geld und Stored Value Cards, in: Kommunikation und Recht 2000, 97 ff.; ferner Kümpel, Rechtliche Aspekte des elektronischen Netzgeldes (Cybergeld), WM 1998, 365 ff.: Cybergeld kann bei größerer Akzeptanz zu einer entsprechenden Verdrängung der Barzahlungen und traditionellen Buchgeldzahlungen führen; zu den Parallelen zur rechtlichen Grundstruktur des bargeldlosen Zahlungsverkehrs s. S. 367 ff.

[72] Vgl. BGH NJW 1998, 1302 (auch zu einer Skontoabrede, bei der für die Einhaltung der Skontofrist ebenfalls die rechtzeitige Absendung eines Verrechnungsschecks genügt); BVerwG WM 2000, 1573: Rechtzeitige Rückzahlung eines Bafög-Darlehens durch Aufgabe eines Verrechnungsschecks zur Post, vorausgesetzt, Scheck ist angekommen.

dernissen frei wird. Ein Ausschluß des Erfüllungsanspruchs gemäß § 275 findet nicht statt (s.u. Rn. 659). Eine Haftung des Geldschuldners auf Schadensersatz folgt nach § 276 aus der jeder Verpflichtung zur Leistung von Geld zugrunde liegenden **Garantie** der eigenen finanziellen Leistungsfähigkeit („Geld hat man zu haben"),[73] jedenfalls bei vertraglich eingegangenen Verpflichtungen.[74] Eine Befreiung kann jedoch eintreten, wenn der Gläubiger in Annahmeverzug ist; § 300 II gilt für die Geldschuld entsprechend.[75]

IV. Zinsen

236   Regelmäßig sind Geldschulden aufgrund gesetzlicher Bestimmungen oder rechtsgeschäftlicher Abreden zu verzinsen. Allerdings setzt auch hier § 307 II Nr. 1 der rechtsgeschäftlichen Vereinbarung von Fälligkeitszinsen Grenzen: Im nichtkaufmännischen Verkehr können im Wege von AGB keine Fälligkeitszinsen vereinbart werden.[76] § 246 geht von einem Zinssatz von 4% aus; dies gilt aber nur, wenn nicht gesetzlich oder vertraglich anderes bestimmt ist. Eine gesetzliche Verzinsungspflicht tritt z.B. im Falle des Verzugs ein, § 288 I oder II. Der in § 288 I 2 und II in Bezug genommenen Basiszinssatz ist in § 247 geregelt.[77] § 248 verbietet die Vereinbarung von Zinseszinsen;[78] Ausnahmen bestehen jedoch nach Abs. 2 für bestimmte Bankgeschäfte sowie nach § 355 HGB für den Kontokorrentüberschuß.

V. Geldentwertung

237   Längerfristige Geldschulden werfen die Frage auf, ob und in welcher Form **Ausgleich für** zwischenzeitliche **Geldentwertung** möglich ist. Grundsätzlich

---

[73] Vgl. *Larenz*, Schuldrecht I, § 12 III, S. 168 zur Rechtslage vor dem SchRModG; *Medicus*, „Geld muß man haben", Unvermögen und Schuldnerverzug bei Geldmangel, AcP 188 (1988), 489–510. Zur Neuregelung *Palandt/Heinrichs*, § 276 Rn. 28; dogmatisch unklar AnwKom-BGB/*Dauner-Lieb*: § 276, Rn. 29: Auf Vertretenmüssen kommt es nicht an.

[74] Vgl. auch BGH JZ 2001, 254 ff., 256, der für die gesetzliche Verpflichtung zur Herausgabe erlangten Geldes – § 667 BGB – ein Freiwerden nach § 275 BGB von der Erfüllungspflicht und Verpflichtung zur Ersatzherausgabe nach § 281 a.F. – jetzt § 285 – BGB annimmt, wobei als „Ersatz" i.S. dieser Vorschrift auch ersparte Aufwendungen gelten sollen; s.a. die Anmerkung von *Beuthien/Hieke*, JZ 2001, 257 ff.

[75] *Gernhuber*, Schuldverhältnis, § 10 I 6 b, S. 222.

[76] BGH NJW 1998, 991 f.; s. zu Verzugszinsen ohne Mahnung auch § 309 Nr. 4.

[77] § 247 dient der Umsetzung von Art. 3 der ZahlungsverzugsRL (Rn. 654, Fn. 2) hierzu *Palandt/Heinrichs*, § 247 Rn. 2, 3 zur Höhe; ferner *Petershagen*, Der neue Basiszinssatz des BGB – eine kleine Lösung in der großen Schuldrechtsreform? NJW 2002, 1455 ff.

[78] Einbehalt eines Disagios und Verzinsung der gesamten Darlehenssumme (also einschließlich des Disagios): kein Verstoß gegen § 248 I a.F., BGH NJW 2000, 352.

sind Geldschulden **Geldsummenschulden** (Nominalismus, früher Schlagwort „Mark gleich Mark"), so daß eine gleitende Anpassung des Geldbetrags an einen Index nicht stattfindet.[79] Entsprechende Indexklauseln bedürfen nach § 2 Preisangaben- und PreisklauselG der Genehmigung durch das Bundesamt für Wirtschaft.[80]

Freilich besteht Unsicherheit darüber, ob dieses Genehmigungserfordernis gemeinschaftsrechtskonform ist. Das Währungsrecht fällt nämlich in die ausschließliche Kompetenz der Gemeinschaft, wodurch die Fortschreibung oder der Erlaß von Genehmigungserfordernissen für Wertsicherungsklauseln zumindest im Grundsatz nur der Gemeinschaft zusteht. Ob die Begründung, § 2 Preisangaben- und PreisklauselG diene dem Verbraucherschutz, demgegenüber zur Begründung eine mitgliedstaatlichen Zuständigkeit ausreicht, ist sehr fraglich.[81]

Allerdings kann das gleiche Ergebnis z.B. durch – genehmigungsfreie – **Lei-** **238** **stungsvorbehalte** (Leistungsbestimmungsvorbehalte) erreicht werden, die auf der Grundlage von § 315 (oben Rn. 100 ff.) eine Neufestsetzung einer Geldschuld durch eine der Parteien oder einen Dritten unter bestimmten Voraussetzungen, etwa im Einzelnen festgelegten Steigerungen der Lebenshaltungskosten, ermöglichen.[82] Aus Treu und Glauben kann bei langfristigen Verträgen, die durch Geldentwertung aus dem von den Parteien vorausgesetzten Gleichgewicht von Leistung und Gegenleistung geraten, eine Pflicht zu Neuverhandlungen gefolgert werden.[83] Im Übrigen wird aber das Prinzip des Nominalismus – Mark = Mark – als eine wichtige und bewahrenswerte Stütze der Geldwertstabilität gesehen, da Indexierung die Geldentwertung beschleunigt.

Grundsätzlich kann die zwischenzeitlich eingetretene Geldentwertung auch **239** nicht als Verzugsschaden verlangt werden. Falls jedoch der Gläubiger beweisen kann, daß er den geschuldeten Betrag bei rechtzeitiger Zahlung wertsichernd angelegt, also z.B. in eine härtere Währung umgetauscht hätte, kann der Entwertungsschaden als Verzugsschaden ersetzt verlangt werden.

Von Geldsummenschulden sind **Geldwertschulden** zu unterscheiden, bei de- **240** nen von Anfang an Geld nur Ausdruck eines bestimmten und veränderlichen Wertes ist: Die Schadensersatzschuld kann zwar unter bestimmten Voraussetzungen in Geld beglichen werden, doch ist die Höhe des Schadens entschei-

---

[79] Weiterführend dazu *Heermann* (Lit. vor Rn. 232) S. 45 ff.

[80] Zur Vorgeschichte s. Vorauflage, Rn. 184.

[81] Dagegen *Gruber* (Lit. vor Rn. 232). Dafür etwa *Heermann* (Lit. vor Rn. 232) S. 55.

[82] Vgl. BGHZ 63, 132, 136; zu weiteren genehmigungsfreien Klauseln, die im praktischen Ergebnis Anpassung an Geldwertveränderungen ermöglichen sollen, wie Spannungsklauseln, Preisklauseln, Kostenelementsklauseln s. *umfassend Dürkes*, Wertsicherungsklauseln, 10. Aufl., Heidelberg 1992, S. 58 ff., 191 ff.

[83] Vgl. *Gernhuber*, Schuldverhältnis, § 27 II 3, S. 626 f., § 28 I 2, S. 642 f., sowie unten Rn. 415 f. zur Anpassung von Verträgen wegen einer durch Geldentwertung verursachten Äquivalenzstörung, durch welche die Geschäftsgrundlage entfallen oder verändert worden ist.

dend, der bei Verzögerung der Begleichung durch Geldentwertung und korrespondierende Wertsteigerung des beschädigten Gegenstandes steigen kann. Andere Geldwertschulden sind Unterhaltsansprüche, Wertersatzansprüche (z.B. gem. §818 II), Aufwendungsersatzansprüche, Zugewinnausgleich, Entschädigungsansprüche wegen Enteignung oder enteignungsgleichen Eingriffs.

VI. Fremdwährungsschulden

241 Für Fremdwährungsschulden ist zu unterscheiden, ob aufgrund der Vereinbarung der Parteien Zahlung nur in fremder Währung erfolgen darf (echte Valutaschulden) oder ob eine in ausländischer Währung ausgedrückte Geldschuld im Inland in Euro bezahlt werden kann (unechte Valutaschuld). Bei der echten Valutaschuld können Erfüllung und Tilgung nur durch Leistung in der ausbedungenen Währung erfolgen. Im Regelfalle liegt jedoch eine unechte Valutaschuld vor, so daß dem Schuldner eine Ersetzungsbefugnis eingeräumt ist, §244 I; zum Umrechnungskurs s. §244 II.

VII. Geldsortenschulden

242 Ist Zahlung in einer bestimmten Geldsorte zu leisten (weil so versprochen), z.B. in bestimmten Münzen, dann kann sich der Schuldner nicht darauf berufen, daß diese Geldsorte nicht mehr im Umlauf ist, sondern er muß mit normalen, anderen Zahlungsmitteln leisten, §245 (unechte Sortenschuld).[84] Diese unechte Sortenschuld ist Geldschuld und zu unterscheiden von der echten Sortenschuld, bei der Gegenstand der Verpflichtung bestimmte Münzen oder Scheine *als Sachen* sind, z.B. Sammlermünzen. Hier kann Untergang den Einwand aus §275 I (Unmöglichkeit) eröffnen, freilich nur gegenüber dem Anspruch auf Erfüllung in Natur, s. schon §275 IV.

§8 Sonstige Schuldinhalte

I. Aufwendungsersatz

243 a) Ersatz von Aufwendungen kann aufgrund besonderer **Vertragsabrede**,

ein im Wege eines Vergleichs beigelegter Streit zwischen Bauherrn und Architekten sieht vor, daß der Bauherr dem Architekten alle Aufwendungen zur Vorbereitung des Architektenwerks zu ersetzen hat,

---

[84] S. dazu *MünchKomm/Grundmann*, §245 Rn. 89.

als **Abwicklungspflicht**,

der Auftraggeber hat dem Beauftragten die in Ausführung des Auftrags gemachten Aufwendungen zu ersetzen, § 670, s. auch für die Geschäftsführung ohne Auftrag §§ 683, 684 S. 2,

oder als **Nebenpflicht** geschuldet sein.

Der Arbeitgeber kann dem Arbeitnehmer Aufwendungsersatz in entsprechender Anwendung des § 670 schulden, wenn der Arbeitnehmer in Ausführung seiner Dienstpflichten bestimmte Aufwendungen gemacht hat, z.B. der Lastwagenfahrer Zollverpflichtungen beglichen hat usw.

Für den Anspruch auf Ersatz von Aufwendungen regelt § 256 S. 1 die Verzinsungspflicht; danach sind Zinsen auch schon vor Verzug mit der Ersatzleistung zu entrichten. Ausnahmen von der Verzinsungspflicht finden sich in S. 2: Danach entfällt die Verzinsungspflicht, falls und soweit dem Ersatzberechtigten Nutzungen eines Gegenstandes bleiben, auf den die Aufwendungen gemacht worden sind.

2. Häufig besteht der Aufwand des Ersatzberechtigten in der *Eingehung einer* **244** *Verbindlichkeit*, die er selbst noch nicht erfüllt hat.

Beispiel: Der Beauftragte kauft in eigenem Namen für den Auftraggeber ein Kunstobjekt; der Kaufpreis ist erst vier Wochen später fällig.

In einem solchen Fall richtet sich der Anspruch auf Aufwendungsersatz auf **Befreiung** des Berechtigten **von** seiner **Verbindlichkeit**, § 257. Sie kann durch Zahlung an den Gläubiger des Befreiungsberechtigten bewirkt werden, §§ 267, 362 I, aber auch durch eine befreiende Schuldübernahme nach §§ 414, 415. Ist die Verbindlichkeit des Ersatzberechtigten noch nicht fällig, dann kann der zur Befreiung Verpflichtete statt Befreiung auch Sicherheit leisten, § 257 S. 2.

II. Wegnahmerechte

Ein Schuldner, der zur Herausgabe einer Sache verpflichtet ist, kann gesetz- **245** lich oder vertraglich berechtigt sein, eine Einrichtung von dieser Sache abzulösen und sich ggfs. anzueignen.[85] Der Wegnahmeberechtigte ist verpflichtet, im Falle der Wegnahme die Sache auf eigene Kosten in den vorigen Stand zu setzen, § 258 S. 1. Ist der Herausgabegläubiger bereits (wieder) im Besitz der Sache, muß er die Wegnahme dulden, § 258 S. 2.

---

[85] Vgl. etwa für ein entsprechendes Recht des Mieters § 539 II, ferner §§ 581 II, 601 II 2, 997, 2125 II.

III. Auskunft und Rechenschaftslegung

246 Die §§ 259–261 regeln den Inhalt von Ansprüchen auf **Auskunft** und **Rechenschaftslegung**, welche ihre Grundlage wiederum in besonderen vertraglichen Vereinbarungen oder gesetzlich geregelten Pflichten haben.

So ist etwa der Beauftragte nach § 666 verpflichtet, den Auftraggeber zu informieren und ihm nach Ausführung des Auftrages Rechenschaft abzulegen; s. ferner §§ 675, 681 S. 2, 687 II, 713.

Häufig wird eine Rechenschafts- und Auskunftspflicht, gestützt auf § 242, als Neben(leistungs)pflicht für bestimmte, gesetzlich oder vertraglich begründete Schuldverhältnisse angenommen.

Ehegatten, die im gesetzlichen Güterstand des Zugewinnausgleichs leben, sind einander verpflichtet, Auskunft über wesentliche Vermögensdispositionen zu geben.

Kapitel 6: Schadensersatz, §§ 249–255

Lit. (zur Rechtslage vor dem 2. Gesetz zur Änderung schadensersatzrechtlicher Vorschriften v. 19. 7. 2002): *Deutsch*, Unerlaubte Handlungen, Schadensersatz und Schmerzensgeld, 4. Aufl. 2000; *Gottwald*, Schadenszurechnung und Schadensschätzung, München 1979; *Hagen*, Zur Normativität des Schadensbegriffes in der Rechtsprechung des Bundesgerichtshofs, FS Hauß, Karlsruhe 1978, 83–102; *Honsell*, Schaden und Schadensberechnung, JuS 1991, 441–448; *Keuk*, Vermögensschaden und Interesse, Bonn 1972; *H. Lange*, Neuere Rechtsprechung zum Schadensersatzrecht, WM 1990, Sonderbeilage Nr. 7; *Lange/Hagen*, Wandlungen des Schadensersatzrechts, Juristische Studiengesellschaft, Bd. 177, Heidelberg 1987; *Magnus*, Schaden und Ersatz, Tübingen 1987; *Schlechtriem*, Schadenersatz und Schadensbegriff, ZEuP 1997, 232–254; *Hans Stoll*, Begriff und Grenzen des Vermögensschadens, Karlsruhe 1973; *ders.*, Haftungsfolgen im bürgerlichen Recht, Karlsruhe 1993; historisch grundlegend *Mommsen*, Beiträge zum Obligationenrecht II: Zur Lehre von dem Interesse, Braunschweig 1855.
Lit.: (Zur Rechtslage aufgrund des 2. Gesetzes zur Änderung schadensersatzrechtlicher Vorschriften): *v. Bar/Lorenz/Looschelders*, Das Zweite Gesetz zur Änderung schadensersatzrechtlicher Vorschriften: Karlsruher Forum 2003, Karlsruhe 2004; *Ch. Huber*, Das neue Schadensersatzrecht, Bonn 2003; *Lange/Schiemann*, Schadensersatz, 3. Aufl., Tübingen 2003; *G. Müller*, Aktuelle Fragen des Haftungsrechts, ZfS 2005, 54; *G. Wagner*, Das neue Schadensersatzrecht, Baden-Baden 2002.

247 Eine der wichtigsten Leistungspflichten hat den Ersatz des erlittenen Schadens der anderen Seite zum Gegenstand. Die Schadensersatzschuld entsteht regelmäßig als gesetzliche Leistungspflicht des Schädigers, kann aber auch vertraglich vereinbarter Leistungsinhalt sein, so, wenn ein Dritter sich verpflichtet, den vom Schädiger angerichteten Schaden zu ersetzen. Solche Vereinbarungen können sowohl das weitere Schicksal von außervertraglichen Schadensersatzansprüchen als auch von vertraglichen regeln.

Für die Schadensersatzpflicht enthalten die §§ 249–255 allgemeine Vor-   **248**
schriften. Sie sind „allgemein" in dem Sinne, daß sie grundsätzlich unabhängig
vom Grund der Entstehung der Leistungspflicht sind: Ob eine Schadensersatzpflicht wegen *Bruchs einer vertraglichen Verpflichtung*, aus *culpa in contrahendo*, aus *Handeln ohne Vertretungsmacht* (vgl. § 179 I), aufgrund der Vorschriften zur *außervertraglichen Haftung* im BGB (§§ 823 ff.) oder außerhalb des
BGB (vgl. § 7 StVG) entstanden ist, spielt für die Anwendung der §§ 249 ff.
grundsätzlich keine Rolle. Allerdings werden für eine Reihe von Schadensersatzpflichten im Zusammenhang mit der Regelung ihrer Entstehung auch Modifikationen ihres Inhalts und ihres Umfangs normiert, so, wenn in bestimmten
Fällen das Gesetz den ersatzfähigen Schaden auf das negative Interesse (oder
den „Vertrauensschaden") beschränkt (z.B. in den §§ 122, 179 II), wenn der ersatzfähige Schaden als Schadensersatz statt der Leistung umschrieben wird
(vgl. §§ 280 III, 281, 282, 283) oder wenn für Schadensersatzpflichten aufgrund
unerlaubter Handlung Sondernormen gelten, z.B. §§ 842–845 für den Fall der
Verletzung oder Tötung einer Person. Zu beachten sind auch Sondervorschriften, die von dem in den §§ 249 ff. zugrunde gelegten Prinzip der Totalreparation, d.h. des umfassenden Ersatzes sämtlichen Schadens, abweichen und den
Umfang des Schadensersatzes beschränken, z.B. auf den Marktpreis oder den
gemeinen Wert einer Sache (vgl. § 429 III 1 HGB).

Die §§ 249 ff. regeln also nur den **Inhalt** der Schadensersatzpflicht, nicht die   **249**
Voraussetzungen ihrer Entstehung.

Zu den Voraussetzungen der Entstehung gehört regelmäßig, daß zwischen dem Verhalten der als Schädiger in Anspruch genommenen Person und der Verletzung dessen,
der aufgrund der Verletzung Schadensersatz fordert, ein Kausalzusammenhang besteht.
Man spricht in diesem Zusammenhang von „**haftungsbegründender Kausalität**", die von
der „**haftungsausfüllenden Kausalität**" zu unterscheiden ist (dazu unten Rn. 306 ff.).
Beispiele: Wegen des von einem tieffliegenden Militärflugzeug verursachten Lärms
wird ein Autofahrer abgelenkt und verursacht einen Verkehrsunfall. Liegt eine haftungs-
begründende Kausalität zwischen dem Verhalten des Piloten und dem Unfall vor?[1]
Ein Bauunternehmer hatte bei Tiefbauarbeiten schuldhaft eine Wasserleitung unter-
brochen. Da die Reparatur längere Zeit in Anspruch nahm, kündigte der Mieter eines
Hauses, das durch die unterbrochene Wasserleitung versorgt worden war. Nach seinem
Auszug stand das Haus eine Zeit lang leer, da kein Nachmieter gefunden werden konnte.
In dieser Zeit zogen Hausbesetzer ein und richteten in dem Haus erhebliche Schäden an.
Besteht eine rechtlich zurechenbare Kausalität zwischen der fahrlässigen Beschädigung
der Wasserleitung (die nicht dem Hauseigentümer gehörte) und den Schäden am Haus?[2]

---

[1] S. BGH NJW 1982, 1046.
[2] Einem englischen Fall nachgebildet; vgl. auch BGH WM 2000, 531, 532: Haftung eines
Hausverwalters für Frostschäden, (keine) Unterbrechung des Kausalzusammenhangs aufgrund Untätigkeit eines beauftragten Handwerkers.

250 Für den Umfang der Schadensersatzpflicht ist freilich nur die haftungsausfül-
lende Kausalität maßgebend. Dies bedeutet, daß auch zwischen der Verletzung
und dem eingetretenen Schaden ein Kausalzusammenhang bestehen muß. Probleme bereitet dies in Fällen, in denen einzelne Aufwendungen des Geschädigten schon *vor* dem Schadensereignis und unabhängig – d.h. ohne Kausalnexus
zum Schadensereignis – gemacht worden sind: Kann das Kaufhaus die Personalkosten für den Kaufhausdetektiv oder die Aufwendungen für Überwachungs-
anlagen von einem ertappten Ladendieb als Teil des von ihm verursachten Schadens ersetzt verlangen?[3] Oder: Kann ein Omnibusunternehmen, das für Ausfäl-
le seiner Fahrzeuge eine Betriebsreserve bereithält, von einem Unfallgegner die
Kosten des vorgehaltenen Ersatzbusses – evtl. anteilig – ersetzt verlangen?[4] Es
ist deutlich, daß diese Kosten unabhängig vom Verhalten des Schädigers entstanden sind; gleichwohl werden sie bei einer wertenden Konkretisierung der
Schadensersatzpflicht teilweise mitberücksichtigt.

§ 1 Schadensbegriffe

251 Zwei Ausgangspositionen kennzeichnen das Schadensrecht: Zum einen richtet sich der Anspruch des Geschädigten vorrangig auf **Naturalrestitution**, d.h.
auf Wiederherstellung der durch das schädigende Ereignis veränderten Güterlage in Natur. Zum anderen ist **Totalreparation** geschuldet, d.h. der entstandene
Schaden muß grundsätzlich vollständig ausgeglichen werden. Abgesehen davon sind die dogmatischen Grundlagen des Schadensersatzrechts unsicher. Insbesondere ist umstritten, welcher Schadensbegriff für Verständnis und Auslegung der §§ 249 ff. zugrunde zu legen sein soll.[5] „Realer" oder „normativer"
Schaden, Einzelschäden oder mit der sog. Differenzhypothese ermittelter Ge-
samt(vermögens)schaden bezeichnen Grundpositionen, die freilich zumeist mit
Modifikationen und Differenzierungen vertreten werden. Die Ansichten können hier nicht im Einzelnen dargestellt werden,[6] doch geht es vor allem um folgende Sachfragen:

I. Realer und normativer Schaden

252 Schaden ist an sich jede Einbuße, die jemand an seinen Lebensgütern – Gesundheit, körperliche Integrität –, seiner Persönlichkeit – Ansehen, Ehre – oder
in seinem Vermögen erleidet. Der reale Schaden, die Beeinträchtigung in Natur,

---

[3] S. zunächst BGHZ 75, 230.
[4] Vgl. zunächst BGHZ 70, 199: Vorhaltekosten.
[5] Dazu *Schlechtriem* (Lit. vor Rn. 247).
[6] Hierzu *Magnus* (Lit. vor Rn. 247), 11 ff.

ist Ausgangspunkt für den Schadensbegriff, d.h. für die Bestimmung des Gegenstandes der Schadensersatzpflicht. Aber mit ihm allein ist nicht auszukommen. Der Schaden aus der Zerstörung einer Fensterscheibe ist verschieden je nachdem, ob es sich um ein zum Abbruch bestimmtes oder um ein in Nutzung befindliches Haus handelt; der durch eine Körperverletzung entstehende Verdienstausfall kann unabhängig von der Schwere der Körperverletzung unterschiedliche Auswirkungen haben: Er kann von den Erwerbsaussichten, dem Lebensalter des Verletzten, der Wirtschaftslage, einem bereits vorhandenen, aber erst im Zusammenhang mit der Körperverletzung entdeckten Krebsleiden usw. beeinflußt werden. Die Tötung eines Unterhaltsverpflichteten kann die Unterhaltsberechtigten um ihre Unterhaltsansprüche bringen, sie gleichzeitig aber erben lassen; die durch einen Dammbruch erfolgte Überschwemmung kann Ernteschäden, im darauf folgenden Jahr aber erhöhte Fruchtbarkeit des überschwemmten Landes bewirken usw. In all diesen Fällen muß der „reale Schaden", das „Loch in der Körperwelt", in einen rechnerisch fixierten Schaden umgesetzt werden. Bei dieser Umsetzung ist es unvermeidlich, den Einfluß künftiger Entwicklungen und schadensvergrößernde oder -verringernde Faktoren in der Person des Geschädigten und seinem Risikobereich wertend zu berücksichtigen.

Selbst bei scheinbar einfachen „realen" Schäden wird zur Konkretisierung der rechtlichen Ersatzpflicht eine normative Bewertung erforderlich: Wird ein Gebrauchtwagen erheblich beschädigt, dann kommen Reparatur (und dabei wieder kostensparende Eigenreparatur oder kostspieligere und mehrwertsteuerbelastete Reparatur in einer Werkstatt – s. jetzt § 249 II 2), Anschaffung eines neuen Fahrzeugs oder Wiederbeschaffung eines ungefähr gleichwertigen Gebrauchtfahrzeugs als realer Ersatz in Frage. Für die Umrechnung in Geld kann man die (verschiedenen) Reparaturkosten, die Differenz zwischen Kaufpreis und Schrottpreis, die Differenz zwischen Zeitwert und Schrottpreis oder die Differenz zwischen einem Liebhaberangebot für den beschädigten Wagen und dem Schrottpreis zugrunde legen. Vergehen bis zur Lieferung eines Ersatzfahrzeugs oder während der Reparaturzeit einige Wochen, dann können Kosten für Straßenbahn, Taxi oder Mietwagen entstehen, allgemeine Zeitverluste als Schaden empfunden werden, usw. Der entgangene Nutzen des Fahrzeugs kann auch dann eine Rolle spielen, wenn man einen sonst unbenutzten Zweitwagen zur Verfügung hat oder aus Gesundheitsgründen das Fahrrad benutzt. Schließlich ist auch noch zu fragen, ob ein Unfall, den man während der Reparatur des beschädigten Fahrzeugs mit dem Fahrrad oder mit der Straßenbahn erleidet, noch zum Schaden durch Beschädigung des Fahrzeugs zu rechnen ist. **253**

Die Umsetzung des „realen" in einen rechtlich zu ersetzenden Schaden, d.h. in den juristischen Schadensbegriff, erfordert notwendig Wertungen, so daß man auch von einem „normativen" Schadensbegriff sprechen könnte.[7] **254**

---

[7] Vgl. *Hagen* (Lit. vor Rn. 247), FS Hauß, 84, 87ff., 91, 93ff.; *Steffen*, Der normative Verkehrsunfallschaden, NJW 1995, 2057–2063 (aber vor „Fundamentalismus" warnend, 2059); gegen diesen Begriff *Lange* (Lit. vor Rn. 247), WM 1990, Sonderbeil. 7, 4.

Der Streit um die Schadensbegriffe ist deshalb in erster Linie eine terminologische Frage, da kaum jemand bestreitet, daß in die Berechnung des ersatzfähigen Schadens Wertungen eingehen, deren Verallgemeinerung zu „normativen" Festlegungen für die Bemessung des ersatzfähigen Schadens führen kann.

II. Differenzhypothese

255   Im Verständnis des den §§ 249 ff. zugrunde liegenden juristischen Schadensbegriffs ist aber auch streitig, ob – jedenfalls im Ansatz – die Beeinträchtigung der *Einzelnen* verletzten Rechtsgüter und Interessen zu unterscheiden ist, ob also Einzelschäden festzustellen und zu bewerten sind, oder ob eine Gesamtrechnung aufzumachen ist, in der alle Nachteile (und evtl. Vorteile) einschließlich der künftig noch zu erwartenden aufgehen. Die besondere Erwähnung einzelner Rechtsgüter, z.B. der Verletzung einer Person und der Beschädigung einer Sache in § 249 II, oder bestimmter Verlustposten – vgl. § 252 S. 1: Entgangener Gewinn – legt die Annahme nahe, daß das Gesetz von einem gegliederten System einzelner Verletzungen und Schadensarten ausgegangen ist.[8] Die hL, die durch den Wortlaut des § 249 I und die Entstehung der schadensersatzrechtlichen Vorschriften gestützt wird,[9] ermittelt dagegen den ersatzfähigen Schaden durch den **Vergleich zweier Güterlagen** (sog. **Differenzhypothese**): Die Güterlage des Geschädigten, wie sie sich ohne das schädigende Ereignis entwickelt hätte (und weiterentwickeln würde), wird verglichen mit der durch das schädigende Ereignis tatsächlich bewirkten Gütersituation und ihrer weiteren Entwicklung. Die Differenz zwischen der hypothetischen Gütersituation des Geschädigten ohne das schädigende Ereignis und seiner wirklichen Güterlage ist der ersatzfähige Schaden, das **Interesse**,[10] d.h. dasjenige, was der für diese Differenz Verantwortliche wieder gutzumachen hat. Freilich kann die Art und Natur der

---

[8] Vgl. *Keuk* (Lit. vor Rn. 247), 20 ff.; ferner etwa die Gliederung bei *Medicus*, Schuldrecht I, 16. Aufl., §§ 55–58, Rn. 616 ff.; dagegen verläuft die Grenzlinie zwischen den verschiedenen Theorien zu Einzelschäden oder Gesamtinteresse nicht parallel zur Frontlinie zwischen Differenzhypothese und Ersatz des realen Schadens, da auch bei einer Bewertung von Einzelschäden eine Differenzhypothese (dazu unten) möglich, ja erforderlich bleibt; s. *MünchKomm/Oeker*, § 249 Rn. 18 ff.

[9] S. hierzu immer noch grundlegend *v. Caemmerer*, Das Problem der überholenden Kausalität, in: GS, Bd. 1, Tübingen 1968, 411, 416; zur hL insgesamt s. *Lange/Schiemann* (Lit. Vor Rn. 247), § 1 III 4, 43; *Lange* (Lit. vor Rn. 247), WM 1990, Sonderbeil. 7, 4; *Staudinger/Schiemann*, § 249 Rn. 4 ff.; *Honsell* (Lit. vor Rn. 247), JuS 1991, 442 f. (für einen „dualistischen" Schadensbegriff); aus der Rspr. s. BGH NJW 1985, 793; BGH WM 2000, 1017, 1019 (breite Darlegungen zur Differenzhypothese).

[10] Der Interessebegriff geht zurück auf *Mommsen* (Lit. vor Rn. 247); krit. zu *Mommsen* und zum Interessebegriff jedoch *Honsell*, Herkunft und Kritik des Interessebegriffs im Schadensersatzrecht, JuS 1973, 69–75.

einzelnen Beeinträchtigungen bereits bei der nächsten Frage, wie wieder gutzumachen ist, durchschlagen, insbesondere wenn Wiederherstellung in Natur nicht möglich ist und deshalb Geldersatz verlangt wird (s. hierzu unten Rn. 287 ff.). In der Tat hält das Gesetz diese Gesamtschau nicht durch, sondern regelt in einzelnen Vorschriften Ansprüche wegen bestimmter einzelner Schäden, z. B. in § 844 I.

Als Vorteile der sog. Differenzhypothese, die durch den Vergleich der Güterlagen alle Auswirkungen des schädigenden Ereignisses zu berücksichtigen erlaubt, werden folgende Punkte angeführt: **256**

1. Die Gesamtschau ermöglicht die **Berücksichtigung von Vorteilen**, die dem Geschädigten im Zusammenhang mit dem schädigenden Ereignis entstanden sind, also z. B. die bei einem Krankenhausaufenthalt ersparten Kosten für Verpflegung, evtl. sogar für ein Hotel, die bei Benutzung eines Mietwagens ersparte Abnutzung des eigenen Fahrzeugs, usw. Freilich verbinden sich gerade mit der Frage, welche Vorteile im Einzelnen schadensmindernd zu berücksichtigen sind, schwierige Bewertungsprobleme (dazu unten Rn. 323 ff.).

2. Aus dem schädigenden Ereignis entsteht für den Gesamtschaden grundsätzlich nur **ein Schadensersatzanspruch**, für den **eine** Verjährungsfrist läuft.   **257**
Nicht etwa entstehen Einzelansprüche auf Reparatur des Fahrzeugs, auf Ersatz der Heilungskosten, auf Verdienstausfall usw. Freilich wirft auch diese Zusammenfassung aller Schadensposten in einem einheitlichen Schadensersatzanspruch Probleme auf, so, wenn aus einem Ursprungsschaden später Folgeschäden entstehen, die im Zeitpunkt der Regulierung des Primärschadens noch nicht zu erkennen waren – sollen sie verjährt oder in einem Regulierungsvergleich mit abgegolten sein?

3. Die Differenzhypothese erlaubt, **Wertschwankungen** der verletzten oder   **258**
zerstörten Güter zu berücksichtigen: Steigt oder fällt der Goldpreis, so sind diese Wertschwankungen bei der Bemessung der Schadensersatzpflicht einer Luftlinie, deren Angestellte das Gold gestohlen haben, bis zum Zeitpunkt der endgültigen Regulierung zu berücksichtigen, d. h. bis zur Erfüllung der Schadensersatzpflicht oder eines Vergleichs.

4. Zum ersatzfähigen Schaden gehören nach der Differenzhypothese insbe   **259**
sondere auch **entgangener Gewinn** (lucrum cessans) sowie Nachteile für Erwerb oder Fortkommen einer durch Körperverletzung geschädigten Person; § 252 S. 1 und § 842 haben deshalb nur klarstellende Funktion.

III. Vermögensschaden – Nichtvermögensschaden

Obwohl die Differenzhypothese grundsätzlich alle Auswirkungen in der Gü   **260**
tersituation des Verletzten erfaßt, ist für die Anwendung einzelner Bestimmun-

gen des Gesetzes doch zwischen verschiedenen Schadensarten zu unterscheiden.

261   1. Die Differenzierung zwischen **Vermögensschaden** und **Nichtvermögensschaden** (materieller/immaterieller Schaden) sowie die Grenzziehung zwischen beiden Schadensarten sind für Inhalt und Grenzen der Schadensersatzpflicht von entscheidender Bedeutung: Während bei materiellen Schäden der primär auf Wiederherstellung in Natur (Naturalrestitution) gerichtete Anspruch unter bestimmten Voraussetzungen zu einem Geldersatzanspruch werden kann, kommt bei **immateriellen Schäden** de lege lata grundsätzlich allein Wiederherstellung in Natur in Betracht; Geldersatz ist dagegen nur in den gesetzlich geregelten Fällen möglich, § 253 I, II.

Gesetzliche Ausnahmefälle sind nach § 253 II die Schadensersatzansprüche wegen Verletzung des Körpers, der Gesundheit, der Freiheit oder der sexuellen Selbstbestimmung (gleich, ob auf Vertragsverletzung oder außervertragliche Haftung gestützt), ferner die §§ 611a II (geschlechtsbezogene Benachteiligung),[11] 651f II (verlorene Urlaubszeit), 97 II UrhG.[12] Die Rechtsprechung hat zusätzlich Geldersatzansprüche wegen Verletzung des allgemeinen Persönlichkeitsrechts entwickelt (s. BT Rn. 835ff.). Den Ersatz immaterieller Schäden bewirkt auch § 284, soweit die frustrierten Aufwendungen einem immateriellen Zweck dienen sollen (s. unten Rn. 648).[13]

Außerhalb der gesetzlich geregelten Ausnahmefälle kann deshalb für Enttäuschungen, Schmerz über den Verlust bestimmter Gegenstände (Affektionsinteresse) und ähnliche nicht vermögenswerte Schäden kein Geldersatz verlangt werden.[14]

262   2. Kann ein immaterielles Interesse durch Naturalrestitution, d.h. Wiederherstellung des Zustandes, der ohne die Verletzung bestanden hätte, befriedigt werden, ist diese **Wiederherstellung** als Ersatz des immateriellen Schadens geschuldet.[15] Verletzung des persönlichen Ansehens kann durch Widerruf der un-

---

[11] Vgl. LAG Hamm, AP Nr. 15 zu § 611a BGB; *ErfK/Schlachter*, § 611a BGB Rn. 37f.

[12] Billige Entschädigung in Geld für Nichtvermögensschäden in Fällen der Verletzung des Urheberrechts, des Rechts des Verf. wissenschaftlicher Ausgaben, des „Lichtbildners" und des ausübenden Künstlers.

[13] *Grundmann*, Der Schadensersatzanspruch aus Vertrag, AcP 204 (2004) 569, 598ff.

[14] Vgl. OLG Saarbrücken NJW 1998, 2912: Kein Schmerzensgeld wegen geplatzten Hochzeitsessens.

[15] Es ist deshalb missverständlich (aber bereits durch *Mommsen* – oben Fn. 10 – vorgezeichnet), wenn die Differenzhypothese – wie oft – als Vergleich zweier *Vermögenslagen* beschrieben wird, s. BGHZ (GS) 98, 212, 221; Magnus (Lit. vor Rn. 247), 9f.; *Hagen* (Lit. vor Rn. 247), FS Hauß, 83–102. Angreifbar deshalb m.E. auch die Formulierung von *Hans Stoll*, Buchbesprechung zu Magnus (Lit. vor Rn. 247), RabelsZ 54 (1990), 774, 776, bei der Differenzhypothese gehe es nur um die Berechnung eines Geldäquivalents nach Maßgabe des Kompensationsprinzips. Eindeutig aber *von Caemmerer* (Fn. 9), 416f.: „Die Auffassung des Schadens als Differenz gilt nicht nur für den Vermögensschaden".

richtigen Tatsachenbehauptungen wieder gutgemacht werden; Rückgabe eines Aquarells ohne jeglichen Marktwert, aber von persönlichem Interesse für den Eigentümer – etwa, weil von einem Elternteil gemalt – kann die gestörte Güterlage restaurieren.

3. Freilich ist Ersatz immateriellen Interesses durch Wiederherstellung oft **263** nicht möglich, so daß nur Geldersatz bliebe – vgl. schon § 251 I –: In der Vergangenheit erlittene Enttäuschungen lassen sich nicht rückgängig machen, der Ärger über die ausgebliebene Leistung kann nicht durch die schließlich doch noch erfolgende Leistungserbringung „geheilt" werden, der Schmerz über den Verlust eines Andenkens, eines Tieres usw. ist nicht auszugleichen. Wiedergutmachung in Geld scheidet jedoch in solchen Fällen nach § 253 I aus.

Allerdings kann der seelische Schmerz zu einer physischen Beeinträchtigung führen, etwa bei den sog. Schockschäden, d. h. Zusammenbrüchen beim Anblick der Verletzung oder Tötung einer nahe stehenden Person. In einem solchen Fall kann eine Körperverletzung vorliegen, für die – auch – u. U. Schmerzensgeld, d. h. Ersatz der aus der Körperverletzung herrührenden immateriellen Schäden verlangt werden kann, s. hierzu zunächst §§ 823, 253 II.

Wo Wiederherstellung verletzter immaterieller Interessen nur mit unverhältnismäßigem Aufwand möglich ist, kann Schadensersatz in Natur verweigert werden (§ 251 II). Wegen § 253 I kommt dann auch Geldersatz nicht in Betracht. Freilich bleibt das Gewicht des immateriellen Interesses bei der Abwägung der Verhältnismäßigkeit nach § 251 II zu berücksichtigen: Widerruf unrichtiger Tatsachenbehauptungen kann nicht allein wegen der hohen Kosten einer entsprechenden Anzeigenaktion verweigert werden.[16]

IV. Grenzfälle und Einzelprobleme der Unterscheidung von Vermögens- und Nichtvermögensschäden

1. Nutzungsausfall und Beeinträchtigung der Nutzungsmöglichkeit

Lit.: *Escher-Weingart*, Nutzungsfall als Schaden und sein Ersatz, Frankfurt 1993; *Dunz*, Schadensersatz für entgangene Sachnutzung, JZ 1984, 1010–1015; *Flessner*, Geldersatz für Gebrauchsentgang, JZ 1987, 271–282; *Medicus*, Nutzungsentgang als Vermögensschaden, Jura 1987, 240–246; *Ott/Schäfer*, Begründung und Bemessung des Schadensersatzes wegen entgangener Sachnutzung, ZIP 1986, 613–624; *Schiemann*, Luxusvilla auf schwankendem Grund: Der Nutzungsschaden an Wohneigentum – BGH (GS) 98, 212, JuS 1988, 20–25; *Schulze*, Nutzungsausfallentschädigung. Zu Funktion und Grenzen des § 253 BGB, NJW 1997, 3337–3342.

---

[16] S. auch *Oetker*, Unverhältnismäßige Herstellungskosten und Affektionsinteresse im Schadensersatzrecht, NJW 1985, 345–351, zu den Behandlungskosten von Lieblingstieren, die ihren Wiederbeschaffungswert weit übersteigen, jetzt § 251 II 2, eingefügt durch Ges. vom 20. 8. 1990, BGBl. I 1762. Zum Ganzen unten Rn. 291f.

264　Schaden kann auch darin liegen, daß eine Sache zeitweilig nicht genutzt werden kann:

Wegen der Beschädigung eines Taxis muß das Taxiunternehmen ein Ersatzfahrzeug anmieten;[17] der Käufer eines Pkws kann die geplante Ferienfahrt nur mit einem Mietwagen unternehmen, da der Verkäufer die Kraftfahrzeugpapiere nicht rechtzeitig beschafft;[18] wegen Mängeln des vom Bauunternehmer errichteten Hauses entstehen dem Besteller Mietausfälle; Fehler einer Datenverarbeitungsanlage zwingen zum Einsatz zusätzlichen Personals.

In all diesen Fällen ist die zeitweise verhinderte oder eingeschränkte Nutzung ein Schaden des Berechtigten, der als Folge einer Eigentumsverletzung, eines Lieferverzugs, einer schuldhaften Schlechtleistung eintritt und sich in Gestalt von Aufwendungen für Ersatz oder von entgangenen Einnahmen als Vermögensdifferenz meßbar und berechenbar auswirkt. Die Ersatzfähigkeit dieses Vermögensinteresses steht außer Zweifel; allenfalls kann fraglich sein, ob bestimmte Aufwendungen unverhältnismäßig hoch sind oder ob es der Schadensersatzgläubiger unterlassen hat, eine gegebene Schadensminderungsmöglichkeit zu nutzen.

265　Heftig umstritten ist jedoch, ob die Beeinträchtigung der **Nutzungsmöglichkeit** als solcher einen ersatzfähigen Vermögensschaden darstellt oder nur einen immateriellen Schaden, dessen Naturalrestitution unmöglich und dessen Ersatz in Geld nach § 253 I ausgeschlossen ist. Es geht in diesem Fall nicht darum, ob die tatsächlich gemachten Aufwendungen für den Erwerb einer Ersatznutzung (Mietwagen, Hotelzimmer wegen verspäteter Fertigstellung des eigenen Hauses, zusätzliches Personal) geltend gemacht werden können, sondern ob allein die fehlende Nutzungsmöglichkeit als Nutzungsausfall ersatzfähig ist.

Bereits das OLG Dresden hatte 1902 dem Eigentümer eines verletzten Luxuspferdes Schadensersatz für die Dauer des Nutzungsausfalles zuerkannt, weil die Vermögenseinbuße auch die Benutzungsrechte des Inhabers einer Sache umfaßte.[19]

Die Rechtsprechung des BGH hatte, ausgehend von dem Gedanken, daß die Nutzung eines Kraftfahrzeuges durch die für jeden Fahrzeugtyp weitgehend standardisierten Mietangebote „**kommerzialisiert**" und damit geldwert geworden ist, zunächst die ständige Verfügbarkeit eines Kraftfahrzeugs als geldwerten Vermögensvorteil bewertet. Seine vorübergehende Entziehung oder Vorenthaltung stelle auch dann einen Vermögensschaden dar, wenn der Betroffene keinen Ersatzwagen gemietet oder sonstige Geldauslagen zum Ersatz der entgan-

---

[17] Vgl. BGH NJW 1985, 793.
[18] Vgl. den Fall BGHZ 88, 11, wo freilich kein Mietwagen angemietet wurde.
[19] Annalen des Sächs. OLG Dresden, Bd. 24, 527 f.

genen Nutzungen gehabt habe.[20] Allerdings besteht ein solcher Anspruch auf Nutzungsausfallschaden dann nicht, wenn das Fahrzeug aus Gründen, die mit dem Unfall nichts zu tun haben, während der Reparaturzeit ohnehin nicht eingesetzt worden wäre,[21] etwa weil der Kraftfahrzeugeigentümer im Krankenhaus lag.[22]

Für andere Gegenstände als Kraftfahrzeuge wurde dagegen der Verlust der **266** Nutzungsmöglichkeit als solcher häufig nicht als Vermögensschaden bewertet.[23] Auch die Literatur schwankte in ihrer Beurteilung.[24] Da die Auffassungen der Senate des BGH zur Frage, ob der Verlust der Gebrauchsmöglichkeit einen Vermögensschaden oder einen nicht ersatzfähigen immateriellen Schaden darstellt, auseinander gingen, hat im Jahre 1986 der Große Senat in Zivilsachen auf Vorlagebeschluß des V. Zivilsenats entschieden: Es könne einen ersatzfähigen Vermögensschaden darstellen, wenn der Eigentümer einer von ihm selbst genutzten Sache diese vorübergehend nicht benutzen kann, ohne daß ihm hierdurch zusätzliche Kosten entstehen oder Einnahmen entgehen.

Im konkreten Fall ging es um ein Wohnhaus, dessen Standsicherheit beeinträchtigt worden war. Während der Reparatur hatten sich die Eigentümer mit einem Campingbus beholfen. Der BGH sah die Möglichkeit der Nutzung für den Vermögensträger grundsätzlich als „funktionale Zuweisung … im vermögenswerten Recht mitgeschützt". Er schränkte jedoch ein, daß es sich um Wirtschaftsgüter von zentraler Bedeutung für die eigene Lebenshaltung handeln müsse.[25] Das Grundanliegen der Rechtsprechung zur Nutzungsentschädigung für Kraftfahrzeuge, die eigenwirtschaftlichen Vermögensdispositionen des Geschädigten für den Ausgleichsgedanken des Schadensrechts, der auf Ersatz des vollen Vermögensschadens geht, angemessen zu berücksichtigen, gelte ebenso bei Wirtschaftsgütern von zentraler Bedeutung, auf deren ständige Verfügbarkeit die eigenwirtschaftliche Lebenshaltung des Eigentümers angewiesen sei. In Fortführung dieser

---

[20] Grundsatzentscheidung BGHZ 40, 345; Zu den hier i.e. nicht darstellbaren Versuchen dogmatischer und rechtspolitischer Rechtfertigung wie „Frustrierung von Aufwendungen" oder Ablehnung von „Sparsamkeitsprämie" usw. s. *Flessner* (Lit. vor Rn. 264), JZ 1987, 271, 272; *Schulze* (Lit. vor Rn. 264), sowie die Analyse im Vorlagebeschluß des 5. Senats des BGH, NJW 1986, 2037, 2041f.

[21] Vgl. BGH NJW 1985, 2471.

[22] Vgl. BGH VersR 1975, 37; dagegen soll es ausreichen, daß der Eigentümer, der während der Reparaturzeit selbst nicht hätte fahren können, den Wagen seiner Verlobten zur Verfügung gestellt hätte, BGH NJW 1975, 922.

[23] Vgl. BGHZ 63, 333f.: Pelz; BGHZ 89, 60: Motorboot; BGHZ 86, 128, 130: Wohnwagen; BGHZ 71, 234: Verspäteter Bezug einer Wohnung; s. dagegen BGH WM 1985, 1533: Tiefgaragenplatz.

[24] Vgl. z.B. einerseits *Jahr*, Schadensersatz wegen deliktischer Nutzungsentziehung – zu Grundlagen des Rechtsgüterschutzes und des Schadensersatzrechts, AcP 183 (1983), 725–751: Nutzungsentziehung sei primäre Eigentumsverletzung und damit primärer Schaden, wenn der Eigentümer selbst zu Gebrauch oder Nutzung in vermögenswerter Weise bereit und imstande war; andererseits *Hagen*, Entgangene Gebrauchsvorteile als Vermögensschaden?, JZ 1983, 833–840.

[25] S. BGHZ 98, 212, 214.

Rechtsprechung hat der BGH auch die Vorenthaltung einer in einem Scheidungsvergleich eingeräumten Gebrauchsmöglichkeit für ein Ferienhaus als ersatzfähigen Vermögensschaden gesehen,[26] nicht dagegen den Gebrauch einer Garage[27] oder einer Zweitwohnung für den Sohn[28] und anderer Gegenstände ohne zentrale Bedeutung für die „eigenwirtschaftliche Lebenshaltung".[29]

267   M.E. liegt die Bewertung einer Nutzungsmöglichkeit als vermögenswertes Interesse im Bereich der richterlichen Rechtsfortbildung, so daß die Gerichte die Nutzungsmöglichkeit für bestimmte Gegenstände grundsätzlich ebenso zur geldwerten Vermögensposition erklären können, wie der Gesetzgeber es könnte. Problematisch und aufarbeitungsbedürftig ist die genaue Eingrenzung und Typisierung der geldwerten Nutzungen. Ob das vom BGH vorgegebene Merkmal „zentrale Bedeutung für die eigene Lebenshaltung" wirklich klare und eindeutige Eingrenzungen ermöglicht, ist m.E. zweifelhaft; subsumtionsfähig ist dieses Merkmal jedenfalls nicht. Die unvermeidliche Wertung dürfte im konkreten Fall mit der von *Flessner* vorgeschlagenen Prüfung,[30] ob eine Ersatzanmietung erforderlich (§ 249 II), nicht unverhältnismäßig nach § 251 II und nicht gegen § 254 verstoßend gewesen wäre, wohl transparenter werden.[31]

2. Beeinträchtigung von Freizeit und Urlaub

268   Der einer Bewertung von Nutzungsausfall als Vermögensschaden zugrunde liegende Gedanke, daß bestimmte, an sich immaterielle Möglichkeiten und Erwartungen dadurch „vermögenswert" werden, daß sie zu bestimmten Preisen gehandelt werden, hat dazu geführt, auch die **Beeinträchtigung** oder den **Verlust von Freizeit und Urlaubsgenüssen** als vermögenswerten Schaden zu sehen: So hat der BGH die Beeinträchtigung einer Seereise durch Zurückhaltung des Gepäcks als Vermögensschaden am kommerzialisierten Gut „Urlaubsgenuß" gesehen.[32]

---

[26] BGHZ 101, 325, 332ff.
[27] BGH NJW 1993, 1794.
[28] BGHZ 117, 260, 262.
[29] Krit. *Honsell* (Lit. vor Rn.247), JuS 1991, 441, 448: Dogmatisch nicht begründbar ... vage und verwirrende Kasuistik.
[30] *Flessner* (Lit. vor Rn.264), JZ 1987, 271, 279: „... Aussparung des Nutzungsausfalls bei Luxusgütern"; s.a. *Medicus*, Das Luxusargument im Schadensersatzrecht, NJW 1989, 1889–1895.
[31] S. auch *Escher-Weingart* (Lit. vor Rn.264), 117: Vermögensschaden, wenn der Nutzwert selbst auf dem Markt erworben werden kann.
[32] BGH NJW 1956, 1234. Bizarr AG Berlin-Schöneberg: Vergebliches Anstehen nach Eintrittskarte für eine Sylvesterveranstaltung als vertane Freizeit ersatzpflichtig, NJW 1989, 2824.

In der Folge hat sich die Diskussion vor allem darauf verlagert, ob die Auf-   269
wendungen für eine Urlaubsreise, eine Kur usw. und die dafür aufgewandte Urlaubszeit als vertanes vermögenswertes Gut eingeordnet werden können, das
den Schädiger zum Ersatz der Wiederbeschaffungskosten verpflichtet. Erhebli-
ches Gewicht hat hier die Vorstellung „frustrierter Aufwendungen"; ihr Wert
als Vermögensschaden hilft die Schwelle des § 253 I zu überspringen. Dasselbe
Ziel wird auch durch den Kommerzialisierungsgedanken erreicht: Der Urlaub
ist durch Arbeit oder Einkommenseinbuße „erkauft" worden, also geldwert.[33]
Man unterscheidet dabei jedoch zwischen vertraglicher und außervertraglicher
Haftung dessen, der einem anderen (erwartete) Urlaubsgenüsse vereitelt. Soweit ein Gut erkauft worden ist, stellt seine Beeinträchtigung durch den Vertragspartner einen materiellen Schaden dar.[34]

Zutreffend ist dabei der Gedanke, daß durch vertragliche Begründung einer
Leistungspflicht auch die vermögenswerten Erwartungen des Gläubigers festgelegt und umschrieben werden. Die Nichtbenutzbarkeit von Sporteinrichtungen
beeinträchtigt nur dann den Wert des Urlaubs, wenn sie Teil der versprochenen
Reiseleistung und damit Teil des vertraglich geschuldeten Wertes waren. Jedoch
folgt daraus nicht notwendig eine Beschränkung derartiger Schadensersatzansprüche auf den Vertragsschuldner: Wird der Tennisurlaub durch eine von einem Dritten schuldhaft verursachte Armverletzung beeinträchtigt, so könnte
diese Beeinträchtigung als Schaden ebenso zu beurteilen sein, als ob die versprochenen Tennisanlagen nicht zur Verfügung gestanden hätten und der Vertragspartner in Anspruch genommen worden wäre. Auch hier gilt, daß die Gerichte den Vermögenswert von verletzten Gütern präjudiziell statuieren können. Ist das in Bezug auf vertraglich konkretisierte Rechtspositionen geschehen,
dann kann deren Wert auch als Teil eines Schadens bei deliktischer Verletzung
berücksichtigt werden. Entscheidend sollte dabei der (unten Rn. 309f. zu erör-
ternde) Schutzbereich der verletzten (außervertraglichen) Verkehrspflicht sein,
der bei Körperverletzungen durchaus den eventuellen Verlust bereits erkauften
Urlaubsnutzens umfassen kann.

---

[33] Vgl. BGHZ 63, 98.
[34] Vgl. BGHZ 63, 98, 102; BGHZ 77, 116; nach BGHZ 86, 212 soll jedoch nur die Beeinträchtigung durch den Vertragsschuldner zu Schadensersatzansprüchen wegen beeinträchtigten Urlaubsgenusses führen, da nur im Verhältnis zum Vertragsschuldner der Urlaubsgenuss
als Vertragsgegenstand kommerzialisiert sei; anders im Ansatz BGHZ 60, 214. In der Lit. wird
diese Rspr. überwiegend abgelehnt, s. *Lange* (Lit. vor Rn. 247), WM 1990, Sonderbeil. 7, 4;
Staudinger/Schiemann, § 253 Rn. 17ff.; befürwortend jedoch *MünchKomm/Oetker*, § 249
Rn. 88, 90: Maßgebend sei allein, daß das Gut auf dem Markt hätte zu Geld gemacht werden
können, ein Vermögensschaden sei deshalb in Höhe des während des Urlaubs oder der sonstigen Freizeit erzielbaren Einkommens zu bejahen; s. zum Ganzen auch die Urteilsanmerkung
von *Stoll*, JZ 1975, 252–255.

270   § 651f II hat für den Fall vereitelter oder erheblich beeinträchtigter Reise einen Entschädigungsanspruch wegen nutzlos aufgewendeter Urlaubszeit gesetzlich geregelt. Die Vorschrift wird je nach Grundentscheidung entweder als Bestätigung der Möglichkeit, vertane Urlaubszeit als Vermögensschaden zu sehen, gewertet oder als gesetzliche Ausnahme zur Grundregel des § 253 I. Allerdings ist fraglich, ob § 651f II dem Art. 5 der sog. Pauschalreise RL[35] und ihrer Auslegung durch den EuGH[36] entspricht, weil er eine „erhebliche" Beeinträchtigung voraussetzt, eine Schwelle, die die Pauschalreise RL nicht kennt.[37] Die Frage der „deliktischen" Ersatzfähigkeit, d.h. der durch Verletzung der durch die außervertragliche Haftungsordnung geschützten Rechtsgüter eingetretenen Urlaubsbeeinträchtigung, bleibt offen, da nur der vertraglich gebundene Reiseveranstalter haftet.[38]

3. Ungewolltes Kind als Vermögensschaden?

Lit.: *Boin*, Unterhaltsbelastung für ein Kind als Schaden – Eine unendliche Geschichte? JA 1995, 425–431; *Engelhardt*, Kind als Schaden?, VersR 1988, 540–544; *Hauberichs*, Haftung für neues Leben im deutschen und englischen Recht. Eine Darstellung am Beispiel der unerwünschten Geburt eines gesunden Kindes, Berlin 1998; *Lange*, Haftung für neues Leben? Abhandlungen der geistes- und sozialwissenschaftlichen Klasse der Akademie der Wissenschaften und der Literatur, 1991, Nr. 2; *Picker*, Schadensersatz für das unerwünschte Kind („Wrongful Birth"), AcP 1995, 484.

271   Kommt es aufgrund ärztlicher Fehler, z.B. einer fehlgeschlagenen Sterilisation, falscher Beratung über Schwangerschaftsverhütung oder einer nicht rechtzeitig erkannten und deshalb trotz Vorliegens gesetzlicher, rechtfertigender (und nicht nur Strafbarkeit ausschließender) Gründe nicht abgebrochenen Schwangerschaft zur **Geburt eines ungewollten Kindes**, dann ist fraglich und wird außerordentlich kontrovers behandelt, ob und inwieweit ein Vermögensschaden gegeben ist. Die Rechtsprechung des BGH hatte das grundsätzlich bejaht[39] und als Schaden Unterhaltsaufwendungen und Geburtskosten grundsätzlich zuerkannt.[40] Der 2. Senat des BVerfG hatte dann jedoch in seinem Schwan-

---

[35] Richtlinie 90/314/EWG des Rates über Pauschalreisen, ABl.EG Nr. L 158 v. 23.06.1990, 6.

[36] EuGH Urteil v. 12.03.2002 – C-168/00 (Simone Leitner), Slg. 2002, I-02631.

[37] Vgl. *Tonner*, NJW 2002, 1475, 1476.

[38] Ablehnend BGHZ 86, 212; s.a. *Magnus* (Lit. vor Rn. 247), 201ff. mit weiteren Fällen; zusprechend dagegen OLG Hamm, VersR 1978, 1147.

[39] BGHZ 76, 249, 253ff.; BGH NJW 1992, 1556f. Auch in anderen westlichen Ländern hat die Frage einer Haftung für ungewollte Geburt eines Kindes und der daraus folgenden finanziellen Belastungen der Eltern die Gerichte beschäftigt, vgl. *MacFarlane v. Tayside Health Board*, [1999] 3 W.L.R. 1301 (House of Lords); ferner *Hauberichs* (Lit. vor Rn. 271), mit gutem, wenn auch nicht vollständigem Überblick zu Lit. und Rspr., 88ff.

[40] Kritisch *Stürner*, Das nicht abgetriebene Wunschkind als Schaden, FamRZ 1985, 753ff.

gerschaftsabbruchurteil vom 28. 5. 1993[41] ausgeführt: „Die Verpflichtung aller staatlichen Gewalt, jeden Menschen in seinem Dasein um seiner selbst willen zu achten, verbietet es, die Unterhaltspflicht für ein Kind als Schaden zu begreifen." Die Rechtsprechung der Zivilgerichte zur Haftung für ärztliche Beratungsfehler oder für fehlgeschlagene Schwangerschaftsabbrüche sei „im Blick darauf der Überprüfung bedürftig". Die Passage ist in der Literatur teilweise kritisiert worden,[42] und der BGH hat in einer nur einige Monate später ergangenen Entscheidung an seiner Auffassung festgehalten.[43] Der BGH hat dabei darauf abgestellt, daß es den Parteien möglich sein müsse, Verträge mit einem von der Rechtsordnung erlaubten Ziel zu schließen.[44] Der 1. Senat des BVerfG hat dann – in gewissem Widerspruch zum Urteil des 2. Senats – am 12. 11. 1997 entschieden, daß die Rspr. der Zivilgerichte nicht gegen Art. 1 I GG verstoße.[45]

Soweit die Familienplanung und deren unterhalts- oder steuerrechtliche Implikationen danach ein zulässiger Vertragsgegenstand sein können,[46] kommt   **272** auch eine vertragliche Haftung bei Verletzung der betreffenden Pflichten in Betracht. Entscheidend ist bei einem auf Verletzung eines Behandlungsvertrages gestützten Schadensersatzanspruch allerdings, ob die vertragliche Verpflichtung des Arztes gerade vor dem eingetretenen Schaden schützen wollte und dieser Schutzzweck von der Rechtsordnung hingenommen wird. Das ist sicher dann nicht der Fall, wenn die betreffende Pflicht oder der Vertrag insgesamt verbotswidrig und deshalb nach § 134 nichtig ist, etwa wenn der Einsatz unzulässiger Mittel, z.B. eines verbotenen Schwangerschaftsabbruchs vorgesehen ist.[47] Ausgeschlossen ist ein entsprechender Schutzzweck außerdem, soweit er sich etwa nicht mit dem Zweck einer die Abtreibung ermöglichenden Indikation

---

[41] NJW 1993, 1751, 1764.

[42] S. *Boin*, (Lit vor Rn. 271); *Deutsch*, Schadensrecht und Verfassungsrecht: Akt II, NJW 1994, 776–778; *ders.*, Das Kind oder sein Unterhalt als Schaden, VersR 1995, 609–616; *ders.* in Unerlaubte Handlungen (Lit. vor Rn. 247); *Giesen*, Schadenbegriff und Menschenwürde – zur schadenrechtlichen Qualifikation der Unterhaltspflicht für ein ungewolltes Kind, JZ 1994, 286–292.

[43] BGH v. 16. 11. 1993, NJW 1994, 788 ff.: Haftung für fehlerhafte genetische Beratung, die zum Austragen eines (weiteren) behinderten Kindes führte; zuletzt BGH NJW 2002, 2636 ff.

[44] BGH NJW 1994, 788, 790 f.

[45] NJW 1998, 519, 522.

[46] Vgl. BGH NJW 2000, 1782, 1783: Vermeidung wirtschaftlicher Belastung kann vom Schutzzweck des Beratungs- oder Behandlungsvertrags umfaßt sein (was in concreto jedoch verneint wurde); zu den Schutzzwecken s. auch *Gehrlein*, NJW 2000, 1771 f. Auch das Bundesverfassungsgericht will grundsätzlich vertrags- und deliktsrechtliche Sanktionen bei Schlechterfüllung von Beratungs- und Behandlungspflichten zulassen, s. BVerfG NJW 1993, 1751, 1764. Zur Familienplanung als vertragliches Schutzgut s. noch *Stoll*, Haftungsfolgen im Bürgerlichen Recht, 1993, 266 ff., 276 ff. (rechtsvergleichend). Gegen einen entsprechenden Schutzzweck des Arztvertrages jedoch *A. Roth*, Unterhaltspflicht für ein Kind als Schaden? NJW 1994, 2402 ff. gegen BGH NJW 1994, 788 ff. (oben Fn. 44).

[47] Vgl. BGH NJW 1995, 1609 ff.

deckt. Bei mißlungenem Schwangerschaftsabbruch im Falle sozialer Indikation kann der Vertrag zwar (auch) darauf gerichtet sein, die Patientin vor unwägbaren wirtschaftlichen Belastungen zu schützen, doch entfällt ein Schadensersatzanspruch wegen des Unterhalts dann, wenn die ungünstige Prognose sich nicht bestätigt und die wirtschaftlichen Belastungen der Mutter nicht über das hinausgehen, was die Rechtsordnung jeder Mutter zumutet.[48] Dabei ist freilich immer zu beachten, daß keinesfalls das Kind selbst einen Schaden darstellt, sondern lediglich die aus familiärer Bindung bestehenden Unterhaltspflichten einen solchen darstellen können. Dessen Erfassung vom Schutzzweck vertraglicher Pflichten wird freilich häufig – auch unterhalb der Strafbarkeitsschwelle – § 138 entgegenstehen.

273   Auch eine deliktsrechtliche Haftung dessen, der gegen den Willen der Mutter eine Schwangerschaft verursacht, kommt in Betracht. Die ungewollte Schwangerschaft ist Gesundheitsbeeinträchtigung der Frau i.S. des § 823 I und wohl auch eine Verletzung ihres Persönlichkeitsrechts.[49] Auch hier ist für die Ersatzfähigkeit des Schadens zunächst nach dem Schutzbereich der verletzten außervertraglichen Verhaltenspflicht zu fragen. Arzt- und Klinikkosten, die durch die Entbindung verursacht worden sind, liegen zweifelsfrei im Schutzbereich der verletzten Norm. Auch Schmerzensgeld ist geschuldet.[50] Nach der Entscheidung des Bundesverfassungsgerichts könnte allein fraglich sein, ob auch bei einer deliktischen Haftung, d.h. unabhängig von einem Vertrag, für den die Parteien privatautonom die geschützten Interessen festlegen können, Unterhaltsaufwand der verletzten Mutter als kausale Folge ihrer Gesundheitsbeeinträchtigung zum Schutzbereich der verletzten Norm gehört (hierzu unten Rn. 309 f.); m.E. ist das anzunehmen.

4. Arbeitskraft

Lit.: *Würthwein*, Beeinträchtigung der Arbeitskraft und Schaden, JZ 2001, 337–347.

274   Die **Beeinträchtigung der Arbeitskraft** wirkt sich als Vermögensschaden aus, sofern daraus Verdienstausfall entsteht. Fraglich ist jedoch, ob bei Verletzung eines Nicht-Berufstätigen oder einer Person, deren Arbeitsleistung für die Dauer der Gesundheitsbeeinträchtigung durch andere (mit-)erbracht wird, ein Vermögensschaden anzunehmen ist. Nach hL ist die Arbeitskraft selbst kein Vermögensgut.[51] Um der verletzten Hausfrau, deren Aufgaben im Haushalt von Ehe-

---

[48] BGH NJW 1992, 1556f.; zum Ganzen auch *Gehrlein*, oben Fn. 46.
[49] S. BGH NJW 1984, 2625, 2626; LG Berlin, NJW 1985, 2200.
[50] BGH NJW 1984, 2625, 2626.
[51] Vgl. *MünchKomm/Oetker*, § 249 Rn. 78; *Honsell* (Lit. vor Rn. 247), JuS 1991, 441, 446; anders sieht die hL wohl *Würthwein* aaO (Lit. vor Rn. 274), 338, die selbst einen schadenser-

mann und Kindern übernommen worden sind, gleichwohl Schadensersatz zukommen zu lassen, hat der BGH früher den Gedanken des „normativen" Schadens, d.h. des von einer echten Vermögensdifferenz unabhängigen Schadens nutzbar zu machen versucht.[52] Richtiger Ansicht nach ist die Arbeitskraft jedoch ein vermögenswertes Gut unabhängig davon, in welcher Höhe sich ihre Verletzung auswirkt, d.h. wie viel sie „wert" ist.[53] So hat der BGH auch im Zusammenhang mit notwendigen Verwendungen in Form von Eigenarbeit zur Erhaltung eines Bauwerks ausgeführt, „daß die Arbeit schadensrechtlich als ein Vermögenswert angesehen wird, wenn sich für sie ein Marktwert ermitteln läßt".[54]

Beispiel: Die Klägerin hatte ehrenamtlich karitative Tätigkeiten im Sozialdienst übernommen, für die keine Vergütung gezahlt wurde. Aufgrund eines von der Beklagten zu verantwortenden Unfalls konnte sie diese Aufgaben einige Monate lang nicht erfüllen. Für den Ausfall der ehrenamtlichen Tätigkeit machte sie Schadensersatz in Höhe von 35 000 DM geltend. Das Gericht ging von einem Stundensatz von 15 DM aus und sprach den eingeklagten Betrag zu. Es ging dabei davon aus, daß die unentgeltlich erbrachten Dienstleistungen einen Marktwert hätten, der im Falle ihrer Beeinträchtigung einen Vermögensschaden darstelle.[55]

Das eigentliche Problem liegt in der Berechnung ihres Wertes und damit des Schadens. Wo Arbeitskraft ohnehin nicht kommerziell verwertet werden kann – etwa im Beispiel von Kindern –, kann ihre Verletzung auch noch kein vermögenswertes Gut beeinträchtigt haben.[56] Besondere Schwierigkeiten bereiten insbesondere die Fälle, in denen die Nachteile infolge der Verletzung durch Leistungen Dritter teilweise ausgeglichen worden sind; insoweit geht es um ein Problem der sog. Vorteilsausgleichung (dazu unten Rn. 323 ff.).

---

satzrechtlich relevanten Verlust verneint: Allenfalls bei Bemessung des Schmerzensgeldes zu berücksichtigender immaterieller Schaden oder bei Vorhinderung konkreter Arbeitsleistungen, s. 344f.

[52] BGHZ (GS) 50, 304; dazu *Hagen* (Lit. vor Rn. 247), FS Hauß, 95f.

[53] Zutreffend *MünchKomm/Oetker*, § 249 Rn. 79. Vgl. auch OLG Hamm, BB 1989, 1226: (Erfolgreiche) Klage eines Malers, der durch eine Körperverletzung gehindert worden war, unter Einsatz seiner Arbeitskraft seine eigene Wohnung zu tapezieren; ferner LG Zweibrücken, NJW 1993, 3207.

[54] BGH NJW 1996, 921, 922. Das muß aber auch für die Arbeitskraft als Quelle der Arbeitsleistung gelten, obwohl der BGH insoweit an seiner früheren Rspr. festhalten will, aaO 922.

[55] LG Karlsruhe, NJW-RR 1996, 1239, 1241. Allerdings ging auch das Landgericht vom Grundsatz aus, daß die Arbeitskraft als solche kein ersatzfähiges Vermögensgut sei. Ein Vermögenswert stelle aber der konkrete Arbeitseinsatz dar, „genauer: Das Arbeitsergebnis (die Dienstleistung oder das durch die Arbeit hergestellte Gut), sofern die Arbeitsleistung einen Marktwert hat ...".

[56] Vgl. den Fall OLG Celle, NJW 1988, 2618 (Verletzung eines Ordensbruders) und dazu *Gotthardt*, JuS 1995, 12ff.

275   Von der **Beeinträchtigung der Arbeitskraft** zu unterscheiden ist der **Einsatz eigener Arbeitskraft** zur Minderung des Schadens und Abwicklung des Schadensfalles. Zur Minderung ist der Geschädigte schon nach § 254 II 1 gehalten. Aber auch die Abwicklung eines Schadensfalles kann erheblichen Arbeits- und Zeitaufwand verursachen, etwa Schriftverkehr mit einer Versicherung, Behördengänge, Wartezeiten beim Arzt usw. Der BGH sieht diese Mühewaltung im Rahmen des Üblichen, sie sei deshalb dem Pflichtenkreis des Geschädigten zuzuordnen.[57] Das wird m.E. zu Recht kritisiert: In Fällen, in denen der Geschädigte nicht durch § 254 II 1 gehindert wäre, Dritte mit der Abwicklung seines Schadens zu beauftragen (etwa einen Anwalt) und die daraus entstandenen Kosten als Teil seines Schadens geltend zu machen, muß auch der Einsatz eigener Kapazität und Freizeit entschädigt werden.[58] Erst recht muß der Geschädigte den Ersatz solcher ihm entstehenden Kosten verlangen können, welche ihrem Ursprung in einem Rettungsversuch haben, sei dieser erfolgreich oder erfolglos (Rettungskosten).

V. Entgangener Gewinn

276   Nach der Differenzhypothese gehören entgangene Gewinne, Verdienstausfall usw. selbstverständlich zum ersatzfähigen Schaden; § 252 S. 1 hat nur klarstellende Funktion. § 252 S. 2 enthält eine Beweiserleichterung für den Geschädigten; den „im gewöhnlichen Verlauf der Dinge oder nach den besonderen Umständen" wahrscheinlichen Gewinn braucht er nicht zu beweisen.

Beispiel: Der in den letzten Jahren erzielte Umsatz und Gewinn einer Praxis ist auch weiterhin zu erwarten gewesen. Der Schädiger muß, wenn er diese Vermutung widerlegen will, beweisen, daß die Umsätze der Praxis gefallen wären, etwa wegen Schließung eines großen Betriebs in der Nachbarschaft, dessen Arbeitnehmer Patienten des verletzten Arztes waren.

Zugunsten eines Gebrauchtwagenhändlers, der einen verkauften, aber vom Kunden nicht abgenommenen Gebrauchtwagen später zum selben Preis anderweitig verkauft, wird vermutet, daß er bei ordnungsmäßiger Erfüllung des ersten Kaufvertrages dem Zweitkunden ein anderes, gleichwertiges Fahrzeug verkauft hätte.[59]

Der Geschädigte ist aber nicht gehindert, einen höheren Schaden darzutun, etwa entgangene Gewinne aus Spekulationsgeschäften mit Aktien, die der

---

[57] BGHZ 66, 112; BGHZ 75, 230, 231 ff.

[58] Vgl. hierzu *Weimar*, Der Einsatz der eigenen Arbeitskraft im Schadensersatzrecht, NJW 1989, 3246–3250; grundsätzlich für Ersatzfähigkeit, wenn auch differenzierend und mit unterschiedlichen Begründungen *Lipp*, NJW 1992, 1913; *Christian Huber*, Schadensbemessung und ökonomische Analyse des Rechts, in: Jahrbuch Junger Zivilrechtswissenschaftler 1990, 133 ff., 140 f., 147 ff. sowie (umfassend) *ders.*, Fragen der Schadensbemessung, Wien/New York 1993, 618 ff., 642 f.

[59] BGH NJW 1994, 2478 f.

Gläubiger – nachweisbar – mit dem Geldbetrag, den der im Verzug befindliche Schuldner nicht rechtzeitig geleistet hat, bei rechtzeitiger Leistung erlangt hätte.[60]

Problematisch ist ein entgangener Gewinn, den der Geschädigte nur auf gesetz- oder sittenwidrige Weise hätte erzielen können.   277

Beispiel: Der bei einem Unfall Verletzte verlangt (auch) Ersatz für die entgangenen Einkünfte aus Schwarzarbeit.[61]

Nach hL sind jedenfalls gesetzwidrige Verdienste nicht zu berücksichtigen:

Macht der verletzte Arbeitnehmer Ausfall von Verdiensten geltend, die er nur unter Verstoß gegen die Arbeitszeitordnung hätte erreichen können, dann stellt dieser Verdienstentgang keinen erstattungsfähigen Schaden dar.[62]

Besonders strittig ist der – versäumte – sittenwidrige Erwerb, früher etwa der Verdienstausfall der verletzten Prostituierten. Ihr sollte nach BGH nur ein Ersatzanspruch zukommen, der „durch die Höhe eines existenzdeckenden Einkommens" zu begrenzen ist, „das auch in einfachen Verhältnissen von jedem gesunden Menschen erfahrungsgemäß zu erreichen ist".[63] Dies wird in der Literatur überwiegend als rechtlich unhaltbar abgelehnt.[64] Diese Konstellation ist nunmehr aufgrund Änderung der Rechtslage durch das Prostitutionsgesetz v. 20. 1. 2001 (in Kraft seit 1. 1. 2002) – Wirksamkeit des Vertrags zwischen Kunde und Prostituierter – überholt.[65]

VI. Schadensersatz – Wertersatz; abstrakte – konkrete Schadensberechnung

Schadensersatz ist nicht mit Wertersatz des verletzten Guts zu verwechseln: 278
Aufgrund der Differenzhypothese ist das gesamte Interesse zu ersetzen, nicht nur der Wert des beschädigten oder zerstörten Gegenstandes; der objektive Wert kann freilich in der Darstellung des Schadens ein wichtiger Einzelposten

---

[60] Vgl. BGH NJW 1983, 758.

[61] Vgl. LG Oldenburg, NJW-RR 1988, 1496. Angesichts der Rspr., die dem Schwarzarbeiter für seine geleistete Arbeit Bereicherungsansprüche zugesteht (vgl. *Schlechtriem*, Schuldrecht BT, Rn. 744; *Kern*, Die zivilrechtliche Beurteilung von Schwarzarbeitsverträgen, FS Gernhuber, 1993, 191ff.), könnte man das annehmen. M.E. soll der Schwarzarbeiter nur für seine Vorleistungen entgolten werden, nicht (auch noch) hinsichtlich illegaler Gewinnchancen.

[62] Vgl. BGH NJW 1986, 1486; *MünchKomm/Oetker*, § 252 Rn. 7f.; differenzierend *Stürner*, Der entgangene rechtswidrige oder sittenwidrige Gewinn, VersR 1976, 1012–1016.

[63] BGHZ 67, 119, 128.

[64] Vgl. *Stürner*, VersR 1976, 1015f. sowie die Urteilsanmerkung *dess.*, JZ 1977, 176: Entweder ist die Ersatzfähigkeit des sittenwidrigen Verdienstes ganz zu bejahen oder in voller Höhe abzulehnen.

[65] Vgl. *Armbrüster*, Zivilrechtliche Folgen des Gesetzes zur Regelung der Rechtsverhältnisse der Prostituierten, NJW 2002, 2763, 2764f.

sein. Schaden ist also stets „subjektiv" die Auswirkung einer Verletzung in der Gütersituation des Betroffenen, nicht (nur) der objektive Wert des beschädigten oder zerstörten Gegenstandes. Für Naturalrestitution des Differenzinteresses kommt es eben auf den Wert der einzelnen beeinträchtigten Güter nicht an. Ausnahmsweise beschränkt das Gesetz die Haftung jedoch auf einen objektiven und begrenzten Wert, etwa einen **Marktpreis** oder den sog. **gemeinen Wert** einer Sache, so im HGB für Frachtführer;[66] der gemeine Wert muß natürlich in Geld ausgedrückt werden.

Zuweilen ist es unumgänglich, den „Wert" eines Interesses objektiv, d.h. anhand allgemein akzeptierter Berechnungsstandards zu schätzen: Ist die Wiederherstellung in Natur unmöglich, dann richtet sich der Ersatzanspruch auf Geld, § 251 I. Ist aber Wiederherstellung unmöglich, dann kann man meist auch ihre Kosten nicht ermitteln, so daß der statt dessen geschuldete Geldersatz immer am Wert des verletzten Interesses orientiert sein muß. Ähnliches gilt für § 251 II: Die Unverhältnismäßigkeit einer Wiederherstellung kann nur im Vergleich mit einem vom Herstellungsaufwand abweichenden „Wert" bestimmt werden, der weitgehend „objektiv" als Wert des beschädigten Gutes zu bestimmen ist. So ist bei der Beschädigung gebrauchter Kraftfahrzeuge der Wiederherstellungsaufwand mit dem „Zeitwert" gleichwertiger Fahrzeuge zu vergleichen.[67] „Subjektive", d.h. auf die besondere Gütersituation des Geschädigten bezogene Momente können freilich hinzukommen, etwa ein besonderes Affektionsinteresse, eine besondere geldwerte Nutzungsart, z.B. als ausstellungswürdiges Unikat, usw.

1. Unterscheidung Integritätsinteresse – Wertinteresse

279   In der Literatur wird zunehmend davon ausgegangen, daß zwischen Integritätsinteresse (§ 249) und Wertinteresse des Geschädigten (§ 251) zu unterscheiden sei. Naturalrestitution und der dafür erforderliche Geldbetrag hätten Vorrang, doch schränke § 251 II im Interesse des Schadensersatzschuldners durch die Opfergrenze der Unverhältnismäßigkeit die Ersatzpflicht ein.[68] Es handelt sich aber wohl nur um verschiedene Möglichkeiten der Bestimmung des Inhalts des Schadensersatzanspruchs und seiner Bemessung (dazu unten Rn. 286 ff.), nicht um fundamental verschiedene Schadensbegriffe.

---

[66] S. §§ 429 III, 658 I HGB.

[67] Vgl. auch die Berechnungsmethoden für den Schadensersatz bei Zerstörung von Bäumen in OLG Düsseldorf, NJW-RR 1997, 856 f.

[68] Vgl. zunächst *Oetker* (Fn. 16), NJW 1985, 347 f.; zum Ganzen unten Rn. 291 ff.

2. Abstrakte und konkrete Schadensberechnung

Keine Einschränkung des Schadensbegriffes der Differenzhypothese liegt in **280** der Unterscheidung von **abstrakter** und **konkreter Schadensberechnung.** Bei konkreter Schadensberechnung muß der Schadensersatzgläubiger seinen Schaden konkret dartun und – im Falle des Bestreitens durch den Schädiger – beweisen, also z. B. die Differenz zwischen dem Einkaufspreis von Ersatzware (Deckungsgeschäft) und dem Vertragspreis oder die (durch Abnahmeverweigerung des Käufers entgangene) Gewinnspanne zwischen Herstellungskosten und Vertragspreis.[69] Für den Anspruch auf Schadensersatz statt der Leistung i.S. von §§ 280 III, 281–283 gestattet die Rechtsprechung dem Gläubiger aber auch, seinen Schaden nicht nur konkret als Vermögensdifferenz zu berechnen, sondern „abstrakt" als Differenz zwischen Vertragspreis und Marktpreis, wobei die Differenz entweder als solche zwischen Vertragspreis und dem Preis eines hypothetischen Deckungsgeschäfts oder zwischen Vertragspreis und hypothetischem Gewinngeschäft zu berechnen ist.[70]

Der Verkäufer, dem die Ware nicht abgenommen wird, kann als Nichterfüllungsschaden also die Differenz zwischen einem hypothetischen Deckungsverkauf auf dem Absatzmarkt und dem Vertragspreis als pauschalierten Mindestschaden fordern und damit vermeiden, die Kalkulation eines tatsächlich getätigten Deckungsverkaufs offen zu legen. Entsprechend kann der Käufer, der die Ware nicht erhält, als pauschalen Mindestschaden die Differenz zwischen seinem hypothetischen Deckungs-(ein-)kauf und dem Vertragspreis fordern, ohne nachweisen zu müssen, wie viel er tatsächlich für ein Deckungsgeschäft gezahlt hat. Er kann aber auch einen (hypothetischen) gewinnbringenden Weiterverkauf der Differenzberechnung zugrunde legen.

Die abstrakte Schadensberechnung weicht insoweit von der Differenzhypothese ab, als der Schädiger den Geschädigten nicht ohne weiteres darauf verweisen kann, daß der Schaden tatsächlich niedriger sei, weil der Geschädigte aus einem konkret getätigten Deckungsgeschäft die Differenz zum Vertragspreis geringer halten konnte.[71] Wo und soweit die Vornahme eines konkreten Deckungsgeschäftes aber in Erfüllung der Obliegenheit des geschädigten Gläubigers zur Schadensminderung – § 254 II 1 (Rn. 313ff.) – geschehen ist, muß die geringere Differenz für die Schadensberechnung maßgebend sein.[72]

---

[69] Vgl. BGHZ 107, 67; dort auch zur Frage, ob und inwieweit ersparte Unkosten – General- und Spezialunkosten – in Anrechnung zu bringen sind.

[70] Grundlegend BGH NJW 1998, 2901, 2902; BGH NJW 2000, 1409, 1410 zu Einzelheiten der Berechnungsmöglichkeit s. *Wiedemann,* Thesen zum Schadensersatz wegen Nichterfüllung, FS Hübner, Berlin 1984, 719, 721; *Bardo,* Die „abstrakte" Berechnung des Schadensersatzes wegen Nichterfüllung beim Kaufvertrag, Berlin 1989, 28ff., 44ff., 55ff.; *U. Huber,* Wandlungen im Recht des Handelskaufs, ZHR 161 (1997), 160–185, 168ff.

[71] Das CISG entscheidet in Art. 76 I anders: Abstrakte Schadensberechnung nur, falls kein Deckungsgeschäft getätigt worden ist.

[72] BGH NJW 2000, 1409, 1410; vgl. ferner *Soergel/Wiedemann,* § 325 Rn. 43, 46; dort

281   Als gesetzliche Grundlage dieser Schadensberechnung wird auf § 376 II
HGB, der freilich nur für Handelskäufe gelten würde, aber auch auf § 252 S. 2
verwiesen.[73] Ob § 252 S. 2 eine Schadensberechnungsregel enthält, ist freilich
umstritten. Da dem Geschädigten stets die Möglichkeit „konkreter" Schadensberechnung bleibt, bei der ihm für den entgangenen Gewinn § 252 S. 2 ebenfalls
Beweiserleichterung gewährt, ist die Bedeutung des Streits geringer als zunächst anzunehmen: Werden die Anforderungen an die Widerlegung der Vermutung, daß die Differenz zwischen Vertrags- und Marktpreis als Gewinn „im
gewöhnlichen Lauf der Dinge" gemacht worden wäre, hoch angesetzt, läuft die
Anwendung des § 252 S. 2 auf eine Art abstrakter Schadensberechnung mit Gegenbeweismöglichkeit hinaus.[74] Die nicht immer eindeutige Abstützung der ab-
strakten Schadensberechnung mit § 376 II HGB und § 252 S. 2 ist deshalb eher
Verschleifung in der Begründung als im Ergebnis.[75] Abstrakte Schadensberechnung außerhalb des Anwendungsbereichs des § 376 II HGB ist strittig, wird
aber von der Rechtsprechung praktiziert.[76]

VII. Erfüllungs- und Vertrauensschaden (positives und negatives Interesse)

282   Bei Leistungsstörungen oder haftbar machender Unwirksamkeit rechtsgeschäftlicher Verpflichtungen beschreibt das Gesetz den ersatzfähigen Schaden
oft entweder als „Schadensersatz statt der Leistung" (früher: wegen Nichterfüllung) oder als „Vertrauensschaden". Freilich geht es bei dieser Einteilung
letztlich nicht um zwei völlig verschiedene Schadenskategorien. Vielmehr
handelt es sich lediglich um eine frühe Ausformung der Verknüpfung des
Schutzzwecksder verletzten Pflicht mit dem Umfang des ersatzfähigen Schadens. Die hier berichtete Kategorienbildung ist damit letztlich überflüssig (s.
schon oben Rn. 45).

283   1. **Schadensersatz statt der Leistung** ist die (gesamte) Differenz im Vermögen
des Gläubigers, die durch das Ausbleiben oder die Zurückweisung einer Leistung entstanden ist (s. unten Rn. 618). Allerdings gelten in Anwendung der

---

auch zum Gegeneinwand des Schadensersatzgläubigers, daß er das konkrete Deckungsgeschäft zum günstigen Preis gar nicht zur Deckung getätigt hat, sondern ohnehin und zusätzlich
abgeschlossen hätte.
[73] BGH NJW 2000, 1409, 1410: „Beweiserleichterung".
[74] So BGH NJW 2000, 1409, 1410.
[75] Dass eine Gegenbeweismöglichkeit wie in § 252 S. 2 die Einordnung als „abstrakte" Schadensberechnung nicht hindern muss, zeigt Art. 76 I 1 CISG.
[76] Krit. *Medicus*, Schuldrecht I, 16. Aufl., § 58 III, Rn. 672 m. w. N.; aus der Rspr. s. BGHZ 62,
103, 107: einer Geschäftsbank vorenthaltene Geldbeträge; BGHZ 104, 337, 344ff.: bei Verzug des Kreditschuldners abstrakte Schadensberechnung auf der Grundlage des Durchschnitts-
zinssatzes unter Zugrundelegung der zur Zeit des Verzuges marktüblichen Bruttosollzinsen
und der Geschäftsstruktur der Gläubigerbank.

§§ 249 ff. gewisse Einschränkungen: Schadensersatz statt der Leistung kann nicht als Naturalrestitution verlangt werden, wenn diese auf eine nach dem Gesetz nicht (mehr) geschuldete Erfüllung hinauslaufen würde (s. unten Rn. 288).

Können Käufer oder Werkbesteller nicht (mehr) Nacherfüllung nach §§ 439 I oder 635 I, aber Schadensersatz statt der Leistung verlangen,[77] dann können sie auch nicht Mängelbeseitigung als Naturalrestitution mit einem Schadensersatzanspruch, sondern nur Geldersatz beanspruchen.[78]

Auf eine „Wertdifferenz" im Vermögen des Gläubigers (Käufer oder Werkbesteller) kommt es dagegen nicht an: Ist der aufgrund eines Kaufvertrages gelieferte Gegenstand statt in der vereinbarten Farbe grün in rot geliefert worden, dann kann Ersatz des Mangelschadens (als Schadensersatz statt der Leistung) auch dann verlangt werden, wenn die „falsche" Farbe den Wert der Maschine nicht mindert. Hat der Werkunternehmer das herzustellende Schwimmbad nur mit einer Wassertiefe von 3 m statt, wie im Werkvertrag ausdrücklich vereinbart, 3,50 m gebaut, so kann der für die Mangelbeseitigung erforderliche Betrag auch dann verlangt werden, wenn keine feststellbare Wertminderung des Schwimmbeckens vorliegt

Grenze für einen an den Mangelbeseitigungskosten ausgerichteten Schadensersatzanspruch ist § 251 II 1. Der Schadensersatzgläubiger kann seinen Schaden freilich auch als Minderwert der mangelhaften Leistung berechnen, doch ist dann eine Wertdifferenz erforderlich. Auch begrenzt die Deckungsreichweite der verletzten Pflicht den Umfang des ersatzfähigen Schadens (s. Rn. 309).

2. **Vertrauensschaden** (negatives Interesse) sind Aufwendungen oder Verluste, die dem Partner entstanden sind, weil er auf einen Umstand vertraut hat, **284** welcher nicht besteht oder nicht eintritt. Häufig ist dieser Umstand die Gültigkeit des Rechtsgeschäfts. Der Geschädigte muß nun so gestellt werden, als ob er von dem ungültigen Geschäft nie etwas gehört hätte. Beispiele sind § 122 (Nichtigkeit einer nicht ernstlich gemeinten – § 118 – oder nach den §§ 119f. angefochtenen Willenserklärung), § 179 II (Haftung des Vertreters ohne Vertretungsmacht, der den Mangel seiner Vertretungsmacht nicht gekannt hat), aber funktional auch § 284 (Ersatz vergeblicher Aufwendungen, dazu unten Rn. 645). Beispiele für Vertrauensschäden sind **Auslagen** und **Aufwendungen** in Hinblick auf das Geschäft

– der Grundstückskäufer hat im Vertrauen auf die Gültigkeit des Kaufvertrages bereits einen Vertrag mit dem Architekten abgeschlossen; der Käufer eines Pferdes hat bereits einen Stall gebaut –

oder Verzicht des Betroffenen auf ein anderes Geschäft

---

[77] Einzelheiten sind bei den Haftungstatbeständen darzustellen.
[78] Vgl. den englischen Fall *Ruxley Electronics and Construction Ltd. v. Forsith*, [1994] 1 W.L.R. 650.

– der Werkunternehmer hat im Vertrauen auf den erteilten Auftrag zur Errichtung eines Gebäudes andere Aufträge ausgeschlagen, die ihm möglicherweise höheren Gewinn gebracht hätten.

Da ausnahmsweise das negative Interesse das Erfüllungsinteresse übersteigen kann,

Beispiel: Bei den im oben genannten Beispiel ausgeschlagenen Aufträgen hätte der Bauunternehmer einen höheren Gewinn als aus dem wegen Nichtigkeit nicht durchgeführten Vertrag zu erwarten gehabt,

beschränkt das Gesetz den Ersatz des Vertrauensschadens in einer Reihe von Vorschriften auf den Betrag des Erfüllungsinteresses, s. §§ 122, 179 II. Die nach § 284 ersatzfähigen Aufwendungen, sowie der Schadensersatz nach §§ 523 I, 524 I, 600 sind dieser Einschränkung nicht unterworfen.

285   **Besondere Schwierigkeiten bereitete früher das sog. Erhaltungsinteresse** bei der Einordnung als negatives oder positives Interesse.

Beispiel: Der Käufer verunglückt mit dem gekauften Fahrzeug aufgrund mangelhafter Bremsen; später ficht der Verkäufer den Kaufvertrag wegen eines Irrtums nach § 119 an.

Man kann das Erhaltungsinteresse zwar dogmatisch dem negativen Interesse zuordnen; es ist aber nicht an die gesetzlichen Begrenzungen des ersatzfähigen Schadens auf die Höhe des Erfüllungsinteresses wie z.B. in § 122 I zu binden. Andererseits ist der Schaden aus einer solchen Verletzung nur zu erstatten, wenn und soweit die Voraussetzungen des § 280 I vorliegen; die verletzte Pflicht ist im Falle der Anfechtung eine gesetzliche Schutzpflicht aus §§ 311 II, 241 II. Der verunglückte Käufer kann Ersatz seines Körperschadens deshalb unabhängig von der Höhe des Erfüllungsinteresses verlangen.

§ 2 Inhalt des Schadensersatzanspruchs

I. Naturalrestitution

286   § 249 I enthält den **Grundsatz der Naturalrestitution**: Der Schädiger muß den Zustand wiederherstellen, der in der Gütersituation des Betroffenen ohne das schädigende Ereignis bestanden hätte bzw. entstanden wäre.

Der Geschädigte kann vom Dieb Rückgabe der gestohlenen Sache verlangen (unabhängig von einem ihm vielleicht zustehenden Eigentümerherausgabeanspruch), von dem ohne Vollmacht und ohne Auftrag über seine Grundstücke Verfügenden Rückverschaffung des (Buch-)Eigentums, von demjenigen, der schuldhaft Schutt auf seinem Grundstück abgeladen hat, Beseitigung, vom Verleumder Widerruf unrichtiger Tatsachenbehauptungen usw. Naturalrestitution kann also unabhängig davon verlangt werden, ob ein Vermögensschaden oder ein immaterieller Schaden vorliegt.

Von diesem Grundsatz der Wiederherstellung in Natur gelten jedoch zahlreiche Ausnahmen, in denen statt Wiederherstellung Geldersatz verlangt werden kann bzw. muß; in der Praxis dürfte Schadensersatz in Geld der Regelfall sein. Gleichwohl verlangt das durch §§ 249 ff. begründete Regel-Ausnahme-Verhältnis immer nach einer gesonderten Begründung für die Gewährung des Geldersatzes.

II. Schadensersatz in Geld

Die im folgenden darzustellenden umfangreichen Ausnahmen vom Grundsatz der Naturalrestitution folgen weitgehend einem Muster, wie es sich für das Verhältnis von Erfüllungsanspruch und Schadensersatz in den §§ 280 III, 281–283 in einer jüngeren Ausgestaltung findet (zum Verhältnis der §§ 249 ff. zu diesen Vorschriften s. sogleich Rn. 288). Gleichwohl darf bei der Prüfung der § 249 ff. der Umstand nicht aus dem Auge verloren werden, daß dieses immer nur *im Rahmen* eines Schadensersatzanspruchs geschieht.   287

1. Ist Wiederherstellung in Natur – wie bei Unfallschäden oft – nicht möglich oder zur Entschädigung des Gläubigers nicht ausreichend, muß eine Entschädigung in Geld geleistet werden, § 251 I. Unmöglichkeit der Herstellung kann auf tatsächlichen oder rechtlichen Gründen beruhen: Ein aufgrund Verschulden des Lotsen gesunkenes Schiff kann nicht mehr gehoben werden, unberechtigte Nutzungen fremder Sachen – oder entgangene Nutzungen eigener Sachen – können nicht in Natur erstattet werden, die Erblindung aufgrund eines Unfalls ist nicht mehr zu beheben (tatsächliche Unmöglichkeit).[79] Rechtliche Unmöglichkeit der Wiederherstellung in Natur liegt insbesondere vor, wenn der Gläubiger Schadensersatz statt der Leistung verlangt: § 281 IV ist insoweit abschließend.[80]   288

Ist die Ladung eines Lkws wegen Alkoholschmuggels des Fahrers, der damit den Transportvertrag schuldhaft verletzt hat, auf dem Transit durch ein islamisches Land beschlagnahmt worden, dann liegt rechtliche Unmöglichkeit der Wiederherstellung, d.h. der Wiederbeschaffung der Ladung, vor.
Zuweilen kann zweifelhaft sein, ob Unmöglichkeit der Wiederherstellung anzunehmen ist: Besteht die Möglichkeit, ein durch Brand zerstörtes altes Wohngebäude durch einen Neubau mit gleicher Sachfunktion zu ersetzen, kann eine Gesamtwürdigung nach der Verkehrsanschauung gleichwohl ergeben, daß eine solche Naturalrestitution ein „aliud" wäre, so daß Unmöglichkeit der Wiederherstellung gegeben ist und Wertersatz gem. § 251 I verlangt werden kann.[81]

---

[79] Vgl. auch BGH NJW 1997, 2595 ff.: Unberechtigtes Unterfangen eines Grundstücks mit Beton, um auf eigenem Grundstück vertiefen zu können.
[80] Dies verkennen *Grigoleit/Riehm*, Die Kategorien des Schadenersatzes im Leistungsstörungsrecht, AcP 203 (2003) 727, 736.
[81] BGHZ 102, 322, 328 f.; dazu die Anm. von *Grunsky*, JZ 1988, 410 f.

289   Zur Entschädigung „ungenügende" Herstellung kann gegeben sein, wenn die Dauerhaftigkeit der Wiederherstellung fraglich[82] oder wenn sie dem Geschädigten nicht zumutbar ist, z.B. bei Beschädigung einer neuen Sache. So kann es dem Geschädigten nicht zumutbar sein, einen neuen oder fast neuen Wagen als „Unfallwagen" zu benutzen, obwohl die Reparatur technisch einwandfrei[83] möglich wäre.

290   Die Formulierung „soweit" zeigt, daß auch eine Mischung von Naturalrestitution und Geldersatz möglich ist: Neben der Reparatur des beschädigten Kraftwagens, die der Schädiger u.U. selbst vornimmt, ist der Schaden in Gestalt der entzogenen Nutzungen, etwa Aufwendungen für öffentliche Verkehrsmittel, Taxi oder Mietwagen bzw. der reine Nutzungsausfallschaden in Geld zu ersetzen. Dagegen liegt keine „Unmöglichkeit der Wiederherstellung" allein deshalb vor, weil der Eigentümer der beschädigten Sache diese verkaufen will oder schon verkauft hat: Wiederherstellung in Natur ist noch beim Erwerber möglich, dem der frühere Eigentümer/Verkäufer dies vielleicht sogar schuldet.[84]

291   2. Der Schadensersatzschuldner **kann** statt Wiederherstellung Geldersatz leisten, wenn Wiederherstellung einen unverhältnismäßigen Aufwand verlangen würde, § 251 II.[85] Der Schuldner hat hier eine *Ersetzungsbefugnis*. Während § 251 I den Gläubiger schützt, soll § 251 II im Gegenteil den Schuldner vor unverhältnismäßiger Ersatzbelastung bewahren. Unverhältnismäßigkeit bestimmt sich nach dem Wert des beeinträchtigten Rechtsguts und nicht danach, ob die für die Wiederherstellung erforderlichen Aufwendungen den Schädiger hart treffen würden. Allerdings wäre § 251 II weithin sinnlos, wenn der Geldersatz den vollen für die Wiederherstellung erforderlichen Betrag umfassen müßte; § 251 II erlaubt deshalb nach hA auch eine Reduktion des als Geldersatz geschuldeten *Schadensersatz*es auf die „verhältnismäßigen" Kosten, da nur insoweit eine Wertdifferenz im Vermögen des Geschädigten entstanden ist und errechnet werden kann. Damit aber wird nicht nur Naturalrestitution, d.h. Wiederherstellung der vollständigen, unversehrten Güterlage verwehrt, sondern auch das Prinzip der Totalreparation eingeschränkt und dem geschädigten *Schadensersatz*gläubiger nur ein Anspruch auf das Wertinteresse zugestanden.[86]

---

[82] Vgl. RGZ 76, 146, 149.

[83] Vgl. *Medicus*, Schuldrecht I, 16. Aufl., § 55 II, Rn. 620.

[84] BGHZ 99, 81; dazu BGHZ 66, 239; BGH NJW 1985, 2469; anders für ein Grundstück BGHZ 81, 385, 390; BGH NJW 1993, 1793f.: „Der deliktsrechtliche Anspruch auf Ersatz fiktiver Reparaturkosten für Haus und Garten geht mit der Veräußerung des Grundstücks unter." Eine Änderung der Rspr. des BGH zeichnet sich ab im Urt. v. 04.05. 2001, NJW 2001, 2250f.

[85] Bsp.: Zerstörung alter Bäume (dazu auch Rn. 293): statt der Kosten für Anpflanzung und lange – evtl. Jahrhunderte lange – Pflege Wertminderung des Grundstücks, vgl. OLG Düsseldorf, NJW-RR 1997, 856.

[86] Die hL setzt deshalb, wie oben Rn. 279 erwähnt, dem Integritätsinteresse des § 249 S. 1

Die „Verhältnismäßigkeit" des zum Schadensausgleich geschuldeten Ersat-   **292**
zes in Form von Geld kann vor allem in zwei Fallkonstellationen schwierig zu
beurteilen sein:
a) Gilt § 251 II auch bei der Verletzung immaterieller Güter bzw. ist ein immaterielles Interesse, z.B. ein Affektionsinteresse, in die Abwägung der Verhältnismäßigkeit einzubeziehen? Bei Personenschäden kann der Geschädigte
die Wiederherstellung des immateriellen Guts „Gesundheit" grundsätzlich ohne Rücksicht auf die Höhe der Kosten verlangen.[87]

Allerdings hat der BGH bei geringfügigen Verletzungen (kleine Narbe), deren vollständige Behebung erhebliche Aufwendungen gefordert hätte, den Geschädigten auf
Schmerzensgeld verwiesen.[88]

Schwieriger war der Fall der Verletzung von Tieren zu beurteilen: Kann der   **293**
Hundehalter die Kosten einer teuren Operation seines Schoßtieres verlangen,
obwohl er für einen Bruchteil des Preises ein gleichwertiges Tier kaufen könnte? Der Gesetzgeber hat durch Einfügung des § 251 II 2 diese strittige Frage zugunsten der Tiereigentümer zu entscheiden versucht, wobei im Einzelfall
schwierig sein kann, wo die zu beachtende Grenze der Unverhältnismäßigkeit
jetzt verläuft.[89]
Immaterielles Interesse kann auch bei anderen Sachen als Tieren eine Rolle
spielen, dürfte aber in der Abwägung regelmäßig geringeres Gewicht haben:
Wird ein Grundeigentümer in seinem Grundstückseigentum durch die Beschädigung einer 200 Jahre alten Kastanie verletzt, so könnte an sich in einer Spe-
zialbaumschule ein gleich alter Baum beschafft und neu angepflanzt oder ein
jüngerer Baum beschafft und 200 Jahre lang gepflegt werden. Im Verhältnis zur
Wertminderung, die das Grundstück durch die Beschädigung seines wesentlichen Bestandteils „Baum" erlitten hat, kann ein solcher Wiederherstellungsaufwand jedoch unverhältnismäßig sein.[90]

---

das Summen- oder Wertinteresse entgegen, s. *Medicus*, Schuldrecht I, 16. Aufl., § 53 II 5,
Rn. 592; der BGH wendet das Prinzip auch bei einem Geldersatzanspruch nach § 249 S. 2 an,
BGHZ 63, 295; BGH WM 1990, 1752, 1754. Er unterscheidet *Restitution* (Restitutionsinteres-
se) nach § 249 und *Kompensation* (Kompensationsinteresse) nach § 251 II, WM 1990, 1752,
1753f.

[87] Für ganz unanwendbar wird § 251 II im Falle von Körperverletzungen oder Gesundheits-
beschädigungen gehalten von *Jauernig/Teichmann*, § 251 Rn. 8 mwN. S. zum Ganzen auch
Oetker (oben Fn. 16), NJW 1985, 345–351: für grundsätzliche Berücksichtigung des Affek-
tionsinteresses 347f.

[88] BGHZ 63, 295, 300f.; BGHZ 97, 14; zustimmend *MünchKomm/Oetker*, § 251 Rn. 49.

[89] Vgl. *Mühe*, Das Gesetz zur Verbesserung der Rechtstellung des Tieres im bürgerlichen
Recht, NJW 1990, 2238–2240. Wird ein relativ wertloser Mischlingshund, an dem jedoch die
Eigentümerin (ein Kind) „mit ihrem ganzen Herzen" hing, verletzt, dann sollen Behandlungskosten von etwa 4.600 DM nicht unverhältnismäßig sein, AG Idar-Oberstein, NJW-RR 1999,
1629f.

[90] Vgl. BGH NJW 1975, 2061: Zu berücksichtigen ist dabei freilich, daß es sich um ein öf-

Ein von einem Bastler in mehrjähriger Freizeitarbeit gebautes Modellboot, dessen Wiederherstellung fast 50.000€ erfordern würde, kann u.U. durch den Wert eines vergleichbaren, auf dem Markt beschaffbaren Objektes ersetzt werden.[91]

294   b) Besonders häufig ist die Frage des unverhältnismäßigen Wiederherstellungsaufwandes bei **Beschädigung gebrauchter Kraftfahrzeuge** zu beurteilen gewesen. Der Laie spricht von einer Reparatur, die sich nicht „lohnt", da man einen vergleichbaren Gebrauchtwagen preiswerter kaufen kann; versicherungstechnisch spricht man von einem „wirtschaftlichen Totalschaden". Gleichwohl können immaterielle Interessen des Fahrzeugeigentümers eine Rolle spielen: Das alte Fahrzeug kann ihm ans Herz gewachsen sein (was regelmäßig keine Berücksichtigung findet), vor allem aber wird er bei jahrelanger Pflege und Instandhaltung die schlechten und guten Seiten des Erhaltungszustandes kennen, die er bei einem ersatzweise angeschafften Gebrauchtfahrzeug erst noch – vielleicht unter erheblichem Kostenaufwand – herausfinden muß. Grundsätzlich bildet der „Wiederbeschaffungswert" jedoch die Obergrenze des ersatzfähigen Schadens. Um dem Vorteil des Vertrautseins mit dem eigenen Fahrzeug, seinen Stärken und Schwächen angemessen Rechnung zu tragen, wird bei Kraftfahrzeugen aber ein Zuschlag von 30% gebilligt; der Geschädigte darf also auch dann Ersatz der erforderlichen Reparaturkosten verlangen, wenn diese den Wiederbeschaffungswert um nicht mehr als 30% übersteigen.[92] Die neuere Rechtsprechung sieht die Abwägung zwischen Reparatur und Ersatzbeschaffung freilich nicht mehr als Frage der „Unverhältnismäßigkeit" (der Reparatur) nach § 251 II, sondern als solche der „Erforderlichkeit" nach § 249 II S. 1 (s. u. Rn. 296), ohne daß dadurch sachliche Unterschiede zur hier berichteten Begründung entstehen.[93]

295   3. In den praktisch wichtigsten Fällen der **Personenverletzung** oder **Sachbeschädigung** gibt § 249 II dem *Schadensersatzgläubiger* eine *Ersetzungsbefugnis*. Er kann statt Wiederherstellung den dafür *erforderlichen* Geldbetrag verlangen. Er soll also grundsätzlich nicht darauf vertrauen müssen, daß der Schä-

---

fentliches Grundstück handelte und ein „Affektionsinteresse" des Landes schwer verifizierbar gewesen sein dürfte; s. auch zu den Berechnungsmethoden OLG Saarbrücken, NJW-RR 1997, 856.

[91] Vgl. den Fall BGHZ 92, 85, 90, wo freilich – m.E. unzutreffend – Unmöglichkeit der Wiederherstellung angenommen und für den Geldersatzanspruch nach § 251 I davon ausgegangen wurde, daß teilweise nur ein Schaden auf ideellem Gebiet vorgelegen habe, so daß der Wert durch Vergleich mit ähnlichen Objekten und ihrem Preis zu ermitteln sei. Vgl. dazu die kritische Anmerkung von *Medicus*, JZ 1985, 42f.: Verhältnismäßigkeit i.S. des § 251 II ließe sich schon deshalb nicht herstellen, weil ein hinter dem Eigenaufwand des Geschädigten zurückbleibender Wert gar nicht feststellbar sei; im übrigen müsse in diesem (als Vergleich heranzuziehenden) Wert auch das immaterielle Interesse berücksichtigt werden.

[92] Grundlegend BGHZ 115, 364; nachfolgend BGH NJW 2003, 2085 u. 2086; s. ferner Rn. 296.

[93] S. hierzu die Urteilsanmerkung von *Lange*, JZ 1992, 480.

diger in der Lage ist, den Körper- oder Sachschaden zu beheben – sei es in Person, sei es durch dazu beauftragte Dritte.[94]

Erforderlich ist der Geldbetrag, den der Geschädigte bei verständiger Würdigung für erforderlich halten durfte. Es gilt jedoch ein „Gebot der Wirtschaftlichkeit": Der Geschädigte hat im Rahmen des ihm Zumutbaren bei der Schadensbehebung „grundsätzlich den wirtschaftlichen Weg zu wählen".[95] Mehrkosten, die durch unwirtschaftliche oder unsachgemäße Maßnahmen einer Werkstatt entstanden sind, können jedoch zum Wiederherstellungsaufwand gehören,[96] es sei denn, den Geschädigten trifft wegen unsorgfältiger Auswahl der Werkstatt eine Mitverantwortung.

Das Merkmal der „Erforderlichkeit" spielt vor allem dann eine Rolle, wenn **296** zur Behebung des Schadens mehrere Wege mit unterschiedlichem Kostenaufwand möglich sind; allerdings kann der vom Schadensersatzgläubiger für erforderlich gehaltene Betrag immer noch unverhältnismäßig und deshalb nach § 251 II herabzusetzen sein (hL). So war oft zu entscheiden, ob bei der Beschädigung eines fast neuen Fahrzeugs Anschaffung eines Neufahrzeugs „erforderlich" war oder ob der Geschädigte sich mit einer Reparatur zufrieden geben mußte.[97] Aber auch sonst, d.h. nicht nur bei Neuwagen, stellt sich die Frage, ob (der Preis für) Wiederbeschaffung eines gleichwertigen Ersatzfahrzeugs oder (die Kosten der) Reparatur „erforderlich" waren, denn beides sind Formen der Naturalrestitution.[98] Unter Berücksichtigung des Interesses des geschädigten Eigentümers an seinem Fahrzeug, das er kennt (oben Rn. 294), hat die Rechtsprechung die Grenze für Reparaturkosten, die höher als die Wiederbeschaffungskosten liegen, bei 130 % gezogen.[99] Bei Eigenreparatur kann der Geschädigte die Werkstattkosten (in dieser Höhe) verlangen.[100] Aus Gründen der Ver-

---

[94] Ob vorauszusetzen ist, daß die Reparatur einer beschädigten Sache tatsächlich durchgeführt worden ist oder ob der Geschädigte auch die fiktiven Reparaturkosten (etwa auf der Grundlage eines Sachverständigengutachtens) verlangen kann, obwohl er nicht reparieren will oder später zu geringeren Kosten hat reparieren lassen, ist strittig, wird aber von der Rspr. und hA grundsätzlich im letzteren Sinne beurteilt, s. BGH NJW 1985, 2469; BGH NJW 1989, 3009. Zum Streitstand s. *Staudinger/Schiemann*, § 249 Rn. 219ff.; *Karakatsanes*, Zur Zweckgebundenheit des Anspruchs aus § 249 S. 2 BGB bei noch nicht durchgeführter Herstellung, AcP 189 (1989), 19–50. Der Gesetzgeber hat in § 249 II 2 (die Streitfrage) entschieden, daß jedenfalls Umsatzsteuer nur zu ersetzen ist, wenn sie angefallen ist, also bei durchgeführter Reparatur; dazu *Müller*, Aktuelle Fragen des Haftungsrechts, ZVS 2005, 54, 56f.

[95] S. BGH NJW 2000, 800, 801 (zur Verwertungsobliegenheit hinsichtlich des verunfallten Kfzs bei Totalschaden).

[96] BGHZ 63, 182, 184ff.

[97] Regelmäßig wird Schadensberechnung „auf Neuwagenbasis" nur bis zu einer Fahrleistung von 1000 km gewährt, vgl. BGH NJW 1982, 433.

[98] Vgl. BGH NJW 1992, 302, 305.

[99] Der BGH spricht von „Integritätszuschlag" von 30%, s. BGH BB 1999, 178 m.w.N. (in concreto für gewerblich genutztes Fahrzeug).

[100] BGH NJW 1992, 1618.

einfachung läßt der BGH im Falle durchgeführter oder beabsichtigter Reparatur beim Wiederbeschaffungswert als Vergleichswert den Restwert des beschädigten Fahrzeugs – „im allgemeinen" – außer Betracht.[101] Liegen die voraussichtlichen Kosten einer Reparatur mehr als 30 % über dem Wiederbeschaffungswert, liegt also ein sog. wirtschaftlicher Totalschaden vor, dann muß der Geschädigte sich auf den Wiederbeschaffungswert als „erforderliche Kosten" der Wiederherstellung seiner verletzten Gütersituation verweisen lassen. Er kann also nicht reparieren lassen und von den Reparaturkosten, die höher als 130 % des Wiederbeschaffungswertes liegen, jedenfalls stets 130 % als Schaden berechnen.[102]

Ist bei Abrechnung auf Neuwagenbasis der Restwert zu berücksichtigen, so muß der Geschädigte sich zwar um eine möglichst günstige Verwertungsmöglichkeit bemühen – Gebot der Wirtschaftlichkeit –, jedoch kann er den beschädigten Wagen dem Schädiger bzw. dessen Versicherung zur Verwertung zur Verfügung stellen und den gesamten Neuwagenpreis verlangen[103] oder ihn zu einem in einem Sachverständigengutachten ausgewiesenen Restwert verkaufen.[104]

297   4. Der Gläubiger kann schließlich dem Schadensersatzschuldner auch eine Frist zur Wiederherstellung setzen und nach deren Ablauf Geldersatz verlangen, § 250.[105]

§ 3 Umfang der Schadensersatzverpflichtung

298   § 249 I enthält nicht nur die Grundlage der Differenzhypothese, sondern – was die Differenzhypothese überhaupt erst arbeitsfähig macht – das Prinzip der **Totalreparation**. Alle Auswirkungen auf die Güterlage des Betroffenen sind wieder gutzumachen: Gibt der Mieter die Mietsache beschädigt zurück, dann hat er nicht nur die Kosten für die Schadensbeseitigung zu tragen, sondern auch

---

[101] BGH NJW 1992, 302, 304: Bei dem Massenphänomen der Kraftfahrzeugunfälle sei es vertretbar, im Interesse einer einfachen und praktikablen Handhabung der Schadensregulierung auf eine Einstellung des häufig nur schwer zu ermittelnden und mit vielen Unsicherheiten behafteten Restwerts in die Vergleichsrechnung als besonders ausgewiesenen Rechnungsposten zu verzichten und für den prozentualen Zuschlag zur Ermittlung der Wirtschaftlichkeitsgrenze einer Reparatur allein auf den Wiederbeschaffungswert des Fahrzeugs abzustellen.

[102] BGH NJW 1993, 305 ff.

[103] BGH NJW 1983, 2694.

[104] BGH NJW 2000, 800, 801 (auch zum Nachweis einer günstigeren Verwertungsmöglichkeit).

[105] Die in § 283 a.F. vorgesehene Möglichkeit für den Gläubiger, nach einer Verurteilung des Schuldners zur Erfüllung durch Fristsetzung zum Schadensersatzanspruch überzugehen (vgl. *Schlechtriem*, Schuldrecht AT, 4. Aufl., Rn. 294), ist ersatzlos entfallen. Zu Einzelheiten s. *Schur*, Schadensersatz nach rechtskräftiger Verurteilung zur Leistung, NJW 2002, 2518 ff.

eventuelle Mietausfälle. Selbst wenn der Schaden erst durch Verhalten eines Dritten vergrößert worden ist, muß er grundsätzlich ersetzt werden: Wird ein Weidezaun zerstört, so daß in der Folge Kühe entweichen und dann gestohlen werden, so hat der für die Beschädigung Verantwortliche auch für den Verlust der Tiere einzustehen.[106] Führt das Niederreißen des Weidezauns zu einem Entweichen der Tiere, die dann auf der nahe gelegenen Autobahn einen Verkehrsunfall verursachen, der zur Haftpflicht des Halters führt, dann gehört auch diese Haftpflichtbelastung zum Schaden, der mit der Zerstörung des Weidezauns seinen Ausgang genommen hat. Lockt jemand (die Schädigerin) eine Handelsvertreterin (die Geschädigte) in ihre Wohnung und betäubt sie dort, um sie zu berauben, dann haftet die Täterin auch für die Vergewaltigung und Körperverletzung des Opfers durch einen Komplizen, der den Zustand der Hilflosigkeit ausnutzt.[107]

In den Kausalverlauf eingreifendes Fehlverhalten Dritter unterbricht den Zu-   **299** rechnungszusammenhang allenfalls dann, wenn es so völlig ungewöhnlich und unsachgemäß ist, daß dem Erstschädiger ein Einstehenmüssen (auch) für diese Folgen „billigerweise nicht zugemutet werden kann".[108] Sogar die Kosten der Krankenbesuche (der Eltern) sollen als Schaden des verletzten Kindes[109] gelten, soweit diese Besuche (und ihre Kosten) zur Heilung beitragen (medizinisch geboten) und deshalb Heilungskosten im weiteren Sinne sind. Auch psychische Folgeschäden, z.B. infolge einer psychischen Fehlverarbeitung eines Schadensereignisses, sind grundsätzlich zu ersetzen[110], doch müssen hier bestimmte Folgen, etwa eine sog. Renten- und Begehrungsneurose, ausgeschieden werden, wenn sie nur Anlaß sind, den Schwierigkeiten und Belastungen des Erwerbslebens auszuweichen, ferner bei ganz geringfügigen psychischen Belastungen.[111]

I. Aufwendungen vor dem schädigenden Ereignis

Entscheidende Voraussetzung für die Ersatzfähigkeit von Schäden, Verlu-   **300** sten, Nachteilen usw. ist ein **Kausalnexus** zwischen der Erstverletzung, d.h. der Verletzung einer Vertragspflicht oder eines außervertraglich geschützten Rechtsguts oder Rechts, und dem geltend gemachten Schaden(-sposten).

1. Dieser Kausalnexus ist freilich zweifelhaft bei Aufwendungen, die der Ge-   **301** schädigte schon vor dem schädigenden Ereignis gemacht hat, um Schädigungen zu vermeiden oder ihre Folgen gering zu halten, z.B. die Vorhaltung eines Kraft-

---

[106] Vgl. BGH NJW 1979, 712.
[107] Vgl. BGH NJW 1992, 1381f.
[108] BGH WM 2000, 531, 532.
[109] Vgl. BGH NJW 1991, 2340 m. Anm. *Grunsky*; s. auch unten Rn. 312.
[110] S. BGHZ 132, 341, 343ff.; BGH NJW 1998, 813, 814.
[111] Vgl. BGH NJW 1998, 813f., aber auch BGH NJW 1998, 810, 812, 813.

fahrzeugs als „Betriebsreserve", die Einstellung eines Hausdetektivs oder Einrichtung von Überwachungs- und Alarmanlagen, um Kaufhausdiebstähle zu verhindern. Dabei sind zwei Beurteilungsebenen zu unterscheiden: Bei den sog. „Vorhaltekosten" für Fahrzeuge, die als Ersatz bei Unfällen oder Ausfällen eingesetzt werden, geht es im Grunde um eine andere *Berechnung des Nutzungsausfallschadens*,[112] dessen Ersatzfähigkeit nicht zu bezweifeln ist. Dagegen ist die Ersatzfähigkeit der Personalkosten zur Verhinderung möglicher Diebstähle und für die Überwachung abzulehnen, sofern sie sich nicht konkret durch den Diebstahl erhöht haben.[113]

302   2. Eine weitere Gruppe von Problemfällen betrifft Sachverhalte, in denen der Geschädigte Aufwendungen gehabt hat, die er auch ohne das schädigende Ereignis gemacht hätte, die aber durch das schädigende Ereignis nutzlos geworden sind (**„frustrierte" Aufwendungen**), z.B. Kosten für die Unterhaltung eines Gegenstandes, der aufgrund einer Beschädigung zeitweise nicht genutzt werden kann. Ihr Ersatz ist insoweit vertretbar, als diese Aufwendungen den Wert der Nutzbarkeit darstellen, also wieder zur Berechnung des Nutzungsausfalls verwendet werden.[114] Gerechtfertigt ist der Ansatz dieser Kosten allerdings nur, soweit der Nutzungsausfall überhaupt als Vermögensschaden bewertet werden kann (s.o. Rn.260ff.). Dann sollte jedoch die inzwischen etablierte Bewertung und Berechnung des Nutzungsausfallschadens (s.o. Rn.265f.) Vorrang haben.

303   Bei Verletzung von Pflichten, insbesondere bei **Vertragsbruch**, können ebenfalls Aufwendungen, die der Gläubiger in Erwartung der Leistung gemacht hat, durch Ausbleiben der Leistung „frustriert", d.h. für den Gläubiger nutzlos werden, ohne daß zwischen den freiwillig unternommenen Aufwendungen und dem Vertragsbruch ein Zusammenhang besteht: Der Käufer von Waren hat in Erwartung der Lieferung, die dann ausbleibt, Lagerräume angemietet, der Mieter für die neue Wohnung, die ihm dann nicht überlassen wird, eine passende Einbauküche bestellt, usw. Auch bei gesetzlichen Pflichten können solche Aufwendungen in Erwartung der Erfüllung, die dann nicht geschieht, gemacht worden sein, z.B. die Installation einer elektronischen Überwachungseinrichtung vom Geschäftsherrn in Erwartung der Herausgabe des vom Geschäftsführer in Ausführung einer Geschäftsführung ohne Auftrag oder eines Auftrags erworbenen Gemäldes, der Bau eines Stalles durch den Vermächtnisnehmer in Erwartung der Herausgabe und Übereignung des vermachten Pferdes durch den Erben, usw.

---

[112] BGHZ 32, 280, 284f.; BGHZ 70, 199, 201.

[113] Vgl. BGHZ 75, 230: Ersatzfähig sei nur die für die Ergreifung des Diebes zu zahlende Fangprämie „in angemessenem Umfang". Das muß auch für konkrete Bearbeitungskosten für einen Diebstahl gelten (aA BGH), *Staudinger/Schiemann*, § 249 Rn.116, 119ff. m.w.N. zum Streitstand.

[114] Vgl. BGH NJW 1963, 2020f.: Beeinträchtigung der Bewohnbarkeit eines Hauses; s.a. BGH NJW 1964, 717 für die Fixkosten eines Kfz während seiner unfallbedingten Unbenutzbarkeit.

Für die Fälle der Verletzung vertraglicher Pflichten hatte die Rspr. mit der   **304**
sog. Rentabilitätsvermutung geholfen, die – vereinfacht – davon ausging, daß
der Gläubiger seinen Vertrag so kalkuliert habe, daß die im Vertrauen auf die
Vertragsdurchführung getätigten Aufwendungen bei Erfüllung des Vertrages
„wieder eingebracht würden"; die „frustrierten" Aufwendungen wurden also
als – vermuteter – Teil des Erfüllungsinteresses gesehen.[115] Die Schuldrechtsreform hat jetzt mit § 284 eine eigene Basis für die Erstattung von Aufwendungen
unter der Voraussetzung, daß der Gläubiger Schadensersatz statt der Leistung
verlangen könnte, und daß der Gläubiger die Aufwendungen im Vertrauen auf
die Leistung „billigerweise machen durfte", geformt. Dieser erfaßt nunmehr
auch Aufwendungen für immaterielle Zwecke (hierzu unten Rn. 645).

3. Im vorvertraglichen Bereich soll der Ersatz des negativen Interesses den   **305**
Gläubiger für seine Aufwendungen entschädigen. So ist etwa die Verpflichtung
des Irrenden, nach § 122 das negative Interesse zu ersetzen, letztlich darauf gestützt, daß er eine Pflicht verletzt hat, sich nicht zu irren und diese Verpflichtung den anderen Teil vor vergeblichen Aufwendungen schützen soll. In Anwendung des § 311 II wird man freilich stets sorgfältig darauf achten, ob überhaupt
eine Pflicht verletzt wurde, die Fehlinvestitionen verhindern sollte: Hat ein Architekt im Vertrauen auf eine formnichtige Zusage, ein Grundstück erwerben
zu können, Pläne angefertigt, dann darf nicht eine vorvertragliche Pflicht angenommen werden, die der Grundstückseigentümer verletzt hätte, denn andernfalls würde der Formzwang des § 311b I 1 unterlaufen.[116] Anderes würde gelten, wenn die Zusage gerade im Hinblick auf die von dem Architekten beabsichtigte Planung eingeholt und gegeben worden wäre.

II. Einschränkungen des Prinzips der Totalreparation

Ausnahmen vom Prinzip der vollen Wiederherstellung des „Interesses", d.h.   **306**
der Differenz zwischen der Güterlage aufgrund des schädigenden Ereignisses
und ihrem hypothetischen Zustand ohne dieses Ereignis, ergeben sich bereits
aus Regelungen, die den Ersatz des Geschädigten auf den gemeinen oder objektiven Wert seines Gutes beschränken (oben Rn. 278). Auch die Beschränkung
auf das objektivierte Wertinteresse (oben Rn. 279, 287ff.) kann zur Versagung
des für volle Restauration erforderlichen Ersatzes führen.

---

[115] Vgl. RGZ 127, 254, 248; zur Rspr. des BGH s. *Schlechtriem*, Schuldrecht AT, 3. Aufl.,
Rn. 221, zuletzt BGHZ 143, 41ff.; umfangreiches Material zum alten Rechtszustand bei *Leon-
hard*, Der Ersatz des Vertrauensschadens im Rahmen der vertraglichen Haftung, AcP 199
(1999), 660, 662–665.
[116] Vgl. den Fall BGHZ 69, 34, in dem freilich angreifbar formuliert wird, der vergebliche
Einsatz der Arbeitskraft sei für sich allein betrachtet noch kein Vermögensschaden.

Der Grundsatz der Totalreparation, der alle kausal verursachten Folgen in der Gütersituation des Betroffenen auszugleichen verpflichtet, kann aber bei bestimmten, als „weit entfernt" zu bewertenden Folgeschäden nicht durchgehalten werden und bedarf deshalb der Eingrenzung.

Beispiele: Bei einem Verkehrsunfall wird eine Person schwer verletzt. Der Verletzte wird im Krankenhaus operiert, künstlich beatmet und ernährt. Nach einigen Wochen bessert sich sein Zustand so, daß er wieder Nahrung in Form von Suppe zu sich nehmen darf. Dabei verschluckt er sich mit der Folge, daß Speiseteilchen in die Lunge gelangen. Trotz sofortiger Lungenspülung kommt es zu einer fiebrigen Lungenentzündung, die zum Tode führt. Ist dieser Tod dem Verursacher des Verkehrsunfalls noch zuzurechnen?[117]

Aufgrund eines Unfalls verliert jemand einen Zuschuß aus einem öffentlichen Investitionshilfeprogramm – kann er den Schaden durch Verlust dieses Zuschusses dem Unfallverursacher zurechnen?[118]

Ein Bauer versucht, einen staatlichen Vermessungstechniker, der zu Vermessungsarbeiten seine Wiese betreten hat, vom Grundstück zu drängen. Er beschimpft ihn als „kleinen Scheißer", worüber sich der Techniker so erregt, daß ein Blutgefäß im Gehirn platzt und schwere Sprachstörungen und Lähmungserscheinungen verursacht werden. Kann der als Folgeschaden einer Ehrverletzung eingetretene Körperschaden dem Beleidiger noch zugerechnet werden?[119]

Ein bei einem Unfall Verletzter schließt später eine Krankentagegeldversicherung ab, wobei aufgrund des Unfalls eine Risikoerhöhung angenommen und deshalb ein Beitragszuschlag verlangt wird. Sind die erhöhten Beiträge dem Verursacher des Erstunfalls noch zurechenbar?[120]

Aufgrund eines von einem Dritten mitverursachten Unfalls verliert der Geschädigte seinen Schadensfreiheitsrabatt in der Haftpflichtversicherung und einen entsprechenden Rabatt in seiner Kaskoversicherung. Gehören diese Verluste zum ersatzfähigen Schaden?[121]

Nach einem Verkehrsunfall werden aus einem beschädigten Fahrzeug wertvolle Gegenstände gestohlen. Zurechnungszusammenhang?[122] (S. auch schon oben Rn. 249f., 298f.).

---

[117] Vgl. BGH NJW 1982, 295 (Urteil in einer Strafsache).

[118] Vgl. OLG Hamm, VersR 1984, 1051.

[119] Vgl. BGH NJW 1976, 1143, s.a. BGHZ 107, 359: Schlaganfall infolge der Aufnahme eines Verkehrsunfalls mit leichtem Blechschaden.

[120] S. BGH NJW 1984, 2627.

[121] Vgl. BGH BB 1976, 1049 (Schadensfreiheitsrabatt nein), BGH NJW 1992, 1035 (Kaskoversicherungsrabatt ja).

[122] S. BGH NJW 1997, 865ff.: Es ging um den Unfall eines Geldtransporters. Fahrer und Beifahrer konnten sich befreien und mußten anschließend ärztlich versorgt werden. Das Geldtransportfahrzeug wurde auf den Hof der Polizeiinspektion G. transportiert. Eine am Tag nach dem Unfall vorgenommene Überprüfung ergab, daß zwei Geldtransportkoffer mit Bargeld im Wert von 256.570 DM fehlten. Entscheidender Satz der Begründung (866): Haftungsausfüllender Folgeschaden bedarf wertender Betrachtung. „Hat sich aus dieser Sicht im Zweiteingriff nicht mehr das Schadensrisiko des Ersteingriffs verwirklicht, war dieses Risiko vielmehr schon gänzlich abgeklungen und besteht deshalb zwischen beiden Eingriffen bei wertender Betrachtung nur ein äußerlicher, gleichsam zufälliger Zusammenhang, dann kann vom Erstschädiger

Für die als notwendig empfundene Eingrenzung der Schadensersatzpflicht   **307**
werden ähnlich wie bei der haftungsbegründenden Kausalität (s. o. Rn. 249) vor
allem zwei Theorien vertreten und von den Gerichten angewendet:

Mit der **Adäquanztheorie** sollen nicht voraussehbare, außerhalb aller Wahr-   **308**
scheinlichkeit liegende Schäden ausgegrenzt werden können. Im Einzelnen
wird für die Adäquanz auf den objektiven Beurteiler im Zeitpunkt des Schadensereignisses und auf das abgestellt, was er in Kenntnis aller Sachverhaltsum-
stände voraussehen konnte. Die Adäquanztheorie wird aber auch einfach als
rechtliche Ausformung eines Wahrscheinlichkeitsurteils gesehen: Entscheidend
sei, ob die Wahrscheinlichkeit, daß es aufgrund des Erstschadens zu den in Frage
stehenden Folgeschäden kommen würde, erheblich erhöht worden sei.

Demgegenüber versucht die **Lehre vom Normzweck** oder Rechtswidrigkeits-   **309**
zusammenhang darauf abzustellen, ob die jeweils verletzte Pflicht den Berechtigten (Gläubiger, Rechts- oder Rechtsgutinhaber) gerade auch gegen die fraglichen Folgeschäden schützen sollte.[123]

Beide Theorien müssen letztlich anhand der Umstände des konkreten Falles   **310**
„werten", doch ist m. E. die Lehre vom Schutzzweck, die entscheidend auf die
jeweils verletzte Pflicht abstellt, stärker an rechtlichen Gesichtspunkten orientiert. Das wird ganz deutlich, soweit es um den Umfang des Schadensersatzes
bei Vertragsverletzungen geht.[124]

Wer eine Beförderungsleistung verspricht, übernimmt damit gleichzeitig das Schadensrisiko in Gestalt anderer, teurerer Beförderungsleistungen, evtl. verursachter Hotel-
kosten usw., nicht aber auch das Risiko, daß der Fahrgast beim vergeblichen Warten auf
die Beförderung vom Blitz erschlagen wird oder ein millionenträchtiges Geschäft versäumt. Verletzt eine Bank ihr Bankgeheimnis, so daß der Bankkunde in ein Strafverfah-
ren verwickelt und verurteilt wird, dann kann er wegen der Kosten des Strafverfahrens
und seiner Folgen wohl nicht Schadensersatz von der Bank verlangen: Der Schutzbereich

---

billigerweise nicht verlangt werden, dem Geschädigten auch für die Folgen des Zweiteingriffs
einstehen zu müssen."

[123] S. zum Vergleich der theoretischen Ansätze *Lange*, Adäquanztheorie, Rechtswidrig-
keitszusammenhang, Schutzzwecklehre und selbständige Zurechnungsmomente, JZ 1976,
198–207; *Gottwald*, Kausalität und Zurechnung, Karlsruher Forum, Karlsruhe 1986; *Deutsch*,
Unerlaubte Handlungen (Lit. vor Rn. 247), Rn. 420, 422.

[124] Die Lehre vom Schutzzweck der verletzten Norm oder Pflicht hat ihren Ausgangspunkt
in der Schadensbegrenzungsregel des angelsächsischen Rechts, die den Vertragsschuldner zum
Ersatz des bei Vertragsschluß „within the contemplation of the parties" liegenden Schadens
verpflichtet. Das ist zumeist weniger, als ein optimaler Beurteiler voraussehen konnte, kann im
Einzelfall aber auch mehr sein; zur Entwicklungsgeschichte der Schutzzwecklehre aus dieser
vertraglichen Schadensbegrenzungsregel und zur Ablehnung der Voraussehbarkeitsregel
durch die Verfasser des BGB s. *Rabel*, Recht des Warenkaufs, Bd. 1, Berlin 1964, 496 ff.; zum
Ganzen auch *Lange* (Lit. vor Rn. 247), WM 1990, Sonderbeil. 7, 5 ff.; *Schlechtriem*, Voraussehe-
barkeit und Schutzzweck einer verletzten Pflicht als Kriterium der Eingrenzung des ersatzfähigen Schadens im deutschen Recht, in: Recht in Ost und West, FS zum 30-jährigen Jubiläum des
Instituts für Rechtsvergleichung der Waseda Universität, Tokyo 1988, 505–518.

der verletzten vertraglichen Verpflichtung, das Bankgeheimnis zu wahren, soll nicht die Begehung von Straftaten ermöglichen oder vor Strafe bewahren.[125]

Der BGH hat dieses Prinzip zunächst zur Eingrenzung der Ersatzfähigkeit von Mangelfolgeschäden aus Zusicherungsbruch nach altem Kaufrecht genutzt.[126] In einer neueren Entscheidung ist es jedoch als allgemeine Regel in einem Fall formuliert worden, in dem es um Haftung eines Steuerberaters aufgrund fehlerhafter Beratung ging: Der Grundsatz, daß der Haftungsumfang durch den Schutzzweck der verletzten Pflicht begrenzt wird, gelte auch im Vertragsrecht[127] sowie bei Verletzung vorvertraglicher Pflichten.[128]

Soweit bei Verletzung vertraglicher Pflichten richtigerweise auf deren Zweck abgestellt wird, ist dieser selbstverständlich durch Auslegung des Vertrags zu ermitteln. Bei dieser Auslegung kann ohne weiteres *auch* auf diejenigen Gesichtspunkte zurückgegriffen werden, welche im Rahmen der Adäquanztheorie genannt werden: So ist die Vorhersehbarkeit des entstandenen Schadens ein wichtiger Gesichtspunkt bei der Ermittlung des Empfängerhorizonts der Beteiligten und damit ein – möglicherweise entscheidendes – Indiz für die Ersatzfähigkeit des entstandenen Schadens. Dasselbe gilt auch für die Wahrscheinlichkeit eines möglichen Schadens.

311   Bei außervertraglicher Haftung aufgrund Verletzung von Schutzgesetzen – § 823 II i.V.m. einem Schutzgesetz[129] – dient die hier bevorzugte Regel ebenfalls zur Eingrenzung des ersatzfähigen Schadens: Wird ein Käufer durch falsche Prüfbescheinigungen über die Vertragsmäßigkeit der Ware getäuscht (Betrug, § 263 StGB als Schutzgesetz), so kann er regelmäßig als Schadensersatz nur das negative Interesse verlangen, d.h. den Schaden, der nicht eingetreten wäre, wenn die Angaben über die Beschaffenheit der Kaufsache richtig gewesen wären.[130]

312   Bei Verletzung außervertraglicher Pflichten ist die von den Verfassern der Norm ins Auge gefaßte und vom Interpreten der Norm weiterzudenkende Deckungsreichweite der jeweiligen Pflicht für das Ausmaß der ersatzfähigen Schäden entscheidend. Die Verpflichtung, Körper und Gesundheit eines anderen nicht zu verletzen, erstreckt sich deshalb auch auf im Normalfall unvorhersehbare und zufällige Gefährdungen aufgrund der ärztlichen Behandlung, des Krankenhausaufenthalts usw., aber wohl nicht darauf, daß dem Verletzten im Krankenhaus nicht die Brieftasche gestohlen wird.

---

[125] Vgl. OLG Köln BB 1992, 2174f.

[126] Vgl. den Klebstofffall BGHZ 50, 200, 204f.

[127] BGH NJW 1990, 2057, 2058 sowie zur Haftung auf den Unterhaltsschaden bei ungewolltem Kind oben Rn. 271.

[128] BGHZ 116, 209ff.

[129] S. hierzu *Schlechtriem*, Schuldrecht BT, Rn. 869ff.

[130] Vgl. BGH NJW 1998, 983ff.: Unrichtige Prüfbescheinigungen über die Legierung von Schweißdrähten, die von der chinesischen Abnehmerin der Käuferin (deshalb) nur zu einem Minderpreis abgenommen wurden – Schadensersatz in Höhe der Differenz zwischen Kaufpreis und (geringerem) Weiterverkaufspreis.

Der Schutzbereich der verletzten Pflicht entscheidet aber nicht nur über den Umfang des zu ersetzenden Schadens, sondern auch über das „Ob":

Beispiele: Ein Zuckerexporteur hatte vereinbart, daß seine Ware auf der „Adamant" nach Südamerika transportiert werden sollte. Sie wurde vertragswidrig auf die „Potsdam" verladen, und diese kam mit der Ladung auch heil in Valparaiso an. Die „Adamant" machte ihrem Namen hingegen keine Ehre und ging unter. Der Exporteur verlangte Schadensersatz mit folgender Begründung: Die Zuckerpreise seien in Südamerika erheblich gefallen. Bei vertragsgerechtem Verhalten wäre der Zucker mit der „Adamant" untergegangen, und er hätte dann die gegenüber dem Verkaufserlös wesentlich höhere Versicherungssumme erhalten. Die verletzte Vertragspflicht sollte gewiß nicht die Chance schützen, daß der Zucker mit in der Tat lukrativen Folgen auf dem Meeresgrund landet![131]
Läßt ein Omnibusfahrer – unter Verletzung entsprechender Regeln, d.h. Verkehrssicherungspflichten – zu viele Passagiere in den Bus einsteigen, so haftet er (bzw. das Busunternehmen) für dadurch bei einem Unfall verursachte Körperverletzungen, wohl aber nicht für die durch das Gedränge ermöglichten Taschendiebstähle: Der Schutzzweck der verletzten Norm, die eine maximale Kapazität für den Bus vorschreibt, bezweckt nicht die Verhinderung von Taschendiebstählen.

Dabei kann eine wertende Bestimmung der Deckungsreichweite der verletzten Pflicht auch zur Ersatzfähigkeit von recht entfernten Unkosten führen, etwa Verdienstausfall und Fahrtkosten des Vaters, der sein verletztes Kind in der Klinik besucht, oder Babysitterkosten während eines Besuchs des verletzten Ehegatten im Krankenhaus: Solche Posten seien letztlich Teil der Heilungskosten des jeweils Verletzten, da durch die Besuche der Heilerfolg gefördert werde.[132]

III. Mitverantwortung des Geschädigten

Lit.: *Berger*, Mitverursachung und Mitverschulden, VersR 1987, 542–546; *Dunz*, Eigenes Mitverschulden und Selbstwiderspruch, NJW 1986, 2234–2237; *Greger*, Mitverschulden und Schadensminderungspflicht – Treu und Glauben im Haftungsrecht?, NJW 1985, 1130–1134; *Henke*, Die Bewältigung des Mitverschuldens – eine anspruchsvolle juristische Technik, JuS 1991, 265–273; *Looschelders*, Die Mitverantwortlichkeit des Geschädigten im Privatrecht, Tübingen 1999.

Eine Minderung der Schadensersatzpflicht kann eintreten, falls der Geschädigte an der Entstehung des Schadens selbst mitbeteiligt war (§ 254). Obwohl die Vorschrift nur von Mit-„verschulden" spricht, gilt sie auch bei Garantiehaftung des Schuldners[133] einerseits und andererseits in Fällen verschuldensunabhängiger Haftung (Gefährdungshaftung) für Verursachungsanteile, die der Ge-

313

---

[131] Beispiel von *Lange* (Lit. vor Rn. 247), WM 1990, Sonderbeil. 7, 11.

[132] S. BGH NJW 1985, 2757; BGH NJW 1990, 1037; einschränkend BGH NJW 1991, 2340; umfassend zur Rspr. *Lange* (Lit. vor Rn. 247), WM 1990, Sonderbeil. 7, 6ff.; s. ferner oben Rn. 298.

[133] Vgl. BGH NJW-RR 1991, 970f.: Mitverschulden des Mieters einer Hebebühne berücksichtigt gegenüber Haftung des Vermieters aus § 538.

schädigte gesetzt hat (Sach- und Betriebsgefahr beim Geschädigten, z.B. aus § 7 StVG, § 1 HPflG).

Der BGH geht mit einem Teil der Lehre davon aus, daß § 254 (nur) eine besondere Ausprägung des Grundsatzes der Unzulässigkeit eines Selbstwiderspruchs sei.[134] Obwohl die Mitverantwortung des geschädigten Gläubigers nach Stellung und Wortlaut des § 254 nur gegenüber seinem Schadensersatzanspruch geltend gemacht werden kann, ist die Übertragung des § 254 zugrunde liegenden Gedankens in bestimmten Konstellationen deshalb auch auf den Erfüllungsanspruch des Gläubigers geboten.[135] Für ein Rücktrittsrecht des Gläubigers wegen Pflichtverletzung des Schuldners ist diese Übernahme der § 254 zugrunde liegenden Wertung in § 323 VI Hs. 1 geschehen.[136]

314   Für die Schadensminderung ist in einem ersten Schritt das **Ausmaß der Mitverursachung** des Geschädigten zu berücksichtigen. Auf einer zweiten Stufe kommt es auf den **Grad seines Mitverschuldens**[137] an, wobei sich der Geschädigte nach § 254 II 2 auch Verschulden seiner Hilfspersonen anrechnen lassen muß.

Beispiel: Die verkaufte Tiefkühlware ist auf dem Transport teilweise aufgetaut; nach der Ablieferung beim Käufer versäumen seine Leute, die Ware schnell in Tiefkühllagerung zu nehmen, so daß sich der Schaden vergrößert.

315   Die **Verweisung auf § 278** in § 254 II 2 ist verunglückt und gibt Anlaß zu theoretischen Kontroversen. Zu lesen ist sie als Abs. 3, denn sie bezieht sich auch auf Abs. 1. Streitig ist, ob die Verantwortung des Geschädigten für mitwirkendes Verschulden seiner Gehilfen nur im Falle bereits bestehender Schuldbeziehungen gilt[138] oder ob sich der Geschädigte das Verschulden eines Gehilfen auch außerhalb bereits bestehender Sonderverbindungen anrechnen lassen muß, also insbesondere bei deliktischer Haftung.[139] Während der BGH eine bestehende Sonderverbindung voraussetzt, wird in der Literatur teilweise eine weiter gehende Zurechnung des Verschuldens solcher sog. „Bewahrungsgehilfen" befürwortet.[140]

---

[134] BGHZ 34, 355, 363f.; weitere Nachweise *Looschelders* aaO (Lit. vor Rn. 313), 145 Fn. 143

[135] Vgl. *Peters*, Der Einwand des Mitverschuldens gegenüber Erfüllungsansprüchen, JZ 1995, 754–758; zum Ganzen auch *Faust*, Von beiden Teilen zu vertretende Unmöglichkeit, JuS 2001, 133ff.

[136] Krit. (zum Entwurf) *Faust*, aaO (Fn. 135).

[137] Vgl. statt aller BGH WM 1999, 2255, 2256: „Bei der Festlegung der Mitverschuldensquote ist in erster Linie auf das Maß der beiderseitigen Schadensverursachung und in zweiter Linie auf das Maß des beiderseitigen Verschuldens abzustellen."

[138] Vgl. BGHZ 24, 325.

[139] Vgl. hierzu *Medicus*, Schuldrecht I, 16. Aufl., § 59 II 1 b, Rn. 680, der im ersten Fall von Rechtsgrundverweisung, im zweiten Fall von Rechtsfolgenverweisung spricht.

[140] Vgl. BGHZ 103, 338, 342; *Lange* (Lit. vor Rn. 247), WM 1990, Sonderbeil. 7, 23 m.w.N.

Je nach Ausmaß der Mitverursachung des Geschädigten und seines Mitver-   **316**
schuldens in Abwägung zur Verursachung und zum Verschulden des Schädigers
kann die Ersatzpflicht des Schädigers unberührt bleiben, gemindert werden
oder auch ganz entfallen; in der Praxis ist Schadensteilung die Regel.

§ 254 mindert den Schadensersatzanspruch, wenn   **317**

1. bei der *Entstehung des Schadens* ein Verhalten des Geschädigten ursächlich (und verschuldet) mitgewirkt hat, Abs. 1, aber auch wenn

2. Verursachung und Verschulden des Geschädigten dazu geführt haben, daß
ein schon *entstandener Schaden größer geworden* ist, Abs. 2 S. 1 (Obliegenheit
zur Schadensbegrenzung).

Beispiele: Der Bauherr unterläßt es, das defekte Dach rechtzeitig abzudecken, so daß
der Wasserschaden größer als nötig wird – soweit ihm Gefahrabwendung möglich und zumutbar war, mindert sich sein Ersatzanspruch gegen den Dachdecker, der das mangelhafte Dach gedeckt hat.

Ist ein Vollzug des Kaufvertrages nicht mehr zu erwarten, kann ein Mitverschulden des
Gläubigers anzunehmen sein, wenn er den eingetretenen Schaden dadurch hätte abwenden oder mindern können, daß er frühzeitiger ein Deckungsgeschäft vorgenommen und
den bestehenden Vertrag beendet hätte.[141]

Beide Situationen können zusammentreffen:

Für einen Verkehrsunfall war zunächst ein schuldhafter Fahrfehler des Geschädigten
mitursächlich. Sodann gibt er sein Fahrzeug verspätet zur Reparatur, wodurch vermeid-
bare Mietwagenkosten entstehen und so die Obliegenheit zur Schadensminderung verletzt wird.[142]

Ein Verschulden am Ausmaß des Schadens kann nach § 254 II 1 auch darin
liegen, daß der Geschädigte den Schädiger nicht rechtzeitig auf die Gefahr eines
ungewöhnlich hohen Schadens aufmerksam gemacht hat, den der Schädiger
nicht voraussehen konnte und nicht vorausgesehen hat.

Beispiel: Der Besteller von Einbauten für einen Schiffsneubau versäumt es, den Lieferanten darauf aufmerksam zu machen, daß bei Verzug mit der Lieferung und einer dadurch verursachten Verzögerung der Ablieferung des Schiffes an den Käufer des Bestellers hohe Konventionalstrafen drohen.

Hier hat ein Teil der „Voraussehbarkeitsregel" (oben Rn. 310, Fn. 124) Eingang in das BGB gefunden: Der für den Schädiger nicht voraussehbare Scha-

---

der Rspr.; aus der Lit. s. *Dehmel*, Die Zurechnung des mitwirkenden Verschuldens von Auf-
sichtspersonen gegenüber kleinen Kindern im nordamerikanischen und im deutschen Recht,
München 1965, 26 ff.; *Gernhuber*, Die Haftung für Hilfspersonen innerhalb des mitwirkenden
Verschuldens, AcP 152 (1952/53), 69–83; *Kleindienst*, Die entsprechende Anwendung des
§ 278 BGB bei mitwirkendem Verschulden, NJW 1960, 2028–2032.
[141] BGH ZIP 1997, 646.
[142] Vgl. den Fall BGH DB 1986, 2482.

den, auf den der später Geschädigte nicht aufmerksam gemacht hat, ist nicht zu ersetzen.

318   Entscheidend für die Schadensverhinderungs- und Schadensminderungspflicht des Geschädigten ist die Zumutbarkeit der dazu erforderlichen Maßnahmen.[143] So ist man im Falle einer Körperverletzung zwar zur Hinnahme einer ärztlichen Behandlung oder einer einfachen und risikolosen Operation verpflichtet, nicht jedoch zu einer schmerzhaften und risikoträchtigen Behandlung, um damit die Ersatzpflicht des Verletzers zu mindern.[144] Verdienstmöglichkeiten sind zu nutzen. Aber: Ein Verstoß des Geschädigten gegen die Verpflichtung, seine verbliebene Arbeitskraft gewinnbringend einzusetzen, kann nur dann angenommen werden, wenn er zur Verwertung der Arbeitskraft in der Lage ist.[145]

319   3. Auf den § 254 zugrunde liegenden Gedanken geht letztlich auch das Institut des „**Handelns auf eigene Gefahr**" zurück. Eine Person, die sich bewußt einem besonders hohen Risiko aussetzt, trägt einen Teil der Verantwortung für den Schaden, der ihr aus der Realisierung dieses Risikos entsteht.

Wer sich zu einem angetrunkenen oder aus anderen Gründen nicht mehr fahrtüchtigen Fahrer ins Auto setzt, „handelt auf eigene Gefahr"; sein Schadensersatzanspruch ist wegen seines eigenen Mitverschuldens zu mindern. Wer sich auf ein fremdes Pferd setzt, handelt m.E. ebenfalls auf eigene Gefahr und muß sich das zurechnen lassen, wenn er vom Pferd fällt und den Halter jetzt aus § 833 in Anspruch nehmen will.[146]

IV. Überholende Kausalität und Vorteilsausgleichung

1. Überholende Kausalität

320   Die Differenzhypothese, die die gesamte Entwicklung der Güterlage des Betroffenen berücksichtigt, muß auch Einwirkungen in die Gesamtrechnung einbeziehen, die im Ergebnis den Schädiger entlasten.

---

[143] Zumutbarkeit einer Kreditaufnahme, um den Schaden gering zu halten, s. BGH BB 1988, 2278.

[144] S. dazu BGH NJW 1994, 1592, 1593: Für die Zumutbarkeit einer Operation reicht es nicht aus, wenn sie aus ärztlicher Sicht unter Abwägung der Risiken zu empfehlen ist und deshalb von mehreren Ärzten angeraten wird.

[145] BGH NJW 1996, 652ff.: Die verletzte Klägerin war als Hostess auf einer Segelyacht ihres Mannes mit einem Nettolohn von etwa 5000 DM beschäftigt. Nach ihrer Verletzung klagte sie Verdienstausfall ein. Streitig war, ob sie sich 2 Jahre nach dem Unfall ein fiktives Arbeitseinkommen von 3500 DM anrechnen lassen müsse. In concreto ging es darum, ob eine der Klägerin zumutbare Erwerbstätigkeit auf dem allgemeinen Arbeitsmarkt überhaupt zu finden war. Das hielt der BGH für prüfenswert, weil die Klägerin bereits Mitte 40 war und keinerlei Ausbildung hatte.

[146] AA die Rechtsprechung des BGH, s. NJW 1977, 2158 sub I 2 b; NJW 1986, 2883, 2884.

Wird die Abluftanlage eines vermieteten Restaurants beschädigt, so kann der Vermieter an sich Schadensersatz wegen Verletzung der Verpflichtung des Mieters, die Mietsache in unversehrtem Zustand zurückzugeben, verlangen. Läßt er jedoch die Abluftanlage wegen anderweitiger Nutzung des Gebäudes verschrotten, dann wirkt sich der Schaden (Sachschaden, Nutzungsbeeinträchtigung der Mietsache) nicht mehr aus, so daß Schaden und Schadensersatzanspruch insoweit entfallen.[147]

Von überholender Kausalität (auch hypothetischer Kausalität) spricht man dann, wenn die hypothetische Entwicklung der Güterlage ohne das schädigende Ereignis aufgrund eines anderen Ereignisses (Reserveursache) zu dem gleichen Schaden geführt hätte. Bei Tötung einer Person ist ihre Lebenserwartung zu berücksichtigen, die, falls bei einer Leichenöffnung eine unheilbare Krebskrankheit entdeckt wird, im Zeitpunkt der Tötung nur noch sehr kurz gewesen sein kann; entsprechend gering ist der Schadensersatzanspruch der Unterhaltsberechtigten. Der Tod durch Krankheit hätte m.a.W. die Lebenserwartung verkürzt und so die Schadensentwicklung aufgrund der Tötung teilweise „überholt".

I.E. ist freilich manches streitig. Übereinstimmung herrscht nur, soweit es sich **321** um Schäden handelt, die im Zeitpunkt des Eingreifens der sog. Reserveursache noch nicht abgeschlossen waren, also fortlaufender Gewinnentgang, ständige Erwerbseinbußen usw.

Beispiel: Der Lieferant eines Rohstoffs zur Herstellung bestimmter Arzneimittel liefert aufgrund Verwechslung falsche Ware. Der Käufer macht entgangenen Gewinn geltend und verweist zum Beweis der zu erwartenden Gewinne auf seine früheren Umsätze (s. § 252 S. 2). Der Lieferant weist demgegenüber darauf hin, daß das Bundesgesundheitsamt die Zulassung für die Arzneimittel des Käufers wegen des Verdachts von gesundheitsschädlichen Nebenwirkungen suspendiert habe, so daß die Gewinnverluste ohnehin eingetreten wären.

Streitig ist jedoch, ob bei einer Sachbeschädigung wie im Fall der Abluftanlage (oben Rn. 320) hypothetische Kausalverläufe, die später denselben Schaden bewirkt hätten, berücksichtigt werden können.[148] Von der Rechtsprechung wird die hypothetische Kausalität dann nicht beachtet, wenn sie auf einen

---

[147] Vgl. den Fall BGH NJW 1985, 2413, in dem allerdings ein Schadensersatzanspruch deshalb verneint wurde, weil Wiederherstellung unmöglich geworden sei. Im Gegensatz zu anderen Entscheidungen (s.o. Rn. 287 ff.) sah der BGH in der Möglichkeit der Wiederherstellung eine Voraussetzung des Anspruchs auf Geldersatz nach § 249 S. 2 a.F.

[148] Ablehnend z.B. *Palandt/Heinrichs*, Vor § 249 Rn. 102 f., der zwischen Objektschäden (keine Berücksichtigung hypothetischer Kausalität) und Vermögensfolgeschäden differenziert; aA *MünchKomm/Oetker*, § 249 Rn. 207; überzeugend zum Ganzen immer noch *von Caemmerer*, Das Problem der überholenden Kausalität, GS, Bd. 1, Tübingen 1968, 411 ff., 424 ff.: „Hat jemand bei einem Verkehrsunfall eine Kiste mit Arzneimitteln beschädigt, so braucht er keinen Ersatz zu leisten, soweit es sich um ein Präparat handelt, das wegen seiner schädlichen Nebenfolgen aus dem Verkehr gezogen wird."

schon abgeschlossenen Schaden trifft.[149] Der Schaden ist jedoch dann nicht „als abgeschlossen" i.S. dieser Abgrenzung anzusehen, wenn er unabhängig von dem Verletzungsereignis schon in der Sache selbst angelegt war.

Beispiel: Ein Reifen wird beschädigt, der aufgrund eines Materialfehlers wenig später ohnehin geplatzt wäre.[150]

M.E. muß das aber auch dann gelten, wenn sich eine von außen einwirkende Gefahr später realisiert hatte (str.).

322   Eine Ausnahme von diesen Fällen einer ganz oder teilweise zum gleichen Schaden führenden „überholenden Kausalität" gilt aber jedenfalls dann, wenn sie durch haftbar machendes Verhalten eines Dritten ausgelöst worden ist.

Beispiel: Ein Stahlarbeiter wird bei einem Unfall schwer verletzt und kann in der Folge nur noch als Invalide auf einem Schrottplatz Wachdienste leisten; sein Schaden liegt u.a. in der Erwerbsminderung. Einige Monate später wird er von Räubern niedergeschossen und völlig erwerbsunfähig. Der Erstschädiger kann sich nicht darauf berufen, daß seine Verpflichtung zur Zahlung des Erwerbsausfallschadens jetzt entfallen sei.
Andernfalls würde der Geschädigte u.U. nahezu leer ausgehen: Der Erstschädiger würde von seiner Schadensersatzpflicht entlastet, der Zweitschädiger könnte sich darauf berufen, ein ohnehin schon beeinträchtigtes und entsprechend wertgemindertes Interesse verletzt zu haben.[151]

2. Vorteilsausgleichung

323   Nicht nur „überholende" Kausalverläufe können den Schadensumfang begrenzen, sondern das Schadensereignis kann auch Vorteile für den Geschädigten gebracht haben, die den Schaden mindern oder ganz aufheben.

Beispiele: Bei Verletzung der Hausfrau springen die anderen Familienangehörigen unentgeltlich ein, statt eine Haushälterin anzustellen. Ein Arzt behandelt seinen verletzten Familienangehörigen unentgeltlich. Der Unfallverletzte, der seinen Beruf aufgeben und sich umschulen lassen muß, verdient nach der Umschulung mehr als vor dem Unfall.[152] Der Unfallverletzte erspart im Krankenhaus die Kosten für seine Verpflegung.[153] Der Käufer einer Eigentumswohnung muß, da sie verspätet fertig gestellt wird, eine Zeit lang im Hotel wohnen, braucht aber auch den Kaufpreis erst entsprechend später zu zahlen und spart deshalb Zinsaufwendungen.[154] Der Verletzte verwendet einen Schmerzensgeldbetrag zur vorzeitigen Tilgung eines Baukredits – kann der Schädiger den Wegfall der Zinsbelastung als Vorteil von seiner (sonstigen) Schadensersatzpflicht abziehen? Die untaugliche Wärmedämmung, die vom Bauunternehmer erneuert werden muß, hat immer-

---

[149] BGHZ 104, 355, 359f.
[150] Vgl. zu diesen Fällen *Palandt/Heinrichs*, Vor § 249 Rn. 99.
[151] Vgl. *v. Caemmerer* (Fn. 148), 433f.
[152] Vgl. BGH NJW 1987, 2741.
[153] OLG Hamm NJW-RR 1995, 599f.
[154] Vgl. BGH NJW 1983, 2137.

hin für eine gewisse Zeit eine Heizkostenersparnis gebracht.[155] Eine von einem abartigen Arbeitgeber mißhandelte und mißbrauchte Hausgehilfin verkauft später ihre Leidensgeschichte gegen hohe Beträge an eine Illustrierte – muß sie sich diese Erträge anrechnen lassen? Der ehemalige Bundeskanzler E. fuhr mit seinem Wagen, nachdem er gerade die Fahrprüfung bestanden hatte, in die Schaufensterscheibe einer Konditorei. Darüber wurde in der Bonner Presse berichtet, und die Konditorei erlebte eine enorme Umsatzsteigerung. Sind die zusätzlichen Gewinne auf den Ersatzanspruch des Inhabers wegen Sachbeschädigung anzurechnen? Ein denkmalgeschütztes Haus wird durch einen fahrlässig verursachten Brand zerstört. Dadurch kann das Grundstück wertsteigernd mit einem modernen Gebäude bebaut werden. Ist die Wertsteigerung auf den Ersatzanspruch wegen des Brandschadens anzurechnen?[156]

Die Rechtsprechung hatte die Anrechnung von Vorteilen zunächst mit einer   **324** Adäquanzformel einzugrenzen versucht[157] und arbeitet heute mit der Wertung, daß eine Anrechnung von Vorteilen, die in adäquatem Kausalzusammenhang mit dem Schadensereignis entstanden sind, nur dann in Betracht kommt, „wenn dem Geschädigten dies nach Sinn und Zweck des Schadensersatzrechtes unter Berücksichtigung der gesamten Interessenlage der Beteiligten nach Treu und Glauben zugemutet werden kann"[158] Auch wird vorausgesetzt, daß die Vorteile dem jeweiligen Schadensposten „kongruent" sind.[159] Im Einzelnen sind bei der Konkretisierung dieser Formel m.E. *drei Situationen* auseinander zu halten:

a) Der Schaden verringert sich deshalb, weil der Geschädigte selbst aus dem   **325** Verletzungsereignis „das Beste zu machen versucht". Er ist nach § 254 II gehalten, zur **Schadensminderung** beizutragen (vgl. hierzu oben Rn. 317),[160] doch hat diese Obliegenheit zur Schadensminderung Grenzen, die mit dem Begriff der Zumutbarkeit umschrieben werden:

Holt ein Fahrlehrer, der bei einem Unfall verletzt worden ist, die ausgefallenen Fahrstunden außerhalb der üblichen Arbeitszeit oder in seinen Ferien nach, dann dürfen die Erträge dieser „überobligationsmäßig" zur Schadensminderung geleisteten Anstrengungen dem Schädiger nicht zugute kommen.[161] Wer Schadensersatz wegen des durch Tötung des Unterhaltsverpflichteten entgehenden Unterhalts verlangt, muß sich ein Geschäftsführergehalt, das er aufgrund eines vom Getöteten ererbten Erwerbsgeschäftes bezieht, nur dann anrechnen lassen, „wenn die Geschäftsführung im Rahmen des ihm

---

[155] Vgl. BGH WM 1984, 1187.
[156] Vgl. BGHZ 102, 322.
[157] Vgl. RGZ 80, 155, 160; 84, 386, 388.
[158] S. BGH NJW 1986, 983; BGHZ 49, 56, 61 f.; konkreter sollte man formulieren, daß es sowohl auf Sinn und Zweck der Norm ankommt, auf die der Schadensersatzanspruch gegründet ist, als auch auf Sinn und Zweck der Norm oder des Vertrages, die Grundlage des schadensmindernden Vorteils sind.
[159] BGH NJW 1997, 2378.
[160] AA *Müller-Laube*, Auswirkungen vorteilhafter Rechtsgeschäfte des Geschädigten auf die Schadensabrechnung mit dem Schädiger, JZ 1991, 162, 168.
[161] Vgl. BGH WM 1971, 620.

unter Berücksichtigung seines Alters, seiner Gesundheit und Lebensstellung sowie seiner sonstigen Aufgaben Zumutbaren liegt".[162] Verwertet der durch einen Unfall geschädigte Kfz-Eigentümer sein beschädigtes Fahrzeug ohne überobligationsmäßige Anstrengungen zu einem Preis, der über dem – in die Gesamtberechnung des Schadens eingegangenen – Restwert liegt, dann muß er sich diesen Vorteil anrechnen lassen.[163] Hat der Verkäufer bei einem Deckungsverkauf einen Mehrerlös erzielt, dann braucht er sich diesen Vorteil dagegen nicht auf seinen Schadensersatzanspruch wegen seiner Maklerkosten und anderer frustrierter Aufwendungen anrechnen zu lassen, falls er auf seinen überobligationsmäßigen Bemühungen beruht.[164] Auch im Umschulungsfall (oben Rn. 323) ist zu fragen, ob die Mehrverdienste nach Umschulung letztlich auf Anstrengungen und Leistungen zurückgehen, die der Geschädigte dem Schädiger nicht geschuldet hat.[165]

Für die Anrechnung von schadensmindernden „Vorteilen", die durch eigene Bemühungen des Geschädigten entstanden sind, ist deshalb m.E. die gleiche Wertung maßgebend, die über die Obliegenheit zur Schadensminderung nach § 254 II entscheidet: Soweit – und nur soweit – diese Obliegenheit des Geschädigten reicht, kommt ihre Erfüllung dem Schädiger als Minderung seiner Ersatzpflicht zugute. Nicht anzurechnen sind deshalb m.E. auch unerlaubte Vorteile: Der Schädiger kann nicht erwarten, daß der Geschädigte etwas Unerlaubtes tut, um den Schaden zu mindern.[166]

326   b) Bei schadensbehebenden **Leistungen Dritter** sind folgende Fallgruppen zu unterscheiden:

aa) Ausnahmsweise kann die Leistung eines Dritten den **Zweck** haben, den Schädiger zu entlasten: Eine Ärztin behandelt das Unfallopfer unentgeltlich, weil ihr der Schädiger nahe steht (Kind, Ehemann usw.). Ein Zimmermann baut den Dachstuhl eines abgebrannten Hauses wieder auf, das von einem seiner Angestellten fahrlässig in Brand gesetzt worden ist. Die Schuld des Schädigers gegenüber den Geschädigten erlischt in diesen Fällen nach § 267.[167]

bb) Im Regelfall ist die schadensausgleichende Leistung eines Dritten jedoch nicht dazu bestimmt, den Schädiger zu entlasten.[168] Gesetzlicher Ausdruck dieser Wertung ist § 843 IV: Der Kraftfahrer, der ein Kind angefahren hat, kann sich nicht darauf berufen, daß die Eltern kraft Gesetzes unterhaltspflichtig sind und ihre Unterhaltslast auch die Heilungskosten usw. für das Kind umfaßt.

327   In den Fällen der verletzten Hausfrau, deren Aufgaben von anderen Familienangehörigen miterledigt worden sind, hat der BGH, um den Einwand abwehren

---

[162] Vgl. BGHZ 58, 14.
[163] BGH BB 1992, 383 ff.
[164] Vgl. das Grundsatzurteil BGH NJW 1997, 2378.
[165] Vgl. BGH NJW 1987, 2741.
[166] Vgl. OLG Koblenz, NJW-RR 1992, 114: Mangelschaden durch unsachgemäßen Umbau eines Lkw. Die Vorteile aus der nach StVZO verbotenen Nutzung entlasten den ersatzpflichtigen Werkunternehmer nicht.
[167] *Lange/Schiemann* (Lit. vor Rn. 247), § 9 VII (519 f.).
[168] Ebenso *Müller-Laube* (Fn. 160), 166.

zu können, es sei gar kein Schaden entstanden, einen „normativen" Schadensbegriff verwendet, d.h. er hat angenommen, daß die Beeinträchtigung der Arbeitskraft der Hausfrau unabhängig davon zu ersetzen sei, ob tatsächlich Verdienste entgangen seien oder Aufwendungen für eine Ersatzkraft gemacht werden mußten. Tatsächlich geht es aber wohl nur um ein Problem der – versagten – Vorteilsanrechnung: Die unentgeltliche Leistung der Familienangehörigen darf dem Schädiger nicht zugute kommen.[169]

Vielfach sieht der Gesetzgeber in solchen Fällen einen Übergang des Schadensersatz-   **328** anspruchs auf den leistenden Dritten vor, etwa bei Verletzung eines Arbeitnehmers, dem der Arbeitgeber den Lohn fortzahlen muß (Übergang der Schadensersatzansprüche auf den Arbeitgeber, § 4 EFZG), oder bei Leistungen einer Versicherung (Übergang der Schadensersatzansprüche auf die private Versicherung oder den Sozialversicherungsträger, § 67 VVG, § 116 SGB X). Sinn und Zweck der dadurch dem Dritten gegen den Schädiger eröffneten Regreßmöglichkeit schließen es aus, den Schadensersatzanspruch um die Leistungen des Dritten zu kürzen, die für den Geschädigten ein „Vorteil" aus dem Schadensereignis sind.

c) Entstehen aus dem Schadensereignis **ohne Leistungen** des Geschädigten   **329** oder Dritter **Vorteile**, dann ist wertend zu beurteilen, ob und wieweit sie anrechenbar sind.[170]

Wer Schadensersatz wegen Verletzung einer Aufklärungspflicht im Zusammenhang mit einem finanzierten Kauf geltend macht, muß sich anrechnen lassen, daß er den Kaufgegenstand zwischenzeitlich genutzt und u.U. mit Gewinn weiterveräußert hat.[171] Auch der Vorteil des Grundstückseigentümers, der anstelle des durch Brand zerstörten denkmalgeschützten Hauses jetzt einen Neubau errichten darf, der höhere Mieterträge abwirft und so den Wert des Grundstücks steigert, ist anrechenbar.[172] Auf den Schadensersatzanspruch gegen den Werkunternehmer wegen untauglicher Wärmedämmung muß sich der geschädigte Bauherr jedenfalls die Vorteile einer geringeren, immerhin aber doch vorhandenen Heizkostenersparnis anrechnen lassen.[173] Spart der Geschädigte aufgrund der schädigenden Handlung Steuern, dann sind auch diese auf den Schadensersatzanspruch anzurechnen.[174]

Aber nicht alle Vorteile, die ohne Dazutun des Geschädigten oder Dritter entstehen, sind anrechenbar: Auf den Schaden des Unterhaltsberechtigten, der durch Tötung des Unterhaltsverpflichteten seine Unterhaltsquelle verloren hat

---

[169] Überzeugend *Stürner*, Der Unfall im Straßenverkehr und der Umfang des Schadensersatzes unter besonderer Berücksichtigung des Nichtvermögensschadens, DAR 1986, 7, 9.

[170] S. den Fall der untauglichen Wärmedämmungsfassade, BGH WM 1984, 1187: Wertende Betrachtungsweise, die Vor- und Nachteile gleichsam zu einer Rechnungseinheit verbindet.

[171] BGH NJW 1984, 229.

[172] Vgl. BGHZ 102, 322: der BGH arbeitet im Zusammenhang mit der Frage, ob bei einer solchen Wertsteigerung überhaupt ein Wiederherstellungsanspruch zugesprochen werden sollte, mit einem Abzug „neu für alt", s. 328.

[173] Vgl. BGH WM 1984, 1187.

[174] BGH NJW-RR 1988, 161: Dabei ist aber zu berücksichtigen, daß der Geschädigte auf die verbleibende Schadenssumme Steuern zu entrichten hat.

und deshalb vom Schädiger Ersatz nach § 844 II verlangen kann, sind weder die Summe einer Lebensversicherung noch deren Erträge (Zinsen) anzurechnen, da die Lebensversicherung durch Prämien des Versicherungsnehmers „erkauft" worden ist und nach ihrem Sinn und Zweck der Absicherung der Begünstigten, nicht aber der Entlastung eines Schädigers dienen soll.[175] Auch den *Stammwert* einer Erbschaft müssen sich die nach § 844 II ersatzberechtigten Hinterbliebenen nicht anrechnen lassen, soweit sie diese später ohnehin erhalten hätten;[176] die Anrechnung der *Erträge* der Erbschaft ist streitig.[177]

330   Voraussetzung für die Anrechnung ist in jedem Fall, daß der Vorteil durch das schädigende Ereignis *verursacht* worden ist.

Eine Bergwerksgesellschaft, deren Untertagebetrieb zu Rissen im Hause eines Zahnarztes geführt hat, kann dem Anspruch auf Bergschadensersatz nicht entgegenhalten, daß die Praxis des Zahnarztes durch ihr Unternehmen einen vergrößerten Zulauf erhalten habe. Denn diesen „Vorteil" hätte der Zahnarzt auch ohne das schädigende Ereignis gehabt.

331   Zuweilen kann Schadensersatz nur so geleistet werden, daß der Geschädigte mehr als sein Interesse erhält, z.B. wenn die Ausbesserung einer beschädigten Sache ihren Wert erhöht oder für eine untergegangene gebrauchte Sache nur eine neue als Ersatz beschafft werden kann. Teilweise wird auch hier der Gedanke der Vorteilsausgleichung herangezogen und ein Anspruch auf Naturalherstellung nur gegen Ausgleichung des Mehrwerts gewährt.[178]

Beispiel: V hatte an K einen gebrauchten Saug- und Druck-Tankwagen mit aufliegendem Druckkessel verkauft. Eine Zusicherung zum technischen Zustand des Fahrzeuges wurde von V nicht eingehalten. Insbesondere mußte der Druckkessel für 94 000 DM erneuert werden. Von seinem auf § 463 a.F. BGB gestützten Schadensersatzanspruch mußte der Käufer einen Abzug „neu für alt" hinnehmen, wobei das Gericht von der „Lebenserwartung" eines solchen Fahrzeugs von rund 20 Jahren ausging: Aufgrund des Alters des Fahrzeugs hätte es auch in einwandfreiem Zustand nur noch eine Lebenserwartung von 2 Jahren gehabt, so daß auch nur 1/10 dieser gewöhnlichen Lebenserwartung geschuldet war. Deshalb waren 9/10 der Materialkosten für die Erneuerung des Druckbehälters abzuziehen.[179]

---

[175] BGHZ 73, 109; zur Unfallversicherung s. BGHZ 19, 94, 99.

[176] BGHZ 8, 325, 328. Steht dagegen fest, daß der Getötete den Hinterbliebenen enterbt hätte, dann ist die Erbschaft auf den Schadensersatzanspruch anzurechnen, s. *MünchKomm/ Oetker*, § 249 Rn. 259.

[177] S. *MünchKomm/Oetker*, § 249 Rn. 260f.; umfassend hierzu *Ackmann*, Die deutsche und amerikanische Rechtsprechung zur Anrechenbarkeit von Erbschaftsstamm und -erträgen auf Unterhaltsansprüche (§ 844 II BGB) im Wege der Vorteilsausgleichung, JZ 1991, 818–823, 967–973.

[178] Vgl. BGHZ 30, 29; OLG Düsseldorf, NJW-RR 1993, 664: Beeinträchtigung einer 100 Jahre alten Mauer. Errichtung einer neuen Mauer und Abzug „neu für alt" von den Wiederherstellungskosten.

[179] BGH NJW 1996, 584, 585.

Verlangt der durch Zerstörung einer gebrauchten Sache Geschädigte Gelder-   **332**
satz für die Wiederbeschaffung einer neuen Sache, dann ist vom Wiederbe-
schaffungspreis ein entsprechender **Abzug „neu für alt"** zu machen, es sei
denn, daß dies für den Geschädigten unzumutbar ist, weil er sich sonst eine
neue Sache nicht beschaffen könnte.[180] Der BGH sieht den Abzug „neu für alt"
als Fall der Vorteilsanrechnung.[181]

3. Abtretung von Ersatzansprüchen

Lit.: *Roth*, Zessionsregreß nach § 255 BGB und gesamtschuldnerischer Ausgleich, FS
Medicus, 1999, 495–511.

§ 255 gibt dem für den Verlust einer Sache oder eines Rechts Verantwortli-   **333**
chen ein Zurückbehaltungsrecht; er hat Schadensersatz nur gegen Abtretung
der Ansprüche des geschädigten Sacheigentümers oder Rechtsinhabers zu leisten. Der Grundgedanke der Vorschrift besteht darin, zu verhindern, daß der
Geschädigte einerseits Schadensersatz erhält, andererseits seine Ansprüche gegen dritte Inhaber der Sache oder des Rechts behält und durchsetzen kann, so
daß er im Ergebnis Schadensersatz und das verlorene Rechtsgut (zurück-)er-
hält. Man sieht deshalb in § 255 einen Fall der Vorteilsausgleichung[182] oder –
besser – der Verhinderung einer Bereicherung des Geschädigten.

Zum Teil wird dem § 255 aber auch die weitere Funktion der Verteilung des Risikos   **334**
zwischen „näheren" und „entfernteren" Schädigern beigemessen,[183] d.h. der für den
Verlust Verantwortliche soll, weil letztlich dem Schaden ferner stehend als – z.B. – der
Dieb, sich beim Dieb erholen können. Damit gerät § 255 in eine schwierige Konkurrenz-
lage zu § 426 M.E. kann § 255 die Funktion, bei mehreren Schadensverantwortlichen
den Innenausgleich zu regeln, nicht übernehmen, da insoweit die Regeln über die Gesamtschuld sachgerechte Lösungen ermöglichen[184] und als lex specialis vorgehen. § 255
kann deshalb nur angewendet werden, wenn und soweit zwischen dem Verantwortlichen
und dem Dritten keine Gesamtschuld besteht und deshalb ein Regreß über § 426 nicht
möglich ist oder es gerade auf Eigentum bzw. einen Herausgabeanspruch des Eigentümers oder entsprechende Surrogate – § 816 I 1 – ankommt, etwa um Bereicherung durch
Doppelentschädigung zu vermeiden.[185] Die Anwendung des § 255 setzt (also) voraus,
daß die Sache noch vorhanden ist und entsprechende Herausgabeansprüche – oder als
Surrogat solche auf den Veräußerungserlös – bestehen; Schadensersatzansprü-

---

[180] *Larenz*, Schuldrecht I, § 29 II a, 489f.
[181] BGH NJW 1996, 584, 585; BGH WM 1997, 1813f. *Lange/Schiemann* (Lit. vor Rn. 247),
§ 6 V (259ff.).
[182] *Brox*, AS, Rn. 352.
[183] Vgl. *Selb*, Entstehungsgeschichte und Tragweite des § 255 BGB, FS Larenz, München
1973, 517–548.
[184] Vgl. *H. Roth* (Lit. vor Rn. 333), 500ff.; *Jauernig/Teichmann*, § 255 Rn. 1.
[185] *H. Roth* (Lit. vor Rn. 333), 498ff.

che wegen untergegangener Sache unterfallen dagegen der Gesamtschuldregelung mit Ausgleich nach § 426.[186]

V. Drittschadensliquidation

Lit.: *Büdenbender*, Drittschadensliquidation bei obligatorischer Gefahrentlastung – eine notwendige oder überflüssige Rechtsfigur? NJW 2000, 986ff.; *v. Caemmerer*, Das Problem des Drittschadensersatzes, ZHR 127 (1965), 241–279; *Hadding*, Drittschadensliquidation und „Schutzwirkungen für Dritte" im bargeldlosen Zahlungsverkehr, FS Werner, Berlin 1984, 165–199; *Hagen*, Drittschadensliquidation bei Gefahrentlastung? – BGH NJW 1970, 38 –, JuS 1970, 442–445; *Peters*, Zum Problem der Drittschadensliquidation, AcP 180 (1980), 329–372; *Ries*, Grundprobleme der Drittschadensliquidation und des Vertrags mit Schutzwirkung für Dritte, JA 1982, 453–459; *Steding*, Die Drittschadensliquidation, JuS 1983, 29–32; *Traugott*, Das Verhältnis von Drittschadensliquidation und vertraglichem Drittschutz, Berlin 1997.

335   In bestimmten Fällen wirkt sich aufgrund der Differenzhypothese, die *alle* Veränderungen *in* und Einflüsse *auf* die Güterlage zu berücksichtigen gebietet, eine Verletzung der Rechte oder Rechtsgüter des Betroffenen nicht als Schaden aus, weil ein Dritter vertraglich verpflichtet ist, das Risiko zu tragen, ohne einen eigenen Ersatz- oder Regreßanspruch gegen den Schadensverursacher zu haben. Es ging oder geht vor allem um folgende Fallgruppen:[187]

Beispiel: Das aufgrund eines Werkvertrags gebaute Haus wird vor der Abnahme durch schuldhaftes Verhalten eines Dritten zerstört. Der Bauunternehmer muß aufgrund der Gefahrtragungsregel in § 644 neu herstellen, während der Besteller den ursprünglichen Werklohn nur einmal bezahlen muß. Für seinen Schaden hat der Bauunternehmer jedoch keinen Anspruch aus außervertraglicher Haftung, da er nicht in seinem Eigentum verletzt ist. Der Besteller ist als Eigentümer zwar verletzt, hat aber in der Gesamtrechnung keinen Schaden, da er ja vom Unternehmer Neuherstellung verlangen kann. Der Schaden ist auf den Bauunternehmer „verlagert". Die gleiche Fallkonstellation der „**obligatorischen Gefahrentlastung**" kann beim Versendungskauf auftreten, wenn die Ware nach Versendung, d.h. nach Gefahrübergang – s. § 447 – durch schuldhaftes Verhalten eines Dritten untergeht, der gefahrbelastete Käufer aber noch nicht Eigentümer ist: Der als Eigentümer verletzte Verkäufer hat keinen Schaden, da er den Kaufpreis beanspruchen kann; der dadurch geschädigte Käufer hatte aber mangels Eigentum noch keine gegenüber einem Dritten geschützte Rechtsposition. § 421 I 2 HGB behandelt insoweit nicht das hier interessierende schadensrechtliche Problem, sondern gestattet dem Empfänger lediglich den betreffenden Anspruch geltend zu machen, ohne daß eine Abtretung an ihn erforderlich wäre.[188]

Eine zweite vergleichbare Fallgruppe bilden Fälle der **mittelbaren Stellvertretung**: Ein Kommissionär (mittelbarer Stellvertreter) des Käufers hatte Kork bei einem Handelshaus

---

[186] Überzeugend *H. Roth* aaO (Lit. vor Rn.333), 498ff., 502ff., 511 (Zusammenfassung).

[187] S. zunächst *Traugott* (Lit. vor Rn.335), 19ff.

[188] Vgl. *Bambach/Hopt/Merkt*, Handelsgesetzbuch, 31. Aufl., § 421 Rn. 26. Ein eigener vertraglicher Anspruch steht dem Empfänger nach § 421 I 1 HGB nur zu, wenn die Sache beschädigt oder verspätet bei ihm anlangt, nicht hingegen in den Fällen des Sachuntergangs.

in Oporto bestellt. Der Kapitän des Schiffes, auf dem der Kork nach Deutschland befördert wurde, weigerte sich, den Kork im ersten deutschen Hafen auszuladen. Auf die Schadensersatzansprüche des (mittelbaren) Stellvertreters wendete er ein, daß jedenfalls ein Schaden nicht entstanden sei, da der Kommissionär gegenüber der Bestellerfirma für Verschulden des Kapitäns nicht hafte. Die Bestellerfirma selbst hat dagegen (nur) einen Vermögensschaden in Form des Verzugsschadens, für den eine außervertragliche Anspruchsgrundlage gegen den Kapitän nicht gegeben ist.

Zu einem ähnlichen Typus gehört folgender Fall: Ein „**Treuhänder**" hatte von Anlegern Kapitalbeträge gesammelt und damit Warentermingeschäfte gemacht. Einer der Anleger arbeitete mit einem Büroangestellten des Treuhänders zusammen und konnte deshalb seine Anlageentscheidungen aufgrund von Insider-Informationen zum eigenen Vorteil – und zum Nachteil der anderen Anleger – zeitlich früher treffen. Verträge bestanden jeweils nur zwischen dem Treuhänder und den einzelnen Anlegern, nicht *unter* den Anlegern. Deswegen hatten die einzelnen Anleger gegeneinander keine Ansprüche. Der Treuhänder selbst war nicht geschädigt, weil er auf fremde Rechnung spekuliert hatte. Der BGH sah einen Fall der Drittschadensliquidation gegeben, da die Verletzung des Vertrages mit dem Treuhänder (durch den Anleger) zu einem auf die anderen Anleger verlagerten Schaden geführt habe.[189]

Als weitere Fallgruppen neben obligatorischer Gefahrentlastung, mittelbarer Stellvertretung und Treuhand werden **Obhutsverhältnisse**[190] und vertragliche Vereinbarung der Maßgeblichkeit von Drittinteressen genannt.[191]

Für die unter dem Stichwort „Drittschadensliquidation" behandelten Fälle   336
ist typisch, daß die *rechtlich geschützte Position* (Forderungsrecht, Eigentum) *und das geschädigte Interesse auseinander fallen*: Der Verletzte hat keinen Schaden, der Geschädigte dagegen kein geschütztes Recht, der Schaden ist also vom Verletzten auf den Dritten „verlagert".[192] Die hL gestattet jedoch dem Verletzten, das Interesse des Dritten *als eigenen Schaden* geltend zu machen und diese Ansprüche an den Dritten abzutreten, so daß dieser im Ergebnis seinen Schaden selbst einklagen kann.[193] Der Dritte kann in entsprechender Anwen-

---

[189] BGH WM 1987, 581.

[190] Vgl. RGZ 93, 39: Der Mieter eines Kahns kann den Schaden des Eigentümers, dem er zur Obhut verpflichtet war, liquidieren. In diesen Fällen können freilich Schadensersatzansprüche des Eigentümers aus Delikt mit den Ansprüchen des Obhutsverpflichteten konkurrieren, s. hierzu *v. Caemmerer* (Lit. vor Rn. 335), ZHR 127 (1965), 241, 265ff.; *D. Rabe*, Drittschadensliquidation im Güterbeförderungsrecht, Transportrecht 1993, 1ff., 3ff., 6. Soweit der verletzte Eigentümer eigene Ansprüche neben denen des Obhutspflichtigen geltend macht, sind sie, soweit sich ihre Schäden decken, als Gläubiger nach § 432 zu behandeln, *v. Caemmerer*, aaO 267.

[191] Vgl. *Medicus*, Schuldrecht I, 16. Aufl., § 54 IV 2 a, Rn. 610: In solchen Fällen komme das Institut des Vertrages mit Schutzwirkung zugunsten des Dritten und seiner Interessen in Betracht.

[192] Vgl. BGH NJW 1996, 2734, 2735.

[193] Vgl. zum Ganzen *v. Caemmerer* (Lit. vor Rn. 335), ZHR 127 (1965), 241–279. Kritisch zum Institut der Drittschadensliquidation *Peters* (Lit. vor Rn. 335), AcP 180 (1980), 329–372. *Peters* hält das Institut für überflüssig und will durch Vertrag zugunsten Dritter (dazu unten Kap. 18) oder Annahme eines Schadens beim Verletzten helfen.

dung des § 285 sogar Abtretung dieses Anspruchs verlangen, falls der Verletzte (aber nicht Geschädigte) ihm gegenüber durch das schädigende Ereignis von einer Verpflichtung befreit worden ist wie in vielen Fällen obligatorischer Gefahrentlastung, mittelbarer Stellvertretung und Obhutspflicht.

337   Die fünf genannten Fallgruppen der Drittschadensliquidation werden von der hM als abschließend angesehen.[194] Wo beim Verletzten selbst Schaden eingetreten ist, oder (und) der Dritte in einem eigenen Recht verletzt ist oder sein könnte, scheidet Drittschadensliquidation aus: Die falsche Bankauskunft, die vom Auskunftnehmer an den (dann geschädigten) Dritten weitergegeben worden ist, könnte Haftung aus Vertrag mit Schutzwirkung zugunsten Dritter auslösen, nicht aber Drittschadensliquidation.[195] In der Literatur werden deshalb immer wieder Vorschläge entwickelt, den Bereich der Schutzwirkungen zugunsten Dritter aus einem Vertrag großzügiger zu fassen und so den Dritten eine eigene verletzungsfähige Position – und damit eigene Schadensersatzansprüche – zu verschaffen.[196]

§ 4 Beweis des Schadens

338   Unabhängig von der Beweislast für die *Voraussetzungen* eines Schadensersatzanspruchs muß der Geschädigte grundsätzlich das **Ausmaß des Schadens**, also die Differenz der Güterlagen behaupten und beweisen. Dagegen muß der Schädiger, der sich auf Minderungsgründe beruft – Mitverursachung und -verschulden des Geschädigten, anrechenbare Vorteile, Reserveursachen oder überholende Kausalität –, die den Schaden ganz oder teilweise ebenfalls herbeigeführt hätten, diese im Einzelnen vortragen und beweisen.

339   Soweit es um den Inhalt des Schadensersatzanspruchs geht – Naturalrestitution oder Geldersatz –, muß in den Fällen des § 251 I und II derjenige, der sich darauf beruft, es sei (nur) Geldersatz geschuldet, die Voraussetzungen dafür (Unmöglichkeit oder Unverhältnismäßigkeit) beweisen.

340   Der Beweis des Schadens, hauptsächlich des Schadenumfangs, kann für den Geschädigten schwierig sein, vor allem, wenn es um die Prognose der hypothetischen Entwicklungen seiner Güterlage und das daraus zu ermittelnde Interesse, d.h. um die Differenz zur realen Güterlage aufgrund des schädigenden Ereignisses geht. Für entgangene Gewinne gewährt das Gesetz deshalb in § 252 S. 2 durch eine Vermutung zugunsten des Geschädigten eine Beweiserleichterung (s. auch oben Rn. 276).

---

[194] S. jedoch BGHZ 128, 371, 377 f.: Verzugsschaden bei Sicherungszession; maßgebend ist der Zedentenschaden (wohl auch Treuhandfall).
[195] S. BGH NJW 1996, 2734, 2735 f.
[196] Krit. zu diesen Versuchen *Traugott* (Lit. vor Rn. 335), 78 ff., 94.

Überhaupt kann die Prognose der weiteren Entwicklung von hypothetischer   **341**
und realer Güterlage, also künftiger und deshalb fast immer mehr oder weniger
unsicherer Entwicklungen, für einen Beweis erhebliche Schwierigkeiten bereiten: Bei einer die Erwerbsfähigkeit beeinträchtigenden Körperverletzung ist für
die Berechnung des Schadens nicht nur zu ermitteln, was der Verletzte ohne die
Verletzung verdient hätte, sondern im Zeitpunkt der Beurteilung des Schadensfalles muß auch prognostiziert werden, wie sich die Beeinträchtigung der Erwerbsfähigkeit künftig entwickeln wird, ob also doch eine Besserung der Erwerbsfähigkeit eintreten könnte, andere Erwerbsquellen erschlossen werden,
Entwicklung des Arbeitsmarktes, usw.

Klagt der Unterhaltsberechtigte gegen den Unfallverursacher den Schaden ein, der
ihm durch die Tötung des Unterhaltsverpflichteten in Form entgangenen Unterhalts entsteht, dann ist zum einen zu prognostizieren, ob und wie lange der Unterhaltsverpflichtete zur Unterhaltsleistung fähig gewesen wäre (Entwicklung der Güterlage des Betroffenen ohne das verletzende Ereignis), zum anderen, wie lange sich das verletzende Ereignis
als Schaden auswirkt, d. h. der Unterhaltsberechtigte aufgrund seiner eigenen Vermögenslage Unterhalt hätte verlangen können.

§ 287 I 1 ZPO räumt deshalb den Gerichten die Befugnis ein, über das „Ob"
und die Höhe eines Schadens „unter Würdigung aller Umstände nach freier
Überzeugung" zu entscheiden, also ggfs. den **Schaden zu schätzen**.[197] So muß
der Richter für die Bemessung einer Unterhaltsrente in der Zukunft liegende
Faktoren im Rahmen einer Prognose berücksichtigen, für die Schätzungen im
Rahmen des § 287 ZPO eine unvermeidbare Hilfe sind.[198]

§ 287 ZPO kann auch angewendet werden, falls Beweis der haftungsausfül-   **342**
lenden Kausalität, etwa zwischen Körperverletzung und Tod des Verletzten,
schwer zu erbringen ist.

Beispiel: Bei einer Schlägerei wurden einem Mann zwei gezielte Faustschläge ins Ge-
sicht versetzt. Dieser fiel zu Boden und blieb bewußtlos liegen; wenig später wurde sein
Tod festgestellt, der nach dem Obduktionsergebnis durch den Riß einer bestehenden Ge-
fäßausdehnung der linken Hirnschlagader verursacht worden war. Ehefrau und Kinder
des Getöteten haben den Schläger auf Schadensersatz in Anspruch genommen und mußten die Ursächlichkeit zwischen der Erstverletzung (Faustschläge) und der Todesursache
(Gefäßriß) beweisen. Der BGH hielt den Maßstab des § 287 ZPO für anwendbar, so daß
für die Bejahung der Ursächlichkeit nicht eine an Sicherheit grenzende Wahrscheinlichkeit, die allen medizinisch-wissenschaftlichen Kriterien standhielt, verlangt wurde.[199]

---

[197] Einzelheiten s. *Arens*, Dogmatik und Praxis der Schadensschätzung, ZZP 97 (1984), 1ff.
[198] Vgl. BGH NJW-RR 1990, 962: „... muß sich bewußt sein, daß ihm § 287 ZPO eine besonders freie Stellung einräumt, die Schätzungen im Sinne eines Wahrscheinlichkeitsurteils erlaubt, aber auch gebietet."
[199] BGH NJW 1992, 3298.

3. Teil: Erlöschen und Beendigung von Schuldverhältnissen

„Schuldverhältnis" meint sowohl die einzelne Verpflichtung des Schuldners und die ihr korrespondierende Berechtigung des Gläubigers, also die einzelne Obligation, als auch das komplexe Schuldverhältnis, das aus mehr als einer Obligation zwischen den Parteien – z.B. aus Leistungs- und Schutzpflichten auf beiden Seiten – besteht (s. zum Begriff des Schuldverhältnisses oben Rn. 159). Entsprechend muß man für das Erlöschen und die Beendigung von Schuldverhältnissen differenzieren: Das Erlöschen einer einzelnen Verbindlichkeit bewirkt noch nicht das Erlöschen des gesamten Schuldverhältnisses. Die zum Erlöschen der Verpflichtung zur Kaufpreiszahlung führende Leistung des Kaufpreises läßt andere Pflichten aus dem Kaufvertrag unberührt.
343

Eine Pflicht kann erlöschen durch Erlaß (s. unten Rn. 439f.), Konfusion (s. unten Rn. 441), Novation (s. unten Rn. 442), Aufhebungsvertrag oder Erfüllung. Schon hier ist aber festzuhalten, daß trotz Erfüllung die Obligation als **Behaltensgrund** fortwirkt. Der Gläubiger kann aufgrund der Leistungspflicht *nicht nur fordern*, sondern die erbrachte Leistung auch *behalten*. Der Ausdruck „Erlöschen" ist deshalb mißverständlich.[1]

Das Schuldverhältnis als komplexe, mehrere Leistungspflichten und evtl. Schutzpflichten umfassende Rechtsbeziehung endet erst, wenn jede seiner einzelnen Pflichten durch – z.B. – Erfüllung, Erlaß usw. erloschen ist. Eine solche vollständige Abwicklung eines Schuldverhältnisses kann man „Beendigung" nennen. Häufiger bedeutet aber „Beendigung" eines Schuldverhältnisses nur, daß es in einen *Abwicklungszustand* überführt wird, in dem bestimmte Pflichten – etwa Schutzpflichten – fortbestehen, andere als *Abwicklungspflichten* hinzukommen: Nach Kündigung eines Mietverhältnisses muß die Mietsache zurückgegeben werden, nach Rücktritt müssen bereits empfangene Leistungen zurückgewährt werden, usw. Bei Verwendung des Wortes „Beendigung" ist also darauf zu achten, ob Vollbeendigung gemeint ist oder eine Umgestaltung des Schuldverhältnisses zum Abwicklungsverhältnis.

---

[1] Zu dieser Fortwirkung der erfüllten Schuld s. *Gernhuber*, Erfüllung, §5 I 5, S. 102f.

Kapitel 7: Erfüllung

§ 1 Voraussetzungen der Erfüllung

Lit.: *Wieacker*, Leistungshandlung und Leistungserfolg im bürgerlichen Schuldrecht, FS Nipperdey, Band I, München 1965, S. 783–813.

I. Die geschuldete Leistung

344   1. Für den Eintritt der Erfüllungswirkungen – insbesondere das „Erlöschen" der Verbindlichkeit, § 362 I – kommt es entscheidend darauf an, daß die **geschuldete** Leistung bewirkt wird, also die Leistung dem Pflichteninhalt genau entspricht. Zu unterscheiden ist deshalb zunächst, ob ein bestimmtes Handeln oder Verhalten geschuldet ist und deshalb *Leistungshandlungen* zu bewirken sind, oder ob ein bestimmter *Leistungserfolg* geschuldet ist. Nicht etwa ist der Leistungserfolg in jedem Falle Voraussetzung der Erfüllung.[2]

> Beispiele: Aufgrund eines Dienstvertrages ist der Schuldner zur Leistung der versprochenen Dienste verpflichtet und „erfüllt" seine Verpflichtung mit Vornahme der Dienstleistungen. Beim Werkvertrag wird dagegen ein bestimmter Erfolg – das Werk – geschuldet; der Unternehmer hat so lange nicht vollständig erfüllt, als er nicht mangelfrei geleistet hat.

345   Eine Leistung am falschen Ort bewirkt keine Erfüllung: Wurde der gekaufte Schreibtisch zur Wohnung des Käufers gebracht und nicht – wie im Kaufvertrag vereinbart – in seine Büroräume, dann ist die Lieferpflicht des Verkäufers noch nicht erfüllt, und der Käufer kann weiter Lieferung am vereinbarten Ort verlangen.

Zur „richtigen" Leistung gehört auch Mangelfreiheit; eine mangelhafte Leistung bewirkt keine Erfüllung.

Auch die Leistungszeit muß eingehalten werden: Eine Leistung zur falschen Zeit (vgl. § 271), etwa die Lieferung von Weihnachtsbäumen nach dem 25.12., kann keine Erfüllung mehr bewirken. Weichen Leistungen vom Pflichteninhalt ab, dann kann Erfüllungswirkung nur eintreten, wenn der Gläubiger die vom Pflichteninhalt abweichende Leistung als Erfüllung annimmt, § 364 I (dazu unten Rn. 363).

---

[2] Mit Recht weist *Lobinger* (Lit. vor Rn. 469), 194 darauf hin, daß die Vorstellung einer strikten Erfolgsbezogenheit vertraglicher Leistungspflichten verfehlt und für das Verständnis des Leistungsstörungsrechts hinderlich sei.

Der genaue Schuldinhalt ergibt sich aus dem Gesetz, bei vertraglich begründeten Verbindlichkeiten aus dem Vertrag und den entweder zwingend oder subsidiär eingreifenden gesetzlichen Regeln.[3]

Die Feststellung des genauen Pflichteninhalts kann Schwierigkeiten bereiten. **346** So ist bei Geldschulden streitig, ob und wann genau sie durch bargeldlose Zahlung erfüllt werden. Während die wohl noch hL annimmt, daß Geldschulden grundsätzlich in bar zu erfüllen sind und die bargeldlose Zahlung, die dem Gläubiger im Ergebnis „nur" ein Guthaben bei seiner Bank (durch Gutschrift des überwiesenen Betrages) verschafft, deshalb von ihm als Leistung an Erfüllungs statt gebilligt werden muß (dazu unten Rn. 363), geht eine Mindermeinung davon aus, daß heute bargeldloser Zahlungsverkehr so üblich sei, daß bei einer Geldschuld im Zweifel auch mit Buchgeld, d.h. bargeldlos gezahlt und erfüllt werden könne.[4]

Durch die großzügige Annahme von Zustimmungen des Gläubigers zur Zahlung mit Buchgeld, z.B. durch Angabe seiner Kontonummer auf der Rechnung[5] (dazu noch unten Rn. 365), dürften sich die unterschiedlichen Ansichten zur Frage, ob eine Geldschuld primär mit Bargeld oder auch mit Buchgeld erfüllt werden darf, in den für die Praxis erheblichen Fällen in den Ergebnissen nicht unterscheiden. Davon zu unterscheiden ist jedoch das Problem, *wann* bei bargeldloser Zahlung Erfüllungswirkungen eintreten können (dazu unten Rn. 365).

2. Die strenge Bindung der Erfüllungswirkungen an die Einhaltung des Inhalts **347** der jeweiligen Pflicht könnte den Schuldner stark belasten, wenn er noch längere Zeit nach der Leistungserbringung mit der Behauptung rechnen müßte, er habe nicht genau entsprechend dem Pflichteninhalt geleistet. §363 ordnet deshalb die **Beweislast** für die Behauptung, der Schuldner habe nicht richtig geleistet und deshalb nicht erfüllt, dem Gläubiger zu, wenn er eine erbrachte Leistung *als Erfüllung angenommen* hat.

Beispiel: Ein Kraftwagen ist zur Inspektion gebracht worden und zum vereinbarten Termin vom Eigentümer, der die Inspektion in Auftrag gegeben hatte, abgeholt worden. Will dieser später geltend machen, daß die versprochene Leistung nicht oder mangelhaft erbracht worden ist, dann muß er das beweisen.

§363 bedeutet keinen Rechtsverlust: Kann der Gläubiger beweisen, daß die **348** Leistung nicht oder nicht richtig erbracht worden ist, dann kann er mit Erfolg

---

3 Zur Parteiautonomie und ihren Beschränkungen s. oben Rn. 50 ff.
4 Vgl. *Gernhuber*, Erfüllung, §11, 2, S. 201 ff.
5 Voraussetzung der Erfüllungswirkung ist aber jedenfalls Zahlung auf das „richtige", nicht auf irgendein Konto des Schuldners, s. zum Fall des Kontowechsels OLG Frankfurt NJW 1998, 387.

weiter Erfüllung verlangen.[6] Seine Lage verschlechtert sich nur insoweit, als die Beweislast vor einer unter § 363 fallenden Annahmehandlung beim Schuldner gelegen hatte.

Für Unterlassungspflichten ist § 363 dagegen weitgehend bedeutungslos: Hier soll die Beweislast hinsichtlich der (Nicht-)Erfüllung unabhängig von einer Annahme stets beim Gläubiger liegen.[7]

II. Bewirken der Leistung

349   Zur Erfüllung muß der Schuldner die geschuldete Leistung **bewirken**. Das Gesetz läßt bewußt offen, was unter „Bewirken" zu verstehen ist; die Lösung der schon zum gemeinen Recht streitigen Frage wollten die Verfasser des BGB Wissenschaft und Praxis überlassen. Sie wird auch heute noch diskutiert. Umstritten ist, ob und welche subjektiven Elemente zusätzlich zur realen Leistungsbewirkung erforderlich sind, damit die Leistung Erfüllungswirkung hat.[8]

Die sog. *Vertragstheorie* verlangte eine vertragliche Einigung zwischen Gläubiger und Schuldner, daß die Leistung Erfüllung bewirken solle. Ein moderner Ableger dieser inzwischen von niemandem mehr vertretenen Theorie verlangt eine Einigung der Parteien über den *Zweck* der Leistung, die durch diese Vereinbarung zur Erfüllung eines bestimmten Schuldverhältnisses bestimmt werden müsse.[9]

Da es offensichtlich unrealistisch und überkonstruiert ist, bei jedem Leistungsvorgang eine rechtsgeschäftliche Vereinbarung zu unterstellen

– man denke z.B. an die Erbringung von Arbeitsleistungen, eine Beförderung im Taxi, Gebrauchsüberlassung und -nutzung einer Sache oder an eine Unterlassung –,

vertrat die sog. *beschränkte Vertragstheorie*, daß nur dort eine Vereinbarung über die Erfüllung erforderlich sei und geschehe, wo ohnehin rechtsgeschäftliches Handeln für die Leistung erforderlich ist, also z.B. bei der Übereignung.

---

[6] In bestimmten Fällen kann jedoch bei einer Annahme als Erfüllung auch Rechtsverlust eintreten, s. § 640 II BGB, ferner § 377 HGB zu Fällen vorbehaltloser Annahme einer mangelhaften Leistung; der in der Funktion vergleichbare § 464 a.F. ist dagegen durch das SchRModG ersatzlos entfallen. S. hierzu *Süle*, Mängelkenntnis und Gewährleistung: der Wegfall des § 464 BGB a.F. im Rahmen der Schuldrechtsmodernisierung, 2004.

[7] Vgl. *Jauernig/Stürner*, § 363 Rn. 1.

[8] Vgl. zu den Erfüllungstheorien i.e. *Gernhuber*, Erfüllung, § 5 II 1–8, S. 103ff.; *Henke*, Die Leistung: Grundvorgang des sozialen Lebens und Grundbegriff des Schuldrechts, Berlin 1991, S. 71ff.

[9] Vgl. für diese Ansicht *Ehmann*, Ist die Erfüllung Realvertrag?, NJW 1969, 1833, 1836f.; *Weitnauer*, Die bewußte und zweckgerichtete Vermehrung fremden Vermögens, NJW 1974, 1729, 1730; *ders.*, Die Leistung, FS v. Caemmerer, Tübingen 1978, S. 255, 262f.

Herrschend ist heute die *Theorie der realen Leistungsbewirkung.*[10] Danach **350** kommt es nicht auf irgendwelche zusätzlichen Erklärungen der Parteien oder des Schuldners an, um der Leistungserbringung die gewollte Rechtsfolge der Erfüllung zu verschaffen, sondern es genügt der reale Tilgungsakt, also z.B. die Arbeitsleistung, die Besitzübergabe, die Unterlassung als solche.[11]

Schließlich will eine im Vordringen befindliche *Theorie der finalen Leistungsbewirkung*[12] die Erfüllungswirkungen erst aufgrund eines einseitigen Bestimmungsaktes (Zweck- oder Tilgungsbestimmung) eintreten lassen, durch den die Leistung mit dem Schuldverhältnis verknüpft wird. Dabei ist wieder umstritten, ob diese Tilgungsbestimmung eine rechtsgeschäftliche Willenserklärung oder eine geschäftsähnliche Handlung ist; überwiegend wird angenommen, daß sie eine geschäftsähnliche Handlung sei, auf die Vorschriften für Willenserklärungen analog Anwendung finden können.[13]

Die verschiedenen Theorien stellen jeweils unterschiedliche Sachfragen und **351** Fallsituationen in den Mittelpunkt ihrer Klärungsversuche und verallgemeinern die dafür vorgeschlagenen Lösungen. Absehen muß man zunächst von den Fällen, in denen zur Leistungsbewirkung ein Rechtsgeschaft, wie z.B. die Übereignung, gehört. Ob zur richtigen Erfüllung eine Übereignung, d.h. ein rechtsgeschäftlicher Vorgang, gehört, ist nicht eine Frage des *Bewirkens* der Leistung, sondern des Schuldinhalts: Aus der jeweiligen Pflicht des Schuldners ergibt sich, ob die Leistung nur tatsächliches Verhalten oder auch rechtsgeschäftliche Erklärungen verlangt. Auch das in der theoretischen Diskussion viel gebrauchte Beispiel der Leistung durch oder an einen Minderjährigen, den die Vertragstheorie durch die erforderliche Mitwirkung seiner gesetzlichen Vertreter glaubt vor nachteiligen Erfüllungswirkungen schützen zu müssen, ist, soweit zu sehen, nie praxisrelevant geworden: Im Falle einer Leistung *an* einen Minderjährigen wird der Eintritt der Erfüllungswirkung nicht dadurch verhindert, daß der Minderjährige ohne Mitwirkung seiner gesetzlichen Vertreter keine Vereinbarung über die in Frage stehende Forderung treffen kann, sondern dadurch, daß ihm die sog. *Empfangszuständigkeit* fehlen kann (hierzu unten Rn. 358ff.). Für seine eigene Leistung kommt es darauf an, ob sie zustimmungsbedürftige Rechtsgeschäfte erfordert oder nur tatsächliches Handeln. Im letzteren Fall bewirkt sein Handeln vorteilhafte Schuldbefreiung und bedarf nach der dem § 107 zugrunde liegenden Wertung keiner schützenden Mitwirkung gesetzlicher Vertreter.

---

[10] Grundlegend *G. Boehmer*, Der Erfüllungswille, München 1910, S. 58 ff.

[11] Vgl. statt aller *MünchKomm/Wenzel*, § 362 Rn. 10, 13.

[12] Vor allem *Gernhuber*, Erfüllung, § 5 II 8, S. 110 ff.

[13] Einzelheiten s. *Gernhuber*, Erfüllung, § 5 III 2, S. 113 ff. Der BGH hat die Tilgungsbestimmung als einseitige empfangsbedürftige Willenserklärung und deshalb als anfechtbar gesehen, aber hinzugefügt, daß das gleiche Ergebnis anzunehmen wäre, wenn die Tilgungsbestimmung nur rechtsgeschäftsähnliche Erklärung wäre, BGHZ 106, 163, 166.

352   Eine vertragliche Vereinbarung zwischen Gläubiger und Schuldner ist allerdings erforderlich, wenn *eine andere als die geschuldete Leistung* erbracht wird
und Erfüllungswirkung haben soll (s. zu dieser Leistung an Erfüllungs statt unten Rn. 363). Der Fall, daß vom Gläubiger etwas anderes als die ursprünglich geschuldete Leistung akzeptiert wird und Erfüllung bewirkt, kann jedoch nicht
Erklärungsmodell für den Regelfall der genauen Erbringung der geschuldeten
Leistung und ihrer Erfüllungswirkung sein.

353   Die **Theorie der finalen Leistungsbewirkung** erklärt zutreffend, daß ein als
Leistung beabsichtigter Zuwendungsvorgang auf eine bestimmte Obligation bezogen werden muß, und daß es grundsätzlich Sache des leistenden Schuldners
ist, diese Zuordnung durch eine entsprechende Zweckbestimmung (oder Tilgungsbestimmung) vorzunehmen. Die Erforderlichkeit einer solchen Leistungszweckbestimmung zur Verknüpfung eines Zuwendungsvorgangs mit einer bestimmten Verbindlichkeit des Schuldners ist evident, wo der Schuldner dem
Gläubiger aus *mehreren* Verbindlichkeiten schuldet.

> Beispiel: Ein Ehemann hat von seiner Ehefrau ein Darlehen erhalten, das von einem
> bestimmten Zeitpunkt an in monatlichen Raten von 2000 EUR zurückzuzahlen ist. In
> der Zwischenzeit ist die Ehe geschieden worden und der Ehemann hat seiner Frau 2000
> EUR monatlich Unterhalt zu zahlen. Zahlt er im Monat nur einmal 2000 EUR, dann muß
> von ihm bestimmt werden, ob er damit seine Darlehensschuld oder seine Unterhalts-
> schuld tilgt (d.h. erfüllt).

Auch sonst kann Zuordnung wichtig werden, etwa bei Zahlung eines Bürgen:
Ob er als Bürge oder – nach § 267 BGB – Dritter die Verbindlichkeit des Haupt-
schuldners bezahlt, hat u.a. Bedeutung für seinen Regreß gegen den Hauptschuldner und hängt grundsätzlich von seiner Zweckbestimmung ab.[14]

354   Den Fall der Zuordnung einer Zuwendung als Leistung auf eines von mehreren Schuldverhältnissen durch Bestimmung des leistenden Schuldners regelt
§ 366 I: Die Leistung des Schuldners reicht nicht aus, seine aus mehreren
Schuldverhältnissen stammenden Verbindlichkeiten zu tilgen. Erfüllung, d.h.
Tilgung, wird dann für die Schulden bewirkt, die der Schuldner bei der Leistung
durch seine Zweck- oder **Tilgungsbestimmung** bezeichnet.[15]

> Fehlt in einem solchen Fall eine Bestimmung des Schuldners, dann ordnet § 366 II eine
> Tilgungsreihenfolge an. Für das Verhältnis einer Hauptleistung, z.B. eines ausstehenden
> Kaufpreises oder eines rückzahlbaren Darlehens, zu Zinsen und anderen Kosten enthält
> § 367 eine gesetzliche Regelung der Tilgungsreihenfolge, von der der Schuldner durch ei-

---

[14] Vgl. BGH ZIP 1998, 601, 602: Bei fehlender Zweckbestimmung soll es hilfsweise auf die
objektive Sicht des Zahlungsempfängers ankommen. M.E. wird bei fehlender ausdrücklicher
Zweckbestimmung das Verhalten des Zahlenden aus der Sicht des Zahlungsempfängers daraufhin auszulegen sein, ob seine Zahlung als solche auf die Bürgschaftsschuld erfolgen sollte.
[15] Zur Möglichkeit „stillschweigender", aus der Interessenlage folgender Tilgungsbestimmung s. BGH NJW-RR 1995, 1257f.

ne andere Bestimmung abweichen kann; s. hierzu jedoch § 367 II: Der Gläubiger kann dann die Annahme der Leistung ablehnen. Für Zahlungen, welche ein Darlehensnehmer aufgrund eines Verbraucherdarlehensvertrages (§ 491 I) schuldet, enthält § 497 eine von § 367 abweichende Sonderregelung über die Tilgungsreihenfolge.

Tilgungsbestimmungen des Schuldners können u.U. auch durch eine Auslegung seines Verhaltens ermittelt werden.

> Beispiel: Ein Grundstück war verkauft worden. Der Käufer hatte für einen Kaufpreisrest eine sog. Restkaufpreishypothek bestellt, die sofort fällig werden sollte, falls er mit den für den gestundeten Kaufpreis fälligen Zinsen in Verzug geraten würde. Er zahlte einen Betrag von 12000 DM. Der Gläubiger (Verkäufer) kündigte die Hypothek und betrieb die Zwangsversteigerung. Fraglich war, ob die Zahlung von 12000 DM auf die fälligen Zinsen oder das Darlehen erfolgte. Der BGH nahm an, daß der Käufer auf die Zinsen zahlen wollte, schon um das Fälligwerden der Restkaufpreishypothek zu vermeiden.[16] Die Sonderregelung für Zahlungen auf Verbraucherdarlehensverträge gilt für einen solchen Fall nicht (§ 497 IV).

Vorsicht ist jedoch geboten, wenn eine bestimmte Tilgungsreihenfolge des Schuldners in Allgemeinen Geschäftsbedingungen des Gläubigers vorgesehen ist und durch Annahme dieser Bedingungen dem Schuldner zugerechnet werden soll.[17] Erst recht muß es Bedenken begegnen, wenn der Verwender Allgemeiner Geschäftsbedingungen sich selbst als Gläubiger ein Tilgungsbestimmungsrecht einräumt, das sich über Tilgungsbestimmungen des Schuldners hinwegsetzen soll.[18] Für Verbraucherdarlehensverträge und die diesen nach §§ 499–501 teilweise gleichgestellten Rechtsgeschäfte schließt freilich § 506 ein Abgehen zu Lasten des Verbrauchers von den Regeln des § 497 aus.

Die Notwendigkeit der Zuordnung durch Leistungszweckbestimmung wird **355** besonders deutlich, wenn drei oder mehr Personen beteiligt sind. So ist bereits im Fall des oben (Rn. 216f.) dargestellten § 267 erforderlich, daß der Dritte, der für den Schuldner auf *dessen* Schuld leisten will, seiner Zuwendung an den Gläubiger eine entsprechende Zweckbestimmung gibt. Der bargeldlose Zahlungsverkehr, der unter Einschaltung von Banken funktioniert, hat zu einer Vervielfachung von Situationen geführt, in denen Dritte (Banken) in Zahlungsvorgänge eingeschaltet werden, obwohl damit Leistungen zwischen anderen Personen erbracht und Erfüllungswirkungen zwischen diesen anderen Personen eintreten sollen.

---

[16] BGH WM 1971, 1538: „… leistet er [der Schuldner] in einem Umfang, den er irrigerweise zur Tilgung dieser sämtlichen Schulden für ausreichend hält, so werden diejenigen Schulden getilgt, die er ohne den Irrtum bei der Leistung bestimmt hätte, wenn die gesetzliche Tilgungsreihenfolge (§ 366 Abs. 2 BGB) dem zu vermutenden vernünftigen Willen des Schuldners ganz offensichtlich widerspricht und dieser Wille für den Gläubiger von vornherein ohne weiteres erkennbar ist."

[17] Vgl. BGHZ 91, 55.

[18] Vgl. BGHZ 91, 375, 378ff.

Beispiel: Weist ein Schuldner seine Bank an, dem Konto seines Gläubigers einen bestimmten Betrag gutzuschreiben, dann muß diese Gutschrift der Bank auf das Schuldverhältnis Gläubiger/Schuldner bezogen werden, um die vom Schuldner intendierte Erfüllungswirkung eintreten zu lassen.[19]

356 Eine Tilgungsbestimmung ist schließlich auch dann erforderlich, wenn der Empfänger einer Zahlung einerseits Gläubiger des Zahlenden, andererseits Vertreter und Inkassobeauftragter eines anderen Gläubigers ist. Der Schuldner muß dann bestimmen, ob seine Zahlung auf die Schuld gegenüber dem Zahlungsempfänger oder auf die gegenüber dem Gläubiger, für den der Zahlungsempfänger als Vertreter tätig wird, geleistet werden soll.[20]

357 In einer Vielzahl von Fällen können freilich keine Zweifel darüber bestehen, auf welches Schuldverhältnis bzw. auf welche Obligation ein Leistungsvorgang bezogen ist. Man kann natürlich auch in solchen Fällen eine konkludente Leistungszweckbestimmung des leistenden Schuldners unterstellen, um eine dogmatisch einheitliche Erklärung aller Leistungen und ihrer Erfüllungswirkung halten zu können. Gleichwohl sind es diese Leistungen, deren Zuordnung zu einer bestimmten Schuldbeziehung keine Zweifel aufwerfen kann, die für die Theorie der realen Leistungsbewirkung als Modell maßgebend waren und sind.

III. Empfangszuständigkeit

358 1. Um Erfüllungswirkungen eintreten zu lassen, muß der Leistungsempfänger eine bestimmte Rechtsmacht bezüglich der geltend gemachten Obligation haben, die nach einem von *Larenz* eingeführten Begriff als **Empfangszuständigkeit** bezeichnet wird.[21]

Regelmäßig gehört die Empfangszuständigkeit zur Berechtigung als Gläubiger. Er kann also nicht nur einziehen und durchsetzen, sondern auch – für den Schuldner befreiend – in Empfang nehmen. Ausnahmsweise kann die Empfangszuständigkeit jedoch fehlen, so daß Leistung an den richtigen Gläubiger keine Erfüllung bewirkt. So fehlt sie nach hL dem Minderjährigen, sofern nicht

---

[19] Die Zuordnung wird besonders wichtig, wenn die Schuldverhältnisse, die durch derartige Zuwendungsvorgänge erfüllt werden sollen, nicht gültig sind und deshalb rechtsgrundlose Bereicherungen entstehen, die auszugleichen sind, vgl. hierzu *Schlechtriem*, BT, Rn. 772.
[20] Vgl. OLG Frankfurt, NJW-RR 1988, 108.
[21] *Larenz*, Allg. Teil, § 18 I c, S. 326 sowie Schuldrecht I, § 18 I 5, S. 240 und § 18 II 1, S. 244f.; *Gernhuber*, Erfüllung, § 5 IV 1, S. 119f. kennzeichnet wie folgt: „Sie ist (der Vertretungsmacht und der Verfügungsmacht vergleichbar) eine Beziehung zur Forderung, ein rechtlich relevantes Können, das den Zuständigen im Verhältnis zum Schuldner legitimiert".

seine gesetzlichen Vertreter beim Leistungsempfang mitwirken[22] oder ein Fall des § 105a S. 1 vorliegt.[23]

2. Die Empfangszuständigkeit kann einem Dritten zugeordnet sein. Wird **359** dem Dritten nicht nur *Empfangszuständigkeit*, sondern auch noch *Einziehungsberechtigung* zugeordnet, dann spricht man von einer **Einziehungsermächtigung**.[24]

Eine *Empfangszuständigkeit bewirkende Stellung* eines Dritten regelt § 362 II unter Verweis auf § 185. Leistet der Schuldner an einen Dritten mit der Zweckbestimmung, daß die Leistung als solche an seinen Gläubiger bewirkt sein soll, dann muß der Gläubiger diese Leistung genehmigen, damit Erfüllungswirkung – und damit ein Verlust des Gläubigerrechts – eintritt. Eine solche Rechtsmacht des Dritten zum Empfang der Leistung kann aber auch schon vor der Leistungsbewirkung als Einwilligung gegeben werden.[25]

Von der Möglichkeit, einem Dritten Empfangszuständigkeit zu verschaffen, sind fol- **360** gende Fälle zu unterscheiden: Bereits der schuldbegründende Vertrag kann vorsehen, daß ein Dritter empfangszuständig sein soll. Beispiel: Der Käufer eines Kraftwagens nimmt zur Finanzierung einen Kredit auf und vereinbart mit der darlehensgebenden Bank die Auszahlung des Kredits an den Verkäufer. Die Zahlung der Bank an den Verkäufer ist eine Leistung an ihren Darlehensnehmer und erfüllt ihre Pflicht zur Auszahlung des versprochenen Darlehens.

Von dem Fall der im eigenen Namen genutzten *Empfangszuständigkeit* eines Dritten zu unterscheiden ist ferner die *Vertretungsmacht* eines Dritten, etwa aufgrund Bevollmächtigung, der *im Namen* des und mit Wirkung für den Gläubiger entgegennimmt.[26]

Bei einer vertraglichen Regelung, durch die ein Dritter eingeschaltet wird, muß jeweils genau geprüft und durch Auslegung ermittelt werden, ob der Dritte empfangszuständig sein soll, ob die Leistung an einen Dritten bereits Inhalt der Verpflichtung war oder ob dem Dritten eine Rechtsmacht fehlt, die ihn zum Empfang der Leistung legitimiert.[27]

---

[22] Vgl. hierzu *Wacke*, Nochmals: Die Erfüllungsannahme durch den Minderjährigen – lediglich ein rechtlicher Vorteil?, JuS 1978, 80–84; zur Gegenansicht *Harder*, Forum: Die Erfüllungsannahme durch den Minderjährigen – lediglich ein rechtlicher Vorteil?, JuS 1977, 149–152 und JuS 1978, 84–86; weitere Nachweise bei *Gernhuber*, Erfüllung, § 5 IV 2, S. 120ff.

[23] Die Vorschrift gilt nicht nur für den Abschluß der betreffenden Alltagsgeschäfte, sondern fingiert auch das wirksame „Bewirken" durch den Geschäftsunfähigen: *Casper*, NJW 2002, 3425, 3427f.; *Staudinger/Knothe* (2004), § 105a Rn. 9.

[24] Vgl. hierzu *Gernhuber*, Erfüllung, § 23, 1, S. 488f. und § 24 I 1, S. 500f., der die Unterscheidung von Einziehungsberechtigung und Empfangszuständigkeit besonders deutlich herausarbeitet.

[25] S. *Staudinger/Olzen* (2000), § 362 Rn. 45.

[26] Hierzu *Taupitz*, Vertragserfüllung durch Leistung an den „Vertreter" des Gläubigers, JuS 1992, 449ff.; zu den möglichen Parallelen von Einziehungsermächtigung und Bevollmächtigung zum Einzug s. *Gernhuber*, Erfüllung, § 24 I 5, S. 506f.; zur Entgegennahme der Leistung als Empfangsbote des Gläubigers s. *Palandt/Heinrichs*, § 362 Rn. 3.

[27] Vgl. BGHZ 87, 156, 160ff.: Eine vertraglich vorgesehene „Hinterlegung" eines Kaufpreises beim Notar führt in der Regel noch nicht zum Erlöschen des Kaufpreisanspruchs, da sie weder eine Empfangsermächtigung für den Notar darstellt noch den Inhalt der Zahlungsverpflichtung entsprechend modifiziert hat; vgl. auch noch unten Fn. 47.

361   3. Schuldbefreiung durch eine Leistung an einen Nichtgläubiger kann eintreten, falls diesem ein Rechtsschein zur Seite steht. Es gibt allerdings keinen allgemeinen Rechtsscheintatbestand. Vielmehr finden sich Einzelfälle im Recht der Forderungsübertragung, § 407 (dazu unten Rn. 790), sowie in anderen gesetzlich geregelten Fällen, insbesondere im Wertpapierrecht.

362   Als empfangszuständig aufgrund Ermächtigung gilt auch der Überbringer einer Quittung, § 370. Voraussetzung ist aber eine echte Quittung; der Schuldner trägt also bei Zahlung das Fälschungs- und Verfälschungsrisiko.[28]

§ 2 Leistung an Erfüllungs statt und erfüllungshalber

I. Leistung an Erfüllungs statt

Lit.: *Harder*, Die Leistung an Erfüllungs statt (datio in solutum), Berlin 1976; *Schreiber*, Leistung an Erfüllungs statt und erfüllungshalber, Jura 1996, 328–331.

363   Leistet der Schuldner etwas anderes als nach dem Inhalt seiner Verpflichtung zu leisten war, dann kann grundsätzlich Erfüllung nicht eintreten. Etwas anderes gilt jedoch, wenn der Schuldner eine *Ersetzungsbefugnis* hatte, also an Stelle der geschuldeten Leistung etwas anderes mit schuldbefreiender Wirkung leisten durfte, sei es, daß diese Befugnis auf Gesetz, sei es, daß sie auf Vereinbarung beruhte.[29]

In den §§ 364, 365 geht das Gesetz von der Möglichkeit aus, daß Erfüllung durch eine andere als die geschuldete Leistung aber auch möglich ist, falls der Gläubiger diese andere Leistung **„an Erfüllungs statt"** *annimmt.*

Häufig wird die vertraglich vereinbarte Ersetzungsbefugnis als Fall einer vorweggenommenen Vereinbarung über die Leistung an Erfüllungs statt gesehen.[30]

Ohne weiteres einzusehen ist, daß eine Zustimmung des Gläubigers erforderlich ist, damit Erfüllungswirkung bei Bewirken einer an sich nicht geschuldeten Leistung eintreten kann. Streit besteht jedoch über die genaue Konstruktion des rechtsgeschäftlichen Vorgangs, der zur Tilgung der Schuld durch eine dem Schuldinhalt nicht entsprechende Leistung führt. Während eine neuere Ansicht in der Einigung von Schuldner und Gläubiger einen Schuldänderungsvertrag sieht, durch den der ursprüngliche Schuldinhalt abgewandelt wird,[31] wird überwiegend eine besondere Vereinbarung über die Erfüllungswirkungen angenom-

---

[28] Str., s. *Jauernig/Stürner*, § 370 Rn. 2.
[29] Zur Ersetzungsbefugnis s. oben Rn. 230f.
[30] S. *Jauernig/Stürner*, §§ 364, 365 Rn. 2.
[31] Vgl. *Soergel/Zeiss*, § 364 Rn. 1; *Gernhuber*, Erfüllung, § 10, 3, S. 187 ff.

men.[32] Der BGH hat früher diese Vereinbarung als Austauschvertrag gesehen, um die Wirkung des § 365 erklären zu können,[33] doch bedarf es m. E. solcher Kunstgriffe nicht, um die gesetzlich vorgesehene Haftung des Schuldners für die an Erfüllungs statt hingegebene Sache zu erklären: Unabhängig von der dogmatischen Erklärung des Vorganges einer Erfüllung durch eine vereinbarte Ersatzleistung kann der Gesetzgeber den Gläubiger durch eine Sonderregelung zur Haftung des Schuldners schützen und diese am typischen Parteiwillen (Haftung!) ausrichten.

Grundsätzlich kann alles, was Gegenstand einer Leistung sein kann, auch an **364** Erfüllungs statt gegeben und angenommen werden. Übernimmt der Schuldner jedoch zusätzlich zur alten Verpflichtung eine neue Verbindlichkeit, dann soll diese nach der Auslegungsregel des § 364 II *im Zweifel* nicht als Leistung an Erfüllungs statt gelten.

Beispiel: Hingabe eines Wechsels oder eines Schecks ist im Zweifel noch nicht Erfüllung, da die Verpflichtungen aus diesen Papieren im Zweifel nicht als Erfüllung der ursprünglichen Zahlungsschuld anzusehen sind (s. auch unten Rn. 367).

Die Inzahlunggabe eines Gebrauchtwagens beim Neuwagenkauf *kann* Leistung an Erfüllungs statt für den Kaufpreisteil sein, der durch den Gebrauchtwagen abgedeckt werden soll.[34]

Vor allem im bargeldlosen Zahlungsverkehr sieht die hL eine Leistung an Er- **365** füllungs statt: Der Gläubiger erhält durch eine Überweisung auf sein Konto nicht Bargeld, sondern eine Gutschrift, d. h. eine Forderung gegen seine Bank. Da nach hL aber Bargeld geschuldet ist, stellt dieses Buchgeld im Vergleich zur geschuldeten Leistung etwas anderes dar. Da der Gläubiger jedoch regelmäßig mit Buchgeld statt Bargeld einverstanden ist und sein Einverständnis durch Angabe seines Kontos erklärt hat, tritt durch die Leistung von Buchgeld an Stelle von Bargeld, d. h. an Erfüllungs statt, Tilgungswirkung ein.[35]

Für eine an Erfüllungs statt geleistete Sache hat der Schuldner bei Rechts- **366** oder Sachmängeln wie ein Verkäufer einzustehen, § 365. Ist z. B. ein Kraftwagen an Erfüllungs statt hingegeben worden, dann haftet der Schuldner für Sachmängel nach den §§ 433 I 2, 434, 437 ff.[36] War der an Erfüllungs statt hingegebe-

---

[32] Vgl. *Jauernig/Stürner*, §§ 364, 365 Rn. 1; *Larenz*, Schuldrecht I, § 18 IV, 248 f.: „Erfüllungsvertrag"; *Harder* (Lit. vor Rn. 363), 171 f. (Zusammenfassung).

[33] BGHZ 46, 338, 342: An Erfüllungs statt hingegebener Gegenstand wird vom Gläubiger gegen seine Forderung ausgetauscht; anders BGHZ 89, 133.

[34] S. BGHZ 46, 338.

[35] *Jauernig/Stürner*, §§ 364, 365 Rn. 4; aA OLG Frankfurt, NJW 1998, 387; *Gernhuber*, Erfüllung, § 11, 2, 201 ff.: Geschuldet sei im Regelfall Buchgeld, so daß es des Umwegs über eine Leistung an Erfüllungs statt nicht bedarf, ferner § 11, 3, 197 zum Alltagskauf. S. auch OLG Karlsruhe, WM 1996, 2007 zur Überweisung auf ein anderes als das angegebene Konto (Schweigen des Überweisungsempfängers als Einverständnis).

[36] Der Gläubiger kann also u. U. zurücktreten mit der Folge, daß der Gläubiger den Kraftwa-

ne Pkw gestohlen, so daß der Schuldner dem Gläubiger kein Eigentum ver-schaffen konnte, dann haftet er nach §§ 433 I 2, 435, 437.[37]

Die Vorschrift des § 365 wird allgemein als mißglückt bewertet.[38] Ihre Anwendung kann insbesondere dann zu Ungereimtheiten führen, wenn der Schuldner aus einem Schenkungsversprechen schuldete und deshalb an sich nur abgemildert haftete, durch die Hingabe eines anderen als des ursprünglich geschenkten Gegenstandes jetzt aber in die schärfere Verkäuferhaftung gerät.[39] Praktische Relevanz hat diese Konstellation frei-lich keine.

II. Leistung erfüllungshalber

Lit.: *Köhler*, Die Leistung erfüllungshalber, WM 1977, 242–254.

367   Wird etwas anderes als die nach dem Inhalt der Obligation geschuldete Lei-stung erbracht, ohne daß eine Abrede gemäß § 364 I (Leistung an Erfüllungs statt) getroffen worden ist, dann tritt keine Erfüllung ein. Es kann jedoch beab-sichtigt sein und entsprechend vereinbart werden, daß der Gläubiger zwar seine ursprüngliche Forderung zunächst behält, das Erfüllungssurrogat jedoch an-nimmt und daraus Befriedigung seines Anspruchs zu erlangen sucht. Gelingt der Befriedigungsversuch, so ist damit auch die ursprüngliche Schuld getilgt; schlägt er fehl, kann der Gläubiger weiterhin die fortbestehende ursprüngliche Forderung betreiben.

Beispiel: Der Kaufpreisschuldner hat einen Wechsel oder Scheck gegeben. Sobald der Gläubiger aus dem Wechsel oder Scheck Zahlung (oder unwiderrufliche Gutschrift auf sein Konto) erlangt, ist damit auch die alte Schuld getilgt. Verweigert dagegen die bezoge-ne Bank Einlösung des Schecks, ist die Tilgung vermittels Erfüllungssurrogats gescheitert, und der Gläubiger kann die alte Forderung durchzusetzen versuchen.

368   Hinsichtlich des Erfüllungssurrogats und seiner Verwendung ist der Gläubi-ger zur verkehrsüblichen Sorgfalt gehalten; Sorgfaltspflichtverletzungen ma-chen ihn ersatzpflichtig.[40]

---

gen zurückgeben kann und der Schuldner entsprechend dem ursprünglichen Schuldinhalt zu leisten hat, vgl. BGHZ 46, 338, 342f.

[37] Zu den Auswirkungen der Schuldrechtsmodernisierung auf § 365 s. *Binder*, NJW 2003, 393.

[38] Vgl. *Larenz*, Schuldrecht I, § 18 IV, 249; *Gernhuber*, Erfüllung, § 10, 8 b, 195f.

[39] Vgl. *Medicus*, Schuldrecht I, 16. Auflage, § 24 III 2, Rn. 248, der § 365 auf den Fall be-schränken will, daß die zu tilgende Forderung aus einem entgeltlichen Geschäft stammt; bei Leistung aufgrund eines Schenkungsversprechens soll dagegen auch für die an Erfüllungs statt gegebene Leistung nur nach §§ 523f. gehaftet werden.

[40] Klagen und Vollstreckungsversuche zur Verwertung des Surrogats mit zweifelhaften Er-folgsaussichten gehören nicht mehr zur geschuldeten Sorgfalt, OLG Nürnberg, WM 1976, 967, 968.

Die ursprüngliche Forderung kann so lange nicht geltend gemacht werden, wie Befriedigung aus dem Erfüllungssurrogat möglich und zumutbar ist. Nach hL liegt in der Annahme des Erfüllungssurrogats eine Stundung der alten Forderung;[41] teilweise wird nur ein vorübergehender Ausschluß der Klagbarkeit angenommen.[42]

§3 Wirkungen der Erfüllung

I. Wirkungen für die erfüllte Obligation

1. Durch die Erfüllung erlischt die erfüllte Obligation und wirkt nur noch als   **369** Behaltensgrund fort (s.o. Rn.343). Der Schuldner kann deshalb die richtig erfüllte Forderung des Gläubigers auch nicht mehr verletzen. Ob er sie *vor* Erfüllung bereits verletzt hat, etwa dadurch, daß die Erfüllung zu spät erfolgt und deshalb Verzug eingetreten war, hängt vom genauen Pflichteninhalt (Fälligkeit), dem Vorliegen zusätzlicher Erfordernisse (z.B. Mahnung) und dem Erfüllungsvorgang im Einzelnen ab.

2. Die Frage, ob rechtzeitig oder verspätet erfüllt worden ist, kann vor allem   **370** beim bargeldlosen Zahlungsverkehr Schwierigkeiten bereiten.

Beispiel: Eine Versicherungsprämie muß bis zum 1. 10. bezahlt werden, damit der Versicherungsschutz erhalten bleibt (§38 VVG). Der Versicherungsnehmer überweist sie am 30. 9. durch seine Hausbank. Das Geld kommt bei der Bank der Versicherung am 1. 10. an und wird am 2. 10. der Versicherung gutgeschrieben. Ist rechtzeitig geleistet worden?

Nach §270 I hat der Schuldner Geld „zu übermitteln" (s. oben Rn.208).[43] Wann hingegen bei bargeldloser Zahlung die volle Erfüllungs*wirkung* eintritt, ist derzeit unsicher.

Nach herkömmlicher Auffassung trat die Erfüllungswirkung erst mit der Gutschrift des Betrages zugunsten des Gläubigers ein.[44] Die Gutschrift ist ein abstraktes Schuldversprechen, das durch vorbehaltlose Bereitstellung der Buchungsdaten für den Gläubiger seitens der Bank entsteht.[45] Mit diesem Zeitpunkt des Eintritts der Erfüllungswirkungen war aber auch ein Anhalten des Erfüllungsvorgangs, etwa ein Widerruf des Überweisungsauftrags, nicht mehr möglich; durch die vorbehaltlose Gutschrift der Empfänger-

---

[41] BGHZ 96, 182, 193.
[42] So *Köhler* (Lit. vor Rn.367), WM 1977, 248f.
[43] Für Versicherungsverträge enthält §36 VVG eine §§269, 270 weitgehend entsprechende Vorschrift. Allerdings wird dort nicht auf die Verhältnisse bei Vertragsschluß, sondern auf den jeweiligen Wohnsitz abgestellt.
[44] BGH NJW 1999, 210.
[45] Vgl. BGHZ 103, 143, 146f., dazu *Hadding/Häuser*, Gutschrift und Widerruf des Überweisungsauftrags im Giroverhältnis, WM 1988, 1149–1155.

bank auf dem Konto des Empfängers waren der Überweisungsauftrag und die Erfüllung endgültig vollzogen,[46] der Erfüllungserfolg war eingetreten.[47]

Die Kodifizierung des Überweisungsrechts in den §§ 676a ff.[48] hat freilich den Zeitpunkt, ab dem eine Kündigung des Überweisungsvertrags durch den Überweisenden ausgeschlossen ist, auf den Zeitpunkt vorverlegt, an dem der Überweisungsbetrag bei der Bank des Begünstigten eingeht (§ 676a IV 1). Dadurch verschiebt sich auch der Eintritt der Erfüllungswirkungen auf diesen Zeitpunkt.[49]

Für die *Rechtzeitigkeit* der Zahlung kommt es jedoch auf die Leistungs*handlung* an;[50] entscheidend ist also die rechtzeitige Leistungshandlung, d.h. die Weisung an die Schuldnerbank, die den Überweisungsvorgang in Gang setzt.

II. Sonstige Wirkungen

371   1. Der Schuldner hat Anspruch auf eine **Quittung** in schriftlicher Form, § 368 S. 1; zu anderen Formen auf Verlangen des Schuldners s. § 368 S. 2; zu Kosten der Quittung § 369 I; zu Mehrkosten in bestimmten Fällen § 369 II.

2. Gibt es über die Forderung, die der Schuldner erfüllen will oder erfüllt hat, einen **Schuldschein**, so kann der Schuldner seine Rückgabe verlangen, § 371 S. 1; zum Fall, daß der Gläubiger den Schuldschein nicht zurückgeben kann (z.B. aufgrund Verlustes oder Unordnung, die ihn unauffindbar macht), s. § 371 S. 2.

---

[46] BGHZ 103, 143, 145f.; zur Einzugsermächtigungslastschrift s. *Häuser*, Zur Erfüllung der Geldschuld durch Inkasso einer Einzugsermächtigungslastschrift, WM 1991, 1, 6.

[47] Zum Eintritt der Erfüllungswirkungen, wenn der Kaufpreis auf Notar-Anderkonto eingezahlt wird, s. BGH WM 94, 647, 648: Eine Erfüllung tritt nicht schon mit der Leistungshandlung, sondern erst mit dem Leistungserfolg ein. Eine Vorverlegung dieses Zeitpunkts auf die vereinbarte Überweisung auf ein Notar-Anderkonto ist im Regelfall wegen der Interessenlage der Beteiligten nicht anzunehmen (wird begründet). Deswegen hat die vertragsgemäße Hinterlegung beim Notar nur dann Erfüllungswirkung, wenn die Vertragspartner dies ausnahmsweise vereinbaren. S. zum Ganzen bereits oben Fn. 27.

[48] Dazu *Schlechtriem*, BT Rn. 527ff.

[49] So richtig *MünchKomm/Casper*, § 676f Rn. 15 (auch zur Frage einer weiteren Vorverlegung im Falle von § 676a IV 2).

[50] *Jauernig/Stadler*, § 270 Rn. 7

Kapitel 8: Aufrechnung

§ 1 Funktionen und Begriff

I. Funktionen

Wer seinem Gläubiger aus einer fälligen Verbindlichkeit einen bestimmten   372
Betrag (oder eine bestimmte Menge vertretbarer Sachen) schuldet, gleichzeitig
aber einen fälligen Anspruch auf den gleichen Betrag (oder die gleiche Menge
von gleichen Gegenständen) gegen den Gläubiger hat, kann seine Vermögensbi-
lanz als ausgeglichen ansehen. Es wäre unwirtschaftlich und nicht zu verstehen,
wenn die Rechtsordnung den Schuldner in einer solchen Situation verpflichten
würde, seine Leistung zu erbringen und die gleichartige Gegenleistung einzu-
fordern. Auch soweit die sich gegenüberstehenden und auf gleichartige Leistungen gerichteten Forderungen verschieden hoch sind, wären ein Leistungsaustausch und seine Durchsetzung in der Höhe, in der sich die gegenläufigen Verbindlichkeiten decken, im Regelfall nicht zu rechtfertigen. Das in den §§ 387–
396 normierte Institut der **Aufrechnung** ermöglicht deshalb das von jedem Lai-
en als selbstverständlich erwartete Ergebnis einer wechselseitigen Tilgung der
gleichartigen Forderungen in der Höhe, in der sie sich decken. Das Gesetz läßt
freilich die gegenläufigen Ansprüche nicht ipso iure erlöschen, sondern verlangt
einen privatautonomen Akt – eine **Aufrechnungserklärung** – eines der beiden
Gläubiger (dazu unten Rn. 373, 396). Dem aufrechnenden Gläubiger wird mit
der Aufrechnungserklärung die Tilgung seiner eigenen Verbindlichkeit erleichtert, da ihre Erbringung evtl. Mühen und Kosten verursacht hätte (**Tilgungserleichterung**). Dem Aufrechnungsgegner, der statt die geschuldete Leistung zu
erhalten seine eigene Forderung verliert, wird damit ein **Erfüllungssurrogat** auf-
gezwungen. Vor allem aber führt die Aufrechnung zu einer mit der Aufrechnungserklärung bewirkten Durchsetzung der Forderung des Aufrechnenden
(**Selbstvollstreckungsrecht**), die in der Praxis die gerichtliche Durchsetzung ersparen kann, jedenfalls aber die Rollenverteilung für den Aufrechnenden im
Falle eines gerichtlichen Prozesses ändert: Er ist hinsichtlich seiner Forderung
nicht mehr der angreifende (klagende) Teil, sondern verteidigt sich mit der Einwendung, daß die Forderung des anderen Teils ganz oder teilweise erloschen
sei.

II. Begriff

Aufrechnung ist die wechselseitige Tilgung gegenseitiger, gleichartiger,   373
durchsetzbarer bzw. erfüllbarer Forderungen durch **empfangsbedürftige Willenserklärung**, also ein einseitiges Rechtsgeschäft. Während im gemeinen Recht

die gegenläufigen (gleichartigen, durchsetzbaren) Forderungen von selbst erlöschen (ipso iure compensatur), verlangt das BGB eine rechtsgestaltende Willenserklärung, § 388 S. 1.

III. Terminologie

374   Die Terminologie zur Bezeichnung der in Frage stehenden Forderungen ist leider verwirrend.[1] Die Forderung dessen, der die Initiative ergreift und die Aufrechnung erklärt, wird anschaulich als *Aktivforderung*, aber auch als *Gegenforderung* oder *Aufrechnungsforderung* bezeichnet. Die Forderung des anderen Teils, des Aufrechnungsgegners, wird *Passivforderung* genannt, aber auch *Hauptforderung*.

Auch das Begriffspaar *Gegenforderung* und *Hauptforderung* und dabei der Begriff Gegenforderung werden in verschiedener Bedeutung verwendet, so daß ebenfalls Unklarheiten bleiben.

IV. Abgrenzungen

375   Von der Aufrechnung ist zunächst die **Anrechnung** zu unterscheiden: Bei der Berechnung seines Schadenersatzanspruches muß sich der Gläubiger u. U. Vorteile, z. B. nach der Differenztheorie beim Schadenersatz statt der ganzen Leistung Nichterfüllung im gegenseitigen Vertrag, die eigene, nicht mehr zu erbringende Leistung *anrechnen* lassen. Beim Bereicherungsausgleich kann die Saldierung der wechselseitig zurückzugewährenden Leistungen dazu führen, daß ein Teil sich die von ihm zurückzugewährende, aber untergegangene Bereicherung auf seinen eigenen Anspruch *anrechnen* lassen muß. In solchen Fällen tritt die Berücksichtigung der anzurechnenden Posten ipso iure ein, bedarf also gerade nicht einer Aufrechnungserklärung.

376   Das gleiche gilt, wenn gegenläufige Forderungen aufgrund einer vertraglich vereinbarten **Verrechnung** zu einem bestimmten Zeitpunkt wechselseitig zum Erlöschen gebracht werden, so vor allem im Kontokorrentverhältnis.[2] Die Verrechnungsabrede ist dabei nichts anderes als eine im Voraus *vertraglich* vereinbarte Aufrechnung, also ein Unterfall des **Aufrechnungsvertrages**.

377   Ein **Aufrechnungsvertrag**, der sich von der Aufrechnung der §§ 387ff. dadurch unterscheidet, daß er nicht durch einseitige rechtsgestaltende Willenserklärung eines Teils, sondern durch Vereinbarung zustande kommt, ist grund-

---

[1] *Gernhuber*, Erfüllung, § 12 I 1, S. 225: „Von einer einheitlichen Terminologie in Gesetz, Rechtsprechung und Schrifttum kann freilich nicht die Rede sein."
[2] Vgl. zum Kontokorrentverhältnis § 355 HGB.

sätzlich zwischen Gläubiger und Schuldner auch dann möglich, wenn die Voraussetzungen einer einseitigen Aufrechnung nicht gegeben sind, also z.B. ungleichartige Leistungen geschuldet sind. Auch von anderen Voraussetzungen, etwa von der Fälligkeit und Durchsetzbarkeit der Aktivforderung oder von der Gegenseitigkeit, kann vertraglich abgesehen werden, falls alle von den Aufrechnungswirkungen (Erlöschen von Forderungen) Betroffenen einverstanden sind.

Beispiel: Aufrechnung mit Forderungen eines Konzernunternehmens gegen einen Gläubiger, der seinerseits Forderungen gegen ein anderes Unternehmen des gleichen Konzerns hat. Die fehlende Gegenseitigkeit kann durch den *Aufrechnungsvertrag* der Beteiligten überbrückt werden. Dieser entfaltet nach § 94 InsO Wirkungen auch im Insolvenzverfahren.

§ 2 Voraussetzungen einer Aufrechnung

Voraussetzung einer Aufrechnung ist das Bestehen einer **Aufrechnungslage**. 378
Im Einzelnen ist dazu erforderlich:

I. Gegenseitigkeit

Der Aufrechnende muß Gläubiger der Aktivforderung sein, für die er durch 379
die Aufrechnung Befriedigung erlangen möchte, und Schuldner der Passivforderung, die durch die Aufrechnung zum Erlöschen gebracht werden soll. Ein Dritter kann also nicht mit einer eigenen Forderung für den Schuldner der Passivforderung aufrechnen; will der Dritte die Schuld des Schuldners tilgen, dann muß er dem Schuldinhalt entsprechend erfüllen, § 267 (Ausnahmen: §§ 268 II, 1142 II, 1150, 1249). Umgekehrt kann auch der Aufrechnende selbst nicht die Forderung eines Dritten benutzen.[3]

Beispiel: Eheleute haben sich als Gesamtschuldner zur Rückzahlung eines Kredits verpflichtet. (Nur) Die Ehefrau hat eine Gegenforderung gegen die kreditgewährende Bank. Wird der Rückzahlungsanspruch fällig, dann kann der Ehemann nicht mit der Forderung seiner Frau aufrechnen, um damit den Darlehensrückzahlungsanspruch zu tilgen, dessen Bezahlung die Eheleute beide schulden. Es ist Sache der Ehefrau, ob sie ihren Gegenanspruch zur Tilgung dieser gemeinsamen Verbindlichkeit benutzen will.

Die Aktivforderung muß sich gegen den Gläubiger der *Passivforderung* richten.

---

[3] Zu den Fällen der Aufrechnung in Fällen bloßer Einziehungsermächtigung oder uneigennütziger Treuhand s. *Kollhosser*, Drittaufrechnung und Aufrechnung in Treuhandfällen, FS Lukes, 1992, 721 ff.

Beispiel: Die Wohnungseigentümer A, B und C haben gegen den Bauunternehmer G einen Schadenersatzanspruch wegen mangelhafter Ausführung der Fundamente der gemeinschaftlichen Wohnungsanlage. Der Bauunternehmer G seinerseits hat eine Forderung (nur) gegen A. Er kann diese Aktivforderung nicht gegen den Schadenersatzanspruch aufrechnen, der den Gläubigern A, B und C gemeinsam zusteht.

380   **Ausnahmen** vom Erfordernis der Gegenseitigkeit enthält § 406 für den Fall, daß eine ursprünglich mögliche oder zu erwartende Aufrechnungslage durch Abtretung verloren gegangen oder verhindert worden ist, dazu unten Rn. 769 ff. Eine weitere Ausnahme ergibt sich aus § 354a S. 2 HGB: Zwar verhindert in den Fällen von § 354a S. 1 HGB ein vertragliches Abtretungsverbot nach § 399 BGB (s. unten Rn. 393) die Abtretung als solche nicht, jedoch hält es dem Schuldner die Möglichkeit offen, weiterhin an den bisherigen Gläubiger zu leisten. Leistung in diesem Sinne ist auch die Aufrechnung des Schuldners mit einer Forderung gegen den bisherigen Gläubiger; dies gilt auch dann, wenn die Aufrechnungslage erst in Kenntnis der Abtretung geschaffen worden ist.[4] § 354a S. 2 HGB gründet nämlich nicht in der Idee des Vertrauensschutzes für den Schuldner und weicht daher von § 406 BGB ab.

II. Gleichartigkeit der geschuldeten Leistungen

381   Aktiv- und Passivforderung müssen nach der Formulierung des § 387 S. 1 „ihrem Gegenstande nach gleichartig" sein. Praktische Bedeutung hat deshalb vor allem die Aufrechnung von Geldforderungen. Ausnahmsweise können Aufrechnungsmöglichkeiten aber auch bei anderen vertretbaren oder als Gattung geschuldeten Sachen gegeben sein.

Beispiel: Eine Ölförderfirma hat 100 000 t Öl verkauft, kann aber zum Fälligkeitszeitpunkt nicht liefern. Sie erwirbt jedoch Lieferansprüche, die gegen ihre Käuferin auf die gleiche Ölsorte und -menge gerichtet sind. Damit kann sie aufrechnen, ihre Verpflichtung tilgen und so evtl. Schadenersatzansprüchen entgehen.

382   **Gleichartigkeit** besteht *nicht* zwischen einem *Befreiungsanspruch* und einem Zahlungsanspruch.

Beispiel: Eheleute sind Gesamtschuldner eines Kredits, den der Ehemann für seinen Betrieb aufgenommen hat. Im Innenverhältnis soll deshalb der Ehemann allein den Kredit zurückzahlen, und die Ehefrau hat gegen ihn einen entsprechenden Befreiungsanspruch (zum Befreiungsanspruch s. oben Rn. 244). Ist sie ihrem Mann ihrerseits zur Zahlung verpflichtet, z. B. aufgrund eines Kaufvertrages, dann kann sie nicht mit ihrem Befreiungsanspruch als Aktivforderung gegen den Kaufpreisanspruch (Passivforderung) ihres Mannes aufrechnen. Hat sie dagegen den Kredit getilgt, dann hat sich ihr Befreiungsanspruch in einen Zahlungsanspruch aus § 426 I 1 verwandelt, mit dem sie aufrechnen

---

[4] S. BGH ZIP 2005, 445.

kann.[5] Bis zu dieser Verwandlung kommt jedoch eine Zurückbehaltung nach § 273 in Betracht.

Zuweilen wird Gleichartigkeit großzügig im wirtschaftlichen Sinne verstanden: Der auf Geldzahlung gerichtete Zugewinnausgleichsanspruch eines (geschiedenen) Ehegatten gegen den anderen soll von diesem mit seinem Anspruch auf Zustimmung (!) zur Auszahlung eines hinterlegten Versteigerungserlöses aufgerechnet werden können.[6]

Fehlende Gleichartigkeit ist von einem Aufrechnungsausschluß (dazu unten Rn. 389 ff., 393 ff.) zu unterscheiden. Die Grenze ist zuweilen schwer zu ziehen, so im Falle eines Anspruches auf Gewährung eines Darlehens.

Beispiel: S hat von der Bank G ein Darlehen bewilligt bekommen, das er zum Kauf einer Möbelgarnitur verwenden will. Statt auszuzahlen rechnet die Bank mit ihrem Anspruch auf Ausgleich des vom Darlehensnehmer überzogenen Gehaltskontos auf. Aufrechnung ist abzulehnen; streitig ist jedoch, ob ein Aufrechnungsausschluß wegen der Zweckbestimmung des Darlehensversprechens anzunehmen ist oder wegen fehlender Gleichartigkeit.[7]

Gleichartigkeit setzt jedoch *nicht* voraus, daß die gegenseitigen Forderungen **383** auch *gleich hoch* sind: Soweit sich die gegenläufigen Forderungen nicht decken, bleiben sie von den Wirkungen der Aufrechnung unberührt.

Ebenfalls nicht erforderlich ist irgendein rechtlicher Zusammenhang zwischen den Forderungen (vgl. jedoch zum Zurückbehaltungsrecht aus § 273 oben Rn. 175). Insbesondere kann die Aufrechnungslage auch erst dadurch zustande gekommen sein, daß die Aktivforderung des Aufrechnenden oder die Passivforderung des Aufrechnungsgegners von Dritten erworben worden sind.

Schließlich ist auch nicht erforderlich, daß für die Forderungen gleiche Leistungs- oder Ablieferungsorte bestehen, § 391 I 1; zum möglichen Schaden des Aufrechnungsgegners im Falle einer Aufrechnung, die zur Tilgung am „falschen" Ort führt, s. § 391 I 2. Die Vereinbarung der Leistung „zu einer bestimmten Zeit an einem bestimmten Orte" kann jedoch als Aufrechnungsausschluß zu verstehen sein, s. § 391 II.

Im Insolvenzverfahren bleibt einem Insolvenzgläubiger eine Aufrechnungs- **384** berechtigung erhalten, § 94 InsO; die Voraussetzungen Fälligkeit und Gleichartigkeit müssen jedoch gegeben sein oder während des Insolvenzverfahrens eintreten, § 95 I 2 InsO. Für bestimmte Fälle einer Gefährdung der Insolvenzmasse und der gleichmäßigen Gläubigerbefriedigung schließt § 96 InsO die Aufrechnung aus. Gegen das Erfüllungsverlangen des Insolvenzverwalters nach § 103

---

[5] Wird der Befreiungsanspruch jedoch an den Gläubiger der Forderung, von der befreit werden soll, abgetreten, dann verwandelt er sich in einen Zahlungsanspruch, mit dem Aufrechnung gegen einen anderen Zahlungsanspruch möglich ist, s. BGHZ 12, 136, 144.

[6] BGH NJW 2000, 948.

[7] BGH NJW 2000, 948.

InsO kann richtigerweise ebenfalls nicht mit einer Insolvenzforderung aufgerechnet werden; § 103 InsO drohte sonst unterlaufen zu werden.[8]

III. Durchsetzbarkeit der Aktivforderung

385   Mit der Aufrechnung erzwingt der Aufrechnende Erfüllung seiner Forderung, wenn auch durch ein Surrogat. Seine Forderung muß deshalb einwendungs- und einredefrei sein; s. zur Einredefreiheit § 390 S. 1.

Beispiele: Der Verkäufer erklärt mit seinem Kaufpreisanspruch Aufrechnung gegen eine Schadenersatzforderung des Käufers. Hat jedoch der Käufer den Kaufpreis bereits auf das Konto des Verkäufers überwiesen, und hat der Verkäufer Erfüllung erlangt (s. oben Rn. 370), dann konnte mit der Kaufpreisforderung nicht mehr aufgerechnet werden, weil sie erloschen war (Einwendung).

Wenn in diesem Beispiel der Käufer zwar noch nicht erfüllt hat, den Kaufpreis jedoch aufgrund § 273 zurückbehalten kann, weil ihm der Verkäufer noch ein Ursprungszeugnis für die verkaufte Ware schuldet, dann kann der Verkäufer seine durch das Zurückbehaltungsrecht „entkräftete" Kaufpreisforderung nicht im Wege der Aufrechnung durchsetzen.

Nach Auffassung des BGH hindert ein Zurückbehaltungsrecht die Aufrechnung jedoch dann nicht, wenn das Zurückbehaltungsrecht gerade diejenige Passivforderung sichert, gegen die sich die Aufrechnung richtet.[9]

Beispiel: Gegenüber dem Kaufpreisanspruch des Verkäufers beruft sich der Käufer auf ein Zurückbehaltungsrecht, weil er Schadenersatzansprüche wegen Mangelfolgeschäden hat, die durch den Kaufgegenstand verursacht worden sind. Der Verkäufer kann gegen diese Schadenersatzansprüche aufrechnen, ohne sich das Zurückbehaltungsrecht als Einschränkung der Durchsetzbarkeit seines Kaufpreisanspruchs entgegenhalten lassen zu müssen.

386   Verjährung begründet ebenfalls eine Einrede (s. § 214 I), so daß mit einer verjährten Aktivforderung nicht aufgerechnet werden kann. Etwas anderes gilt nach § 215 jedoch dann, wenn die Verjährung erst eingetreten ist, nachdem schon eine Aufrechnungslage bestanden hatte, also an sich hätte aufgerechnet werden können. Das Gesetz erhält damit dem Aufrechnenden eine Aufrechnungsmöglichkeit, die durch Verjährung verloren gegangen ist, so, als ob die Aufrechnung automatisch in dem Zeitpunkt eingetreten wäre, in dem sich die beiden Forderungen aufrechenbar (d.h. also die Aktivforderung durchsetzbar) gegenüberstanden.

---

[8] In diesem Sinne – mit sehr unterschiedlicher Begründung im einzelnen – die herrschende Auffassung: BGHZ 116, 156; *Wieser*, Erfüllungsverlangen des Insolvenzverwalters und Aufrechnung mit einer Insolvenzforderung, JZ 2003, 231ff.; *Braun/Kroth*, Insolvenzordnung, 2. Aufl. 2004, § 95 Rn. 21.
[9] BGH NJW 1990, 3210.

Die Aktivforderung muß schließlich fällig sein – eine noch nicht fällige Forde- **387**
rung kann man auch im Wege der Aufrechnung nicht vorzeitig durchsetzen.

IV. Erfüllbarkeit der Passivforderung

Aufrechnung ist nicht nur private Vollstreckung, sondern auch (s. oben **388**
Rn. 372) *Tilgungserleichterung*: Durch Aufrechnung getilgt werden kann eine
eigene Schuld auch dann, wenn ihr Gläubiger nicht willens ist, die Leistung
zwecks Erfüllung anzunehmen. Das gilt aber nur, wenn die Passivforderung des
Gläubigers erfüllbar war (s. zu § 271 oben Rn. 210).

Beispiel: Hat der Darlehensnehmer ein Darlehen zu hohem Zins aufgenommen, so
kann er, wenn die Zinsen sinken und er deshalb Kredit billiger erhalten kann, weder vorzeitig zurückzahlen noch durch Aufrechnung vorzeitige Tilgung erzwingen.

§ 3 Aufrechnungsverbote

Aufrechnungsverbote können gesetzlich geregelt oder vereinbart sein, sich
aber auch aus der Rechtsnatur bestimmter Forderungen ergeben. Gesetzliche
Aufrechnungsverbote finden sich auch außerhalb des BGB, z.B. in § 19 II 2
GmbHG, wo dem GmbH-Gesellschafter die Aufrechnung gegen eine Einlage-
forderung der Gesellschaft versagt wird.[10]

I. Gesetzlich geregelte Aufrechnungsausschlüsse

Beschlagnahme der Passivforderung bewirkt ein Erfüllungsverbot für den **389**
Schuldner (s. § 829 I 1 ZPO) und damit auch ein Verbot der Aufrechnung als Erfüllungssurrogat. Das gilt jedoch nur, wenn der Schuldner nicht bereits vor der
Beschlagnahme hätte aufrechnen können: Hat der Schuldner seine Forderung
gegen den Gläubiger bereits vor der Beschlagnahme erworben und wäre eine
Aufrechnung möglich gewesen, dann kann auch nach der Beschlagnahme aufgerechnet werden, § 392.

Beachte, daß der Schuldner danach sogar in Fällen aufrechnen kann, in denen er nicht
mehr durch Zahlung erfüllen könnte.[11] Das ist gerechtfertigt, weil auch hier die Wertung
durchgreift, daß mit Entstehen der Aufrechnungslage an sich die aufrechenbaren Forde-

---

[10] Zur analogen Anwendung auf einen Erstattungsanspruch nach § 31 I GmbHG, s. BGH
NJW 2001, 830 und dazu *Lange*, Das Verbot der Aufrechnung gegen den Erstattungsanspruch
aus § 31 I GmbHG, NJW 2002, 2293 ff.
[11] Vgl. BGHZ 58, 25, 27.

rungen erloschen sein konnten und ihr Erlöschen nicht von dem mehr oder weniger zufälligen Zeitpunkt der Aufrechnungserklärung abhängen soll (vgl. § 389).

390   „Gegen eine Forderung aus einer vorsätzlich begangenen unerlaubten Handlung ist die Aufrechnung nicht zulässig", § 393.[12] Zweck dieser Vorschrift ist es, zu verhindern, daß ein Gläubiger, der seine Forderung – aus welchen Gründen auch immer – nicht durchsetzen kann oder will, den Schuldner durch eine unerlaubte Handlung vorsätzlich schädigt, für diesen damit eine Passivforderung (auf Schadenersatz) entstehen läßt und dagegen aufrechnet. Die „Befriedigung" des Gläubigers wäre zwar nur eine immaterielle, doch ist nicht auszuschließen, daß diese Möglichkeit für Gläubiger Anlaß zu vorsätzlichen unerlaubten Handlungen sein könnte. Das will das Gesetz verhindern.

Beachte, daß das Gesetz nur von vorsätzlichen unerlaubten Handlungen spricht, nicht jedoch von Ansprüchen aus vorsätzlicher Vertragsverletzung. Es genügt jedoch für die Anwendung des § 393, wenn das Verhalten des Gläubigers sowohl eine vorsätzliche Vertragsverletzung als auch eine vorsätzliche unerlaubte Handlung darstellt und dem Aufrechnungsgegner deshalb konkurrierende Schadenersatzansprüche zustehen.[13]

391   Gegen unpfändbare Forderungen kann nicht aufgerechnet werden, § 394. Unpfändbarkeitsvorschriften sollen das Existenzminimum sichern. Es soll dem Geschützten auch nicht im Wege einer Aufrechnung entzogen werden.[14]

392   Ein rechtspolitisch heute verfehltes Aufrechnungsverbot enthält § 395: Forderungen gegen den Staat können aufrechnungsweise nur durchgesetzt werden, wenn sie sich gegen dieselbe Kasse richten, der der Aufrechnende verpflichtet ist. Dem Fiskus sollen interne Verrechnungen erspart werden. Das ist eine bei den heutigen Möglichkeiten des elektronischen Austauschs und der elektronischen Speicherung von Daten unangemessene und unnötige Privilegierung. Die Vorschrift gilt unmittelbar nur für privatrechtliche Forderungen öffentlich-rechtlicher Körperschaften.

Beispiel: Der Werkunternehmer kann wegen seines Werklohnanspruchs aus dem Bau eines Schulhauses nicht gegen die Wasserrechnung der Gemeinde aufrechnen, wenn die Kasse des gemeindlichen Regiebetriebs Wasserwerk von der sonstigen Kassenverwaltung der Gemeinde getrennt geführt wird.

II. Vereinbarter Aufrechnungsausschluß

393   Wie die Parteiautonomie gestattet, den Inhalt eines Forderungsrechtes so auszugestalten, daß seine Erfüllung nur unter bestimmten Voraussetzungen ein-

---

[12] Hierzu *Pielemeier*, Das Aufrechnungsverbot des § 393 BGB, seine Entstehungsgeschichte und seine Bedeutung im geltenden Recht, Berlin 1988, S. 80ff.

[13] Vgl. *Jauernig/Stürner*, § 393 Rn. 2.

[14] Zu Pfändungsverboten s. §§ 850a-850k, 851 ZPO.

tritt, so kann er auch dahin geregelt werden, daß Erfüllung nicht im Wege der Aufrechnung möglich sein soll. § 391 II setzt die Möglichkeit eines vereinbarten Aufrechnungsausschlusses voraus und nimmt einen solchen Ausschluß im Zweifel für den dort geregelten Fall an (s. o. Rn. 383).

Aufrechnungsverbote können sich im Wege der Auslegung aus Kurzformeln,[15] aber auch aufgrund der Natur eines bestimmten Vertrages ergeben.   **394**

Beispiele: Forderungen gegen einen Treuhänder auf Auszahlung treuhänderisch verwalteter Gelder kann der Treuhänder regelmäßig nicht durch Aufrechnung erfüllen.[16]
Führt die Bank ein „offenes" Treuhandkonto für ihren Kunden, dann kann sie dessen Auszahlungsansprüchen nicht mit Aufrechnung begegnen.[17]

Ein Aufrechnungsverbot schützt den Gläubiger gegen die Aufdrängung eines   **395** Erfüllungssurrogats und gegen die – nicht seltene – Taktik verklagter Schuldner, Aufrechnung mit behaupteten Forderungen im Prozeß zu erklären und so langwierige Beweisaufnahmen und Verzögerungen herbeizuführen. Andererseits darf der Schutz, den die Aufrechnungsmöglichkeit dem Schuldner gewährt, nicht durch Allgemeine Geschäftsbedingungen weitgehend aufgehoben werden. § 309 Nr. 3 schränkt deshalb Aufrechnungsverbote in AGB ein, wenn sie auch unbestrittene oder rechtskräftig festgestellte Forderungen erfassen sollen.[18] Aufrechnungsausschlüsse unterliegen aber auch sonst der Kontrolle auf der Grundlage des § 242. Ein vertraglich vereinbartes Aufrechnungsverbot kann deshalb als treuwidrig unzulässig sein, wobei vor allem der mit dem Verbot verfolgte Zweck wichtig ist.[19]

---

[15] Beispiele: „Netto Kasse", „cash against documents".
[16] BGHZ 14, 342, 346; anderes gilt jedoch, wenn die Gegenforderung des Treuhänders in einem engen rechtlichen und wirtschaftlichen Zusammenhang zur Hauptforderung des Treugebers steht wie beim Honoraranspruch des Anwalts und seiner Verpflichtung, für den Mandanten eingezogene Gelder abzuführen, BGHZ 71, 383; für Hinterlegung s. BGHZ 95, 111.
[17] BGH NJW 1987, 3250, 3251; für weitere Einschränkung der Aufrechnungsbefugnis von Banken s. BGH NJW 1987, 2997, 2998: Eine Bank kann nur mit „bankmäßig erworbenen Forderungen" aufrechnen.
[18] Die Beschränkung der Unzulässigkeit von Aufrechnungsverboten macht deutlich, daß Aufrechnungsausschlüsse erlaubt bleiben, die die im Text beschriebene Verzögerungstaktik eines verklagten Schuldners – Behaupten von umstrittenen Gegenforderungen – verhindern sollen. Zu Aufrechnungsverboten in AGB, die im kaufmännischen Verkehr Verwendung finden, s. BGHZ 91, 375, 383f.; 107, 185, 189.
[19] Vgl. zum Aufrechnungsverbot, das im Vermögensverfall des Aufrechnungsgegners (Konkurs) die Durchsetzung der Aktivforderung verhindern soll, BGH WM 1988, 1592.

§ 4 Durchführung der Aufrechnung

396   Die Aufrechnung erfolgt (s. oben Rn. 372) durch eine **Aufrechnungserklärung**, § 388 S. 1. Der Aufrechnende muß voll geschäftsfähig oder durch seinen gesetzlichen Vertreter vertreten sein, da er durch die Aufrechnung nicht nur den Vorteil einer Tilgung seiner Schuld hat, sondern auch seine eigene Forderung verliert.

Eine durch einseitige Willenserklärung mögliche Gestaltung der Rechtslage muß eindeutig sein. Die Ausübung von Gestaltungsrechten ist deshalb nach hA bedingungsfeindlich. Auch die Aufrechnung darf folglich weder bedingt noch befristet erklärt werden, § 388 S. 2, um eine unsichere Schwebelage zu verhindern.

Im Prozeß geschieht es häufig, daß ein verklagter Schuldner verschiedene Einwendungen vorbringt und sich „hilfsweise", „eventualiter" durch Aufrechnung mit einer Gegenforderung verteidigt. Die Aufrechnung soll deshalb nur zum Zuge kommen, wenn die anderen Verteidigungslinien nicht gehalten haben. Praktisch liegt insoweit eine bedingte Aufrechnung vor, die jedoch als gewohnheitsrechtliche Einschränkung von § 388 S. 2 zulässig ist.[20]

397   Die Aufrechnung kann auch vertraglich vereinbart werden. Damit kann auch von den Voraussetzungen, die das Gesetz für eine einseitige Aufrechnung aufstellt, durch Vereinbarung abgesehen werden (s. oben Rn. 379ff.).

§ 5 Wirkungen

398   Da die Tilgung durch Aufrechnung zurückwirkt, entfällt eine durch Nichtzahlung eingetretene Pflichtverletzung und damit ein deswegen ausgeübter Rücktritt, § 352, wenn unverzüglich aufgerechnet wird. Außerdem entfallen etwa eingetretene Verzugsfolgen oder angefallene Vertragsstrafen ebenfalls ex tunc.[21]

399   Trotz dieser Rückwirkung gilt aber nicht das Prinzip automatischer Kompensation. Die rückwirkend erloschenen Forderungen behalten z.B. rechtliche Bedeutung, falls zwischen Entstehung der Aufrechnungslage und Aufrechnungserklärung auf eine der Forderungen geleistet wurde: Die Aufrechnung geht dann ins Leere, weil die durch Leistung erfüllte Forderung bereits erloschen war. Nicht etwa bewirkt die Aufrechnung eine rückwirkende Vernichtung der erfüllten Forderung mit der Folge, daß die zur Erfüllung erbrachte Leistung ihre Rechtsgrundlage verliert und nach Bereicherungsrecht kondiziert werden könnte.

---

[20] Vgl. zu den verschiedenen Begründungen *Gernhuber*, Erfüllung, § 12 VIII 6, S. 313ff.
[21] BGHZ 80, 269, 278.

Stehen den Parteien mehrere Forderungen zu, so kann der aufrechnende Teil   **400**
bestimmen, auf welche Forderungen sich seine Aufrechnungserklärung bezieht,
also welcher Forderung er sich zur Aufrechnung bedient und welche Forderung
er damit zu tilgen beabsichtigt, § 396 I 1. Die Bestimmung der zu tilgenden Forderung (Passivforderung) entspricht der Leistungszweck- oder Tilgungsbestimmung, deren Funktion oben für die Erfüllung in den Fällen dargestellt worden
ist, in denen die zur Erfüllung erbrachte Leistung einer bestimmten Schuldbeziehung zugeordnet werden muß (oben Rn. 354). § 396 entspricht deshalb
§ 366. Da der Aufrechnungsgegner mit der Aufrechnung aber nicht Erfüllung,
sondern ein Erfüllungssurrogat erhält, kann er der Bestimmung des Aufrechnenden widersprechen; es gilt dann die Tilgungsreihenfolge der §§ 396 I 2, 366
II. Unterbleibt eine Bestimmung bei der Aufrechnung, dann gelten die §§ 366
II, 367 entsprechend, § 396 I 2, II.

Kapitel 9. Hinterlegung und Selbsthilfeverkauf

Manche Pflichten kann der Schuldner ohne Mitwirkung des Gläubigers erfül-   **401**
len, z.B. Unterlassungspflichten. Zumeist ist aber zur schuldtilgenden Leistungserbringung eine Mitwirkung des Gläubigers erforderlich, insbesondere
durch Annahme der angebotenen Leistung. Unterbleibt sie, dann tritt zwar u. U.
Gläubigerverzug ein (hierzu unten Rn. 682 ff.), doch kann der Schuldner Erfüllung vielfach nicht erzwingen (Ausnahme etwa Aufrechnung, oben Rn. 372 ff.).
Er ist weiter zur Erfüllung verpflichtet, wenn auch evtl. nach § 300 I seine Haftung abgemildert ist, und er bleibt sozusagen auf seiner Leistung sitzen, die er
weiter für den Gläubiger bereithalten muß. Das kann lästig und kostenträchtig
sein (zu den Kosten ist jedoch auf § 304 zu verweisen). Erbringung der Leistung
und Erfüllung können auch daran scheitern, daß der Schuldner den Gläubiger
oder seinen Aufenthalt nicht kennt. Zur Auflösung dieser für den Schuldner un-
guten Situation sind zwei Wege möglich: Zum einen kann geregelt werden, daß
der Schuldner die Sache auf Kosten des Gläubigers hinterlegt oder einlagert
und dadurch vielleicht sogar von seiner Verbindlichkeit frei wird. Das Gesetz
kann aber auch regeln, daß er die Leistung, falls es sich um eine Sachleistung
handelt, selbst verwertet und den Erlös für den Gläubiger hinterlegt oder damit
gegen Ansprüche des Gläubigers aufrechnet.

Aus historischer Perspektive stellt die Preisgabe des Leistungsgegenstandes ein weite-
res wichtiges Instrument des Schuldnerschutzes dar. Zu manchen Zeiten das praktisch
Wichtigste dieser Instrumente, kennt das BGB die Preisgabe nur noch bei Grundstücken,
Schiffen und Schiffsbauwerken, § 303.[1] Einen speziellen transportrechtlichen Fall der
Preisgabe enthält § 419 III 4 HGB.

---

[1] Vgl. AnwKomm-BGB/*Schmidt-Kessel*, § 303 Rn. 1.

Bei Verpflichtungen aus Verträgen ist zu beachten, daß die zur Leistungserbringung geschuldete Mitwirkung des Gläubigers u. U. eine Pflicht des Gläubigers sein kann (z. B. die Annahmepflicht des Käufers), deren Verletzung Schadensersatzansprüche, vielleicht sogar ein Recht zum Rücktritt gibt. In der Praxis hat der Schuldner häufig ein Rücktrittsrecht, welches freilich nicht auf der mangelnden Kooperation des Gläubigers, sondern auf der Verletzung von dessen Pflicht zur Erbringung der Gegenleistung beruht, § 323 (s. u. Rn. 508).

402   Die beiden Lösungswege Hinterlegung und Selbsthilfeverkauf regelt das BGB in den §§ 372–386 für jeweils bestimmte Situationen. Zu beachten ist dabei, daß die allgemeine Regelung der §§ 372 ff. für alle Schuldverhältnisse gilt, also auch für kraft Gesetzes entstandene Obligationen (z. B. Unterhaltspflichten, Schadensersatzpflichten) und nicht nur für solche aus Verträgen. Für bestimmte Verträge gelten im übrigen für den Fall, daß mangels Mitwirkung des Gläubigers an der Leistung der Schuldner nicht erfüllen kann, spezielle Normen, die die oben beschriebenen grundsätzlichen Möglichkeiten für den Schuldner erleichtern, so § 373 HGB für den Handelskauf, § 389 HGB für das Kommissionsgeschäft, Artt. 87, 88 CISG für den internationalen Warenkauf, dazu noch unten Rn. 406.

§ 1 Hinterlegung

403   Für die Hinterlegung und ihre Regelung im BGB sind drei Sachverhalte zu unterscheiden: Bereits die Verpflichtung des Schuldners kann auf Hinterlegung gehen, z. B. nach den §§ 432 I 2, 660 II. Unter den Voraussetzungen des § 372 (dazu Rn. 404 ff.) *kann* der Schuldner hinterlegen und dabei auf Rücknahme verzichten; durch die Hinterlegung unter Verzicht auf Rücknahme tritt Erfüllung ein, § 378 iVm § 376 II Nr. 1. Der Schuldner kann schließlich unter den Voraussetzungen des § 372 hinterlegen, ohne auf Rücknahme zu verzichten. Erfüllung tritt dann erst ein, wenn der Gläubiger der Hinterlegungsstelle die Annahme der hinterlegten Leistung erklärt, § 378 iVm § 376 II Nr. 2. In der Zwischenzeit kann der Schuldner den Gläubiger auf die hinterlegte Sache verweisen, § 379.

I. Voraussetzungen der Hinterlegung

1. Hinterlegungsgründe

404   § 372 regelt verschiedene **Hinterlegungsgründe: Annahmeverzug** des Gläubigers (hierzu §§ 293 ff.), § 372 S. 1, in der **Person des Gläubigers** liegende **Unsicherheitsgründe**, § 372 S. 2 Alt. 1, z. B. Verschollenheit, mangelnde Geschäftsfähigkeit und Fehlen eines gesetzlichen Vertreters, und schließlich nicht auf Fahrlässigkeit beruhende **Ungewißheit über die Person des Gläubigers,** § 372 S. 2 Alt. 2, z. B. wegen mehrfacher Abtretung einer Forderung und Unsicherheit, wer jetzt Gläubiger ist, oder wegen Erbfolge nach fremdem und schwer ermittelbarem Recht, usw.[2]

2. Hinterlegungsfähigkeit

Nach § 372 S. 1 können nur bestimmte Gegenstände einer Schuld hinterlegt **405** werden, nämlich Geld, Wertpapiere und sonstige Urkunden sowie Kostbarkeiten. Da als Hinterlegungsstelle das Amtsgericht (dazu unten Rn. 407) vorgesehen ist, müssen der Hinterlegung diejenigen Grenzen gesetzt bleiben, die die Verwahrungskapazität des Amtsgerichts zieht: Das Amtsgericht ist nicht darauf eingerichtet, von Käufern nicht abgenommene Kraftfahrzeuge oder Elefanten aufzubewahren.

Einen Ausweg für nicht hinterlegungsfähige Sachen eröffnet § 383, dazu unten Rn. 413.

Beim Handelskauf kann der Verkäufer die Ware auf Gefahr und Kosten des **406** Käufers in einem öffentlichen Lagerhaus „oder sonst in sicherer Weise", d. h. bei jedem sonst geeigneten Dritten hinterlegen, wenn der Käufer im Annahmeverzug ist, § 373 I HGB. Entsprechend kann beim grenzüberschreitenden Warenkauf jede Partei, die zur Erhaltung der Ware verpflichtet ist – vor allem der Verkäufer bei Nichtabnahme durch den Käufer, aber auch der Käufer nach Aufhebung des Kaufvertrages, falls der Verkäufer nicht zurücknimmt – die Ware auf Kosten der anderen Partei einlagern, Art. 87 CISG. Durch die Einlagerung tritt aber noch nicht Erfüllung ein. Will der Schuldner Erfüllung bewirken, dann muß er die Ware im Wege des Selbsthilfeverkaufs verwerten, § 373 II HGB und den Erlös nach Abzug der Kosten unter Verzicht auf Rücknahme nach §§ 372 ff. hinterlegen. Bei einem Selbsthilfeverkauf nach Art. 88 CISG bleibt es beim Anspruch des Gläubigers auf den Überschuß, Art. 88 III 2 CISG; dieser erlischt nicht durch Hinterlegung, sondern nur durch Erfüllung, Ver- oder Aufrechnung.

II. Verfahren der Hinterlegung

Für die Hinterlegung nach BGB sind zwei Rechtsebenen zu unterscheiden: **407** Die §§ 372 ff. regeln allein die privatrechtlichen Wirkungen einer Hinterlegung im Verhältnis Schuldner-Gläubiger. Dagegen sind die durch die Hinterlegung begründeten Rechtsbeziehungen zur Hinterlegungsstelle öffentlich-rechtlicher

---

[2] Zum Maßstab der an den Schuldner gerichteten Sorgfaltsanforderungen instruktiv BGH NJW 2003, 1809 und BGH NJW-RR 2004, 656, 657.

Natur und in der Hinterlegungsordnung vom 10.3.1937 geregelt. Hinterlegungsstelle ist danach das Amtsgericht (§ 1 II HintO); auf Antrag des Hinterlegers entsteht durch die Annahmeanordnung (§ 6 HintO) ein öffentlich-rechtliches Verwahrungsverhältnis mit Drittwirkungen zugunsten des Gläubigers (die in den §§ 12 ff. HintO geregelte Herausgabe erfolgt aufgrund eines Verwaltungsaktes). Werden Zahlungsmittel hinterlegt, entsteht daran Eigentum des Fiskus (§§ 7 ff. HintO); an anderen Sachen besteht das Eigentum des hinterlegenden Schuldners fort, bis der Gläubiger das in der Hinterlegung zum Ausdruck kommende Übereignungsangebot annimmt, §§ 929, 931.

III. Zivilrechtliche Wirkungen der Hinterlegung

408   1. Für die zivilrechtlichen Wirkungen der Hinterlegung ist zu unterscheiden, ob der Schuldner ein Rücknahmerecht hat oder nicht. Ein Rücknahmerecht hat der Schuldner nicht in den Fällen des § 376 II, insbesondere dann nicht, wenn er der Hinterlegungsstelle seinen **Verzicht auf Rücknahme** erklärt, § 376 II Nr. 1, oder nachdem der Gläubiger der Hinterlegungsstelle die Annahme des hinterlegten Gegenstandes erklärt hat, § 376 II Nr. 2. Falls mehrere als Gläubiger den hinterlegten Gegenstand beanspruchen (Prätendenten), müssen sie den Streit über die hinterlegte Sache zwischen sich durch Leistungsklage austragen.[3]

409   Bei einem Ausschluß des Rücknahmerechts nach § 376 II wirkt die Hinterlegung als Erfüllung, d.h. schuldbefreiend, § 378. Nach Auffassung des BGH[4] ist die gesetzliche Regelung der Erfüllungswirkung jedoch nicht abschließend. Eine Hinterlegung mit schuldbefreiender Wirkung kann deshalb auch aufgrund entsprechender Vereinbarung der Parteien möglich sein.[5]

Liegt ein Ausschluß des Rücknahmerechts nach § 376 II Nr. 1–3 nicht vor, dann behält der Schuldner das Recht, die hinterlegte Sache zurückzunehmen. Erfüllung tritt deshalb durch die Hinterlegung allein nicht ein, arg. § 378. Verlangt der Gläubiger nach Hinterlegung in einem solchen Fall Erfüllung, dann kann ihn der Schuldner jedoch einredeweise auf die hinterlegte Sache verweisen, § 379 I. Auch trägt während der Hinterlegung der Gläubiger die Vergütungsgefahr, § 379 II, und zwar auch dann, wenn Gläubigerverzug nicht vorlag (dann schon §§ 323 VI, 326 II), sondern wegen eines Hinterlegungsgrundes nach § 372 S. 2 hinterlegt wurde.

Beispiel: Der Verkäufer eines wertvollen Altarbildes hat, da der Käufer mit unbekanntem Aufenthalt ins Ausland verzogen ist, den Kaufgegenstand (Kostbarkeit) hinterlegt, aber nicht auf Rücknahme verzichtet. Durch einen Brand im Amtsgericht wird das Bild

---

[3] Vgl. BGHZ 35, 165, 170; 82, 283, 286; geklagt wird auf Freigabe aus § 812 I 1 Alt. 2.
[4] BGH NJW 1993, 55.
[5] Krit. *Gernhuber*, in EWiR § 372 BGB 1/93, 21.

vernichtet. Der Verkäufer kann nach § 379 II den Kaufpreis verlangen, ist aber selbst von seiner Verpflichtung frei geworden.

Während der Hinterlegung von Geld ist der Schuldner von einer Zinszah- **410** lungspflicht frei; Ersatz für nicht gezogene Nutzungen hat er nicht zu leisten, § 379 II. Wird die hinterlegte Sache zurückgenommen, so gilt die Hinterlegung als nicht erfolgt, § 379 III.

2. Unabhängig davon, ob der Schuldner auf Rücknahme verzichtet hat, muß **411** er dem Gläubiger die Hinterlegung unverzüglich anzeigen, § 374 II; Unterlassen der Anzeige verpflichtet zum Schadenersatz, § 374 II 1 Hs. 2. Diese Anzeige ist im Falle des Verzichts auf Rücknahme einer Sache, die der Schuldner an den Gläubiger zu übereignen hat und die kein Zahlungsmittel ist, noch nicht Übereignung, sondern nur eine Mitteilung des durch Hinterlegung erfolgten Übereignungsangebots hinsichtlich der hinterlegten Sache. Erklärt der Gläubiger jetzt Annahme gegenüber der Hinterlegungsstelle, dann liegt darin die für die Übereignung erforderliche Annahmeerklärung des Übereignungsangebotes.[6]

3. Für weitere Einzelheiten wie Zug-um-Zug-Leistung bei Hinterlegung der **412** aus einem gegenseitigen Vertrag geschuldeten Leistung (§ 373), Hinterlegungsort (§ 374 I), Übersendung an die Hinterlegungsstelle durch die Post (§ 375), Unpfändbarkeit des Rücknahmerechts (§ 377), Nachweis der Empfangsberechtigung des Gläubigers (§ 380) und Erlöschen seines Rechts (§ 382)[7] darf auf das Gesetz verwiesen werden.

§ 2 Selbsthilfeverkauf

I. Voraussetzungen

Kommt Hinterlegung nicht in Betracht, weil die geschuldete bewegliche Sa- **413** che nicht hinterlegungsfähig ist (dazu § 372 S. 1), dann kann sie der Schuldner am Leistungsort versteigern lassen, wenn der Gläubiger im Verzug der Annahme ist (dazu §§ 293 ff. und unten Rn. 682 ff.), § 383 I 1. Selbsthilfeverkauf durch Versteigerung ist bei nicht hinterlegungsfähigen Sachen auch dann möglich, wenn die Hinterlegungsvoraussetzungen des § 372 S. 2 gegeben sind (oben Rn. 404) und Verderb der Ware zu befürchten oder die Aufbewahrung mit unverhältnismäßigen Kosten verbunden ist, § 383 I 2.

---

[6] Zur Hinterlegungsstelle als Empfangsbotin des Schuldners für die Annahmeerklärung des Gläubigers s. *Brox*, AS, Rn. 173. Da die Hinterlegungsstelle aufgrund der Hinterlegung und der Annahme des Gläubigers nur noch für diesen besitzt, ist der Eigentumserwerb des Gläubigers im Wege des sog. *Geheißerwerbs* mit der Annahmeerklärung vollständig erfolgt.

[7] Das Wort „Betrag" in § 382 ist zu eng – es geht um alle hinterlegten Sachen.

Weitere Voraussetzung ist die Androhung des Selbsthilfeverkaufs, § 384 I 1 Hs. 1, die nur unterbleiben darf, wenn die Sache dem Verderb ausgesetzt und mit dem Aufschub der Verwertung Gefahr verbunden ist, § 384 I 1 Hs. 2. Zur Benachrichtigungspflicht des Schuldners nach Durchführung des Selbsthilfeverkaufs s. § 384 II und III.[8]

II. Durchführung

414   Die Durchführung des Selbsthilfeverkaufs erfolgt nach § 383 III entweder durch Versteigerung durch einen für den Versteigerungsort bestellten Gerichtsvollzieher oder einen anderen zu Versteigerungen befugten Beamten oder öffentlich bestellten Versteigerer (s. § 34 b V GewO). Hat die Sache jedoch einen Börsen- oder Marktpreis, so kann der Schuldner auch durch einen zu solchen Verkäufen öffentlich ermächtigten Handelsmakler oder eine zur öffentlichen Versteigerung befugte Person[9] zum laufenden Preis freihändig verkaufen lassen, § 385.

Beispiele: Wird das verkaufte Segelboot vom Käufer nicht angenommen, so kann es der Verkäufer nach § 383 III, also z.B. durch einen von den zuständigen Landesbehörden gem. § 34b V GewO bestellten Auktionator, versteigern lassen. Der Kaufvertrag mit einem Interessenten kommt durch Zuschlag zustande, § 156; Vertragspartner des Erstehers ist nicht der Auktionator, sondern der Schuldner.[10] Ist aus einem Kaufvertrag eine Partie verkauftes Öl geschuldet und vom Gläubiger in Annahmeverzug begründender Weise nicht abgenommen worden, dann bedarf es keiner öffentlichen Versteigerung, sondern die Ware kann zum laufenden Preis „freihändig" durch die in § 385 genannten Personen verwertet werden.

III. Wirkungen

415   Durch den Selbsthilfeverkauf allein erlischt die Verbindlichkeit des Schuldners noch nicht; vielmehr schuldet er jetzt Herausgabe des durch den Selbsthilfeverkauf erlangten Erlöses.[11] Das Gesetz sieht vor, daß der Schuldner diesen

---

[8] Vgl. auch die Voraussetzungen eines Selbsthilfeverkaufs nach § 373 HGB (Annahmeverzug des Käufers und vorgängige Androhung; bei Gefahr des Verderbs vorherige Androhung des Selbsthilfeverkaufs nicht erforderlich); s. auch Art. 88 I, II CISG („ungebührliches Hinauszögern" der Annahme der Ware durch den Gläubiger oder der Erfüllung seiner Pflicht zur Zahlung des Kaufpreises oder der Erhaltungskosten und Anzeige der Verkaufsabsicht durch den Schuldner in „vernünftiger Weise" im Regelfall; Erleichterungen bei Gefahr der raschen Verschlechterung der Ware).

[9] S. etwa § 26 BörsG [für Skontroführer (i.e. die früheren Kursmakler)]; § 4 Nds AGBGB; § 34 b V GewO.

[10] *MünchKomm/Heinrichs*, § 383 Rn. 6.

[11] Vgl. *Jauernig/Stürner*, §§ 383–386 Rn. 2.

Betrag hinterlegt, § 383 I 1. Hierdurch tritt Erfüllung ein, wenn die Rücknahme nach § 376 II ausgeschlossen ist, § 378; bei einem Rücknahmerecht des hinterlegenden Schuldners gilt § 379 (Rn. 409). Der Schuldner kann den Erlös aber auch schuldtilgend an den Gläubiger zahlen oder gegen eine Forderung des Gläubigers aufrechnen; letzteres entspricht dem praktischen Regelfall.

Beispiel: Der Verkäufer hat im Wege des Selbsthilfeverkaufs das an den Käufer verkaufte und von diesem nicht abgenommene Öl freihändig verkaufen lassen und den Erlös vom Versteigerer ausgehändigt bekommen. Er schuldet diesen Erlös jetzt dem Käufer und kann gegen den Kaufpreisanspruch aufrechnen; überschießende Beträge, die durch die Aufrechnung nicht getilgt worden sind, bleiben geschuldet.

Kapitel 10: Kündigung und Rücktritt als Formen der Beendigung und Umsteuerung

Das SchRModG hat den Titel 5 neugestaltet und Rücktritt mit Widerrufs-   **416** recht(en) und Rückgaberecht(en), die bei verschiedenen Verbraucherverträgen dem Verbraucher eingeräumt werden (s. oben Rn. 125 ff.), zusammen geregelt. Beim Rücktrittsrecht sind zudem jetzt gesetzliches und vertragliches Rücktrittsrecht zwar zusammen, aber doch unterschieden und teilweise differenziert normiert worden. Nach wie vor keine allgemeine Regelung enthält das allgemeine Schuldrecht hingegen für die Folgen der Kündigung.

§ 1 Rücktritt

Lit. zum Schuldrecht a.F.: *Becker*, Gestaltungsrecht und Gestaltungsgrund, AcP 188 (1988), 24–68; *v. Caemmerer*, „Mortuus redhibetur". Bemerkungen zu den Urteilen BGHZ 53, 144 und 57, 137, FS Larenz, München 1973, 621–642; *Kaiser*, Die Rückabwicklung gegenseitiger Verträge wegen Nicht- und Schlechterfüllung, Tübingen 2000, *Leser*, Der Rücktritt vom Vertrag, Tübingen 1975; *ders.*, Lösung vom Vertrag, FS E. Wolf, Köln 1985, 373–394.
Lit. zum neuen Recht: *Coen*, Vertragsscheitern und Rückabwicklung, Berlin 2003; *J. Hager*, Das geplante Recht des Rücktritts und des Widerrufs, in: *Ernst/Zimmermann*, Zivilrechtswissenschaft und Schuldrechtsreform, 2001, 429–453; *Kaiser*, Die Rechtsfolgen des Rücktritts in der Schuldrechtsreform, JZ 2001, 1057–1070; *Kamanabrou*, Haftung des Rücktrittsberechtigten bei Untergang der empfangenen Leistung, NJW 2003, 30–32.

I. Vertragliche Vereinbarung eines Rücktrittsrechts

Die §§ 346–354 erfüllen mehrere Funktionen: Einerseits regeln diese Bestim-   **417** mungen die Rechtsfolgen der gesetzlichen Rücktrittsrechte (s.u. Rn. 540 ff.) und bilden zugleich die Grundlage für die Rückabwicklung des Vertrags nach Ausübung eines verbraucherschützenden Widerrufsrechts (s. o. Rn. 125 ff.). Andererseits regelt das BGB in den §§ 346 ff. auch den vertraglich vorbehaltenen Rücktritt. Voraussetzung für diesen ist eine einvernehmliche **Vereinbarung der Rücktrittsmöglichkeit**, nicht etwa ein einseitig erklärter „Vorbehalt".

Erklärt der Adressat eines Vertragsangebots, er nehme an, behalte sich aber den Rücktritt vor, dann liegt eine Ablehnung der Offerte und ein Gegenangebot vor, § 150 II. Ein Vertrag kann dann zu den Bedingungen des Adressaten bzw. seiner Gegenofferte durch eine Annahme des ursprünglichen Offerenten zustande kommen, die auch nach § 151 erfolgen kann (etwa durch Absenden der bestellten Ware).

418   Der Vorbehalt eines Rücktrittsrechts kann für denjenigen, der ihn zu vereinbaren sucht, eine sinnvolle Risikobeschränkung sein. Dies gilt etwa für Fälle, in denen die Durchführung des Vertrages gefährdet oder erschwert ist, die Voraussetzungen einer Befreiung und Entlastung nach §§ 275, 276 oder eines Wegfalls der Geschäftsgrundlage jedoch unsicher, jedenfalls aber im Zeitpunkt des Vertragsschlusses noch nicht genau voraussehbar sind. Eine Rücktrittsmöglichkeit kann deshalb wie eine Haftungsbeschränkung oder Freizeichnung wirken.

Beispiel: Sieht der Kaufvertrag eine Selbstbelieferungsklausel vor, dann kann das bedeuten, daß der Verkäufer bei ausbleibender Belieferung vom Vertrag zurücktreten kann, aber auch, daß seine Haftung für Nichterfüllung oder nicht rechtzeitige Erfüllung, die auf ausbleibender Selbstbelieferung beruht, ausgeschlossen sein soll.[1]

419   Was den Rücktrittsberechtigten begünstigt, kann den anderen Teil benachteiligen. § 308 Nr. 3 erlaubt deshalb Rücktrittsvorbehalte in Allgemeinen Geschäftsbedingungen, die gegenüber Nichtkaufleuten verwendet werden, nur für den Fall eines sachlich gerechtfertigten und im Vertrag angegebenen Grundes. Auch soweit § 308 Nr. 3 nicht angewendet werden kann, weil der Vertragspartner Kaufmann ist, bleibt die Kontrollmöglichkeit nach § 307, die jedenfalls für eine Klausel, die einen grundlosen und willkürlichen Rücktritt ermöglichen soll, zur Beurteilung als unzulässig führt.[2]

420   In manchen Fällen sind bestimmte Vereinbarungen der Parteien aufgrund gesetzlicher Regelung als **Rücktrittsvorbehalt** auszulegen: Bei einem Kauf unter Eigentumsvorbehalt wurde früher nach § 455 I a. F. im Zweifel ein zugunsten des Verkäufers vereinbartes Rücktrittsrecht für den Fall des Zahlungsverzugs des Käufers angenommen. Nach neuem Recht ist dieser Rückschluß vom Eigentumsvorbehalt auf ein implizit vereinbartes Rücktrittsrecht nicht mehr ohne weiteres möglich, weil der Gesetzgeber den Verkäufer bewußt auf die allgemeinen Rücktrittsregeln und damit das Erfordernis der Nachfristsetzung (s. u.

---

[1] Voraussetzung für die Geltung der Selbstbelieferungsklausel ist jedoch Kongruenz von Verkaufs- und Einkaufskontrakt, BGH NJW 1995, 1959 f.

[2] Vgl. *MünchKomm/Basedow*, § 308 Rn. 15, insbesondere zur Selbstbelieferungsklausel.

Rn. 515 ff.) verwiesen hat (vgl. § 449 II).[3] Das hindert den Richter aber nicht daran, den Vertrag im Einzelfall entsprechend auszulegen. Nach § 354 ist etwa eine **Verwirkungsklausel** als Rücktrittsvereinbarung anzusehen.

II. Ausübung des Rücktrittsrechts

Die Ausübung eines – vertraglich vereinbarten oder gesetzlichen – Rücktritts-   **421** rechts geschieht durch eine rechtsgestaltende Willenserklärung, die dem anderen Teil zugehen muß, § 349. Sie ist formlos möglich, doch können die Parteien eine bestimmte Form vereinbaren.[4] Aus Gründen der Rechtsklarheit ist sie, nach h.M., wie alle Gestaltungserklärungen bedingungsfeindlich.[5] Das Rücktrittsrecht ist grundsätzlich unteilbar; vgl. zur Beteiligung mehrerer Personen an einem Vertrag § 351.

Ein vertragliches Rücktrittsrecht ist in der Regel befristet, um den Zustand   **422** der Unsicherheit vor allem für den Vertragspartner des Rücktrittsberechtigten nicht unendlich lange dauern zu lassen. Ist eine Frist nicht vereinbart, dann kann der andere Teil dem Berechtigten nach dem Eintritt des Rücktrittsgrundes für die Ausübung des Rücktrittsrechts eine angemessene Frist setzen; mit Ablauf der Frist erlischt das Rücktrittsrecht, wenn es nicht vorher ausgeübt worden ist, § 350. Leider hat der Gesetzgeber eine solche Möglichkeit, Klärung der Ungewißheit über das künftige Schicksal eines Vertrages herbeizuführen, nur für das vertragliche, nicht auch für ein aufgrund Pflichtverletzung entstandenes Rücktrittsrecht – §§ 323, 326 V – vorgesehen. Allerdings kann der Rücktrittsgegner – anders als noch nach altem Recht – den Rücktrittsberechtigten dadurch in Zugzwang bringen, daß er die Leistung anbietet (s. u. Rn. 534).

Das alte Schuldrecht enthielt in den §§ 350 ff. a. F. eine komplizierte Regelung   **423** von Rücktrittssperren in Fällen, in denen der Rücktrittsberechtige einen vor Ausübung des Rücktrittsrechts empfangenen Gegenstand nicht oder nicht im wesentlichen unversehrt zurückgeben konnte.[6] Das SchRModG hat diese Regelung ersatzlos gestrichen und faßt Rückabwicklungshindernisse nun nicht mehr als Rücktrittssperren, sondern als Störungen des durch die Rückabwicklungspflichten konstituierten Rückgewährschuldverhältnisses auf. Das schließt m. E. aber nicht aus, daß – in Ausnahmefällen – ein Rücktrittsrecht nach allgemeinen Regeln (s. o. Rn. 151) verwirkt sein kann, weil der Rücktrittsberechtigte sich die

---

[3] *Staudinger/Beckmann* (2004), § 449 Rn. 49.

[4] Schranken für den Formzwang s. § 309 Nr. 13; BGH NJW-RR 1989, 625, 626.

[5] Vgl. *Jauernig/Stadler*, § 349 Rn. 1 mit Hinweis auf die Ausnahme, daß die Rechtsklarheit durch eine Bedingung nicht beeinträchtigt wird.

[6] S. 4. Aufl. dieses Lehrbuchs Rn. 430 ff.

Rückgewähr unmöglich gemacht hat, insbesondere im Falle der Kenntnis seines Rücktrittsrechts den erhaltenen Gegenstand zerstört oder weiterveräußert hat.

424   Das Gesetz nennt nach wie vor jedoch zwei Fälle, in welchen ein erklärter Rücktritt nachträglich unwirksam wird: So verliert der Rücktritt rückwirkend seine Wirkung, wenn die Pflichtverletzung „Nichtzahlung" durch Aufrechnung und damit Tilgung der nichtbezahlten Schuld entfallen ist, § 352 (dazu unten Rn. 529).

Beim vertraglich vereinbarten Rücktrittsrecht kommt es zur Unwirksamkeit, wenn Rücktritt nur gegen Zahlung eines Reugeldes gestattet war, dieses aber ausbleibt (Einzelheiten, lies § 353).

III. Wirkungen der Ausübung des Rücktrittsrechts: Umsteuerung

425   Die Erklärung des Rücktritts gestaltet den Vertrag in ein Abwicklungsverhältnis um, § 346 S. 1; anschaulich formuliert *Leser*, daß das Leistungsprogramm „umgesteuert" wird.[7] Der Vertrag als solcher bleibt also bestehen, doch ändern die Leistungspflichten, soweit auf sie bereits geleistet worden ist, ihre Richtung und werden „gegenläufig". Soweit dagegen noch nicht geleistet worden ist, erlöschen sie durch den Rücktritt. Die Rückgewähr der bereits erbrachten Leistungen hat Zug um Zug zu erfolgen, § 348 S. 1. Für diesen gegenläufigen Leistungsaustausch gelten die §§ 320, 322 (s.o. Rn. 184 ff.) entsprechend, § 348 S. 2.

Ein schwieriges Problem stellt die Rückabwicklung in Fällen dar, in denen die empfangenen Leistungen nicht oder nicht unverändert zurückgewährt werden können. Folgende Situationen sind zu unterscheiden:

1. Untergang oder Verschlechterung nach Rücktritt

426   Untergang oder Verschlechterung eines zurückzugewährenden Gegenstandes kann *nach* Erklärung des Rücktritts eintreten. Da der Rücktritt ein **Rückabwicklungsverhältnis** entstehen läßt (s.o. Rn. 425), bewirken Untergang oder Verschlechterung zurückzugewährender Gegenstände eine Pflichtverletzung, für die der Rückgewährschuldner nach allgemeinen Regeln, d.h. nach den §§ 280 ff., schadensersatzpflichtig sein kann, wenn er sie zu vertreten hat, § 346 IV. Dies gilt sowohl für einen vertraglich vorbehaltenen Rücktritt als auch für einen solchen aufgrund gesetzlicher Rücktrittsrechte.

---

[7] *S. Leser*, Vertragsaufhebung und Rückabwicklung unter dem UN-Kaufrecht, in: Einheitliches Kaufrecht und nationales Obligationenrecht, hrsgg. von *Schlechtriem*, Baden-Baden 1987, 225, 228; s.a. BGH NJW 1998, 3268f.

2. Umstände, die bereits vor Rücktritt eingetreten bzw. gegeben sind

Erfüllung der Rückgewähransprüche in Natur, d.h. **Rückgewähr** kann daran   **427**
scheitern, daß sie entweder aufgrund der Art der empfangenen Leistung nicht
möglich ist (§ 346 II 1 Nr. 1) – Dienstleistungen, Einhaltung von Unterlassungspflichten, Gebrauch einer Mietsache, aber auch Gebrauchsvorteile eines Darlehens[8] können nicht in Natur zurückgewährt werden –, oder weil Gegenstände
verbraucht, veräußert, belastet, verarbeitet, umgestaltet, verschlechtert oder
untergegangen sind, s. § 346 II 1 Nr. 2 und 3. Da in diesen Fällen der Rücktritt
bei Auftreten der betreffenden Hindernisse noch nicht erklärt war, lassen sich
eventuelle Ersatzansprüche nicht ohne weiteres auf eine Verletzung der Rückgewährpflichten stützen.[9] Der Gesetzgeber hat daher in § 346 II, III die Gewähr
eines – unabhängig von einer Pflichtverletzung entstehenden – Wertersatzes angeordnet und für diesen ein ausgeklügeltes System von Voraussetzungen und
Ausschlußgründen geschaffen. Dabei kann es einen Unterschied ergeben, ob
der Rücktritt aufgrund gesetzlichen oder aufgrund vertraglich vorbehaltenen
Rücktrittsrechts erfolgt ist (s. Rn 431).

Soweit der zur Rückgabe Verpflichtete dazu außerstande ist, aber Ersatz erlangt hat,
kann der Berechtigte diesen nach § 285 (s.u. Rn. 489ff.) herausverlangen. Dieser Anspruch setzt eine Pflichtverletzung nicht voraus und bereitet daher auch keine Schwierigkeiten.

Grundsätzlich ist statt der nicht möglichen Rückgewähr oder im Falle einer   **428**
Verschlechterung **Wertersatz** zu leisten, § 346 II 1. Falls im Vertrag eine Gegenleistung bestimmt war, soll sie „bei der Berechnung des Wertersatzes" zugrunde gelegt werden, § 346 II 2 Hs. 1, so daß die Parteien im wirtschaftlichen Ergebnis am Vertrag weitgehend festgehalten werden.

Beispiel: X hat für Y im Rahmen einer Veranstaltung des Y einen Vortrag gehalten. In
der anschließenden Diskussion wird X von Y durch ausländerfeindliche Bemerkungen
beleidigt. X tritt nach § 324 vom Vertrag zurück und verläßt den Vortragssaal. Da der gehaltene Vortrag nicht in Natur zurückgegeben werden kann, schuldet Y dem X Wertersatz in Höhe des vereinbarten Honorars, § 346 II 1, 2. War das Honorar bereits im voraus
bezahlt, hat Y einen Rückzahlungsanspruch aus § 346 I, mit dem gegen den Wertersatz-
anspruch aufgerechnet werden kann: X verbleibt also im Ergebnis sein Honorar für seinen Vortrag, den Y seinerseits als nicht rückgabefähig „behält".

---

[8] Nach dem SchRModG war also das zurückzugewährende Darlehen zu verzinsen, u.z. als
Wertersatz der Gebrauchsvorteile nach dem Marktzins. Durch das OLG-Vertretungsrechtsän-
derungsgesetz vom 23. Juli 2002 hat der Gesetzgeber in dem neu angefügten § 346 II 2 HS. 2
klargestellt, daß der Rückgewährpflichtige einen niedrigeren Zins nachweisen kann.
[9] Denkbar ist eine Anwendung von § 280 wegen Verletzung künftiger Rückgewährpflichten
immerhin in Fällen der Kenntnis vom Rücktrittsrecht. Zu den Auswirkungen dieser Konstellation auf die Möglichkeit von Fahrlässigkeit vgl. *Staudinger/Kaiser* (2004), § 346 Rn. 122.

429   Eine **Wertersatzpflicht entfällt** bei Rücktritt wegen eines Mangels, wenn sich der Mangel erst bei der Verarbeitung oder Umgestaltung gezeigt hat, § 346 III 1 Nr. 1. Der Rücktrittsberechtigte (vor allem Käufer oder Werkbesteller) hatte hier keine Möglichkeit, ohne die wesentliche Veränderung durch Verarbeitung oder Umgestaltung den Mangel, d. h. die zum Rücktritt berechtigende Pflichtwidrigkeit des anderen Teils, rechtzeitig zu entdecken. Auch ist die Unmöglichkeit, unversehrt zurückzugeben, letztlich ein durch die Pflichtwidrigkeit verursachtes Risiko des Rücktrittsgegners (Verkäufers oder Werkunternehmers). Es geht vorwiegend um Fälle der gesetzlichen Rücktrittsrechte nach §§ 323 V 2, 437 Nr. 2, 634 Nr. 3, doch kann u. U. auch einmal ein vertragliches Rücktrittsrecht eingeräumt sein, das bei Mängeln unter erleichterten Voraussetzungen geltend gemacht werden kann.

430   Die Wertersatzpflicht entfällt auch dann, wenn der Gläubiger des Rückgewähranspruchs den Untergang oder die Verschlechterung zu vertreten hat, § 346 III 1 Nr. 2 Alt. 1; der rechtspolitische Grund hierfür liegt auf der Hand. Außerdem ist auch dann kein Wertersatz zu leisten, wenn der Gegenstand auch beim Rückgewährsgläubiger untergegangen oder beschädigt worden wäre, § 346 III 1 Nr. 2 Alt. 2.

> Beispiel: V hat an seinen Wohnungsnachbarn K eine alte Standuhr verkauft, die er im Keller aufbewahrt hat. K stellt die Standuhr in seinem benachbarten Keller ab. Bei einer Überschwemmung aller Keller des Hauses wird die Standuhr schwer beeinträchtigt. Jetzt erfährt K, daß die Uhr gestohlen war, und tritt vom Kaufvertrag zurück. Er kann den gezahlten Kaufpreis gegen Rückgabe der beschädigten Uhr zurückverlangen, ohne Wertersatz für die Verschlechterung der Uhr leisten zu müssen, denn sie wäre auch bei V beschädigt worden.

431   Bei Ausübung eines *gesetzlichen* Rücktrittsrechts wird der Rücktrittsberechtigte zusätzlich privilegiert: Seine Wertersatzpflicht entfällt im Falle des Untergangs oder einer Verschlechterung eines erhaltenen Gegenstandes, falls dieser (vor dem Rücktritt, s. oben Rn. 427) eingetreten ist, obwohl der Rücktrittsberechtigte den Gegenstand mit eigenüblicher Sorgfalt behandelt hat, § 346 III 1 Nr. 3.[10] Der rechtspolitische Grund für diese Begünstigung wird darin gesehen, daß der gesetzliche Rücktritt eine Pflichtverletzung des anderen Teils (des Rücktrittsgegners) voraussetzt; dieser soll deshalb das Risiko bestimmter leichtfahrlässiger Verhaltensweisen des Rücktrittsberechtigten teilweise tragen. Diese rechtspolitische Entscheidung wird angegriffen, denn die Pflichtverletzung wird von den Kritikern der Regelung nicht als ausreichender Grund für eine solche Rückverlagerung einer bereits übergegangenen Gefahr gesehen.[11] Aller-

---

[10] Zur eigenüblichen Sorgfalt s. u. Rn. 584.

[11] Vgl. *St. Lorenz*, Die Lösung vom Vertrag, insbesondere Rücktritt und Widerruf, in: *Schulze/Schulte-Nölke* (Hrsg.), Die Schuldrechtsreform vor dem Hintergrund des Gemeinschaftsrecht, Tübingen 2001, 329, 345 (mit Hinweisen auf die abweichenden Lösungen in den PECL,

dings sollte diese Risikoüberwälzung nicht überbewertet werden: § 346 III 1 Nr. 3 reduziert die Haftung nicht auf Fälle grober Fahrlässigkeit, sondern auf die vom Rücktrittsberechtigten regelmäßig geübte, individuelle Sorgfalt. Das ist jedenfalls vor seiner Kenntnis vom Rücktrittsgrund gerechtfertigt; für die Zeit ab Kenntnis wäre über eine Verlagerung der Haftung nach §§ 346 IV, 280ff. nachzudenken.[12]

3. Nutzungen und Verwendungen

Herauszugeben sind auch *gezogene* Nutzungen (Früchte und Gebrauchsvorteile, §§ 99, 100), § 346 I a.E. § 346 II-IV gelten auch für diese, so daß gegebenenfalls Wertersatz zu leisten ist.   **432**

Wertersatz ist außerdem für *nicht gezogene,* aber bei ordnungsgemäßer „Wirtschaft" – etwa Bewirtschaftung eines Gutes, Anlage empfangener Gelder – **mögliche Nutzungen** zu leisten, § 347 I 1. Auch hier ist der *gesetzlich* zum Rücktritt Berechtigte privilegiert, lies § 347 I 2.

Verwendungen hat der Rückgewährschuldner nur zu ersetzen, wenn und soweit sie *notwendig,* also zur Erhaltung einer zurückzugewährenden Sache erforderlich waren, § 347 II 1; zu den weiteren Voraussetzungen s. Gesetzestext.   **433**

Beispiel: Der Käufer eines Hauses hat das wasserdurchlässige Dach abgedichtet. Nach Rücktritt kann er die Kosten vom Verkäufer ersetzt verlangen, wenn er das Haus zurücküberträgt.

Andere Aufwendungen sind nur nach Bereicherungsrecht zu erstatten, setzen also eine noch vorhandene Bereicherung voraus.[13]

§ 2 Kündigung

Anders als viele andere Rechtsordnungen differenziert das deutsche Recht   **434** ganz generell zwischen dem Rücktritt, welcher seiner Idee nach zur Wiederherstellung des ursprünglichen Zustands führen soll, und der Kündigung als einer lediglich ex nunc wirkenden Beendigung des Vertrags. Die Kündigung kann dabei sowohl ein „ordentliches" Mittel zur Beendigung des Vertrags sein als auch

---

den UNIDROIT-Principles und anderen Rechtsordnungen), *J. Hager* (Lit. vor Rn. 417), 440 (zum DiskE); positiver dagegen *Kaiser* (Lit. vor Rn. 417), JZ 2001, 1057, 1059f. Siehe auch *Kamanabrou* (Lit. vor Rn. 417), NJW 2003, 30, 31 (teleologische Reduktion auf Fälle des Vertretenmüssens).

[12] Vgl. *Kamanabrou* (Lit. vor Rn. 417), NJW 2003, 30, 31.

[13] Zum Problem der „aufgedrängten Bereicherung" durch Aufwendungen, die zwar objektiv wertsteigernd, für den Rückgewährgläubiger aber ohne Nutzen sind, s. Schuldrecht BT Rn. 812.

ein „außerordentlicher" Rechtsbehelf für den Fall einer Störung der Vertragsdurchführung.

435   Als Instrument der ordentlichen Beendigung des Vertrags findet die Kündigung bei Dauerschuldverhältnissen Anwendung, sofern diese auf unbestimmte
Zeit geschlossen sind. So kann etwa ein Mietverhältnis nach § 542 I gekündigt
werden, wobei dieses Kündigungsrecht bei der Vermietung von Wohnräumen
nach §§ 573 ff. erheblich eingeschränkt wird. Ist ein Dienstvertrag auf unbestimmte Zeit geschlossen, stellt § 620 II die beiderseitige Möglichkeit zur ordentlichen Kündigung nach den §§ 621 ff. klar. Eine Kündigung – oder ein Funk-
tionsäquivalent hierzu – ist ferner bei zahlreichen, weiteren Vertragsverhältnis-
sen möglich, etwa nach §§ 604 III, 605, 671, 695 f. Eine Sonderfunktion erfüllt
§ 649, welcher letztlich nicht der weiteren Vertragsdurchführung überhaupt
gilt, sondern lediglich dem Unternehmer die Möglichkeit abschneidet, seine eigenen Leistung in Natur durchzusetzen; sein Vergütungsanspruch bleibt in der
Substanz unberührt.

436   Eine Kündigung kann auch die außerordentliche Reaktion auf eine Leistungs-
störung sein. Dabei muß es sich nicht in jedem Fall um eine Pflichtverletzung eines
Teils handeln, welche den Anlaß zur Vertragsbeendigung gibt. Das zeigt bereits
der Grundtatbestand der Kündigung aus wichtigem Grund in § 314 (dazu unten
Rn. 541 ff.): Abs. 2 dieser Vorschrift stellt klar, daß die Pflichtverletzung nur einen
Unterfall zu dem in Abs. 1 S. 2 definierten wichtigen Grund bildet. Die
Möglichkeit zur außerordentlichen Kündigung wegen Pflichtverletzung regeln
neben § 314 etwa §§ 498, 443, 569, 643. Keine Pflichtverletzung ist in §§ 490,
627 vorausgesetzt, während § 626 wie § 314 beide Fallgestaltungen erfaßt.

437   Wie der Rücktritt (s. o. Rn. 421) erfolgt die Kündigung durch Erklärung gegenüber dem anderen Teil, § 349 analog. Folge der Kündigung ist die Beendigung
der Vertragsdurchführung für die Zukunft. Die auf weitere Durchführung gerichteten Pflichten der Parteien erlöschen. Soweit die Kündigung auf einer
Pflichtverletzung basiert, kommen freilich Ansprüche auf Schadensersatz (sog.
Kündigungsschaden) in Betracht. Ist zur Durchführung des Vertrags ein Gegenstand überlassen worden, löst die Kündigung einen entsprechenden Rückgabeanspruch aus. Dieser ist bei Gebrauchsüberlassungsverträgen regelmäßig expli-
zit geregelt (s. etwa § 546), besteht aber ganz generell, soweit es zu einer entsprechenden Überlassung gekommen ist.

So muß etwa der Arbeitnehmer, dessen Arbeitsverhältnis durch Kündigung endet, die
vom Arbeitgeber überlassenen Schlüssel für Betriebsräume zurückgeben.

438   Sonstige Rückgewährpflichten entstehen nur ausnahmsweise, weil die Kündigung gerade keine Rückwirkung entfaltet. Allerdings können Vorleistungen einer Seite Rückgewährpflichten auslösen: so ordnet etwa § 628 I 3 die Rückgewähr von im voraus entrichteter Vergütung an und verweist dafür, je nach Kon-

stellation, auf § 346 oder §§ 818ff. Funktional läßt sich zudem die Teilvergütungspflicht nach § 628 I 1 als Wertersatz nach § 346 II 1 Nr. 1 auffassen.

Kapitel 11: Andere Formen der Beendigung eines Schuldverhältnisses

§ 1 Erlaß

Eine Forderung kann erlassen werden und dadurch erlöschen, § 397 I. Voraussetzung ist ein (formfreier) Vertrag zwischen Gläubiger und Schuldner. Da er inhaltlich auf die Forderung einwirkt (in der stärksten Form!), ist er Verfügung.[1] Dem Erlaß gleichgestellt ist das sog. **negative Schuldanerkenntnis**, d.h. das Anerkenntnis des Gläubigers, daß eine Forderung nicht mehr besteht. **439**

Beispiel: Der Arbeitnehmer erklärt im Zusammenhang mit der Abwicklung des Arbeitsverhältnisses nach Beendigung wegen Kündigung in einer sog. **Ausgleichsquittung**, daß er keine weiteren Ansprüche gegen den Arbeitgeber habe. Damit sind auch evtl. doch noch bestehende Gehaltsansprüche erloschen.[2]

Dem Erlaßvertrag liegt regelmäßig eine schuldrechtliche Vereinbarung zugrunde.

Beispiel: Ein Vater erläßt seinem Sohn eine Darlehensschuld zum Weihnachtsfest. Dem Erlaß liegt eine Schenkung zugrunde.

Häufig geschieht ein Erlaß im Rahmen eines Vergleichs,[3] wobei schuldrechtliche Abrede und Vollzug durch verfügenden Erlaß in *einem* Rechtsgeschäft vorgenommen werden.

Zuweilen macht ein Schuldner dem Gläubiger eine Offerte zum Abschluß eines Vergleichs des Inhalts, daß er einen Teilbetrag sofort zahlt und (dafür) der Rest erlassen wird. Dazu legt er einen Scheck über den angebotenen Teilbetrag bei und schreibt, daß Einlösung des Schecks als Annahme des Vergleichsvorschlags nach § 151 BGB gelten soll. Der Gläubiger, der diesen Vergleich mit Teilerlaß nicht abschließen will, sollte den Scheck nicht vorbehaltlos einlösen, um nicht in die „Erlaßfalle" zu geraten.[4]

Grundsätzlich ist der Erlaß als Verfügungsgeschäft *abstrakt*, d.h. in seiner Geltung unabhängig vom zugrundeliegenden Kausalgeschäft. Fehlt dieses oder fällt es später weg, so bleibt der Erlaß zunächst wirksam, kann aber nach Berei- **440**

---

[1] Zur umstrittenen Frage, ob ein künftiger Erlaß möglich ist s. BGHZ 40, 326, 330; *Gernhuber*, Erfüllung, § 16 I 7, S. 376 f.
[2] Vorausgesetzt ist jedoch eine klare und eindeutige Formulierung, BAG NJW 1975, 407 (für einen Zeugnisanspruch).
[3] Hierzu *Schlechtriem*, BT, Rn. 651 ff.
[4] Vgl. BGH NJW 2001, 2324; zum Ganzen *von Randow*, Die Erlaßfalle, ZIP 1995, 445 ff. mit Nachweisen der Rspr.

cherungsrecht *kondiziert* werden. Die „Herausgabe" der Bereicherung, d.h. des Erlasses, erfolgt durch vertragliche Wiederbegründung der erloschenen Forderung.[5]

§ 2 Konfusion

Lit.: *Kollhosser/Jansen*, Konfusion, JA 1988, 305–311.

441   Fallen Gläubiger- und Schuldnerstellung in einer Person zusammen, dann tritt aufgrund dieser **Konfusion** nach hL[6] ein Erlöschen der Forderung ein.

Beispiele: A kauft das Unternehmen des B mit allen Aktiva und Passiva. Zu den Aktiva gehört auch eine Forderung des B gegen den A. Werden im Vollzug des Kaufvertrages die einzelnen Vermögensgegenstände des B auf den A übertragen, erlischt die gegen ihn gerichtete Forderung mit der Übertragung (Abtretung) durch Konfusion.
Abtretung des Zahlungsanspruchs aus einem Akkreditiv (Zahlungsversprechen) an die akkreditiveröffnende Bank (Schuldnerin).[7]

Eine Reihe von Ausnahmen von diesem Grundsatz gilt jedoch dort, wo Dritte Rechte an der fraglichen Forderung haben.

Beispiele: Durch Erbfall, durch den ein Schuldner seinen Gläubiger beerbt, tritt an sich Konfusion hinsichtlich der gegen den Erben gerichteten Forderung des Erblassers ein. Die Konfusionswirkung wird jedoch nach § 1976 rückgängig gemacht, wenn bei Nachlaßverwaltung oder Nachlaßkonkurs eine Sonderung des Nachlasses vom Eigenvermögen des Erben geschieht.
Besteht ein Pfandrecht an einer Forderung, dann kann es nicht dadurch abgeschüttelt werden, daß die Forderung vom Gläubiger auf den Schuldner übertragen wird: Das Pfandrecht und die Forderung bleiben trotz des Zusammenfalls von Gläubiger- und Schuldnerstellung bestehen, vgl. § 1276.

§ 3 Novation

442   Aufgrund der Vertragsfreiheit können die Parteien eine Änderung des Schuldverhältnisses dahingehend vereinbaren, daß die ursprüngliche Schuld erlischt und an ihre Stelle eine neue Verpflichtung tritt. Eine allgemeine Regelung dieser **Novation** enthält das BGB nicht.
Der Novation liegt regelmäßig eine schuldrechtliche Vereinbarung zugrunde.

---

[5] S. hierzu § 812 II, der klarstellt, daß auch ein negatives Schuldanerkenntnis eine Leistung darstellt, die unter den Voraussetzungen des § 812 I zurückverlangt werden kann.
[6] AA aber *Kollhosser/Jansen* (Lit. vor Rn. 441), JA 1988, 311 (Zusammenfassung): Erlöschen nur, wenn am Fortbestand kein schutzwürdiges Interesse besteht.
[7] Vgl. BGH RIW 1992, 315, 317.

Beispiel: Der Käufer kann den Kaufpreis nicht bezahlen; auch macht er Mängel geltend. Die Parteien einigen sich vergleichsweise, daß der Käufer seine Mängelansprüche fallen läßt. Der Verkäufer gewährt in einer gesonderten, schriftlich abgeschlossenen Vereinbarung den Kaufpreisrest als langfristiges, verzinsliches Darlehen, Vereinbarungsdarlehen (früher § 607 II a.F.).

Ist die zugrunde liegende Vereinbarung nichtig, dann bleibt die aufgrund abstrakter Novation **neu begründete Forderung** bestehen, kann aber, da rechtsgrundlos eingeräumt, nach Bereicherungsrecht zurückgefordert werden. Auch kann ihr der Schuldner die Einrede der Bereicherung entgegenhalten.

Beispiel: Stellt sich im vorstehenden Beispiel heraus, daß ein Kaufvertrag, den beide Parteien als bestehend vorausgesetzt hatten, zwischen ihnen gar nicht abgeschlossen worden ist, dann ist der Vergleich nach § 779 I nichtig. Die neu (und abstrakt) eingeräumte Forderung ist wieder aufzugeben; wird sie geltend gemacht, kann der Schuldner ihr die Einrede der ungerechtfertigten Bereicherung entgegenhalten.

Durch die Novation wird die alte Forderung zum *Erlöschen* gebracht, die novierte Forderung *neu* begründet. Das bedeutet, daß *akzessorische* (d.h. *angelehnte*) Sicherungsrechte mit dem Wegfall der alten Forderung entfallen und nicht die neu begründete Forderung sichern.   **443**

Beispiel: War für die alte Forderung eine Bürgschaft bestellt, dann entfällt die Verpflichtung des Bürgen mit der Novation.[8]

Eine Erstreckung der akzessorischen Sicherheit auf die neu begründete Forderung ist nur durch eine entsprechende Vereinbarung mit dem Sicherungsgeber möglich.

Vor allem diese Wirkung der Novation macht es erforderlich, sie von einer   **444** bloßen Änderung des Schuldinhalts abzugrenzen. Wird eine Forderung nicht durch Novation zum Erlöschen gebracht, sondern nur inhaltlich geändert, dann bleiben auch die akzessorischen Sicherungsrechte bestehen. Ob die Identität der alten Forderung erhalten bleibt und nur ihr Inhalt geändert wird oder ob eine echte Novation vorliegt, ist Auslegungsfrage.

Beispiel: Die Vereinbarung, daß ein gestundeter Kaufpreis in ein langfristiges Darlehen umgewandelt wird, kann sowohl Schuldabänderung als auch Schuldumschaffung (Novation) sein. In der Regel ist nur eine Schuldabänderung anzunehmen, so daß akzessorische Sicherheiten bestehen bleiben.

---

[8] Vgl. den Fall OLG Hamm, NJW-RR 1992, 815f.: Umschuldung von Kreditverpflichtungen. Ob Schuldumschaffung (Novation) angenommen werden kann, hängt davon ab, ob ein dahingehender Wille der Parteien zweifelsfrei festgestellt werden kann; andernfalls liegt nur eine inhaltliche Änderung der Schuld vor. Im konkreten Fall wurde Novation angenommen mit der Folge, daß eine für das ursprüngliche Darlehen gestellte Bürgschaft nach § 767 I erloschen war.

§ 4 Aufhebungsvertrag

445   *Aufhebung* eines Schuldverhältnisses kann Verschiedenes bedeuten: Gemeint sein kann eine einvernehmliche Beendigung, z.B. eines vertraglich begründeten Dauerschuldverhältnisses, mit der Folge, daß Abwicklungspflichten entstehen und Leistungspflichten für die Zukunft entfallen. Die Aufhebung kann sich aber auch auf eine einzelne Obligation beziehen mit dem Ziel, diese zum Erlöschen zu bringen. Soweit durch die Aufhebung das Erlöschen selbst bewirkt werden soll, liegt ein *Erlaß* vor (dazu oben Rn. 439).

4. Teil: Pflichtverletzung und Rechtsbehelfe

Kapitel 12: Pflichtverletzungen und System der Rechtsbehelfe

Lit.: *Canaris*, Die Reform des Rechts der Leistungsstörungen, JZ 2001, 499–528; *ders.*, Die Bedeutung der Kategorie der „Unmöglichkeit" für das Recht der Leistungsstörungen, in: *Schulze/Schulte-Nölke* (Hrsg.), Die Schuldrechtsreform vor dem Hintergrund des Gemeinschaftsrechts, 2001, 43; *ders.*, Das allgemeine Leistungsstörungsrecht im Schuldrechtsmodernisierungsgesetz, ZRP 2001, 329; *ders.*, Die Neuregelung des Leistungsstörungs- und des Kaufrechts – Grundstukturen und Problemschwerpunkte, in: *Lorenz* (Hrsg.), Karlsruher Forum 2002: Schuldrechtsmodernisierung, 5–100; *Stoll*, Notizen zur Neuordnung des Rechts der Leistungsstörungen, JZ 2001, 589–597.

Lit. zum Schuldrecht a.F.: *Emmerich*, Das Recht der Leistungsstörungen, 4. Aufl. München 1997; *U. Huber*, Leistungsstörungen, Handbuch des Schuldrechts, hrsgg. von *Gernhuber*, Bd. 9/1 und 9/2, Tübingen 1999 (zit: Leistungsstörungen I und II); *U. Huber*, Leistungsstörungen. Empfiehlt sich die Einführung eines Leistungsstörungsrechts nach dem Vorbild des Einheitlichen Kaufgesetzes? Welche Änderungen im Gesetzestext und welche praktischen Auswirkungen im praktischen Schuldrecht würden sich dabei ergeben?, in: Gutachten und Vorschläge zur Überarbeitung des Schuldrechts, hrsgg. v. Bundesminister der Justiz, Bd. 1, Köln 1981, 647–909 (zit.: Gutachten I).

§ 1 Überblick

Schuldrecht ist das Recht der durch Pflichten zwischen Personen konstituier- **446** ten und gestalteten Rechtsverhältnisse zwischen diesen Personen. Das durch das SchRModG neugestaltete Schuldrecht baut deshalb folgerichtig für Störungen, d.h. nicht dem Pflichtenplan entsprechende Entwicklungen, auf dem zentralen Begriff der „Pflichtverletzung" auf (s. § 2).[1] Die Gliederung folgt dann den verschiedenen Konsequenzen, die eine solche Pflichtverletzung haben kann. Im allgemeinen Schuldrecht sind dies vor allem der Erfüllungsanspruch,

---

[1] Für das bis zur Schuldrechtsreform geltende Recht hatte sich für Störungen als Oberbegriff das Wort „Leistungsstörungen", welches das BGB selbst nicht verwendete, eingebürgert, s. Lit. vor Rn. 446 zum Schuldrecht a.F. Es wird hier als Oberbegriff vermieden, weil es möglicherweise nur die Störung von *Leistungspflichten* nach § 241 I, nicht aber von *Schutzpflichten* nach § 241 II bezeichnen kann; s. oben Rn. 159 zu diesen verschiedenen Pflichteninhalten.

der Anspruch auf Schadensersatz und die Rechte zur Aufhebung des Vertrags durch Rücktritt oder Kündigung (s. § 3).

447 Die Auffassungen darüber, welchem **System** das deutsche Leistungsstörungsrecht folgt, gehen zum Teil weit auseinander:

Bereits zum alten Recht war umstritten, welcher systematischen Grundidee das Gesetz folgte. Klassisch war das Bild von der Gliederung nach Leistungsstörungstypen mit der Unmöglichkeit als dem Mittelpunkt der gesetzlichen Konzeption, dem der Verzug und die Schlechtleistung respective positive Vertragsverletzung zur Seite gestellt wurden.[2] Richtigerweise war hingegen in der positiven Vertragsverletzung eine Generalklausel zu sehen, zu der die gesetzlich en détail geregelten Störungstypen im Verhältnis der Spezialität standen.[3] Diesen beiden Systemverständnissen hatte in der Endphase des alten Schuldrechts *Ulrich Huber* eine Konzeption gegenübergestellt, die den Verzug des Schuldners in den Mittelpunkt des Leistungsstörungsrechts stellte.[4]

448 Für das neue Schuldrecht hat vor allem dessen wechselvolle Entstehungsgeschichte dazu geführt, daß erneut Unsicherheiten über das dem Gesetz zugrundeliegende System bestehen.

Wenig hilfreich sind dabei zunächst solche Auffassungen, die versuchen, die Gliederung nach Störungstypen auch unter dem neuen Recht fortzuschreiben.[5] Ihr Ansatzpunkt ist der Begriff der Pflichtverletzung, in den sie bestimmte weitere Voraussetzungen einzelner Rechtsbehelfe hineinlesen wollen. Solche Versuche, die ihre Wurzel teilweise noch in dem früheren Bemühen haben, die Reform durch den Vorwurf der Absurdität insgesamt zu verhindern, werden dem geltenden Schuldrecht nicht gerecht.

449 Im Gesetzestext lassen sich die entstandenen Unsicherheiten insbesondere an der Aufgliederung der Regelungskomplexe zum Schadensersatz (§§ 280–286, 311a II) und zur Vertragsaufhebung (§§ 323–326, 314) sowie am Ausschluß des Erfüllungsanspruchs nach § 275 festmachen. Im Blick auf diese Vorschriften wird daher nicht selten davon gesprochen, das neue Recht verbinde rechtsfolgenorientierte Elemente mit tatbestandsorientierten zu einem Mischsystem.[6]

Am ausgeprägtesten findet sich dieser Ansatz in der von *Peter Huber* begründeten Auffassung von der „Zweispurigkeit" des neuen Rechts, nach welcher anknüpfend an § 275 IV die Rechtsfolgen des „Ausschlusses der Leistungspflicht" nach § 275 I-III

---

[2] S. 4. Aufl. dieses Lehrbuchs, Rn. 251; Abschlußbericht, 16; *Huber*, Gutachten I, 647, 757 (ausdrücklich aufgegeben durch *Huber*, Leistungsstörungen I, 125, Fn. 107); *Rabel*, Unmöglichkeit der Leistung in: FS Bekker, 1907, 171, 174.

[3] Etwa *Palandt/Heinrichs* (61. Auflage), § 276 Rn. 107; *Soergel/Wiedermann*, Vor § 275 Rn. 353; *Schmidt-Kessel*, System, § 2 III.

[4] *U.Huber*, Leistungsstörungen I, 11–17 (und öfter).

[5] Insbesondere *Wilhelm*, JZ 2004, 1055; *Medicus*, in: *Dauner-Lieb/Konzen/K. Schmidt* (Hrsg.), 2003, 61, 62.

[6] In diesem Sinne beispielsweise *Looschelders*, Schuldrecht AT, 2004, Rn. 454ff.; ähnlich *MünchKomm/Ernst*, Vor § 275 Rn. 11 ff.

eine eigene „zweite Spur" neben der „Hauptspur" des Pflichtverletzungsregimes bilden.[7]

Die später eingefügten Unterscheidungen bei den Voraussetzungen der verschiedenen Rechtsbehelfe sind jedoch lediglich ein – nicht immer gelungener – Versuch, Klarstellungen zu erreichen und dem unter dem alten Schuldrecht ausgebildeten Juristen die Lektüre des Gesetzes zu erleichtern.

Wie schon vom Abschlußbericht der Schuldrechtsreformkommission und **450** dem DiskE vorgeschlagen, erfolgt die Ausdifferenzierung des Systems allein auf der Rechtfolgenseite: An den **Zentraltatbestand der Pflichtverletzung** knüpfen die drei wichtigsten **Rechtsbehelfe** an: der (im allgemeinen Schuldrecht vor allem hinsichtlich seiner Grenzen geregelte) **Erfüllungsanspruch**, der **Schadensersatz** mit seiner Anspruchsgrundlage in § 280 sowie die **Vertragsaufhebung**, deren allgemeine Voraussetzungen in den §§ 314, 323 geregelt sind. Gegen dieses System läßt sich insbesondere § 275 IV nicht ins Treffen führen: Die Vorschrift stellt lediglich klar, daß § 275 I-III nur den Erfüllungsanspruch, nicht aber die diesem zugrundeliegende Pflicht beseitigen.[8]

Gleich welcher Auffassung vom System des neuen Rechts man auch folgen **451** mag: Immer kommt es zum Auseinanderfallen von äußerem und innerem System des Gesetzes, also von der Gliederung des Gesetzestextes und seiner dogmatischen Aufarbeitung.[9] Die Ursache dafür liegt neben der bewegten Entstehungsgeschichte des neuen Schuldrechts in der **Ordnungsidee**, die mit dem Schuldrecht verbunden ist: Bestimmte Rechtsbehelfe sind von vornherein nur vertragsrechtlicher Art oder verlangen darüber hinaus das Vorliegen gegenseitiger vertraglicher Pflichten. Diese Rechtsbehelfe, insbesondere die Aufhebung des Vertrags durch Rücktritt oder Kündigung, regelt das Gesetz nicht im Rahmen der allgemeinen Vorschriften über Pflichtverletzungen (§§ 275 ff.), sondern davon getrennt im Abschnitt 3 über Schuldverhältnisse aus Verträgen. Wäre nicht das **Schuldrecht als Ganzes**, sondern lediglich das **Vertragsrecht** Gegenstand des zweiten Buches des BGB, wäre hingegen eine zusammenfassende Regelung geboten, die derjenigen in Kapitel 9 der Principles of European Contract Law vergleichbar wäre. Bei der Regelungskonzeption des geltenden BGB ist hingegen immer zu beachten, daß die §§ 275 ff. auch auf **nichtvertragliche Schuldverhältnisse** Anwendung finden. Gleichwohl sind auch diese Regeln primär auf ihre Anwendung in vertraglichen Schuldverhältnissen angelegt, so daß die nachfolgende Darstellung diese legitimerweise in den Mittelpunkt rücken kann.

---

[7] *Huber/Faust*, 10 ff. Sein Koautor Faust folgt ihm darin letztlich nicht: Vgl. *Huber/Faust*, 22.

[8] *Faust* in: *Huber/Faust*, 22.

[9] Diese Schwäche war schon dem alten Schuldrecht eigen, wie allein die Entwicklung der positiven Vertragsverletzung zeigt.

§ 2 Pflichtverletzung

Lit.: *Schur*, Leistung und Sorgfalt: zugleich ein Beitrag zur Lehre von der Pflicht im Bürgerlichen Recht, Tübingen 2001.

452   Pflichtverletzung ist die unberechtigte **Abweichung** einer Partei **vom Vertragsprogramm**. Sie ist Voraussetzung für sämtliche Rechtsbehelfe, also insbesondere den Erfüllungsanspruch (Rn. 344 ff.), den Rücktritt (Rn. 417 ff.; 502 ff.) und den Schadensersatz (Rn. 558 ff.). Erforderlich ist daher zunächst die Feststellung des Vertragsprogramms mit den einzelnen Pflichten der Parteien; sodann werden deren Verhalten und die erreichten Erfolge an diesem Programm gemessen.

453   Das Schuldrecht in seiner seit dem 1. 1. 2002 geltenden Fassung kennt selbstverständlich verschiedene Pflichteninhalte, es **unterscheidet** jedoch **nicht** grundsätzlich **nach** verschiedenen **Pflichtentypen.**[10] Soweit etwa in den §§ 281, 282, 323, 324 verschiedene Arten der Verletzung angesprochen werden, handelt es sich nicht um dogmatische, sondern um heuristische Kategorien, die eine klare Abgrenzung untereinander nicht erlauben. Das neue Schuldrecht unterscheidet – von den Sonderregeln zu den einzelnen Vertragstypen abgesehen – nicht zwischen der Nichterfüllung, der Schlechterfüllung und der Verletzung von Nebenpflichten.

454   Die Wahl des Begriffs der Pflichtverletzung durch die Schuldrechtsreformkommission anstelle des von *Ulrich Huber* vorgeschlagenen der Nichterfüllung[11] hatte ihren Grund gerade in der integrierenden Wirkung dieses breiten Begriffs.[12] Mit dem Wort „Nichterfüllung" wäre diese nicht zu erreichen gewesen: Wegen dessen Verbindung mit dem – unglücklicherweise nach überwiegender Auffassung erfolgsbezogenen (s. Rn. 350) – Erfüllungsbegriff der §§ 362 ff. hätten sich Fälle, in denen der Schuldner lediglich ein Verhalten schuldet, nur schlecht erfassen lassen; der Begriff der Nichterfüllung ist für das deutsche Recht verdorben.

Die vom Erfüllungsdenken nicht gleichermaßen beherrschten Einheitsrechtstexte (vgl. Art. 28 CISG; Artt. 7.2.1–7.2.5 PICC; Artt. 9:101–9:103 PECL) haben die „Nichterfüllung" hingegen ohne diese Belastung zum Zentralbegriff erheben können.

455   Unrichtig ist vor diesem Hintergrund auch das gelegentlich geforderte Hineinlesen der weiteren Voraussetzungen der §§ 281–283 in den Begriff der Pflichtverletzung.[13] Die Vorschriften dienen gerade umgekehrt der Loslösung des Gesetzes von der anachronistischen Vorstellung einer Typologie der Leistungsstörungen. Wie § 280 III zeigt, regeln sie lediglich zusätzliche Voraussetzungen für die Ersatzfähigkeit einzelner Schadensposten

---

[10] Mißverständlich etwa *Palandt/Heinrichs*, § 280 Rn. 12.
[11] *U. Huber*, Gutachten I, 699 ff.
[12] Abschlußbericht, 130.
[13] In diesem Sinne etwa *Wilhelm*, JZ 2004, 1055, 1056.

(s. Rn. 558 ff.). Erst recht wird dem Gesetz eine Auffassung nicht gerecht, die § 280 I auf die Verletzung von Schutzpflichten zu beschränken sucht.[14]

Die auf eine Verletzung hin zu prüfende Pflicht kann (s. oben Rn. 159 ff.) auf-   **456** grund Vertrages – ev. auch zugunsten Dritter (unten Rn. 715 ff.) – und seiner Auslegung im Lichte von Treu und Glauben (s. oben Rn. 136 ff.) oder aufgrund Gesetzes bei Vorliegen bestimmter tatsächlicher Voraussetzungen, z. B. Vertragsanbahnung (s. oben Rn. 28 ff.), Geschäftsführung ohne Auftrag für einen anderen (dazu Schuldrecht BT, Rn. 688 ff.), Erbfall, usw. entstanden sein.[15] Sie kann Leistungspflicht i. S. von § 241 I sein (oben Rn. 160) oder Schutzpflicht i. S. von § 241 II (oben Rn. 163); die typischerweise mit einer solchen Klassifizierung verbundenen Zwecke können bei Verletzungen zu unterschiedlichen Rechtsfolgen führen. Natürlich entstehen mit einem Schuldverhältnis zumeist nicht nur eine einzelne Pflicht, sondern mehrere und entsprechend mehrere Möglichkeiten einer Störung durch Verletzung der Pflichten.

§ 3 System der Rechtsbehelfe

Steht eine Pflichtverletzung fest, dann ist auf der nächsten Stufe zu prüfen,   **457** welche Rechtsbehelfe dem aus der (verletzten) Pflicht Begünstigten – bei Leistungspflichten „Gläubiger" genannt, s. § 241 I – zustehen. Das System der gesetzlichen Rechtsbehelfe bildet sozusagen das Rückgrat des Schuldrechts für Fälle von pflichtverletzenden Ereignissen, insbesondere – bei Leistungspflichten – von sog. Leistungsstörungen.[16] *Hier* können die Ursachen und Gründe der Pflichtverletzung erheblich werden, denn sie können zusätzlich zur Pflichtverletzung als negative oder positive Voraussetzungen für die Begründung eines bestimmten Rechtsbehelfs von Bedeutung sein.

Als allgemeine Rechtsbehelfe sind die Ansprüche auf Erfüllung (unten   **458** Rn. 344) und Schadensersatz (unten Rn. 558 ff.) zu sehen, ferner – bei vertraglichen Schuldverhältnissen – die Rechte zur Aufhebung des Vertragsbandes durch Rücktritt (unten Rn. 417 ff.) oder Kündigung (unten Rn. 434 ff.). Für bestimmte Konstellationen oder für bestimmte Vertragstypen stellt das Gesetz weitere, spezielle Rechtsbehelfe zur Verfügung, etwa einen Anspruch auf Ersatz von Aufwendungen (s. unten Rn. 645, aber auch schon oben Rn. 243) oder das Recht zur Minderung der (eigenen) Gegenleistung, etwa bei Kauf-, Miet-, Werk- und Reisevertrag (s. hierzu Schuldrecht BT, Rn. 79 sowie unten Rn 556 f.), aber

---

[14] So insbesondere *Ehmann/Sutschet*, JZ 2004, 62, 67.

[15] Die Einheitsrechtsprojekte, die (bisher) nur vertragliche Schuldverhältnisse regeln, verwenden als Zentralbegriffe „Nichterfüllung" und „Vertragsbruch" (s. z. B. Art. 49 I CISG, Art. 7.1.1 UNIDROIT-Principles, Art. 8:101 PECL).

[16] Zu diesem früher zentralen Begriff s. oben Fn. 1.

auch bei Durchführung eines Vertrages durch Leistung (Ersatzherausgabe) eines minderwertigen Surrogates im Falle des § 326 III (hierzu unten Rn. 498).

Hier, wie etwa im Miet- und Reisevertragsrecht, tritt die Minderung freilich ipso iure ein, so daß der Gläubiger diesen Rechtsbehelf nicht „ausüben" muß. Ob sich aus diesen Einzelregelungen sowie aus §§ 323, 326 ein allgemeines Recht zur Minderung herleiten läßt, ist umstritten (s. unten Rn. 556f.).

459 Das Gesetz betrachtet diese **Rechtsbehelfe grundsätzlich** als **gleichrangig** und gibt damit die überkommene Vorstellung vom Erfüllungszwang als Kehrseite der Pflicht, vom Erfüllungsanspruch als dem selbstverständlichen „Rückgrat der Obligation" (s. unten Rn. 465) auf. Der Erfüllungsanspruch ist ein Rechtsbehelf unter mehreren; das zeigt nicht zuletzt der Umkehrschluß aus §§ 281 I 1, 323 I, 637 I, 651c III, 651e II. Daß der Gesetzgeber gleichwohl primär auf eine Durchführung von Verträgen und sonstigen Schuldverhältnissen in Natur setzt, läßt sich daran ablesen, daß er vom Gläubiger eines solchen mehrfach verlangt, dem Schuldner mittels Setzung einer angemessenen Frist zunächst noch einmal die Möglichkeit einzuräumen, seine Pflichten zu erfüllen (§§ 281 I 1, 323 I, 637 I, 651c III, 651e II). Der so begründete **Vorrang des Erfüllungsanspruchs** bedarf jedoch – darin zeigt sich gerade die Gleichrangigkeit der Rechtsbehelfe – der ausdrücklichen Anordnung für den jeweiligen Rechtsbehelf. Ist der Vorrang des Erfüllungsanspruchs einmal durch eine Fristsetzung oder auf andere Weise beseitigt, stehen die verschiedenen Rechtsbehelfe nebeneinander; insbesondere stellt das weitere Drängen des Gläubigers auf die Erfüllung den Vorrang des Erfüllungsanspruchs nicht wieder her.[16a]

Praktische Bedeutung erlangt diese Regelungsstruktur vor allem bei solchen Rechtsbehelfen, für die es an einer ausdrücklichen Anordnung des Fristsetzungserfordernisses fehlt, etwa bei den Aufwendungsersatzansprüchen nach §§ 478 II,[17] 536a II oder bei den besonders geregelten Aufhebungsrechten nach §§ 543,[18] 626,[19] und Schadensersatzansprüchen nach §§ 536a I, 628 II.[20] Die Begründung eines zusätzlichen Fristsetzungs- oder Abmahnungserfordernisses läßt sich in diesen Fällen jedenfalls nicht auf einen allgemeinen Vorrang des Erfüllungsanspruchs stützen.

460 Neben den gesetzlich vorgesehenen *Rechts*behelfen kommt gelegentlich eine Rechtsdurchsetzung durch den Gläubiger im Wege der **Selbsthilfe** oder ähnlicher Formen in Betracht. Zum Schutze des staatlichen Gewaltmonopols kann die Rechtsordnung solche Mittel nur ausnahmsweise und unter engen Voraussetzungen akzeptieren. Insbesondere die Durchsetzung von Erfüllungs- und Schadensersatzansprüchen ist grundsätzlich an den Rechtsweg gebunden; Ausnahmen davon sind vor allem die Aufrechung (s. oben

---

[16a] Unrichtig daher OLG Celle NJW 2005, 1094.

[17] *Palandt/Putzo*, § 478 Rn. 10.

[18] *Palandt/Weidenkaff*, § 543 Rn. 46ff.

[19] Zu dem inzwischen vielfach aus § 314 II abgeleiteten Erfordernis einer Abmahnung vgl. *v. Hase* (Lit. vor Rn. 541), 2281; *Palandt/Weidenkaff*, § 626 Rn. 18.

[20] S. BGH NJW 2002, 3237 (zum alten Schuldrecht).

Rn. 372 ff.) sowie die Ausübung von Zurückbehaltungsrechten, wobei gerade letztere einen Doppelcharakter als Instrument der Selbsthilfe und als Rechtsbehelf aufweisen (s. Rn. 461). In gewisser Weise läßt sich auch die Vorhaltung von Rücktritt und Kündigung als Gestaltungsrechte, die unabhängig von der Anrufung eines Gerichts geltend gemacht werden können,[21] im Sinne einer erlaubten Selbsthilfe deuten. Selbsthilferechte gewährt das Schuldrecht insbesondere dort, wo der Eingriff in die Rechtsposition des Schuldners nur sehr begrenzt ist, weil die Selbsthilfe fast ausschließlich in der Sphäre des Gläubigers abläuft. So steht etwa dem Werkbesteller nach § 637 das Recht zu, einen Mangel des Werks gegebenenfalls selbst zu beseitigen,[22] während ein entsprechendes Recht des Käufers ganz überwiegend abgelehnt wird.[23] Entsprechend lassen sich Hinterlegung und Selbsthilfeverkauf (s. Rn. 401 ff.) als Selbsthilfe in Fällen mangelnder Kooperation des Gläubigers deuten. Soweit wie §§ 228, 229, 859 geht das allgemeine Schuldrecht regelmäßig gerade nicht. Der Versuch, allgemeine Regeln über die Selbsthilfe wegen Verletzung von Pflichten aus einem Schuldverhältnis zu entwickeln, ist bislang nicht unternommen worden.

461 Das Gesetz räumt dem Schuldner, der seinerseits vom Gläubiger etwas fordern kann, in einer Reihe von Bestimmungen **Zurückbehaltungsrechte** ein (s. o. Rn. 173 ff.). Durch Zurückhaltung der eigenen Leistung soll der Gläubiger zur Erfüllung seiner Pflicht angehalten werden. Die Ausübung eines Zurückbehaltungsrechts soll und kann also Erfüllungszwang bewirken.

Freilich erlauben Zurückbehaltungsrechte primär nur eine Verteidigung des Schuldners gegen Ansprüche seines Gläubigers; ihre Funktion als Rechtsbehelf ist deshalb eher sekundär und mittelbar. Auch fehlt eine geschlossene Regelung; Zurückbehaltungsrechte finden sich nicht nur im Schuldrecht, sondern auch im Sachenrecht – s. §§ 972 (Finder), 1000 (Besitzer) – oder im Erbrecht – s. § 2022 (Erbschaftsbesitzer). Sie werden deshalb auch in diesem Buch nur behandelt, soweit sie im allgemeinen Teil des Schuldrechts geregelt sind, und werden in Abweichung von ihnen durch aus unterschiedlichen Regelungszusammenhängen zusammengefaßt dargestellt (s. oben Rn. 173 ff.).

§ 4 Analyse schuldrechtlicher Fälle

462 Erster Schritt bei der Analyse eines Falles ist stets die Feststellung des zwischen den Beteiligten bestehenden Pflichtenprogramms. Dazu gehört bei vertraglichen Pflichten auch die Wirksamkeit ihrer Begründung durch ein gültiges, nicht gegen Verbotsgesetze i. S. des § 134, gegen die guten Sitten s. § 138, Formgebote oder spezielle zwingende Normen (s. oben Rn. 58 ff.) verstoßendes Rechtsgeschäft.

463 Zweiter Schritt ist die Feststellung einer Abweichung von diesem Pflichtenprogramm durch den (jeweils) Verpflichteten.[24] Die Ursachen der Verletzung spielen hier noch keine Rolle: Ob der Verpflichtete nicht leistet, weil er nicht kann (Unmöglichkeit) oder nicht will oder sich schlicht über seine Verpflichtung, ihre Existenz oder ihren Inhalt irrt, ist auf dieser Stufe der Prüfung noch unerheblich. Auch die Art der Abweichung, die für das

---

[21] Vgl. Rn. 421 und Rn. 437.

[22] Schuldrecht BT, Rn. 429.

[23] Zu den sehr umstrittenen Folgen einer gleichwohl erfolgenden Selbstvornahme durch den Käufer siehe BGH NJW 2005, 1348.

[24] *Lorenz/Riehm*, Rn. 172.

Schuldrecht a. F. und seine Gliederung grundlegend war – man unterschied (Nichtleistung aufgrund) Unmöglichkeit, Verzug (zu vertretende Verzögerung der Leistung) und Schlechtleistung[25] –, hat jetzt nur noch im Zusammenhang einzelner Rechtsbehelfe Bedeutung.[26] Insbesondere ist die im BGB a. F. nicht enthaltene, aber von Wissenschaft und Rechtsprechung entwickelte Kategorie der „positiven" Forderungs- oder Vertragsverletzung[27] in Form der Schlechtleistung obsolet geworden, weil in der generellen Kategorie der Pflichtverletzung aufgegangen. Schließlich kommt es nicht darauf an, ob es sich um eine Haupt- oder Nebenpflicht handelte.[28]

464   Dritter Schritt ist die Prüfung der in Betracht kommenden Rechtsbehelfe. Sie können für den Fall von Vertragsverletzungen von den Parteien geregelt worden sein, etwa als Vertragsstrafen (unten Kap. 17), ergeben sich aber vor allem aus der hier im folgenden darzustellenden gesetzlichen Regelung für Störungsfälle.

Kapitel 13: Erfüllungsansprüche und ihre Schranken

§ 1 Erfüllung und Erfüllungsanspruch als Rechtsbehelf

Lit.: *Stürner*, Der Anspruch auf Erfüllung von Treue- und Sorgfaltspflichten, JZ 1976, 384–392; *Neufang*, Erfüllungszwang als „remedy" bei Nichterfüllung: eine Untersuchung zu Voraussetzungen und Grenzen der zwangsweisen Durchsetzung vertragsgemäßen Verhaltens im US-amerikanischen Recht im Vergleich mit der Rechtslage in Deutschland, Baden-Baden 1998; *Stoll*, Notizen zur Neuordnung des Rechts der Leistungsstörungen, JZ 2001, 589–597.

465   Nach § 241 I 1 ist der Gläubiger berechtigt, eine „Leistung zu fordern", die nach § 241 I 2 auch in einem Unterlassen bestehen kann; § 194 I bezeichnet das Recht, von einem anderen ein Tun oder Unterlassen zu verlangen, als „Anspruch" (s. schon oben Rn. 160). Der Gläubiger kann nicht nur die Erfüllung seines Anspruchs in Natur, d. h. entsprechend des diesbezüglichen Pflichteninhalts „verlangen", sondern sie auch durchsetzen, vor allem mit Hilfe der Gerichte und Vollstreckungsorgane, aber u. U. auch durch Selbsthilfe, durch Aufrechnung oder Zurückbehaltung einer vom Gläubiger selbst dem Schuldner geschuldeten Leistung (vgl. oben Rn. 173). Der **Erfüllungsanspruch** ist also im Kern einer von mehreren Rechtsbehelfen, mit denen die Pflicht(en) des Schuldners in Natur (sub specie) durchgesetzt werden kann. Nach der Grundkonzeption des deutschen Rechts ist der Erfüllungsanspruch ein vorrangiger – nach dem System des neuen Schuldrechts aber nicht mehr von vornherein „primärer" (s. o. Rn. 459) –

---

[25] S. 4. Auflage dieses Lehrbuchs, Rn. 336ff.

[26] *Lorenz/Riehm*, Rn. 168.

[27] Dazu 4. Auflage dieses Lehrbuchs, Rn. 336ff., 408f.

[28] Zutreffend zum Bedeutungsverlust dieser Unterscheidung *Lorenz/Riehm*, Rn. 172 Fn. 26. Der entsprechende Sprachgebrauch wird sich wohl halten, ist aber unschädlich, s. o. Rn. 166f.

Rechtsbehelf, der häufig geltend gemacht werden muß, bevor auf andere Rechtsbehelfe zurückgegriffen werden kann.

Dieser Vorrang erklärt die oft zitierte, auf *Ernst Rabel*[1] zurückgehende Bezeichnung   **466** des Erfüllungsanspruchs als „Rückgrat der Obligation" (im deutschen Recht). Die auf seine Funktion abstellende Qualifikation des Erfüllungsanspruchs als Rechtsbehelf ist freilich umstritten. So hat etwa *Stoll* auf diese durch das SchRModG bewirkte Verdeutlichung bereits in einer frühen Phase des Gesetzgebungsverfahrens analytisch klar hingewiesen;[2] gleichwohl hat er sie mit der Konzeption des BGB für unvereinbar gehalten, weil der Verpflichtung des Schuldners ein „einheitliches" Forderungsrecht entspreche. *Stoll* sieht aber auch, daß die Konzeption des Erfüllungsanspruchs als Rechtsbehelf das deutsche Recht nicht nur an das angelsächsische Recht heranführt, sondern vor allem auch an die Einheitsrechtsprojekte CISG (s. dort aber die Einschränkung in Art. 28), UNIDROIT-Principles (dort Artt. 7.2.1ff.) und PECL (Artt. 9:101ff.). Im ganzen dürfte es freilich eher um ein theoretisch-dogmatisches Problem gehen: Die Verschiedenheit der Ausgangspunkte hat zwar große Unterschiede im systematischen Aufbau und in der Begriffsbildung des Schuldrechts zur Folge gehabt. In der praktischen Durchführung sind diese jedoch nicht so groß gewesen, wie man denken könnte.[3] Die nunmehr erfolgte Einordnung des Erfüllungsanspruchs als mit den übrigen im Ausgangspunkt gleichrangiger Rechtsbehelf, der erst durch Fristsetzungserfordernisse wieder partiell vorrangig gemacht werden muß, hat nun eine erhebliche Verringerung auch der systematischen und begrifflichen Differenzen mit sich gebracht.

Der Erfüllungsanspruch ist hinsichtlich aller **Leistungspflichten** gegeben, also   **467** uneingeschränkt auch hinsichtlich der Verpflichtung des Schuldners als Verkäufer, Werkunternehmer, Vermieter, Reiseveranstalter usw. nicht nur überhaupt, sondern in bestimmter Beschaffenheit, etwa Qualität, zu leisten (Einzelheiten bei Darstellung der einzelnen Vertragstypen im BT). Bleibt die Leistung in ihrer Beschaffenheit hinter dem Standard zurück, den der Schuldner schuldet, dann kann der Gläubiger – Käufer, Werkbesteller, Mieter, Reisender – grundsätzlich **Nacherfüllung** verlangen und durchsetzen, um vollständige Erfüllung der Schuldnerpflicht zu erzwingen, und er muß dies regelmäßig tun oder jedenfalls versuchen, bevor er auf andere Rechtsbehelfe zurückgreifen kann.

Ob auch eine Erfüllung von Schutzpflichten in Natur erzwungen werden   **468** kann, ist ungeklärt,[4] m. E. aber zu bejahen: Der Käufer in einem Kaufhaus kann gegebenenfalls verlangen, daß der vereiste Ausgang durch Streuen, Salzen usw. gefahrlos begehbar gemacht wird. Die Schutzpflicht erschöpft sich also nicht darin, daß der Begünstigte ihre Verletzung dulden muß und (nur) im Falle eines Falles Schadensersatz verlangen kann. Insoweit haben die Schutzpflichten aus § 241 II BGB deshalb doch eine andere Qualität als die allgemeinen Verkehrssi-

---

[1] *Rabel*, Recht des Warenverkaufs, Bd. 1, 1936, 375.
[2] *Stoll*, Notizen zur Neuordnung des Rechts der Leistungsstörungen, JZ 2001, 589, 599.
[3] S. schon *Rabel* aaO, 376.
[4] Zum Streitstand *MünchKomm/Roth*, § 241 Rn. 113.

cherungspflichten des Deliktsrechts.[5] Für mehrere im Gesetz ausdrücklich geregelte Schutzpflichten (§§ 535 I 2, 541, 618 sowie § 62 HGB) steht dies inzwischen weitgehend außer Streit. Der Grund für die verbleibende Unsicherheit liegt in der verfehlten Vorstellung der Erfolgsbezogenheit rechtsgeschäftlicher Leistungspflichten.[6]

§ 2 Wirkungen von Leistungshindernissen

Lit.: *Lobinger*, Die Grenzen rechtsgeschäftlicher Leistungspflichten: zugleich ein Beitrag zur Korrekturbedürftigkeit der §§ 275, 311a, 313 BGB n.F.

469 Die Durchsetzung des Anspruchs auf Erfüllung war und ist freilich auch im deutschen Recht nicht immer möglich[7] und erleidet sowohl im materiellen Recht als auch in der Zwangsvollstreckung erhebliche Einschränkungen.[8] Insbesondere muß das materielle Recht berücksichtigen, daß sich der Erfüllung Hindernisse entgegenstellen können, die für den Schuldner unüberwindbar sind und die deshalb einer Durchsetzung, insbesondere einer gerichtlichen Durchsetzung, des Anspruchs auf Naturalerfüllung Schranken setzen müssen.

470 Das SchRModG hat diese Sachfrage allgemein in dem neugefaßten § 275 zu lösen versucht.[9]

Der Entwurf der Schuldrechtsreformkommission und noch der DiskE aus dem Jahre 2000 sahen ein als Einrede geltend zu machendes Leistungsverweigerungsrecht vor, wenn und soweit der Schuldner die Leistung „nicht mit denjenigen Anstrengungen zu erbringen vermag, zu denen er nach Inhalt und Natur des Schuldverhältnisses verpflichtet ist". Damit – und mit dem Vorbehalt anderer Rechtsbehelfe des Gläubigers – war zunächst klargestellt, daß die verletzte Pflicht als solche weiter bestand, auch wenn das Leistungshindernis etwa in Gestalt absoluter Unmöglichkeit gegeben war, nur eben jetzt nicht mehr in Natur zu erfüllen war. Vor allem aber hatte die Art des Leistungshindernisses nur noch insoweit Bedeutung, als sie für die Konkretisierung der Anstrengungen, die der Schuldner zu seiner Überwindung unternehmen muß, maßgebend war: Absolute Unmöglichkeit ist auch mit größten Anstrengungen nicht überwindbar, (subjektives) Unvermögen je nach Sachlage dagegen vielleicht doch.

---

[5] Grundlegend *Stürner* (Lit. vor Rn. 465), JZ 1976, 384; dazu schon oben Rn. 32 sowie Schuldrecht BT Rn. 854.

[6] Treffend *Lobinger* (Lit. vor Rn. 469), 194.

[7] Zum angelsächsischen Recht, das einen gerichtlich durchsetzbaren Anspruch auf Naturalerfüllung – als *specific performance* – nur als Ausnahme kennt, s. in deutscher Sprache *Neufang*, Erfüllungszwang, 35 ff.

[8] Hierzu umfassend *Neufang* aaO, 278 ff. (die materiellrechtlichen Schranken beziehen sich auf das Schuldrecht a.F.)

[9] Funktionsentsprechende Einschränkungen finden sich auch im Zusammenhang einzelner Leistungspflichten und entsprechender Ansprüche des Gläubigers, insbesondere bei den Nacherfüllungsansprüchen von Käufer, s. § 439 III, und Werkbesteller, s. § 635 III.

Die Vorschrift ist freilich in der letzten Phase durch bestimmte, am alten   **471**
Recht orientierte Ausdifferenzierungen eher schwer verständlich geworden und
dürfte auch in der praktischen Anwendung Schwierigkeiten bereiten. Um so
wichtiger ist es, bei der Auslegung von § 275 darauf zu achten, daß die Grundidee der ursprünglichen Vorschläge erhalten geblieben ist: Die Vorschrift behandelt nur die Grenzen von Ansprüchen auf Erfüllung in Natur und läßt die jeweils zugrundeliegenden Pflichten unberührt. Dies ergibt sich bereits aus dem
Wortlaut von § 275 I, der nicht mehr davon spricht, daß der Schuldner „von der
Verpflichtung zur Leistung frei" wird (§ 275 I a.F.), sondern ausdrücklich den
Anspruch auf die Leistung ausschließt. Der (unvollständige) § 275 IV hat demgegenüber nur deklaratorische Bedeutung.

Die dem Erfüllungsanspruch gezogenen Grenzen sind nach den Wirkungen   **472**
des bestehenden Hindernisses abgestuft: Schließt dieses die Erbringung der Leistung überhaupt oder auch nur für den Schuldner aus, besteht der Erfüllungsanspruch nach Abs. I nicht (**Unmöglichkeit**); stehen die zur Erfüllung erforderlichen Aufwendungen wirtschaftlich außer Verhältnis zum Interesse des Gläubigers, kann der Schuldner die Erfüllung in Natur nach Abs. II einredeweise verweigern (**wirtschaftliche Unzumutbarkeit**); Abs. III enthält ein entsprechendes
Verweigerungsrecht in Fällen der **persönlichen Unzumutbarkeit**.

I. Unmöglichkeit als Einwendung gegen den Anspruch auf Naturalerfüllung

Die Gesetz gewordene Fassung unterscheidet in Anlehnung an den § 275 a.F.   **473**
wieder zwischen objektiver und subjektiver **Unmöglichkeit** in § 275 I einerseits
und Fällen von – hier zunächst vereinfacht zusammengefaßter – Unzumutbarkeit der für die Leistungserbringung vom Schuldner zu unternehmenden Anstrengungen andererseits. Auch die Neufassung läßt aber wie die oben in
Rn. 470 erwähnten Entwürfe andere Rechtsbehelfe des Gläubigers unberührt,
falls die Durchsetzung des Anspruchs auf Naturalerfüllung vom Schuldner aufgrund § 275 I oder II, III abgewehrt werden kann, führt also nicht zu einem Erlöschen der Schuldnerpflicht bei einem für den Schuldner oder allgemein unüber-
windbaren Leistungshindernis. Trotz der Abweichungen von den ursprünglichen Entwürfen ist also deren Grundkonzeption auch in der Gesetz gewordenen Fassung erhalten geblieben und erleichtert deren Verständnis.

Nach § 275 I kann ein Anspruch auf Naturalerfüllung nicht durchgesetzt wer-   **474**
den, wenn die Leistung in natur entweder „für jedermann", also **objektiv**, oder
„für den Schuldner", also **subjektiv, unmöglich** ist. Die Unmöglichkeit kann
faktische oder rechtliche Gründe haben. Ob der Schuldner sie verursacht und/
oder zu verantworten hat, spielt hier keine Rolle. Unerheblich ist auch, ob die
Unmöglichkeit bei vertraglichen Pflichten bereits bei Abschluß des Vertrages

bestand oder nachträglich eingetreten ist. Alle diese nach altem Recht wichtigen Distinktionen haben für die aus 275 I folgende Undurchsetzbarkeit des Anspruchs auf Naturalerfüllung ihre Bedeutung verloren.[10]

> Beispiele: 1. Ein Tanker ist verkauft worden. Er ist nach einem Feuer an Bord, das ihn zerstört hat, gesunken und kann nicht geborgen werden. Der Käufer kann seinen aus § 433 I 1 folgenden Anspruch auf Besitzverschaffung nicht durchsetzen, denn der Verkäufer kann sich auf (objektive) Unmöglichkeit nach § 275 I berufen. Unerheblich ist, ob der Tanker vor oder nach Vertragsschluß gesunken ist und ob Fahrlässigkeit des Verkäufers oder seiner Leute ursächlich war.
>
> 2. V hat sich gegenüber K verpflichtet, im Zeitraum von 1992–1998 Silberschmuck im Wert von jährlich 100.000,– DM aus Werkstätten im Kosovo, die Silber aus den Minen von Trepça verarbeiten, zu liefern. Aufgrund eines UN-Embargos gegen das ehemalige Jugoslawien im Jahre 1994 dürfen keine Waren aus Jugoslawien eingeführt werden; später kommt aufgrund des Kosovo-Krieges auch die Produktion der Silberminen zum Erliegen. Gegenüber Lieferansprüchen des K kann sich V auf § 275 I berufen, weil ihm die Leistung zunächst juristisch und später auch faktisch unmöglich geworden ist.

475   Ob nach der Schuldrechtsreform dem in § 275 I Alt. 1 geregelten Unvermögen überhaupt noch ein Anwendungsbereich verbleibt, ist allerdings fraglich: Kein Fall des Unvermögens liegt insbesondere vor, soweit der Schuldner zur persönlichen Leistungserbringung verpflichtet ist. Fällt der Schuldner aus, ist die Erbringung der an seine Person geknüpften Leistung nämlich für jedermann ausgeschlossen. Ist der Schuldner hingegen zwar selbst an der Erbringung der Leistung gehindert und könnte er sie am Markt „einkaufen", ist ihm die Leistung letztlich nicht unmöglich. Vielmehr stellt sich dann die nach § 275 II (s. Rn. 480), III zu beantwortende Frage, wie weit der Schuldner mit seinen Anstrengungen gehen muß. Für § 275 I Alt. 1 verbleiben daher kaum noch Anwendungsfälle.[11] Vorstellbar sind wohl nur noch Konstellationen auf eng regulierten Märkten, welche es dem Verpflichteten nicht erlauben, sich die geschuldete Leistung am Markt oder von dem die Leistung vorhaltenden Dritten zu verschaffen.

476   Die Unmöglichkeit kann eine (nur) teilweise sein; der Schuldner kann dann Naturalerfüllung auch nur für den Teil verweigern, dessen Erfüllung unmöglich ist bzw. geworden ist.

> In dem Beispiel des verkauften Silberschmucks (oben, 2. Beispiel) hatten die Produzenten vor Verhängung des Embargos Teile ihrer Produktion nach Zypern an Zwischenhändler verkauft, von denen sie noch beschafft werden konnte. Insoweit lag keine Unmöglichkeit vor, so daß V zur Lieferung teilweise, d.h. soweit nicht unter das Embargo fallende Ware beschaffbar war, verpflichtet blieb (ob er sich wegen der von den Zwischenhändlern verlangten exorbitanten Preise auf § 275 II oder § 313 berufen konnte, dazu unten Rn. 485 ff.).

---

[10] Zu diesen Unterscheidungen darf auf die 4. Auflage dieses Lehrbuchs, Rn. 282 ff. verwiesen werden.

[11] AnwKomm-BGB/*Dauner-Lieb*, § 275 Rn. 35.

Ist die **Unmöglichkeit** nur eine **vorübergehende**, kann nach ihrer Behebung   **477**
wieder Naturalerfüllung verlangt und durchgesetzt werden.[12] Freilich kann ein
nur vorübergehendes Leistungshindernis gleichwohl endgültige Unmöglichkeit
bewirken, etwa bei einem absoluten Fixgeschäft, wenn der Leistungstermin ver-
strichen und wegen des Charakters als absolutes Fixgeschäft Nachholung der
Leistung nicht möglich ist (s. oben Rn. 210 vgl. unten Rn. 521):

> Beispiel: Der Gastronom V soll für eine Hochzeitsfeier das kalte Buffet liefern. Ein
> Streik seiner Mitarbeiter verhindert seine Leistung zum vereinbarten Termin. Mit Nicht-
> leistung zum vereinbarten Termin lag endgültige Unmöglichkeit vor, auch wenn nach
> Beendigung des Streiks Leistung faktisch wieder möglich wird.

Die Unmöglichkeit begründet – abweichend von den Vorentwürfen zum   **478**
SchRModG – eine Einwendung; sie ist also von Amts wegen zu beachten.[13] Das
hat in den ersten Erläuterungen oft zu der Formulierung geführt, der Schuldner
würde im Falle der Unmöglichkeit „von seiner Pflicht befreit".[14] Soweit man
dabei im Auge behält, daß nur der dem Anspruch des Gläubigers auf Naturalerfüllung korrespondierende Teilaspekt der Pflicht des Schuldners gemeint sein
kann, ist es unschädlich, den Schuldner insoweit (evtl. nur temporär) befreit zu
sehen. Zuweilen lassen die diesbezüglichen Aussagen aber erkennen oder doch
vermuten, daß die Autoren noch dem dogmatischen Konzept des § 275 a.F. und
dem vor allem in § 306 a.F. festgeschriebenen Grundsatz, daß bei Unmöglichkeit – bei § 275 a.F. jedenfalls bei nicht zu vertretender Unmöglichkeit – überhaupt keine Pflicht des Schuldners (mehr) besteht, folgen.[15] Erfüllungspflicht
und Obligation werden damit wieder gleichgesetzt, obwohl sie durch die Reform entkoppelt werden sollten.[16]

Die Annahme einer völligen Befreiung des Schuldners von seiner Pflicht auf-   **479**
grund Unmöglichkeit würde aber wieder zu dogmatischen Hilfskonstruktionen
zwingen, von denen die Schuldrechtsreform entlasten sollte und m.E. auch entlastet hat: Der Anspruch auf ein Surrogat (stellvertretendes commodum) nach

---

[12] Der RegE formulierte noch, der Anspruch auf Leistung ist ausgeschlossen, soweit *und solange* diese für den Schuldner oder für jedermann ausgeschlossen ist. Die Streichung des *solange* ist aufgrund von Beschlüssen des Rechtsausschusses erfolgt; eine sachliche Änderung
war damit nicht beabsichtigt.

[13] S. Begründung RegE bei *Canaris*, Schuldrechtsmodernisierung, 658, 661.

[14] Vgl. etwa *Palandt/Heinrichs* § 275 Rn. 1 („der Schuldner wird frei"); auch die Begründung des RegE spricht zuweilen von „Befreiung von der Primärleistung aufgrund Unmöglichkeit".

[15] S. etwa *Pfeiffer*, Systemdenken im neuen Leistungsstörungs- und Gewährleistungsrecht,
ZGS 2002, 23, 28; *Mattheus*, Schuldrechtsmodernisierung 2001/2002 – Die Neuregelung des
allgemeinen Leistungsstörungsrechts, JuS 2002, 209, 212 (mit ausdrücklichem Verweis auf die
Regel „impossibilium nulla obligatio"); *Medicus*, Grundwissen zum Bürgerlichen Recht,
5. Aufl. 2002, behandelt § 275 unter „Erlöschen des geltend gemachten Anspruchs", Rn. 134.

[16] Zutreffend zum Umbau der dogmatischen Fundamente dagegen *Lorenz/Riehm* Rn. 318,
319.

§ 285 (§ 281 a.F.) setzt einen Fortbestand der Schuldnerpflicht voraus (s. unten Rn. 489ff.); die Hilfskonstruktion eines Sekundäranspruchs (und einer entsprechenden Sekundärpflicht) ist deshalb unnötig: Der Schuldner erfüllt – etwa eine vertragliche Verpflichtung – mit dem Surrogat und kann grundsätzlich die Gegenleistung beanspruchen, s. § 326 III 1. Bei vorübergehender Unmöglichkeit müßte die Annahme, die Pflicht des Schuldners sei aufgrund der Unmöglichkeit erloschen, zur Unterstellung einer dogmatisch wundersamen Wiederauferstehung der Pflicht mit Wegfall des als Unmöglichkeit auftretenden Leistungshindernisses führen.[17] Da die Pflichtverletzung Grundvoraussetzung (auch) für andere Rechtsbehelfe des Gläubigers ist, könnte nicht gleichzeitig der Wegfall der Schuldnerpflicht angenommen, aber gleichwohl Rücktritt erklärt oder Schadensersatz wegen ihrer Verletzung verlangt werden,[18] wie § 275 IV ausdrücklich vorsieht. Schließlich verschärft die unterschiedliche Behandlung der Rechtsfolgen aus § 275 I, wenn man hier Wegfall der Schuldnerpflicht annehmen müßte, und § 275 II, III, wo der Konstruktion der Verteidigungsmöglichkeit des Schuldners als Einrede (s. oben Rn. 473) zweifellos Fortbestand der Pflicht zugrunde liegt, die Notwendigkeit der Grenzziehung zwischen Abs. 1 einerseits und Abs. 2 andererseits, was nicht immer leicht ist (dazu sogleich Rn. 481).

Glücklicherweise dürfte es sich auch hier eher um ein theoretisch-dogmatisches Problem handeln, bei dem es letztlich darum geht, ob man in der wissenschaftlichen Aufarbeitung des neuen Schuldrechts eher an die Traditionen des alten Schuldrechts anknüpfen möchte oder an die sich abzeichnenden Grundstrukturen eines zur Angleichung, teilweise sogar zur Vereinheitlichung anstehenden europäischen Obligationenrechts, in dem, wie oben Rn. 466 berichtet, der Erfüllungsanspruch stets nur Rechtsbehelf ist und die seine Durchsetzung hindernden Umstände die Verpflichtung des Schuldners als solche unberührt lassen: Der Vertrag wird auch erfüllt, wenn der Schuldner statt Erfüllung in Natur Schadensersatz leistet.

II. Wirtschaftliche Unzumutbarkeit als Einrede

480   § 275 II normiert einen zum Schuldrecht a.F. von der Rechtsprechung entwickelten Gedanken, der noch im Entwurf der Schuldrechtsreformkommission und im DiskE als generelle, also auch Unmöglichkeit umfassende Grenze des Anspruchs auf Naturalerfüllung vorgesehen war (s. oben Rn. 470): Das Recht des Gläubigers auf Naturalerfüllung endet dort, wo Leistung unmöglich ist oder

---

[17] Zu den Mühen mit der Bewältigung der vorübergehenden Unmöglichkeit nach altem Recht s. *U. Huber*, Leistungsstörungen I, 66ff., 68, 107ff.

[18] S. *Pfeiffer* aaO (Fn. 14): „Begrifflich seltsame, aber gewollte Konsequenz".

vom Schuldner unzumutbare Anstrengungen erfordert (sog. „Opfergrenze"). Man sprach und spricht auch von „faktischer" oder „praktischer" Unmöglichkeit.[19] Das Gesetz gebietet hier eine vergleichende Abwägung zwischen dem für den Schuldner erforderlichen Aufwand und dem Gläubigerinteresse („unter Beachtung des Inhalts des Schuldverhältnisses und der Gebote von Treu und Glauben"), deren Ergebnis bei einem „groben Mißverhältnis" den Schuldner zur Leistungsverweigerung berechtigen kann. Auch ideelle Gläubigerinteressen, also nicht nur Vermögensinteressen, sind m.E. zu berücksichtigen. In die Abwägung einzubeziehen ist auch, ob der Schuldner das Leistungshindernis zu vertreten hat, § 275 II 2.[20]

Beispiele: Das verkaufte 3 Jahre alte Schiff ist gesunken, kann aber geborgen werden. Die Bergungskosten übersteigen den Wert des Schiffes um das Dreifache. Kann der Käufer auf dem Markt ein gleichwertiges Schiff kaufen, wird die Abwägung zwischen dem für den Verkäufer erforderlichen Aufwand und dem Käuferinteresse zur Versagung des Anspruchs auf Erfüllung in Natur führen. Gibt es jedoch vergleichbare Schiffe weder zu kaufen noch zu chartern, weil es sich um ein Spezialschiff handelt, kann das Gläubigerinteresse so überwiegen, daß das Mißverhältnis zwischen Preis und Erfüllungsaufwand nicht als „grob" zu sehen ist. Hat gar der Verkäufer den Untergang zu vertreten, mag sich die Waage noch mehr zugunsten des Gläubigers neigen, § 275 II 1, 2.
Eine Hilfsorganisation hat Maismehl zur Ernährung hungernder Flüchtlinge in einem asiatischen Land gekauft. Das Maismehl erleidet vor Lieferung Durchfeuchtungen, könnte aber getrocknet werden (Nacherfüllung durch Mangelbeseitigung). Ersatz ist zur Zeit auf dem Weltmarkt nicht rechtzeitig, d.h. bevor es zu einer Hungerkatastrophe kommt, zu beschaffen. Die Trocknungskosten übersteigen den Kaufpreis um ein Mehrfaches. Das Gläubigerinteresse dürfte hier so überwiegen, daß dem Verkäufer auch die hohen Trocknungskosten zuzumuten sind. Erst recht wäre das der Fall, wenn er die Durchfeuchtung verschuldet hätte.

Die Verteidigung muß vom Schuldner als Einrede erhoben werden (s. oben **481** Rn. 171 zu Einreden). Man begründet den Unterschied zu § 275 I damit, daß man dem Schuldner die Möglichkeit lassen wollte, trotz der an sich unzumutbaren Anstrengungen zu erfüllen.

Die bei Anwendung des § 275 II erforderliche Abwägung wird immer eine **482** Sache des Einzelfalles und seiner konkreten Umstände sein. Trotzdem werden bereits allgemeine Probleme diskutiert:
a) Teilweise wird vertreten – so auch von einem Miturheber der Vorschrift[21] –, die Unverhältnismäßigkeit des Aufwandes habe nichts mit Unerschwinglich-

---

[19] Vgl. *Palandt/Heinrichs* § 275 Rn. 22; *Canaris*, (Lit. vor Rn. 446) JZ 2001, 499, 501.
[20] Scheitert Erfüllung am finanziellen Unvermögen des Schuldners, dann kann m.E. „Vertretenmüssen" des Schuldners nicht mit der verschuldensunabhängigen Verantwortung eines Schuldners wie sonst bei Geldschulden gleichgesetzt werden (vgl. Rn. 595), denn dann würde zu Lasten des Schuldners § 275 II 2 fast immer eingreifen. Zu vertreten i.S. des § 275 II 2 sollte deshalb nur Verschulden hinsichtlich des Unvermögens sein.
[21] *Canaris*, (Lit. vor Rn. 446) JZ 2001, 499, 501.

keit, wirtschaftlicher Unmöglichkeit oder Unzumutbarkeit wegen Überschreitens der Opfergrenze zu tun, also Gesichtspunkten und Begriffen, die von der Rechtsprechung zum Schuldrecht a.F. teilweise verwendet worden sind, um einen Schuldner – etwa einer Gattungsschuld – zu entlasten; § 275 II sei auf Extremfälle zugeschnitten. Eine solche Einschränkung ist aber m.E. nicht sicher zu vollziehen, weil die Unterscheidung von „faktischer" und „wirtschaftlicher" Unmöglichkeit vielleicht theoretisch klar sein mag, praktisch aber verschwimmt: Es geht immer um Aufwand und Anstrengungen und inwieweit sie dem Schuldner in Abwägung gegen die Interessen des Gläubigers zugemutet werden können.[22] Zuweilen scheint bei den Forderungen, § 275 II eng zu fassen und Fälle der Unerschwinglichkeit auszugrenzen, um das Prinzip *„pacta sunt servanda"* nicht noch weiter aufzulockern,[23] auch noch die zum Schuldrecht a.F. mögliche völlige Befreiung des Schuldners Einfluß zu haben, während doch § 275 – unzweifelhaft jedenfalls sein Abs. 2 – gerade keine Befreiung des Schuldners bewirkt, sondern nur die Durchsetzung des Naturalerfüllungsanspruchs hindert: Der Vertrag wird auch „eingehalten", wenn der Schuldner mit einer Schadensersatzleistung erfüllt, was für die Praxis eher eine großzügige Anwendung des § 275 II erlauben sollte.

483   b) Besondere Schwierigkeiten bereitet die Anwendbarkeit von § 275 II auf Gattungsschulden. Auf den ersten Blick könnte es so scheinen, als könne Erfüllung in Natur in diesem Falle fast immer verlangt werden: Bei Gattungsschulden übernimmt nämlich der Schuldner typischerweise das Beschaffungsrisiko i.S. von § 276 I 1 und hat daher das Ausbleiben der Leistung unabhängig von Fahrlässigkeit zu vertreten (s. Rn. 592). Daher wird im Schrifttum die Auffassung vertreten, § 275 II 2 führe dazu, daß sich der Gattungsschuldner gegenüber dem Erfüllungsanspruch auf eine wirtschaftliche Unzumutbarkeit typischerweise nicht berufen kann.[24] Dem ist jedoch nicht so: Schlüssel zur Lösung ist das Verständnis des Wortes Leistungsinteresse in § 275 II 1. Würde man dieses mit dem im Falle des Schadensersatzes zu ersetzenden Erfüllungsinteresse gleichsetzen, wäre die oben skizzierte Lösung zutreffend. Jedoch bezieht sich der Wortteil „Leistung" – wie auch sonst in § 275 und in §§ 280–285, 323, 326 – auf den Anspruch auf Erfüllung in Natur und nicht etwa auf das gesamte Interesse, welches der Gläubiger an der Einhaltung der schuldnerschen Pflicht hat. Das große Mißverhältnis nach § 275 II 1 muß sich daher gerade daraus ergeben, daß der Aufwand des Schuldners völlig außer Verhältnis steht zum Interesse des Gläubigers, gerade von ihm Erfüllung in Natur zu erhalten. Gerade bei Gattungsschulden wird es daran – auch unter Berücksichtigung der Übernahme eines Beschaf-

---

[22] Skeptisch wie hier auch AnwKomm-BGB/*Dauner-Lieb* § 275 Rn. 16, 38ff.
[23] S. *Dauner-Lieb*, vorige Fn. 22.
[24] AnwKomm-BGB/*Dauner-Lieb*, § 275 Rn. 45.

fungsrisikos – in aller Regel fehlen. Gattungsschulden sind mithin nach neuem Schuldrecht nur noch ausnahmsweise in Natur durchsetzbar.

c) Die Grenze zwischen § 275 I und II kann im Einzelfall schwer zu ziehen **484** sein.[25] Vielfach hängen die Erfüllungsmöglichkeiten des Schuldners doch davon ab, wieviel er aufzuwenden in der Lage ist. Wird ein wertvolles Gemälde gestohlen, dann ist es u. U. bei Aussetzen einer hohen Belohnung wieder beschaffbar. Ein gestohlenes Luxusfahrzeug, das von den Dieben in ein Land verbracht worden ist, in dem es einen florierenden Markt für solche Fahrzeuge gibt, kann wahrscheinlich durch Beauftragung entsprechender Agenturen zurückerlangt werden, freilich zu einem hohen Preis und mit erheblichen – auch rechtlichen – Risiken.[26]

Wird ein Schiffswrack verkauft, weil der verkaufende Reeder irrtümlich annimmt, sein Schiff sei von Piraten in der Banda-See gekapert, ausgeraubt und in den Küstengewässern versenkt worden, während es tatsächlich mit falschen Papieren, einem neuen Namen und anderem Heimathafen versehen von den Piraten verkauft worden ist, dann ist nicht leicht zu entscheiden, ob Leistung des Wracks unmöglich oder doch möglich ist, weil der Verkäufer versuchen muß, das Schiff zurückzuerlangen, zu heben und so als Wrack lieferbar zu machen.

Die praktische Spitze in diesen Fällen liegt freilich (nur) darin, daß bei Unmöglichkeit eine von Amts wegen zu berücksichtigende Einrede eingreift, bei „faktischer" Unmöglichkeit i. S. des § 275 II der Schuldner dagegen eine Einrede erheben muß, wenn er sich erfolgreich gegen einen Erfüllungsanspruch verteidigen will.

d) Leistungserschwerungen für den Schuldner durch nachträglich entstehen- **485** de Leistungshindernisse können auch die Geschäftsgrundlage berühren und damit den Regelungsbereich des § 313 (unten Rn. 111 ff.). Das Verhältnis von § 313 zu § 275 II wird in der Literatur deshalb als problematisch gesehen,[27] was m. E. auf einem Mißverständnis der unterschiedlichen Funktionen beider Vorschriften beruht: Während § 275 II lediglich den Anspruch auf Erfüllung in Natur sperrt, kann die Regelung über den Wegfall der Geschäftsgrundlage zu einer Umgestaltung des gesamten Vertrages führen. Gegenüber einem Erfüllungsanspruch des Gläubigers bei Leistungshindernissen, die nur mit unzumutbaren Anstrengungen überwunden werden können, findet daher zunächst § 275 II

---

[25] Die Schwierigkeiten setzen sich in der Bestimmung des Anwendungsbereichs des § 311a II – generell und im konkreten Fall – fort, s. Rn. 577, 623.

[26] Vgl. *Lobinger* aaO (Lit. vor Rn. 469), 362 und öfter; *Picker*, Schuldrechtsreform und Privatautonomie – zur Neuregelung der Schuldnerpflichten bei zufallsbedingter Leistungsstörung nach § 275 Abs. 2 und § 313 BGB, JZ 2003, 1035, 1036 ff.

[27] S. *Zimmer*, Das neue Recht der Leistungsstörungen, NJW 2002, 1, 11 f.; *Mattheus* aaO (oben Fn. 15), JuS 2002, 213.

Anwendung, d.h. der Schuldner kann die Leistung verweigern.[28] Beide Seiten können dann jedoch Vertragsanpassung nach § 313 verlangen, welche die Voraussetzungen der Einrede nach § 275 II regelmäßig beseitigen wird. § 313 ist daher geeignet, die Regelung des § 275 (auch von Abs. I!) zu überspielen.

Zu beachten ist freilich, daß die Anpassung nur dann zu gewähren ist, wenn nicht das Leistungshindernis vom Schuldner zu verantworten ist: Hat er es zu vertreten, etwa aufgrund Übernahme eines Beschaffungsrisikos, dann ist kein Raum mehr für Anpassung des Vertrages, sondern der Schuldner ist schadensersatzpflichtig. Hat er das Leistungshindernis dagegen nicht zu vertreten, dann kann Vertragsanpassung verlangt werden; hilfsweise kann der Gläubiger vom Vertrag zurücktreten.

III. Persönliche Unzumutbarkeit als Einrede

486 § 275 III gibt dem Schuldner eine (weitere), ebenfalls technisch als Einrede ausgestaltete Verteidigungsmöglichkeit, wenn bei einer persönlichen Leistung – wieder aufgrund einer Abwägung von Gläubigerinteresse gegen Art und Gewicht des Leistungshindernisses – Naturalerfüllung unzumutbar ist. Es geht um – auch in der Begründung teilweise als Beispiele angeführte Fälle[29] – von Pflichtenkollisionen bei Dienstleistungen im weiteren Sinne (also u.U. persönlich zu erbringende Werkleistungen wie das Malen eines Portraits, die Erstattung eines Gutachtens).

Beispiele: Die Sängerin kann wegen Erkrankung ihres Kindes nicht auftreten; der Arbeitnehmer erscheint nicht zur Arbeit, weil er seinen Wehrdienst (dessen Verweigerung unter Androhung der Todesstrafe steht) in seinem Heimatland ableistet (Beispiele aus der Begründung des RegE); die Arbeiterin in einer Druckerei lehnt die Mitarbeit bei der Herstellung pornografischer, Frauen entwürdigender Schriften ab; der Arzt verweigert aufgrund religiöser Überzeugung im Krankenhaus die Vornahme eines Schwangerschaftsabbruchs.

487 Freilich geht es auch hier – anders als nach Schuldrecht a.F., wo solche Pflichtenkollisionen u.U. zu völliger Befreiung, also auch zur Haftungsentlastung führen konnten – nur um die Berechtigung, Naturalerfüllung zu verweigern, was die Schwelle der Zumutbarkeit eher abzusenken erlauben dürfte. Schadensersatzansprüche gegen den Nacherfüllung Verweigernden bleiben möglich, sofern nicht die Pflichtenkollision auch auf der Verantwortungsebene, d.h. bei der Voraussetzung, daß der Schuldner seine Pflichtverletzung zu vertreten hat, entlastend wirkt. Haftung wäre etwa bei voraussehbaren Pflichtenkollisio-

---

[28] *Kindl*, Das Recht der Leistungsstörungen nach dem Schuldrechtsmodernisierungsgesetz, WM 2002, 1313, 1316.

[29] Vgl. Begründung RegE, *Canaris*, Schuldrechtsmodernisierung 2002, 662f.

nen als bei Vertragsschluß erkennbaren Leistungshindernissen – s. § 311a II 2 und dazu unten Rn. 575 ff. – möglich, etwa wenn dem Arzt bei Abschluß seines Dienstvertrages bekannt war, daß im Krankenhaus (straffreie) Schwangerschaftsabbrüche durchgeführt werden. Und die Leistungsweigerung ist auch hier stets eine Frage der Abwägung im Einzelfall: Steht das Leben eines Menschen auf dem Spiel, sollte eine vom Arzt als Erfüllung seines Dienstvertrages verlangte Leistung kaum je nach § 275 III verweigert werden dürfen.

Mit Hilfe von § 275 III lassen sich schließlich auch solche Fälle lösen, in welchen die vom Schuldner zu erbringende Leistung am Markt zwar vorhanden ist, der betreffende Anbieter sich jedoch weigert, dem Schuldner behilflich zu sein. Während § 275 II in Fällen dieser Art die Frage beantwortet, welchen *wirtschaftlichen* Aufwand der Schuldner betreiben muß, zieht § 275 III seinem *persönlichen* Einsatz eine Grenze: Der Schuldner muß sich keinesfalls so verausgaben, daß die Grenzen des ihm persönlich zumutbaren – insbesondere seiner Würde – in Mitleidenschaft gezogen werden. **488**

Beispiel: Vertragshändler V, der Produkte des Maschinenbauunternehmens H.AG vertreibt, hat an K eine Spezial-Schlüsselprägemaschine verkauft, Lieferung soll 5 Monate nach Vertragsschluß erfolgen. Nach dem Vertragsschluß überwirft sich V mit der Geschäftsführung der H.AG, die den Vertragshändlervertrag fristlos kündigt und sich weigert, fortan Maschinen an V oder seine Kunden zu liefern. V ist die Erfüllung seiner Lieferpflicht aus dem Vertrag mit K nicht subjektiv unmöglich geworden, weil Ware am Markt vorhanden ist. Er kann sich gegenüber einem von K geltend gemachten Lieferanspruch auf § 275 III berufen, wenn ihm ein Ausräumen der Differenzen mit der H.AG persönlich nicht zuzumuten ist.

§3 Anspruch auf Herausgabe erlangter Surrogate

a) Die Möglichkeit des Schuldners, eine Verurteilung zur Naturalerfüllung unter Berufung auf § 275 I, II oder III abzuwehren, bedeutet nicht, wie oben betont (Rn. 473), daß er von seiner Verpflichtung insgesamt „frei geworden" ist. Hat er aufgrund der Umstände, die die Einwendung der Unmöglichkeit nach § 275 I oder die Einrede der Unzumutbarkeit der Naturalerfüllung nach § 275 II oder III begründen, einen Ersatz oder einen Ersatzanspruch erlangt, dann muß er diesen herausgeben, falls der Gläubiger ihn beansprucht, § 285 I; im Gegenzug bleibt der Gläubiger dann zu seiner Gegenleistung (evtl. entsprechend dem Wert des Surrogats gemindert) verpflichtet, § 326 III. Ein Vertrag wird also durch Leistung des vom Schuldner erlangten Surrogats durchgeführt. Bei § 275 II oder III ist allerdings Voraussetzung, daß der Schuldner seine Einrede geltend macht. **489**

b) Ein stellvertretendes commodum i.S. des § 285 kann etwa eine Versicherungsleistung oder ein Anspruch gegen eine Versicherung, aber auch gegen ei- **490** nen Dritten, der den Untergang des Leistungsgegenstandes verursacht hat, auf Schadensersatz sein.

Beispiel: Der verkaufte Tanker ist vor Lieferung untergegangen, war aber versichert. Der Käufer kann die Versicherungssumme verlangen, muß dann aber den Kaufpreis zahlen. Das kann für ihn reizvoll sein, wenn der Kaufpreis niedriger ist als die Versicherungssumme.

Der verkaufte Tanker ist nach einer Kollision gesunken, die S zu verantworten hat. Der Verkäufer und Noch-Eigentümer hat deshalb einen Schadensersatzanspruch gegen S. Der Käufer kann diesen Ersatzanspruch bzw. die gezahlte Schadensersatzsumme herausverlangen. Hatte er ein gutes Geschäft gemacht, war also der Wert des Tankers höher als der Kaufpreis, dann setzt sich sein Gewinn in die Abwicklung des Vertrages über das stellvertretende commodum fort.

491   c) Wählt der Gläubiger dagegen Abwicklung durch Geltendmachung eines Schadensersatzanspruchs, dann muß er sich den Wert des an ihn herausgegebenen Surrogats auf seinen Schadensersatzanspruch anrechnen lassen, § 285 II.

492   d) Str. war bereits zu § 281 a.F., ob auch ein Surrogat, dass der Schuldner durch rechtsgeschäftliche Verfügung über den Leistungsgegenstand – den er deshalb nicht mehr leisten kann – erlangt hat, als stellvertretendes commodum herausgeben muß. Die Verf. des BGB haben aufgrund römischrechtlicher Vorbilder nur das sog. commodum ex re, nicht auch das commodum ex negotiatione (das rechtsgeschäftlich erworbene Surrogat) gemeint, doch ist die Frage heute wohl anders zu entscheiden.[30] Neuerdings wird allerdings in der Literatur die Frage diskutiert, ob § 285 insbesondere in diesen Fällen auf den beim Gläubiger entstandenen Schaden zu begrenzen sei.[31]

Mit Recht ist freilich jüngst darauf hingewiesen worden, daß § 285 gegenüber § 281 a.F. eine Funktionserweiterung dadurch erfahren hat, daß Ersatzeinkünfte auch bei persönlicher Unzumutbarkeit der Leistungserbringung für den Schuldner, § 275 III, herauszugeben sind.[32] Damit muß insbesondere der Arbeitgeber, der seine Leistung nach § 275 III verweigern kann, einen parallel dazu anderweitig erzielten Verdienst an den Arbeitgeber abführen, wenn ihm diese Verdienstmöglichkeit respective die dazu erforderliche Kapazität erst durch die Unzumutbarkeit eröffnet worden ist.

---

[30] *Staudinger/Löwisch* (2004), § 285 Rn. 38. Vgl. zu § 281 a.F. *Köndgen*, Immaterialschadensersatz, Gewinnabschöpfung oder Privatstrafen als Sanktion für Vertragsbruch?, RabelsZ 56 (1992), 696ff., 738ff. (zwischen schuldhafter und schuldloser Unmöglichkeit der Naturalerfüllung unterscheidend). Die Verf. des SchRModG haben diese Frage nicht entschieden.

[31] Dafür etwa *Staudinger/Löwisch* (2004), § 285 Rn. 42; *Stoll*, Vorteilsausgleichung bei Leistungsvereitelung in: FS Schlechtriem, 2003, 677, 694f.

[32] *Löwisch*, Herausgabe von Ersatzverdienst – Zur Anwendbarkeit von § 285 BGB auf Dienst- und Arbeitsverträge, NJW 2003, 2049–2053.

§4 Das Schicksal der Gegenleistung

Muß der Schuldner der durch das Hindernis nach §275 gestörten Leistung **493** nicht in Natur erfüllen, kann dies nicht ohne Rückwirkung auf eine ihm nach dem Vertrag zustehende Gegenleistung bleiben. Das Gesetz ordnet daher in §326 I 1 Hs. 1 an, daß in einem solchen Fall der Anspruch auf die Gegenleistung entfällt. In den Fällen des §275 II und III hängt diese Rechtsfolge freilich davon ab, daß der Schuldner die ihm zustehende Einrede auch erhebt. Im übrigen tritt das Freiwerden des Gläubigers von der Gegenleistung ipso iure ein; der Gläubiger muß nicht etwa einen Rücktritt vom Vertrag erklären.

Beispiel: Der gegen Tageshonorar im Rahmen einer Fortbildungseinrichtung unterrichtende Dozent kann wegen Störungen im Verkehrssystem (Streik von Fluglotsen etc.) einen Unterrichtstermin nicht wahrnehmen. Die Pflicht der Veranstalter, seine Vergütung zu zahlen, entfällt für diesen Termin, ohne daß sie zurücktreten oder kündigen müssen.

Die Vorgängervorschrift von §326 I 1 Hs. 1, §323 I Hs. 1 a.F., hatte ungleich größere **494** Bedeutung, weil nach dem allgemeinen Schuldrecht a.F. der Gläubiger grundsätzlich nur bei zu vertretenden, zumeist also schuldhaften Pflichtverletzungen, zurücktreten konnte (§§325, 326 a.F.) und deshalb sein Freiwerden bei einer vom Schuldner nicht zu vertretenden Unmöglichkeit einen großen Anwendungsbereich hatte. Da jetzt aber dem Gläubiger unabhängig vom Vertretenmüssen des Schuldners das Rücktrittsrecht zusteht und er in den Fällen, in denen der Schuldner sich auf §275 beruft – also etwa bei Unmöglichkeit der Schuldnerleistung – sofort, d.h. ohne Fristsetzung, zurücktreten kann (§§323 II Nr. 1 und 326 V; s. Rn. 520, 523), wird der Gläubiger in den Fällen des §323 I a.F. heute regelmäßig zurücktreten können und das auch tun. Schuldrechtsreformkommission und DiskE hatten deshalb §323 I a.F. ersatzlos gestrichen und den Gläubiger auf sein Rücktrittsrecht verwiesen. Das war jedoch zu weitgehend, denn vor allem bei Dauerschuldverhältnissen, u.U. auch bei Sukzessivlieferungsverträgen, ist es, wenn über einen längeren Zeitraum Leistungen ausgetauscht worden sind, unpraktisch, zuweilen auch gar nicht möglich, wegen Ausbleiben einzelner Leistungen einen (Teil-)Rücktritt zu erklären, um von seiner eigenen Gegenleistungspflicht frei zu werden; die Befreiung muß vielmehr automatisch eintreten.[33]

§326 I 1 Hs. 1 beseitigt den Anspruch auf die Gegenleistung unabhängig da- **495** von, ob der Schuldner das Leistungshindernis zu vertreten hat oder nicht. In keinem Falle wird der Vertrag in Natur durchgeführt. Gleichwohl geht es bei §326 I wie in §323 I a.F. primär um eine Gefahrtragungsregel, d.h. um die **Gegenleistungsgefahr**, wenn der Schuldner nicht leisten kann, ohne dafür verantwortlich zu sein. Hat er die Pflichtverletzung (durch Nichtleistung) zu vertreten, kann und wird der Gläubiger hingegen Schadensersatz verlangen und sich nicht auf die Wirkungen des §326 I 1 Hs. 1 beschränken. In die Berechnung des Schadensersatzes geht dann auch seine erloschene Gegenleistungspflicht ein. Dabei ist auch eine Mitverantwortung des Gläubigers nach §254 zu berücksich-

---

[33] Vgl. *Zimmer* aaO (Fn. 27), 1, 4.

tigen; bei Anwendung von § 326 I erfolgt diese Berücksichtigung über § 326 II (s. Rn. 499).

496   Die Wirkungen von § 326 erschöpfen sich nicht im Erlöschen eines noch nicht erfüllten Anspruchs auf die Gegenleistung. Vielmehr ordnet § 326 IV an, daß der Gläubiger auch die bereits erbrachte Gegenleistung oder die bereits erbrachten Teile davon zurückfordern kann.[34] Die Rückabwicklung erfolgt nach den Regeln des Rücktrittsfolgenrechts (§§ 346–348; s. Rn. 540ff.); auch hierdurch zeigt sich, wie nahe die Regelung des § 326 I dem Rücktritt steht (s. Rn. 519ff. zum Verständnis von § 326 als Fall der Entbehrlichkeit der Rücktrittserklärung).

497   § 326 I kommt auch dann zur Anwendung, wenn der Schuldner seine Leistung nicht vollständig, sondern nur teilweise in Natur erbringen muß. In diesem Fall erlischt der Anspruch auf die Gegenleistung nicht, sondern er wird entsprechend dem Wertverhältnis von vollständiger zu teilweiser Leistung herabgesetzt, §§ 326 I 1 Hs. 2, 441 III.

Als eine solche Teilleistung faßt das Gesetz an verschiedenen Stellen auch die Qualitätsabweichung auf (§§ 281 I 2 und 3, 323 V). In diesen Fällen soll es freilich auch dann nicht nach §§ 326 I 1 HS 2, 441 III zu einer Minderung ipso iure kommen, wenn eine Beseitigung der Qualitätsabweichung an einem Hindernis nach § 275 I-III scheitert. Abgesehen von den gesetzlich geregelten Sonderfällen der §§ 536, 651d ist die Minderung ein Gestaltungsrecht (s. Rn. 556f.).

498   Um eine partielle Nichterfüllung handelt es sich im Grunde auch, wenn der Gläubiger ein Surrogat nach § 285 beansprucht. Wird der Vertrag in dieser Weise durchgeführt – im vorstehenden Beispiel hat der Dozent etwa einen Anspruch aus einer Versicherung oder gegen die Luftlinie –, dann muß auch die – evtl. geminderte – Vergütung bezahlt werden, § 326 III.

499   Das Erlöschen des Anspruchs auf die Gegenleistung ist freilich in solchen Fällen unangemessen, in denen der Gläubiger, der diese ja schuldet, für die Störung allein oder weit überwiegend verantwortlich ist (§ 326 II 1 Alt. 1) oder der Gläubiger das entsprechende Risiko, die Gegenleistungsgefahr, trägt und damit von der Grundregel des § 326 I 1 abgewichen wird. Solche besonderen Risikozuweisungen enthält das Gesetz etwa in §§ 326 II 1 Alt. 2 (Annahmeverzug des Gläubigers, s. Rn. 682ff.), 446, 447 (Sonderregeln für den Kauf) und 644, 646 (für den Werkvertrag). Allerdings bleibt dem Schuldner in diesen Fällen der Anspruch auf die Gegenleistung nicht uneingeschränkt erhalten; er muß sich ersparte Aufwendungen und ersatzweise erzielte Einkünfte anrechnen lassen, 326 II 2.

---

[34] Das ist rechtsvergleichend gesehen keinesfalls selbstverständlich, vgl. *Schlechtriem*, Restitution und Bereicherungsausgleich in Europa, Band 1, Rn. 653ff.

§5 Sonstige Ausschlüsse des Erfüllungsanspruchs

Außer § 275 kennt das Gesetz eine ganze Reihe weiterer Fälle, in denen der **500** Erfüllungsanspruch ausgeschlossen ist. Dies gilt zum einen für die in Teil 3 des Lehrbuchs bereits behandelten Fälle des Erlöschens und der Beendigung von Schuldverhältnissen. Erlischt der Anspruch des Gläubigers etwa durch Erfüllung, Aufrechnung, Hinterlegung oder Selbsthilfeverkauf oder kommt es zu einer der in Kap. 11 behandelten Formen der Beendigung (Erlaß, Konfusion, Novation, Aufhebungsvertrag), kommt eine spätere Klage auf Erfüllung nicht in Betracht. Dasselbe gilt, wenn der Vertrag durch Kündigung beendet oder durch Rücktritt in ein Rückabwicklungsverhältnis umgesteuert wird. Soweit eine solche Vertragsaufhebung eine Reaktion auf eine Pflichtverletzung darstellt, ergibt sich daraus eine Konkurrenzregel für die betreffenden Rechtsbehelfe: Rücktritt und Kündigung sind mit dem weiteren Betreiben einer Durchsetzung des Vertrages in Natur unvereinbar.

Solche Regeln über die Konkurrenz von Rechtsbehelfen finden sich auch an **501** weiteren Stellen. So schließt insbesondere das Verlangen von Schadensersatz statt der Leistung nach § 281 IV den Erfüllungsanspruch aus; insoweit entspricht das Schadensersatzverlangen funktional der Erklärung eines (Teil-) Rücktritts (s. unten Rn. 536). Anders als nach § 326 I 2 Hs. 2 a. F. läßt sich der schlichte Ablauf einer Nachfrist den Erfüllungsanspruch nach neuem Recht unberührt.[35] Ähnlich wirkt § 340 I 2 BGB: Der Gläubiger kann nicht zugleich die Vertragsstrafe und die Erfüllung der strafbewehrten Verbindlichkeit verlangen. Wie § 275 haben auch diese Fälle des Ausschlusses des Erfüllungsanspruchs eine Nebenfunktion: Sie ergänzen §§ 281 II, 323 II um zusätzliche Fälle der Entbehrlichkeit der Fristsetzung; wo kein Erfüllungsanspruch mehr besteht, kann dieser auch nicht vorrangig sein (s. Rn. 524 und 629). Ein wenig anders ist die Lage bei § 376 I 2 HGB (Fixhandelskauf), weil dort Rücktritt und Schadensersatz ohnehin keiner Fristsetzung bedürfen. Das Erlöschen des Erfüllungsanspruchs ergibt sich hier aus einer weitgehenden Gleichsetzung von relativem und absolutem Fixgeschäft für den auf eine schnelle Abwicklung angewiesenen Handelsverkehr; ohne rechtzeitigen Widerspruch des Käufers wird die Verspätung daher der Unmöglichkeit gleichgestellt.

---

[35] Kritisch zu dem dadurch begründeten weiten Wahlrecht des Gläubigers *Wolf/Lange*, Der Zentrale Fristsetzungstatbestand des Neuen Schuldrechts – eine ökonomische Analyse, in: FS Kilian, 2004, 801, 804 f., 812 ff.

Kapitel 14: Vertragsaufhebung

Lit: *Schlechtriem*, Aufhebung des Vertrages als Rechtsbehelf bei Leistungsstörungen in: FS Müller-Freienfels, Baden-Baden 1986, S. 525–545

502 Als Grundgedanke der Regelung des Rechts eines Vertragspartners, sich vom Vertrag wegen Pflichtverletzungen des anderen Teils zu lösen, läßt sich in vielen Rechtsordnungen rechtsvergleichend nachweisen, daß der durch die Pflichtverletzung bewirkte Vertragsbruch eine gewisse Schwere haben muß,[1] so daß der Gläubiger an der Durchführung des Vertrages „kein Interesse" mehr hat, das Festhalten am Vertrag „für ihn unzumutbar" geworden ist oder wie immer man das Gewicht der Pflichtverletzung für das Gläubigerinteresse sprachlich zu fassen versucht. Die Sachfrage – zu unterscheiden von der Formulierungsfrage – besteht in der Bestimmung, wann diese Schwelle erreicht, d.h. eine so schwere Pflichtverletzung gegeben ist, daß sie unter Preisgabe des Gebots, daß Verträge (durch)zuhalten sind – pacta sunt servanda –, ein Abgehen vom Vertrag erlaubt.

503 Für die Regelung dieser Sachfrage lassen sich zwei Modelle finden. Das erste Modell läßt Vertragsaufhebung zu, wenn ein „wesentlicher Vertragsbruch" geschehen ist und konkretisiert vielleicht einzelne Fälle, in denen nach der Wertung der Verfasser ein Vertragsbruch wesentlich ist, also etwa bei Erfüllungsweigerung des Schuldners, bei Unmöglichkeit der Erbringung einer Hauptleistung, bei Überschreitung eines „fix" vereinbarten Liefertermins (dazu unten Rn. 659). Hilfsweise, d.h. bei Zweifeln über die Schwere einer Vertragsverletzung, erlaubt dieses Modell dem Gläubiger durch Setzen einer Nachfrist für die Erfüllung durch den Schuldner Klarheit und ein Aufhebungsrecht zu erreichen: deren ergebnisloses Verstreichen macht dann den Vertragsbruch zum „wesentlichen". Dies ist das Modell des CISG, der UNIDROIT-Principles und der PECL.[2] Das zweite Modell stellt die Nachfrist, die der Gläubiger dem Schuldner setzen muß, um diesem Gelegenheit zur Behebung seiner Pflichtverletzung (durch Erfüllung oder Nacherfüllung) zu geben, an den Anfang. Es entbindet aber von der Setzung einer Frist bei offensichtlich schwerer, entweder gar nicht oder nicht in für den Gläubiger zumutbarer Weise zu behebender Pflichtverletzung, etwa bei (entsprechend der Fälle des ersten Modells) Erfüllungsweigerung, Überschreitung eines Fixtermins, Unmöglichkeit der Erfüllung einer Hauptleistungspflicht. Dieses

---

[1] Vgl. *Treitel*, Remedies for Breach of Contract, in: International Encyclopedia of Comparative Law, Bd. VII Contracts in General, Kap. 16, Sec. 161: „The most important single principle ... is that the remedy (of termination) is only available if the default attains a certain minimum degree of seriousness"; für das deutsche Schuldrecht a.F. hat *Schlechtriem* das in seinem Beitrag zur FS Müller-Freienfels (Lit. vor Rn. 502) nachgewiesen.

[2] CISG und PECL einerseits und die UNIDROIT-Principles andererseits unterscheiden sich vor allem darin, daß nur die Letzteren die im Text erwähnten Konkretisierungen eines wesentlichen Vertragsbruchs enthalten, s. Art. 7.3.1(2)(b)–(e) UNIDROIT-Principles.

zweite Modell liegt der Regelung des Schweizer Obligationenrechts – Artt. 107 ff. OR – und der deutschen Neuregelung des Rücktrittsrechts und der Kündigung wegen Pflichtverletzung durch das SchRModG zugrunde.

Beide Regelungsmodelle haben Schwächen: So entbehrt das erste Modell häufig klarer Konturen der Rücktrittsvoraussetzungen, wodurch die verletzte Partei nicht selten im Ungewissen darüber bleibt, ob ihr ein Aufhebungsrecht zusteht oder nicht. Wird ergänzend eine Nachfristsetzung für bestimmte Arten von Pflichtverletzungen eröffnet, führt dies außerdem zu schwierigen Abgrenzungsfragen.[3] Umgekehrt gerät das zweite Modell dort in Schwierigkeiten, wo das verletzte Interesse nicht den Mittelpunkt des Vertrags bildet oder eine zentrale Pflicht nur teilweise gestört wird. Bei solchen partiellen Störungen (etwa Teillieferungen, Schutzpflichtverletzungen und Qualitätsabweichungen) muß dann die Nachfristlösung wiederum über generalklauselartige Ausschlußtatbestände (Interesseverlust, Erheblichkeit, Unzumutbarkeit) eingeschränkt werden. Hier liegt ein Grund dafür, daß das Verständnis der §§ 323 V, 324 nicht unerhebliche Schwierigkeiten bereitet (s. Rn. 509 und Rn. 510). **504**

§ 1 Voraussetzungen des Rücktritts

Das deutsche Recht folgt in der Ordnung der Rücktrittsvoraussetzungen also dem zweiten der möglichen Modelle und stellt daher in § 323 die Nachfristlösung in den Mittelpunkt der Regelung. Anders als von der Schuldrechtsreformkommission in ihrem Abschlußbericht vorgesehen (s. § 323 KE) sind die Rücktrittsvoraussetzungen jedoch nicht in einer einheitlichen Norm zusammengefaßt, sondern finden sich verteilt auf die §§ 323, 324, 326 V. Das System der Rücktrittsvoraussetzungen und dessen Mittelpunkt, die Pflichtverletzung, lassen sich dem Wortlaut des Gesetzes daher nicht mehr ohne weiteres entnehmen. Gleichwohl ist auch die schließlich Gesetz gewordene Fassung von diesem System aus Pflichtverletzung, Nachfristsetzung und Entbehrlichkeit der Nachfrist beherrscht.[4] **505**

Gleich welchem System der Rücktrittsvoraussetzungen man folgen möchte, ist immer Voraussetzung für den Rücktritt, daß es sich um einen **gegenseitigen Vertrag** handelt. Allerdings muß die verletzte Pflicht selbst nicht in einem Gegenseitigkeitsverhältnis zu einer Pflicht des verletzten Teils stehen. **506**

Die Rücktrittsvoraussetzungen sind durch das SchRModG fundamental abweichend vom Schuldrecht a. F. und in deutlicher Anlehnung an das CISG ausgestaltet worden. Die Änderungen betreffen vor allem folgende Punkte: **507**

---

[3] Siehe etwa: Art. 49 I b) CISG. Die Möglichkeit über eine Nachfristsetzung zur Aufhebung des Vertrags zu gelangen wird hier auf Fälle der „Nichtlieferung" beschränkt. Dadurch wird die Anwendung der Vorschrift bei Vertragswidrigkeit der Ware ausgeschlossen. Zur Abgrenzung s. *Schlechtriem*, Internationales UN-Kaufrecht, 3. Auflage, Rn. 189.

[4] Wie hier AnwKomm-BGB/*Dauner-Lieb*, § 323 Rn. 4; im Ergebnis auch *Palandt/Heinrichs*, § 323 Rn. 8 („§ 323 ist die Grundnorm.").

a) Der Gläubiger kann bei einer Pflichtverletzung zurücktreten (oder im Falle eines Dauerschuldverhältnisses kündigen) unabhängig davon, ob der Schuldner sie zu vertreten hat und auf welchen Ursachen sie beruht.

b) Rücktritt kann mit Schadensersatz kumuliert werden, § 325.

c) Der Gläubiger kann auch dann zurücktreten, wenn er die empfangene Leistung nicht zurückgeben kann, weil er ihren Untergang oder ihre wesentliche Verschlechterung schuldhaft verursacht hat; es gibt in diesen Fällen keine Rücktrittssperre mehr.

I. System der Rücktrittsvoraussetzungen

508
Das SchRModG hat die Voraussetzungen des Rücktritts auf drei verschiedene Vorschriften aufgeteilt. **Grundnorm ist § 323.** Die Vorschrift erfaßt – über den nur prima vista entgegenstehenden Wortlaut hinaus – jede Form der Pflichtverletzung. Sie enthält daher den gelegentlich zu Unrecht vermißten[5] Grundtatbestand und entspricht in dieser Funktion dem Zentraltatbestand für den Schadensersatz, § 280.

Die im Wortlaut von § 323 erfolgende Anknüpfung an den Begriff der Leistung schließt dies nicht aus, weil sich der Leistungsbegriff nicht auf bestimmte Pflichtentypen beschränken läßt (s. Rn. 453). Klarer ist in dieser Hinsicht die Formulierung in § 314 II; diese Bestimmung verdeutlicht zudem, daß sich die Nachfristlösung nach der Vorstellung des Gesetzgebers für jegliche Formen von Pflichtverletzungen eignet. Bei § 323 zeigt insbesondere der auf klassische Schutzpflichtverletzungen zugeschnittene Absatz 3, daß die Vorschrift weit über einen engen Leistungsbegriff Anwendung finden muß (s. u. Rn. 516).

Keinen eigenen Rücktrittsgrund enthält hingegen § 326 V: die Vorschrift begründet lediglich einen zusätzlichen Fall der Entbehrlichkeit der Nachfristsetzung (s. Rn. 519 ff. zur Entbehrlichkeit der Nachfristsetzung).

509
Nur scheinbar einen weiteren Rücktrittsfall regelt § 324. Die Vorschrift ist ein Beispiel für die in der letzten Phase der Schuldrechtsreform von einigen Akteuren verfolgte Abkehr von Konzeptionen der Einheitsrechtsprojekte, insbesondere vom CISG. Die Vorschrift lautete noch im RegE, Rücktritt könne bei Verletzung von *sonstigen Pflicht aus einem gegenseitigen Vertrag*, wenn die *Pflichtverletzung wesentlich ist…*, erklärt werden. Gedacht war an Fälle wie die Folgenden:

Der deutsche Besteller von Schuhen hat mit dem italienischen Lieferanten vereinbart, daß ein Markenzeichen – Marlboro –, für das der Besteller ein exklusives Lizenzrecht hatte, nur an den für den Besteller gefertigten Schuhen angebracht werden durfte, nicht aber an Schuhen, die der Lieferant anders vertreiben würde. Der Lieferant verletzte diese Pflicht.[6]

Der französische Verkäufer von Textilien vereinbarte mit dem südamerikanischen Käufer ein Reimportverbot in die EU, um seine europäischen Vertragshändler zu schützen. Teile der Ware wurden nach Spanien reimportiert.[7]

---

[5] *Looschelders*, Schuldrecht Allgemeiner Teil, Rn. 696.

[6] Vgl. den in Anwendung des CISG entschiedenen Fall OLG Frankfurt NJW 1992, 633, 634 = CISG-online 28: Vertragsaufhebung wegen wesentlichen Vertragsbruchs.

[7] Vgl. den Fall Apellationsgericht Grenoble v. 22. 2. 1995, berichtet u. a. von *Claude Witz* in FS Neumayer, 1997, 425, 452 = CISG-online 151.

Aufgrund der Vorschläge des Rechtsausschusses wurde § 324 auf Fälle der **Verletzung von Schutzpflichten** i.S. des 241 II beschränkt, wenn ihre Verletzung das Festhalten am Vertrag unzumutbar macht. Als Beispiele werden etwa genannt, daß der beauftragte Handwerker trotz Abmahnung im Haus des Bestellers raucht oder ein T-Shirt mit fremdenfeindlichen oder/und frauenverachtenden Sprüchen trägt. Die Vorschrift hat damit nur zwei Funktionen: Das Erreichen der Unzumutbarkeitsschwelle macht bei der Verletzung einer Pflicht nach § 241 II die Fristsetzung nach § 323 I entbehrlich und überwindet zugleich die Rücktrittssperre für Teilstörungen nach § 323 V 1 (s. Rn. 528 und 537). Freilich ließen sich identische Ergebnisse über eine Anwendung von § 323 II Nr. 3, V 1 erzielen, womit von § 324 kaum mehr als der pädagogische Impetus übrigbleibt, welcher den Gesetzgeber zu der vorgenommenen „Entzerrung der Rücktrittsgründe"[8] verleitet hat.

Die Lösung der oben berichteten, praktisch sicher wichtigeren Fälle der Verletzung zusätzlicher Leistungspflichten (in den konkreten Beispielsfällen Unterlassungspflichten, § 241 I 2) ist dadurch freilich schwierig geworden: Eine Einordnung als Schutzpflichten i.S. von § 241 II würde ihrer Leistungsbezogenheit und ihrer preisbildenden Wirkung nicht gerecht. Also muß man wohl § 323 V 1 anwenden: Da § 323 insgesamt nicht voraussetzt, daß es sich um eine im Gegenseitigkeitsverhältnis stehende Pflicht handelt – nur der Vertrag als solcher muß ein gegenseitiger sein –,[9] kann man die durch die Verletzung solcher zusätzlichen (Unterlassungs-)Pflichten eintretende Teilstörung daraufhin prüfen, ob der Gläubiger dadurch das Interesse am gesamten Vertrag einschließlich der einwandfrei erfüllten Liefer- oder Zahlungspflicht verloren hat.[10] **510**

Da „Interessewegfall" in § 323 V 1 und „Unzumutbarkeit des Festhaltens am Vertrag" in § 324 letztlich Verschlüsselungen desselben Grundgedankens sind, daß die Schwere der Pflichtverletzung, gemessen am Gläubigerinteresse, über den Rücktritt entscheidet (vgl. Art. 25 CISG), dürften im einzelnen Fall beide Lösungswege zum gleichen Ziel führen. Die hier vertretene Auffassung einer Anwendbarkeit von § 323 hat freilich den Vorteil, daß sie die – rein akademische – Frage nach der Abgrenzung von § 323 I gegenüber § 324 entbehrlich macht.[11]

Die hier vertretene Auffassung, nach der § 324 nur ein Unterfall des § 323 ist, hat schließlich noch einen weiteren Vorteil: Sie erlaubt den Einsatz der Nachfristlösung – in Kombination mit der zusätzlichen Voraussetzung nach § 323 V 1, dazu unten Rn. 537 – auch in solchen Fällen, in welchen die hohe Schwelle nach § 324 nicht erreicht wird: Hier kann im Wege der Fristsetzung und vor allem der **511**

---

[8] *Canaris*, (Lit vor Rn. 116) JZ 2001, 499, 509.
[9] Hierzu schon oben Rn. 169.
[10] Ähnlich *Zimmer*, Das neue Recht der Leistungsstörungen, NJW 2002, 1, 6.
[11] Die umgekehrte Abgrenzung der Spezialvorschrift des § 324 vom Grundtatbestand wird zwar durch § 241 II geleistet; sie ist aber wegen der tatsächlichen Bedeutungslosigkeit ohne praktische Relevanz.

Abmahnung nach § 323 III die Aufhebung auch dann erfolgen, wenn die Pflichtverletzung allein das Festhalten am Vertrag nicht unzumutbar macht.

II. Pflichtverletzung

512   Gemeinsame Voraussetzung aller drei Vorschriften (§§ 323, 324, 326 V) ist demnach die Pflichtverletzung; sie ist in § 323 I mit der Formulierung von der nicht erbrachten Leistung zu eng bezeichnet. § 326 V regelt lediglich den Sonderfall, daß der Ausschluß des Erfüllungsanspruchs die Fristsetzung entbehrlich macht und § 324 hat für bestimmte Pflichten, nämlich die nach § 241 II, vor allem deklaratorische Wirkungen.

513   Wie oben erwähnt, kommt es nicht darauf an, was Ursache der Pflichtverletzung war und ob der Schuldner dafür verantwortlich ist; anders als nach §§ 325, 326 a.F. ist es nicht erforderlich, daß er die eingetretene Störung zu vertreten hat. Auch wenn höhere Gewalt, etwa eine Naturkatastrophe, für die Pflichtverletzung ursächlich war, kann der Gläubiger grundsätzlich zurücktreten. Allerdings ist zu beachten, daß dem Rücktrittsrecht wegen seiner Unabhängigkeit vom Vertretenmüssen nunmehr teilweise die Eigenschaft einer Gefahrtragungsregel zukommt. Dies führt dazu, daß der Rücktritt ausgeschlossen ist, wenn der verletzte Teil nach der vertraglichen und gesetzlichen Risikoverteilung die Gegenleistungsgefahr trägt: So kann etwa die Risikoverteilung beim Versendungskauf nach § 447 nicht dadurch unterlaufen werden, daß der Käufer wegen des Ausbleibens des Liefererfolgs vom Vertrag zurücktritt (s. u. Rn. 532).

514   Nach § 323 IV kann der Gläubiger auch schon **vor Fälligkeit** der Pflicht des Schuldners, also bevor eigentlich eine Pflichtverletzung als Grundvoraussetzung für Rechtsbehelfe des Gläubigers eingetreten sein kann, zurücktreten, wenn offensichtlich ist, daß im oder nach dem Fälligkeitszeitpunkt ein zum Rücktritt berechtigender Vertragsbruch eintreten wird.

Ist der zum 1. 12. zu liefernde Gegenstand am 5. 9. untergegangen, dann braucht der Gläubiger nicht bis zum 1. 12. zu warten, bevor er zurücktreten kann.

Ist der Käufer einer Schlüsselprägemaschine, die der Vertragshändler V am 1. 12. liefern sollte, im August davon in Kenntnis gesetzt worden, daß die Herstellerin der Maschine den Vertragshändlervertrag gekündigt hat und den V nicht mehr beliefern wird, dann kann der Käufer sofort zurücktreten, ohne den Liefertermin abwarten zu müssen.

Damit ist eine auch schon vor dem SchRModG geltende Regel Gesetz geworden, deren dogmatisches Fundament im BGB freilich umstritten war;[12] eine ähnliche Regel für den „antizipierten" oder „vorweggenommenen Vertragsbruch" findet sich auch in Art. 72 CISG.

---

[12] S. 4. Auflage dieses Lehrbuchs, Rn. 409.

III. Fristsetzungserfordernis

Begeht der Schuldner bei einem gegenseitigen Vertrag eine Pflichtverletzung, **515** dann muß der Gläubiger grundsätzlich zunächst eine angemessene Frist zur Leistung oder Nacherfüllung (etwa durch Mangelbeseitigung) setzen. Nach Ablauf dieser **Nachfrist** kann er durch einseitige, bedingungsfeindliche, zugangsbedürftige und rechtsgestaltende Willenserklärung – § 349 (dazu oben Rn. 421) – vom Vertrag zurücktreten, § 323 I.[13]

Bei manchen Pflichtverletzungen ist das Erfordernis einer Nachfrist nicht hilf- **516** reich, weil sich eine einmal erfolgte Pflichtverletzung nicht wieder beseitigen läßt. Das gilt vor allem für Unterlassungspflichten. Aber auch eine einmal eingetretene Verspätung läßt sich durch eine spätere Nachholung der Leistung nicht mehr aus der Welt schaffen. Statt einer Nachfrist eröffnet § 323 III für diesen Fall die Möglichkeit einer **Abmahnung**. Dieses vor allem für Dauerschuldverhältnisse bedeutsame (vgl. § 314 II) – und im Arbeitsvertragsrecht bis in feinste Verästelungen hinein entwickelte[14] – Instrument greift bei den von § 323 vor allem geregelten punktuellen Austauschverträgen bei der Verletzung von Schutzpflichten i. S. v. § 241 II ein und ist ein Beleg für ein weites Verständnis vom Anwendungsbereich des § 323 (s. o. Rn. 508).

Beispiel: Bei einem Sukzessivlieferungsvertrag sind 8 Teillieferungen vereinbart. Bereits die erste kommt verspätet, aber noch innerhalb der vom Käufer gesetzten Nachfrist. Mahnt der Käufer den Verkäufer nun ab, kann er vom Vertrag zurücktreten, wenn sich auch die nächste Lieferung verspätet und die Voraussetzungen des § 323 V 1 (s. u. Rn. 537) vorliegen.

Einer besonderen Form oder eines festgelegten Inhalts bedürfen Fristsetzung **517** und Abmahnung nicht   jedenfalls nicht im allgemeinen Schuldrecht.[15] Insbesondere ist nicht mehr – wie nach § 326 a. F. – eine Androhung, daß der Gläubiger nach Fristablauf nicht mehr abnehmen werde, oder anderer rechtlicher Konsequenzen erforderlich.[16] Man hat auf die Ablehnungsandrohung verzichtet, weil ihre Notwendigkeit Nichtjuristen offenbar vielfach nicht bekannt war, vor allem aber allzu freundliche Formulierungen – wie unter Vertragspartnern, die ihre Geschäftsbeziehung nicht gefährden wollen, zu raten und üblich – Auslegungsprobleme verursacht haben. Gleichwohl ist dem Gläubiger zu empfehlen, seine Fristsetzung auch nach neuem Recht nicht nur als freundliche Erinnerung zu formulie-

---

[13] Vgl. generell zum Nachfristmodell *Wolf/Lange*, Der zentrale Fristsetzungstatbestand des neuen Schuldrechts – eine ökonomische Analyse, FS Kilian, 2004, 801–815.

[14] S. *ErfK/Müller-Glöge*, § 626, Rn. 45 ff.

[15] *Staudinger/Otto* (2004), § 323 Rn. B 40.

[16] Zu diesem Punkt hat es in den Entwürfen verschiedene Lösungen gegeben; der Verzicht auf jeglichen Hinweis auf rechtliche Konsequenzen – vgl. noch RegE § 323 I a. E.: Rücktritt – ist erst in letzter Minute geschehen.

ren, wenn sie eindeutigen Nachfristcharakter haben soll, etwa durch deutliches Verlangen der Erfüllung bis zum gesetzten Termin.

518   Die gesetzte Frist muß „angemessen" (lang) sein. Die angemessene Länge hängt von den Umständen, insbesondere vom Inhalt der Pflicht und der Art ihrer Verletzung ab:

> Wird die von einer Computerfirma für eine Bank zu entwickelnde, herzustellende und zu installierende Computeranlage, bestehend aus Hardware und auf Bedürfnisse des Kunden abgestimmter Software, nicht rechtzeitig funktionsfähig installiert, wird eine längere Nachfrist angemessen sein als beim Ausbleiben einer Lieferung von Heizöl.

Wird eine unangemessen kurze Frist gesetzt, ist die Fristsetzung nicht gänzlich wirkungslos, sondern es läuft eine angemessene Frist.[17]

IV. Entbehrlichkeit der Fristsetzung

519   Einer Fristsetzung bedarf es nicht in Fällen, in denen sie sinnlos, eine „nutzlose Förmelei" wäre, weil die Pflichtverletzung des Schuldners ohnehin ein hinreichendes Gewicht hat.[18] Die §§ 323 ff. regeln daher eine Reihe von Fällen, in denen die Fristsetzung entbehrlich ist: §§ 323 II Nr. 1 und 2, 324, 326 V regeln spezielle Fälle und § 323 II Nr. 3 enthält eine Generalklausel. Weitere Fälle der Entbehrlichkeit regelt das Gesetz an anderer Stelle; das Gesetz enthält hier insbesondere ein Einfallstor für abweichende Regeln des besonderen Schuldrechts (s. u. Rn. 525).

> Nach der gesetzlichen Systematik sollten die Fälle der Entbehrlichkeit der Fristsetzung sämtlich auch für die an deren Stelle tretende Abmahnung gelten. Das legt auch § 314 II nahe. Freilich passen einige Fälle der Entbehrlichkeit, vor allem § 323 II Nr. 1, 2 und § 326 V nicht, oder nur eingeschränkt auf die Abmahnung.

520   1. Das Gesetz erklärt die Fristsetzung zunächst in § 323 II Nr. 1 für entbehrlich, wenn der Schuldner die Leistung ernsthaft und endgültig verweigert. Hier sind – vor allem an die Endgültigkeit der Verweigerung – strenge Anforderungen zu stellen.[19] Hingegen kommt es nach zutreffender Auffassung nicht darauf an, ob der Schuldner berechtigterweise verweigert hat, sofern ein Verweigerungsrecht, etwa §§ 273, 320, nicht bereits die Pflichtverletzung als solche ausschließt. Damit kommt § 323 II Nr. 1 insbesondere auch dann zur Anwendung, wenn sich der Schuldner – zu recht oder zu Unrecht – auf ein Hindernis i.S.v. § 275 I-III beruft.

---

[17] *Staudinger/Otto* (2004), § 323 Rn. B 66 m.w.N.
[18] So ausdrücklich bereits OLG Naumburg, NJW 2004, 2022.
[19] Siehe etwa (noch zum alten Recht) BGHZ 104, 6, 13; BGHZ 115, 286, 297.

2. Entbehrlich ist die Fristsetzung außerdem im Falle der Überschreitung ei- **521** nes als fix vereinbarten Leistungstermins oder einer entsprechenden Leistungsfrist, § 323 II Nr. 2. Die Bindung des „Leistungsinteresses an die Rechtzeitigkeit der Leistung" hat die Rechtsprechung früher mit der einprägsamen Formel umschrieben, der Vertrag solle mit der Rechtzeitigkeit „stehen oder fallen".[20]

Standardfall eines solchen Fixgeschäfts ist der Verkauf von Saisonware, die nicht rechtzeitig – schlimmstenfalls nach Saisonende – geliefert wird. Dasselbe gilt etwa für Termingeschäfte.[21] Außerdem kann sich der Fixcharakter eines Geschäfts auch aus entsprechenden Vereinbarungen insbesondere aus entsprechenden Klauseln (fix, präzis, prompt) ergeben.

Während nach altem Recht zwischen dem sog. relativen Fixgeschäft, welches ohne Fristsetzung ein Rücktrittsrecht nach § 361 a. F. eröffnete, und dem absoluten Fixgeschäft als Fall der Unmöglichkeit zu unterscheiden war, ist diese Unterscheidung für § 323 II Nr. 2 nunmehr ohne Belang: Auf die Nachholbarkeit der Leistung zu einem späteren Termin kommt es für die Entbehrlichkeit der Fristsetzung nicht an.

Eine Sondervorschrift für den Handelskauf enthält § 376 HGB. Hinsichtlich des Rücktritts unterscheidet sich die Vorschrift vor allem dadurch, daß der Gläubiger auch ohne Rücktritt seinen Erfüllungsanspruch verliert, wenn er sein Bestehen auf der Erfüllung nicht rechtzeitig nach § 376 I 2 HGB anzeigt (s. o. Rn. 501).

3. Entbehrlich ist die Nachfristsetzung auch im Falle von § 324 (s. o. Rn. 509). **522** Die Vorschrift stellt dies für den Fall klar, daß die Verletzung einer Pflicht nach § 241 II das Festhalten am Vertrag für den verletzten Teil unzumutbar macht.

4. Zusätzlich kann der Gläubiger sofort zurücktreten, wenn der Schuldner **523** ein Leistungsverweigerungsrecht nach § 275 hat, § 326 V. Die Vorschrift ist regelungstechnisch unglücklich placiert (sie gehörte in den Katalog des § 323 II) und m. E. überflüssig: Beruft sich der Schuldner auf Unmöglichkeit oder Unzumutbarkeit nach § 275, dann liegt stets Erfüllungsweigerung nach § 323 II Nr. 1 vor; jedenfalls aber wären diese Fälle auch mit § 323 II Nr. 3 zu lösen gewesen. Insbesondere entbindet der Weg über § 323 II Nr. 1 oder 3 von der Klärung, ob der Schuldner zur Leistungsweigerung berechtigt ist: Seine Erfüllungsweigerung genügt nach § 323 II Nr. 1, um sofortigen Rücktritt zu ermöglichen.[22]

Die jetzige Regelung ist auch unklar, weil sie für die Fälle des § 275 II und III nicht deutlich macht, ob der Schuldner die ihm aufgrund dieser Vorschriften zu-

---

[20] BGHZ 110, 88, 96f.

[21] RGZ 108, 158.

[22] Auch hier zeigt sich der Bedeutungsverlust der früher zentralen Kategorie „Unmöglichkeit": Auf die Ursache der Erfüllungsweigerung des Schuldner und ihre Berechtigung kommt es für den sofortigen Rücktritt nicht an.

stehende Einrede erhoben haben muß. Vor einer Berufung des Schuldners auf
§ 275 II oder III dürfte sofortiger Rücktritt nicht möglich sein, es sei denn, der
Gläubiger kann sich bereits vorher auf § 323 II Nr. 3 berufen. Bei Unmöglichkeit i.S. des § 275 I kommt an sich sofortiger Rücktritt nach § 326 V in Betracht,
doch muß der Gläubiger dann, wenn es über die Berechtigung zum Rücktritt
und seinen genauen Zeitpunkt zu einer gerichtlichen Auseinandersetzung
kommt, die Unmöglichkeit im Rücktrittszeitpunkt beweisen, ebenso, falls er
nach § 323 II Nr. 3 sofort zurücktritt. Zu raten ist deshalb in Zweifelsfällen stets
Nachfristsetzung.

524　　5. Das Gesetz enthält eine Reihe weiterer Fälle, in welchen die Setzung einer
Frist entbehrlich ist. Das gilt zunächst für die weiteren Fälle neben § 275, in welchen der Vorrang des Erfüllungsanspruchs bereits dadurch entfällt, daß dieser
ausgeschlossen ist (s.o. Rn. 500f.). Das gilt insbesondere für den bislang in dieser Hinsicht weitgehend unbeachteten § 340 I 2. Hingegen stellt § 281 IV letztlich nur klar, daß eine Fristsetzung nach § 281 I auch dann für einen Rücktritt
nach § 323 I genügt, wenn dieser zunächst unterblieben ist und der Gläubiger –
bei vorläufigem Festhalten am Vertrag – nur Schadensersatz statt der Leistung
verlangt hat, sich dann aber umentscheidet.

525　　Daneben ergänzt das besondere Schuldrecht die geschriebenen Fälle einer
Entbehrlichkeit der Fristsetzung an einigen Stellen durch eine bewußte Erweiterung des Katalogs nach §§ 323 II, 324, 326 V, namentlich in §§ 440, 478 I, 636.
Sehr viel zahlreicher noch sind die Vorschriften, in welchen das Fristsetzungser-
fordernis bereits dadurch erfüllt, daß sie eigene Schadensersatzansprüche ohne
ein solches gewähren. Hier ist letztlich die Anpassung an das neue Schuldrecht
noch nicht vollzogen. Das gilt etwa für die Schadensersatzansprüche nach
§ 536a (wegen Mängeln der Mietsache) oder nach §§ 375, 376 I 2 HGB (für den
Handelskauf).

526　　6. Die Liste der Entbehrlichkeitsfälle ist nicht abschließend. Vielmehr enthält
das Gesetz in § 323 II Nr. 3 eine Generalklausel, die es erlaubt auch dann den
Rücktritt zu eröffnen, wenn das Gewicht der Pflichtverletzung weder durch den
Ablauf einer Nachfrist nach § 323 I noch durch einen der geschriebenen Ausnahmen vom Fristerfordernis hinreichend belegt ist.

Praktische Bedeutung wird diese Generalklausel vor allem in einem Fall erlangen, wo
der deutsche Gesetzgeber bei der Umsetzung der Verbrauchsgüterkaufrichtlinie der Europäischen Gemeinschaft[23] den Vorgaben nicht genügt hat: Art. 3 V dieser Richtlinie verlangt, daß der Verbraucher bei Mangelhaftigkeit der Kaufsache eine „Vertragsauflösung"
u.a. dann verlangen kann, „wenn der Verkäufer nicht innerhalb einer angemessenen
Frist Abhilfe geschaffen hat." Damit verlangt die Richtlinie weniger als nach §§ 323, 437
Nr. 2, 440 erforderlich ist: Der Setzung einer Frist durch den Gläubiger bedarf es nicht; es
genügt, daß der Verkäufer Kenntnis von der Mangelhaftigkeit hat und nicht innerhalb an-

---

[23] Siehe oben Rn. 13 Fn. 31.

gemessener Zeit nacherfüllt. Dieses Umsetzungsdefizit läßt sich – jedenfalls inter partes – durch Anwendung der Generalklausel des § 323 II Nr. 3 bewältigen.[24]

Der Umstand, daß es sich bei § 323 II Nr. 3 um eine Generalklausel handelt, erlangt auch Bedeutung bei der Reihenfolge der Prüfung: Die spezielleren geschriebenen Entbehrlichkeitstatbestände sind – sämtlich, also auch die §§ 440, 478 I, 636 – vorab zu prüfen; erst danach ist auf die Generalklausel einzugehen.   **527**

V. Rücktrittshindernisse

Trotz grundsätzlichen Vorliegens der erforderlichen Voraussetzungen kann der Rücktritt ausgeschlossen sein. Die Gründe dafür sind höchst unterschiedlich. Teils geht es um ein nachträgliches Entfallen der Pflichtverletzung, teils um die Vorrangigkeit eines anderen Rechtsbehelfs und schließlich um Fälle des Gläubigerfehlverhaltens. Kein Rücktrittshindernis kann sich nach neuem Recht aus Hindernissen der anschließenden Rückabwicklung ergeben. Das alte Recht hatte entsprechende Ausschlüsse in den §§ 351–353 a.F. angeordnet, die nunmehr der Erkenntnis gewichen sind, daß es insoweit um Störungen des Rückgewährschuldverhältnisses (s.o. Rn. 423) geht. Die Folgen von Teilstörungen sind schließlich in § 323 V ebenfalls als Rücktrittsausschlüsse formuliert, allerdings geht es insoweit nur um die richtige Bestimmung des Umfangs, in welchem der Vertrag aufgehoben wird.   **528**

1. Bestand die Pflichtverletzung in der Nichterfüllung einer Verbindlichkeit, konnte aber der Schuldner mit einer Gegenforderung aufrechnen, dann wirkt die **Aufrechnung** auch nach Erklärung des Rücktritts zurück, führt also zu einer rückwirkenden Erfüllung – s. § 389 – und damit zu einer „Heilung" der Pflichtverletzung. Damit entfällt rückwirkend auch der Rücktrittsgrund und macht den Rücktritt unwirksam, sofern die Aufrechnung vom Schuldner *unverzüglich* nach dem Rücktritt, d.h. nach Zugang der Rücktrittserklärung bei ihm, erklärt wird, § 352.   **529**

Die Vorschrift hätte, da wohl nur gesetzliche Rücktrittsrechte betreffend, im Zusammenhang der §§ 323 ff. oder der Aufrechnung eingeordnet werden müssen. Im Grunde betrifft sie außerdem eine Selbstverständlichkeit: Bei Aufrechnung entfällt – rückwirkend – die Pflichtverletzung. Allerdings ist die in § 352 enthaltene Klarstellung insoweit hilfreich, als sonst möglicherweise aus der Eigenart des Rücktritts als Gestaltungsrecht – zu Unrecht – auf eine fehlende Rückwirkung geschlossen würde.

2. Ist die Pflichtverletzung auf einen Wegfall der Geschäftsgrundlage zurückzuführen (oben Rn. 111 ff.), dann muß **Vertragsanpassung**, d.h. das Recht des Schuldners auf Vertragsanpassung, **Vorrang** haben; § 313 III 1 sieht Rücktritt (oder Kündigung) nur als ultima ratio vor. M.E. muß deshalb auch ein bereits er-   **530**

---

[24] *Gebauer/Wiedmann/Leible*, §§ 433–480 Rn. 82.

klärter Rücktritt trotz der Gestaltungswirkung der Rücktrittserklärung unwirksam werden, wenn der Schuldner zu Recht Anpassung nach § 313 I oder II verlangt, denn andernfalls könnte der Gläubiger dem anpassungsberechtigten Schuldner das Anpassungsrecht durch Rücktrittserklärung aus der Hand schlagen.

531   3. Der Rücktritt hängt nicht von einem Vertretenmüssen des anderen Teils ab. Allerdings muß er ausgeschlossen sein, wenn die Pflichtverletzung auf ein Fehlverhalten des Gläubigers zurückgeht.[25] Die entsprechende Regel enthält § 323 VI: Ist der **Gläubiger** selbst für die Pflichtverletzung des Schuldners ganz oder überwiegend verantwortlich oder war er im Zeitpunkt der Pflichtverletzung bereits in Annahmeverzug, dann ist sein Rücktrittsrecht ausgeschlossen.[26]

> Beispiele: Der Käufer zerstört den gekauften PKW vor der endgültigen Übergabe bei einer Probefahrt auf dem Hof des Händlers.
> Der Händler hat das Fahrzeug zur Abholung bereitgestellt und den Käufer benachrichtigt, der jedoch unter einem Vorwand die Abnahme verweigert. Jetzt verbrennt das Fahrzeug bei einem Brand, den der Verkäufer nicht zu vertreten hat.
> In beiden Fällen ist Rücktritt ausgeschlossen; der Käufer muß den Kaufpreis zahlen und das Wrack abnehmen.

Das Gesetz rechnet dem Gläubiger zu, daß er für den Umstand, der die Pflichtverletzung bewirkt hat, „verantwortlich" war, vermeidet also das Wort „Vertretenmüssen" oder gar „Verschulden". Damit soll der schon bei Behandlung des § 254 bemerkten Schwierigkeit (oben Rn. 313 ff.) vorgebeugt werden, daß der Gläubiger nicht notwendig – wenn auch meist – eine gegenüber dem Schuldner bestehende Pflicht, auf die sich ein „Vertretenmüssen" zu beziehen hätte, verletzt haben muß, sondern daß Verantwortung auch aufgrund Verletzung von Obliegenheiten zur Kooperation entstehen kann.

532   4. Da der Rücktritt unabhängig davon ist, ob der Schuldner die Pflichtverletzung zu vertreten hat (s.o. Rn. 507), wirken §§ 323, 324, 326 V teilweise als Regelung der Gegenleistungsgefahr: Da der Gläubiger seine Leistung nicht (vollständig) erhält, kann er seine Verpflichtung zur Gegenleistung im Wege des Rücktritts beseitigen. Damit treten die Rücktrittsvorschriften freilich in Konflikt mit den besonderen Regeln zur Gegenleistungsgefahr. Während für die parallele Problematik bei § 326 I allgemeine Einigkeit dahingehend besteht, daß die Vorschrift durch besondere Regeln der Gegenleistungsgefahr verdrängt wird (s.o. Rn. 513), wird dieser Punkt zum Rücktrittsrecht bislang nicht diskutiert. Sollen jedoch die besonderen Gefahrtragungsregeln nicht über den Rück-

---

[25] Nach altem Recht spielte dieser Punkt nur selten eine vom Erfordernis des Vertretenmüssens gesonderte Rolle beim sog. tu quoque-Einwand: *Staudinger/Kaiser* (2001), § 351 Rn. 73.
[26] In Anwendung des Schuldrechts a.F. haben diese Fälle Schwierigkeiten bereitet, vgl. *Faust*, Von beiden Teilen zu vertretende Unmöglichkeit, JuS 2001, 133, 138 sowie 140 zum (damaligen) ReformE („nicht geglückt").

tritt ausgehebelt werden können, müssen sie in Fällen der Gefahrtragung – also bei Störungen, welche von keiner Seite zu vertreten sind – als Rücktrittssperre wirken. Dies ist für den Fall des Annahmeverzugs in § 323 VI Alt. 2 ausdrücklich geregelt, gilt aber auch für sonstige Gefahrtragungsregeln wie §§ 446, 447. Denkbar ist eine Anwendung dieser Regel auch auf §§ 615, 616; wegen der weitgehenden Verdrängung des Rücktritts durch die Kündigung wird dies freilich kaum praktische Relevanz erlangen.

5. Ist ein Rücktrittsrecht aus § 323 – sei es nach oder ohne Fristsetzung – entstanden, dann besteht grundsätzlich kein Zwang für den rücktrittsberechtigten Gläubiger, es bald auszuüben und sich zu entscheiden, ob er weiter Erfüllung verlangen oder zurücktreten (oder/und Schadensersatz verlangen) will. Darin liegt ein Nachteil der Aufgabe des Erfordernisses einer Ablehnungsandrohung in § 326 a.F. (s. oben Rn. 517), denn sie ließ mit Ablauf der Nachfrist den Erfüllungsanspruch entfallen. Nach der Neuregelung kann der Gläubiger abwarten und ggfs. auf Kosten des Schuldners spekulieren, sofern nicht ein Fixhandelskauf nach § 376 I 2 HGB vorliegt. Die durch § 218 nunmehr eingefügte „Verjährbarkeit" von Rücktrittsrechten wird dem Schuldner wegen der inzwischen langen Fristen kaum helfen. **533**

Für vertraglich vereinbarte Rücktrittsrechte enthält § 350 einen Fristsetzungsmechanismus, durch welchen der Rücktrittsgegner den Rücktrittsberechtigten zu einer Entscheidung über den Rücktritt zwingen kann. Im Verlauf der Reform hat es verschiedene Versuche gegeben, das ius variandi des Gläubigers auch für gesetzliche Rücktrittsrechte zu beschränken, etwa durch eine § 350 entsprechende Möglichkeit, den Gläubiger durch Fristsetzung zur Entscheidung zu zwingen, s. § 323 V KF. Später hat man die vorgeschlagene Regelung als zu kompliziert bewertet und aufgegeben.

Dem Spekulieren auf Kosten des Schuldners läßt sich – mangels Analogiefähigkeit von § 350 – mit drei Instrumenten beikommen: **534**

a. In Betracht kommt zunächst eine Anwendung von § 242, so daß u.U. bei allzu langem Zuwarten das Rücktrittsrecht verwirkt sein kann. Voraussetzung dafür ist freilich, daß beim Rücktrittsgegner eine schutzwürdige Vertrauensposition entstanden ist (zu den Voraussetzungen der Verwirkung im allgemeinen s. Rn. 151).

b. Ein Entscheidungsdruck auf den Gläubiger dürfte zudem dadurch entstehen, daß aufgrund Zuwartens und Ausübung des Rücktrittsrecht zu einem Zeitpunkt, zu dem ein Deckungsgeschäft teurer geworden ist und der neben Rücktritt geltend gemachte Schaden deshalb höher ausfällt als bei rechtzeitigem Rücktritt, das Zuwarten als Mitverschulden an der Schadenshöhe nach § 254 II 2 Hs. 2 den Ersatzanspruch des Gläubigers mindern kann.

c. Von erheblichem praktischem Interesse ist schließlich, daß der Schuldner den Gläubiger auch durch ein nicht umgehend durch Rücktritt abgelehntes Angebot seiner Leistung um das Rücktrittsrecht bringen kann: Anders als nach

§ 326 a.F. erlischt der Erfüllungsanspruch nicht mit Ablauf der Nachfrist, daher ist der Schuldner noch zur Leistung befugt und kann, wenn der Gläubiger sein Rücktrittsrecht nicht sofort ausübt, dessen Annahmeverzug herbeiführen. Dieser schließt dann in Anwendung von § 323 VI den Rücktritt aus; daß der Annahmeverzug der Pflichtverletzung erst nachfolgt schadet nicht.[27]

535   6. Schließlich ist der Rücktritt ausgeschlossen, wenn der Gläubiger ihn solange herausgezögert hat, bis der vorrangige Nacherfüllungsanspruch verjährt ist oder verjährt sein würde, § 218. Auf die Verjährung des Nacherfüllungsanspruchs muß sich der Schuldner freilich berufen. Ob die Vorschrift auch auf andere Rücktrittsrechte (und Minderungsrechte) als die in §§ 323, 437 Nr. 2, 634 Nr. 3 angesprochenen anwendbar ist, ist unsicher.[28]

VI. Besonderheiten bei Teilstörungen

536   Bei Teilleistungen und Pflichtverletzungen, welche nur einen Teil des Vertrags betreffen, kann der Gläubiger grundsätzlich nur wegen dieses von der Pflichtverletzung betroffenen Teils des Vertrags zurücktreten, u.z. entweder nach Ablauf einer gesetzten Nachfrist oder sofort, wenn Nachfrist entbehrlich war (oben Rn. 519). Ein Rücktritt vom Vertrag insgesamt kommt hingegen bei derartigen Teilstörungen nur unter zusätzlichen Voraussetzungen in Betracht. Hier scheint wieder der eingangs (Rn. 502) verdeutlichte Grundgedanke einer Regelung des Rücktrittsrechts durch, daß nur bei hinreichender Schwere, dargetan durch den Interessewegfall des Gläubigers aufgrund der Pflichtverletzung, Rücktritt vom (ganzen) Vertrag gerechtfertigt ist.

537   Die Grundregel für Teilstörungen enthält § 323 V 1: Hat der Gläubiger an der Teilleistung allein kein Interesse, kann er vom ganzen Vertrag zurücktreten.[29] Wann das Interesse des Gläubigers entfällt, richtet sich nicht nach dessen Gemütslage im Zeitpunkt der Pflichtverletzung, sondern nach der Gewichtung der verschieden Pflichten, wie sie sich aus dem Vertrag ergibt.

538   Für einen Sonderfall der Teilstörung, nämlich die vertragswidrig beschaffene, also mangelhafte Leistung, legt das Gesetz in § 323 V 2 die Latte erheblich niedriger: Eine nur unerhebliche Verletzung der Pflicht zur mangelfreien Leistung rechtfertigt Rücktritt (und die damit fast immer verbundenen Zusatzkosten) nicht – der Gläubiger kann (zumeist) mindern oder Schadensersatz verlangen. Das gilt auch bei Rechtsmängeln: Kann der Verkäufer seine Verpflichtung, das Eigentum an dem verkauften Gegenstand frei von Rechten Dritter zu übertra-

---

[27] S. AnwKomm-BGB/*Schmidt-Kessel*, §§ 294–296 Rn. 17.
[28] Vgl. *Staudinger/Peters* (2004), § 218 Rn. 12.
[29] Zu dem schwierigen Verhältnis dieser Regel zu § 266 siehe AnwKomm-BGB/*Schmidt-Kessel*, §§ 294–296 Rn. 13.

gen – s. §§ 433 I 2, 435 S. 1 – nicht erfüllen, dann hängt das Rücktrittsrecht des Käufers nach § 323 V 2 davon ab, ob der Rechtsmangel unerheblich ist oder nicht.[30]

Daß es sich bei § 323 V 2 nur um eine Sonderregel zu Satz 1 handelt, ist nicht allgemein anerkannt. Allerdings ergibt sich dies nicht nur aus der systematischen Stellung beider Sätze in § 323 V. Vielmehr folgt die Einordnung der Vorschrift aus § 326 I 2: Diese Vorschrift wäre nämlich überflüssig, wenn die Fälle der Vertragswidrigkeit nicht von § 326 I 1 Hs. 2 erfaßt wären.

VII. Rücktrittserklärung und deren Entbehrlichkeit

Für die Ausübung des Rücktrittsrechts ist eine Erklärung des Berechtigten gegenüber dem anderen Teil erforderlich, § 349 (s. Rn. 421). Allerdings ist eine Erklärung des Rücktritts nicht in jedem Falle erforderlich: Zum einen kann die Aufhebung des Vertrags beim Schadensersatz statt der ganzen Leistung in eine Schadensberechnung eingebunden sein, § 281 IV, V (s. Rn. 632f.). Zum anderen entspricht § 326 I seiner Funktion nach weitgehend einem erklärten Rücktritt: Soweit das Hindernis nach § 275 reicht, erloschen die Erfüllungsansprüche; ggfs. ermöglicht § 326 IV eine Rückabwicklung. Überspitzt läßt sich von einem „erklärungslosen Rücktritt" sprechen.   **539**

§ 2 Folgen des Rücktritts

Durch den Rücktritt werden die Parteien von noch nicht erfüllten Pflichten weitgehend frei. Das Gesetz regelt diese Folge freilich nicht ausdrücklich, sondern macht dies nur implizit deutlich, s. § 346. Hinsichtlich bereits erbrachter Leistungen entsteht ein Rückabwicklungsverhältnis. Das Schuldrecht a.F. hatte die Ausübung des Rücktrittsrechts und die Folgen des Rücktritts unter Verweisung auf die Vorschriften der §§ 346ff. für das vertraglich vereinbarte Rücktrittsrecht geregelt, § 327 S. 1 a.F. Das SchRModG hat diese Regelungstechnik beibehalten, allerdings in den §§ 346ff. deutlich beide Rücktrittsfälle – Rücktritt aufgrund vertraglich vorbehaltenen Rechts oder aufgrund Pflichtverletzung als gesetzlicher Rechtsbehelf – erfaßt und differenziert; hier werden deshalb Ausübung und Rechtsfolgen des gesetzlichen Rücktrittsrechts ebenfalls zusammen mit dem vertraglich vorbehaltenen Rücktritt dargestellt (oben Kapitel 10).   **540**

Ist der Rücktrittsgrund von einer Seite zu vertreten, kann der andere Teil Schadensersatz verlangen, § 325. Die nach §§ 325, 326 a.F. aus historischen

---

[30] Vgl. dagegen zum Schuldrecht a.F. BGH NJW 2000, 1256: Vollständige Nichterfüllung.

und konstruktiven Gründen geregelte Alternativität von Rücktritt oder Schadensersatz ist im Einklang mit anderen Rechtsordnungen und den Einheitsrechtsprojekten aufgegeben worden.

§ 3 Kündigung aus wichtigem Grund

Lit.: *v. Hase*, Fristlose Kündigung und Abmahnung nach neuem Recht, NJW 2002, 2278–2283.

541   § 314 regelt das Recht zur Kündigung von Dauerschuldverhältnissen aus wichtigem Grund. Zum Schuldrecht a.F. hatten Rspr. und Lehre aus verschiedenen Einzelbestimmungen, die ein solches Kündigungsrecht regelten, bereits eine allgemeine Regel entwickelt, die für alle Dauerschuldverhältnisse galt.

542   Die in § 314 vorausgesetzten Dauerschuldverhältnisse sind wohl nur solche aus Verträgen, denn ein gesetzliches Dauerschuldverhältnis, etwa eine Unterhaltsverpflichtung, kann man nicht aus wichtigem Grund kündigen.[31] Die Verträge sind dadurch gekennzeichnet, daß während einer bestimmten oder unbestimmten Zeitperiode ständig Pflichten zu erfüllen sind und teilweise auch ständig neu entstehen; das Dauerschuldverhältnis erschöpft sich also nicht in einem einmaligen Leistungsaustausch. Geschuldet sind ein dauerndes Verhalten oder ständige, evtl. wiederkehrende Leistungen, deren Umfang wesentlich durch die Zeitdauer des Schuldverhältnisses bestimmt sind.

Bsp. sind Miet-, Dienst-, Darlehens-, Verwahrungs-, Bewachungs-, Gesellschafts-, Versicherungsverträge, aber auch Factoring-, Franchising-, Vertragshändlerverträge u.ä. Auch Werk-, Makler- oder Kaufverträge mit Dauerlieferpflichten (Strom-, Gas und Wasserversorgung) können vertraglich als Dauerschuldverhältnisse gestaltet sein.

543   Weil bei solchen Verträgen die Rückabwicklung in der Vergangenheit erbrachter Leistungen Schwierigkeiten bereiten kann, soll bei schweren Störungen der betroffene andere Teil nicht durch Rücktritt ex tunc aufheben können – jedenfalls falls das Dauerschuldverhältnis bereits in Vollzug gesetzt worden ist –, sondern nur ex nunc durch Kündigung.

Die Unterscheidung der Aufhebungsfälle Rücktritt mit ex tunc Wirkung, d.h. Rückbezug auf den Zeitpunkt des Vertragsschlusses, und Kündigung mit ex nunc Wirkung, d.h. Wirkung ab Wirksamwerden der Kündigung, hat die Rspr. freilich zum Schuldrecht a.F. nicht immer eingehalten und etwa bei Sukzessivlieferungsverträgen vom Rücktritt mit ex nunc Wirkung gesprochen, wo es um Beschränkung der Rücktrittswirkung auf (nur) eine Teillieferung ging. Diese Fälle sind jetzt in § 323 V 1 geregelt (s. Rn. 537).

---

[31] Auch der Wortlaut von § 314 II spricht dafür, daß es um Kündigung eines Vertrages geht.

I. Wichtiger Grund und Pflichtverletzung

Die Definition des wichtigen Grundes in § 314 I 2 spiegelt die oben vorgestell- **544**
te Grundlage (s. o. Rn. 502) der Vertragsaufhebung, daß eine schwere Beeinträchtigung des Gläubigerinteresses geschehen sein muß, wobei die Schwere
vom jeweiligen Gläubigerinteresse in Abwägung gegen die Schuldnerinteressen
am Fortbestand des Vertrages abhängt, die Fortsetzung des Vertrages also als Ergebnis dieser Abwägung für den Gläubiger unzumutbar geworden sein muß.

Die Vorschrift erfaßt ausweislich § 314 II insbesondere diejenigen Fälle, in **545**
welchen sich der wichtige Grund aus einer Pflichtverletzung ergibt. Anders als
beim Rücktrittsrecht, wird hier schon im Wortlaut nicht der Eindruck erweckt,
es sei zwischen unterschiedlichen Typen von Pflichtverletzungen oder – verlet-
zungsfolgen zu unterscheiden (s. o. Rn. 508).

Angesichts der Weite des Pflichtverletzungstatbestands und seiner Vorverla- **546**
gerung nach § 323 IV werden die meisten Fälle einer Kündigung aus wichtigem
Grund wohl in den Anwendungsbereich von § 314 II fallen und damit auf einer
Pflichtverletzung beruhen. Allerdings ist dadurch § 314 I gleichwohl nicht erschöpft: Wichtigster Fall neben der Pflichtverletzung ist § 313 III 2. Allerdings
wird hier der wichtige Grund sogleich durch den Vorrang der Vertragsanpassung modifiziert. Weitere Fälle sind etwa der nicht ausräumbare Verdacht einer
schweren Pflichtverletzung und sonstige Fälle einer nicht pflichtwidrig herbei-
geführten Zerrüttung des Vertrauensverhältnisses.[32]

II. Fristsetzung, Abmahnung und deren Entbehrlichkeit

Wird der Rücktrittsgrund durch eine Pflichtverletzung des anderen Teils aus- **547**
gelöst, dann soll dem Pflichtverletzer wie beim Rücktritt zunächst eine zweite
Chance eingeräumt werden; es ist also zunächst Nachfrist zu setzen oder – vor
allem bei Schutzpflichtverletzungen oder Unterlassungspflichten – zunächst ab-
zumahnen, § 314 II 1.[33] Entsprechend der Regelung beim Rücktritt ist Fristsetzung oder Abmahnung entbehrlich, falls nutzlos, § 314 II 2, etwa der Schaden
aus Schutzpflichtverletzung bereits eingetreten ist oder die Unterlassungspflicht bereits durch einmaliges Zuwiderhandeln so gravierend verletzt ist, daß
– entsprechend § 323 II Nr. 3 – sofortige Kündigung gerechtfertigt ist.[34]

Freilich ist fraglich, ob Pflichtverletzung nebst erfolgloser Fristsetzung oder **548**
Abmahnung ausreichen. Mehr noch als bei § 323 handelt es sich bei der Verletzung von Dauerschuldverhältnissen um Teilstörungen des Vertrags. Damit ge-

---

[32] *MünchKomm/Gaier*, § 314 Rn. 12.
[33] Zur Parallele zur Rüge *v. Hase* (Lit. vor Rn. 541), 2280.
[34] Zu den „besonderen Umständen" s. a. *v. Hase* (Lit. vor Rn. 541), 2281.

nügen der Ablauf einer angemessenen Frist respective die erfolglose Abmahnung allein in aller Regel nicht, um das hinreichende Gewicht der Pflichtverletzung sicher zu stellen. Dieses Gewicht muß sich vielmehr aus dem Umstand ergeben, daß auch die Pflichtverletzung nach § 314 II einen wichtigen Grund im
Sinne von Abs. 1 bilden muß. Für die Kündigung sind an sich also erhöhte Anforderungen zu stellen. Erfaßt werden insbesondere die Vertragsaufsage und die
Erfüllungsverweigerung, weiter eine sonstige schwerwiegende Unzuverlässig-
keit in der Vertragsabwicklung.

III. Kündigungsausschlüsse

549   Wie der Rücktritt, so kann auch die Kündigung aus wichtigem Grund am Vorliegen eines Ausschlußgrundes scheitern. Einen eigenständigen Kündigungsaus-
schluß regelt das Gesetz lediglich in § 314 III: Anders als beim Rücktrittsrecht
können Kündigungsgründe auch unterhalb der Verjährungsschwelle (vgl.
§ 218) nicht aufbewahrt werden: Der Kündigungsberechtigte muß vielmehr innerhalb angemessener Frist ab (positiver) Kenntnis vom Kündigungsgrund kündigen, sonst „verfällt" sein Recht auf Kündigung. Darüber hinaus sind die verschiedenen Rücktrittshindernisse (s. o. Rn. 528 ff.) weitgehend anwendbar. Das
gilt für die Rückwirkung der Aufrechnung auch ohne eine Analogie zu § 352
und ergibt sich für die Fälle des Wegfalls der Geschäftsgrundlage unmittelbar
aus dem Gesetz, § 313 I, II. § 323 IV ist richtigerweise entsprechend anzuwenden.

IV. Rechtsfolgen der Kündigung

550   Die Kündigung aus wichtigem Grund erfolgt durch empfangsbedürftige Wil-
lenserklärung (s. o. Rn. 437 und Rn. 421). Sie wirkt „fristlos", also sofort mit
Wirksamwerden der Kündigungserklärung (Zugang, s. § 130 I). Daneben kann
Schadensersatz verlangt werden, § 314 IV. Zu einzelnen speziellen Kündigungs-
vorschriften besteht Konkurrenz, vgl. § 490 III, andere sollen § 314 vorgehen.[35]
Die besonderen Kündigungsvorschriften des Arbeitsrechts haben jedenfalls
Vorrang. Vertragsanpassung bei Wegfall oder Änderung der Geschäftsgrundla-
ge gehen vor.[36] Zu den Rechtsfolgen im Einzelnen s. o. Rn. 437.

---

[35] S. *v. Hase* (Lit. vor Rn. 541), 2278.
[36] S. oben Rn. 111; ferner *v. Hase* (Lit. vor Rn. 541), 2279.

§ 4 Teilrücktritt und Teilkündigung

Lit.: Kießling/Becker, Die Teilkündigung von Dauerschuldverhältnissen, WM 2002, 578–588.

Rücktritt wie Kündigung gelten herkömmlich als „unteilbar".[37] Dahinter **551** steht die zutreffende Überlegung, daß es der Rücktrittsberechtigte bei Anerkennung eines allgemeinen Teilrücktrittsrechts in der Hand hätte, „die von den Parteien vereinbarten Vertragszusammenhänge zu zerreißen und das Äquivalenzgefüge des Vertrages zu zerstören."[38] Freilich hat dieses Dogma der Unteilbarkeit kaum einmal Aufnahme in den Wortlaut des Gesetzes gefunden. Insoweit bildet § 351 eine Ausnahme, die allerdings allein den Fall regelt, daß ein Rücktritt von einem Vertrag erfolgen soll, an dem auf der einen oder der anderen Seite mehrere beteiligt sind (s.u. Rn. 834). Im Übrigen unterliegt die Annahme eines generellen Ausschlusses von Teilkündigung oder Teilrücktritt erheblichen Zweifeln:

Während bei vertraglich vorbehaltenen Rücktrittsrechten die Zulässigkeit ei- **552** nes Teilrücktritts richtigerweise davon abhängt, daß sich die Teilbarkeit des Rücktrittsrechts ausnahmsweise im Wege der Auslegung dem Vertrag entnehmen läßt, findet sich ein gesetzliches Recht zum Teilrücktritt sogar ausdrücklich geregelt: § 323 V 1 erlaubt den Teilrücktritt, soweit eine eingetretene Teilstörung des Vertrages reicht. Dasselbe gilt nach § 323 V 2 für den Sonderfall der Vertragswidrigkeit einer erbrachten oder zu erbringenden Leistung; der Teilrücktritt heißt dann Minderung (s.u. Rn. 557). In den Fällen des § 326 I 1 Hs. 2 bedarf es nicht einmal einer Erklärung des Rücktritts, allerdings steht dieser Weg nur für andere Teilstörungen als die Vertragswidrigkeit offen, § 326 I 2, bei welcher in jedem Falle die Gestaltungserklärung erforderlich bleibt.

Mit diesen Vorschriften hat das Bürgerliche Gesetzbuch den allgemeinen **553** Grundsatz etabliert, daß bei Pflichtverletzungen dem verletzten Teil – neben dem nicht immer möglichen Gesamtrücktritt – ganz generell ein auf das **Maß der Pflichtverletzung** beschränkter Teilrücktritt offensteht. Das Äquivalenzgefüge des Vertrags wird dabei dadurch aufrecht erhalten, daß es nach oder – in den meisten Fällen – analog §§ 326 I 1 Hs. 2, 441 zu einer proportionalen Herabsetzung[39] der Gegenleistung kommt.

Für den gesetzlichen Teilrücktritt sind damit die wesentlichen Argumente der hA ausgeräumt: Die Äquivalenz von Leistung und Gegenleistung wird durch die Proportionalität der Herabsetzung gewahrt. Das Zerreißen des vertraglichen Pflichtengefüges ist keine Folge des Teilrücktritts sondern der Pflichtverletzung, welche sich ohnehin – soweit der Entlastungsbeweis nach § 280 I 2 nicht gelingt – außer im Recht zum Teilrücktritt im

---

[37] S. etwa *Staudinger/Kaiser* (2004), § 346 Rn. 58 m.w.N.
[38] *Staudinger/Kaiser*, aaO.
[39] In diesem Sinne auch *MünchKomm/Ernst*, § 325 Rn. 27.

Schadensersatz statt der Leistung niederschlägt. Schwierigkeiten ergeben sich freilich, wenn der verletzte Teil weder insgesamt noch beschränkt auf das Maß der Pflichtverletzung zurücktritt, sondern einen Mittelweg (Bsp: Rücktritt für den einen mangelhaften von zehn gelieferten Pkw) geht. Da das Rücktrittsrecht auch insoweit auf der Pflichtverletzung beruht, ist hier freilich Großzügigkeit angezeigt, sofern ein sinnvoller Vertragsrest bestehen bleibt.

554   Bei der Teilkündigung richtet sich die besonders streitträchtige Sachfrage darauf, ob ordentlich teilweise gekündigt werden könne.[40] Trotz guter Gründe für eine solche Zulässigkeit ist freilich zu beachten, daß die ordentliche, also anlaßlose Teilkündigung für den anderen Teil zumindest das Recht öffnen muß, sich ohne weitere Voraussetzungen durch außerordentliche Kündigung vom Vertrag insgesamt zu lösen.[41] Daraus folgt zudem, daß Teilkündigungen jedenfalls dann ausgeschlossen sind, wenn respective soweit dem kündigenden Teil ein Abgehen vom gesamten Vertrag – etwa nach §§ 573ff. oder nach §§ 1 KSchG – verwehrt ist.

555   Entsprechend der Situation beim Rücktrittsrecht sind **Teilkündigungen** in Dauerschuldverhältnissen aber jedenfalls insoweit möglich, als sie auf das **Maß einer Pflichtverletzung** beschränkt sind. Ein praktisches Beispiel dafür ist die Minderung nach § 536 wegen Mängeln der Mietsache. Dieses macht zugleich deutlich, daß Teilkündigungen dieser Art bei Dauerverträgen ggfs. zeitlich begrenzte Wirkungen entfalten. Basis für die Teilkündigung ist insoweit § 314 i.V.m. §§ 323 V, 326 I 1 Hs. 2 und S. 2, nicht hingegen § 313 I, II.[42] Rechtsfolge ist dementsprechend die proportionale Herabsetzung der Gegenleistung analog §§ 326 I 1 Hs. 2, 441 III; von ihr weicht der ipso iure wirkende § 536 I 2 nur marginal ab.

§ 5 Minderung als allgemeiner Rechtsbehelf?

556   Im Rahmen der Vorarbeiten zur Schuldrechtsmodernisierung war erwogen worden, die Minderung wie in Art. 9:401 PECL zum generellen Rechtsbehelf des allgemeinen Leistungsstörungsrechts zu erheben. Der befürchtete Widerstand von Vertretern vor allem der freien Berufe hatte jedoch bereits die Schuldrechtsreformkommission zum Verzicht auf ein solches Recht bewogen.[43]

---

[40] Dafür mit Nachdruck *Kießling/Becker* (Lit. vor Rn. 551), 578, 573ff.

[41] Vgl. § 561.

[42] So aber *Kießling/Becker* (Lit. vor Rn. 551), 578, 581ff., 588 (der Beitrag stammt seiner Substanz nach freilich noch aus der Zeit vor der Schuldrechtsreform). Richtig ist freilich die generell enge Verwandtschaft zwischen Minderung und Vertragsanpassung nach § 313 I, II: *Schlechtriem*, Entwicklung des deutschen Schuldrechts und Europäische Rechtsangleichung, in: *Helms/Neumann/Caspers/Sailer/Schmidt-Kessel* (Hrsg.), Das neue Schuldrecht, Jahrbuch Junger Zivilrechtswissenschaftler 2001, 9, 28.

[43] S. *Schlechtriem* (Fn. 42), 27.

Die Väter des Gesetzes, welche erst in den Jahren 2000–2002 tätig geworden sind, machten sich über eine derartige Verallgemeinerung des Minderungsrechts dementsprechend kaum noch Gedanken. Die entscheidende **Sachfrage** bei der Verallgemeinerung der Minderung ist – wie mit dem Hinweis auf die möglichen Quellen des Widerstands bereits angedeutet – die Anwendbarkeit der **Minderung auf den Dienstvertrag**.

Anders als der Abschlußbericht der Schuldrechtsreformkommission und Diskussionsentwurf von 2000 sieht die endgültige Fassung des Gesetzes jedoch die Minderung als allgemeinen Rechtsbehelf vor, auch wenn sie ihn nicht so nennt: Der **Teilrücktritt wegen Vertragswidrigkeit der Leistung** (s.o. Rn.552) nach § 323 V 2 **ist** nichts anderes als eine **Minderung**. Das zeigen auch die Verweisungen in §§ 441 I, 638 I. Mit der Zulassung des Teilrücktritts wegen Vertragswidrigkeit ist daher die Minderung als allgemeiner Rechtsbehelf etabliert. Das hat letztlich auch der Gesetzgeber erkannt und in § 326 I 2 ein zusätzliches systematisches Argument für ein allgemeines Minderungsrecht geschaffen: Dieser Vorschrift bedürfte es nicht, ginge man nicht von der Anwendbarkeit von § 326 I 1 Hs. 2 auf Fälle der Vertragswidrigkeit aus. Ihr Fehlen bei § 323 V 2 eröffnet zudem den Umkehrschluß, daß die Minderung im Wege der Gestaltungserklärung generell zur Verfügung steht. Diese Lösung läßt sich auch auf Dauerschuldverhältnisse übertragen, wo mit der Teilkündigung (s.o. Rn. 554f.) auch das entsprechende Instrument zur Verfügung steht. 557

Beispiel: Ein freier Anlageberater führt eine Beratung gegen Honorar durch, unterläßt es jedoch auf eine für den betreffenden Kunden besonders interessante Anlagestrategie hinzuweisen. Der Kunde ist berechtigt, das Honorar durch Teilrücktritt nach §§ 323 V 2, I, 326 I 1 Hs. 2, 441 III zu mindern.

Kapitel 15: Ansprüche auf Schadensersatz

Pflichtverletzungen des Schuldners, gleich, ob vertragliche oder gesetzliche Pflichten verletzt worden sind, können Schadensersatzansprüche auslösen. Zwei Sachproblemen kommt bei der Regelung von Schadensersatzansprüchen aufgrund Verletzung von Pflichten zwischen bestimmten Personen[1] entscheidende Bedeutung zu: 1. Der Schuldner ist im Falle einer Pflichtverletzung nur schadensersatzpflichtig, wenn er sie zu vertreten hat. 2. Kann der Schuldner sowohl Schadensersatz als auch Erfüllung in Natur verlangen, muß die Konkurrenz dieser Rechtsbehelfe bewältigt werden. Das deutsche Recht tut dies durch die in den §§ 280 III, 281–283 organisierte Regel, daß dem Erfüllungsanspruch 558

---

[1] Im Unterschied zu den allgemeinen, gegenüber jedermann bestehenden sog. Verkehrs- oder Verkehrssicherungspflichten des Deliktsrechts.

grundsätzlich Vorrang zukommt vor dem an dessen Stelle tretenden „Schadensersatz statt der Leistung". Inhalt und Umfang des Schadensersatzes richten sich im übrigen nach den allgemeinen Regeln der §§ 249 ff. (s. o. Rn. 247 ff.)

559   Für den Rechtsbehelf des Schadensersatzes arbeitet das Gesetz mit einer zentralen Norm: § 280 ist – jedenfalls der Idee nach – die Anspruchsgrundlage für Schadensersatzansprüche aufgrund jeglicher Pflichtverletzungen in Schuldverhältnissen. Idealiter verweisen Vorschriften, welche an anderer Stelle auf Schadensersatzansprüche Bezug nehmen, auf die Zentralnorm und begründen keine eigenen Anspruchsgrundlagen.

Das gilt insbesondere für §§ 437 Nr. 3 und 634 Nr. 4, die – anders als gelegentlich zu lesen – keine eigene Anspruchsgrundlage enthalten. Ebenso enthalten die §§ 281–283 lediglich zusätzliche Voraussetzungen der Ersatzfähigkeit des eingetretenen Schadens; nicht etwa gewährleisten sie selbst einen Anspruch auf Schadensersatz.

Während in den meisten Fällen über die Einordnung einzelner Vorschriften weitestgehend Einigkeit besteht, ist das richtige Verständnis von § 311a II 1 umstritten: Vielfach wird hier im Anschluß an die Begründung des RegE zum SchRModG die Auffassung geäußert, es handele sich um eine eigenständige Anspruchsgrundlage.[2] Dem ist jedoch entgegenzutreten: § 311a II 1 begründet lediglich einen besonderen Maßstab des Vertretenmüssens für anfängliche Leistungsstörungen (s. u. Rn. 576).

560   Für die Prüfung von Schadensersatzansprüchen aus Schuldverhältnissen ergibt sich damit folgender Aufbau: Zunächst ist zu klären, ob ein Schuldverhältnis besteht. Sodann ist die – möglicherweise – verletzte Pflicht herauszuarbeiten (s. o. Rn. 452 ff.). Dabei ist von besonderer Bedeutung, daß diese Pflicht möglichst präzise beschrieben wird. Ist diese Pflicht verletzt, stellt sich die weitere Frage, ob sich der Schuldner nach § 280 I 2 entlasten kann, weil er die Pflichtverletzung nicht zu vertreten hat (dazu sogleich Rn. 561 ff.). Schließlich muß ein Schaden entstanden sein, der auch ersatzfähig ist. Dies ist die Stelle, an der richtigerweise die in den §§ 280 III, 281–283 verschlüsselten Regeln über die Konkurrenz des Schadensersatzes zum Anspruch auf Erfüllung in Natur zu behandeln sind (dazu unten Rn. 616 ff.).

§ 1 Vertretenmüssen der Pflichtverletzung

Lit.: *v. Caemmerer*, Das Verschuldensprinzip in rechtsvergleichender Sicht, RabelsZ 42 (1978), 5–27; *Deutsch*, Die Fahrlässigkeit im neuen Schuldrecht, AcP 202 (2002), 889–911.

561   Die Verletzung einer Pflicht des Schuldners löst Schadensersatzansprüche nur aus, wenn er die Pflichtverletzung – respective den Umstand, der sie verur-

---

[2] BT-Drs. 14/6040, 166; *Jauernig/Stadler*, § 311a Rn. 1; unkritisch übernommen von OLG Karlsruhe, NJW 2005, 989, 991.

sacht hat – zu verantworten hat. Das deutsche Zivilrecht verwendet für diese Verantwortung zumeist den Begriff „**Vertretenmüssen**".[3]

Zentrale Norm für das Vertretenmüssen ist § 276 I 1. Daraus ergibt sich, daß   **562** das Gesetz hier gleichsam eine Variable setzt: Dem Vertretenmüssen können verschiedene Werte zugewiesen werden, wobei § 276 I 1 zugleich bestimmt, daß der Schuldner regelmäßig – sozusagen als Standardwert – Vorsatz und Fahrlässigkeit zu vertreten hat.

Als **Bezugspunkt** der Verantwortung des Schuldners gewinnt die Ursache   **563** der Pflichtverletzung entscheidende Bedeutung. Die Ursache kann im eigenen Verhalten des Schuldners oder im Verhalten eines Dritten zu finden sein, sie kann aber auch natürliche Gründe haben, für die bzw. für deren Kontrolle und Steuerung der Schuldner verantwortlich sein kann. Bei Verletzung von Leistungspflichten geht es oft um Hindernisse, die der richtigen, d.h. pflichtgemäßen Erfüllung entgegenstehen, und bei denen zu fragen und wertend zu beantworten ist, ob und unter welchen Voraussetzungen der Schuldner für sie einzustehen hat. Hier spielen die Art des Hindernisses und der Störung eine Rolle, etwa, ob Unmöglichkeit oder Unvermögen für die Pflichtverletzung ursächlich waren und worauf sie beruhten. Bei Vertragspflichten spielt auch eine entscheidende Rolle, ob das Leistungshindernis schon vor Vertragsschluß gegeben war oder erst danach entstanden ist (s.u. Rn.575ff.). Hier, d.h. bei der Beurteilung der Verantwortung des Schuldners für die Pflichtverletzung, haben also die Zentralbegriffe des Schuldrechts a.F. „anfängliche oder nachträgliche Unmöglichkeit, anfängliches oder nachträgliches Unvermögen" noch eine gewisse Bedeutung.

I. „Verschuldensprinzip" und Pflichtengefüge

In der Rechtslehre wird als Kern der Regelung des § 276 vielfach das sog. Ver-   **564** schuldensprinzip angesprochen und zugleich die Haftung wegen Pflichtverletzung in Zusammenhang mit der Frage gebracht, ob diese dem Schuldner vorzuwerfen sei.[4] Gegenüber einer solchen Überhöhung der Haftungsmaßstäbe ist freilich Skepsis angebracht. Insbesondere ist die Haftung wegen Verletzung einer vertraglichen Pflicht nicht mit einem persönlichen Vorwurf gegen den Haftenden verbunden noch von einem solchen Vorwurf abhängig. Die Frage, ob der Schuldner überhaupt verantwortlich handeln kann, ist vielmehr in §§ 276 I 2, 827 und 828 abschließend behandelt: Fehlende Verschuldensfähigkeit schließt

---

[3] Die deutsche Übersetzung des CISG vermeidet jedoch diesen Begriff.
[4] Paradigmatisch *Larenz*, Lehrbuch des Schuldrechts I, 276. Zum neuen Recht etwa AnwKomm-BGB/*Danner-Lieb* § 276 Rn. 2; *Deutsch*, (Lit. vor Rn. 561) AcP 202 (2002), 889, 892f.

die Verantwortlichkeit aus (s.u. Rn. 573). Im übrigen richtet sich das Vertreten-müssen ausschließlich nach objektiven Maßstäben; das gilt insbesondere für die Konkretisierung der Fahrlässigkeit nach § 276 II.

565   Streitig ist allerdings, ob zum Verstoß gegen den objektivierten Sorgfaltsstandard noch eine subjektive Sorgfaltswidrigkeit treten muß, um eine Haftung zu begründen. Eine neuere Theorie will die Verletzung der objektiven („äußeren") Sorgfaltsstandards nur als Grundlage eines Rechtswidrigkeitsurteils nehmen, bei bestehenden Schuldverhältnissen also für die Verletzung der Pflicht, soweit (nur) Sorgfalt (und nicht etwa ein Erfolg oder ein bestimmtes Ereignis) geschuldet ist, während zum Schuldvorwurf auch die subjektive Vorwerfbarkeit gehören soll (Verletzung der inneren Sorgfalt). Allerdings würde die Unterscheidung von äußerer und innerer Sorgfalt nur dann zu einer echten, auf die individuellen Fähigkeiten und Kenntnisse bezogenen Verschuldenshaftung führen, wenn für die innere Sorgfalt nicht wieder der objektivierte Standard des Verkehrs- und Berufskreises zugrunde gelegt würde, dem der Schuldner angehört.[5] Würde die erwartete innere Sorgfalt an den individuellen Möglichkeiten ausgerichtet, dann könnte sich der Schuldner mit Unfähigkeit entlasten. Im Falle des schlecht ausgebildeten Arztes oder des unter den Nachwirkungen eines Bierabends leidenden Klempners läge dann zwar Verletzung der äußeren Sorgfalt vor, doch bliebe den pflichtwidrig handelnden Schuldnern die Berufung auf einen Mangel des persönlichen Leistungsvermögens. Freilich läge ihr subjektiver Sorgfaltsverstoß in diesen Fällen oft in der Übernahme einer Tätigkeit, bei der sie die für diese Tätigkeit geforderten objektiven Sorgfaltsstandards nicht erfüllen können (sog. Übernahmeverschulden). Richtigerweise führt die Differenzierung zwischen innerer und äußerer Sorgfalt jedoch nicht weiter: Da sich die innere Sorgfalt auf die – wiederum an objektive Standards zu messende – Vergewisserung über die eigene Leistungsfähigkeit bezieht und diese ebenfalls an objektiven Maßstäben zu messen ist, handelt es sich bei Verstößen gegen die „innere Sorgfalt" lediglich um einen Unterfall des allgemeinen Sorgfaltsverstoßes; dies lohnt die Entwicklung einer eigenen dogmatischen Kategorie nicht.

566   Die vor allem von der Praxis vorangetriebene und in der Rechtslehre vielfach nicht hinreichend nachvollzogene Objektivierung des Vertretenmüssens hat insbesondere für den Maßstab der Fahrlässigkeit ein neues Problem auftreten lassen: Wo liegt der Unterschied zwischen der Pflichtverletzung nach § 280 I 1 und dem Sorgfaltsverstoß nach §§ 280 I 2, 276?[6] Die – nicht eben befriedigende – Antwort dazu lautet: auf der Rechtsfolgenseite. Wird eine Verhaltenserwartung als Pflicht eingeordnet, muß der Gläubiger, der Schadensersatz verlangt, ihre Verletzung vortragen und ggfs. beweisen. Begründet die Verhaltenserwartung hingegen eine Sorgfaltsanforderung i.S.v. §§ 280 I 2, 276, ist es Sache des

---

[5] Vgl. *Gauch*, Der vernünftige Mensch – ein Bild aus dem Obligationenrecht, in: Das Menschenbild im Recht, Festgabe der rechtswissenschaftlichen Fakultät zur 100-Jahres-Feier der Universität Freiburg, Freiburg (Schweiz) 1990, 177ff., 195: „… bedeutet die Objektivierung, daß die Verschuldensform der (privatrechtlichen) Fahrlässigkeit keinen persönlichen Schuldvorwurf mehr enthält, der gerade auf den fraglichen Schädiger abzielt. Damit entsteht das Paradoxon einer Verschuldenshaftung ohne Verschulden."

[6] S. schon *Canaris*, Die Reform des Rechts der Leistungsstörungen, JZ 2001, 499, 512 sowie *Huber*, Leistungsstörungen Bd. 1, 6 f.; *Schapp*, Empfiehlt sich die „Pflichtverletzung" als Generaltatbestand des Leistungsstörungsrechts?, JZ 2001, 583, 584.

Schuldners, deren Maßgeblichkeit und Einhaltung darzutun und – wiederum – ggfs. zu beweisen. Die weitgehende Austauschbarkeit der Einordnungen gibt dem Richter hier große Spielräume.

Soweit Schuldverhältnisse überhaupt nur zu sorgfältigem Verhalten verpflichten, insbesondere im Falle von Schutzpflichten nach § 241 II, aber auch bei vielen Dienstleistungen, ist dies weitgehend selbstverständlich. Letztlich gilt aber auch für erfolgsbezogene Pflichten nichts anderes: Bei diesen ist lediglich zusätzlich erforderlich, daß der Schuldner dartut, daß der Erreichung des Erfolges ein Hindernis entgegensteht, welches er entweder nicht überwinden kann oder nach dem Vertrag nicht überwinden muß.

Zu den Aspekten, die im Rahmen von Darstellungen zum Verschuldensprinzip häufig   **567** angesprochen werden, gehört die **Rechtswidrigkeit** des schuldnerschen Verhaltens, welche eine eigenständige Voraussetzung der Haftung sein soll.[7] Verschulden, so heißt es, sei nur bei rechtswidrigem Verhalten möglich. Ein erlaubtes rechtmäßiges Verhalten könne nicht vorwerfbar sein. Die Rechtswidrigkeit sei dadurch gekennzeichnet, daß ein menschliches Verhalten mit den Anforderungen der Rechtsordnung in Widerspruch stehe. Nun erhebt die Rechtsordnung aber – wie gesehen – wegen der bloßen Verletzung einer vertraglichen Pflicht keinen ethischen Vorwurf gegen den Schuldner. Auch verletzt der vertragsbrüchige Teil nicht die Rechtsordnung, sondern die individuelle Vertragsordnung. Eine gesonderte Rechtswidrigkeit als Haftungsvoraussetzungen fordert das Vertragsrecht daneben nicht.

II. Regelfall: Haftung für Vorsatz und Fahrlässigkeit

Vereinfachend wird die zentrale Haftungsvoraussetzung des BGB oft als   **568** „**Verschulden**" umschrieben (**Verschuldensprinzip**) und dazu auf § 276 I 1 verwiesen. Freilich zeigt der 2. Hs, daß es auf Verschulden in der Form des Vorsatzes oder der Fahrlässigkeit nur ankommt, wenn nicht andere – strengere oder mildere – Verantwortungsvoraussetzungen gesetzlich[8] oder vertraglich geregelt sind; insbesondere die „aus dem sonstigen Inhalt des Schuldverhältnisses" möglicherweise zu entnehmende „Übernahme einer **Garantie** oder eines **Beschaffungsrisikos**" kann zu verschuldensunabhängiger Haftung führen.[9] § 276 I 1 hat also Auffangfunktion: Man haftet jedenfalls für Vorsatz und Fahrlässigkeit (sofern nicht eine Haftungsmilderung vorgesehen ist), vielfach aber schärfer.

---

[7] S. etwa *Schapp*, Empfiehlt sich die „Pflichtverletzung" als Generaltatbestand des Leistungsstörungsrechts?, JZ 2001, 583, 585.

[8] Vgl. z.B. §§ 521, 523, 600, 708 sowie unten Rn. 581ff.

[9] Vgl. schon *Huber*, Leistungsstörungen, Bd. 1 § 22 I zur Häufigkeit verschärfter (Garantie-)Haftung im Vergleich zur Verschuldenshaftung im Schuldrecht a.F.; die durch das SchRModG eingefügten Ergänzungen „Garantie" und „Beschaffungsrisiko" erlauben Annäherungen an verschuldensunabhängige Haftungsregeln in CISG (Art. 79), UNIDROIT-Principles (Art. 7.1.7) und PECL (Art. 8:108). M.E. ist auch aus diesem Grunde die generelle Überhöhung des Verschuldensprinzips („rechtsethische Überzeugungskraft", *Canaris*, Die Reform des Rechts der Leistungsstörungen, JZ 2001, 499, 506) überholt, soweit es nicht um die subjektive Zurechnungsfähigkeit natürlicher Personen geht (dazu im Text Rn. 564).

1. Vorsatz

569 Vorsatz wird definiert als „Wissen und Wollen des Erfolges im Bewußtsein der Pflichtwidrigkeit". Man *unterscheidet* **direkten Vorsatz**, wenn der Erfolg als notwendige Folge eines bestimmten Verhaltens vom Handelnden vorausgesehen und gewollt ist, vom **bedingten Vorsatz**, wenn der Handelnde sich den Erfolg nur als möglich vorgestellt und für den Fall seines Eintritts billigend in Kauf genommen hat. Bedingter Vorsatz ist von der *bewußten Fahrlässigkeit* abzugrenzen: Beim bedingten Vorsatz wird die als möglich erkannte Folge vom Handlungswillen umfaßt (ich will handeln, koste es, was es wolle), während bei der bewußten Fahrlässigkeit der Täter nicht gehandelt hätte, wenn er den Eintritt der Folge, die ihm an sich als Möglichkeit bewußt war, erwartet hätte (es könnte zwar passieren, aber ich hoffe, daß noch einmal alles gut geht).

Die Unterscheidung von Vorsatz und bewußter Fahrlässigkeit ist im Zivilrecht von geringerer Bedeutung als im Strafrecht, da im Zivilrecht regelmäßig auch für Fahrlässigkeit gehaftet wird. Der für die Freizeichnung aufgrund des § 276 III bestehende Unterschied (Freizeichnung von Vorsatz unzulässig) ist durch § 309 Nr. 7 für die praktisch wichtigsten Fälle bedeutungslos geworden, da solche Freizeichnungen regelmäßig in vorformulierten Geschäftsbedingungen vorkommen. Besonderheiten gelten jedoch bei der Freizeichnung bzw. Haftungsbeschränkung bestimmter Dienstleistungsberufe: Anwälte können die Haftung für leichte Fahrlässigkeit, Wirtschaftsprüfer und Steuerberater aber für jede Fahrlässigkeit auf den vierfachen Betrag der Mindestversicherungssumme beschränken, wenn insoweit Versicherungsschutz besteht, vgl. § 51 BRAO zur Haftung von Rechtsanwälten und Patentanwälten, § 67 StBerG und § 54 WPO zur Haftung von Steuerberatern und Wirtschaftsprüfern. Bedeutung hat die Unterscheidung von Vorsatz und Fahrlässigkeit vor allem noch im Zusammenhang mit § 823 II, da bei einem Schutzgesetz, das nur vorsätzlich verletzt werden kann, auch die zivilrechtliche Haftung Vorsatz voraussetzt.

570 **Das Bewußtsein der Pflichtwidrigkeit** ist im Zivilrecht grundsätzlich Voraussetzung einer vorsätzlichen Pflichtverletzung (sog. **Vorsatztheorie**).[10] Anders als im Strafrecht reicht also die bloße Kenntnis der Tatumstände, die vom Handelnden irrig falsch bewertet werden, nicht aus: Ein Verbotsirrtum schließt den Vorsatz aus.

Beispiel: Der Schuldner geht irrig davon aus, ein Zurückbehaltungsrecht zu haben; die dadurch verursachte Leistungsverzögerung ist jedenfalls nicht vorsätzlich verursacht.

Allerdings macht die Rechtsprechung eine Ausnahme und wendet die Schuldtheorie bei § 823 II an, falls das verletzte Schutzgesetz eine Strafnorm ist und für die strafrechtliche Verantwortung des Täters deshalb die Schuldtheorie gelten würde.

Beispiel: Hat der Empfänger von Baugeld unter Verstoß gegen das GSB das Baugeld zweckentfremdet verwendet, dann hat er ein mit Strafandrohung – § 5 GSB – versehenes

---

[10] Vgl. BGH NJW 1985, 134 mit Anm. *Deutsch*.

Schutzgesetz verletzt und haftet aus § 823 II iVm § 1 GSB selbst dann, wenn ihm mangels Kenntnis des GSB das Bewußtsein der Rechtswidrigkeit fehlte.[11]

2. Fahrlässigkeit

Lit.: *Deutsch*, Fahrlässigkeit und erforderliche Sorgfalt, 2. Aufl., Köln 1995; *ders.*, Der Begriff der Fahrlässigkeit im Zivilrecht, Jura 1987, 505–509; *ders.*, Die Fahrlässigkeit als Außerachtlassung der äußeren und inneren Sorgfalt, JZ 1988, 993–996; *U. Huber*, Zivilrechtliche Fahrlässigkeit, FS E. R. Huber, Göttingen 1973, S. 253–289.

Fahrlässigkeit wird als „Außerachtlassen der im Verkehr erforderlichen Sorg- **571** falt" definiert, § 276 II. Aufzubringen ist also die „erforderliche", nicht nur die „übliche" Sorgfalt; im Verkehr eingerissene Unsitten entlasten nicht, mögen sie auch im jeweiligen Verkehrskreis üblich sein.[12] Nach hL ist die verkehrserforderliche Sorgfalt objektiviert und verlangt Einhaltung der Standards, die im betreffenden Berufskreis gelten: Der Klempner muß die für Klempner geltenden Sorgfaltsstandards einhalten, der Arzt die ärztlichen Kunstregeln – evtl. seines engeren Fachgebiets – beherrschen, der Fahrer eines Öltankfahrzeugs die beim Einfüllen von Öl in Haustanks von seiner Berufsgruppe generell erwartete Sorgfalt einhalten.[13] Es gilt deshalb kein individueller Maßstab, nach dem sich der Verpflichtete darauf berufen könnte, die in seinem Berufskreis geltenden Standards selbst nicht erreichen zu können, weil er mangelhaft ausgebildet,[14] im fraglichen Zeitraum indisponiert war, usw. Für den Kaufmann z. B. wird das in § 347 HGB ausdrücklich festgehalten: Er hat die Sorgfalt eines ordentlichen Kaufmanns zu beachten. *Höhere Fähigkeiten und überlegene Kenntnisse* muß der Schuldner dagegen einsetzen: Hat der behandelnde Arzt Spezialkenntnisse, die über dem für seinen Berufskreis maßgeblichen und zu erwartenden Standard liegen, dann muß er sie einsetzen. Er kann sich nicht darauf berufen, jedenfalls wie ein normaler Facharzt behandelt, diagnostiziert usw. zu haben.[15] Dieser höhere Standard folgt daraus, daß die Parteien eines Vertrages typischerweise vom Einsatz der tatsächlich vorhandenen Fähigkeiten ausgehen; § 276 II begründet demgegenüber nur einen Mindeststandard.

---

[11] Vgl. BGH NJW 1985, 134 f.

[12] Vgl. RGZ 128, 39: „in Jägerkreisen herrschende Übung" nicht maßgeblich.

[13] Vgl. *Huber*, Leistungsstörungen, Bd. I, § 27 II 3: Garantie des Schuldners für die erforderlichen Fähigkeiten; zur zutreffenden Objektivierung der Fähigkeit im Vertragsrecht auch *Koziol*, Objektivierung des Fahrlässigkeitsmaßstabes im Schadensersatzrecht?, AcP 196 (1996), 593 ff., 605 f.

[14] BGH ZfBR 2003, 760 (fehlende Vermittlung bestimmter Fachkenntnisse an der Universität schützt den Architekten nicht).

[15] BGH NJW 1987, 1479, 1480 mit Anm. *Deutsch*.

572   Nach der hA, die die Fahrlässigkeit objektiv bestimmt, entschuldigt dagegen Dummheit nicht.[16] Allerdings wird durch die Gesetzestechnik, die Fahrlässigkeit bei der Verletzung von Vertragspflichten und allgemeinen Verkehrspflichten im Deliktsrecht gleich zu bestimmen, verdeckt, daß der Grund für die Verantwortung im Vertragsrecht letztlich in der Übernahme der Verpflichtung selbst besteht (dazu unten Rn. 578) und nur die Auslegung im Regelfalle auf den Pflichtenstandard der gleichen Berufsgruppe zurückführt (strengere oder abgemilderte Pflichteninhalte jedoch möglich bleiben), während außervertraglich die Unterscheidung zwischen objektiven Pflichtenstandards und subjektiver Vorwerfbarkeit jedenfalls dort und soweit beachtet werden sollte, als das Prinzip der Verschuldenshaftung zugrunde gelegt wird.[17] Im Ganzen dürfte das Verschuldensprinzip jedenfalls bei der Vertragshaftung auf dem Rückzug sein, vgl. Art. 79 CISG.[18]

3. Verschuldensfähigkeit

573   Nach § 276 setzt Verschuldenshaftung **Vorsatz** oder **Fahrlässigkeit** und **Verschuldensfähigkeit** voraus. Für die Verschuldensfähigkeit verweist das Gesetz auf die Voraussetzungen der Deliktsfähigkeit, § 276 I 2 iVm §§ 827, 828. Danach sind **verschuldensunfähig** alle Personen bis zur Vollendung des 7. Lebensjahres, § 828 I, sowie derjenige, der im Zustand der Bewußtlosigkeit oder in einem die freie Willensbestimmung ausschließenden Zustand krankhafter Störung der Geistestätigkeit gehandelt hat, § 827 S. 1. Ausgenommen ist der Fall, in dem sich jemand vorübergehend in diesen Zustand durch vorwerfbare Einnahme geistiger Getränke oder ähnlich berauschender Mittel, z. B. Drogen, versetzt hat, § 827 S. 2.

574   Wer das 7., aber noch nicht das 18. Lebensjahr vollendet hat, ist beschränkt verschuldensfähig. Für bestimmte Schäden im Straßen- oder Schienenverkehr ist er bis zur Vollendung des 10. Lebensjahres nur verantwortlich, wenn er vorsätzlich gehandelt hat, § 828 II. Im übrigen hängt seine Verantwortlichkeit da-

---

[16] Vgl. hierzu das Wort v. Caemmerers, zitiert bei *U. Huber* (Lit. vor Rn. 326), FS E.R. Huber, 270: Die Anhänger des objektiven Fahrlässigkeitsbegriffs verträten die Devise: „Dummheit ist schlimmer als Bosheit. Bosheit setzt manchmal aus." *U. Huber*, Leistungsstörungen, Bd. I, § 27 II 3 befürwortet jetzt aber einen objektiven Fahrlässigkeitsmaßstab für die Vertragshaftung.

[17] Dazu *Schlechtriem*, BT, Rn. 865 ff.

[18] Dazu Rn. 598; s. auch *Pellegrino*, Subjektive oder objektive Vertragshaftung? Ein rechtsvergleichender Blick auf die Rolle des Verschuldens im Vertragsrecht, ZEuP 1997, 41–57, der allerdings die Verschuldenselemente in den verschuldensunabhängigen Haftungen betont, so zu Art. 79 CISG, 44, 49 f. Eine Sorgfaltsabhängigkeit der vertraglichen Haftung unter dem UN-Kaufrecht betont für bestimmte Fälle auch *Schmidt-Kessel*, Standards vertraglicher Haftung nach englischem Recht, 2003, 294 (zu Artt. 3 II, 85 f. CISG).

von ab, ob er bei der Verletzung einer Pflicht die zur Kenntnis der Verantwortlichkeit erforderliche Einsicht hatte, § 828 III. Einsichtsfähigkeit genügt; auf Steuerungsfähigkeit soll es nicht ankommen.[19]

Beispiel: Verkauft ein 13-jähriger (mit der erforderlichen Zustimmung seiner gesetzlichen Vertreter) sein Aquarium mit Inhalt, und kümmert er sich bis zur Abholung des Kaufgegenstandes nicht mehr um die Fütterung der Fische, so daß sie verenden, dann ist zu fragen, ob er einsichtsfähig genug war, seine Verantwortung aufgrund der kaufvertraglichen Bindung zu erkennen.

III. Haftung für Kenntnis oder zu vertretende Unkenntnis einer Leistungsstörung

Bei Verletzung vertraglicher Pflichten aufgrund einer Störung, die schon bei   575
Vertragsschluß vorlag, trifft der durch das SchRModG eingeführte § 311a II 2 eine Sonderregelung für den Standard der Haftung.

Nach Schuldrecht a.F. gab es unterschiedliche, rechtspolitisch nicht stets überzeugende, zum Teil auch umstrittene Regeln: Bei anfänglicher objektiver Unmöglichkeit war der Vertrag nichtig, § 306 a.F.; Haftung konnte nur – und nur auf das negative Interesse – eintreten, wenn eine Seite die Unmöglichkeit kannte oder kennen mußte, also für eine Art vorvertragliches Verschulden, § 307 a.F. Von der Vertragsnichtigkeit gab es aber Ausnahmen, etwa bei Rechtsmängeln verkaufter Sachen oder Zusicherungen unmöglicher Eigenschaften, die verschuldensunabhängige Schadensersatzhaftung auslösen konnten. Auch bei anfänglicher subjektiver Unmöglichkeit, die im Gesetz nicht ausdrücklich geregelt war (str.), wurde eine Garantiehaftung angenommen.[20] Wer eine Aufgabe übernommen hatte, für die seine Fähigkeiten nicht reichten, haftete evtl. für sog. Übernahmeverschulden (s.o. Rn. 564) – auch dies eine Art vorvertraglichen Verschuldens. Nahm man die einzelnen Regelungen zusammen, ergab sich richtigerweise der Grundsatz, daß der Schuldner für anfängliche Störungen ganz generell unabhängig von Fahrlässigkeit haftete. Abgesehen von § 307 a.F. hatte die ganz überwiegende Auffassung diesem Grundsatz aber freilich insbesondere bei der Haftung für Sachmängel beim Kauf nicht zum Durchbruch verholfen. Diese Systemstörung beseitigt nun § 311a II 2 und ruckt dabei zugleich von dem alten, strengeren Haftungsgrundsatz ab.

Die Neuregelung stellt zunächst in § 311a I klar, daß bereits bei Vertrags-   576
schluß bestehende Leistungshindernisse die Wirksamkeit des Vertrages nicht hindern, der Vertrag also auch die Basis für eine Haftung wegen der Verletzung derjenigen Pflicht begründet, die bereits von Anfang an gestört ist, § 311a II 1. Diese Haftung ist unabhängig davon, ob der Schuldner die Pflichtverletzung zu vertreten hat. Mit Recht wird daher von einer „Garantiehaftung" gesprochen[21],

---

[19] S. *Schlechtriem*, BT, Rn. 866; zweifelnd *Medicus*, Schuldrecht I, 16. Aufl., § 29 II 2 b, Rn. 303.
[20] S. 4. Aufl., Rn. 278, 291.
[21] S. *Grundmann* (Lit. vor Rn. 616), 569, 583 ff.

von der sich der Schuldner freilich dann entlasten kann, wenn er sich bei Vertragsschluß in einem nicht zu vertretenden Irrtum befunden hat, § 311a II 2. Mit dieser Entlastungsmöglichkeit berücksichtigt das Gesetz den Umstand, daß ein entsprechender Irrtum bei Vertragsschluß die Wirksamkeit der vertraglichen Bindung tangiert.

Besonders deutlich wird der Sinn der Vorschrift am Beispiel eines australischen Falles: Die zuständige (australische) Regierungsbehörde hatte ein auf einem Riff in der Südsee liegendes Wrack, das ihr aufgrund seerechtlicher Bestimmungen gehörte, an ein Bergungsunternehmen verkauft. Leider existierte das Wrack gar nicht. Die Bergungsfirma klagte auf Schadensersatz und behielt Recht: Der High Court of Australia stellte darauf ab, daß es der Verkäuferin mit zumutbaren Anstrengungen möglich gewesen wäre, zu verifizieren, ob es das von ihr verkaufte Wrack überhaupt gab.[22]

577   Ob § 311a II 2 nur solche anfängliche Leistungshindernisse erfaßt, deren Behebung unmöglich ist, also die Fälle der Unmöglichkeit, die den Schuldner nach § 275 I von der Erfüllung in Natur entbindet, ist offen. Da Abs. 1 aber auch Fälle objektiv überwindbarer Leistungshindernisse aufzählt – § 275 II, III –, spricht viel dafür, Vertretenmüssen des Schuldners bei Kenntnis oder zu verantwortender Unkenntnis des Leistungshindernisses bei Vertragsschluß auch in diesen Fällen anzunehmen, sofern der Schuldner es nicht doch überwindet. Der Schuldner kann deshalb auch bei vorwerfbarer Unkenntnis eines Leistungshindernisses, das eine Leistungsverzögerung verursacht, in Verzug geraten (s. u. Rn. 672). Dasselbe gilt, wie der Verweis in §§ 437 Nr. 3, 634 Nr. 4 ergibt, auch für anfänglich vorliegende Mängel. Diskutabel kann insoweit allein sein, ob die Anwendbarkeit von § 311a II davon abhängt, daß die Beseitigung des Mangels unmöglich oder nach §§ 275 II, III unzumutbar ist. Richtigerweise ist das nicht der Fall: Die Vorschrift erfaßt vielmehr im Wege einer teleologischen Extension jegliches anfängliche Leistungshindernis.

Auch bei nicht zu vertretender Unkenntnis kommt m. E. eine Haftung des Schuldners wegen seines Verhaltens *nach* Vertragsschluß in Betracht: Ein unbekanntes Leistungshindernis, daß erst nach Vertragsschluß erkennbar wird, kann noch eine Sorgfaltspflicht nach § 276 I 1 für den Schuldner auslösen, es zu überwinden, etwa in Fällen anfänglich unerkennbarer, aber behebbarer Mängel.[23] Art. 79 I CISG (unten Rn. 598) bringt diese Interdependenz von Kenntnis bei Vertragsschluß und Verhalten nach Vertragsschluß für die Verantwortung des Schuldners besser zum Ausdruck.

---

[22] Vgl. *McRae v. The Commonwealth Disposals Commission*, (1951) 84 C.L.R. 377. Nach Schuldrecht a. F. wäre der Vertrag entweder nach § 306 a. F. nichtig oder die Verkäuferin, falls es das Schiff noch gab, wegen anfänglichen Unvermögens haftbar gewesen, weil sie das Schiff hätte kaufen, versenken und so als Wrack hätte liefern können.

[23] Vgl. auch *St. Lorenz*, Rücktritt, Minderung und Schadensersatz wegen Sachmängeln im neuen Kaufrecht: Was hat der Verkäufer zu vertreten?, NJW 2002, 2497, 2500ff.

Auch hier ist es aber unrichtig, verkürzt und generell von „Verschulden" oder   **578**
Haftung für „verschuldeten Irrtum" zu sprechen[24] – welche Unkenntnis der
Schuldner zu vertreten hat, steht gerade in Frage. Für das Vertretenmüssen der
eigenen Unkenntnis gilt auch hier § 276 I. Die Verletzung der vorvertraglichen
Pflicht, sich über die eigene Leistungsmöglichkeit zu vergewissern, kann deshalb durchaus auch ohne Verschulden zu vertreten sein, etwa wenn der Schuldner insoweit eine Garantie oder ein Beschaffungsrisiko übernommen hat, z.B.
wenn er in den vorvertraglichen Verhandlungen zu prüfen übernommen hat, ob
die zu verkaufende Sache existiert, ob sie Rechts- oder Sachmängel hat[25], ob juristische Hürden für Beschaffung oder Lieferung (Embargobestimmungen usw.)
oder faktische Hindernisse (technische Machbarkeit einer bestimmten Werk-
ausführung, Befahrbarkeit einer bestimmten Straße für Schwertransporte,
usw.) bestehen.[26] Und für die vorvertraglichen Pflichten zur Vergewisserung
über die eigene Leistungsfähigkeit sind natürlich solche Garantie- oder Risiko-
übernahmen auch aufgrund Ergänzungen nach § 242 möglich. Schließlich muß
es zulässig sein, durch Garantien oder Übernahme von Beschaffungsrisiken die
Verantwortungseinschränkung in § 311a II 2 direkt zu überspringen und eine
Haftungszusage unabhängig davon zu geben, wann ein Leistungshindernis auftreten könnte oder ob es schon bei Vertragsschluß besteht. M.E. dürften ausdrückliche Garantien sogar regelmäßig so zu verstehen sein.

Andererseits müssen auch Haftungsmilderungen, die für den jeweiligen Ver-   **579**
trag und die Verantwortung des Schuldners für sein Leistungsvermögen gelten,
auf die vorvertragliche Verantwortung, sich über dieses Leistungsvermögen zu
vergewissern, durchschlagen. Nimmt der Schenker leicht fahrlässig an, er sei
Miteigentümer eines Nachlaßgegenstandes, den er deshalb verschenken könne,
dann sollte er nur für grob fahrlässige Unkenntnis oder Kenntnis haften – es sei
denn, er hat wirklich eine Garantie übernommen.[27]

Ausgehend von der Idee, daß § 311a II 2 den zu vertretenden Irrtum des Schuldners   **580**
und damit einen Makel des Vertragsschlusses berücksichtigt, hat *Canaris* vorgeschlagen,
den Schuldner bei fehlendem Vertretenmüssen wenigstens analog § 122 auf das negative
Interesse haften zu lassen.[28] Dem ist freilich mit der herrschenden Auffassung[29] entgegenzutreten: Nach der Einführung der allgemeinen Haftung aus culpa in contrahendo
durch §§ 280 I, 311 II fehlt es bereits an der formalen Voraussetzung einer Lücke. Eine

---

[24] S. aber *Canaris*, Die Reform des Rechts der Leistungsstörungen, JZ 2001, 499, 507;
AnwKomm-BGB/*Dauner-Lieb*, § 311a Rn. 13.

[25] Damit wäre der Rechtszustand nach § 437 a.F. wieder zu erreichen.

[26] Wie hier *Zimmer*, Das neue Recht der Leistungsstörungen, NJW 2002, 1, 3.

[27] Die zum Schuldrecht a.F. ergangene, heftig kritisierte Entscheidung BGHZ 144, 118 hat
dagegen eine Garantiehaftung für das anfängliche Unvermögen angenommen, dazu *U. Huber*,
ZIP 2000, 1372; *Löwisch*, JZ 2001, 355; *St. Lorenz*, EWiR 2000, 715.

[28] *Canaris*, Die Reform des Rechts der Leistungsstörungen, JZ 2001, 499, 507f.

[29] *MünchKomm/Ernst*, § 311a Rn. 41; *Staudinger/Löwisch*, § 311a Rn. 48 jeweils m.w.N.

solche Haftung wäre auch systemwidrig, weil die Risikoverteilung beim zustande gekommenen Vertrag eine andere ist als bei dem wegen Irrtumsanfechtung oder Scherzerklärung nichtigen.

IV. Haftungsmilderungen

581   Bereits der Wortlaut von § 276 I 1 zeigt, daß sich ein abweichender Standard der Haftung iS einer Haftungsmilderung sowohl aus dem Gesetz als auch aus der vertraglichen Vereinbarung der Parteien ergeben kann. Grenzen vertraglicher Haftungsmilderungen setzen v.a. §§ 276 III, 309 Nr. 7. Gesetzliche Haftungsmilderungen sind insbesondere solche, welche die Haftung des Schuldners auf die eigenübliche Sorgfalt oder grobe Fahrlässigkeit des Schuldners beschränken. Eine richterrechtlich entwickelte Besonderheit des Arbeitsrechts bildet daneben die Beschränkung der Arbeitnehmerhaftung (s.u. Rn. 585 ff.).

Für das Transportrecht findet sich außerdem in §§ 435, 461 I, 607a IV, 660 III HGB sowie in einer Reihe internationaler Transportrechtskonventionen der Maßstab einer „Leichtfertigkeit im Bewußtsein der Schadenswahrscheinlichkeit". Er ist richtigerweise noch enger als der Maßstab grober Fahrlässigkeit.[30] Auf diesen Maßstab kommt es insbesondere dort an, wo ein Transporteur über die im Transportrecht regelmäßig vorgesehenen Haftungshöchstbeträge hinaus in Anspruch genommen werden soll.

1. Haftung nur für grobe Fahrlässigkeit oder eigenübliche Sorgfalt

582   Grundsätzlich hat der Schuldner für jegliche, also auch leichte Fahrlässigkeit einzustehen. Die Formulierung in § 276 I 1, wonach auch eine mildere Haftung bestimmt sein kann, macht deutlich, daß für bestimmte Pflichten geringere Anforderungen gestellt werden, also Haftung nicht schon bei leichter Fahrlässigkeit eintritt. Beispiele sind die **Haftungsmilderungen** für den Schenker, § 521, den Verleiher, § 599, den Notgeschäftsführer, § 680, den Gesellschafter, § 708, für Ehegatten untereinander, § 1359, Eltern gegenüber ihren Kindern, § 1664, für den Finder, § 968. Auch im Annahmeverzug des Gläubigers (§§ 293 ff., dazu unten Rn. 682 ff., 697) ist die Haftung des Schuldners gemildert, § 300 I. Dabei ist die Haftung entweder auf die Fälle *grober Fahrlässigkeit* oder auf die Sorgfalt beschränkt, die der Schuldner in eigenen Angelegenheiten anzuwenden pflegt *(diligentia quam in suis)*; bei der Haftungsmilderung auf Sorgfalt wie in eigenen Angelegenheiten bildet freilich die grobe Fahrlässigkeit wieder die äußerste Grenze der Entlastungsmöglichkeit, § 277.[31]

---

[30] *Rabe*, Seehandelsrecht, 4. Aufl. 2000, § 607a Rn. 21.
[31] Dazu *E. Böhmer*, Zur Frage der eigenüblichen Sorgfalt i.S. der §§ 277, 708 BGB, JR 1969, 178–179.

Grobe Fahrlässigkeit liegt vor, wenn die im Verkehr erforderliche Sorgfalt in **583** besonders schwerem und ungewöhnlich hohem Maße vernachlässigt worden ist: Vorausgesetzt wird eine das gewöhnliche Maß der Fahrlässigkeit erheblich übersteigende Schwere des Sorgfaltsverstoßes sowie nach „herrschender Ansicht" in subjektiver Hinsicht persönliche Vorwerfbarkeit.[32] Da der Begriff der groben Fahrlässigkeit in über 100 verschiedenen Normen und richterlich entwickelten Rechtsinstituten des Zivilrechts – z.B. auch bei der Haftung von Arbeitnehmern bei betriebsbezogener Arbeit – verwendet wird, liegt es nahe, diesen Begriff je nach der Norm, in der er verwendet wird, zu differenzieren; die h.L. definiert jedoch einheitlich. Auch wird die Ansicht des BGH, nach der für die grobe Fahrlässigkeit zu objektiven Elementen noch ein subjektives Verschulden i.S. besonderer persönlicher Vorwerfbarkeit hinzutreten müsse, bestritten; auch insoweit komme es auf die jeweils anzuwendende Norm an.[33]

Als Faustformel für das Vorliegen des besonders groben Sorgfaltsverstoßes läßt sich mit der Formulierung arbeiten, der Schuldner habe einfachste Anforderungen an seine Sorgfalt nicht eingehalten sowie diejenigen Standards verletzt, die jedermann als offensichtlich einzuhalten ansehen würde.

Der Standard der **eigenüblichen Sorgfalt**, der sich lange Zeit auf dem Rück- **584** zug befunden hatte, ist durch die Schuldrechtsmodernisierung erheblich aufgewertet worden: nach § 346 III 1 Nr. 3 steuert er die Wertersatzpflicht des Berechtigten eines gesetzlichen Rücktrittsrechts, soweit dieser seinerseits zur ordnungsgemäßen Rückgewähr nicht in der Lage ist. Weitere Anwendungsfälle finden sich etwa in §§ 347 I 2, 357 I, III 3, 690, 708, 1359, 1664. Bei der Haftung für die eigenübliche Sorgfalt handelt es sich um eine Haftungsmilderung gegen-

---

[32] Vgl. BGH NJW 1988, 1265, 1266: Es ging um einen Rückgriff der Berufsgenossenschaft gegen den Arbeitgeber wegen (angeblich) grober Fahrlässigkeit, die zu einem Unfall des versicherten Arbeitnehmers geführt hatte (Beförderung einer Erntehelferin auf einem 3,70 m hoch mit Stroh beladenen Wagen, von dem sie heruntergefallen war). „Grobe Fahrlässigkeit setzt einen objektiv schweren und subjektiv nicht entschuldbaren Verstoß gegen die Anforderungen der im Verkehr erforderlichen Sorgfalt voraus; diese Sorgfalt muß in ungewöhnlich hohem Maße verletzt und es muß dasjenige unbeachtet geblieben sein, was im gegebenen Fall jedem hätte einleuchten müssen (Nachw.). Hiernach ist es in aller Regel erforderlich, nicht nur zur objektiven Schwere der Pflichtwidrigkeit, sondern auch zur subjektiven (personalen) Seite konkrete Feststellungen zu treffen. Es darf nicht schon aus einem objektiv groben Pflichtenverstoß allein deshalb auf ein entsprechend gesteigertes personales Verschulden geschlossen werden, weil ein solches häufig damit einherzugehen pflegt [Nachw.]." Es sind also auch in der Person des Handelnden liegende subjektive Umstände zu berücksichtigen, obwohl ansonsten für die allgemeine Fahrlässigkeit allein ein objektiver, von der Person des Handelnden absehender Maßstab gelten soll, s.o. Rn. 564. Umfassend *König, Die grobe Fahrlässigkeit*, Berlin 1998, zur Frage, ob überhaupt eine für alle Anwendungsbereiche einheitliche Definition gegeben werden kann, oder ob die Inhaltsbestimmung der groben Fahrlässigkeit sich an der anzuwendenden Norm auszurichten habe, s. S. 63f. mit Nachweis der herrschenden „einheitlichen" Auslegung des Begriffs.

[33] *König*, aaO. (Rn. 583, Fn. 32), 150ff., 194f.

über der Haftung für Fahrlässigkeit, von welcher derjenige Schuldner profitiert, dessen Sorgfalt gewöhnlich eine geringere ist als die von § 276 II geforderte. Hat der Schuldner nicht einmal objektiv fahrlässig gehandelt, haftet er folglich auch dann nicht, wenn er die im Verkehr erforderliche Sorgfalt regelmäßig übertrifft. Die Grenze der Haftungsmilderung ergibt sich aus § 277: Handelt der Schuldner grob fahrlässig, ist er auch dann nicht von der Haftung entlastet, wenn sein Verhalten dabei der von ihm üblicherweise geübten Sorgfalt – besser: Nachlässigkeit – entspricht.

Die Gründe für die Anordnung dieses Haftungsmaßstabes sind unterschiedlich: Bei § 346 III 1 Nr. 3 etwa geht es um den Schutz des Rückgewährschuldners, der von seinem Rücktrittsrecht (noch) nichts weiß. Eher romantisierende Vorstellungen liegen den §§ 708, 1359, 1664 zugrunde: Die – für die Gesellschaft allenfalls noch ausnahmsweise – zutreffende Personalisierung dieser Beziehungen soll hier dazu führen, daß jeder den anderen zu nehmen hat, wie er eben ist.[34]

2. Haftungsmilderung für Arbeitnehmer

Lit.: *Langenbucher*, Risikohaftung und Schutzpflichten im innerbetrieblichen Schadensausgleich, ZFA 1997, 523–556; *Krause*, Geklärte und ungeklärte Probleme der Arbeitnehmerhaftung, NZA 2003, 577–586; Pfeifer, Haftung des Arbeitnehmers, AR-Blattei SD 870.1.

585   Im Arbeitsrecht wird eine weitere Verantwortungsentlastung praktiziert, für die zwischen leichter, mittlerer und grober Fahrlässigkeit unterschieden wird. Schädigt bei *betriebsbezogenen* Tätigkeiten der Arbeitnehmer den Arbeitgeber, z.B. durch Beschädigung einer Maschine, eines Firmenfahrzeugs usw., dann haftet der Arbeitnehmer bei leichter Fahrlässigkeit unter bestimmten Voraussetzungen nicht, während bei mittlerer, ausnahmsweise sogar bei grober Fahrlässigkeit eine Schadensteilung eintritt.[35]

586   Der Gefahrentlastung des Arbeitnehmers liegt der Gedanke zugrunde, daß das mit seiner Tätigkeit verbundene Schädigungsrisiko letztlich ein Betriebsrisiko des Arbeitgebers ist. Konsequenterweise ist dieses Betriebsrisiko gleich einem Mitverschulden des entstandenen Schadens analog § 254 in Rechnung zu stellen.

Die (weitere) Begründung dieser Gefahrentlastung aus dem Gedanken der Fürsorgepflicht des Arbeitgebers rechtfertigt es darüber hinaus, daß der Arbeitnehmer auch bei Schädigung eines Dritten oder eines Arbeitskollegen in Ausführung gefahrgeneigter Arbeit von der daraus entstandenen Haftpflichtbelastung durch den Arbeitgeber freizustel-

---

[34] *Staudinger/Löwisch*, § 277 Rn. 2.

[35] Vgl. BAG NJW 1990, 468, 469f. für eine Haftungserleichterung bei grober Fahrlässigkeit, falls zwischen Schadensrisiko und Verdienst ein Mißverhältnis besteht.

len ist, sofern bei einer Schädigung des Arbeitgebers eine solche Haftungsentlastung Platz greifen würde.

(Umstrittene) Voraussetzung war lange, daß die Schädigung in Ausführung einer „gefahrgeneigten Arbeit" geschehen war.[36] Die Eingrenzung der „gefahrgeneigten" Tätigkeiten hat jedoch Schwierigkeiten bereitet und ist deshalb aufgegeben worden.[37] „Gefahrgeneigt" spielt jetzt nur noch bei Abwägung von Verschulden und Betriebsrisiko eine Rolle. Außerdem sind bei der Ermittlung des Risikos die folgenden Gesichtspunkte zu berücksichtigen: Die Höhe des Schadens, ein vom Arbeitgeber einkalkuliertes oder durch Versicherungen deckbares Risiko und die Stellung des Arbeitnehmers im Betrieb. Die Höhe des Arbeitsentgelts kann nur insoweit Bedeutung erlangen, als darin möglicherweise eine – die Haftungsmilderung dann ausschließende – Risikoprämie für den Arbeitnehmer enthalten ist. Hingegen haben persönliche Verhältnisses des Arbeitnehmers wie die Dauer seiner Betriebszugehörigkeit, seine Familienverhältnisse, sein bisheriges Verhalten und sein Lebensalter keinen Einfluß auf die betriebliche Risikostruktur; entgegen der Auffassung der Rechtsprechung bleiben sie daher außer Betracht.[38]

587

V. Haftungsverschärfungen

1. Sorgfaltsstandards und Beweislast

§ 276 wird, wie in Rn. 568 ausgeführt, als normative Festlegung des Verschuldensprinzips gesehen. Bereits die Objektivierung der verkehrserforderlichen Sorgfalt zeigt aber, daß es nicht mehr um echte Haftung für subjektive Vorwerfbarkeit geht, sondern um eine Verantwortung für Standards, die allgemein für das Verhalten von Personen gelten. Dies bedeutet praktisch eine Garantiehaftung für die in bestimmten Berufskreisen zu erwartenden Fähigkeiten und Anstrengungen. „Verschulden" kann dann nur noch am Fehlen der Zurechnungsvoraussetzung „Verschuldensfähigkeit" (oben Rn. 573) scheitern, das zu einer Entlastung des Schuldners führt.

588

Entscheidende Bedeutung für die Strenge der Haftung kommt regelmäßig der Beweislast zu. § 280 I 2 ordnet die Beweislast für das Vertretenmüssen dem pflichtverletzenden Schuldner zu; die Pflichtverletzung als solche hat jedoch grundsätzlich der Gläubiger zu beweisen.[39]

589

---

[36] Vgl. BAG BB 1990, 64.
[37] S. BAG (GS) AP Nr. 103 zu § 611 BGB Haftung des Arbeitnehmers; BGH NJW 1994, 856. Umfassend zur Entwicklung und zum gegenwärtigen Stand *Schaub*, Arbeitsrechts-Handbuch, 11. Aufl., München 2005, 428ff.; *Löwisch*, Arbeitsrecht, 7. Aufl. 2004, 310ff.
[38] *Löwisch*, Arbeitsrecht, 7. Aufl. 2004, 311.
[39] Vgl. schon zum Schuldrecht a. F. für Arzthaftung BGH NJW 1978, 584; für Kündigung ei-

Beispiel: Kann der Mieter den gemieteten Wagen nicht zurückgeben, weil er ihm gestohlen worden ist, dann muß er beweisen, daß er die zur Verhinderung von Diebstählen erforderliche Sorgfalt beachtet hat, also den Wagen zumindest ordnungsgemäß abgeschlossen und von vorhandenen Unterstellmöglichkeiten Gebrauch gemacht hat; kann er nicht beweisen, diejenigen Vorkehrungen getroffen zu haben, welche unter den gegebenen Umständen zur verkehrserforderlichen Sorgfalt gehört hätten, dann haftet er, selbst wenn er sich tatsächlich sorgfältig verhalten hat.

§ 280 I 2 macht deutlich, daß das Gesetz am Unterschied zwischen Pflichtverletzung und Vertretenmüssen – insbesondere der Nichteinhaltung der im Verkehr erforderlichen Sorgfalt – festhalten will. Die dazu erforderliche Grenzziehung gelingt freilich häufig nicht (s. o. Rn. 566): So lassen sich die im vorangegangenen Beispiel angesprochenen Sorgfaltsanforderungen an den Mieter des Wagens ohne weiteres auch als vertragliche Pflichten formulieren und auch vertraglich ausdrücklich vereinbaren. Die gesetzliche Anknüpfung an zwei Kategorien, welche gegeneinander nicht hinreichend abgrenzbar sind, eröffnet dem Richter daher eine große Freiheit zu einer ergebnisorientierten Qualifikation der einzelnen Verhaltenserwartungen.

590 Für die Praxis bedeutet diese Beweislastverteilung, daß der Schuldner, dessen Pflichtverletzung festgestellt ist, auf Schadensersatz haftet, wenn er zu seiner Entlastung nichts vorträgt.[40] Für Prüfungsaufgaben im akademischen Bereich gilt nichts anderes: Lassen sich dem Sachverhalt keine entlastenden Umstände entnehmen, folgt daraus, daß gutachterlich von einem Scheitern der Entlastung und somit von einer Haftung auszugehen ist. Daß das Vertretenmüssen nach Auffassung mancher nach wie vor eine „materielle Haftungsvoraussetzung" sein soll, ändert daran nichts.

2. Übernahme von Beschaffungsrisiken oder Garantien

591 Die vom SchRModG eingefügte Möglichkeit der Haftungsverschärfung durch Übernahme von Beschaffungsrisiken oder Garantien kann durch ausdrückliche Vereinbarung, aber vor allem auch durch Auslegung eines Schuldverhältnisses nach §§ 157, 242 (dazu oben Rn. 143 ff.) erreicht werden. Damit ist hier eine Einfallspforte für rechtspolitisch erwünschte Haftungsverschärfungen, etwa um das deutsche Schuldrecht an internationale Standards heranzuführen, eingefügt worden, aber auch für die Korrektur von Haftungsabschwächungen durch den neuen § 311a II 2 (dazu oben Rn. 575).

---

nes Mietvertrages aus wichtigem Grund bei Pflichtverletzungen im Gefahrenbereich des Mieters s. auch OLG Hamburg, NJW-RR 1992, 207, 208 (Hafenstraße); zum Ganzen *Stoll*, Haftungsverlagerung durch beweisrechtliche Mittel, AcP 176 (1976), 145–166; zum neuen Schuldrecht *Canaris*, Die Reform des Rechts der Leistungsstörungen, JZ 2001, 499, 512 sowie *Kohler*, Pflichtverletzungen und Vertretenmüssen – die beweisrechtlichen Konsequenzen des neuen § 280 Abs. 1 BGB, ZZP 2005, 25–46.

[40] *Kohler* (vorige Fn.), ZZP 2005, 25, 28.

Eine Übernahme eines Beschaffungsrisikos ist regelmäßig bei **Gattungsschul-**   592
den anzunehmen, solange es Gegenstände der Gattung, aus der der Schuldner
zu leisten hat, noch gibt. Das entspricht dem § 279 a.f., der folgerichtig gestrichen worden ist. Die verschuldensunabhängige Haftung aus § 279 a.f. galt aber
nicht ohne Einschränkungen, die jetzt als Schranken des übernommenen Beschaffungsrisikos[41] weiter gelten.

Ergibt sich aus dem Vertrag eine **Einschränkung der Verpflichtung** auf be-   593
stimmte Teilmengen einer Gattung, etwa auf einen bestimmten Vorrat, eine bestimmte Produktionsquelle oder bestimmte Herstellungskapazitäten, dann ist
die Nichtbeschaffung keine Pflichtverletzung, und der Schuldner kann nicht
nur nicht auf Erfüllung in Anspruch genommen werden, sondern haftet auch
nicht auf Schadensersatz. „Vertretenmüssen" ist im Hinblick auf die Nichtbeschaffung nicht mehr zu prüfen; hinsichtlich der Nichtlieferung ist es ausgeschlossen.

Beispiele: Der Kohlenhändler hat Lieferung von Kohlen aus einer bestimmten Zeche
versprochen, die später geschlossen wird; der Weinhändler hat beim Abschluß des Kaufvertrags über einen bestimmten Bordeaux zu erkennen gegeben, daß er nur seine vorhandenen Vorräte verkaufen, nicht aber bei anderen Händlern nachkaufen will; der
Spargelbauer hat vernünftigerweise Lieferung nur aus der eigenen Ernte versprochen,
nicht etwa will er selbst auf dem Großmarkt einkaufen, wenn seine Ernte durch ein Un-
wetter vernichtet wird (s. auch oben Rn. 222).

Der Schuldner kann entlastet sein, soweit eine Leistungsstörung nicht mit der
Eigenart der Gattungsschuld und der Übernahme des Risikos, aus der Gattung
beschaffen zu können, zusammenhängt. Dies kann z.B. bei **Krankheit** oder un-
verschuldeter Freiheitsbeschränkung des Schuldners der Fall sein.[42] Freizeichnung durch eine sog. Selbstbelieferungsklausel („rechtzeitige und richtige
Selbstbelieferung vorbehalten") ist zulässig.[43] Schließlich kann der Schuldner
einer Gattungsschuld jedenfalls von der Verpflichtung zur Naturalerfüllung entlastet sein, „wenn infolge nicht vorhersehbarer Umstände so erhebliche Leistungshindernisse eingetreten sind, daß dem Schuldner die Beschaffung nicht
mehr zugemutet werden kann"; eine Schadensersatzhaftung kann aber gleichwohl gegeben sein.[44]

---

[41] S. zu § 279 a.f.: *Coester-Waltjen*, Die Bedeutung des § 279 BGB für Leistungsverzöge-
rungen, AcP 183 (1983), 279–294; *Gesang*, Force majeure und ähnliche Entlastungsgründe im
Rahmen der Lieferungsverträge von Gattungsware, Königstein 1980; *Gsell*, Beschaffungsnot-
wendigkeit und Leistungspflicht – Die Haftung des Gattungsverkäufers beim Eintritt nachträglicher Erfüllungshindernisse, Bielefeld 1998.
[42] Vgl. RGZ 99, 1; *Coester-Waltjen*, vorige Fn., AcP 183 (1983), 279, 289.
[43] BGHZ 92, 396, 399.
[44] S. § 275 II, IV; zum Schuldrecht a.f. BGH NJW 1994, 515, 516: Die Verkäuferin hatte einen bestimmten Porsche-Typ verkauft, von dem die Porsche AG insgesamt 200 Stück hergestellt hatte; es handelte sich also um eine Gattungsschuld. Die Porsche AG hatte jedoch nach

594 Besondere Schwierigkeiten bereitet die Frage, ob das Beschaffungsrisiko beim **Gattungskauf** sich auch auf die **Fehlerfreiheit der Kaufsache** bezieht. Anwendbar ist die Haftungsverschärfung jedenfalls hinsichtlich solcher Schäden, die dem Käufer dadurch entstehen, daß der Verkäufer die Mangelfreiheit nicht rechtzeitig im Wege der Nacherfüllung bewirkt. Zu einer massiven Haftungsverschärfung würde es hingegen führen, wenn die fahrlässigkeitsunabhängige Haftung sich auch auf solche Fälle bezöge, in denen der Käufer Schäden an anderen Rechtsgütern erleidet. Ganz überwiegend wird daher angenommen, die verschärfte Haftung erstrecke sich auf derartige Schäden nicht.[45] In der Tat mag man dieses Ergebnis mit einem Hinweis auf den beschränkten Schutzzweck eines übernommenen Beschaffungsrisikos begründen können. Allerdings muß man dafür mit dem Dogma der hA brechen, daß sich das Vertretenmüssen nicht auf den Schaden zu beziehen hat.

595 Für sein **finanzielles Leistungsvermögen** hat der Schuldner grundsätzlich immer einzustehen.[46] Ob man bei vertraglich eingegangenen *Geldschulden* insoweit von Übernahme eines Beschaffungsrisikos oder einer Garantie ausgeht, ist unerheblich. Auch der gesetzlich zu einer Geldzahlung Verpflichtete, etwa der Schadensersatz- oder Unterhaltsschuldner, haftet verschuldensunabhängig. Der Geldschuldner kann sich also nicht nur nicht auf § 275 berufen, um einer Verurteilung zur Naturalerfüllung zu entgehen, sondern das „Vertretenmüssen" seiner finanziellen Leistungsunfähigkeit bewirkt vor allem auch Verzug, sofern die anderen Voraussetzungen des Verzugs gegeben sind (s. u. Rn. 655 ff.). Allenfalls in Ausnahmefällen, etwa dem eines verwahrten Geldbetrages, kann Nicht-Vertretenmüssen in Betracht kommen, doch handelt es sich insoweit nicht um eine echte Geldsummenschuld, sondern eine auf Sachen (Münzen, Scheine) oder ein bestimmtes Bankguthaben gerichtete Herausgabeschuld.[47]

Beispiel: Treuhänderisch von S für G zu verwahrendes Geld ist vereinbarungsgemäß auf ein Treuhandkonto bei einer ausländischen Bank eingezahlt worden. Die Bank wird insolvent und das Geld ist verloren. S wird von seiner Herausgabepflicht frei, wenn er ih-

---

Abschluß des Kaufvertrags entschieden, diesen Typ nicht über ihr Händlernetz – und damit über die Verkäuferin – zu vertreiben, sondern direkt an Interessenten zu verkaufen. Die beklagte Verkäuferin berief sich deshalb auf Unmöglichkeit, die klagende Käuferin berief sich dagegen auf § 279 a.F. Der BGH sah die Gattungsschuld als inhaltlich begrenzt an, hielt aber gleichwohl eine Haftung für möglich, falls die Beklagte geeignete Schritte unterlassen haben sollte, um die Porsche AG zu veranlassen, den von der Beklagten eingegangenen Vertrag doch erfüllen zu können.

[45] Dazu *Sailer*, Die Schadensersatzhaftung des Käufers bei Schlechtlieferung und ihre Grenzen, 2003, 48 m.w.N.

[46] Grundlegend zum Schuldrecht a.F. *Medicus*, Geld muß man haben, Unvermögen und Schuldnerverzug bei Geldmangel, AcP 188 (1988), 490–510; zum neuen Schuldrecht s. *Canaris*, Die Reform des Rechts der Leistungsstörungen, JZ 2001, 499, 519; *Palandt/Heinrichs*, § 276 Rn. 28: Prinzip der unbeschränkten Vermögenshaftung; *Lorenz/Riehm* Rn. 177.

[47] *Lorenz/Riehm* Rn. 178.

re Verletzung nicht zu vertreten hat, also z.B. die Bankpleite und das Fehlen einer Einlagensicherung nicht voraussehen bzw. erkennen konnte.

Die Rechtsprechung hat den Geldschuldner freilich in bestimmten eng umgrenzten Ausnahmefällen für entlastet gehalten, wenn er – bei eigener Leistungsfähigkeit – Zahlungen aufgrund eines Rechtsirrtums nicht pünktlich erbracht hat.[48]

Die Haftung für die eigene finanzielle Leistungsfähigkeit erstreckt sich auch **596** auf die Verpflichtung zu Leistungen, etwa Lieferung von Sachen oder Herstellung eines Werkes, wenn sie den Einsatz finanzieller Ressourcen verlangen, die dem Schuldner fehlen: Eine Fluggesellschaft ist gegenüber ihren Passagieren nicht entlastet, wenn ihre Flugzeuge deshalb am Boden bleiben, weil sie ihre Kerosinlieferanten nicht rechtzeitig bezahlen konnte.

Garantien werden in der Praxis häufig gegeben und können verschiedene In- **597** halte und Funktionen haben (vgl. z.B. §§ 443, 477). Insbesondere können sie in der Bedeutung des § 276 I 1, eine verschuldensunabhängige Schadensersatzhaftung des Schuldner zu begründen, etwa für den Fall mangelhafter Kaufgegenstände oder Werke, für die Umsatzangaben beim Unternehmenskauf, usw erklärt werden. Die Abgrenzung derartiger Garantien von der klassischen Herstellergarantie iSd §§ 443, 477 bereitet erhebliche Schwierigkeiten (s. Schuldrecht BT Rn. 87f.).

3. Weitere Fälle eines sorgfaltsunabhängigen Vertretenmüssens

Die Haftung der Parteien nach Art. 79 I **CISG** ist ebenfalls verschuldensunab- **598** hängig. Auf persönliche Verschuldensfähigkeit kommt es nicht an. Aber auch die Einhaltung der objektiv geforderten Sorgfalt reicht zur Entlastung nicht aus, vielmehr muß der Schuldner beweisen, „daß die Nichterfüllung auf einem außerhalb [seines] Einflußbereichs liegenden Hinderungsgrund beruht und daß [von ihm] vernünftigerweise nicht erwartet werden konnte, den Hinderungsgrund bei Vertragsabschluß in Betracht zu ziehen oder den Hinderungsgrund oder seine Folgen zu vermeiden oder zu überwinden".[49] Diese Entlastung ist allerdings nur für die Haftung auf Schadensersatz möglich (vgl. Art. 79 V CISG). Anderen Rechtsbehelfen des Gläubigers kann sich der Schuldner nicht entziehen; für Naturalerfüllung s. jedoch Art. 28 CISG.

Der Sache nach handelt es sich bei Art. 79 CISG um einen Haftungsausschluß **599** wegen **höherer Gewalt**. Dieser Standard einer strengen, verschuldensunabhän-

---

[48] S. die Nachweise bei *Staudinger/Löwisch*, § 286 Rn. 144–165.

[49] Vor allem höhere Gewalt entlastet nach dieser Vorschrift. Zu den Einzelheiten s. *Schlechtriem/Stoll/Gruber*, Art. 79 CISG Rn. 10ff.

gigen Haftung war dem BGB in seiner ursprünglichen Fassung fremd.[50] Inzwischen hat dieser Standard freilich in Umsetzung der Richtlinien über Pauschalreisen und Überweisungen sowie des Europaratsübereinkommens über die Gastwirtehaftung Einzug gehalten: §§ 651j I, 676b IV, 676e V 2, 701 III Var. 5. Unter höherer Gewalt ist ein externes Hindernis der Pflichterfüllung zu verstehen, das der Schuldner weder vermeiden noch überwinden kann.

Mit der Externalität des Störungsursprungs ist nicht gemeint, daß es sich um ein menschlich nicht beherrschbares Ereignis handeln muß. Vielmehr soll dieses Erfordernis lediglich Hindernisse aus der Sphäre des Schuldners ausschließen. An die Vermeidbarkeit und Überwindbarkeit sind die Anforderungen des Fahrlässigkeitsmaßstabes (§ 276 II) zu stellen. Häufig wird auch die Unvorhersehbarkeit der Störung gefordert. Freilich handelt es sich dabei nicht um eine eigenständige Voraussetzung der höheren Gewalt, vielmehr ist die Vorhersehbarkeit der Störung ein bei der Auslegung des Vertrages zu berücksichtigender Umstand, der auf eine Risikoübernahme durch den Schuldner hindeutet. Eine solche Risikoübernahme, die sich auch aus anderen Umständen ergeben kann, schließt die Berufung auf höhere Gewalt aus.

600   Nach altem Schuldrecht führte zudem der Umstand, daß eine **Störung** des Vertrages bereits **bei Vertragsschluß** vorlag, im Grundsatz zu einer von Fahrlässigkeit unabhängigen Haftung. Während diese Haftung durch den neuen § 311a erheblich gemildert worden ist (s.o. Rn. 576), ist es für anfängliche Mängel der Mietsache bei der alten Rechtslage geblieben: Nach § 536a I Var. 1 haftet der Vermieter für derartige Mängel unabhängig davon, ob er diesbezüglich unsorgfältig gehandelt hat oder den Mangel hätte erkennen können. Die Vorschrift ist lex specialis zu § 311a II 2 (vgl. Schuldrecht BT Rn. 255).

601   In bestimmten Situationen tritt eine Verschärfung der Verantwortung aufgrund einer vorangegangenen Pflichtverletzung ein:

Ist der Schuldner mit der Leistung in **Verzug** (dazu unten Rn. 653ff.), dann hat er eine während des Verzugs durch Zufall, d.h. ohne sein Verschulden, eintretende Unmöglichkeit stets zu vertreten, § 287 S. 2. Das Gesetz bewertet aufgrund historischer Vorbilder die vorwerfbare Leistungsverzögerung durch den Schuldner als Erweiterung der von ihm übernommenen Verantwortung.[51]

Ist der Mieter eines Kraftfahrzeugs mit der Rückgabe nach Ablauf der Mietzeit in Verzug, dann haftet er im Falle einer – etwa durch Unfall – verursachten Zerstörung des Kfz auch dann, wenn er den Unfall als solchen nicht zu vertreten hat.

Eine Entlastung ist nur möglich, wenn der Schaden auch bei rechtzeitiger Leistung eingetreten wäre, § 287 S. 2 a.E.

Ist der zurückzugebende Kraftwagen, mit dessen Rückgabe der Mieter in Verzug war, durch einen Hagelschlag schwer beschädigt worden, und wäre die gleiche Beschädigung

---

[50] §§ 206 (ex § 203 II) und 1996 I 1 behandeln sehr spezifische Sondersituationen.
[51] S. *Knütel*, Zum „Zufall" in § 287 S. 2 BGB, NJW 1993, 900f.

auch bei rechtzeitiger Rückgabe an den Vermieter geschehen, weil auch dort der Wagen unter freiem Himmel abgestellt worden wäre, dann ist der Schuldner entlastet.

Für **Zufall**, d.h. unabhängig von Verschulden, haftet auch der **Deliktsschuld-** **602** **ner**, der aufgrund seiner unerlaubten Handlung zur Rückgabe einer Sache verpflichtet ist, die er durch die unerlaubte Handlung erlangt hat, § 848. Auch in diesem Falle gilt jedoch, daß der Rückgewährschuldner dadurch entlastet wird, daß die Verschlechterung oder Zerstörung der Sache auch ohne Entziehung eingetreten wäre.

Der aus § 823 I zur Rückgabe (d.h. Schadensersatz als Naturalrestitution) verpflichtete Dieb haftet auch bei Untergang oder Verschlechterung der gestohlenen Sache, die er nicht schuldhaft verursacht hat, es sei denn, Untergang oder Verschlechterung wären auch ohne den Diebstahl eingetreten, das gestohlene Kraftfahrzeug z.B. durch Überschwemmung oder Hagelschlag auch beim Eigentümer zerstört oder beschädigt worden.

Die ausnahmsweise eintretende Entlastung des im Verzug befindlichen Schuldners (§ 287 S. 2 a.E.) oder des Deliktschuldners (§ 848 a.E.) würde sich i.ü. bereits aufgrund der allgemeinen schadensersatzrechtlichen Regel ergeben, daß bei der Bemessung des Schadens die weitere Entwicklung der Gütersituation des Geschädigten, also auch eine nachteilige („schädigende") Entwicklung zu berücksichtigen ist („überholende Kausalität", s.o. Rn. 320f.).

Der Gedanke, daß das Fehlverhalten eines Teils, welches eine Risikoerhö- **603** hung nach sich zieht, bei diesem zu einer Haftungsverschärfung führt, ist ein allgemeiner Grundsatz des Schuldrechts, welcher sich auch an anderer Stelle niedergeschlagen hat. Das gilt etwa für § 447 II, welcher eine zusätzliche Haftung des Verkäufers für den Fall begründet, daß dieser von Versendungsanweisungen des Käufers zu Unrecht abweicht.[52]

VI. Haftung für Erfüllungsgehilfen, gesetzliche Vertreter und Organe

Lit.: *v. Caemmerer*, Verschulden von Erfüllungsgehilfen, FS Hauß, Karlsruhe 1978, S. 33–41; *J. Hager*, Das Mitverschulden von Hilfspersonen und gesetzlichen Vertretern des Geschädigten, NJW 1989, 1640–1647; *Kronke*, Seefrachtvertragsrechtliche Gehilfenhaftung, Transportrecht 1988, 89; *Lüderitz*, Sind Amtsträger Erfüllungsgehilfen?, NJW 1975, 1–8; *E. Schmidt*, Zur Dogmatik des § 278, AcP 170 (1970), 502–533; *Schreiber*, Die Haftung für Hilfspersonen, Jura 1987, 647–655; *Weimar*, Haftet der Schuldner für Gelegenheitshandlungen seines Erfüllungsgehilfen?, JR 1982, 95; *H. Westermann*, Haftung für fremdes Handeln, JuS 1961, 333–343, 382–387.

---

[52] Vgl. zur Figur der *deviation* im Bereich des Transportrechts *Schmidt-Kessel*, Standards vertraglicher Haftung nach englischem Recht, 2003, 330ff.

604   Nach § 278 hat der Schuldner für seine **gesetzlichen Vertreter** und sog. **Erfüllungsgehilfen** einzustehen.[53] Von dieser Haftung kann er sich in individuellen Vereinbarungen freizeichnen, § 278 S. 2, zu Freizeichnungen in AGB s. jedoch § 309 Nr. 7: Danach ist allenfalls Freizeichnung von der Haftung für leichte Fahrlässigkeit von Gehilfen zulässig, und auch das nicht bei Verletzung des Lebens, des Körpers oder der Gesundheit, § 309 Nr. 7 lit. a). Eine weitere Kontrollschranke für Freizeichnungen von Gehilfenverschulden bildet § 307, insbesondere bei der Verletzung von sog. Kardinalpflichten.[54]

605   Während der Schuldner selbst verschuldensunabhängig einzustehen hat, da er die Pflichterfüllung durch seine Gehilfen garantiert und die *Repräsentationshaftung* für gesetzliche Vertreter Folge der durch gesetzliche Vertretung ermöglichten Teilnahme am Rechtsverkehr ist, muß der Gehilfe bzw. gesetzliche Vertreter selbst verantwortlich gehandelt haben.

Das Gesetz spricht von Verschulden der gesetzlichen Vertreter oder Erfüllungsgehilfen, so daß jedenfalls die §§ 276 I 2, 827, 828 gelten: Verschuldensfähigkeit ist erforderlich. Da der erforderliche Sorgfaltsmaßstab jedoch beim Erfüllungsgehilfen der für den Schuldner selbst geltende ist („in gleichem Umfange"), sind nicht nur Haftungserleichterungen zu berücksichtigen, sondern auch Haftungsverschärfungen aufgrund der objektiven Standards, die für den Berufskreis des Schuldners gelten: Der vom Anwalt eingesetzte Referendar muß deshalb bei der Überprüfung von Literatur und Rechtsprechung die gleiche Sorgfalt wie der Anwalt walten lassen.[55]

1. Erfüllungsgehilfen

606   Nach dem Wortlaut von § 278 S. 1 ist Erfüllungsgehilfe derjenige, dessen sich der Schuldner „zur Erfüllung seiner Verbindlichkeiten bedient". Die von der Rechtslehre entwickelte Definition des Erfüllungsgehilfen ist erheblich detaillierter: Erfüllungsgehilfe ist hiernach, wer mit Wissen und Wollen des Geschäftsherrn in dessen Pflichtenkreis tätig wird.

607   Erforderlich ist zunächst, daß der Gehilfe zur **Erfüllung einer Verbindlichkeit** des Schuldners eingesetzt ist, also bereits ein Schuldverhältnis besteht, aus dem

---

[53] Zu den Gründen dieser verschuldensunabhängigen Haftung – Arbeitsteilung und Risikozurechnung, Sicherung der Gefahren- und Beweislage, Übernahme einer Garantie – s. *Lüderitz* (Lit. vor Rn. 604), NJW 1975, 1–8; *Kronke* (Lit. vor Rn. 604), Transportrecht 1988, 90. S. a. Motive, *Mugdan* Bd. II, S. 16: „Wenn der Schuldner eine Leistung versprochen hat, so erblickt der heutige Verkehr in diesem Versprechen auch die Übernahme einer Garantie für das ordnungsmäßige Verhalten derjenigen, deren Mitwirkung bei der Leistung sich zu bedienen dem Schuldner ausdrücklich oder stillschweigend gestattet ist"; zur Entstehung des § 278 ausführlich *Karsten Schmidt*, Gehilfenhaftung – Leutehaftung – Unternehmenshaftung, FS Peter Raisch, 1995, 189ff., 199f.

[54] S. BGHZ 89, 363, 367, aber auch BGHZ 103, 316, 320f.; s. auch oben Rn. 95.

[55] Str. jedoch für gesetzliche Vertreter: Die hL bestimmt den Sorgfaltsmaßstab nach der Person des Vertreters, s. *Jauernig/Vollkommer*, § 278 Rn. 18.

Verbindlichkeiten für den Schuldner erwachsen sind. Der Begriff des **bestehenden Schuldverhältnisses** ist entsprechend § 241 I, II, aber auch § 311 II zu verstehen: Aus vorvertraglichem Kontakt entstehende Beziehungen können bereits ein Schuldverhältnis entstehen lassen (s. o. Rn. 28 ff.), so daß sich der Geschädigte auf eine Verantwortung des anderen (künftigen) Vertragspartners für seine Gehilfen berufen kann.

Das Kaufhaus haftet deshalb für die mangelhafte Reinigung des Fußbodens durch die dafür angestellten Putzfrauen gegenüber einem Käufer auch dann, wenn es noch nicht zu einem Kaufabschluß gekommen ist (s. Rn. 32 zur culpa in contrahendo).

Von dem Einsatz von Erfüllungsgehilfen ist die sog. **Substitution** zu unterscheiden (vgl. § 664): Darf der Schuldner die Ausführung der Verpflichtung einem anderen übertragen, haftet er nur für die ordentliche Auswahl des Substituten, nicht aber für dessen Ausführung.[56]   **608**

Personen, die vom Schuldner zur Leistungsvorbereitung herangezogen werden, sind dagegen nicht Erfüllungsgehilfen, wenn die Leistungsvorbereitung noch nicht zu den Pflichten des Schuldners gegenüber dem Gläubiger gehört.   **609**

Beispiel: Kann der Schuldner seine Leistung nicht erbringen, weil die Stromzufuhr unterbrochen wird, dann haftet er für das E-Werk nicht, denn dieses ist nicht Erfüllungsgehilfe.

Zu fragen ist freilich, ob nicht eine Eigenverantwortung aus anderen Gründen anzunehmen ist, etwa wegen Mängeln in der Organisation des eigenen Betriebs, zu der die Auswahl zuverlässiger Energielieferanten und das Offenhalten von Ersatzlieferquellen gehört hätte, oder die Übernahme eines Beschaffungsrisikos (dazu oben Rn. 591 ff.).

Nach verbreiteter Auffassung sind auch Zulieferer eines Verkäufers nicht dessen Erfüllungsgehilfen.[57] Die herkömmliche Begründung lautet dabei, der Verkäufer sei nicht zur Herstellung der Kaufsache verpflichtet.[58] Dies ist freilich nach neuem Recht nicht zu halten: Wie sich aus dem Nachbesserungsanspruch nach §§ 433 I 2, 439 I Alt. 1 ergibt, muß der Verkäufer im Zweifel auch für die Herstellung sorgen. Die Haftung für Zulieferer ist darüber hinaus auch rechtspolitisch geboten: andernfalls erlaubte man dem Verkäufer seine Haftung allein dadurch zu reduzieren, daß er nicht selbst herstellt, sondern die Herstellung insgesamt oder Teile davon an Dritte delegiert (**Haftungsentlastung qua Delegation**).   **610**

Beispiel: Ein Konfektionsbetrieb für Damenbekleidung und eine Weberei streiten sich um Schadensersatz wegen Mangelhaftigkeit des gelieferten Stoffs. Später stellt sich her-

---

[56] Vgl. § 664 I 2: Übertragung eines Auftrags.
[57] Statt aller *Palandt/Heinrichs*, § 278 Rn. 13 u. 14.
[58] Leitentscheidung: BGHZ 48, 118, 121 (TREVIRA).

aus, daß der Mangel bei einem Produktionsschritt entstanden ist, mit welchem die Weberei ein drittes Unternehmen beauftragt hatte. Muß sich nun die Weberei die sorgfaltswidrige Verhaltensweise dieses Dritten nicht zurechnen lassen (so der Bundesgerichtshof zum alten Recht: BGHZ 48, 118, 121), haftet sie weniger streng als wenn sie den Produktionsschritt im eigenen Haus durchgeführt hätte. Die Arbeitsteilung würde also eine Haftungserleichterung begründen. Nach neuem Recht entfällt diese Haftungserleichterung.

611   Ob der Gehilfe ein abhängiger Arbeitnehmer oder ein unabhängiger Dritter, z.B. ein Subunternehmer ist, spielt keine Rolle.

Der Bauunternehmer haftet für Mängel des Bauwerks unabhängig davon, ob sie seine Leute oder ein beigezogener Nachunternehmer verursacht haben. Auch der Notar kann, jedenfalls im Rahmen betreuender Tätigkeit auf dem Gebiet vorsorgender Rechtspflege, Erfüllungsgehilfe eines Beteiligten sein.[59] Hat der Verkäufer direkt an den Abnehmer seines Käufers zu liefern, so kann der Abnehmer Erfüllungsgehilfe des Käufers für dessen Abnahmepflicht sein.[60] Sogar ein Monopolbetrieb wie die Deutsche Bahn kann Erfüllungsgehilfe sein, z.B. bei der Erfüllung einer Transportverpflichtung.[61]

612   Weitere Voraussetzung ist, daß sich der Gehilfe im Rahmen der ihm übertragenen Aufgaben bewegt hat: Nur ein Fehlverhalten **bei Erfüllung** führt zur Haftung des Geschäftsherrn, *nicht* eine **bei Gelegenheit** der Erfüllung begangene Pflichtwidrigkeit.

Der Pflichtenkreis wird freilich weit zu fassen sein: Die Gesellen des Klempners erfüllen nicht nur eine Reparaturpflicht des Klempnerunternehmens, sondern auch Schutzpflichten i.S. von § 241 II hinsichtlich anderer Rechtsgüter und Sachen des Bestellers: Schlagen sie versehentlich eine Fensterscheibe ein, oder lassen sie etwas mitgehen, dann haftet der Klempner m.E. nach § 278.[62]

2. Gesetzliche Vertreter

613   **Gesetzliche Vertreter** sind vor allem die Vertreter natürlicher Personen (etwa Eltern, § 1626, Vormund, §§ 1793 ff., Betreuer, § 1902). Nach hM stehen Testamentsvollstrecker, Insolvenzverwalter und ähnliche Personen gleich. Ein Betreuer, dessen Einwilligung zu Rechtsgeschäften des Betreuten erforderlich ist – s. §§ 1896 ff., 1903 I –, dürfte ebenfalls einem gesetzlichen Vertreter i.S. des § 278 gleichstehen.

---

[59] Vgl. BGH NJW 1984, 1748.

[60] Vgl. BGHZ 90, 302.

[61] Vgl. BGHZ 50, 32, 37.

[62] Str. (teilweise wird angenommen, daß bei vorsätzlichen Delikten der Kreis der übertragenen Aufgaben verlassen wird), vgl. zum Ganzen *U. Huber* (Lit. zu Kap. 12), 725; *Krüger*, Haftung der Dienstherren für Gelegenheitsdelikte seiner Hilfspersonen nach deutschen und französischem Recht, Frankfurt 1980, 19 ff. Gegen die Unterscheidung überhaupt *K. Schmidt* (oben Fn. 51) 201 ff.

Verantwortungsbegründend wirken für einen Schuldner, der nicht selbst handelt, auch **614** die §§ 31 (Haftung für Organe) und 831 (Haftung für Verrichtungsgehilfen im außervertraglichen Bereich). Vor allem der Unterschied zu § 831, nach dem sich der Geschäftsherr für seinen Gehilfen unter bestimmten Voraussetzungen entlasten kann, also an sich nur für eine eigene Pflichtverletzung bei der Auswahl, Anleitung und Überwachung des Gehilfen haftet, hat zu einer Ausweitung des Anwendungsbereichs der Garantiehaftung aus § 278 geführt. Schuldbeziehungen aus sozialem Kontakt, Begünstigung Dritter aus Verträgen, an denen sie selbst nicht beteiligt sind, sowie eine Vielzahl von Schutzpflichten dienen vor allem dem Zweck, Verantwortung für Leute nach § 278 zu begründen.

3. Organe und Vertretenmüssen

Besonderheiten gelten für Organe von privatrechtlichen Körperschaften (et- **615** wa der Geschäftsführer einer GmbH, der Vorstand einer Aktiengesellschaft) sowie von juristischen Personen des öffentlichen Rechts (§ 89). Sie gelten für die Personengesellschaften des bürgerlichen und des Handelsrechts (GbR, oHG, KG) entsprechend. Für derartige Organe gilt § 31, wonach die Körperschaft für den Schaden verantwortlich ist, den ein Organ einem Dritten zufügt. Umstritten ist freilich, ob diese Vorschrift auch im Rahmen schuldrechtlicher Sonderverbindungen gilt und insoweit § 278 jedenfalls partiell verdrängt. Da auch § 31 eine Zurechnung fremden Fehlverhaltens vorsieht, hat dieser Streit praktische Konsequenzen nur für die Frage, ob die betreffende Körperschaft sich von der Haftung für Vorsatz des Organs freizeichnen kann, vgl. § 278 S. 2. Da Körperschaften überhaupt nur über ihre Organe handlungsfähig sind, muß es jedoch mit der hA bei der Regel des § 31 und damit dem Verbot nach § 276 III verbleiben.

§ 2. Schadensersatz, Verspätungsschäden und Vorrang des Erfüllungsanspruchs

Lit.: *Grundmann*, Stefan, Der Schadensersatzanspruch aus Vertrag, AcP 204 (2004), 569–605.

I. Funktion und Regelungstechnik von § 280 II, III

Grundlage der Schadensersatzpflicht des Schuldners im Falle einer zu vertre- **616** tenden Pflichtverletzung ist § 280 I, doch werden bestimmte Schadensarten in den folgenden Regeln an zusätzliche Voraussetzungen gebunden. Dabei arbeitet das Gesetz mit drei verschiedenen Kategorien von Schadensarten, nämlich dem **Schadensersatz statt der Leistung** (§§ 280 III, 281 I 1, II, III, IV, 283 S. 1), dem **Schadensersatz statt der ganzen Leistung** (§§ 281 I 2 und 3, V, 283 S. 2 und richtigerweise § 282) sowie dem **Schadensersatz wegen Verzögerung der Leistung** (§ 280 II).

617   Außer diesen Dreien findet sich in der Rechtslehre zunehmend der Begriff des **Schadensersatzes neben der Leistung**. Bei diesem Begriff, den das Gesetz nicht kennt, handelt es sich um eine reine Komplementärkategorie, die nicht mehr aussagt, als daß die von ihr erfaßten Schadenspositionen zu ihrer Ersatzfähigkeit nicht der Voraussetzungen nach §§ 280 III, 281–283 bedürfen. Gemeint sind damit neben dem Verzögerungsschaden (§ 280 II) insbesondere Schäden an anderen Rechtsgütern des Gläubigers (v.a. „Mangelfolgeschäden") sowie Schäden aus der Verletzung einer Schutzpflicht. Die Verwendung dieser Begrifflichkeit ist freilich nicht unproblematisch, weil sie eine sichere Abgrenzung von den Fällen der §§ 280 III, 281–283 nicht erlaubt. So sind durchaus Fälle denkbar, in denen die letztgenannten Vorschriften auch bei Schutzpflichtverletzungen und Mangelfolgeschäden zur Anwendung gelangen.

II. Schadensersatz statt der Leistung

618   Die auf den ersten Blick kompliziert erscheinende Regelung des **Schadensersatzes statt der Leistung** in den §§ 281–283 wird m.E. transparent, wenn man folgenden Grundgedanken nachvollzieht: Schadensersatz statt der Leistung bedeutet Liquidation des Schuldverhältnisses, soweit es auf Erfüllung der verletzten Pflicht in Natur gerichtet war, durch Ersatz des Erfüllungsinteresses oder „positiven Interesses" (oben Rn. 283). Schadensersatz statt der Leistung ist also Schadensersatz **an Stelle des Erfüllungsanspruchs**. Damit wird auch deutlich, welche Sachfrage die betreffenden Vorschriften in erster Linie behandeln: Die Konkurrenz von Schadensersatz und Erfüllungsanspruch, welche das neue Schuldrecht dogmatisch bei der Ersatzfähigkeit des mit dem Erfüllungsanspruch konkurrierenden Schadens verortet.

Zugleich behandeln die §§ 281–283 eine zweite Sachfrage: Da auch beim Schuldner ein Interesse an der Durchführung des Schuldverhältnisses durch Erfüllung in Natur besteht bzw. angenommen werden kann, soll er grundsätzlich zunächst eine „zweite Chance" zur Erfüllung haben (**Recht zur zweiten Andienung**).

619   Nur hinsichtlich dieser zweiten Sachfrage besteht Identität mit den Regelungszwecken des Rücktrittsrechts, §§ 323ff. (s.o. Rn. 505ff.). Anders steht es, soweit §§ 281–283 iSd ersten Sachfrage als Regelung der Konkurrenz aufgefaßt werden: Anders als beim Rücktrittsrecht wird mit der Ausfüllung der wertungsoffenen Begriffe dieser Vorschriften nicht (notwendig) über den Fortbestand des Vertrags entschieden. In Frage steht lediglich, ob der Gläubiger – bei in der Regel fortbestehendem Vertrag – statt zur Erfüllungsklage zum Ersatz des Erfüllungsinteresses greifen kann. Obwohl die Regeln der §§ 281–283, §§ 323–326 in Teilen identisch formuliert und weitgehend gleich strukturiert sind, kann es

daher zu durchaus unterschiedlichen Konkretisierungen der wertungsoffenen Begriffe, z.B. „angemessene Frist", „besondere Umstände", „Abwägung der beiderseitigen Interessen", kommen.

Die Lösung beider Sachfragen erfolgt in den §§ 281–283 dadurch, daß der **620** Gläubiger grundsätzlich dem Schuldner zunächst eine angemessene Frist zur Erfüllung setzen muß, ehe er mit einem Schadensersatzanspruch das Schuldverhältnis (ieS) liquidieren und statt der Erfüllung sein Erfüllungsinteresse verlangen kann.

Der Fristsetzungsmechanismus führt freilich nicht zum Erlöschen des Erfül- **621** lungsanspruchs (anders noch § 326 I 2 Hs. 2 aF), sondern stellt diesen und den Schadensersatz nebeneinander dem Gläubiger zur Wahl. Erst wenn der Gläubiger Schadensersatz statt der Leistung verlangt hat, kann er nicht mehr zum Erfüllungsanspruch zurückkehren, § 281 IV. Damit ist auch die Höhe des Schadensersatzes fixiert – steigen später die Preise für die nicht gelieferte Ware, dann kann der Gläubiger nicht den damit gestiegenen Wert seines Erfüllungsanspruchs der Schadensberechnung zugrunde legen.

Auch bei Leistungspflichten aus gesetzlichen Schuldverhältnissen kann das **622** Erfüllungsinteresse über einen Schadensersatzanspruch statt der Leistung durchgesetzt werden.

Beispiel: S hat als berechtigter Geschäftsführer ohne Auftrag (s. §§ 677ff., 683) für seinen Freund G einen Kunstgegenstand ersteigert, von dem er weiß, daß sein Freund danach schon lange auf der Suche war. Da S aber an diesem Kunstwerke selbst Interesse bekommt, vor allem, weil es mehr wert ist als der von ihm auf der Versteigerung bezahlte Preis, weigert er sich, seiner gesetzlichen Herausgabepflicht (aus §§ 682 S. 2, 667) nachzukommen. G kann sein Erfüllungsinteresse als Schaden beanspruchen, aber erst nach erfolgloser Fristsetzung, § 281 I 1.

Sehr umstritten ist die Frage, ob die §§ 281–283 auch auf dingliche Ansprüche, insbesondere § 985, angewandt werden können.[63] Eine Anwendung insbesondere von § 281 BGB könnte die ausgewogene Risiko- und Haftungsverteilung der §§ 985ff. gefährden, weshalb hier Zurückhaltung geboten erscheint. Freilich ist die Streitfrage nur dort von praktischer Bedeutung, wo dem Gläubiger der Übergang vom Rückgewähr- zum Schadensersatzanspruch nicht ohnehin offensteht. Auf den Rückgabeanspruch des Vermieters nach § 546 I etwa finden die §§ 281–283 richtigerweise Anwendung mit der Konsequenz, daß das Schadensersatzverlangen nicht nur den Erfüllungsanspruch nach § 281 IV ausschließt, sondern zugleich bewirkt, daß dem Mieter aus dem ablaufenden Mietverhältnis ein Recht zum Besitz iSv § 986 I entsteht.

---

[63] Dafür (soweit § 990 II die Sperrwirkung der Regeln des Eigentümerbesitzerverhältnisses einschränkt) *Gebauer/Huber*, Schadensersatz statt Herausgabe?, ZGS 2005, 103ff. Insgesamt dagegen *Gursky*, Der Vindikationsanspruch und § 281 BGB, Jura 2004, 433ff.

623 Schadensersatz statt der Leistung oder Aufwendungsersatz (dazu Rn. 645 ff.) kann nach § 311a II 1 schließlich auch im Falle anfänglicher Leistungshindernisse verlangt werden. Die ganz hL sieht darin eine eigene Anspruchsgrundlage, die offenbar nur bei anfänglicher Unmöglichkeit iS des § 275 eingreifen soll.[64] Diese Ansicht ist teils durch angreifbare Prämissen[65], teils durch Orientierung am Fall der anfänglichen Unmöglichkeit beeinflußt: Nur wenn Behebung des Leistungshindernisses unmöglich iS des § 275 I ist, macht es Sinn, auf die sonst in § 281 I 1 einem Anspruch auf Schadensersatz statt der Leistung vorgeschaltete Frist zur Naturalerfüllung zu verzichten, wie sich aus § 311a II 3 (der § 281 I 1 gerade nicht nennt) ergibt.

Der Anspruch auf Schadensersatz statt der Leistung muß jedoch auch bei anfänglichen, aber überwindbaren Leistungshindernissen gegeben sein[66], und die unsichere Grenze zwischen § 275 I und II sollte nicht auch als Grenzziehung zwischen § 311a II 1 und §§ 280, 281 I 1, 284 wirken. Auch für das Vertretenmüssen von Leistungshindernissen sollte § 311a II 2 nicht nur auf den Fall unbehebbarer Leistungshindernisse beschränkt werden, sondern gerade auch die Fälle anfänglichen Unvermögens erfassen, für die nach Schuldrecht a. F. eine Garantiehaftung angenommen worden war (s. auch oben Rn. 352). M. E. ist für die künftige Auslegung des § 311a II 1, 3 davon auszugehen, daß in § 311a II eine normale Verletzung einer Leistungspflicht aus einem gegenseitigen Vertrag geregelt ist[67], bei der nur die Verantwortungsvoraussetzung anders fokussiert ist, im übrigen aber eine Rechtsgrundverweisung auf die Vorschriften zu Schadensersatz statt der Leistung oder Aufwendungsersatz anzunehmen ist.

1. Fristsetzungserfordernis

624 Bei Verletzung einer Pflicht aus Vertrag wird der Gläubiger, falls er den Vertrag insgesamt liquidieren und Schadensersatz für sein **Erfüllungsinteresse** verlangen will, regelmäßig Rücktritt erklären und statt der dann nicht mehr zu beanspruchenden Leistung Schadensersatz verlangen, § 325 (s. o. Rn. 540). Will er aber den Vertrag nicht durch Rücktritt ganz aufheben, sondern nur wegen Verletzung der Pflicht hinsichtlich *einer* Leistung seinen Schaden, d. h. sein Erfüllungsinteresse geltend machen, dann muß er nach § 281 I 1 zunächst erfolglos eine angemessene Nachfrist gesetzt haben. Für manche Vertragspflichten kommt Rücktritt ohnehin nicht (mehr) in Betracht, so daß der Weg zum Erfüllungsinteresse nur über § 281 I 1 führt.

---

[64] Vgl. *Canaris*, Schuldrechtsmodernisierung 2002, S. XIV; *Kindl*, Das Recht der Leistungsstörungen nach dem Schuldrechtsmodernisierungsgesetz, WM 2002, 1313, 1317; *Rolland*, Das neue Schuldrecht, Einführung, Rn. 29; AnwKomm-BGB/*Dauner-Lieb* § 311a Rn. 12.

[65] Vgl. *Canaris*, vorige Fn., der bei Annahme einer vorvertraglichen Schutzpflichtverletzung – §§ 311 II, 241 II – voraussetzt, daß § 280 dann nicht zum erwünschten Anspruch auf das positive Interesse führen, sodaß die zusätzliche Anspruchsgrundlage des § 311a II 1 benötigt werde; ebenso *Dauner-Lieb* (vorige Fn.) Rn. 14.

[66] So wohl *Rolland*, Das neue Schuldrecht, Einführung, Rn. 29, der in diesem Zusammenhang von „Unvermögen" spricht.

[67] So auch *Canaris*, DB 2001, 1815, 1817 f.

Beispiel: Der Mieter einer Computeranlage gibt die Anlage am Ende der Mietzeit nicht zurück. Der Vermieter hat einen Rückgabeanspruch, d.h. einen Anspruch auf Leistung, aus § 546 I. Da die Computeranlage an Wert verliert, möchte der Vermieter statt der Rückgabe lieber Schadensersatz für den Wert der Anlage im Rückgabezeitpunkt. Rücktritt vom Mietvertrag scheidet aus, da er ohnehin beendet ist. Um Schadensersatz statt der Leistung, d.h. statt Rückgabe, geltend machen zu können, muß der Vermieter grundsätzlich zunächst eine Frist gesetzt haben.

Wie beim Rücktritt muß die gesetzte Frist angemessen sein. Dabei ist jedoch **625** zu beachten, daß – jedenfalls beim einfachen Schadensersatz statt der Leistung – keine Aufhebung des Vertrages, sondern lediglich die Beseitigung des Vorrangs der Erfüllung in Natur in Rede steht. Damit erscheint es jedenfalls denkbar, daß eine Frist nach § 281 I 1 kürzer ist als eine solche nach § 323 I. Wie beim Rücktritt setzt freilich auch hier die unangemessen kurze Frist eine angemessene Frist in Lauf (s.o. Rn. 518).

Wo nach der Art der Pflichtverletzung eine Fristsetzung zur Leistung nicht in **626** Betracht kommt, etwa bei Unterlassungspflichten oder manchen Schutzpflichten, tritt an die Stelle der Fristsetzung eine Abmahnung, § 281 III. Dies entspricht der allgemeinen Erkenntnis, daß der Mechanismus der Fristsetzung für manche Pflichtentypen und Verletzungskonstellationen ungeeignet ist, vgl. §§ 314 II, 323 III (s.o. Rn. 516).

2. Entbehrlichkeit der Fristsetzung

Fristsetzung, d.h. eine zweite Chance für den Schuldner, kann in bestimmten **627** Situationen **entbehrlich** sein, so daß sofort mit Eintritt der zu vertretenden Pflichtverletzung Schadensersatz statt der Leistung verlangt werden kann. Die einschlägigen Fallkonstellationen entsprechen weitestgehend denjenigen beim Rücktritt. Das überrascht nicht, muß doch das in der Entbehrlichkeit der Fristsetzung verschlüsselte besondere Gewicht der Vertragsstörung erstrecht nach § 323 I die Beseitigung des Vorrangs der Naturalerfüllung gegenüber dem Schadensersatz nach sich ziehen. Auch bei §§ 281 ff. findet sich das Zusammenspiel einer Generalklausel mit ausformulierten Spezialtatbeständen wieder.

In den §§ 281–283 finden sich drei ausdrücklich geregelte Spezialfälle, in **628** welchen die Fristsetzung entbehrlich ist: § 281 II Alt. 1 ordnet dies zunächst für den Fall der ernsthaften und endgültigen Erfüllungsverweigerung durch den Schuldner an (vgl. § 323 II Nr. 1 und oben Rn. 520). Entbehrlich ist die Fristsetzung außerdem, wenn dem Schuldner eine Einwendung oder Einrede nach § 275 zusteht, § 283 (vgl. § 326 V und dazu oben Rn. 523). Freilich ist diese Vorschrift weitgehend entbehrlich, weil in der Berufung des Schuldners auf § 275 stets eine ernsthafte und endgültige Erfüllungsverweigerung zu sehen ist. Praktische Relevanz entfaltet § 283 daher nur, sofern sich der Schuldner auf einen

Fall des § 275 I nicht beruft; bei den Einreden nach § 275 II und III ist die Berufung auf die Unzumutbarkeit hingegen ohnehin erforderlich, so daß § 281 II Alt. 1 stets erfüllt ist.

> Unabgängig von der richtigen Einordnung der Vorschrift (s.u. Rn. 637) enthält schließlich auch § 282 die Regelung, daß die Fristsetzung keine Voraussetzung für den Ersatz des von der Vorschrift erfaßten Schadens darstellt.

629   Weitere Fälle der Entbehrlichkeit der Fristsetzung ergeben sich für das allgemeine Schuldrecht aus § 340 I 2 (s.o. Rn. 524) und insbesondere aus § 325: Ist der Gläubiger vom Vertrag zurückgetreten, hat er keinen Erfüllungsanspruch mehr, der mit dem Schadensersatz konkurrieren könnte. Fälle der Entbehrlichkeit der Fristsetzung finden sich zudem im besonderen Schuldrecht. Dabei handelt es sich häufig um bewußte Erweiterungen des Katalogs der Entbehrlichkeitsgründe durch den Gesetzgeber. Das gilt namentlich für die Regelungen zur Entbehrlichkeit der Fristsetzung bei Sach- und Rechtsmängeln der Kaufsache oder des Werks nach §§ 440, 636 sowie im Sonderfall des § 478 I (vgl. oben Rn. 525).

630   Wie beim Rücktritt ist die Liste der Entbehrlichkeitsfälle beim Schadensersatz statt der Leistung nicht abschließend. Dies verdeutlicht die Generalklausel in § 281 II Alt. 2. Auch diese Generalklausel ist in einem Gutachten immer erst nach den speziellen Entbehrlichkeitstatbeständen zu prüfen. In Anwendung der Generalklausel lassen sich insbesondere auch solche Fälle bewältigen, für welche beim Rücktrittsrecht die Entbehrlichkeit der Fristsetzung gesichert ist: Das gilt insbesondere für das Fixgeschäft, welches in § 281 II anders als in § 323 II Nr. 2 keine ausdrückliche Erwähnung gefunden hat.[68] Auch insoweit greift die generelle Überlegung, daß die Entbehrlichkeit der Fristsetzung beim Rücktritt erstrecht geeignet sein muß, den Vorrang der Erfüllung vor dem Schadensersatz zu beseitigen.

> Die künftige Entwicklung wird zeigen, ob auch im Hinblick auf Art. 3 V der Verbrauchsgüterkaufrichtlinie eine Fristsetzung dann entbehrlich ist, „wenn der Verkäufer nicht innerhalb einer angemessenen Frist Abhilfe geschaffen hat" (s.o. Rn. 526). Das Gemeinschaftsrecht, welches den Schadensersatz wegen Sachmängeln gerade nicht regelt, verlangt dies nicht. Jedoch läßt sich der angesprochene Erstrechtschluß vom Rücktritt auf den Schadensersatz auch hier ziehen.

III. Schadensersatz statt der *ganzen Leistung*

631   Als Sonderfall des Schadensersatzes statt der Leistung kennt das Gesetz in §§ 281 I 2 und 3, V, 283 S. 2 und richtigerweise 282 den Schadensersatz statt der

---

[68] S. *Jaensch*, Der Gleichlauf von Rücktritt und Schadensersatz, NJW 2003, 3613, 3614f.

ganzen Leistung. Um einen solchen Schadensersatz geht es immer dann, wenn der verlangte Schadensersatz **über das Maß der Pflichtverletzung hinaus** auf das Schuldverhältnis **ausgreift**.

Beispiele:
1. Der Verkäufer liefert nur drei Viertel des vereinbarten Getreides; der Käufer möchte nicht nur Schadensersatz hinsichtlich des fehlenden Viertels, sondern das gelieferte Getreide zurückgeben und für die Nichtdurchführung des Vertrages insgesamt Schadensersatz verlangen.
2. Der gelieferte Pkw ist mangelhaft, weil er ein einfaches Radio statt der gewünschten Luxusausführung aufweist. Der Käufer will weder Ersatz des Minderwertes, noch die Kosten eines Austausches des Radios ersetzt haben, sondern den gesamten Vertrag im Wege des Schadensersatzes abrechnen und dabei auch die Mehrkosten für einen Pkw ersetzt erhalten, den er bereits anderweitig erworben hat.
3. Die Mitarbeiter des Malerbetriebs S, die im Privathaus des Kunstsammlers G die Decken neu streichen sollen, beschädigen durch Farbspritzer Kunstwerke des G. G kann nicht nur wegen des Schadens an den Kunstwerken Ersatz verlangen, sondern Schadensersatz statt der gesamten Werkleistung, wenn ihm die Erbringung der Werkleistung nicht (mehr) zumutbar ist.

Die mit den zusätzlichen Voraussetzungen des Schadensersatzes statt der *ganzen* Leistung verbundene Sachfrage ist also, inwieweit auch solche Teile des Schuldverhältnisses, die von der Pflichtverletzung nicht unmittelbar betroffen sind, durch diese „kontaminiert" werden. Da auf diese Weise hinsichtlich der weiteren Teile Schadensersatz anstelle der Erfüllung in Natur verlangt wird, müssen außerdem jedoch immer die Voraussetzungen des Schadensersatzes statt der Leistung erfüllt sein.

In vielen Fällen wird der Schadensersatz statt der Leistung im Ergebnis einer **632** Kombination aus Rücktritt und Schadensersatz gleichkommen. Das zeigt nicht zuletzt die in § 281 V niedergelegte Rechtsfolge, daß der Gläubiger seinerseits zur Rückabwicklung nach Rücktrittsregeln verpflichtet ist. Allerdings muß sich diese Funktionsäquivalenz nicht in jedem Fall ergeben: Denkbar ist auch, daß der geltend gemachte Schadensersatz zwar über das Maß der Pflichtverletzung hinausgreift, jedoch gleichwohl unterhalb der Schwelle der Aufhebung des gesamten Vertrags bleibt.

Beispiel: Hat ein Käufer für seinen Fuhrpark zehn Pkw gleicher Bauart erworben und ist einer im Sinne des obigen zweiten Beispiels mangelhaft, ist Schadensersatz statt der ganzen Leistung sowohl die Abrechnung des Vertrags hinsichtlich aller zehn Pkw als auch hinsichtlich des einen mangelhaften.
Damit hat das Gesetz eine nach altem Schuldrecht sehr umstrittene Frage[69] gelöst: Lie-   **632a** gen die Voraussetzungen des Schadensersatzes statt der ganzen Leistung vor, kann der Gläubiger seinen Schaden sowohl nach der Surrogations- als auch nach der Differenzmethode berechnen, d.h. seine eigene Leistung erbringen und das gesamte Erfüllungsinteresse statt der Schuldnerleistung verlangen oder seine Leistung behalten und ihren Wert von seinem Schaden statt der Leistung abziehen. Auch wenn er schon geleistet hat, kann

er wählen, ob er seine erbrachte Leistung zurückverlangt und ihren Wert bei Berechnung seines Erfüllungsinteresses abzieht, oder ob er sie dem Schuldner beläßt und den vollen Schaden statt der Leistung des Schuldners verlangt.

1. Partielle Störung

633 Die Grundregel enthält § 281 I 2: Bei nur **teilweiser Verletzung des Pflichten-programms** kommt Schadensersatz statt der ganzen Leistung nur in Betracht, soweit der Gläubiger an den übrigen Teilen des Pflichtenprogramms kein Interesse hat. Dieses zusätzliche Erfordernis kann auf den Grundgedanken zurück-geführt werden, der auch der Regelung des Rücktrittsrechts für diese Situationen zugrunde liegt (§ 323 V 1, dazu oben Rn. 537): Liquidation des ganzen Erfüllungsinteresses, d.h. Schadensersatz statt der *ganzen* Leistung (und nicht nur wegen der Teilstörung) kann nur verlangt werden, wenn die Pflichtverletzung hinreichend schwerwiegend ist.

634 In der Literatur wird für den Schadensersatz bei derartigen Teilstörungen häufig mit dem Begriffspaar „großer" und „kleiner" Schadensersatz gearbeitet.[70] Diese Begrifflich-keit entstammt dem alten Schuldrecht und hatte ihren Ursprung in dem – erfolgreichen – Bemühen, die strikte Alternativität von Rücktritt und Schadensersatz in §§ 325, 326 a.F. im Wege der Schadensberechnung zu überwinden: Der große Schadensersatz schloß die Rückabwicklung und damit funktional des Rücktritt mit ein. Unter dem neuen Schuld-recht beschwört die fortgesetzte Verwendung dieser Begrifflichkeiten die Gefahr von Mißverständnissen hinauf. Es erscheint daher an angezeigt, sich auf die gesetzliche Ter-minologie zu beschränken.

635 Hat der Gläubiger bereits **(Teil-)Leistungen** erhalten und verlangt erfolgreich Schadensersatz statt der (ganzen) Leistung, dann muß er das Erhaltene nach den Regeln über die **Rückabwicklung** nach Rücktritt zurück leisten, § 281 V. Auch hier zeigt sich, daß Liquidation einer Leistungspflicht durch Schadenser-satz statt der Leistung und Rücktritt + Schadensersatz funktional vergleichbar sind.

2. Sonderfall: Leistung „nicht wie geschuldet"

636 Eine entsprechende Regelung zum Rücktritt (s. Rn. 538) enthält das Gesetz in § 281 I 3 für den Fall, daß der Schuldner die „Leistung nicht wie geschuldet be-wirkt". Dadurch legt das Gesetz wie in § 323 V 2 die Latte erheblich nied-

---

[69] S. 4. Aufl., Rn. 398; auch durch die mit dem SchRModG eingeführte Möglichkeit, Scha-densersatz wegen Nichterfüllung und Rücktritt zu kumulieren – § 325 –, ist m.E. die im Text dargestellte Lösung zwingend geworden; überzeugend *Lorenz/Riehm* Rn. 211–213.
[70] S. nur *Lorenz/Riehm* Rn. 216 ff. Für das alte Recht etwa BGHZ 108, 156, 159 f.

riger: Ausgeschlossen ist der Schadensersatz statt der ganzen Leistung in diesen Fällen nur dann, wenn die Pflichtverletzung unerheblich ist.

Beispiel: Im oben gebrachten Beispielsfall der vermieteten Computeranlage gibt der Mieter die Anlage beschädigt zurück. Der Vermieter kann sie nur zurückweisen und Schadensersatz für das Erfüllungsinteresse statt der Leistung verlangen, wenn die Beschädigung nicht unerheblich ist. Ist sie unerheblich, kann er nur Schadensersatz statt der Leistung, d.h. Ersatz der Reparaturkosten sowie des gegebenenfalls verbleibenden Minderwertes verlangen.

Hauptanwendungsbereich von § 281 I 3 sind Sach- und Rechtsmängel bei Kauf- und Werkvertrag. Anders als § 323 V 2 beruht die Vorschrift freilich nicht auf der Kaufrechtsrichtlinie, sondern dient lediglich der systematischen Kohärenz, die ansonsten auf dem Umweg über § 325 erzwungen würde.

3. Sonderfall Schutzpflichtverletzung, § 282

Ebenfalls einen Sonderfall des Schadensersatzes statt der ganzen Leistung re- **637** gelt § 282: Bei **Verletzung einer Schutzpflicht** soll das Erfüllungsinteresse hinsichtlich einer selbst nicht verletzten Pflicht (nur) ausnahmsweise beansprucht werden können, nämlich wenn die Leistung dem Gläubiger wegen der Pflichtverletzung nicht mehr zuzumuten ist. Entgegen dem Wortlaut geht es damit nicht um einen Schadensersatz statt der Leistung, also um den Ersatz des Erfüllungsinteresses bezüglich der verletzten Pflicht selbst. Vielmehr greift der Schadensersatz nach § 282 über das Maß der Pflichtverletzung hinaus auf die übrigen Teile des Vertrags aus und ist damit als Schadensersatz statt der ganzen Leistung zu qualifizieren. Die Schwelle der Unzumutbarkeit der Annahme der schuldnerischen Leistung weicht im Kern nicht von der Grundregel des § 281 I 2 ab:

Auch hier ist die Parallele zum Rücktrittsrecht auffällig, denn G könnte bei Unzumutbarkeit weiterer Leistung auch nach § 324 zurücktreten und nach §§ 325, 280 I Schadensersatz verlangen (s.u. Rn. 509 zum Rücktrittsrecht).

4. Zusammenspiel mit Rücktritt und Kündigung

Um Schadensersatz statt der ganzen Leistung geht es auch, wenn der Gläubi- **637a** ger neben einem Rücktritt oder einer Kündigung aus wichtigem Grund Schadensersatz fordert. Ein solcher Schadensersatz ist nicht nur nicht ausgeschlossen, §§ 314 IV, 325, Rücktritt und Kündigung lassen vielmehr die Ersatzfähigkeit der betreffenden Schäden nicht unberührt. So macht der wirksame Rücktritt nicht nur eine gesonderte Fristsetzung nach § 281 I 1 entbehrlich, weil ein konkurrierender Erfüllungsanspruch nicht mehr besteht, sondern er überspringt auch die Schwellen für den Schadensersatz statt der ganzen Leistung: Ist die Pflichtverletzung so schwerwiegend, daß der Rücktritt möglich ist, ergibt sich die Ersatzfähigkeit jenes Schadens im Wege des Erstrechtschlusses. Dasselbe gilt im Grundsatz auch für das Zusammenspiel von Kündigung und Schadensersatz, wenngleich hier nur ausnahmsweise Rückgewähransprüche nach § 281 V in Betracht kommen (s.o. Rn. 437f.).

IV. Verzögerungsschäden

638   Für den Anspruch auf Ersatz des **Verzögerungsschadens** müssen nach § 280 II die zusätzlichen Voraussetzungen des Verzugs nach § 286 gegeben sein (unten Rn. 655ff.). Anschaulich läßt sich insoweit vom Schadensersatz statt der Rechtzeitigkeit der Leistung sprechen.

639   Als Schadensersatz kann der Gläubiger dann z.B. Mahnkosten, Nutzungsausfälle, Rechtsverfolgungskosten, Inkassokosten bei Geldschulden[71] usw. verlangen. Zinsen von Verzugszinsen können als Verzögerungsschaden verlangt werden, wenn der Schuldner insoweit (auch) in Verzug gesetzt worden ist.[72] Weit entfernte Folgeschäden sind (nur) durch Eingrenzung der Deckungsreichweite der verletzten Pflicht von der Ersatzpflicht auszunehmen (dazu Rn. 306ff.).[73]

Beispiel: Der Verkäufer ist mit der Lieferung eines Kraftwagens in Verzug geraten. Der Käufer kann die Kosten eines Mietwagens, Kosten für andere Beförderungsmittel oder den sog. Nutzungsausfallschaden geltend machen (vgl. hierzu oben Rn. 265f.).

Verzögerungsschäden sind regelmäßig auch solche **Betriebsausfallschäden**, welche durch verspätete Leistung oder durch die nicht rechtzeitige Herstellung der Mangelfreiheit verursacht werden. Diese werden nicht etwa im Rahmen des Schadensersatzes statt der (ganzen) Leistung ersetzt, sondern bedürfen des Vorliegens der zusätzlichen Voraussetzungen nach § 286.[74]

640   Zwischen Verzögerung und Schaden muß ein Kausalzusammenhang bestehen. Für den Inhalt des Schadensersatzanspruchs gelten die §§ 249–255. Im Regelfall kann der Verzögerungsschaden nur in Geld ausgeglichen werden. Ist der Gläubiger aufgrund der Verzögerung seinerseits gegenüber einem Dritten schadensersatzpflichtig geworden, dann kann Naturalrestitution aber auch durch Freistellung von der Haftungsverbindlichkeit erreicht werden.

---

[71] Vgl. *Löwisch*, Inkassokosten als Verzugsschaden, NJW 1986, 1725–1728.

[72] BGH NJW 1993, 1260, 1261.

[73] Informativ zu diesen früher viel diskutierten Fragen bei der Geldschuld *Honsell*, Der Verzugsschaden bei der Geldschuld, FS Lange, Stuttgart 1992, 509–521, 517ff.

[74] Wie hier auch *Grigoleit/Riehm*, AcP 203 (2003) 727, 754ff. Abweichend *Canaris*, ZIP 2003, 321, 326f. (§ 280).

Der Gläubiger eines Anspruchs auf Verzögerungsschaden kann in den Gren-   **641**
zen der §§ 251, 254 seinen Schaden unter bestimmten Voraussetzungen unterschiedlich berechnen.

Beispiel: Der Bauunternehmer hat die schlüsselfertige Fertigstellung eines Wohnhau-
ses zu einem bestimmten Termin zugesagt und gerät damit in Verzug. Der Bauherr (Gläubiger) kann den Verzögerungsschaden zunächst so berechnen, daß er die auf die Verzögerungszeit entfallenden Mehraufwendungen für die Finanzierung, also den gesamten
Zinsaufwand während der Verzögerungszeit, als Schaden geltend macht. Er kann aber
auch die für die Verzögerungszeit entgehenden Mieten berechnen, wobei ihm für die Höhe der Mieten und die Vermietbarkeit des Gebäudes die Beweiserleichterung aus § 252
S. 2 zu Hilfe kommt. Allerdings kann er nur die Nettoerträge verlangen, die nach Abzug
der Bewirtschaftungskosten, Betriebskosten und des Finanzierungsaufwandes verbleiben.[75]

Besondere Schwierigkeiten hat die Berechnung des Verzögerungsschadens einer Bank   **642**
im Falle der nicht rechtzeitigen Zahlung von Zinsen und Tilgungsraten eines Kredits bereitet. So war streitig, ob die Bank nur ihre – evtl. niedriger verzinsten – Refinanzierungs-
kosten oder die marktüblichen Sollzinsen als Schaden geltend machen kann. War das
Zinsniveau im Vergleich zum vereinbarten Kreditzins inzwischen gefallen, dann war weiter fraglich, ob die Bank nur die niedrigeren Marktzinsen oder mindestens den vereinbarten Vertragszins als Schaden verlangen kann.[76]
Grundsätzlich kann der Kreditgeber seinen Schaden konkret berechnen, indem er dar-
legt und ggfs. nachweist, daß er sich zu einem höheren Zins refinanzieren mußte.[77] Eine
Bank kann jedoch, ausgehend von der Darlegung, daß sie die rechtzeitig zurückgezahl-
ten Beträge auf dem Markt zinsbringend angelegt hätte, als abstrakte Schadensberechnung (hierzu Rn. 280f.) die marktüblichen Sollzinsen zur Zeit des Verzuges ihrer Schadensberechnung zugrunde legen. Sie kann aber auch den ursprünglichen Vertragszins als
Schaden verlangen, wenn sie einen für längere Zeit geschlossenen Kreditvertrag wegen
schuldhafter Vertragsverletzung des Kreditnehmers vorzeitig gekündigt hat und der Kreditnehmer mit der Rückzahlung der vorzeitig fällig gewordenen Restschuld in Verzug gerät. Allerdings beschränkt sich dieser Schadensersatzanspruch in Höhe der Vertragszin-
sen auf die Restkapitalschuld und endet, auch wenn der Verzug andauert, mit dem Ablauf der ursprünglichen Vertragszeit oder dem nächsten Termin, zu dem der Kreditnehmer seinerseits hätte kündigen können. Schaden in Höhe des Vertragszinses hat die Bank
also nur so lange, wie sie bei Vertragserfüllung den Vertragszins erhalten hätte, d.h. während der für den Kreditnehmer unkündbaren Laufzeit des Kredits.[78] Besonderheiten gelten jedoch bei Verbraucherkrediten, s. § 497 I.

---

[75] Vgl. BGH NJW-RR 1990, 980: Der Gläubiger kann deshalb nicht seinen Zinsaufwand
und die entgangenen Mieterträge geltend machen.

[76] Vgl. zum Ganzen *Löwisch*, Die Zins- und Schadensersatzansprüche des Ratenkreditge-
bers bei Säumnis des Kreditnehmers, BB 1985, 959–962; *Reifner*, Die Verzugszinsen der Banken im Konsumentenkredit, Hamburg 1982, 22ff.; *Honsell* (Fn. 71), 509ff., 511f.

[77] Vgl. BGHZ 77, 151, 154; BGH NJW 1983, 1420, 1423.

[78] BGHZ 104, 337, 344ff. mit weiteren Einzelheiten der Berechnung der „marktüblichen
Soll-Zinsen"; einschränkend jedoch BGH WM 1991, 1983 unter Hinweis auf § 11 I VerbrkrG
a.F., jetzt § 497.

V. Verbleibende Fälle

1. Mangelfolge- oder Begleitschäden?

643 **Mangelfolge- oder Begleitschäden**, etwa ein durch einen Mangel der Elektroinstallationen eines Neubaus ausgelöster Brand, eine Haftungsbelastung des Käufers einer mangelhaften Maschine zur Herstellung von Papiertüchern gegenüber seinen Kunden, die ihn wegen Rostflecken in den Papiertüchern, die durch den Mangel verursacht worden sind, in Anspruch genommen haben, können geltend gemacht werden, obwohl der Gläubiger die nicht pflichtgemäß, d.h. mangelhaft erbrachte Leistung behalten will (vielleicht wegen des Mangels Nachbesserung verlangt oder den Preis mindert). Schäden dieser Art werden nach verbreiteter Auffassung nicht von §§ 280 III, 281 ff. erfaßt, sondern nur auf der Basis von § 280 I abgerechnet. Daran ist zutreffend, daß insoweit eine Nachfristsetzung für die Ersatzfähigkeit des Schadens nicht erforderlich ist. Allerdings läßt sich dieses Ergebnis auch durch die Anwendung von § 283 S. 1 erreichen, weil die Beseitigung des Schadens im Wege der (Nach-) Erfüllung nicht möglich ist. Auf die Frage der Qualifikation kommt es daher im Ergebnis richtigerweise überhaupt nicht an.

Wird der Vertrag ohnehin insgesamt „liquidiert", sei es, daß der Gläubiger vom Vertrag zurücktritt und Schadensersatz oder nach § 281 I Schadensersatz statt der Leistung verlangt, dann gehen die Mangelfolge- oder Begleitschäden wohl auch nach hA im Schadensersatzanspruch statt der Leistung auf.

2. Schäden aus Schutzpflichtverletzungen?

644 Auch für die **Verletzung von Schutzpflichten** wird vielfach die Auffassung vertreten, auf diese seien §§ 281–283 nicht anwendbar. Das ist in dieser Allgemeinheit freilich unzutreffend. Zwar wird bei der Verletzung von Schutzpflichten häufig keine Setzung einer Nachfrist respektive keine Abmahnung erforderlich sein, jedoch liegt dies nicht daran, daß insoweit keine Leistung und mithin auch kein Anspruch auf Erfüllung in Natur in Betracht käme (s.o. Rn. 164f.). § 618 ist auch hier ein treffendes Gegenbeispiel. Entbehrlich ist die Nachfristsetzung vielmehr regelmäßig deshalb, weil die Erfüllung der verletzten Schutzpflicht im Blick auf den bereits eingetretenen Schaden gar nicht mehr möglich ist, § 283 I. Wie bei den Mangelfolge- oder Begleitschäden ist somit auch bei den Schutzpflichtverletzungen die genaue Qualifikation des Schadens im Ergebnis häufig entbehrlich. Wie das Beispiel von § 618 zeigt, ergibt sich daraus freilich keine generelle Unanwendbarkeit der §§ 281–283 auf Schutzpflichtverletzungen, vielmehr taugt diese These nur als „Daumenregel" für den Regelfall.

VI. Ersatz vergeblicher Aufwendungen

Lit.: *Gsell*, Aufwendungsersatz nach § 284 BGB, in: *Dauner-Lieb/Konzen/Schmidt* (Hrsg.), Das neue Schuldrecht in der Praxis, 321–346; *Lorenz*, Schadensersatz statt der Leistung, Rentabilitätsvermutung und Aufwendungsersatz im Gewährleistungsrecht, NJW 2004, 26–28; *Stoppel*, Der Ersatz frustrierter Aufwendungen nach § 284 BGB, AcP 204 (2004) 81–114; *Weitemeyer*, Rentabilitätsvermutung und Ersatz frustrierter Aufwendungen unter der Geltung von § 284 BGB, AcP 205 (2005) 275–296.

Im Vertrauen auf den Erhalt einer Leistung, die der Schuldner unter Verlet- **645** zung seiner Pflichten nicht – oder nicht rechtzeitig – erbringt, kann der Gläubiger Aufwendungen gemacht haben, die sich aufgrund der Pflichtverletzung als nutzlos erweisen. Zumeist handelt es sich um Aufwendungen in Hinblick auf vertraglich vereinbarte Leistungen, aber auch gesetzlich geschuldete Leistungen können Anlaß für den Gläubiger sein, in Erwartung ihrer pflichtgemäßen Erbringung Aufwendungen zu machen. Als Problem „frustrierter Aufwendungen" ist die Ersatzfähigkeit solcher Aufwendungen zum Schuldrecht a.F. vor allem als Problem des durch eine Pflichtverletzung verursachten Schadens gesehen und viel behandelt worden (s.o. Rn. 300ff. sowie 4. Aufl. Rn. 220, 221). Befriedigend gelöst waren diese Fälle freilich lediglich, soweit der Gläubiger die Aufwendungen für einen materiellen Zweck gemacht hatte; insoweit griff die von Rechtsprechung und Lehre entwickelte Rentabilitätsvermutung. Danach war die Ersatzfähigkeit insoweit gegeben, als der Gläubiger einen entsprechenden Ertrag erzielt hätte; die hypothetische Rentabilität der Aufwendungen wurde dabei widerleglich vermutet (s. Rn. 304).

Mit dem SchRModG hat der Gesetzgeber das Problem zu bereinigen ver- **646** sucht. Aufwendungen können unabhängig davon, daß sie nicht eigentlich durch eine Pflichtverletzung des Schuldners *verursacht* worden sind – der Gläubiger hat sie freiwillig und oft schon vor der Pflichtverletzung unternommen – und ob sie einen nach der Differenzhypothese (dazu oben Rn. 255) nachweisbaren *Schaden* darstellen, nach § 284 ersetzt verlangt werden.

Beispiele solcher Aufwendungen sind etwa Vertragskosten, Abschluß von Verträgen mit Vorlieferanten und Subunternehmern in Hinblick auf einen Werkvertrag, Anmietung von Lagerraum für bestellte Ware oder eines Liegeplatzes für ein gekauftes Schiff, Herrichten vermieteter Räume oder eines verpachteten Geländes, Werbeausgaben für ein neues Produkt, das wegen Mängeln eines von einem Zulieferer bezogenen Grundstoffs vom Markt genommen werden muß, usw. Voraussetzungen sind:

Die Aufwendungen müssen *im Vertrauen auf den Erhalt der Leistung* ge- **647** macht worden sein. Das Vertrauen des Gläubigers ist notwendiges Glied des Kausalnexus zwischen der aufgrund der Pflicht des Schuldners erwarteten Leistung und den Aufwendungen. Hätte der Gläubiger die Aufwendung(en) ohnehin gemacht, erhält er sie nicht erstattet.

Beispiel: Grundstückseigentümer G legt eine befestigte Straße an, um für die Baufahrzeuge des Werkunternehmers S, der das Gelände gepachtet hat, eine Zufahrt zu den Unterstellhallen zu schaffen. S bricht den Pachtvertrag durch Verweigerung einer vereinbarten Vorauszahlung auf den Pachtzins, so daß G daraufhin fristlos kündigt. G kann Ersatz für die Kosten der befestigten Straße verlangen, es sei denn, er hätte sie ohnehin gebaut, weil er an irgendeinen Pächter und nicht gerade nur an S verpachten wollte.

648   G durfte die Aufwendungen „billigerweise" machen. Art und Umfang müssen m.E. in einer vernünftigen Relation zur erwarteten Leistung stehen. Hat G im obigen Beispiel die Straße mit Marmor gepflastert, kann er dafür grundsätzlich keinen Aufwendungsersatz verlangen.[79] Allerdings ist zu beachten, daß § 284 in Abweichung von der Rentabilitätsvermutung auch **Aufwendungen für immaterielle Zwecke** ersatzfähig stellt. Insoweit enthält die Vorschrift eine geschriebene Ausnahme zu § 253, weil mit Aufwendungen für einen immateriellen Zweck ein immaterieller Schaden ersetzt wird.[80]

649   Die Aufwendungen können „anstelle des Schadensersatzes statt der Leistung" verlangt werden. Dessen Voraussetzungen, vor allem Vertretenmüssen der Pflichtverletzung und regelmäßig Fristsetzung, müssen also vorliegen. Entbehrlich ist (nur) die Voraussetzung „Schaden". „Anstelle" bedeutet aber auch Alternativität, so daß bei Geltendmachung eines Schadensersatzanspruchs statt der Leistung ein zusätzlicher Anspruch aus § 284 ausscheidet.[81] Die Schwierigkeiten, die verlorenen Aufwendungen als Schaden auszuweisen, die durch § 284 ausgeräumt werden sollen, tauchen dann wieder auf.[82]

Zu beachten ist freilich, daß die Konkurrenz zwischen beiden Berechnungsarten für jeden Schadensposten einzeln zu klären ist. Die Gefahr einer Überkompensation, welche durch die Alternativität beider Berechnungsarten vermieden werden soll, besteht dann nämlich nicht.[83]

650   Hätten die Aufwendungen ihren Zweck ohnehin verfehlt, sind sie nicht zu erstatten, § 284 Hs. 2. Wären sie also ohnehin verloren gewesen, weil der Gläubiger ein Verlustgeschäft gemacht hat, sollen sie nicht ersetzt werden.[84] Das entspricht der Widerleglichkeit der herkömmlichen Rentabilitätsvermutung.

---

[79] Anders *Canaris*, Die Reform des Rechts der Leistungsstörungen, JZ 499, 517: Entscheidungsfreiheit des Gläubigers. Zu Lasten des Schuldners? § 254 II entscheidet das anders.

[80] *Grundmann* (Lit. vor Rn. 616), 569, 598ff. Zu weit geht freilich *Stoppel* (Lit. vor Rn. 645), 87, 114, der offenbar in § 284 auch dann eine Ausnahme von § 253 I sehen will, wenn die Aufwendungen einem materiellen Zweck dienen; insoweit freilich geht es lediglich um die Berechnung eines materiellen Schadens iSd hergebrachten Rentabilitätsvermutung.

[81] AnwKomm-BGB/*Dauner-Lieb*, § 284 Rn. 5, 6.

[82] *Dauner-Lieb* aaO (vorige Fn.): Kein Rückgriff auf Rentabilitätsvermutung, anders *Canaris*, Schuldrechtsmodernisierung 2002, 499, 51: Selbstverständlich bleibt es bei der Anwendung der Rentabilitätsvermutung.

[83] Vgl. zu weiteren diskutierten Einschränkungen der Alternativität *Weitemeyer* (Lit. vor Rn. 645), 275, 287ff.

[84] *Dauner-Lieb* aaO (oben Fn. 78) § 284 Rn. 12.

Bestehen die Aufwendungen in eingegangenen Verpflichtungen, dann kann   **651**
der Gläubiger auch Freistellung von seinen Verbindlichkeiten verlangen, § 257
S. 1 (oben Rn. 244).

Kapitel 16: Sonderregeln für bestimmte Fälle von Leistungsstörungen

Das bisherige Leistungsstörungsrecht war – jedenfalls nach dem Text des all-   **652**
gemeinen Schuldrechts – nach Leistungsstörungstypen gegliedert (s. o. Rn. 447).
Bei der Anwendung war daher zunächst der Typus der eingetretenen Störung
zu bestimmen, aus welchem sich sodann die Rechtsfolgen ableiteten. Mit dem
Übergang zu dem auf die Pflichtverletzung als Zentraltatbestand ausgerichteten System und dessen Gliederung nach Rechtsbehelfen sind die verschiedenen
Störungstypen weitgehend entbehrlich geworden und entfallen. Restbestände
finden sich freilich noch in einigen Sonderregeln für Fälle der Verzögerung der
Leistung, nämlich für die dem Schuldner zur Last gelegte (Schuldnerverzug)
und diejenige, welche auf ein Fehlverhalten des Gläubigers zurückgeht (Gläubigerverzug).

§ 1 Verzug des Schuldners

I. Ein systematisches Fossil

Pflichten sind regelmäßig zu einem bestimmten oder bestimmbaren Termin   **653**
oder innerhalb eines bestimmten Zeitraums zu erfüllen (**Fälligkeit**). Verzögerungen, d.h. **Überschreitung** solcher Termine für die Leistung (s. auch oben
Rn. 210) sind bis zur vollständigen Erfüllung[1] **Pflichtverletzung**. Auch eine im
Leistungszeitpunkt dem Inhalt der Leistungspflicht nicht voll entsprechende –
etwa mangelhafte, später nachgebesserte – Leistung ist eine (doppelte) Pflichtverletzung: Der Schuldner hat schlecht und verspätet geleistet. Als Rechtsbehelf kann der Gläubiger zunächst seinen Anspruch auf Erfüllung (oben
Rn. 465 f.) geltend machen: Er kann trotz der Terminsüberschreitung weiter auf
Erfüllung in Natur bestehen und seinen Anspruch ggfs. gerichtlich durchsetzen,
sofern der Schuldner sich nicht auf Unmöglichkeit oder Unzumutbarkeit der
zur Naturalerfüllung erforderlichen Anstrengungen (§ 275 I oder II, III,
Rn. 469 ff.) berufen kann. Weiterhin kann er unter den Voraussetzungen der
§§ 280 III, 281–283 von der Durchsetzung in Natur absehen und statt dessen
sein Interesse in Geld ersetzt verlangen. Wird die Leistung aufgrund einer Verpflichtung aus einem gegenseitigen Vertrag nicht rechtzeitig erbracht, kann der

---

[1] Zum Begriff der Erfüllung s. u. Rn. 349.

Gläubiger außerdem die in den §§ 320 ff. geregelten Rechtsbehelfe für Verletzung von Pflichten aus gegenseitigen Verträgen geltend machen (unten Rn. 184 ff.), also seine Leistung zurückbehalten oder vom Vertrag zurücktreten.

654   Für all diese Punkte bedarf das Gesetz keiner gesonderten Regeln (mehr). Das war freilich unter dem alten Schuldrecht anders: Verzug war – soweit keine Unmöglichkeit vorlag – nach §§ 286 II, 326 a.F. sowohl Voraussetzung des Übergangs zum Schadensersatz als auch für den Rücktritt. Das neue Recht enthält Hinweise auf diese frühere Funktion nur noch an einigen Stellen, etwa, wenn § 536a I Var. 3 den Verzug zur Voraussetzung für den Schadensersatz des Mieters wegen Mangelhaftigkeit der Mietsache macht. Im übrigen hat das Verzugsrecht einen dramatischen Funktionsverlust hinnehmen müssen: Voraussetzung ist der – hinsichtlich seiner Voraussetzungen in § 286 geregelte – Verzug nur noch für die Haftungsverschärfungen nach §§ 287, 290, für die Verzinsung nach §§ 288 f. und für die Ersatzfähigkeit des Verzögerungsschadens nach § 280 II (dazu Rn. 675 ff.). Trotz Bedeutungsverlust und – in ihrer Form – Systemwidrigkeit hat der Gesetzgeber jedoch an besonderen Regeln für den Verzug des Schuldners festgehalten. Das hat seine Ursache wohl auch darin, daß die der gesetzlichen Regelung teilweise zugrundeliegende Zahlungsverzugsrichtlinie der Europäischen Gemeinschaft[2] eben diesem Störungstyp gilt.

II. Voraussetzungen des Verzugs

655   Unter bestimmten Voraussetzungen qualifiziert das Gesetz die Verzögerung der Erfüllung einer Pflicht als eine besondere Form der Pflichtverletzung – **Verzug** –, die spezielle und zusätzliche Rechtsbehelfe des Gläubigers auslösen kann. Diese Voraussetzungen sind Nichtleistung, Möglichkeit der Leistung, Vertretenmüssen der Nichtleistung, Fälligkeit und grundsätzlich, aber nicht stets Mahnung, § 286.

1. Nichtleistung

656   Voraussetzung ist zunächst, daß der Schuldner eine *Leistung*, zu der er gesetzlich oder aufgrund Vertrages verpflichtet ist, *nicht erbracht* hat, sei es, daß er die nach dem Inhalt der Pflicht erforderliche Leistungshandlung nicht vorgenommen hat,

---

[2] Richtlinie 2000/35/EG des Europäischen Parlaments und des Rates vom 29. 6. 2000 zur Bekämpfung von Zahlungsverzug im Geschäftsverkehr, Abl EG Nr. L 200 v. 8. 8. 2000, 33 ff.; dazu *Schmidt-Kessel*, Die Zahlungsverzugsrichtlinie und ihre Umsetzung, NJW 2001, 97 ff.

Beispiel: Der Arzt unterläßt die versprochene Behandlung,

sei es, daß trotz Leistungshandlung ein geschuldeter Leistungserfolg (noch) ausgeblieben ist.

Beispiel: Der Verkäufer hat die verkaufte Sache abgeschickt, um seine Verpflichtung zur Übereignung und zur Verschaffung des Besitzes zu erfüllen, doch ist sie aufgrund einer Transportverzögerung nicht zum vereinbarten Termin in die Hände des Käufers gelangt.

Ob Nichthandeln oder Ausbleiben eines Leistungserfolges als Leistungsverzögerung zu sehen ist, hängt vom Inhalt der jeweiligen Leistungspflicht ab. Für Rechtzeitigkeit der Erfüllung einer Geldschuld als Schickschuld reicht rechtzeitige Absendung als Erfüllungshandlung aus, § 270 I (s. o. Rn. 234).

Besondere Schwierigkeiten entstehen im bargeldlosen Zahlungsverkehr (s. **657** zur Erfüllung unten Rn. 365, 370). Ob der Schuldner bei Zahlung durch Überweisung bereits mit Veranlassung der Überweisung, d. h. durch Erteilung eines korrekten und wirksamen Überweisungsauftrags, zu dessen Ausführung die Bank verpflichtet ist, die geschuldete *Erfüllungshandlung* rechtzeitig vorgenommen hat, oder ob erst Abbuchung des Betrages von seinem Konto oder Eingang des Betrages bei der Bank seines Gläubigers oder gar erst Gutschrift der Empfängerbank zugunsten des Gläubigers über die Rechtzeitigkeit der Zahlung entscheidet, ist streitig. Praktisch geht es dabei um die Frage, ob der Schuldner die Laufzeit von Überweisungen mit berücksichtigen muß, und – vor allem – ob er für Verzögerungen im Überweisungsverkehr der Banken haftet.[3] Vor allem praktische Überlegungen sprechen für die wohl h. A., daß der Schuldner mit der Erteilung eines wirksamen Überweisungsauftrags an seine Bank, bei der er ein (gedecktes) Konto unterhält, die geschuldete *Erfüllungshandlung* rechtzeitig vorgenommen hat. Die von der Bank mit Datum abgestempelte Durchschrift des Überweisungsauftrags ermöglicht dem Schuldner den Beweis rechtzeitiger Absendung des Geldes i. S. von § 270 I.[4]

2. Durchsetzbarkeit des Anspruchs

Der Anspruch muß **voll wirksam** und **durchsetzbar** sein. Hat der Schuldner **658** eine dauernde (zerstörende) oder aufschiebende (hemmende) Einrede, dann tritt Verzug grundsätzlich nicht ein. Der Schuldner muß sich jedoch spätestens im Prozeß auf die Einrede berufen; andernfalls bleibt sie unberücksichtigt.[5] Besonderheiten gelten für die Einrede des nichterfüllten Vertrages, § 320 I 1: Beim

---

[3] Hierzu *U. Huber*, Grenzüberschreitender Zahlungsverkehr und Valutaverhältnis, in: *Hadding/Schneider* (Hrsg.), Rechtsprobleme der Auslandsüberweisung, Berlin 1992, 33ff., 36ff.
[4] S. *U. Huber* (vorige Fn.), 42.
[5] Vgl. *H. Roth*, Die Einrede des Bürgerlichen Rechts, München 1988, 157ff., offen gelassen

gegenseitigen Vertrag tritt automatisch für keine Partei Leistungsverzug ein, solange sie nicht vorleistungspflichtig ist und die andere Partei die ihr obliegende Leistung nicht bei der Mahnung anbietet[6] oder doch wenigstens zur eigenen Leistung bereit und fähig ist[7]. Das Zurückbehaltungsrecht aus § 273 muß der Schuldner dagegen regelmäßig ausüben, um den Eintritt des Verzugs zu verhindern.[8]

659   Nach weit überwiegender Auffassung hindern außerdem Unmöglichkeit und Unzumutbarkeit den Verzugseintritt: Kann wegen Unmöglichkeit nach § 275 I Naturalerfüllung nicht (mehr) verlangt werden (oben Rn. 473), kann danach keine (zusätzliche) Pflichtverletzung in Form des Verzugs eintreten. Auch die Einreden aus § 275 II oder III (oben Rn. 480ff.) hindern Verzugseintritt.[9] Tritt Unmöglichkeit während des Verzuges ein, so endet dadurch der Verzug. Für die Zeit bis zur Verzugsbeendigung gelten die Vorschriften über den Verzug, danach die Normen zur Unmöglichkeit.

Unmöglichkeit, den ursprünglich geschuldeten Leistungsinhalt zu erbringen, kann bei eng zeitgebundenen Leistungen auch durch Säumnis eintreten (s. schon oben Rn. 477, 211). Soll ein Charterflugzeug Besucher zu einem Tennisspiel in Wimbledon bringen und verzögert sich der Start so lange, daß das Spiel bei Ankunft der Maschine in London bereits vorbei ist, dann ist die Pflichterfüllung durch die Verzögerung unmöglich geworden. Die Rspr. sieht sogar dann Unmöglichkeit als gegeben, wenn durch die Verspätung eines Flugs die Erreichung eines Anschlußflugs verhindert wird.[10]

Ein weiteres Beispiel: Jemand hat sich verpflichtet, für einen im Vertrag festgelegten Zeitraum Geräuschemissionen zu unterlassen, um die Aufzeichnung eines Kammerkonzerts nicht zu stören; verstößt er gegen diese Unterlassungspflicht, dann ist das Unterlassen für den vereinbarten Zeitraum nicht mehr nachholbar.

In solchen Fällen, in denen die Leistung ihrem Inhalt nach nur zu oder bis zu einem festbestimmten Zeitpunkt erbracht werden kann und danach inhaltlich etwas anderes wäre, spricht man von einem „absoluten Fixgeschäft". Dagegen spricht man von einem „relativen Fixgeschäft", wenn der Leistungstermin so wichtig ist, daß eine Überschreitung zwar nicht zur Unmöglichkeit führt, jedoch einen sofortigen Rücktritt rechtfertigt (s. o. Rn. 521 zu § 323 II Nr. 2).

---

zuletzt in BGH ZIP 1991, 320; Einzelheiten sind str., s. *Palandt/Heinrichs*, § 286 Rn. 12; *U. Huber*, Leistungsstörungsrecht Bd. 1, 303ff.

[6] Vgl. *H. Roth* (vorige Fn.), 173f.; BGH NJW 1987, 251, 252; BGH NJW-RR 1996, 853ff., 854: Einrede hindert Eintritt des Verzugs, ohne daß sie vom Schuldner besonders vorgebracht werden muß.

[7] HM, vgl. *Jauernig/Vollkommer*, § 280 Rn. 35.

[8] Vgl. RGZ 77, 436, 438; OLG Düsseldorf, ZMR 1988, 304; *Jauernig/Vollkommer*, § 280 Rn. 36. Für eine Ausnahme bezüglich gegenläufiger Pflichten aus demselben Vertrag, AnwKomm-BGB/*Schmidt-Kessel*, § 274 Rn. 6.

[9] *Palandt/Heinrichs*, § 286 Rn. 12.

[10] OLG Frankfurt, NJW-RR 1997, 1136; noch weiter gehend OLG Düsseldorf, NJW-RR 1997, 930, das den Luftbeförderungsvertrag generell als Fixgeschäft qualifiziert mit der Folge, daß Versäumung des Abflugtermins Unmöglichkeit (mit Schadensersatzfolge aus § 325 a.F.) bedeutet.

Freilich sind nach neuem Schuldrecht Zweifel angebracht, ob es in Fällen die- **660**
ser Art auf die Verzugsvoraussetzungen nach § 286 tatsächlich nicht mehr ankommt. Das gilt insbesondere für die Frage der Ersatzfähigkeit von Verzögerungsschäden. Die betreffenden Pflichten haben hier im Blick auf Leistungsver-
spätungen nur einen bestimmten Schutzzweck, welcher den Ersatz derartiger
Schäden nur dann gestattet, wenn die Pflichtverletzung hinreichend qualifiziert
ist. Das muß richtigerweise auch für Fälle gelten, in denen der Verspätungsscha-
den entsteht, nachdem der Schuldner nach § 275 nicht mehr erfüllen muß. Insoweit gehört die Möglichkeit der Leistung nicht zu den Verzugsvoraussetzungen.

Ein Beispiel: Verkauft worden ist ein Gebrauchtwagen, der freilich vor der Lieferung
auf Grund von Fahrlässigkeit des Verkäufers untergeht. Ein Leistungstermin war nicht
vereinbart, auch sonst lagen die Voraussetzungen des § 286 bei Untergang nicht vor. Dem
Käufer entstehen bis zur Beschaffung eines anderen Fahrzeugs Kosten für die Beförderung mit öffentlichen Verkehrsmitteln. Diese kann er nun – mangels Erfassung durch den
Schutzzweck der Lieferpflicht – nicht ersetzt verlangen, soweit nicht ausnahmsweise die
Ersatzfähigkeit nach § 286 II Nr. 4 begründet wird (dazu unten Rn. 671)

3. Fälligkeit

Weitere Voraussetzung für den Schuldnerverzug ist die **Fälligkeit** der Lei- **661**
stung. Die Pflicht ist fällig, wenn der Schuldner sie erfüllen **muß**, nicht, wenn er
sie schon erfüllen **darf** (s. zur Unterscheidung von Fälligkeit und Erfüllbarkeit
oben Rn. 210). Die Fälligkeit kann durch eine Frist oder ein Datum bestimmt
sein.

Beispiel: Der Kaufpreis soll 14 Tage nach Ablieferung der Ware oder am 31. 3. 2005
zahlbar sein.

Möglich ist auch, daß der Gläubiger die Fälligkeit als Bestimmung des Lei-
stungsinhalts selbst festlegen kann, also z.B. „zahlbar mit Zugang der Rechnung", „Lieferung der Ware auf Abruf des Käufers". Ist über die Fälligkeit keine Vereinbarung getroffen worden, ist nach § 271 I die Leistung sofort fällig.

4. Mahnung

Regelmäßig genügt nach § 286 I[11] Fälligkeit der Forderung *allein* nicht, um **662**
aus der Säumnis rechtlich **Verzug** werden zu lassen. Der Gläubiger muß vielmehr dem Schuldner nach Eintritt der Fälligkeit durch eine **Mahnung** deutlich
machen, daß die Säumnis für ihn nachteilige Folgen haben kann.[12] Die Mah-

---

[11] Anders nach CISG: Verzug grundsätzlich mit Fälligkeit.
[12] Anders teilweise *Wahl*, Schuldnerverzug, Berlin 1998, 196ff.: konstitutive Aufforderung,

nung ist eine einseitige, empfangsbedürftige Aufforderung, die geschuldete Leistung zu erbringen.

Der Streit, ob die Mahnung eine Willenserklärung oder eine geschäftsähnliche Handlung ist, darf als theoretisch offen bleiben, weil auch bei Annahme einer geschäftsähnlichen Handlung die Vorschriften über Willenserklärungen analog anzuwenden sind. Die Mahnung muß also zugehen, kann u. U. angefochten werden und ist auch bei Erklärung durch einen Minderjährigen wirksam, weil sie ihm lediglich einen rechtlichen Vorteil bringt, § 107.

Die Mahnung kann auch mit der die Fälligkeit begründenden Erklärung verbunden werden[13] und wird regelmäßig in den Fristsetzungen nach § 281 I 1 (dazu unten Rn. 624) zu sehen sein. Mit Zugang der Mahnung beginnt der Verzug.[14]

663   a) Die Mahnung muß hinreichend *bestimmt* und *eindeutig* sein sowie erkennen lassen, daß das Ausbleiben der Leistung Folgen haben kann. Als verzugsbegründende Mahnung genügt jede eindeutige und bestimmte Aufforderung, mit der der Gläubiger unzweideutig zum Ausdruck bringt, daß er die geschuldete Leistung verlangt. Die Ankündigung bestimmter Rechtsnachteile oder gar eine Rechtsfolgenbelehrung ist nicht erforderlich.[15] Die Mahnung kann formlos, u. U. auch durch schlüssiges Verhalten erfolgen.

Beispiele: Vorlage eines Wechsels zur Zahlung[16]; Übersendung einer ausgefüllten Zahlkarte; u. U. eine dringender gehaltene „zweite Rechnung".

664   b) Der Mahnung gleichgestellt ist nach § 286 I 2 die Erhebung der Leistungsklage, §§ 253, 254 ZPO[17], und die Zustellung eines Mahnbescheids, §§ 688 ff. ZPO. Die Zustellung eines Antrags auf einstweilige Anordnung nach § 620 ZPO sowie die Zustellung eines Urteils, wenn die Leistung erst mit Zustellung des Urteils fällig wird, soll in entsprechender Anwendung des § 286 I 2 – § 284 I 2 a. F. – ebenfalls ausreichen.[18]

665   c) Eine *vor* Fälligkeit erfolgte Mahnung ist wirkungslos.

---

die Übergang von Fälligkeit zum Verzug bewirkt. Die zahlreichen Fälle einer Entbehrlichkeit der Mahnung (s. u. Rn. 666 ff.) haben freilich das Regel-Ausnahme-Verhältnis weitgehend umgekehrt.
[13] HM, vgl. RGZ 50, 255, 261: Aufforderung an den Käufer, die zum Transport des verkauften Petroleums erforderlichen Behälter zu stellen, und gleichzeitig darin liegendes Angebot der Ware, welches den Kaufpreis fällig werden ließ.
[14] *Schneider*, Verzugsbeginn mit dem Zugang der Mahnung?, NJW 1980, 1375; s. jedoch auch *Wilhelm*, Verzug durch Mahnung?, ZRP 1986, 62–65.
[15] Vgl. BGH NJW 1998, 2132; Ausnahme: § 39 VVG.
[16] BGHZ 96, 182, 194.
[17] BGHZ 80, 269, 277.
[18] BGH NJW 1988, 2239, 2240; *Jauernig/Vollkommer*, § 286 Rn. 21.

5. Entbehrlichkeit der Mahnung

a) Mahnung kann unter bestimmten Voraussetzungen entbehrlich sein, insbesondere, wenn für die Leistung eine kalendermäßig festgesetztes Datum bestimmt ist („dies interpellat", d.h. der Tag „mahnt"), § 286 II Nr. 1, oder wenn kalendermäßige Berechnung des Termins deshalb möglich ist, weil der Leistung ein Ereignis wie Kündigung, Leistungsabruf, Beginn von Bauarbeiten, Aufhebung eines Vertrages, notarielle Beurkundung[19] usw. vorauszugehen hat und eine Frist ab diesem Ereignis zu laufen beginnt, § 286 II Nr. 2. **666**

Beispiel: „20 Tage nach Lieferung" oder „10 Tage ab Abnahme"

Die vereinbarte Frist muß nach dem Wortlaut der Vorschrift freilich angemessen sein, sonst läuft eine angemessene Frist (was freilich eine sichere Bestimmung des Verzugseintritts nicht ermöglicht).[20]

Ob auch eine sog. Nullfrist (etwa „Zahlung bei Lieferung") ausreicht, ist umstritten. Jedenfalls im Anwendungsbereich der Zahlungsverzugsrichtlinie wird man freilich nicht umhin können, hier großzügig zu verfahren. Richtigerweise genügt nach dem Zweck von Art. 3 I lit. a der Richtlinie bereits die Bestimmbarkeit des Termins für den Verzugseintritt ohne Mahnung[21], so daß entweder § 286 II Nr. 2 wird richtlinienkonform ausgelegt werden müssen oder eine Lösung über die Generalklausel des § 286 II Nr. 4 (s.u. Rn. 671) anzustreben wäre.

Als **Mahnungssurrogat** gilt auch der in § 286 II Nr. 3 geregelte Fall einer ernsthaften und endgültigen Erfüllungsverweigerung, welcher einen großen Teil der Rechtsprechung zur Entbehrlichkeit der Mahnung in § 284 a.F. „einfangen" soll.[22] Die Endgültigkeit muß sich nur auf eine hinreichende Sicherheit beziehen, daß der Schuldner nicht rechtzeitig leisten wird. Die Vorschrift ist damit weiter auszulegen als §§ 281 II Alt. 1, 323 II Nr. 1 und erfaßt auch den Fall der angekündigten Leistungsverspätung. **667**

b) Die Neuregelung des Verzugsbeginns war für **Zahlungsansprüche** auch durch die sog. Zahlungsverzugsrichtlinie erforderlich geworden; das SchRModG hat dabei einen bei der Umsetzung fehlgegangenen Schnellschuß korrigiert[23]. Die durch die Richtlinie vor allem zum Schutz kleiner und mittlerer Unternehmen angestrebte Beschleunigung von Zahlungen sollte auch da- **668**

---

[19] Auch wenn das Wirksamwerden des Vertrages und damit der Zahlungspflicht noch von einer Genehmigung abhängt, s. BGH LM § 284 Nr. 46.

[20] Die Vorschrift ist durch das SchRModG neugefaßt worden.

[21] *Gebauer/Wiedmann/Schmidt-Kessel*, §§ 280, 286, 288, Rn. 20.

[22] Begründung RegE, s. *Canaris*, Schuldrechtsmodernisierung 2002, 691; zu solchen Entscheidungen s. 4. Aufl. dieses Lehrbuchs Rn. 319.

[23] § 284 III in der durch das ZahlungsbeschleunigungsG v. 30. 3. 2000 (BGBl. I, 330) geltenden a.F.; auf die berechtigte Kritik an dieser Vorschrift braucht nach ihrer Korrektur durch das SchRModG in § 286 III nicht mehr eingegangen zu werden.

durch erreicht werden, daß spätestens nach einer Frist von 30 Tagen ab Fällig-keit Verzug eintritt und Verzugssanktionen ausgelöst werden. § 286 III regelt jetzt diesen Verzugseintritt und differenziert Einzelheiten (auch für Verbrau-cher-Schuldner) des Fristbeginns. Ein früherer Verzugsbeginn durch Mahnung oder ein anderes Mahnungssurrogat nach § 286 II wird durch die 30-Tage Frist nicht gehindert.

Auch hier ist die Richtlinienumsetzung freilich problematisch, weil § 286 III 1 abwei-chend von den Vorgaben der Richtlinie zusätzlich die Fälligkeit für den Verzugseintritt verlangt, während nach der Richtlinie (Art. 3 I lit. b iii) lediglich der Erhalt der zu bezah-lenden Güter oder Dienstleistungen erforderlich ist. Soweit die Fälligkeit nach natio-nalem deutschem Recht erst später eintritt, genügt die Umsetzung der Richtlinie mithin nicht. Freilich ist der wichtigste Fall des Abnahmeerfordernisses für die Fälligkeit des Werklohns nach § 641 I 1 bereits durch die darauf zielende Ausnahme Art. 3 I lit. b iv der Richtlinie abgedeckt.

669   c) Der Schuldner kann im Vertrag auf die Mahnung als Voraussetzung des Verzugseintritts verzichten, u. U. auch schlüssig. Beispiel:

Zusage „schnellstmöglicher Reparatur" kann Verzicht auf Mahnung bedeuten.[24]

Ein Verzicht auf Mahnung ist jedoch in AGB-Klauseln grundsätzlich nicht zu-lässig, vgl. § 309 Nr. 4.[25]

670   d) Weiterhin ist eine Mahnung nicht erforderlich gegenüber dem Täter einer unerlaubten Handlung, der den durch Delikt erlangten Gegenstand herauszu-geben hat: „Fur semper in mora"[26], was den §§ 848, 849 entnommen werden kann.

Die §§ 848, 849 lassen freilich nur eine Haftungsverschärfung wie bei einem Verzugs-schuldner eintreten (vgl. § 287, dazu unten Rn. 675). Schadensersatzpflicht des Delikt-stäters für einen Schaden aus verzögerter Rückgabe ergibt sich hingegen bereits daraus, daß dieser Schadensposten Teil des zu ersetzenden Gesamtschadens ist.

671   e) Abgerundet wird die Vorschrift in Nr. 4 durch eine Generalklausel, welche in den nicht ausdrücklich normierten Fällen eine Überwindung des Mahnungs-erfordernisses gestattet, wenn der sofortige Eintritt des Verzugs „aus besonde-ren Gründen unter Abwägung der beiderseitigen Interessen … gerechtfertigt ist." Hiermit lassen sich eine Reihe problematischer Fälle lösen, etwa der ge-meinschaftsrechtlich gebotene Verzugseintritt nach einer „Nullfrist" (s. o. Rn. 666) oder bestimmte Fälle von Betriebsausfallschäden etwa aufgrund von Mängeln einer Kaufsache (s. o. Rn. 639).[27]

---

[24] Vgl. BGH NJW 1963, 1823.
[25] Für den kaufmännischen Rechtsverkehr offen gelassen in BGH NJW 1986, 2049, 2050.
[26] „Der Dieb ist immer in Verzug".
[27] Wie hier auch *Grigoleit/Riehm*, AcP 203 (2003) 727, 754 ff.

6. Vertretenmüssen

Verzug im juristischen Sinne tritt nur ein, wenn der Schuldner die fehlende   **672**
Rechtzeitigkeit der Leistung zu vertreten hat, § 286 IV. Maßstab für das Vertretenmüssen ist grundsätzlich § 276, bei vertraglichen Pflichten m.E. evtl auch
§ 311a II 2. Der Schuldner haftet also grundsätzlich für vorsätzliche oder fahrlässige Verspätung der Leistung, doch kann seine Haftung gemildert, aber auch
verschärft sein, z.B. aufgrund einer Garantie oder Übernahme eines Beschaffungsrisikos, insbesondere bei einer Geldschuld.[28]

Beispiel: Der in einem notariellen Schenkungsversprechen zugesagte Gegenstand
wird aufgrund leichter Fahrlässigkeit verspätet geliefert, so daß der Beschenkte einen
gleichartigen Gegenstand mieten muß: Der Schenker schuldet keinen Ersatz des in Gestalt der Mietkosten entstandenen Schadens. Anders wäre es bei einem verspätet erfüllten Kaufvertrag.

Soweit es um den Ersatz eines Verzögerungsschadens geht, ergibt sich die
Möglichkeit der Entlastung mangels Vertretenmüssen allerdings bereits aus
§ 280 I 2.[29] § 286 IV begründet daher keine zusätzliche Voraussetzung. Praktische Bedeutung kommt diesem Umstand etwa bei § 619a zu, welcher lediglich
auf § 280 I 2 verweist und gleichwohl auch für Verzögerungsschäden gilt.

Allgemein hat der Schuldner sein finanzielles Leistungsunvermögen zu ver-   **673**
treten. Leistet er mit Verzögerung, weil es ihm an Geldmitteln mangelt, dann
hat er die Verzögerung zu vertreten.

Beispiel: Ein Verkäufer muß im Rahmen einer Bringschuld für den Transport der Ware
sorgen. Es gelingt ihm jedoch nicht rechtzeitig, einen Frachtführer zu verpflichten, da er
dem Transportgewerbe am Ort größere Summen schuldig geblieben ist und deshalb niemand mehr Transporte für ihn durchführen will. Die dadurch verursachte Verzögerung
der Ablieferung hat er zu vertreten.

Weitere Einzelheiten zu §§ 276ff., 311a II 2 s.o. Rn. 561ff., 575ff.
Entlastungsgründe, also etwa fehlendes Verschulden, hat der Schuldner zu be-   **674**
weisen, § 286 IV (Beweislast in der Formulierung „... nicht ..., solange ..." zum
Ausdruck gebracht).

Beispiel: Der Schuldner muß beweisen, daß er aufgrund einer Krankheit die versprochene Leistung nicht rechtzeitig erbringen konnte oder daß die beantragte behördliche
Genehmigung für die Lieferung bestimmter Gegenstände ins Ausland bereits zugesagt,
dann aber unvorhersehbarerweise nicht rechtzeitig erteilt worden ist.

---

[28] Zum Schuldrecht a.F. *Coester-Waltjen*, Die Bedeutung des § 279 BGB für Leistungsver-
zögerungen, AcP 183 (1983), 279, 287f. Grundsätzlich anders jedoch *Ahrens*, Der mittellose
Geldschuldner. Unmöglichkeit zur Leistung und Verzug des Zahlungsverpflichteten, Berlin
1994, 236ff.

[29] AA *Kohler*, Das Vertretenmüssen beim verzugsrechtlichen Schadensersatz, JZ 2004,
961, 962.

Auf Rechtsirrtum kann sich der Schuldner zwar berufen, doch muß er die Rechtslage sorgfältig prüfen und ggfs. Rechtsrat einholen; unrichtige anwaltliche Auskunft muß sich der Schuldner über § 278 zurechnen lassen.[30]

III. Spezielle Rechtsfolgen bei Verzug

675   Verzugsfolge ist zunächst eine Haftungsverschärfung nach § 287 zu Lasten des Schuldners. Er hat jede Fahrlässigkeit zu vertreten und haftet sogar für eine durch Zufall verursachte Pflichtverletzung (s. zum „Vertretenmüssen" oben Rn. 672ff.).

Beispiel: Der in einem notariellen Schenkungsvertrag einem Museum zugesagte Kunstgegenstand wird vorsätzlich nicht rechtzeitig abgeliefert und im Verzugszeitraum aufgrund leichter Fahrlässigkeit des Schenkers beschädigt (§ 287 S. 1) oder ohne Verschulden des Schenkers zerstört (§ 287 S. 2). Er haftet trotz § 521.

676   **Verzugszinsen:** Ist der Schuldner ein Verbraucher und mit einer Geldleistung in Verzug, kann der Gläubiger Verzugszinsen in Höhe von 5 % über dem Basiszinssatz[31] verlangen, § 288 I 1, 2; bei Rechtsgeschäften, an denen kein Verbraucher beteiligt ist, werden sogar 8 % über dem Basiszinssatz, § 288 II, geschuldet. Es müssen also alle Voraussetzungen des Verzugs gegeben sein; anders als nach § 353 S. 1 HGB und CISG können also nicht reine Fälligkeitszinsen verlangt werden; sie können gegenüber einem Nichtkaufmann auch nicht in AGB vereinbart werden.[32] Ein höherer Zinssatz kann sich „aus einem anderen Rechtsgrunde", § 288 III, im Ergebnis also nur aus Vertrag[33], ergeben, denn andere gesetzliche Zinsen sind z.Zt. entweder gleich hoch oder niedriger.

Der Gläubiger kann aber über den mit den gesetzlichen Verzugszinsen abgegoltenen Mindestschaden hinaus einen weiteren Schaden geltend machen, der ihm durch den Verzug des Geldschuldners entstanden ist und entsteht, § 288 II. Dieser Anspruch richtet sich dann jedoch wiederum nach §§ 280 I, II, 286.

677   Bei einem Verzug mit Zinszahlungen sind jedoch die Zinsschulden nicht zu verzinsen, § 289 S. 1 (s. dazu auch das Zinseszinsverbot in § 248). Entgangene Zinsen können jedoch als weiterer Verzugsschaden geltend gemacht werden, § 289 S. 2, falls der Schuldner auch insoweit in Verzug gesetzt worden ist.[34]

---

[30] Vgl. *v. Caemmerer*, Haftung des Mandanten für seinen Anwalt, FS Weitnauer, Berlin 1980, 266, 273ff.

[31] S. § 247 und dazu oben Rn. 236.

[32] BGH NJW 1998, 991f.

[33] Etwa Darlehensvertrag, beachte jedoch BGH 104, 341: Vertragszins endet mit Fälligstellung des Darlehens.

[34] S. BGH NJW 1993, 1260, 1261.

Beispiel: Die Bank hätte die ausstehenden Zinsen als Kredite ausgeliehen und muß sich nun statt dessen refinanzieren.

Eine Sonderregelung für die Verzinsung einer Wertersatzschuld bei Untergang oder Verschlechterung eines Gegenstandes während des Herausgabeverzugs enthält § 290. **678**

Schadensersatz wegen Verzögerung kann der Gläubiger nach den allgemeinen Vorschriften zum Schadensersatz bei Pflichtverletzungen verlangen, sofern die Voraussetzungen des Verzugs vorliegen, § 280 II (unten Rn. 638). **679**

IV. Rechtshängigkeitsfolgen

Besonderheiten gelten bei Rechtshängigkeit: Wird ein Anspruch durch Klageerhebung (vgl. § 261 I ZPO) **rechtshängig**, dann muß sich der Schuldner unabhängig von den technischen Voraussetzungen des Verzugs so behandeln lassen, als ob er mit der Leistungserbringung vorwerfbar säumig ist. Deshalb ist eine Geldschuld bereits vom Eintritt der Rechtshängigkeit an zu verzinsen, § 291 S. 1, es sei denn, die eingeklagte Schuld wird erst später fällig; dann ist ab Fälligkeit zu verzinsen, § 291 S. 1 Hs. 2. Für die Höhe der Prozeßzinsen wird auf § 288 I 2, II, III und § 289 S. 1 (entsprechende Anwendung) verwiesen (s. o. Rn. 676). **680**

Ist der Schuldner auf Herausgabe eines bestimmten Gegenstandes verklagt, dann verweist § 292 für seine Haftung auf das Eigentümer-Besitzer-Verhältnis, §§ 987 ff. Er hat deshalb Nutzungen nach § 987 herauszugeben und haftet für verschuldete Verschlechterung oder verschuldeten Untergang des herauszugebenden Gegenstandes (§ 989), soweit sich nicht aus dem Schuldverhältnis, aus dem der eingeklagte Anspruch herrührt, etwas anderes ergibt. Eine weitergehende Haftung des Schuldners, falls er sich auch technisch in Verzug befindet, bleibt unberührt, § 292 I a.E. **681**

§ 2 Fehlverhalten des Gläubigers

Lit.: *Hüffer*, Leistungsstörungen durch Gläubigerhandeln, Berlin 1976; *Kreuzer/Stehle*, Grundprobleme des Gläubigerverzugs, JA 1984, 69–77; *Schmidt-Kessel*, Gläubigerfehlverhalten, voraussichtlich Tübingen 2006; *Schwerdtner*, Rechtsprobleme des Annahme- (Gläubiger-)Verzuges, Jura 1988, 419–424; *Wertheimer*, Der Gläubigerverzug im System der Leistungsstörungen, JuS 1993, 646–651.

I. Gläubigerverzug als Relikt des alten Systems

682   Pflichterfüllung durch den Schuldner erfordert oft Mitwirkung durch den Gläubiger: Der Patient, Gläubiger der Dienstleistungspflicht des Arztes, muß zur Behandlung in die Praxis des Arztes kommen, der Fahrgast, Gläubiger der Transportleistung, muß sich zum Fahrtantritt einfinden, der Besteller einer Reparaturleistung muß dem Handwerker Zutritt zur Wohnung ermöglichen, usw. Störungen in der Durchführung eines Schuldverhältnisses können deshalb auch durch unterbleibende oder mangelhafte Kooperation des Gläubigers verursacht werden. In einem nach Erscheinungsformen von Störungen – Unmöglichkeit und Schuldnerverzug – gegliederten System lag es nahe, auch die Störungsform „Gläubigerverzug" besonders zu regeln, zumal sie als *mora creditoris* Teil des gemeinrechtlichen Erbes war und es dem begrifflich-konstruktiven Ansatz der BGB-Verfasser entsprach, Gläubigerverzug als Gegenstück zum Schuldnerverzug zu sehen. Andere Rechtsordnungen und die Einheitsrechtsprojekte kennen dagegen kein spezielles Institut des Gläubigerverzugs und arbeiten entweder mit entsprechenden Kooperations*pflichten*, deren Verletzung Rechtsbehelfe wie sonst auch bei Verletzung von Schuldnerpflichten auslöst[35], oder sie regeln bestimmte Rechtsfolgen aus fehlender Kooperation des Gläubigers speziell in anderen Sachzusammenhängen, etwa bei der Gefahrtragung (dazu oben Rn. 493, 495) oder beim Mitverschulden. In einem grundsätzlich auf Pflichtverletzungen und dadurch ausgelösten Rechtsbehelfen aufbauenden System ist die detaillierte Regelung des Gläubigerverzugs wie in den §§ 293–304 eher ein Fremdkörper[36], zumal die Rechtsfolgen des Gläubigerverzugs hier auch nur unvollständig und zumeist – richtiger – im jeweiligen Sachzusammenhang der Pflichtverletzung durch den Schuldner geregelt sind[37]. Das SchRModG hat die Regelung fast unverändert gelassen.[38]

683   Grundsätzlich **obliegt** dem Gläubiger die erforderliche Mitwirkung, er ist dazu jedoch nach hA nicht verpflichtet. Die Verletzung dieser *Obliegenheit* hat nachteilige Rechtsfolgen für den Gläubiger (s. u. Rn. 697 ff.), sie löst aber nicht die Rechtsbehelfe einer Pflichtverletzung aus: Der Schuldner kann nicht auf Mitwirkung klagen oder Schadensersatz wegen Verletzung der Mitwirkungsobliegenheit verlangen. Er wird aufgrund der unterlassenen Mitwirkung auch nicht von seiner Leistungspflicht frei.

---

[35] Vgl. Art. 1:202 PECL; Art. 5.3 UNIDROIT-Principles: Duty to Co-operate.

[36] Bezeichnend deshalb, daß *U. Huber* die Darstellung des Annahmeverzugs mit seiner Funktion, Schuldnerverzug, d. h. eine Pflichtverletzung des Schuldners zu verhindern, beginnt, Leistungsstörungen Bd. 1 § 7 I.

[37] Vgl. schon §§ 326 V Hs 2. 326 II 1.

[38] Bereits die Schuldrechtsreformkommission hatte davon abgesehen, die §§ 293 ff. zu ändern und die Mitwirkungsobliegenheiten des Gläubigers zu echten Pflichten aufzuwerten, s. Abschlußbericht S. 142.

Aus Gesetz oder Vertrag kann sich jedoch ergeben, daß der Gläubiger zur   684
Mitwirkung *verpflichtet* ist. Insbesondere kann sich aus § 242 ergeben, daß eine
erforderliche Mitwirkung dem Gläubiger nicht nur *obliegt*, sondern daß er sie
schuldet. Gesetzlich ist der Gläubiger z.B. als Käufer zur Annahme des Kaufgegenstandes verpflichtet, § 433 II. Bei einer solchen Mitwirkungspflicht ist der
Gläubiger hinsichtlich dieser Pflicht gleichzeitig Schuldner. Für Verletzungen
dieser Pflicht gelten deshalb die bereits teilweise dargestellten Regeln: Hat der
Gläubiger die Pflichtverletzung zu vertreten, dann schuldet er Schadensersatz
nach §§ 280, 281. Verletzt er dagegen nur die *Obliegenheit* als Gläubiger, an der
Leistungserbringung des Schuldners mitzuwirken, dann liegt **Gläubigerverzug**
vor, der in den §§ 293–304 geregelt ist. Gläubigerverzug und Schuldnerverzug
können auch gleichzeitig in derselben Person gegeben sein: Die nicht rechtzeitige Abnahme des Kaufgegenstandes kann, wenn sie zu vertreten ist, Verzug des
Käufers mit der Abnahme*pflicht*, aber auch Gläubigerverzug sein.

Diese Sichtweise der hA ist sehr dem alten Schuldrecht verhaftet; in einem System der
Pflichtverletzung wird man die Regeln des Gläubigerfehlverhaltens hingegen anders zu
deuten haben. Insbesondere ist die Unterscheidung von Pflichten und Obliegenheiten
nicht so scharf, wie dies in der Lehre bisweilen suggeriert wird: Tatsächlich werden durch
Obliegenheiten auch an den Gläubiger Verhaltenserwartungen, also Pflichten i.S.d.
§ 280 I 1 gerichtet. Allerdings haben diese nur einen begrenzen (Schutz-)Zweck, an welchem sich die von gewöhnlichen Pflichtverletzungen partiell verschiedenen Rechtsfolgen
ausrichten. Zwischen den so definierten Obliegenheiten und den allgemeinen Pflichten
aus dem Schuldverhältnis besteht also keine kategoriale, sondern nur eine graduelle
Grenze.

II. Voraussetzungen des Gläubigerverzugs

1. Ordnungsgemäßes Angebot und Leistungsbereitschaft

a) Ordnungsgemäßheit

Der Gläubiger kommt nur in Verzug, wenn ihm die Leistung **angeboten** wor-   685
den ist, § 293. Voraussetzung ist dabei weiter, daß das Angebot „ordnungsgemäß", d.h. dem Inhalt der Pflicht des Schuldners entsprechend ist. Es muß also
zur rechten Zeit, am rechten Ort (§§ 269–271), in der richtigen Beschaffenheit,
vollständig (s. § 266) und vorbehaltlos[39] erfolgen. Lehnt der Gläubiger eine
Teilleistung ab, dann gerät er nicht in Gläubigerverzug, sofern nicht eine der

---

[39] Der Schuldner darf sein Angebot also nicht mit zusätzlichen Forderungen, für die es keine Rechtsgrundlage gibt, verbinden; vgl. den Fall BGH NJW 1986, 987, in dem der Schuldner
(Bauunternehmer) sein (tatsächliches) Angebot mit der Forderung verbunden hatte, der Bauherr müsse bestimmte Zusatzarbeiten, die durch Schuldnerverzug (!) erforderlich geworden
waren, selbst ausführen.

Ausnahmen zu § 266 vorliegt.[40] Wenn die Leistungszeit nicht fest bestimmt ist oder der Schuldner bereits vor einer bestimmten Zeit leisten darf, dann kommt der Gläubiger nicht schon bei einer vorübergehenden Annahmeverhinderung in Verzug, § 299, es sei denn, daß der Schuldner die Leistung „eine angemessene Zeit vorher" angekündigt hat. Dem § 299 liegt der Gedanke zugrunde, daß die Mitwirkungsobliegenheit des Gläubigers bei unbestimmter Leistungszeit nicht ständige Annahmebereitschaft verlangt.

686   Gläubigerverzug setzt zudem voraus, daß der Schuldner zur Leistung *berechtigt* ist. Insbesondere muß die Leistung erfüllbar sein, § 271 II.[41]

> Beispiel: Bietet der Schuldner dem Darlehensgläubiger den Darlehensbetrag zur Rückzahlung vor Kündigung und Fälligkeit an, dann kommt der Darlehensgläubiger nicht in Verzug, wenn er die Annahme des Geldes ablehnt.

b) Leistungsvermögen

687   Der Schuldner muß weiter zur Leistung *bereit* und *imstande* sein, § 297: Leistungsvermögen und -bereitschaft des Schuldners zum maßgeblichen Zeitpunkt sind Voraussetzungen des Annahmeverzugs.

> Beispiele: In einem Kaufvertrag über die Lieferung von Kies ist vereinbart, daß der Verkäufer den Kies auf Schiffe des Käufers im Rheinhafen Breisach zu verladen habe. Zum vereinbarten Zeitpunkt kann der Käufer die Frachtkähne nicht rechtzeitig bereitstellen. Da das Kieswerk seine Produktion jedoch aufgrund einer behördlichen Verfügung einstellen mußte, hätte der Verkäufer auch nicht liefern können, wenn die Schiffe rechtzeitig bereitgestellt worden wären. Gläubigerverzug des Käufers liegt deshalb nicht vor.
> Der als Fahrer eingestellte Arbeitnehmer verliert wegen Trunkenheit am Steuer seine Fahrerlaubnis. Der Arbeitgeber gerät durch das „Angebot" der gar nicht mehr möglichen Dienstleistung nicht in Annahmeverzug.[42]

688   An dieser Stelle wird in Literatur und Rechtsprechung vielfach die alte Streitigkeit um die Abgrenzung des Annahmeverzugs von der Unmöglichkeit wiedergegeben. Zumindest nach neuem Schuldrecht ist die Befangenheit in diesen Kategorien zur Lösung der einschlägigen Sachprobleme weitgehend beseitigt. Hintergrund für diese waren vor allem arbeitsrechtliche Streitigkeiten um die Gegenleistung:

> Im Arbeitsrecht könnte nämlich die durch Nichtannahme der Arbeitsleistung bewirkte Unmöglichkeit der Leistungserbringung zu unangemessenen Ergebnissen führen: Kann der Arbeitnehmer seine Arbeitsleistung nicht erbringen, weil die Versorgung des

---

[40] Dazu AnwKomm-BGB/*Schmidt-Kessel*, §§ 294–296 Rn. 13.
[41] Vgl. zum Unterschied zwischen Erfüllbarkeit und Fälligkeit oben Rn. 210.
[42] Vgl. BAG NJW 1987, 2837, 2838: Leistungsunmöglichkeit und Annahmeverzug schließen sich aus. Annahmeverzug bleibt jedoch möglich, wenn dem Arbeitnehmer eine andere, zumutbare Beschäftigung angeboten werden könnte.

Betriebes mit Rohstoffen oder Energie ohne Verschulden des Arbeitgebers unterbrochen worden ist, wird eine nicht nachholbare Arbeitsleistung unmöglich. Der Arbeitnehmer würde zwar von seiner Naturalerfüllungspflicht nach § 275 I frei, er würde aber nach § 326 I den Anspruch auf die Gegenleistung (Lohn) verlieren, da für eine Anwendung von § 326 II kein Raum mehr verbliebe. Rechtsprechung und Lehre versuchen mit unterschiedlichen Instrumenten zu helfen, indem sie das Risiko einer solchen Störung nach „Sphären" verteilen: Leistungshindernisse aus der Sphäre der Arbeitnehmer führen zum Verlust der Lohnansprüche, Hindernisse aus der Sphäre des Arbeitgebers, z.B. Betriebsunterbrechung aufgrund mangelnder Materialzufuhr usw., sind Risiko des Arbeitgebers; er bleibt deshalb zur Lohnzahlung verpflichtet. Das SchRModG hat in § 615 S. 3 eine (Teil)Regelung unternommen.[43]

Der Versuch diese Fragen einer angemessenen Risikoverteilung im Arbeitsvertrag anhand einer begrifflichen Abgrenzung zu bewältigen, führt zu erheblichen Verwerfungen. Richtigerweise hat die Frage der Nachholbarkeit nur insoweit mit derjenigen nach der Verteilung der Gegenleistungsgefahr etwas zu tun, als sich diese erst bei Fehlen jener stellt. Mit der Schuldrechtsreform ist zudem die Notwendigkeit zu der Annahme entfallen, Gläubigerverzug und Unmöglichkeit schlössen einander aus. Tatsächlich geht es um deutlich unterschiedliche Sachfragen, welche sich – bis auf die Fälle ihrer Verknüpfung in §§ 326 II, 615 – völlig unabhängig voneinander klären lassen.

2. Fälle der Entbehrlichkeit der Aufforderung an den Gläubiger

Ausnahmsweise ist sowohl ein tatsächliches als auch ein wörtliches Angebot **689** entbehrlich, wenn der Gläubiger eine termingebundene Mitwirkungshandlung unterlassen hat, § 296 S. 1 (kalendermäßige Bestimmtheit) und S. 2 (kalendermäßige Berechenbarkeit entsprechend § 286 II Nr. 2).

Das Zusammenspiel der §§ 293–296 wird häufig in arbeitsrechtlichen Strei- **690** tigkeiten entscheidungserheblich, doch sind die dabei deutlich werdenden Probleme von allgemeiner Bedeutung.[44]

So ging es in einem Fall um die Frage, ob eine unwirksam gekündigte Arbeitnehmerin, die krank war, nach Wiedererlangung der Arbeitsfähigkeit trotz der Kündigung ihre Arbeitsbereitschaft anzeigen mußte, also ein wörtliches Angebot der Leistung erforderlich war, oder ob – so das BAG – § 296 in einem solchen Fall wegen kalendermäßig bestimmter Leistungszeit von einem Angebot entbindet.[45]

Die Lehre und das BAG stimmen darin überein, daß die Einpassung der §§ 293 ff. in das Modell des Arbeits- und Dienstvertrages als Dauerschuldverhaltnis wenig gelungen ist.

---

[43] Hierzu auch *Schlechtriem*, BT, Rn. 373; für Einzelheiten muß auf das arbeitsrechtliche Schrifttum verwiesen werden.
[44] Hierzu *Huber*, Leistungsstörungen, Bd. I, § 10 II.
[45] BAG SAE 1995, 185 ff., 187 mit Anm. *Misera*.

3. Art der erforderlichen Kommunikation

691   Im Regelfall muß der Schuldner dem Gläubiger die Leistung **tatsächlich** angeboten haben, § 294, so daß „der Gläubiger nichts weiter zu tun braucht, als zuzugreifen und die angebotene Leistung anzunehmen".[46] Kenntnis des Gläubigers vom Angebot ist nicht erforderlich.

Beispiel: Soll das verkaufte Möbelstück vom Kaufhaus zu einem fest bestimmten Termin beim Käufer abgeliefert werden und öffnet der Käufer seine Wohnungstür nicht, weil die Klingelanlage im Hochhaus versagt, dann gerät er in Gläubigerverzug (dagegen ist Schuldnerverzug wegen Verletzung der Abnahmepflicht aus § 433 II wohl mangels Vertretenmüssens nicht anzunehmen).

Bei einer Ablehnung des ordnungsgemäßen Angebots kommt es zum Gläubigerverzug. Sie liegt auch dann vor, wenn der Gläubiger seinerseits zu einer Zug-um-Zug-Leistung verpflichtet ist und das Angebot des Schuldners zwar anzunehmen bereit ist, seine eigene, gleichzeitig fällige Gegenleistung aber nicht erbringen will, § 298. Die Nichterfüllung der eigenen, synallagmatisch (dazu oben Rn. 25) mit der Verpflichtung des Schuldners verknüpften Leistungspflicht wird wie eine Ablehnung des Angebots des Schuldners behandelt.

Da das Leistungsangebot des Schuldners im Regelfall als Mahnung gesehen werden kann (s.o. Rn. 663), gerät der Gläubiger durch die Verweigerung der von ihm geschuldeten Gegenleistung nicht nur in Gläubiger-, sondern auch in Schuldnerverzug, falls er zur Annahme *verpflichtet* war.

692   Ein **wörtliches Angebot** des Schuldners genügt ausnahmsweise, wenn der Gläubiger bereits vorher erklärt hat, daß er die Leistung nicht annehmen werde, oder wenn er eine Handlung unterläßt, die zur Leistungserbringung erforderlich ist, § 295. Als Beispiel für den letzteren Fall nennt das Gesetz die unterbliebene Abholung durch den Gläubiger bei einer Holschuld. Erklärt sich der Schuldner einer Zug um Zug zu erbringenden Leistung zwar bereit, die ihm geschuldete Leistung anzunehmen, verweigert er aber bestimmt und eindeutig die Erfüllung der ihm obliegenden Verpflichtung, so genügt ein wörtliches Angebot der vom Gläubiger geschuldeten Leistung, um den Annahmeverzug des anderen Teils herbeizuführen.[47] In beiden in § 295 S. 1 geregelten Fällen ist aber zumindest ein wörtliches Angebot des Schuldners *erforderlich*; lediglich bei ernsthafter vorangegangener Annahmeverweigerung des Gläubigers kann das wörtliche Angebot als „leere Förmlichkeit" entbehrlich sein.[48]

---

[46] RGZ 109, 324, 328.
[47] BGH NJW 1997, 581.
[48] *Jauernig/Vollkommer*, § 295 Rn. 1.

III. Wirkungen des Gläubigerverzugs

1. Schutz des Schuldners

Die den Schuldner schützenden Folgen des Gläubigerfehlverhaltens lassen   **693**
sich m.E. weitgehend auf den gemeinsamen Nenner einer **Suspendierung der
schuldnerischen Pflicht** bringen. Der diesem Ziel ebenfalls dienende Nachteils-
ausgleich weist hingegen eine gewisse Ambivalenz auf, weil er zugleich das Interesse an der Erfüllung der Obliegenheit durch den Gläubiger verkörpert;
§ 304 wird daher erst in diesem Zusammenhang angesprochen.

a) Schicksal des Erfüllungsanspruchs

Der Gläubigerverzug läßt die Verpflichtung des Schuldners bestehen, aber   **694**
nicht unberührt. Der Gläubiger, der durch Verletzung seiner Mitwirkungsobliegenheit rechtzeitige Erfüllung verhindert hat, kann grundsätzlich weiter Leistung fordern.

Eine Ausnahme gilt allerdings im Dienstvertragsrecht: § 615 S. 1 entbindet den Dienst-
verpflichteten bei Annahmeverzug des Dienstberechtigten grundsätzlich von der Nachleistung. Arbeitskraft kann nicht aufgehoben und später noch eingesetzt, zumeist auch
nicht kurzfristig in anderen Dienstverhältnissen verwertet werden.

Bei Gattungsschulden (hierzu Rn. 221ff.) geht die Sachleistungsgefahr nach   **695**
§ 300 II mit Eintritt des Gläubigerverzuges auf den Gläubiger über. Gemeint ist
damit nur die **Leistungsgefahr**. Die Gegenleistungsgefahr (auch Preisgefahr) regelt dagegen § 326 II 1 (dazu oben Rn. 495). Da bei einer Gattungsschuld der
Schuldner, solange Leistung aus der Gattung möglich ist, sich an sich nicht auf
§ 275 I berufen kann, bliebe er auch bei Untergang der von ihm zur Erfüllung
vorgesehenen Stücke zur Leistung verpflichtet, solange die Gattung noch existiert und er sich nicht ausnahmsweise auf § 275 II berufen kann. Das ändert
§ 300 II.

Die genaue Bedeutung des § 300 II ist allerdings umstritten: Da die Leistungsgefahr
bei einer Gattungsschuld in den Fällen des Untergangs oder einer zu vertretenden Beschädigung bereits mit Konkretisierung nach § 243 II iVm § 275 I auf den Gläubiger übergeht, hat nach hL § 300 II nur geringe Bedeutung.[49] Anwendbar ist § 300 II etwa in den
Fällen von Bring- oder Schickschulden, falls ein wörtliches Angebot genügt (§ 295) oder
ein Angebot nicht erforderlich ist (§ 296), um Gläubigerverzug herbeizuführen, damit
aber noch nicht notwendig die Voraussetzungen einer Konkretisierung nach § 243 II gegeben sind.
Beispiel: V hat aus einem Tanklager 1000 t Öl verkauft; vereinbart wurde Auslieferung
an der Niederlassung des Käufers (Bringschuld). Der Gläubiger hat erklärt, die Leistung

---

[49] Vgl. zum Schuldrecht a.F. *Hönn*, Zur Dogmatik der Risikotragung im Gläubigerverzug
bei Gattungsschulden, AcP 177 (1977), 385, 390.

nicht annehmen zu wollen, da (angeblich) der Vertrag nichtig sei. Deshalb macht der Schuldner ein wörtliches Angebot i.S. des § 295. Verbrennt jetzt das bereits verladene Öl, dann wäre der Gläubiger jedenfalls durch das wörtliche Angebot in Annahmeverzug geraten und deshalb die Leistungsgefahr nach § 300 II übergegangen. Für eine Konkretisierung nach § 243 II hätte der Schuldner dagegen das „seinerseits Erforderliche" erst getan, wenn er an der Niederlassung des Käufers angeboten hätte (vgl. oben Rn. 224).[50]

Eine Mindermeinung will dagegen Konkretisierung und damit den Übergang der Leistungsgefahr überhaupt nur eintreten lassen, wenn der Gläubiger in Annahmeverzug gerät.[51]

V hat im vorangegangenen Beispiel das Öl ohne vorherige Ankündigung an der Niederlassung des Käufers angeboten. Dieser hat die Annahme abgelehnt, da er vorübergehend keine Lagerkapazitäten zur Verfügung hat. Verbrennt jetzt das Öl auf der Rückfahrt, dann bleibt V nach der Mindermeinung zur Lieferung verpflichtet; er hat nicht das „seinerseits Erforderliche" i.S. des § 243 II getan, da K (sofern kein fester Liefertermin vereinbart war) gemäß § 299 nicht in Annahmeverzug gekommen ist. Nach der hM ist dagegen Konzentration nach § 243 eingetreten.

696   § 300 II findet ferner entsprechende Anwendung bei Geldschulden.[52] Der Schuldner kann die geschuldete Sache **hinterlegen**, § 372 (dazu oben Rn. 401 ff.). Bei einer Verpflichtung zur Herausgabe eines Grundstückes oder eines eingetragenen Schiffes kann der Schuldner nach vorheriger Androhung den Besitz aufgeben, § 303.

b) Haftungsstandard

697   Kann der Schuldner wegen des Gläubigerverzugs seine Leistung nicht rechtzeitig erbringen, dann hat er diesen Umstand regelmäßig nicht zu vertreten, es sei denn, er trägt selbst eine (Mit-)Verantwortung. Gläubigerverzug hindert also in solchen Fällen den Eintritt des Schuldnerverzugs. Darüber hinaus bewirkt aber § 300 I eine Haftungsmilderung für den Schuldner, wenn er während des Gläubigerverzugs eine (weitere) Leistungsstörung verursacht, also z.B. den geschuldeten Gegenstand beschädigt. Er hat während des Gläubigerverzugs nur für Vorsatz und grobe Fahrlässigkeit einzustehen, § 300 I.

Beispiel: Der Verkäufer läßt den vom Käufer nicht abgenommenen Wagen im Freien stehen und völlig verrotten.[53]

---

[50] Nach hL soll aber jedenfalls Aussonderung zusätzlich zum Gläubigerverzug erforderlich sein, um Gefahrübergang zu bewirken; der Schuldner kann also nicht nach Untergang eines Teils der Gattung diesen Teil als Leistungsgegenstand bestimmen, um die Wirkungen des § 300 II herbeizuführen, s. *Staudinger/Löwisch* § 300 Rn. 17.

[51] *V. Caemmerer*, Anleiheschulden und Einlösungsmittel, JZ 1951, 740, 744; *U. Huber*, Zur Konzentration beim Gattungskauf, FS Ballerstedt, Berlin 1975, 327, 338.

[52] *Jauernig/Vollkommer*, § 300 Rn. 4.

[53] Vgl. OLG Oldenburg, NJW 1975, 1788 – grobe Fahrlässigkeit wurde angenommen.

§ 300 I erleichtert die Haftung des Schuldners nur für den Leistungsgegenstand, d.h. für seinen Untergang, seinen Verlust oder seine Beschädigung. Für andere Pflichten bleibt es jedoch beim Haftungsmaßstab des § 276.[54]

Beispiel: Im Verzug des Gläubigers kann der Schuldner u.U. eine geschuldete bewegliche Sache, die zur Hinterlegung nach den §§ 372 ff. nicht geeignet ist, nach § 383 versteigern lassen. Ein Verschulden bei der Durchführung dieses Selbsthilfeverkaufs macht ihn nicht haftbar, wenn ihn nur der Vorwurf leichter Fahrlässigkeit trifft; die Pflichten des Selbsthilfeverkaufs dienen nämlich gerade dem durch § 300 I abgewerteten Interesse des Gläubigers am Leistungsgegenstand.[55]

c) Eingeschränkte Interessenwahrung

Hat der Schuldner Nutzungen eines Gegenstandes herauszugeben, so hat er   698
nur tatsächlich während der Dauer des Gläubigerverzugs gezogene Nutzungen herauszugeben, § 302; die Vorschrift schränkt die in der Regel weiter gehenden §§ 292 II, 347, 987 II und 990 ein; zum Begriff der Nutzungen s. § 100. Während des Gläubigerverzugs ist der Schuldner einer Geldschuld außerdem von der Verzinsung befreit, § 301. Die Befreiung gilt für vereinbarte wie für gesetzliche Zinsen. Tatsächlich gezogene Zinsen sind jedoch nach § 302 herauszugeben.[56]

2. Durchsetzung eigener Rechte des Schuldners

Eigene Rechte des Schuldners beziehen sich nur ausnahmsweise auf sein In-   699
teresse an der Mitwirkung selbst. Insbesondere kann diese grundsätzlich nicht erzwungen werden, weil die Durchsetzung in Natur nicht zum Schutzzweck der betreffenden Pflichten des Gläubigers gehört. Auch ein Schadensersatzanspruch nach § 280 I ist ausgeschlossen.

Der Schuldner kann wegen des Gläubigerverzugs allein zwar keinen Scha-   700
densersatz verlangen, etwa für die Mehrkosten des Vorhaltens der Leistung, nach § 304 aber die **Mehraufwendungen** für Aufbewahrung und Erhaltung des geschuldeten Gegenstandes. Ersatzfähig sind freilich nur notwendige („machen mußte") Aufwendungen, z.B. Mahn-, Transport-, Aufbewahrungs- und Unterhaltungskosten, u.U. auch Versicherungsprämien.[57]

Weitergehend kann nach § 354 HGB der Schuldner als Kaufmann Lagergeld   701
nach den ortsüblichen Sätzen verlangen, auch wenn er die Ware bei sich selbst

---

[54] Vgl. *Jauernig/Vollkommer*, § 300 Rn. 3.
[55] Wie hier RGZ 57, 105, 107; OLG Köln NJW-RR 1995, 52, 54. Anders *Staudinger/Löwisch* (2004) § 300 Rn. 9.
[56] *Jauernig/Vollkommer*, § 301 Rn. 1.
[57] Vgl. *Soergel/Wiedemann*, § 304 Rn. 2.

aufbewahrt.[58] Darüber hinaus muß natürlich immer geprüft werden, ob der Gläubiger nicht zur Annahme *verpflichtet* war, diese Pflicht schuldhaft verletzt hat und deshalb Schadensersatz für die durch den Annahmeverzug entstehenden Kosten schuldet.

702   Wichtiger noch ist die Funktion, welche der Gläubigerverzug hinsichtlich des Schutzes des Anspruchs des Schuldners auf die **Gegenleistung** erfüllt: Soweit der Vertrag überhaupt noch durchgeführt wird, erlauben §§ 322, 274 II im Zusammenspiel mit §§ 726 II, 756, 765 ZPO die Durchsetzung des Gegenleistungsanspruchs. Scheitert der Vertrag, muß der Schuldner nur eine Minderung der Gegenleistung nach § 326 II 2 hinnehmen, weil er insoweit kein berechtigtes Interesse an der Aufrechterhaltung seines Anspruchs auf die Gegenleistung hat. Schließlich werden beide Ergebnisse durch den Ausschluß des Rücktrittsrechts nach § 323 VI (s. o. Rn. 531) gesichert.

Kapitel 17: Die Vertragsstrafe

Lit.: *Beuthien*, Pauschalierter Schadensersatz und Vertragsstrafe, FS Larenz, München 1973, S. 495–516; *Hess*, Die Vertragsstrafe, Berlin 1993; *Köhler*, Vereinbarung und Verwirkung der Vertragsstrafe, FS Gernhuber, Tübingen 1993, S. 207–225; *Lindacher*, Phänomenologie der „Vertragsstrafe", Frankfurt a.M. 1972; *v. Look*, Vereinsstrafen als Vertragsstrafen, Berlin 1990; *Pauly*, Aktuelle Entwicklungen zur Wirksamkeit einer Vertragsstrafe, MDR 2005, 781–785; *Weitnauer*, Vereinsstrafe, Vertragsstrafe und Betriebsstrafe, FS Reinhardt, Köln 1972, S. 179–196.

§ 1 Funktionen

703   Die Durchsetzung von Erfüllungsansprüchen oder anderen Rechtsbehelfen wegen Pflichtverletzung kann sich als beschwerlich und risikoreich erweisen. Der Nachweis des Schadens im einzelnen kann schwierig sein, ein Schadensersatzanspruch nicht immer ausreichen, das verletzte Interesse des Vertragsgläubigers wieder gutzumachen, ferner kommt Geldersatz bei immateriellen Verlusten oft nicht in Betracht (s. oben Rn. 261). Die Parteien können deshalb vereinbaren, daß der Schuldner im Falle einer Vertragsverletzung eine bestimmte Geldsumme oder auch eine andere Leistung „als Strafe" verspricht, §§ 339 S. 1, 342. Damit wird auf den Schuldner Druck ausgeübt, seine Verpflichtung vertragsgemäß zu erfüllen (Druckfunktion). Außerdem braucht der Gläubiger seinen Schaden nicht im Einzelnen nachzuweisen und kann durch die Vereinbarung einer Vertragsstrafe einen sonst nicht ersatzfähigen immateriellen Schaden liquidierbar machen (Schadensersatzfunktion).

---

[58] BGH NJW 1996, 1464f.

§ 2 Rechtsnatur der Vertragsstrafe und ihre Abgrenzung von ähnlichen Erscheinungen

I. Rechtsnatur

Die **Vertragsstrafe** (auch **Konventionalstrafe**) wird aufgrund einer vertraglich **704** begründeten, bedingten Nebenpflicht geschuldet. Das Vertragsstrafeversprechen begründet eine zur gesicherten Verbindlichkeit *akzessorische* Verpflichtung (s. unten Rn. 708). Sie ist bedingt durch die Verletzung der Hauptverbindlichkeit durch den Schuldner, wobei das Vertragsstrafeversprechen im einzelnen genau zu umschreiben hat, *welche* Verletzungsmodalität die Vertragsstrafe auslöst. Grundsätzlich ist das Vertragsstrafeversprechen formfrei. Es bedarf jedoch dann einer Form, wenn die Hauptverbindlichkeit formbedürftig ist, z.B. aufgrund § 311b.

II. Abgrenzungen

1. Von großer Bedeutung ist die Unterscheidung von Vertragsstrafe und **pau** **705** **schaliertem Schadensersatz**, da die bei Vertragsstrafen mögliche richterliche Kontrolle – s. § 343 – bei Pauschalierungsklauseln nicht greift und die Zulässigkeit von Vertragsstrafen einerseits und Schadenspauschalierungen andererseits in Allgemeinen Geschäftsbedingungen unterschiedlich geregelt ist, s. § 309 Nr. 5 und Nr. 6. Entscheidend soll sein, ob die Klausel in erster Linie als Druckmittel für die Erfüllung der Hauptverbindlichkeit wirken soll oder ob die vereinfachte Durchsetzung eines Schadensersatzanspruchs durch Verzicht auf tatsächlichen Schadensnachweis im Vordergrund steht.[1]

2. Das **selbständige Strafversprechen** wird für den Fall der Vornahme oder **706** Unterlassung einer *nicht geschuldeten Handlung* gegeben (auch: uneigentliches Strafgedinge). Als Beispiel wird die Vereinbarung der Rückzahlung einer Gratifikation im Falle der Kündigung eines Dienst- oder Arbeitsverhältnisses genannt.[2] Die Leistung, die durch das selbständige Strafversprechen gesichert werden soll, muß aber wirksam versprochen werden können: Durch ein selbständiges Strafversprechen können keine Verbindlichkeiten durchgesetzt werden, die das Gesetz nicht erlaubt und als unwirksam oder als undurchsetzbar regelt, z.B. eine Spielschuld (s. § 762 I). § 344, der in erster Linie die Akzessorietät der Vertragsstrafe sichert, gilt deshalb auch für das selbständige Strafversprechen.[3]

---

[1] Vgl. *Jauernig/Stadler*, § 339 Rn. 10; BGHZ 49, 84, 89; s. auch *Hess* (Lit. vor Rn. 703), 92 ff.
[2] Vgl. *Jauernig/Stadler*, § 339 Rn. 6.
[3] Vgl. BGH NJW 1980, 1622, 1623 mwN.

707   3. **Vereinsstrafen** sind nach hA keine Vertragsstrafen, da sie auf der Vereinssatzung als einer auf autonomer Rechtsetzung beruhenden Regelung für die Vereinsmitglieder beruhen.[4]

    4. **Verfall- (Verwirkungs-)Klauseln** begründen keine zusätzliche und akzessorische Verpflichtung, sondern bewirken Rechtsverlust. Sie sind, falls umfassend konzipiert, als Rücktrittsvorbehalt zu verstehen, § 354; bei Beschränkung auf den Wegfall einzelner Rechte gelten die §§ 339 ff. entsprechend.[5]

    5. Für **Betriebsbußen** ist die Einordnung als Vertragsstrafen umstritten.[6] Unabhängig davon können die Parteien eines Arbeitsvertrags freilich ohne weiteres Vertragsstrafen vereinbaren.[7] Dies gilt auch, sofern dies durch Einbeziehung allgemeiner Arbeitsbedingungen in den individuellen Arbeitsvertrag erfolgt.[8]

    6. **Reugeld** ist Ausgleich für einen vorbehaltenen Rücktritt vom Vertrag; der Rücktrittsberechtigte „erkauft" sich damit gleichsam den Rücktritt, s. § 353.

    7. Die **Draufgabe**, geregelt in §§ 336–338 (auch Angeld, Handgeld), ist Hingabe einer Leistung als Beweisanzeichen für den Abschluß eines Vertrages.

§ 3 Gesetzliche Regelung der Vertragsstrafe

I. Akzessorietät

708   Die Vertragsstrafe ist akzessorisch zu der durch sie gesicherten Hauptschuld. Ist die gesicherte Hauptverbindlichkeit unwirksam, so ist auch das Vertragsstrafeversprechen unwirksam, § 344.

II. Verfallsvoraussetzungen

709   Für den Verfall – die „Verwirkung" – der Vertragsstrafe unterscheidet das Gesetz verschiedene Sachverhalte, und zwar Nichterfüllung der gesicherten Hauptverbindlichkeit, § 340, und „nicht gehörige Erfüllung", § 341.[9] Die Unterscheidung ist wichtig für das Verhältnis der Vertragsstrafe zu anderen Rechtsbehelfen (s. unten Rn. 709). Die Pflichtverletzung muß vom Schuldner zu vertreten sein (für Unterlassen str.), vgl. § 339.

---

[4] Vgl. BGHZ 21, 370, 373; aA *Weitnauer* (Lit. vor Rn. 703), FS Reinhardt, 185 ff.

[5] BGHZ 95, 362, 371 f.; *Jauernig/Stadler*, § 339 Rn. 7.

[6] Dafür die hM: BAG AP Nr. 12 zu § 87 BetrVG. Dagegen, dafür mit den besseren Gründen, *Staudinger/Rieble* (2004), Vorbem zu §§ 339 ff. Rn. 135 ff.

[7] BAG NJW 1992, 1646 und st. Rspr.

[8] BAG NZA 2004, 727 (auch zu den durch § 307 gezogenen Grenzen). Gegen die vom BAG vertretene in concreto Begrenzung auf einen Monatsverdienst mit Recht *Staudinger/Rieble* (2004), § 339 Rn. 90.

[9] Die Regelung der §§ 339 ff. ist durch das SchRModG nicht verändert worden; der Sprachgebrauch weicht deshalb teilweise von dem der Neuregelung der gesetzlichen Rechtsbehelfe ab.

Grundsätzlich trägt der Schuldner die Beweislast dafür, daß die Bedingung (Verwirkung der Strafe) für die Vertragsstrafe nicht eingetreten ist, weil die strafbewehrte Verpflichtung richtig erfüllt wurde. Besteht die geschuldete Leistung jedoch in einem Unterlassen, muß der Gläubiger das Zuwiderhandeln des Schuldners beweisen, § 345.

III. Verhältnis der Vertragsstrafe zu anderen Rechtsbehelfen des Gläubigers

Ist die Strafe für den Fall der Nichterfüllung versprochen, so kann der Gläubiger die Strafe nur *anstelle* der *Erfüllung* verlangen, § 340 I. Die Vorschrift dient dem Schutz des Schuldners, der das Erfüllungsinteresse nicht mehrfach soll leisten müssen. **710**

Bei einer solchen Vertragsstrafe „statt der Leistung" kann der Gläubiger den Vorrang des Erfüllungsanspruchs (§§ 281 I, 323 I, 314 II) also ohne die Setzung einer Frist über winden.[10] Dies hat Rückwirkungen auch auf andere Rechtsbehelfe: Da der Erfüllungsanspruch durch das Strafverlangen nach § 340 I 2 erlischt, bedarf es auch für den Schadensersatz statt der Leistung (zur Berechnung in diesem Fall s. Rn. 280) wie auch für die Vertragsaufhebung keiner zusätzlichen Nachfrist.

Hat der Gläubiger im Falle von § 340 I einen Schadensersatzanspruch statt der Leistung, dann ist die verwirkte Strafe nur als *Mindestbetrag des Schadens* einzusetzen. Der Gläubiger kann also einen über den Strafbetrag hinausgehenden Schaden geltend machen, § 340 II. Besteht die Strafe dagegen nicht in Geld, sondern in einer anderen Leistung, dann kann sie nur *anstelle* von Schadensersatz verlangt werden, § 342. Ein weitergehender, d.h. den Wert der strafweise erbrachten Leistung übersteigender Schaden kann also anders als nach § 340 II 2 nicht verlangt werden. **711**

Ist die Strafe für „nicht gehörige Erfüllung", d.h. verspätete Erfüllung oder Qualitätsabweichungen, versprochen, so kann der Gläubiger die verwirkte Strafe, daneben aber weiter Erfüllung verlangen, § 341 I. Macht der Gläubiger wegen Schlechtleistung oder Verspätung Schadensersatz geltend, dann gilt die Vertragsstrafe als Mindestschaden, der im einzelnen nicht nachgewiesen werden muß, § 341 II iVm § 340 II. Nimmt der Gläubiger jedoch eine nicht gehörige – verspätete oder schlechte – Leistung als Erfüllung an, so muß er sich die Vertragsstrafe bei Annahme der Leistung vorbehalten, § 341 III. **712**

---

[10] Insoweit zutreffend *Staudinger/Rieble* (2004), § 340 Rn. 17.

IV. Schuldnerschutz

713   § 343 gibt den Gerichten die Möglichkeit, auf Antrag des Schuldners eine unverhältnismäßig hohe Vertragsstrafe auf den angemessenen Betrag herabzusetzen. Die Vorschrift gilt jedoch nicht für das Vertragsstrafeversprechen eines Vollkaufmannes, das im Betrieb seines Handelsgewerbes abgegeben worden ist, § 348 HGB. Auch bei Vertragsstrafeversprechen von Vollkaufleuten kann jedoch in Extremfällen richterliche Kontrolle auf der Grundlage von § 138 oder § 242 erfolgen.

Beispiel: Die in Bauverträgen häufigen Vertragsstrafeversprechen für Mangelfreiheit und rechtzeitige Herstellung des Werks müssen eine Obergrenze für die Strafe enthalten.[11]

Die richterliche Kontrolle auf der Grundlage von § 343 erfolgt durch Gestaltungsurteil. Für die Angemessenheit sind alle Umstände des Einzelfalles abzuwägen, z.B. das Erfüllungsinteresse des Gläubigers, das Maß des Verschuldens des Schuldners, seine bisherige Rechtstreue.[12]

714   Zum Schutz des Schuldners kann außerdem bereits die Vereinbarung einer Vertragsstrafe der Inhaltskontrolle unterliegen. So sind Vertragsstrafeversprechen für bestimmte Fälle der Verletzung von Abnahme- und Zahlungspflichten nach § 309 Nr. 6 unwirksam. Soweit diese Vorschrift nicht eingreift, sind Vertragsstrafeklauseln an § 307 zu messen.[13] Bei Verbraucherverträgen i.S. von § 310 III können diese Einschränkungen auch auf individuell vereinbarte Vertragsstrafen durchschlagen.

---

[11] Vgl. BGHZ 85, 305, 312ff.; BGH NJW-RR 1989, 527; BGH NJW-RR 2002, 806 (AGB-Vertragsstrafe in Höhe von 0,5% der Auftragssumme werktäglich unwirksam); dazu *Pauly*, (Lit vor Rn. 703) MDR 2005, 781, 783 für Vertragshändlervertrag s. BGH BB 1997, 1380ff.

[12] *Medicus*, Schuldrecht I, 16. Auflage, § 39 II 2, Rn. 466; s. auch BGH NJW 1983, 941, 942 zur Nachprüfbarkeit der einzelnen Elemente der Angemessenheit in der Revisionsinstanz.

[13] Vgl. für Fälle des § 310 I BGHZ 85, 305, 314f.; BGH BB 2000, 1057; s. auch Fn. 11; ausführlich zur neuen Rspr. *Pauly*, (Lit vor Rn. 703) MDR 2005, 781, 782ff.

5. Teil: Der Kreis der Beteiligten – Erweiterungen und Veränderungen

Kapitel 18: Verträge zugunsten Dritter

Die Vertragsfreiheit zur Begründung und Ausgestaltung von Schuldbezie- 715
hungen erlaubt es auch, in einem Vertrag eine Begünstigung Dritter zu vereinbaren. Die Begünstigung des oder der Dritten kann freilich unterschiedlich
stark sein: Für den Dritten kann ein durch ihn selbst durchsetzbares Forderungsrecht begründet werden („**echter**" oder „**berechtigender**" **Vertrag zugunsten
Dritter**). Die Begünstigung des Dritten kann aber darauf beschränkt sein, daß
der Inhalt einer vertraglich begründeten Verbindlichkeit dahin geht, daß die
versprochene Leistung nicht an den Gläubiger, sondern an den Dritten zu erbringen ist; fordern kann dann nur der Gläubiger, nicht aber der Dritte (sog.
„**unechter**" oder „**ermächtigender**"[1] **Vertrag zugunsten Dritter**). Eine Begünstigung eines Dritten kann auch durch eine Vereinbarung erreicht werden, in der
jemand seinen Vertragspartner verpflichtet, seine (d.h. des Versprechensempfängers) Schuld gegenüber dem Dritten zu erfüllen (**Erfüllungsübernahme**): Der
Dritte erwirbt dadurch zwar nicht zusätzlich zu seinem Forderungsrecht gegen
den Versprechensempfänger ein Recht gegen den Versprechenden, aber immerhin die Aussicht, daß der Versprechende sein Versprechen durch Leistung an
ihn, den Dritten, erfüllt. Schließlich kann mit einem Vertrag zugunsten einer
dritten Person oder eines Kreises dritter Personen **Schutz** versprochen werden,
so daß der oder die Begünstigte(n) zwar keine Ansprüche auf Leistung erwerben, aber Schadenersatz in dem Falle geltend machen können, in dem die zu ihren Gunsten begründeten Schutzpflichten verletzt werden und ihnen daraus ein
Schaden entstanden ist, der unter die jeweilige Schutzpflicht fällt. Welche der
möglichen Begünstigungen Dritter im einzelnen gewollt und entstanden ist,
muß oft durch Auslegung geklärt werden. Das Gesetz gibt für die Abgrenzung
des echten, berechtigenden Vertrages zugunsten Dritter von anderen drittbe-
günstigenden Vereinbarungen eine Reihe von Auslegungsregeln. Der Vertrag

---

[1] „Ermächtigender" Vertrag deshalb, weil dadurch dem Dritten die Ermächtigung erteilt
wird, die Leistung des Schuldners entgegen zu nehmen.

mit Schutzwirkungen zugunsten Dritter ist dagegen eine Schöpfung von Wissenschaft und Praxis und hat im Gesetz keine Regelung erfahren.

§ 1 Berechtigende Verträge zugunsten Dritter

I. Praktische Bedeutung

Lit.: *Finger*, Der Vertrag zugunsten Dritter auf den Todesfall – eine Umfrage bei den deutschen Lebensversicherungsgesellschaften, VersR 1986, 508–511; *Gottschalk*, Zum Wesen des Rechtserwerbs beim Vertrag zugunsten Dritter, VersR 1976, 797–802; *Hadding*, Zur Auslegung des § 335 BGB, AcP 171 (1971), 403–421; *F. Peters*, Zu den bereicherungsrechtlichen Folgen eines mangelhaften Vertrages zu Rechten Dritter, AcP 173 (1973), 71–92.

716 Der Vertrag zugunsten Dritter ist kein besonderer Vertragstyp im Sinne der besonderen, durch einen bestimmten Leistungszweck charakterisierten Schuldverhältnisse, sondern die Drittbegünstigung folgt aus einer besonderen inhaltlichen Gestaltung von schuldrechtlichen Verträgen aller Art.[2] Die Bandbreite der Vertragstypen, die für Drittbegünstigungen genutzt werden können und genutzt wurden, reicht von der betrieblichen Altersversorgung, die der Arbeitgeber zugunsten eines Arbeitnehmers mit einer Pensionskasse vereinbart, über die ärztliche Behandlung eines Kindes aufgrund des Vertrages zwischen Arzt und Eltern, den Beherbergungsvertrag zugunsten aufzunehmender Familienangehöriger, den vom Versender mit dem Frachtführer zugunsten des Empfängers des Frachtgutes geschlossenen Frachtvertrag, den Gesellschaftsvertrag mit Eintrittsrecht für einen Dritten, die Lebens- und Unfallversicherungen zugunsten bestimmter Dritter bis zu Werkförderungsverträgen, in denen eine Aufbaufinanzierung gegen Einräumung eines Wohnungsbelegrechts oder gegen die Verpflichtung zum Abschluß von Mietverträgen mit bestimmten Personen (z.B. Betriebsangehörigen des Fördernden) vorgesehen ist.[3] Vielfach ist der Begriff des Vertrages zugunsten Dritter juristischen Laien unbekannt; gleichwohl vereinbaren sie selbstverständlich Drittbegünstigungen. Die Gestaltungsmöglichkeiten, die der Vertrag zugunsten Dritter bietet, machen ihn zum geeigneten Instrument in einer Wirtschaft, deren Entfaltung und Ausdifferenzierung immer neue Leistungsvorgänge und Leistungswege erfindet und die dazu erforderlichen Rechtsgrundlagen schaffen muß.

---

[2] *MünchKomm/Gottwald*, § 328 Rn. 20: „… atypische inhaltliche Gestaltung von schuldrechtlichen Verträgen aller Art".

[3] Vgl. die Übersicht in *MünchKomm/Gottwald*, § 328 Rn. 35–89; s.a. *Gernhuber*, Schuldverhältnis, § 20 I 2, S. 467 f.: Schwerpunkte lassen sich im Versicherungsrecht und im Frachtrecht erkennen.

II. Abschluß und Beteiligte eines Vertrages zugunsten Dritter

1. Abschluß des Vertrages und Bezeichnung der Schuldverhältnisse

Der Abschluß erfolgt nach allgemeinen Regeln – §§ 145 ff. – zwischen dem **717** *Versprechenden* und dem *Versprechensempfänger*. Man nennt das Schuldverhältnis, durch das oder aufgrund dessen Versprechender und Versprechensempfänger eine Drittbegünstigung begründen, das **Deckungsverhältnis**. Der Begünstigte wird *Dritter* oder *Drittbegünstigter* genannt.

Beispiele: Der Lebensversicherungsvertrag zwischen Versicherungsnehmer und Versicherung ist das Deckungsverhältnis; die im Versicherungsvertrag als bezugsberechtigt genannte Person ist begünstigter Dritter.[4]
Eltern mieten in eigenem Namen für ihre studierende Tochter eine Wohnung. Der Mietvertrag zwischen Eltern und Vermieter ist das Deckungsverhältnis; die nutzungsberechtigte Tochter ist Drittbegünstigte.

Eine Drittbegünstigung kann auch durch Änderung eines bereits bestehenden Schuldverhältnisses geschaffen werden.

Beispiele: V hat an K 1000 t Rapsöl verkauft. Nachdem K an D weiterverkauft hat, soll die Lieferung von V direkt an D erfolgen. V und K vereinbaren deshalb eine Änderung des zwischen ihnen bestehenden Kaufvertrages dahin, daß V nicht mehr an K, sondern an D liefern soll.
R hat mit dem Reisebüro S einen Pauschalreisevertrag nach Japan abgeschlossen. Da er die Reise wegen einer Verhinderung nicht antreten kann, ändern die Parteien den Vertrag dahingehend, daß die Ehefrau des R Anspruch auf die Reiseleistung haben soll.[5]

Der Versprechensempfänger, der sich vom Versprechenden eine Leistung an **718** einen Dritten versprechen läßt, ist regelmäßig bereits durch eine schuldrechtliche Beziehung mit dem Dritten verbunden oder will sie jedenfalls mit der Drittbegünstigung schaffen. Man nennt diese Rechtsbeziehung zwischen dem Versprechensempfänger und dem Dritten das **Valutaverhältnis**.

Beispiele: Im Falle des Mietvertrages, den die Eltern zugunsten ihrer studierenden Tochter abschließen, besteht zwischen ihnen ein Eltern-Kind-Verhältnis, das die Eltern zur Unterhaltsgewährung verpflichtet. Die Überlassung der Wohnung durch den Vermieter ist deshalb eine Leistung der Eltern auf ihre Unterhaltsverpflichtung im Valutaverhältnis.
Im Falle eines Versicherungsvertrages zugunsten eines Dritten wird dagegen nicht selten dem Dritten vom Versicherungsnehmer die Bezugsberechtigung geschenkt; das Valutaverhältnis „Schenkung" entsteht deshalb mit Abschluß des Versicherungsvertrages zugunsten des Bezugsberechtigten, wenn dieser sich gegenüber dem Versicherungsnehmer

---

[4] S. jedoch § 166 VVG zur Stellung des bezugsberechtigten Dritten: Sofern nicht Abweichendes bestimmt ist, entsteht das Recht auf die Versicherungsleistung erst mit Eintritt des Versicherungsfalles, § 166 II VVG.
[5] Nach § 651b I, der auf Art. 4 III der Pauschalreiserichtlinie beruht, hat der Reisende sogar einen *Anspruch* auf Vertragsübernahme.

damit einverstanden erklärt, daß die Zuwendung der Bezugsberechtigung unentgeltlich erfolgen soll, § 516 I, oder sich beide schon vor Abschluß des Versicherungsvertrages über die Schenkung geeinigt haben, § 518 II (s. dazu näher unten Rn. 720).

719   Das aufgrund eines Vertrages zugunsten Dritter entstehende Recht des Dritten, vom Versprechenden eine Leistung zu verlangen, schafft zwischen ihnen ebenfalls ein Schuldverhältnis. Eine allgemein akzeptierte Bezeichnung dafür hat sich noch nicht durchgesetzt, man spricht von *Vollzugsverhältnis, direktem Leistungsverhältnis, Leistungsverhältnis* oder *Zuwendungsverhältnis*. Im folgenden wird von **Vollzugsverhältnis** gesprochen.

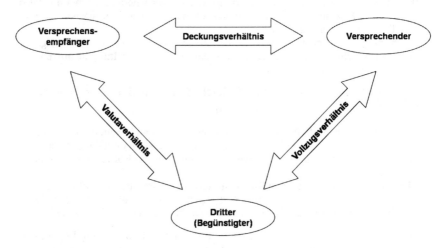

2. Formfragen

720   Die Formfreiheit oder die Formbedürftigkeit eines Vertrages zugunsten Dritter richtet sich nach dem Deckungsverhältnis, das Grundlage der versprochenen Drittbegünstigung ist. Wird die Übertragung eines Grundstückes an den Drittbegünstigten versprochen, dann muß § 311b I eingehalten werden.

Beispiel: Ein Vater kauft für seine Tochter ein Grundstück, dessen Übertragung aufgrund eines für die Tochter begründeten Anspruchs direkt an diese erfolgen soll.

Die Formbedürftigkeit des Vertrages im Valutaverhältnis spielt für die Gültigkeit des Vertrages zugunsten Dritter keine Rolle.

Beispiel: Hat der Vater seiner Tochter zum Geburtstag mündlich ein Auto versprochen, das er dann mit der Maßgabe kauft, der Verkäufer solle es direkt an die Tochter übertragen, dann hat die Formbedürftigkeit des Schenkungsversprechens (§ 518 I) keinen Einfluß auf den formfrei gültigen Kauf zugunsten der Tochter.
Ein Sonderproblem stellt sich im Falle eines Vertrages zugunsten Dritter auf den Todesfall, z.B. im Falle einer Lebensversicherung, einer vertraglichen Versorgungszusage des

Arbeitgebers gegenüber dem Arbeitnehmer zugunsten der Witwe des Letzteren oder bei Aufträgen an eine Bank, nach dem Tod des Kontoinhabers von dessen Konto einem Dritten einen Geldbetrag auszuzahlen. § 331 I regelt, daß bei einem solchen Versprechen zugunsten eines Dritten auf den Todesfall der Dritte das Recht auf die Leistung im Zweifel erst mit dem Tode des Versprechensempfängers erwerben soll. Da dieser im Valutaverhältnis zum Dritten damit zumeist etwas auf den Todesfall *schenkweise* zuwendet, könnte an eine Anwendung von § 2301 gedacht werden. Diese Vorschrift betrifft jedoch nur die Endgültigkeit (d.h. Kondiktionsfestigkeit) des Erwerbs des Dritten im Verhältnis zum Versprechensempfänger (Erblasser) bzw. seinen Erben, d.h. im Valutaverhältnis. Da regelmäßig der Dritte noch zu Lebzeiten des Erblassers durch den Vertrag zu seinen Gunsten die Forderung – wenn auch bedingt – erwirbt, ist der Forderungserwerb vollzogen, so daß auch die Schenkung im Valutaverhältnis vollzogen, damit wirksam (s. § 518 II) und als Schenkung unter Lebenden bewertet wird, § 2301 II.[6]

3. Willensmängel

Die Wirksamkeitsvoraussetzungen der Willenserklärungen, durch die der Vertrag zugunsten Dritter (Deckungsverhältnis) geschlossen wird, bestimmen sich nach allgemeinen Regeln. Ob bei Minderjährigkeit des Versprechensempfängers Zustimmung des gesetzlichen Vertreters erforderlich ist, hängt davon ab, ob das Deckungsverhältnis für den Minderjährigen nur rechtlich vorteilhaft oder Alltagsgeschäft ist, §§ 105a, 107. Es kommt also auf den Typus des Deckungsverhältnisses an. Ist der Vertrag zugunsten Dritter aufgrund einer Täuschung durch den Begünstigten oder einen Vierten zustande gekommen, dessen Täuschung der Begünstigte kannte oder kennen mußte, so kann der Versprechende nach § 123 II 2 anfechten.[7] Anfechtungsgegner ist dann gemäß § 143 II der Begünstigte.   **721**

4. Aufdrängungsschutz

Die Begünstigung des Dritten entsteht ohne seine Mitwirkung. Damit wird eine unserem Recht zugrunde liegende Wertung berührt, daß sich niemand etwas   **722**

---

[6] S. hierzu BGH NJW 2004, 767 (zu den Voraussetzungen einer Anfechtung im Valutaverhältnis); *Finger* (Lit. vor Rn. 716), VersR 1986, 508–511; *G. Hager*, Neuere Tendenzen beim Vertrag zugunsten Dritter auf den Todesfall, FS v. Caemmerer, Tübingen 1978, S. 127–147. Zu dem speziellen Problem, daß es vor dem Tode des Versprechensempfängers im Valutaverhältnis zwischen Versprechensempfänger und Drittbegünstigtem noch gar keine rechtsgeschäftlichen Kontakte gegeben hatte, deshalb die in der Drittbegünstigungserklärung liegende Schenkungsofferte noch angenommen werden muß und bis zum Zugang an den Beschenkten von den Erben widerrufen werden kann, s. BGHZ 66, 8, 13; *Jauernig/Stadler*, § 331 Rn. 6; umfassend *Muscheler*, Vertrag zugunsten Dritter auf den Todesfall und Erbenwiderruf, WM 1994, 921–938.

[7] AA *Palandt/Heinrichs*, § 143 Rn. 5; wie hier *MünchKomm/Kramer*, § 123 Rn. 25.

gegen seinen Willen aufdrängen lassen muß (auch eine Schenkung bedarf des Einverständnisses des Beschenkten). § 333 schützt den Dritten deshalb gegen Aufdrängung einer Begünstigung durch die Möglichkeit, das aus dem Vertrag erworbene Recht dem Versprechenden gegenüber durch einseitige, empfangsbedürftige Willenserklärung zurückzuweisen. Der Vertrag zugunsten Dritter ist damit nicht hinfällig. So kann der Versprechensempfänger z.B. einen anderen Drittbegünstigten nennen, evtl. auch Leistung an sich selbst fordern (s. § 168 VVG). Wo eine solche Ersatzlösung nicht möglich ist, kann Unmöglichkeit der im Deckungsverhältnis versprochenen Leistung vorliegen. Er hat deshalb eine Einwendung; für die Gegenleistung gelten die §§ 323 I, V, 326 I, V oder 323 VI, 326 II, je nachdem, ob sich der Versprechensempfänger als Gläubiger das Verhalten des Drittbegünstigten zurechnen lassen muß.

III. Wirkungen des Vertrages zugunsten Dritter

1. Berechtigung des Dritten

723   Durch den Vertrag zugunsten Dritter erwirbt der Dritte im Regelfall unmittelbar gegen den Versprechenden einen Anspruch, § 328 I. Er muß also an der Entstehung seines Rechts nicht mitwirken, ja, er braucht sie nicht einmal zu kennen. Für die Einzelheiten seines Rechts verweist § 328 II in erster Linie auf die Vereinbarung im Deckungsverhältnis, sodann auf die Umstände, insbesondere den Zweck des Deckungsvertrages.

Beispiel: Hat der Vater für seine Tochter am Studienort ein Zimmer gemietet, dann soll nach dem Zweck des Vertrages das Nutzungsrecht der Tochter davon abhängen, daß sie am Ort der Wohnung tatsächlich das Studium aufnimmt. Von der wegen Fehlens einer solchen Voraussetzung nicht oder nicht entstandenen Berechtigung des Dritten sind jedoch die Gültigkeit des Deckungsvertrages (hier: Mietvertrag) und die Rechte der Parteien zu unterscheiden, z.B. das Recht des Vermieters auf den Mietzins unabhängig von der Nutzung und das evtl. Recht des Vaters, einen anderen Nutzungsberechtigten zu nennen.

Die Begünstigung des Dritten kann freilich auch in anderer Form als der Schaffung eines Anspruchs oder Rechts geschehen, z.B. durch einen Erlaß (s. Rn. 737, str.) oder eine Haftungsbeschränkung zu seinen Gunsten (vgl. auch Rn. 733).[8]

724   Für den Vertrag zugunsten Dritter auf den Todesfall des Versprechensempfängers enthält § 331 I eine Auslegungsregel. Der Drittbegünstigte soll im Zwei-

---

[8] Vgl. *Staudinger/Jagmann*, § 328, Rn. 112; *Klein*, Haftungsbeschränkungen zugunsten und zu Lasten Dritter und ihre Behandlung in der Schuldrechtsreform, JZ 1997, 390, 391 f.; aus der Rspr. s. BGHZ 22, 109, 120; BGHZ 130, 223 ff.

fel das Recht erst mit dem Tode des Versprechensempfängers erwerben;[9] s. jedoch auch § 331 II für den Fall der Begünstigung eines im Moment des Todes noch nicht geborenen (nasciturus) oder noch nicht gezeugten Dritten.[10]

§ 332 setzt schon die Möglichkeit voraus, im Vertrag (Deckungsverhältnis)   **725** dem Versprechensempfänger die Befugnis vorzubehalten, ohne Zustimmung des Vertragspartners und des begünstigten Dritten einen anderen Drittberechtigten zu benennen. Von erheblicher Bedeutung ist dieses einseitige Änderungsrecht bei einer Kapitallebensversicherung, § 166 VVG. § 332 erlaubt die Ausübung des Änderungsrechtes auch durch eine letztwillige Verfügung.

2. Einwendungen aus dem Deckungsverhältnis

Der Dritte leitet seine Berechtigung aus dem Vertrag ab, der das Deckungs-   **726** verhältnis zwischen Versprechendem und Versprechensempfänger bildet. Seine Rechtsstellung ist deshalb grundsätzlich von der Durchsetzbarkeit des Anspruchs des Versprechensempfängers auf Erfüllung des Versprechens durch den Versprechenden abhängig. Einwendungen des Versprechenden, etwa Nichtigkeit des Vertrages aufgrund Gesetzes- oder Sittenverstoßes oder eine Anfechtung, muß sich der Drittbegünstigte entgegenhalten lassen, § 334. Aber auch einen Rücktritt vom Vertrag, weil der Versprechensempfänger seine eigene Leistung nicht erbracht hat, oder die Einrede des nichterfüllten Vertrages kann der Versprechende dem Drittbegünstigten nach § 334 entgegenhalten. Der Versprechende kann allerdings auf die Verteidigungsmöglichkeit aus § 334 verzichten (auch stillschweigend).[11]

Beispiel: Im Kaufvertrag zwischen V und K ist Lieferung an D zu dessen Gunsten, d.h. als Forderungsrecht für D, vereinbart worden. Der Käufer (Versprechensempfänger) hat eine Anzahlung zu leisten, die er jedoch schuldig bleibt. Der Verkäufer (Versprechende) setzt Nachfrist mit Ablehnungsandrohung und tritt vom Kaufvertrag zurück. Der begünstigte Dritte kann nicht mehr Lieferung verlangen.

3. Vertragsstörungen

a) Verletzung von Pflichten aus dem Deckungsverhältnis können sich, wie   **727** dargestellt (Rn. 726), als Einwendung des Versprechenden gegen das Forde-

---

[9] Vgl. OLG Hamm NJW-RR 1996, 1328; OLG Düsseldorf NJW-RR 1996, 1329f., zu Sparverträgen zugunsten von Dritten.
[10] Hierzu RGZ 65, 277, 281: Mit dem Tode des Versprechensempfängers entsteht eine unentziehbare Anwartschaft auf einen Rechtserwerb für den noch nicht geborenen oder den noch nicht gezeugten Dritten.
[11] Vgl. BGHZ 93, 271, 275f.

rungsrecht des Dritten nach § 334 auswirken. Bei Pflichtverletzungen durch den Versprechensempfänger kann der Versprechende Rechte aus den §§ 280 ff., 323 ff. geltend machen und dem Dritten entgegenhalten. Eine Aufrechnung mit einer Forderung gegen den Versprechensempfänger kann der Versprechende jedoch nicht gegen den Anspruch des Dritten vornehmen, da insoweit die Gegenseitigkeit fehlt. Erklärungen, die den Vertrag als solchen betreffen, hat der Versprechende dem Vertragspartner gegenüber abzugeben.[12]

728   b) Bei Pflichtverletzungen seitens des Versprechenden ist zu klären, welche Rechtsbehelfe dem Versprechensempfänger und dem Dritten zustehen. Der Drittbegünstigte kann zunächst Erfüllung verlangen, d.h. die zu seinen Gunsten versprochene Leistung. Im Regelfall kann aber auch der Versprechensempfänger Erfüllung an den Dritten verlangen, § 335. Beide – Versprechensempfänger und Dritter – haben also einen auf Erfüllung gerichteten Anspruch, den jeder unabhängig vom anderen geltend machen kann.[13]

729   Erfüllt der Versprechende seine Verpflichtung nicht, nicht rechtzeitig oder nicht richtig, und entsteht dem Dritten daraus ein Schaden, dann hat er einen Schadensersatzanspruch aus den §§ 280, 281.[14] Auch dieser Schadensersatzanspruch kann vom Versprechensempfänger nach § 335 mit dem Ziel einer Leistung an den Drittberechtigten geltend gemacht werden.

730   Soweit wegen einer Pflichtverletzung des Versprechenden der Versprechensempfänger einen Rechtsbehelf geltend machen will, der das Recht des Dritten zerstören oder einschränken soll, also z.B. Rücktritt erklären oder Schadensersatz statt der Leistung geltend machen will, soll er das dann nicht ohne die Zustimmung des Dritten dürfen, wenn der Dritte bereits eine nicht mehr entziehbare Forderung erworben hat.[15] Dagegen steht nach hM dem Dritten selbst kein Recht zu, auf das Deckungsverhältnis einzuwirken und es umzugestalten. Er ist zwar Gläubiger eines Anspruchs, nicht jedoch Vertragspartner.[16]

731   c) Störungen im Valutaverhältnis sind nach den für das Valutaverhältnis geltenden Regeln zwischen Versprechensempfänger und Drittem auszutragen und berühren grundsätzlich das Deckungsverhältnis nicht.

---

[12] Vgl. *Gernhuber*, Schuldverhältnis, § 20 IV 6, S. 502.

[13] S. aber auch *Hadding*, Schuldverhältnis und Synallagma beim Vertrag zu Rechten Dritter, FS Gernhuber, 1993, 153–168, der ein mehrseitiges Schuldverhältnis beim Vertrag zu Rechten Dritter und deshalb auch Pflichten des Drittbegünstigten gegenüber dem Versprechenden (etwa zur Abnahme) annimmt.

[14] S. aber BGHZ 93, 271, 277: Chartervertrag zwischen Fluggesellschaft und Reiseveranstalter zugunsten der Reisekunden. (Unberechtigte) Weigerung der Fluggesellschaft (Versprechende), einen Reisekunden zu befördern, soll zur Haftung aus § 325 a.F. führen.

[15] RGZ 101, 275, 276; *Jauernig/Stadler*, § 328 Rn. 17; einschränkend *Gernhuber*, Schuldverhältnis, § 20 IV 5 b, S. 501.

[16] S. jedoch auch *Gernhuber*, Schuldverhältnis, § 20 IV 5 b, S. 499: Der Versprechensempfänger sei nicht in seiner Eigenschaft als Vertragspartner, sondern in seiner Eigenschaft als Herr des Synallagmas allein für solche schuldrelevanten Akte zuständig.

Beispiel: K (Versprechensempfänger) hat an D 1000 t chargierfähigen, chromfreien Schrott verkauft. Zur Erfüllung dieses Kaufvertrages schließt er ein Deckungsgeschäft mit V (Versprechender), das keine bestimmte Qualitätsbeschreibung für den Schrott enthält. V soll direkt an D liefern. Enthält der gelieferte Schrott Chrombestandteile, dann hat V gleichwohl den Kaufvertrag im Deckungsverhältnis richtig erfüllt. Dagegen hat K vertragswidrig beschaffene Ware geleistet und ist deshalb im Valutaverhältnis (Kaufvertrag K-D) Rechtsbehelfen des D ausgesetzt.

d) Pflichtverletzungen im Deckungsverhältnis oder im Valutaverhältnis folgen den für   **732** die jeweiligen Verträge geltenden Regeln. Das gilt auch für solche Störungen, die eine Rückabwicklung erforderlich machen. Will im vorigen Beispiel der D den Kaufvertrag mit K, der das Valutaverhältnis bildet, durch Rücktritt rückgängig machen, dann geschieht die Rückabwicklung nach den §§ 437 Nr. 2, 323, 346 ff. zwischen D und K.

War der gelieferte Schrott auch im Deckungsverhältnis, d.h. für den Kaufvertrag K-V, vertragswidrig (etwa, weil auch in diesem Kaufvertrag chromfreier Schrott zugesagt worden war), dann muß zwischen K und V rückabgewickelt werden. K muß dabei die bereits an D gelieferte Ware zurückverschaffen; kann er das nicht, weil – z.B. – D den Schrott schon eingeschmolzen hat, dann schuldet er Wertersatz nach § 346 II 1 Nr. 2 (Ausnahme: § 346 III 1 Nr. 1). Tritt das Unvermögen zur Rückverschaffung nach Erklärung des Rücktritts ein, dann richtet sich die Haftung des K gegenüber V nach §§ 280, 346 IV.

Besondere Schwierigkeiten bestehen, wenn sowohl Deckungs- als auch Valutaverhältnis durch Rücktritt aufgehoben oder vielleicht sogar von Anfang an nichtig sind. Auch in diesem Fall muß die Rückabwicklung „über Eck", d.h. zwischen den jeweiligen Vertragspartnern, erfolgen: V muß sich an K halten, und K kann von D zurückverlangen. Dagegen hat V keinen direkten Anspruch gegen D.[17] Diese Lösung ist freilich höchst umstritten; teilweise wird bei Nichtigkeit von Deckungs- und Valutaverhältnis auch ein direkter Bereicherungsanspruch von V gegen D befürwortet.[18]

IV. Abgrenzungen

1. Unechter oder ermächtigender Vertrag zugunsten Dritter

Beim **unechten** oder **ermächtigenden** Vertrag zugunsten Dritter erwirbt der   **733** Dritte kein eigenes Forderungsrecht. Diese Gestaltungsmöglichkeit wird in § 328 II Alt. 1 vorausgesetzt. Der Versprechende (Schuldner) kann jedoch seine Verpflichtung gegenüber dem Versprechensempfänger durch Leistung an den Dritten mit befreiender Wirkung erfüllen. Verlangen (und klagweise durchsetzen) kann diese Leistung jedoch nur der Versprechensempfänger als Gläubiger aus dem Deckungsverhältnis (s. auch § 335, der vom Forderungsrecht des Versprechensempfängers ausgeht und für den echten Vertrag zugunsten Dritter eine Auslegungsregel aufstellt).

Ob im Einzelfall ein echter oder ein unechter Vertrag zugunsten Dritter im   **734** Deckungsverhältnis geschlossen worden ist, muß durch Auslegung ermittelt

---

[17] AA BGHZ 5, 281, 284.
[18] Einzelheiten s. *Jauernig/Stadler*, § 812 Rn. 41f.

werden, s. hierzu § 328 II. Für bestimmte Verträge stellt § 330 Auslegungsregeln zugunsten echter Drittbegünstigung auf.

Zweifel entstehen immer wieder bei der Anlage von Sparbüchern im Namen von Dritten. Gemeint sein kann ein echter Vertrag zugunsten Dritter, bei dem der begünstigte Dritte den Anspruch auf Auszahlung des Sparguthabens gegen die Bank (Versprechende) erwirbt. Gemeint sein kann aber auch, daß Gläubiger des Sparguthabens weiterhin der Versprechensempfänger sein soll und die Benennung eines Dritten nicht einmal dessen Ermächtigung bewirken soll, das Sparguthaben mit befreiender Wirkung für die Bank (Versprechende) in Empfang nehmen zu können. Es kann jedoch ein Vertrag nach § 331 gemeint sein.[19]

2. Erfüllungsübernahme

735   Ein Unterfall des unechten Vertrages zugunsten Dritter stellt die Vereinbarung zwischen Versprechendem und Versprechensempfänger dar, in der sich der Versprechende verpflichtet, eine Schuld des Versprechensempfängers zu erfüllen, § 329. Die Möglichkeit, mit befreiender Wirkung für den Schuldner (Versprechensempfänger) zu leisten, ergibt sich schon aus § 267.

3. Stellvertretung

736   In der Praxis kann unsicher sein, ob der Versprechensempfänger als Vertreter des Dritten den das Deckungsverhältnis bildenden Vertrag geschlossen oder im eigenen Namen und zugunsten des Dritten kontrahiert hat.

Beispiel: Eltern schließen für ihr Kind einen Arztvertrag. Sie können diesen Vertrag im Namen des Kindes als dessen gesetzliche Vertreter geschlossen haben, aber auch im eigenen Namen zugunsten des Kindes.

Maßgebend für die Entscheidung muß das Offenkundigkeitsprinzip sein (§ 164 II). Die Rechtsfolgen unterscheiden sich erheblich: Liegt Stellvertretung vor, wird der Vertretene (Dritte) selbst nicht nur berechtigt, sondern auch verpflichtet; Leistungsstörungen sind im Verhältnis zwischen Vertragspartner und Vertretenem (Drittem) zu regulieren. Hat der Versprechensempfänger jedoch im eigenen Namen kontrahiert, dann ist er selbst aus dem Vertrag zugunsten des Dritten verpflichtet, vereinbarte Gegenleistungen zu erbringen (im Fall des Arztvertrages die Behandlungskosten zu zahlen); für Leistungsstörungen s. o. Rn. 727 ff.

---

[19] Vgl. BGHZ 46, 198 (Kontoerrichtung durch Großmutter für Enkelkind); BGH NJW 2005, 980 (Großvater); s. auch die OLG-Entscheidungen oben Fn. 9.

V. Sonstige Fragen

1. Verfügungen zugunsten Dritter

Durch einen Vertrag zugunsten Dritter wird für den Dritten ein *relatives* 737
Recht (hierzu oben Rn. 18), d.h. eine Verpflichtung des Versprechenden und die
ihr korrespondierende Forderung des Dritten begründet. Fraglich ist jedoch, ob
die Parteien vereinbaren können, daß einem Dritten ohne seine Mitwirkung ein
dem Versprechenden gehörendes Recht durch **Verfügung zugunsten Dritter** zugeordnet werden kann.

Beispiel: Können A und E vereinbaren, daß ein dem E gehörender Kraftwagen künftig
dem D als neuem Eigentümer gehören soll, ohne daß D an der Übertragung und dem Erwerb des Eigentums mitwirkt?

Die Zulässigkeit von Verfügungen zugunsten Dritter ist umstritten; die
Rechtsprechung hat sie stets verneint.[20] In der Literatur werden dagegen Verfügungen zugunsten Dritter befürwortet, wobei freilich unterschiedliche Ansichten zu den Grenzen dieser Möglichkeit vertreten werden.

Am ehesten läßt sich vertreten, daß eine dem Versprechenden zustehende 738
Forderung durch verfügenden Vertrag mit dem Schuldner zugunsten eines Dritten auf diesen – ohne seine Mitwirkung – übertragen werden kann, da es Gläubiger (Versprechensempfänger) und Schuldner (Versprechender) ja auch möglich gewesen wäre, ihre Schuldbeziehung durch Änderungsvertrag dahin umzugestalten, daß der Versprechende künftig an den Dritten leisten muß.[21] Befürwortet wird auch ein *Erlaß zugunsten Dritter* in der Form, daß der Gläubiger als
Versprechender mit dem Versprechensempfänger vereinbart, daß die Schuld
des Schuldners (Drittbegünstigter) erlöschen soll.[22] Auch dies wird von der
Rspr. zwar abgelehnt; durch die Anerkennung eines pactum de non petendo
(Vereinbarung, einen Anspruch nicht geltend zu machen) zugunsten eines Dritten (des Schuldners) wird aber praktisch das gleiche Ergebnis zugelassen.[23] Dagegen werden dingliche Verfügungen zugunsten Dritter, insbesondere soweit
sie weitere Tatbestandselemente (Besitzübertragung bei der Übereignung von
Mobilien, Eintragung ins Grundbuch bei Übertragung von Grundeigentum) erfordern, nur von wenigen Autoren als möglich vertreten.[24]

---

[20] Ausnahme: Vormerkungen zugunsten Dritter, vgl. RGZ 128, 246, 249.

[21] Vgl. zur Zession zugunsten Dritter *MünchKomm/Gottwald*, § 328 Rn. 150 f.

[22] *MünchKomm/Gottwald*, § 328 Rn. 152 m.w.N.; umfassend *Staudinger/Jagmann*, Vorbem. vor § 328, Rn. 177; dagegen *Gernhuber*, Schuldverhältnis, § 20 I 6 c, S. 474: Gegen den
Erlaß zugunsten Dritter spreche entscheidend das Vertragsprinzip des § 397.

[23] BGHZ 126, 261, 266.

[24] S. jedoch *Larenz*, Schuldrecht I, § 17 IV, S. 232: zulässig, wenn der erforderliche Vollzugs-
akt wie Besitzübertragung, Eintragung im Grundbuch usw. in der Person des Erwerbers, d.h.
des Dritten, verwirklicht wird.

2. Verträge zu Lasten Dritter

739   Verträge zu Lasten Dritter sind nicht zulässig. Auch im Zusammenhang mit einem Vertrag zugunsten Dritter können dem Dritten nicht ohne seine Mitwirkung Pflichten auferlegt werden.[25]

§ 2 Verträge mit Schutzwirkung für Dritte

Lit.: *v. Caemmerer*, Verträge zugunsten Dritter, FS Wieacker, Göttingen 1978, S. 311–324; *Canaris*, Ansprüche wegen „positiver Vertragsverletzung" und „Schutzwirkung für Dritte" bei nichtigen Verträgen, JZ 1965, 475–482; *Ebke/Scheel*, Die Haftung des Wirtschaftsprüfers für fahrlässig verursachte Vermögensschäden Dritter, WM 1991, 389–398; *Honsell*, Die Haftung für Gutachten und Auskunft unter besonderer Berücksichtigung von Drittinteressen, in: FS Medicus, München 1999, 211–233; *P. Schwerdtner*, Verträge mit Schutzwirkung für Dritte, Jura 1980, 493–501; *Schaub*, Gutachterhaftung in Zwei- und Mehrpersonenverhältnissen, Jura 2001, 8–16, 10ff.; *Schlechtriem*, Schutzpflichten und geschützte Personen – Überlegungen aus rechtsvergleichender Sicht zu Verträgen mit Schutzwirkungen zugunsten Dritter aus Anlaß von BGH 13.11. 1997, in: FS Medicus, München 1999, 529–542.

I. Funktion des Vertrages mit Schutzwirkung zugunsten Dritter

740   Schutzgewährung kann Vertragsgegenstand sein (s.o. Rn. 160f.). Schutzgewährung kann deshalb auch zugunsten eines Dritten, in einem echten, berechtigenden Vertrag zugunsten dieses Dritten, versprochen werden.

Beispiel: Vereinbarung mit einem Bewachungsunternehmen, den Schutz eines Warenlagers zu übernehmen, das einem Dritten gehört.

Auch Unterlassen kann aufgrund eines Vertrages zugunsten Dritter einem (oder mehreren) Dritten geschuldet sein und damit dessen bzw. deren Interessen schützen.

Beispiel: Der Käufer eines Grundstückes hatte sich im Kaufvertrag verpflichtet, die im Bebauungsplan vorgesehene Firsthöhe von 6 m einzuhalten, um bestimmten Nachbarn nicht die Sicht zu verbauen. Diese Unterlassungspflicht im Kaufvertrag begründete einen einklagbaren Unterlassungsanspruch der begünstigten Nachbarn; Verletzung dieser Unterlassungspflicht kann Schadenersatzansprüche auslösen.[26]

741   Rechtsprechung und Wissenschaft erkennen daneben aber seit langem den **Vertrag mit Schutzwirkung zugunsten Dritter** an, der dem geschützten Dritten keinen Anspruch auf die Leistung „Schutz" gibt, sondern nur Schadenersatzan-

---

[25] Vgl. *Gernhuber*, Schuldverhältnis, § 20 I 7, S. 475–477; *Klein* (Fn. 8), S. 393 ff. (auch zu den scheinbaren Ausnahmen wie § 434 I HGB).
[26] Vgl. den Fall BGH WM 1975, 123.

sprüche im Falle der Beeinträchtigung bestimmter Interessen.[27] Es geht also um Schutzpflichten i.S.v. § 241 II und deshalb um Haftung, nicht um Leistung. Die Haftungserweiterung durch Schutzpflichten zugunsten Dritter soll dabei genauso wie die Haftung wegen Verletzung von Schutzpflichten nach § 241 II (s.o. Rn.163ff.) aus Verträgen, aus 311 II, III (s.o. Rn.28ff.) und – zumindest partiell – wie die Drittschadensliquidation (s.o. Rn.335ff.) Einschränkungen der in den §§ 823ff. geregelten außervertraglichen Schadenersatzhaftung überwinden, die in bestimmten Fällen als rechtspolitisch verfehlt bewertet werden. Wichtig sind vor allem zwei Falltypen:

Zum einen kann der an sich durch das Deliktsrecht gewährleistete Schutz für   **742**
die in § 823 I genannten Rechte und Rechtsgüter, vor allem Leib und Leben, als zu schwach bewertet werden, wenn die Verletzung durch einen mittellosen Gehilfen erfolgte, für den sich der Geschäftsherr nach *§ 831* entlasten kann.[28] Die Annahme von Schutzpflichten im Rahmen eines bestehenden Schuldverhältnisses läßt dagegen die Behandlung des schädigenden *Gehilfen* als eines Erfüllungsgehilfen i.S. des § 278 zu, für den der Geschäftsherr selbst auch ohne eigenes Verschulden einzustehen hat (vgl. oben Rn.604ff.)

Beispiel: Ein Möbelhaus hat eine Schrankwand mit eingebautem Klappbett an K verkauft. Der Mitarbeiter des Möbelhauses, der die Schrankwand aufstellt und das Klappbett befestigt, arbeitet jedoch nicht fachgerecht, so daß ein Kind des Käufers beim Herausklappen des Bettes aus der Schrankwand verletzt wird. Das Kind kann, regelmäßig vertreten durch die Eltern, §§ 1629 I, 1626 I, gegen das Möbelhaus Schadenersatzansprüche geltend machen, gestützt auf die Verletzung von Schutzpflichten aus dem Kaufvertrag seines Vaters, welche das Möbelhaus nach § 278 zu vertreten hat.[29]

Zum anderen geht es um Fälle *reiner Vermögensschäden*, die schuldhaft ver-   **743**
ursacht worden sind und für die der Geschädigte mangels vertraglicher Beziehung zum Schadensverursacher Schadensersatz nicht nach §§ 280ff. verlangen kann, für die aber auch das Recht der außervertraglichen Haftung – §§ 823ff. – keine Anspruchsgrundlage bereitstellt, da außervertraglich grundsätzlich für reine Vermögensschäden nicht gehaftet wird.

Beispiele: Ein Grundstückseigentümer hat bei einem Sachverständigen eine Prüfung auf Bodenkontamination in Auftrag gegeben, da er das Grundstück an eine Bankträgergesellschaft verkaufen will. Das Gutachten war falsch. Die Bankträgergesellschaft verlangt vom Gutachter Schadensersatz, weil sie einen – in Anbetracht der Bodenkontamination – zu hohen Preis gezahlt hatte; das Gutachten hatte ihr vorgelegen.[30]

---

[27] Für einzelne Fallgruppen werden freilich hin und wieder andere Lösungen – z.B. über Drittschadensliquidation (oben Rn.335f.) – vertreten, vgl. z.B. *van Gelder*, Schutzpflichten zugunsten Dritter im bargeldlosen Zahlungsverkehr?

[28] S. hierzu *Schlechtriem*, BT, Rn.906ff.

[29] Vgl. OLG Hamm, MDR 1977, 137.

[30] S. hierzu die Grundsatzentscheidung BGH NJW 2001, 514, 515f.; noch ausgeweitet durch BGH NJW 2004, 3035.

Oder: Das Testat eines Wirtschaftsprüfers, der mit der Pflichtprüfung des Jahresabschlusses einer Gesellschaft nach §§ 316 ff. HGB betraut war, enthielt Fehler aufgrund Unregelmäßigkeiten in der Buchhaltung der geprüften Gesellschaft. Ein Erwerber hatte im Vertrauen auf die im Jahresabschlußbericht ausgewiesenen Gewinne die Anteile der Gesellschaft gekauft und machte nun den Kaufpreis als Schadensersatz gegen den Wirtschaftsprüfer geltend, mit Erfolg: Auch bei einer Pflichtprüfung könne eine Haftung des Prüfers eintreten, „wenn sich für ihn nur hinreichend deutlich ergibt, daß von ihm anläßlich dieser Prüfung eine besondere Leistung begehrt wird, von der gegenüber einem Dritten, der auf seine Sachkunde vertraut, Gebrauch gemacht werden soll".[31]

744   Es ist deutlich, daß es in beiden Fällen um bestimmte Schwächen der außervertraglichen Haftung geht, die durch eine Ausdehnung des Schutzes aus bestehenden Schuldverhältnissen, insbesondere solchen aus Vertrag, überwunden werden sollen.[32] Reformen im Deliktsrecht, die den Entlastungsbeweis bei der Verletzung durch Gehilfen – § 831 – abschafften und eine Haftung für reine Vermögensschäden bei Verletzung bestimmter Verkehrspflichten zum Schutz fremden Vermögens normierten, würden das Institut des Vertrages mit Schutzwirkung zugunsten Dritter in seiner Bedeutung stark schrumpfen lassen.

II. Sachfragen und dogmatische Einordnung

1. Sachfragen

745   Mit dem Institut des Vertrages mit Schutzwirkung zugunsten Dritter werden bestimmte Personen und bestimmte Interessen haftungsrechtlich besser gestellt als nach den Vorschriften zur außervertraglichen Haftung. Da diese Ausweitung des haftungsrechtlichen Schutzes und der korrespondierenden Haftungsbelastung nicht grenzenlos sein darf, ist die entscheidende Sachfrage, *welche* Personen und *welche* Interessen des verstärkten Schutzes teilhaftig werden sollen.

746   a) Schutzbedürftig und schutzberechtigt sind Personen (Dritte), die ähnlich wie der Gläubiger einer Vertragsleistung den aus einer Schlechterbringung der Leistung drohenden Gefahren besonders ausgesetzt sind. Man spricht deshalb von **Leistungsnähe**.[33] Angehörige des Käufers, des Mieters, des Werkbestellers, die die Vertragsleistung mitbenutzen oder notwendigerweise mit ihr in Kontakt kommen, stehen in einer solchen besonderen Beziehung zur Leistung.[34]

---

[31] BGH NJW 1998, 1948 f.; ferner (Steuerberater) BGH NJW 1997, 1235 f.; BGH BB 2000, 219 (Rechtsanwalt).

[32] Zur haftungsrechtlichen Funktion des Vertrages mit Schutzwirkungen zugunsten Dritter und seiner Entwicklung s. statt aller *v. Caemmerer* (Lit. vor Rn. 740), FS Wieacker, S. 311–320.

[33] Anschaulich *Medicus*, Schuldrecht I, § 67 II 2 a, Rn. 774: im Gefahrenbereich des Vertrages.

[34] S. aber BGH NJW 1994, 2231: Angehörige sind nur insoweit in den Schutzbereich einbezogen, als sie gerade in dieser Eigenschaft mit der Leistung in Berührung kommen. Deshalb kein Ersatzanspruch für den Sohn einer Werkbestellerin, der zugleich Miteigentümer von eini-

b) Die Rechtsprechung hat ursprünglich den geschützten Personenkreis auch   **747**
dadurch einzugrenzen versucht, daß der Vertragsgläubiger, für Wohl und Wehe
des oder der Dritten verantwortlich gewesen sein mußte, was z.B. bei Familienangehörigen oder Arbeitnehmern zutrifft.[35] Neuere Entscheidungen haben das
Wohl-und-Wehe-Erfordernis aufgegeben zugunsten einer Auslegung des Vertrages, die auch den Schutz solcher Personen ergeben könne, die dem Gläubiger
ferner stehen, an deren Schutz der **Gläubiger aber ein besonderes Interesse** hat.

c) Außerdem wird auch heute noch ein Schutzbedürfnis der zu **schützenden**   **748**
Personen vorausgesetzt, das fehlen kann, wenn sie vertragliche Ansprüche wegen ihres Schadens gegen einen „direkten" Vertragspartner geltend machen
können.[36]

d) Eine wichtige, wenn auch umstrittene Einschränkung des Kreises der ge-   **749**
schützten Personen ergibt sich vor allem daraus, daß ihre Leistungsnähe und die
daraus folgende Gefährdung bei Pflichtverletzungen des Schuldners für den
Schuldner **erkennbar** gewesen sein muß.[37] Auch soll in bestimmten Fallkonstellationen ein Vertrauen der geschützten Dritten auf die besondere Sachkunde
des Leistenden / Schutzverpflichteten erforderlich sein.[38]

e) Das Eingrenzungskriterium, daß die vertraglich geschuldete Leistung er-   **750**
kennbar auch von Dritten genutzt werden soll, spielt vor allem in der wichtigen
und komplexen Fallgruppe der Beeinträchtigung von Vermögensinteressen eine
entscheidende Rolle. Dass es um eine nicht bekannte Vielzahl an Dritten handelt, muß deren Einbeziehung in den Schutzbereich nicht ausschließen.[39]

Beispiele: Das Bewertungsgutachten des Sachverständigen, das erkennbar Darlehens-
gebern vorgelegt werden soll;[40] die steuerliche Beratung einer Gesellschaft, auf die auch

---

gen Räumen des zu errichtenden Gebäudes und in dieser Eigenschaft (d.h. als Eigentümer) gegenüber Drittem schadenersatzpflichtig geworden war.
[35] Vgl. BGHZ 33, 247, 249: Der Gläubiger müsse für das Wohl und Wehe des Dritten mit-
verantwortlich ... ihm gegenüber zu Schutz und Fürsorge verpflichtet sein. So noch heute der
ost. OGH, s. OGH, östJBl 1997, 316.
[36] S. BGH NJW 1996, 2927, 2928 (eingehende und grundsätzliche Darstellung der Entwicklung des Instituts „Vertrag mit Schutzwirkungen zugunsten Dritter" und seiner Abgrenzung), 2929.
[37] Vgl. zu diesen Eingrenzungskriterien im Einzelnen *Gernhuber*, Schuldverhältnis, § 21 II
2–4, S. 520–526; *Ebke/Scheel* (Lit. vor Rn. 740), WM 1991, 391.
[38] Dagegen BGH NJW 2001, 516.
[39] Vgl. BGH NJW 2004, 3035.
[40] Der BGH hat selbst Bürgen des Darlehensgebers als geschützt gesehen, BGH NJW 1998,
1059, 1062; er hat ausdrücklich betont, daß Erkennbarkeit der möglicherweise mit der Leistung in Berührung kommenden Dritten genügt: Zwar müsse der Kreis der geschützten Dritten
objektiv überschaubar bleiben, doch sei es nicht erforderlich, daß der Leistende die in den
Schutzbereich des Vertrages einbezogenen Personen kennen müsse („Die Frage, wer in den
Schutz eines Vertrages einbezogen wird, beurteilt sich nicht allein nach den Kenntnissen der
Vertragsparteien über die Personen, die möglicherweise mit der vertragsgemäßen Leistung" in
Kontakt kommen können). S. auch BGH NJW 2001, 513, 516: Schutzpflichten stillschweigend

die Gesellschafter selbst vertrauen; der Geschäftsführervertrag mit der Komplementär-GmbH, der notwendig die Interessen der von ihr geführten KG mitbetrifft; beim Banküberweisungsverkehr Schutzpflichten der Überweisungsbank gegenüber dem Überweisungsempfänger, der Empfängerbank gegenüber dem Überweisenden.[41]

751   f) Unter diesen Voraussetzungen schützt der Vertrag mit Schutzwirkung für Dritte in erster Linie die Rechtsgüter Leib und Leben – auch historisch ist dies der Ausgangspunkt. Zurückhaltender ist die Rechtsprechung jedoch dann, wenn es um Sachgüter geht.

Beispiele: Der Monteur einer von der Vermieterin beauftragten Installationsfirma hatte eine Gasuhr in der neu bezogenen Wohnung fehlerhaft angeschlossen. Durch Entzündung ausströmenden Gases wurde eine Aufwartefrau schwer verletzt. Ein vertraglicher Schadensersatzanspruch gegen die von der Vermieterin beauftragte Installationsfirma wurde zugebilligt.[42]
Aufgrund von Mängeln eines gekauften Mopeds erleidet die Schwester des Käufers Körperverletzungen.[43]
In gemieteten Räumen kommt es durch einen Mangel der Räumlichkeiten (z. B. defekte Abwasserleitung) zur Beschädigung von dort lagernden Sachen, die aber nicht dem Mieter, sondern einem Dritten gehören. Die Rechtsprechung bejaht teils den Schutz der Eigentümer aus den ihnen fremden Mietverträgen, teils verneint sie ihn, je nachdem, inwieweit es für den Vermieter vorhersehbar war, daß in den Räumen auch Sachen Dritter untergebracht würden.[44]
Verschiedene Firmen lassen Werkstücke aus Stahl bei einer dritten Firma (Werkunternehmer) in einem Nitrierofen härten. Das Nitriergut der Fa. A verursacht aufgrund der Nitriertemperatur im Ofen eine Explosion, bei der das gleichzeitig behandelte Nitriergut der Fa. B beschädigt wird. Ein Anspruch der Fa. B gegen die Fa. A wurde abgelehnt, da der Geschädigte von seinem Vertragspartner (Werkunternehmer) Ersatz verlangen könnte.[45]

---

zugunsten dessen vereinbart, „der jeweils der Sache nach des sich aus dem Vertrag ergebenden Schutzes bedarf".
[41] Zum Überweisungsverkehr OLG Düsseldorf, NJW-RR 1987, 1327; OLG München, WM 1988, 373, aber auch *Gelder* (oben Fn. 27). Vor allem die Haftung von Wirtschaftsprüfern ist immer wieder Gegenstand von Rechtsstreitigkeiten und wissenschaftlichen Analysen, vgl. (statt aller) BGH NJW 2004, 3420; *Feddersen*, Die Dritthaftung des Wirtschaftsprüfers nach § 323 HGB, WM 1999, 105, 107f. (zu LG Hamburg WM 1999, 139ff.) sowie oben Rn. 743; ferner generell für Haftung von Sachverständigen gegenüber Dritten wegen schuldhaft falscher Gutachten *Kiss*, Die Haftung berufsmäßiger Sachkenner gegenüber Dritten, WM 1999, 117ff.; *Canaris*, Die Haftung des Sachverständigen zwischen Schutzwirkungen für Dritte und culpa in contrahendo, JZ 1998, 603ff. (zu BGH NJW 1998, 1059 – hier Fn. 40).
[42] RGZ 127, 14, 18.
[43] Vgl. öst. OGH, östJBl 1997, 316.
[44] Vgl. BGHZ 49, 350, 355; BGH WM 1988, 1382 bejaht Schutz unter Berufung auf BGH aaO; dagegen BGH NJW 1985, 489.
[45] BGH NJW 1996, 2927ff.

2. Dogmatische Grundlage der Haftung aufgrund eines Vertrages mit Schutzwirkung zugunsten Dritter

Die dogmatische Grundlage der Haftung aufgrund eines Vertrages mit **752** Schutzwirkung zugunsten Dritter ist umstritten. Ob es sich wirklich um eine vertragliche Haftung handelt, ist zweifelhaft, da die Vertragsparteien an Dritte gar nicht gedacht haben mögen, ja insbesondere der Schuldner u. U. sogar seine Haftung insoweit ausschließen wollte. Man nimmt daher auch an, daß es sich um eine Haftung aus einem auf das Vertrauensprinzip gegründeten gesetzlichen Schuldverhältnis oder um eine gewohnheitsrechtlich anerkannte Haftung handelt.[46]

M.E. sind verschiedene **Erscheinungsformen** zu unterscheiden:

a) Soweit es um die in § 823 I geschützten *Integritätsinteressen Dritter* geht, **753** ist die Abstützung der schützenden Verkehrspflichten auf einen Vertrag nur eine Verlegenheitslösung, um § 278 anwenden und § 831 umgehen zu können. Das zeigt sich schon daran, daß die Rechtsprechung solche drittschützenden Pflichten auch schon vor Vertragsschluß aus dem gesetzlichen Schuldverhältnis der Vertragsanbahnung abgeleitet hat.[47] Korrekturen haben im Deliktsrecht anzusetzen[48] und sind tatsächlich mit der *Lehre vom Organisationsverschulden*, das auch und gerade bei Gelingen eines Entlastungsbeweises hinsichtlich eines Gehilfen vorliegen kann, schon unternommen worden.[49] Die Kriterien der Rechtsprechung für einen Vertrag mit Schutzwirkung zugunsten Dritter in diesen Fällen haben M.E. nur noch die Bedeutung einer *Konkretisierung der Verkehrspflichten* des in Anspruch genommenen Schadensverursachers.

Dagegen könnte eingewendet werden, daß die Garantiehaftung des Vermieters im Fal- **754** le anfänglicher Mängel nach § 536a I (= § 538 a. F.), die auch Angehörige des Mieters aufgrund der Schutzwirkungen des Mietvertrages geltend machen können, mit Deliktsrecht durch Konkretisierung der Verkehrssicherungspflichten des Vermieters nicht zu erreichen sei. Das ist M.E. aus zwei Gründen falsch: Die außervertragliche Pflicht des Vermieters, seine Mieträume in einem Zustand zu überlassen, der berechtigte Sicherheitserwartungen des potentiellen Nutzerkreises erfüllt, läßt sich mit diesem – aus dem Produkthaftungsrecht entlehnten – Standard für Fehlerfreiheit und Haftung bei Fehlern so verschärfen, daß allen rechtspolitischen Bedürfnissen nach Schutz für Mieter, Angehörige und andere Dritte Genüge getan werden kann; es ist auch nie recht verständlich zu machen, weshalb zwar die Hausangestellte, nicht aber ein Postbote durch die verschärften Anfor-

---

[46] Vgl. hierzu *Gernhuber*, Schuldverhältnis, § 21 II 6, S. 526–532: *Gernhuber* selbst begreift den Drittschutz im Bereich der weiteren Verhaltenspflichten als richterliche Rechtsfortbildung, daselbst sub d, S. 529; ähnlich und mit einem guten Überblick *Bruggner-Wolter*, Verjährung bei Schadensersatz aus Schutzpflichtverletzung, Berlin 1993, S. 22ff., 27ff.

[47] BGHZ 66, 51: Verletzungen einer Tochter, die ihre Mutter beim Einkauf begleitete und im Geschäft des Verkäufers auf einem Gemüseblatt ausgerutscht war.

[48] Vgl. *Medicus*, Schuldrecht I, § 67 II 2 c, Rn. 776.

[49] Vgl. *Schlechtriem*, BT, Rn. 910, 914.

derungen an die Gefahrenfreiheit von Mieträumen geschützt sein soll. Vor allem aber verkennt eine Bezugnahme auf § 536a I (= § 538 a.F.), daß für den Mangel der Mietsache der subjektive Fehlerbegriff gilt, der für die Haftung für Körperverletzungen usw. unpassend sein oder doch zu Verzerrungen führen kann: Hat der Vermieter Wohnräume ausdrücklich nur zur Lagerung von Waren vermietet, dann ist es kein Mangel der Mietsache, wenn sie Eigenschaften aufweist, die bei einer Nutzung zu Wohnzwecken Leib, Leben und Gesundheit der Nutzer gefährden. Gleichwohl muß ein Mindeststandard objektiver Verkehrssicherheit gewährleistet bleiben, und zwar auch für Dritte, die berechtigterweise die Räume betreten und/oder nutzen dürfen: Läßt der Mieter Angehörige oder Dritte in diesen Räumen übernachten und erleiden diese Gesundheitsbeeinträchtigungen durch toxische Ausdünstungen der Bodenbeläge oder von Rückständen früher in diesen Räumen gelagerter Waren, dann dürfte die Annahme eines „Mangels" i.S. des § 536a I ausscheiden, denn nach dem subjektiven Fehlerbegriff waren die Räume vertragsgemäß. Ob jedoch eine Haftung aus Delikt wegen Verletzung von Verkehrssicherungspflichten gegeben ist, weil der Vermieter mit einem solchen vertragswidrigen Gebrauch rechnen mußte, ist damit noch nicht entschieden; ggf. ist die vertragswidrige Nutzung durch den Mieter und vielleicht auch durch die Dritten als Mitverschulden zu bewerten.

755   b) Für eine andere Gruppe von Fällen ist der Vertrag mit Schutzwirkungen zugunsten Dritter nur ein Unterfall des echten Vertrages zugunsten Dritter: Die Vertragsparteien kontrahieren *zweckgerichtet*, um *bestimmte Rechtsgüter* oder Interessen eines bestimmten Dritten zu *schützen*.

Beispiel: Ein Erblasser, der seine Tochter zur Alleinerbin einsetzen will, ließ sich bei der Abfassung des Testamentes von seinem Anwalt beraten. Durch einen Fehler des Anwalts kam es nicht mehr zur Errichtung eines formgültigen Testaments. Die Tochter wurde deshalb nicht Alleinerbin, sondern nur gesetzliche Miterbin. Der BGH gab der Tochter einen Anspruch auf Schadensersatz, da der Vertrag zwischen Erblasser und Anwalt auch und gerade ihre Interessen wahrnehmen und schützen sollte.[50]

Ähnlich liegen M.E. die Fälle, in denen Gutachten vom Auftraggeber bestimmungsgemäß Dritten zugänglich gemacht und von diesen als Grundlage für Vermögensdispositionen genommen werden sollen.

756   c) Eine dritte Fallgruppe umfaßt Situationen, in denen eine Leistung zwar nicht bestimmungsgemäß Dritten zugänglich gemacht werden soll, gleichwohl aber davon auszugehen ist, daß *andere Personen von der Leistung berührt* und auf ihre ordnungsgemäße Erbringung vertrauen werden. Es geht vor allem um Leistungen, die von *bestimmten Berufsgruppen* wie Rechtsanwälten, Wirt-

---

[50] BGH NJW 1965, 1955; abl. *Lorenz*, Anm. zu BGH Urt. v. 6.7. 1965, JZ 1966, 143–145; zust. *v. Caemmerer* (Lit. vor Rn. 740), FS Wieacker, S. 321; s. jetzt jedoch auch BGH WM 1997, 1398: Der BGH bestätigte zwar, daß die Amtspflichten eines Notars auch zugunsten des Dritten wirken können, „insofern ähnelt der vorliegende Sachverhalt einem Vertrag mit Schutzwirkungen zugunsten Dritter"; aber: Der geschädigte Dritte muß sich das Mitverschulden des Vertragspartners seines Schädigers anrechnen lassen, selbst wenn jener nicht sein Erfüllungsgehilfe oder gesetzlicher Vertreter ist (S. 1400). Diese Begrenzung des Drittschutzes folge u.a. aus Treu und Glauben (§ 242).

schaftsprüfern, Steuerberatern erbracht werden und auf die nicht nur der jeweilige Auftraggeber vertraut, sondern auch ein begrenzter Kreis dritter Personen. Im Grunde geht es hier um eine Erweiterung des deliktischen Schutzes bei **757** Verletzung *bestimmter beruflicher Standards* und um entsprechende Sorgfaltspflichten („duties of care") gegenüber bestimmten Personen.[51] Solange insoweit keine gesetzliche Regelung erfolgt, die den Kreis der geschützten Dritten und ihrer Interessen genau umschreibt – was durch die Schaffung entsprechender Schutzgesetze i.S.v. § 823 II möglich wäre –, scheint mir das Institut des Vertrages mit Schutzwirkung zugunsten Dritter eine tragfähige Grundlage für die rechtspolitisch erwünschte Haftung zu sein, zumal sich die von der Rechtsprechung ausgearbeiteten Kriterien für die Abgrenzung geschützter Personen und Interessen in die Konzeption der durch ihre Schutzzwecke beschränkten Vertragspflichten (hierzu oben Rn. 309, 751f.) plausibel einfügen. Allerdings ist das „Vertrauen" der geschützten Dritten kein eigenständiges Zurechnungs- oder Abgrenzungsmerkmal, sondern notwendiges Glied der Kausalkette zwischen Pflichtwidrigkeit und Schaden.[52]

III. Randfragen

1. Freizeichnung und Verjährung zugunsten Dritter

Das Institut des Vertrages mit Schutzwirkung zugunsten Dritter ist nicht nur **758** genutzt worden, um geschützten Dritten Schadenersatzansprüche zu ermöglichen, sondern auch, um sie selbst von Schadenersatzpflichten freizustellen.

Beispiel: Ein Arbeitnehmer hat den Pkw, den sein Arbeitgeber vom Eigentümer gemietet hat, bei einem Verkehrsunfall fahrlässig beschädigt. Ansprüche des Eigentümers gegen den Mieter (Arbeitgeber) wurden zu spät geltend gemacht und waren deshalb nach

---

[51] Tatsächlich ist in einem der Gutachten zur Schuldrechtsreform auch vorgeschlagen worden, den Deliktsschutz durch entsprechende Verhaltenspflichten und einen erweiterten Interesseschutz auf diese Fälle auszudehnen, s. *v. Bar*, Deliktsrecht, Empfiehlt es sich, die Voraussetzungen der Haftung für unerlaubte Handlungen mit Rücksicht auf die gewandelte Rechtswirklichkeit und die Entwicklungen in Rechtsprechung und Lehre neu zu ordnen? Wäre es insbesondere zweckmäßig, die Grundtatbestände der §§ 823 Absätze 1 und 2, § 826 BGB zu erweitern oder zu ergänzen?, in: Gutachten und Vorschläge zur Überarbeitung des Schuldrechts, *hrsg.* v. Bundesminister der Justiz, Bd. II, Köln 1981, S. 1681, 1761; s. auch *K. Huber*, Verkehrspflichten zum Schutz fremden Vermögens, FS v. Caemmerer, Tübingen 1978, S. 359, 377ff., der die entsprechenden Berufspflichten als Schutzgesetze i.S. des § 823 II qualifizieren will. Für entsprechende Überlegungen in anderen Rechtssystemen s. den englischen Fall *Galloo Ltd. v. Bright Grahame Murray*, [1994] 1 W.L.R. 1360–1389 (zur Haftung eines Wirtschaftsprüfers): Es ginge um „a breach of duty (in contract or in tort in situations analogous to breach of contract)". Zur Analogie außervertraglicher Pflichten zu solchen aus Vertrag s. S. 1374f. sub G.

[52] S. *Schlechtriem* in FS Medicus (Lit. vor Rn. 740) S. 541.

§ 558 a. F. – jetzt § 548 – verjährt. Darauf wandte sich der Eigentümer mit einem deliktischen Schadenersatzanspruch gegen den Arbeitnehmer. Der BGH entschied, daß der Arbeitnehmer in den Schutzbereich des Mietvertrages zwischen Arbeitgeber und Eigentümer einbezogen sei und sich deshalb ebenfalls auf die abgelaufene Verjährung nach § 558 a. F. berufen könne.[53]

Was für die haftungsbeschränkende Verjährung gilt, muß auch in Fällen einer vertraglichen Haftungsbeschränkung anwendbar sein.

Beispiel: Der Mieter hat in einem Vertrag seine Haftung auf den gemeinen Wert der Mietsache beschränkt. Sie wird durch eine in den Schutzbereich des Mietvertrages einbezogene Person beschädigt, von der der Vermieter wegen Verletzung seines Eigentums nicht nur den Sachwert, sondern den Nutzungsausfallschaden verlangt. M.E. kann sich der Schädiger auf die Haftungsbeschränkung im Mietvertrag berufen.[54]

2. Nachteile für den Dritten aufgrund von Schutzwirkungen

759 Die durch einen Vertrag zugunsten Dritter begründete Sonderverbindung zum Schädiger kann dazu führen, daß der Dritte sich das Verhalten seiner Gehilfen oder gesetzlichen Vertreter als sog. **Bewahrungsgehilfen** nach den §§ 254 II 2, 278 als Mitverschulden zurechnen lassen muß.[55]

Überhaupt schränkt die Rechtsprechung die Schutzwirkungen in Fällen ein, in denen der Versprechensempfänger selbst den Dritten (mit-)schädigt, dessen Schutz aus seinem Vertrag mit dem Versprechenden abgeleitet wird.

Beispiel: Ein Kind war auf einem Bauernhof in einer Tür eingeklemmt und verletzt worden, weil der Vater, der aufgrund seines Arbeitsvertrages mit dem Eigentümer des Bauernhofes gerade den Schweinestall ausmistete, nicht darauf geachtet hatte, ob die Tür durch einen Überwurfbügel gesichert war. Unstreitig hatte der Eigentümer des Bauernhofs aufgrund des Arbeitsvertrages auch Schutzpflichten gegenüber dem Kind. Es fragte sich jedoch, ob er bei Verletzung dieser Schutzpflichten auch gerade für ein Verschulden

---

[53] Vgl. BGHZ 49, 278; ferner BGHZ 61, 227, 233; BGH NJW 2004, 3420 (Haftung eines Wirtschaftsprüfers für einen fehlerhaften Prospekt aus Vertrag mit Schutzwirkung für Dritte verjährt nach allgemeinen Regeln und nicht nach den besonderen Regeln der Prospekthaftung [s. BGHZ 83, 222; sowie *Staudinger/Peters* (2004), § 195, Rn. 56]); generell zur Möglichkeit von Haftungsbeschränkungen zugunsten Dritter schon oben Rn. 723 m. w. N.

[54] Vgl. auch BGH ZIP 1985, 687: Haftungsfreizeichnung zugunsten der eigenen Leute (Erfüllungs- und Verrichtungsgehilfen); ferner BGH NJW 1995, 2991 ff.: Der von einem Spediteur eingeschaltete Frachtführer kann sich gegenüber dem Eigentümer (und Versender) des beim Transport beschädigten Gutes dann auf die zwischen dem ihn beauftragenden Spediteur und dem Eigentümer vereinbarten Haftungsbeschränkungen (hier: Verkürzung der gesetzlichen Verjährungsfrist nach § 64 ADSp) berufen, wenn dem Frachtführer aufgrund eines Rahmenvertrages mit dem Spediteur jedenfalls im Innenverhältnis die Stellung eines Erfüllungsgehilfen zukommt und er aufgrund dessen – ähnlich einem Arbeitnehmer – in eine besondere Nähe zum Vertrag zwischen dem Eigentümer und dem Spediteur gerückt wird.

[55] Vgl. BGHZ 24, 325, 327 f.: Beförderungsunfall eines von einem Elternteil begleiteten Kindes, das sich das Verschulden des Elternteils zurechnen lassen mußte.

des Vaters als seines Erfüllungsgehilfen nach § 278 gegenüber dem Kind einzustehen hatte. Der BGH entschied, daß „in der Regel sich bei einem Vertrag mit Schutzwirkung zu Gunsten eines Dritten dessen Schutz nicht auch auf Handlungen oder Unterlassungen des Gläubigers, der für den Schuldner tätig wird, erstrecken (soll)",[56] d.h. nicht auf Handlungen oder Unterlassungen des Vaters.

Auch ein Mitverschulden des Versprechensempfängers, das der Versprechende an sich nach § 334 dem Dritten entgegenhalten könnte, soll den geschützten Dritten nicht notwendig belasten: Der Ausweg, einen stillschweigenden Verzicht auf § 334 zu unterstellen, ist freilich fragwürdig.[57]

3. Begrenzung des Drittschutzes durch das Deckungsverhältnis?

Die dogmatische Abstützung des Vertrages mit Schutzwirkung zugunsten   **760**
Dritter auf § 328 führt scheinbar zwingend zu der Folge, daß der geschützte Dritte nicht weiter gehende Rechte haben kann als der Vertragspartner (Versprechensempfänger) des Schadensverursachers (Versprechender). Diese Begrenzung des Drittschutzes wird dabei sowohl dem Rechtsgedanken des § 334 als auch dem Grundsatz von Treu und Glauben – § 242 – entnommen.[58] Aus der „Natur des Vertrages" – besser: Seiner intendierten Schutzwirkung – kann sich jedoch ergeben, daß der Dritte auch dann geschützt sein soll, wenn der Vertragspartner (Versprechensempfänger) selbst keine Ansprüche gegen den Versprechenden hat bzw. hätte.[59] Insbesondere kommt eine Beschränkung außervertraglicher Ansprüche nur in bestimmten Ausnahmefällen in Betracht.[60]

Kapitel 19: Wechsel von Beteiligten

Ein Wechsel der an einem Schuldverhältnis beteiligten Personen ist auf bei-   **761**
den Seiten der Schuldbeziehung möglich, mithin als Gläubigerwechsel oder als Schuldnerwechsel. Obwohl äußerlich ähnlich und vom Gesetz nacheinander geregelt, handelt es sich sowohl unter Sach- und Interessengesichtspunkten als auch in den Einzelheiten der gesetzlichen Lösungen um ganz verschiedene Fragen. Gemeinsam ist ihnen nur, daß die durch das Band „Schuldbeziehung" im engeren Sinne, d.h. durch eine einzelne Pflicht auf der Passivseite und das ihr

---

[56] BGH NJW 1975, 867, 868.
[57] Vgl. BGH NJW 1998, 1061 m.w.N.; s. auch folgende Rn. 761.
[58] BGH NJW 1995, 392ff.
[59] BGH aaO, S. 393. Zur Annahme eines stillschweigenden Verzichts auf § 334 s BGH NJW 1998, 1061f. sowie im Text vorige Rn. 759.
[60] Zu diesen Fällen auch *Klein* aaO (oben Fn. 8), 393; seine Ausführungen sind jedoch teilweise durch die Neuregelung des § 434 HGB überholt, s. auch oben Rn. 739.

korrespondierende Recht auf der Aktivseite verbundenen Personen jeweils, also auf der Aktiv- oder Passivseite, wechseln können. Davon zu unterscheiden ist die im Gesetz nicht abstrakt und allgemein geregelte Möglichkeit einer Vertragsübernahme (dazu unten Rn. 826ff.), bei der die durch einen Vertrag begründete, komplexe, d.h. aus mehreren und teilweise gegenläufigen Rechten und Pflichten bestehende Schuldbeziehung durch Ausscheiden eines alten Vertragspartners und Eintritt eines neuen Beteiligten verändert wird. Im Rahmen einer solchen Vertragsübernahme findet regelmäßig in der Person derer, die ausscheiden und eintreten, sowohl ein Gläubiger- als auch ein Schuldnerwechsel statt.

§ 1 Gläubigerwechsel

Lit.: *Coester-Waltjen*, Die Abtretung, Jura 2003, 23–30; *Eidenmüller*, Die Dogmatik der Zession vor dem Hintergrund der internationalen Entwicklung, AcP 204 (2004), 457–501; *Gernhuber*, Synallagma und Zession, FS Raiser, Tübingen 1974, S. 57–98; *Hadding/van Look*, Vertraglicher Abtretungsausschluß, WM 1988, Sonderbeilage 7; *W. Henckel*, Einziehungsermächtigung und Inkassozession, FS Larenz, München 1973, S. 643–660; *Köhler*, Forderungsabtretung und Ausübung von Gestaltungsrechten, JZ 1986, 516–518; *v. Olshausen*, Gläubigerrecht und Schuldnerschutz bei Forderungsübergang und Regreß, Köln 1988; *Schwenzer*, Zession und sekundäre Gläubigerrechte, AcP 182 (1982), 214–253; *Wagner*, Vertragliche Abtretungsverbote im System zivilrechtlicher Verfügungshindernisse, Tübingen 1994.

I. Arten des Gläubigerwechsels

762   Ein Gläubigerwechsel kann auf drei verschiedene Arten stattfinden:
1. Ausführlich geregelt ist der durch Rechtsgeschäft bewirkte Gläubigerwechsel (**Abtretung**), normiert in den §§ 398–411. Er ist zu unterscheiden von
2. einem kraft Gesetzes eintretenden Forderungsübergang (**gesetzlicher Forderungsübergang, cessio legis**), § 412.
Ein Gläubigerwechsel kann aber auch eintreten durch
3. einen **staatlichen Hoheitsakt**. So kann eine in der Zwangsvollstreckung gepfändete Forderung, die der Vollstreckungsschuldner als Gläubiger gegen einen Dritten hat, dem Vollstreckungsgläubiger an Zahlungs statt überwiesen werden (§ 835 I Alt. 2 ZPO); mit der Zustellung des Überweisungsbeschlusses an den Drittschuldner geht die gepfändete Forderung auf den Vollstreckungsgläubiger über, s. §§ 835 II, III i.V.m. § 829 III ZPO.

II. Begriff, Beteiligte und Bedeutung der Abtretung

1. Begriff und Beteiligte

Forderungsabtretung ist rechtsgeschäftliche Übertragung eines Gläubiger- **763**
rechts auf einen Dritten. Der alte Gläubiger (**Zedent**) überträgt durch einen
Vertrag mit dem neuen Gläubiger (**Zessionar**) sein Recht auf diesen.

2. Bedeutung

Wirtschaftlich bewirkt die Abtretung die **Übertragung eines Vermögenswer-** **764**
tes, wie es z.B. auch bei der Übereignung einer Sache der Fall ist. Obwohl nicht
so häufig wie Übereignungen, ist im wirtschaftlichen Leben die Übertragung
von Forderungsrechten von erheblicher Bedeutung. Forderungen werden z.B.
angekauft, etwa in Wechseln verbriefte Forderungen beim Diskontgeschäft
(Diskontierung eines Wechsels ist nach hA Kauf des Wechsels), aber auch durch
spezialisierte Unternehmen, die unsichere Forderungen mit einem mehr oder
weniger erheblichen Abschlag ankaufen und durchsetzen. Auch beim „echten"
Factoring liegt eine Art kaufrechtlicher Erwerb von Forderungen durch den sog.
Factor vor.[1]

Auch das sog. Forfait-Geschäft ist im Kern Ankauf von Forderungen,[2] die in Wechseln
verbrieft sind. Nach der Rechtsprechung des BGH war früher auch beim Kreditkartenge-
schäft ein Kauf der Forderungen anzunehmen, die den sog. Vertragsunternehmen aus ihren Geschäften mit Kreditkarteninhabern entstehen (Kaufpreisforderungen, Zahlungsansprüche für Reiseleistungen, usw.);[3] diese Rspr. ist aufgegeben worden.[4]

Forderungen werden aber auch übertragen, damit der Zessionar für den Zedenten die Forderung einzieht und den Erlös abführt; man spricht dann von einer **Inkassozession**.

Große Bedeutung hat die Verwendung von Forderungen als Sicherheit für **765**
Verbindlichkeiten des Zedenten gegenüber dem Zessionar aufgrund einer sog.
Sicherungszession.[5] Sie entspricht der Sicherungsübereignung als Sicherungs-

---

[1] Die Rechtsnatur des Factoring ist freilich umstritten, s. hierzu *Jauernig/Stürner*, § 398
Anm. 9; *Blaurock*, Die Factoring-Zession, ZHR 142 (1978), 325–341.
[2] Vgl. hierzu OLG Hamburg, ZIP 1983, 46, 47: Grundtatbestand sowohl des echten Factoring als auch der Forfaitierung ist Abtretung von Forderungen auf kaufrechtlicher Grundlage;
der Forfaiteur übernimmt ebenso wie der „echte" Factor das Risiko der Durchsetzung der erworbenen Forderung.
[3] S. BGH NJW 1990, 2880, 2881.
[4] S. BGH NJW 2002, 285, 286.
[5] Instruktiv zur Sicherungszession *Meyer/von Varel*, Die Sicherungszession, JuS 2004, 192–
196.

mittel[6] und ermöglicht wie diese, bestimmte Regeln für Pfandrechte, d.h. den vom Gesetz vorgesehenen rechtlichen Instituten zur Verwendung von Sachen oder Rechten als Kreditsicherheit (die eine vielleicht unerwünschte und bei Sicherungszession wie bei Sicherungsübereignung nicht erforderliche Publizität des Sicherungsgeschäftes verlangen),[7] zu vermeiden. Kreditgeber, die sich durch einen Erwerb von Forderungen ihres Schuldners durch Abtretung sichern wollen, können sowohl Darlehensgeber im Kreditgewerbe (Banken) als auch Lieferanten sein, die sich für ihre Außenstände (Kaufpreisansprüche) Forderungen ihrer Schuldner (Käufer) abtreten lassen, die diese aus dem Weiterverkauf oder anderer Weiterverwertung der Ware erwerben (verlängerter Eigentumsvorbehalt).[8] Meist wird die Abtretung mit einer – widerruflichen – Einziehungsermächtigung (s. Rn. 770) für den Zedenten verbunden, so daß die Sicherungszession auch bei Fälligkeit der Forderung nicht nach außen deutlich wird; auch sieht die Sicherungsabrede regelmäßig vor, wann die Ermächtigung erlischt oder widerrufen werden kann, und wie der Zedent / Einziehungsermächtigte mit dem eingezogenen Gegenständen – fast immer Geld – zu verfahren hat.[9]

III. Abtretung als Verfügung

1. Verfügungscharakter

766   Die Möglichkeit, über den Vermögenswert „Forderung" durch Übertragung – wie auch durch Verpfändung – **verfügen** und damit seinen Wert wie den einer Sache realisieren zu können, ist dem modernen Juristen fast selbstverständlich. Die Übertragung ist **Verfügung**, weil sie die Zuordnung des Vermögensgegenstandes „Forderung" ändert: Statt des Altgläubigers wird der Neugläubiger Inhaber der Forderung, ihm wird sie durch die Abtretung zugeordnet. Die Besonderheit im Unterschied zur Übertragung von Sachen besteht jedoch darin, daß eine Forderung nur als Band zwischen zwei Personen entstanden und deshalb weniger absolut und greifbar ist als eine Sache. Rechtsgeschichtlich betrachtet ist deshalb die Ausbildung der Abtretungsmöglichkeit eine jüngere Errungenschaft; manche Rechtsordnungen, so das englische Recht, haben die Möglichkeit einer Abtretung sogar erst im 19. Jahrhundert anerkannt und sich zuvor

---

[6] Man mag die Sicherungsabtretung als „Treuhand" bezeichnen, um aus dieser Bezeichnung weitere Pflichten abzuleiten, doch sollte auch festgehalten werden, daß es sich um eine „eigennützige Treuhand" handelt, *Reinicke/Tiedtke*, Kreditsicherung, 4. Aufl. 2000, Rn. 592 mit Rn. 449.

[7] Bei Verpfändung von beweglichen Sachen ist Besitzübertragung erforderlich, s. §§ 1205 f., und damit jedenfalls eine gewisse Publizität, bei Forderungsverpfändung eine Anzeige an den Schuldner der Forderung, § 1280.

[8] S. hierzu *Schlechtriem*, BT, Rn. 154.

[9] Vgl. *Reinicke/Tiedtke* aaO. (Fn. 4), 192 ff.

wie auch das römische Recht mit umständlichen Konstruktionen beholfen, die zessionsähnliche Ergebnisse erreichen sollten.[10]

2. Verfügung und Kausalgeschäft

Als Verfügung ist die *Abtretung* von dem zugrunde liegenden Kausalgeschäft   **767**
(Verpflichtungsgeschäft) zu unterscheiden, zu dessen Erfüllung sie geschieht.[11]
Die Abtretung als Verfügung kann z.B. zur Erfüllung eines auf die Forderung
gerichteten Kaufvertrages geschehen oder als Sicherungszession ihre Rechtsgrundlage in der sog. Sicherungsabrede haben, d.h. in der Vereinbarung zwischen einem Gläubiger und einem Schuldner, daß der Schuldner zur Sicherheit
für seine Verbindlichkeit eine ihm selbst gegen einen Dritten zustehende Forderung auf den Gläubiger zu übertragen hat. Die genaue Unterscheidung von Verpflichtungsgeschäft und der zu seiner Erfüllung vorgenommenen Abtretung –
die auch zusammen in *einem* Vertrag vorgenommen und ggfs. urkundlich festgehalten werden können – ist wichtig, weil Fehler und Mängel des Verpflich-
tungsgeschäftes nicht notwendig auch die Abtretung, d.h. das Verfügungsgeschäft, betreffen müssen.

Beispiel: Der Ankauf einer Forderung durch einen Minderjährigen ohne Zustimmung
seiner gesetzlichen Vertreter wäre unwirksam, der Erwerb der gekauften Forderungen
durch Abtretung, welcher ihm nur einen rechtlichen Vorteil bringt, dagegen wirksam, s.
§§ 107, 108.

Vor allem aber ist die Abtretung als Verfügungsgeschäft *abstrakt*, d.h. grund-   **768**
sätzlich in ihrem Bestand unabhängig vom zugrunde liegenden Verpflichtungsgeschäft und deshalb auch dann gültig, wenn das Kausalgeschäft nichtig ist.

Im obigen Beispiel hat der Minderjährige die Forderung also auch deshalb wirksam erworben, weil das Verfügungsgeschäft abstrakt und in seiner Gültigkeit unabhängig von
der Wirksamkeit des Kaufvertrages ist. Allerdings muß der minderjährige Zessionar die
erworbene Forderung nach Bereicherungsrecht zurückabtreten, § 812 I 1 Alt.1.

Mängel des Kausalgeschäftes können auf die abstrakte Verfügung „Abtretung" nur durchschlagen, wenn entweder – ausnahmsweise – beide Geschäfte
Teile eines einheitlichen Rechtsgeschäftes i.S. des § 139 sind oder wenn die Gül-

---

[10] Vgl. hierzu *Zweigert/Kötz*, Einführung in die Rechtsvergleichung, 3. Aufl. 1996, 439ff.
(„… steht auch die Anerkennung der Forderungsabtretung erst am Ende einer langen rechtsge-
schichtlichen Entwicklung"); sowie Zimmermann, The Law of Obligations, 1996, S. 1ff.
[11] Vgl. etwa die deutliche Unterscheidung in § 15 III und IV GmbHG zwischen der Abtretung eines GmbH-Anteils und der Vereinbarung, durch welche die Verpflichtung zur Abtretung begründet wird. Zur Behandlung des GmbH-Anteils als abtretbares Recht, das insoweit
wie eine Forderung behandelt wird, s.u. Rn. 641. Ausnahmsweise kann die Abtretung dem
Verpflichtungsgeschäft vorausgehen, s. BGHZ 69, 254.

tigkeit des Kausalgeschäftes zur Bedingung der Wirksamkeit der Abtretung gemacht worden ist.[12]

Bei der Sicherungszession ist Bestand und Durchsetzbarkeit des gesicherten Anspruchs ohne ausdrückliche Vereinbarung nicht Bedingung für die Wirksamkeit der Zession; die Sicherungszession ist *nicht akzessorisch* zur gesicherten Forderung. Auch ist der Sicherungszweck der Abtretung, dem Gläubiger mit der zedierten Forderung eine Sicherung für seinen Anspruch gegen den Zedenten zu geben, nicht etwa eine auflösende Bedingung, so daß nach Wegfall des Sicherungszwecks – etwa durch Erfüllung oder Nichtigkeit der gesicherten Forderung – auch die Abtretung nach § 158 II dergestalt beendet wäre, daß der Zedent seine Forderung automatisch zurückerhielte.[13] Die sicherungszedierte Forderung muß vielmehr nach Wegfall des Sicherungszwecks zurückübertragen werden, wobei die Rückübertragungsverpflichtung sich regelmäßig aus dem Kausalgeschäft, d.h. aus der Sicherungsabrede ergibt.

3. Abgrenzung der Abtretung von ähnlichen Erscheinungen

769 Rechtsordnungen, die das Institut der Abtretung (noch) nicht kannten, behalfen sich damit, daß sie die Einziehung einer Forderung durch einen anderen für Rechnung des Gläubigers zuließen.[14] Diese Möglichkeiten bestehen auch heute noch: Ein Dritter kann *als Vertreter des Gläubigers* dessen Forderung im Namen des Gläubigers geltend machen und evtl. im Innenverhältnis berechtigt sein, die eingezogene Leistung zu behalten. Die Abgrenzung zu einer Abtretung macht keine Schwierigkeiten, da der Vertreter, um für den vertretenen Gläubiger wirksam einziehen zu können, die Forderung in dessen Namen und mit Vertretungsmacht geltend machen muß.

770 Der Gläubiger kann einen Dritten aber auch **ermächtigen**, in eigenem Namen die Forderung des Gläubigers einzuziehen. Die Möglichkeit zu einer solchen **Einziehungsermächtigung** ergibt sich im Verhältnis von Gläubiger und Drittem aus §§ 185, 362 II. Die Wirkung gegenüber dem Schuldner soll sich aus diesen Vorschriften jedoch nicht ergeben; sie ist gleichwohl allgemein anerkannt[15] und wird oft auf § 185 gestützt, aber auch als zur faktischen Geltung gelangte rich-

---

[12] Vgl. BGHZ 69, 254: Verfügung (Abtretung) ging dem Verpflichtungsgeschäft voraus und war durch dessen Abschluß bedingt. Umgekehrt kann auch die Nichtigkeit der Verfügung aufgrund gesetzlichen Verbots (hier Abtretung von Honorarforderungen eines Anwalts) auf das zugrunde liegende Kaufgeschäft durchschlagen, weil ein Verbotsgesetz, das sich gegen das zivilrechtliche Erfüllungsgeschäft (Abtretung) richtet, grundsätzlich auch das zugrunde liegende Verpflichtungsgeschäft ergreift, BGH NJW 1995, 2026, 2027.

[13] Vgl. *Jauernig*, Zur Akzessorietät bei der Sicherungsübertragung, NJW 1982, 268 gegen BGH NJW 1982, 275.

[14] S. zum römischen und englischen Recht *Zweigert/Kötz* (oben Fn. 10), S. 439f.; *Zimmermann*, (oben Fn. 10), S. 2f.

[15] Vgl. statt aller *MünchKomm/Roth*, § 398 Rn. 44f.; *Gernhuber*, Erfüllung, § 24, S. 500ff.

terliche Rechtsschöpfung gesehen.[16] Ist die Vereinbarung zwischen den Parteien nicht eindeutig, kann zweifelhaft sein, ob eine *Zession zum Inkasso* oder (nur) eine Ermächtigung vorliegt. Die Unterscheidung kann im konkreten Fall wichtig werden, weil nach der Rechtsprechung zur gerichtlichen Geltendmachung aufgrund einer Ermächtigung ein eigenes Rechtsschutzinteresse des Ermächtigten gefordert wird.[17] Entscheidend ist hier, wie auch sonst, die Auslegung des Vertrages zwischen dem Gläubiger und seinem Partner.

Ist ein Abtretungsvertrag nichtig, dann kommt zudem eine Umdeutung nach § 140 in eine Einziehungsermächtigung in Betracht.[18]

IV. Voraussetzungen der Abtretung

1. Vertrag

Die Abtretung geschieht durch einen **Vertrag** zwischen dem alten und dem neuen Gläubiger, durch den sich die Beteiligten darüber einigen, daß die Forderung auf den neuen Gläubiger übertragen wird; der neue Gläubiger „tritt ... an die Stelle des bisherigen Gläubigers", § 398 S. 2. Die Abtretung geschieht ohne Mitwirkung des Schuldners, und es bedarf nicht einmal einer Anzeige an ihn. Die Zession kann also geschehen, ohne daß der Schuldner davon erfährt.[19]   **771**

Nicht selten ermächtigt (hierzu oben Rn. 770) der Neugläubiger den Altgläubiger zur Einziehung der übertragenen Forderung. Bei dieser stillen Zession ist für den Schuldner überhaupt nicht mehr erkennbar, daß die Forderung übertragen worden ist, denn auch die Geltendmachung geschieht noch durch den alten, ermächtigten Gläubiger.

Obwohl nicht erforderlich, kann die Abtretung gleichwohl dem Schuldner angezeigt werden; der Schuldner kann dann auch bei unwirksamer Abtretung mit befreiender Wirkung an denjenigen leisten, den der alte Gläubiger als neuen Gläubiger angezeigt hat, s. § 409 I 1 und dazu unten Rn. 795.

Die Abtretung ist **formfrei**, selbst wenn die abgetretene Forderung in einem formbedürftigen Rechtsgeschäft begründet worden ist.[20] Die Parteien können jedoch bei Begründung der Forderung ihre Abtretung ausschließen und erschweren und deshalb auch an eine bestimmte Form binden, so daß bei Form-   **772**

---

[16] So etwa *Staudinger/Busche*, Einl. zu § 398 Rn. 118.

[17] Vgl. BGH WM 1985, 613; die Rspr. ist freilich umstritten, s. hierzu *Gernhuber*, Erfüllung, § 24 II 1, S. 510 ff.

[18] Vgl. BGH NJW 1987, 3121: Abtretung der Schadenersatzforderung einer Gesellschaft, die wegen Unzuständigkeit des für die Gesellschaft handelnden Beirats unwirksam war, konnte – falls der Beirat *hierzu* vertretungsberechtigt war – nach § 140 in eine Einziehungsermächtigung umgedeutet werden.

[19] Für die Einführung eines Forderungsregisters, s. *Eidenmüller*, AcP 204 (2004), 457 (501).

[20] Vgl. BGHZ 89, 41, 46 zum Auflassungsanspruch, d.h. dem Anspruch auf Übertragung eines Grundstücks, der nur in der Form des § 313 a.F. (= § 311b I) begründet werden kann.

verstoß § 399 Hs. 2 gilt.[21] Die Übertragung **verbriefter Forderungen** kann aufgrund der für bestimmte Wertpapiere maßgeblichen speziellen Normen formbedürftig oder an zusätzliche Erfordernisse gebunden sein, z.B. Briefübergabe bei der Hypothekenforderung (§ 1154) oder Übergabe eines Wechsels bei Übertragung durch Indossament (spezielle wertpapierrechtliche Übertragungsform) oder durch schlichte Abtretung.[22] Abtretungen können auch in AGB erklärt und vom Vertragspartner des AGB-Verwenders angenommen werden. Für ihre Einbeziehung gilt bei Verwendung von AGB gegenüber Privatleuten § 305; überraschende Abtretungsklauseln können an § 305c scheitern.[23] Im übrigen müssen formularmäßige Zessionen jedenfalls einer Inhaltskontrolle nach § 307 standhalten.[24]

2. Bestehen der Forderung

773   Der Neugläubiger erwirbt aufgrund der Abtretung die Forderung nur, wenn sie besteht. Es gibt grundsätzlich keinen gutgläubigen Erwerb einer Forderung vom Nichtberechtigten. Eine Ausnahme gilt jedoch nach § 405: Hat der Schuldner eine Schuldurkunde nur zum Schein ausgestellt (§ 117), und ist diese Urkunde dem neuen Gläubiger bei der Abtretung vorgelegt worden, so wird dieser in seinem Vertrauen auf den vom Schuldner gesetzten Rechtsschein geschützt und erwirbt die zunächst nicht existente Forderung kraft guten Glaubens, es sei denn, daß er die Unrichtigkeit der Schuldurkunde kannte oder kennen mußte.[25] Weitere Ausnahmen gelten für in bestimmten Wertpapieren verbriefte Forderungen, wenn die für diese Wertpapiere normierten besonderen Übertragungsvoraussetzungen eingehalten worden sind: Sie ermöglichen sowohl den gutgläubigen Erwerb einer nichtbestehenden als auch einer einem anderen als dem Veräußerer zustehenden Forderung.

Beachte, daß bei der Abtretung einer bestehenden Forderung durch einen Nichtberechtigten der wahre (berechtigte) Gläubiger genehmigen und so die Abtretung wirksam machen kann, § 185 II.

---

[21] Vgl. *Jauernig/Stürner*, § 398 Rn. 4.

[22] Vgl. BGH NJW 1979, 1704, str.

[23] *Jauernig/Stürner*, § 398 Rn. 4.

[24] Vgl. für formularmäßige Zessionen von Arbeitsentgelt und Sozialleistungen *Kohte*, Die vorformulierte Abtretung von Arbeitsentgelt und Sozialleistungen, ZIP 1988, 1225–1242; s.a. BGH BB 1992, 1587: Die formularmäßige Sicherungsabtretung aller Ansprüche des Kreditnehmers aus seinem Arbeitsverhältnis ist unwirksam, wenn für die Verwertung Nr. 20 AGB-Banken gelten soll (Nr. 20 AGB-Banken erlaubt Verwertung ohne gerichtliches Verfahren und ohne Androhung).

[25] Vgl. auch schon die milderen Anforderungen an die Gutgläubigkeit beim Erwerb beweglicher Sachen vom Nichteigentümer in § 932 II: Dem Erwerber schadet nur Kenntnis oder grobfahrlässige Unkenntnis; ferner §§ 892, 893: Nur positive Kenntnis schadet.

3. Bestimmtheit oder Bestimmbarkeit

Verfügungsgeschäfte über Gegenstände müssen ihr Objekt genau bezeichnen **774** (**Spezialitätsgrundsatz**): Zuordnungsänderungen sollen im Interesse des Rechtsverkehrs deutlich sein, damit Dritte sicher wissen bzw. erfahren und darauf vertrauen können, was wem gehört. Das gilt auch für Forderungen. Vor allem für zwei Situationen wird das Bestimmtheitsprinzip jedoch zugunsten einer **Bestimmbarkeit** der abgetretenen Forderung(en) aufgelockert:

a) Grundsätzlich können auch erst **künftig durchsetzbare Forderungen**, die **775** noch bedingt oder befristet, aber bereits entstanden sind, abgetreten werden. Darüber hinaus wird aber auch zugelassen, daß Forderungen aus erst **künftig entstehenden Rechtsverhältnissen** vor ihrer Entstehung abgetreten werden.[26] Die Abtretung wird dann wirksam nur und erst mit dem Entstehen der Forderung, jedoch rückwirkend auf den Zeitpunkt der Abtretungsvereinbarung; für die Verfügungsmacht des Zedenten kommt es deshalb auf diesen Zeitpunkt an.[27] Da das erst künftig entstehende Rechtsverhältnis aber noch nicht in Einzelheiten feststeht, kann man auch nicht von einer schon bestimmten Forderung sprechen. Als ausreichend wird deshalb **Bestimmbarkeit** der abgetretenen Forderung gesehen. Es reicht, daß die Bestimmtheit im Zeitpunkt der Entstehung der Ansprüche gegeben ist:[28] Die „Abtretung aller aus der Veräußerung gelieferter Ware entstehenden Forderungen" betrifft einen Kreis von Forderungen, die durch die Bezugnahme auf die „gelieferte (und weiterzuverkaufende) Ware" im Einzelnen jedenfalls mit ihrer Entstehung bestimmt und deshalb vorher bestimmbar sind. Damit wird die Bestimmbarkeit der Forderungen als Voraussetzung wirksamer Abtretung erreicht.[29]

b) Probleme mit der erforderlichen Bestimmtheit können auch in Fällen sog. **776** **Globalzessionen** auftreten, d.h. Abtretungen, die eine Gruppe von Forderungen eines Gläubigers „global" umfassen. Soweit die global abgetretenen Forderungen bereits entstanden und in der Globalumschreibung hinreichend bestimmt sind, bestehen jedenfalls unter dem Gesichtspunkt des Spezialitätsprinzips keine Bedenken. Wenn die Globalabtretung bis zu einer festen Schuldhöhe jedoch einen ständig wechselnden Bestand gegenwärtiger und künftiger Forderungen umfassen soll, ist die Bestimmbarkeit zu verneinen.[30]

---

[26] Vgl. BGH NJW 1989, 2383, 2384: künftige Lohnforderung.

[27] Vgl. BGH ZIP 1997, 737, 738; str., aA *Eckardt*, Vorausverfügung und Sequestration, ZIP 1997, 957–967, 959ff.

[28] BGH NJW 2000, 276, 277 m.w.N.

[29] S. jedoch zu den Schwierigkeiten mit dem Merkmal „Bestimmbarkeit", falls nur Teilforderungen im Voraus abgetreten werden sollen, BGHZ 79, 16 mit der Analyse verschiedener Klauselinhalte.

[30] BGHZ 71, 75, 78f.: Nicht hinreichend bestimmbar, *welche* künftigen Forderungen zur Auffüllung des Sicherheitspakets jeweils übergehen sollen.

777   Globalzessionen können nach § 138 nichtig oder, falls – wie regelmäßig – in AGB vereinbart, nach § 307 unwirksam sein, wobei anstößige Benachteiligung des Sicherungsze-
denten (= Schuldner des Zessionars), aber auch Benachteiligung anderer Gläubiger zu
beanstanden sein können. Vereinfacht lassen sich folgende Fallkonstellationen unterscheiden:

aa) Sittenwidrigkeit einer Globalzession kann gegeben sein, wenn dadurch der Zedent
seine wirtschaftliche Bewegungsfreiheit verliert, „geknebelt" wird. Allerdings ist das
nicht schon dann der Fall, wenn der Schuldner alle oder weitgehend alle Forderungen si-
cherungszediert, weil ihm regelmäßig die Befugnis zur Einziehung im ordentlichen Ge-
schäftsgang („Einziehungsermächtigung", oben Rn. 770) eingeräumt wird und damit
wirtschaftliche Bewegungsfreiheit verbleibt. Sittenwidrige „Übersicherung" erfordert
deshalb nicht nur im Zeitpunkt des Vertragsschlusses (des Sicherungsvertrages) für den
noch ungewissen Verwertungsfall ein sicher absehbares, auffälliges Mißverhältnis zwischen dem realisierbaren Wert der Sicherheiten und der gesicherten Forderung, sondern
auf Seiten des Sicherungsnehmers auch eine verwerfliche Gesinnung.[31]

bb) Sittenwidrigkeit kann aber auch deshalb gegeben sein, weil bestimmte andere
Gläubiger benachteiligt oder gefährdet werden. Das ist vor allem beim Zusammenstoß
von Globalzessionen zugunsten von Banken und verlängertem Eigentumsvorbehalt von
Lieferanten (d.h. Vorausabtretung von Forderungen des Eigentumsvorbehaltskäufers aus
Weiterverkäufen oder Werkverträgen unter Verwendung der Eigentumsvorbehaltsware,
z.B. Baumaterialien) der Fall: Hat der Schuldner zunächst mit seiner Bank eine Globalzession dieser künftigen Forderungen, etwa zur Sicherung eines Betriebskredits, vereinbart, so hätte sie aufgrund des sog. Prioritätsgrundsatzes Vorrang vor der später beim
Abschluß eines Kaufvertrages mit verlängertem Eigentumsvorbehalt vorgenommenen
Globalzession zugunsten des Lieferanten. Da aber der Lieferant zum Abschluß entsprechender Verträge nur gegen solche Sicherheit, d.h. Eigentumsvorbehalt und seine Verlängerung in die Surrogate „Forderungen aus Weiterverkauf oder Werkverträgen", bereit
sein wird, muß der Schuldner / Käufer ihn darüber täuschen, daß ihm diese Surrogate gar
nicht mehr zustehen. Die Sittenwidrigkeit der zeitlich vorrangigen Globalzession wird
deshalb darin gesehen, daß – sofern nicht eine entsprechende Freigabe der vom verlängerten Eigentumsvorbehalt erfaßten Forderungen geregelt ist – der Zedent/Schuldner
zum Vertragsbruch verleitet wird.[32]

cc) Streitig war lange, ob eine in AGB vorgenommene Globalzession (oder entsprechende Sicherungsübereignungen von beweglichen Sachen) wegen Benachteiligung anderer Gläubiger nicht stets schon deshalb und dann unzulässig sein sollte, wenn nicht eine sog. Freigabeklausel für den Fall vorgesehen war, daß der Wert der abgetretenen For-
derung(en) den Wert der zu sichernden Ansprüche nicht unwesentlich (d.h. unter Berücksichtigung einer Sicherheitsmarge) überstieg, etwa, wenn der Kreditnehmer = Siche-

---

[31] Vgl. BGH NJW 1998, 2047f.: „Davon kann ausgegangen werden, wenn der Sicherungsnehmer aus eigensüchtigen Gründen eine Rücksichtslosigkeit gegenüber den berechtigten Be-
langen des Sicherungsgebers an den Tag legt, die nach sittlichen Maßstäben unerträglich ist".
Zum Grundproblem der möglichen Übersicherung eines Gläubigers s. *Ganter*, Die ursprüngliche Übersicherung, WM 2001, 1ff.
[32] Vgl. BGH NJW 1999, 940 (dazu *Medicus*, EWiR 1999, 299f.); BGH DZWiR 2000, 68, 69
mit Anm. *Glöckner* aaO. S. 70ff.; *Serick*, Eigentumsvorbehalt und Sicherungsübertragung,
Bd. I, Heidelberg 1963, § 2 II 1, S. 14, § 8 II 2 b, S. 158, Bd. IV, Heidelberg 1976, § 50 II 3 b,
S. 446; umfassend jetzt *Geibel*, Die Kollision zwischen verlängertem Eigentumsvorbehalt und
antizipierter Sicherungsübereignung, WM 2005, 962–969 (krit. zur Vertragsbruchstheorie des
BGH).

rungszedent den gesicherten Kredit teilweise zurückgezahlt hatte. Eine Vielzahl von literarischen Stellungnahmen und Entscheidungen beschäftigte sich dabei mit Detailfragen, etwa, ob eine automatisch wirkende (dingliche) Freigabeklausel erforderlich sei oder eine schuldrechtliche Freigabeverpflichtung des Gläubigers = Sicherungszessionars genüge, welche Sicherungsmarge zuzugestehen sei, d.h. ab welchem Prozentsatz Übersicherung anzunehmen sei, ob insoweit dem Sicherungsnehmer ein Ermessen verbleiben könne, usw. Die Streitfragen dürfen heute durch ein Urteil des Großen Senats des BGH aus dem Jahre 1997 als (weitgehend) entschieden gesehen werden: Danach soll (auch bei revolvierenden) Globalsicherheiten jedenfalls eine nachträglich eintretende Übersicherung nicht Unwirksamkeit bewirken, auch wenn der Sicherungsvertrag keine oder eine ermessensabhängig ausgestaltete Freigabeklausel enthält. Denn der Sicherungsgeber habe stets einen ermessensunabhängigen Freigabeanspruch, den der BGH unter Berücksichtigung der Kosten für Verwaltung und Verwertung der Sicherheit in Höhe des realisierbaren Wertes der Sicherungsgegenstände mit 110% der gesicherten Forderung angesetzt hat; davon abweichende ABG seien nach § 9 AGBG (jetzt § 307) unwirksam. Die Grenze für das Entstehen eines Freigabeanspruchs für das Sicherungsgut liege für sicherungsübereignete Ware regelmäßig bei 150% des Schätzwertes, bei sicherungszedierten Forderungen des Nennwertes; dazu zog der BGH §§ 232 ff., 237 heran.[33] Bei globalen Sicherungsabtretungen müssen also sowohl die Bestimmbarkeit der abgetretenen Forderungen als auch ein möglicher Sittenverstoß wegen Täuschung anderer Kreditgeber oder sittenwidriger Übersicherung geprüft werden.[34]

4. Übertragbarkeit der Forderung

Eine nicht übertragbare Forderung kann auch nicht abgetreten werden. Drei Fälle der **Nichtübertragbarkeit**[35] sind zu unterscheiden:

a) Die Übertragbarkeit einer Forderung kann gesetzlich ausgeschlossen sein. **778** Einen solchen Fall regelt § 400 für Forderungen, soweit sie der Pfändung nicht unterworfen sind. Nicht übertragbar ist auch ein Anspruch auf Dienstleistungen, sofern nichts anderes vereinbart ist, § 613 S. 2. Ansprüche, die Gesellschaf-

---

[33] BGH (GS) NJW 1998, 671, 673, 675–677; Schlußentscheidung des vorlegenden XI. Senats s. BGH NJW 1998, 2206. Zur neueren Rechtsprechung und den Konsequenzen für die Praxis vgl. ausführlich *Baur/Stürner*, Sachenrecht, 17. Aufl. 1999, § 57 Rn. 18 ff.; *Schwab*, Die Auswirkungen des Freigabebeschlusses auf den einfachen Eigentumsvorbehalt an Sachgesamtheiten, ZIP 2000, 609 ff.; zum Ganzen auch *Ganter*, oben Fn. 30.

[34] Vgl. als anschauliches Beispiel BGH NJW 1995, 1668, 1669: Tritt ein Unternehmer, dessen baldiger Konkurs wahrscheinlich ist, sicherungshalber seine gesamten – auch künftigen – Kundenforderungen und damit sein letztes pfändbares Vermögen, ohne daß neue Mittel zugeführt wurden, an einen Gläubiger ab, so ist die Abtretung regelmäßig sittenwidrig, wenn dieser sich mindestens grob fahrlässig über die Erkenntnis der drohenden Insolvenz des Schuldners hinweggesetzt hat.

[35] Von Nichtübertragbarkeit ist die verbotene und nach § 134 nichtige Abtretung zu unterscheiden; vgl. für ärztliche Honorarforderungen (verboten wegen Verletzung der Schweigepflicht, § 203 I Nr. 1 StGB, nichtig nach § 134 BGB) BGH NJW 1991, 2955; NJW 1993, 2371, 2372. Für Honorarforderung des Anwalts s. BGH WM 1993, 1009. Unrichtig wohl LG Bochum, NJW 1993, 1535, 1536 f. (Honorar des Tierarztes) m. abl. Anm. v. *Wilhelms*.

tern aus dem Gesellschaftsverhältnis gegeneinander zustehen, sind ebenfalls grundsätzlich nicht übertragbar, § 717 S. 1. Eine Abtretungsvereinbarung über eine solche unübertragbare Forderung bleibt wirkungslos.[36]

779   b) Nach § 399 Hs. 1 kann aber eine Forderung auch dann nicht abgetreten werden, „wenn die Leistung an einen anderen als den ursprünglichen Gläubiger nicht ohne Veränderung ihres Inhalts erfolgen kann". So können „höchstpersönliche" Ansprüche, etwa auf die Erfüllung bestimmter familienrechtlicher Pflichten (eheliche Treue, familiärer Beistand und Rücksichtnahme, § 1618a, aber auch Dienstleistungspflicht der Kinder, § 1619), naturgemäß nicht auf Dritte übertragen werden. Aber auch außerhalb solcher evident an die Person des Gläubigers gebundenen Ansprüche kann die Natur des Schuldverhältnisses Übertragung einer Forderung auf Dritte ausschließen, z.B. beim Befreiungsanspruch.

Beispiel: Ist der Käufer durch die Lieferung mangelhafter Ware, die er weiterverkauft hat, seinen Abnehmern schadensersatzpflichtig geworden, und hat er deshalb einen Befreiungsanspruch gegen seinen Verkäufer, dann kann er diesen Anspruch nicht an seine Bank abtreten: Die Bank schuldet den Abnehmern des Käufers nichts und kann deshalb auch nicht in Erfüllung des Freistellungsanspruches „befreit" werden. Anders ist es jedoch, falls der Befreiungsanspruch an den Gläubiger, von dessen Anspruch der Schuldner befreit werden soll, selbst abgetreten wird: In der Hand des Gläubigers verwandelt sich der Befreiungsanspruch in einen Zahlungsanspruch gegen den zur Freistellung verpflichteten Dritten.[37]

Nicht abtretbar aufgrund der „Natur der Sache" soll der in einem Vorvertrag begründete Anspruch auf Abschluß des Hauptvertrages sein: Die Parteien des Vorvertrages wollen nur miteinander, nicht aber mit einem Dritten kontrahieren.[38] Streitig ist auch die Abtretbarkeit von Gestaltungsrechten. Der BGH unterscheidet zwischen selbständigen und unselbständigen Gestaltungsrechten;[39] letztere könnten nur zusammen mit dem Hauptrecht übertragen werden, so etwa die Kündigung. Praktisch spielt diese Frage aber oft deshalb keine Rolle, weil der Dritte jedenfalls zur Ausübung des Gestaltungsrechts ermächtigt und eine unwirksame Abtretung in eine solche Ermächtigung umgedeutet werden kann.

---

[36] Die Folgen für das Kausalgeschäft können unterschiedlich sein, je nachdem, ob die Unübertragbarkeit behebbar ist, z.B. durch Änderung des die Forderung begründenden Vertrages, oder ob die Unübertragbarkeit nicht behoben werden kann und deshalb ein Leistungsweigerungsrecht nach § 275, aber Haftung nach § 311a II gegeben sein kann.

[37] BGH NJW 1975, 687; BGH NJW 1993, 2232, 2233.

[38] Vgl. *Medicus*, Schuldrecht I, § 62 I 4 b, Rn. 717: Der Vertragsschluß mit dem Neugläubiger bedeutet eine andere Leistung als derjenige mit dem Altgläubiger.

[39] BGH WM 1998, 461; grundlegend *Schwenzer* (Lit. vor Rn. 762), AcP 182 (1982), 214ff.; *Nörr/Scheyhing/Pöggeler* in: *Gernhuber* (*Hrsg.*), Handbuch des Schuldrechts in Einzeldarstellungen, Bd. II, 2. Aufl. 1999, § 4.

Zuweilen wird eine Bindung nach § 399 Hs. 1 in Fällen angenommen, in denen die Parteien an sich auch die Unübertragbarkeit der Forderung hätten vereinbaren können (dazu nächste Rn. 780).

Beispiel: Ein Architekt war mit der Abwicklung eines Bauvorhabens in Schwierigkeiten geraten und hatte mit seinen Gläubigern einen Vergleich geschlossen, in dem sich diese verpflichteten, an den Architekten monatlich 3000 DM für dessen laufende Unkosten zu zahlen, damit das Bauvorhaben abgewickelt werden konnte. Der Anspruch auf die 3000 DM war zweckgebunden und deshalb für den Architekten (Gläubiger) nicht frei verfügbar.[40]

c) Nach § 399 Hs. 2 kann die Abtretung *durch* eine entsprechende *Vereinbarung* zwischen Gläubiger und Schuldner *ausgeschlossen* sein.[41] Die Parteien als Herren des Schuldverhältnisses, das durch die Forderung zwischen ihnen besteht, können aufgrund der Privatautonomie dieses Schuldverhältnis so qualifizieren, daß es auf sie beschränkt bleibt, also nicht übertragbar sein soll.[42] Die Vereinbarung eines solchen „pactum de non cedendo" kann ausdrücklich oder stillschweigend erfolgen. So enthält z.B. die Vertragsklausel „Abtretungen an Dritte werden nicht anerkannt" ein Abtretungsverbot, das die Forderung von vornehrein als ein unveräußerliches Recht entstehen läßt.[43]

780

Abtretungsverbote kommen in der Praxis häufig vor, weil sie für den Schuldner eine Erleichterung sind, da ein Gläubigerwechsel nicht stattfinden kann und der Schuldner nicht ständig die Empfänger seiner Zahlungen verfolgen und überprüfen muß. Sie sind deshalb grundsätzlich nicht sittenwidrig und auch in Allgemeinen Geschäftsbedingungen zulässig.[44] Gleichwohl sind sie hinderlich, da sie insbesondere die Verwendung von Forderungen als Sicherheiten im Wege der Sicherungsabtretung (s. oben Rn. 764) erschweren, weil die Zustimmung des Schuldners erforderlich ist (s. unten Rn. 782). Für Forderungen aus Handelsgeschäften oder gegen juristische Personen des öffentlichen Rechts oder ein öffentlich-rechtliches Sondervermögen regelt deshalb § 354a HGB[45] eine Aus-

---

[40] Vgl. BGH WM 1978, 553: Treuhänderische Bindung der Forderung; in concreto hatte ein Gläubiger des Architekten den Anspruch auf Zahlung von 3000 DM gepfändet und sich überweisen lassen. Die praktische Bedeutung der Annahme, daß Unübertragbarkeit nach § 399 Hs. 1 aufgrund treuhänderischer Gebundenheit der Forderung (und nicht aufgrund einer stillschweigenden Vereinbarung hinsichtlich der Forderung) anzunehmen sei, lag im Vollstreckungsrecht: Als nicht übertragbare Forderung war die Forderung auch nicht pfändbar, § 851 I ZPO. Eine durch Vereinbarung als unübertragbar ausgestaltete Forderung wäre dagegen nach § 851 II ZPO pfändbar gewesen.

[41] Hierzu *Lüke*, Das rechtsgeschäftliche Abtretungsverbot, JuS 1992, 114–116.

[42] Vgl. grundlegend zur dogmatischen Konstruktion *Wagner* (Lit. vor Rn. 604): Mitwirkungstheorie, zum Verhältnis zu § 137 s. S. 451 ff. Ferner *Hadding/vanLook* (Lit. vor Rn. 762).

[43] Vgl. BGH WM 1968, 195.

[44] Vgl. jedoch BGHZ 108, 52: Eine Klausel in Allgemeinen Reisebedingungen, daß die Abtretung bestimmter, vom Reisekunden anzumeldender Ansprüche ausgeschlossen ist, benachteiligt den Reisekunden entgegen den Geboten von Treu und Glauben unangemessen und war daher nach § 9 I AGBG – jetzt § 307 – unwirksam.

[45] Eingefügt durch das Gesetz zur Änderung des DM-Bilanzgesetzes und anderer handelsrechtlicher Bestimmungen v. 25. Juli 1994, BGBl. S. 1682 ff.; s. hierzu *Henseler*, WM 1994,

nahme, welche die Abtretung solcher Forderungen trotz vereinbarten Abtretungsverbotes wirksam sein läßt. Der Schutz des Schuldners wird durch § 354a S. 2 HGB (Achtung: Nur Geldforderungen) gewährleistet, indem der Schuldner nach dieser Vorschrift mit befreiender Wirkung an den bisherigen Gläubiger leisten kann. Leistung in diesem Sinne ist auch die Aufrechnung des Schuldners gegen den Zedenten (s. unten Rn. 796).[46] Auf seinen guten Glauben kommt es nach dem Wortlaut dieser Vorschrift nicht an.[47]

781   Ausnahmsweise kann ein Abtretungsverbot durch guten Glauben des Erwerbers überwunden werden, wenn der Schuldner eine Urkunde über die Schuld ausgestellt hat und der Zessionar beim Erwerb der Forderung das Abtretungsverbot weder kannte noch kennen mußte, § 405 Alt. 2.

782   Eine trotz Abtretungsverbot versuchte Abtretung ist unwirksam.[48] Die Unwirksamkeit wirkt absolut gegen und für jedermann, nicht nur zwischen den Parteien.[49] Diese Grundregel führt jedoch zum Folgeproblem der Rechtswirkungen einer nachträglichen Zustimmung des Schuldners zu einer an sich verbotenen Abtretung. Nach der Rechtsprechung führt die Zustimmung des Schuldners zur Wirksamkeit der Abtretung, jedoch erst vom Zeitpunkt der Zustimmung an. Eine vor der Zustimmung erfolgte Pfändung der Forderung, die nach § 851 II ZPO zulässig und wirksam ist, geht deshalb der erst mit der später erfolgten Zustimmung des Schuldners wirksam gewordenen Abtretung vor; der Pfändungsgläubiger hat Priorität gegenüber dem Zessionar.[50]

2093–2104; *Wagner*, Materiellrechtliche und prozessuale Probleme des § 354 a HGB, WM 1996 Beil. 1.

[46] BGH ZIP 2005, 445.

[47] Unerheblichkeit guten Glaubens war auch die Ansicht des Rechtsausschusses des BT, s. BT-Drucksache 12/7912, S. 25 sub b).

[48] Ob ein Abtretungsverbot auch die Einräumung einer Einziehungsermächtigung (oben Rn. 611) hindert, hängt vom jeweiligen Zweck des Abtretungsverbotes ab, s. OLG Köln, WM 1987, 1279, 1280.

[49] U. U. kann sich die Relativität eines Verfügungsverbotes über Forderungen aber aus einer speziellen gesetzlichen Bestimmung ergeben: Nach § 392 II HGB gelten Forderungen, die ein Kommissionär in Ausführung eines Kommissionsgeschäftes begründet hat, gegenüber Gläubigern des Kommissionärs bereits als Forderungen des Kommittenten (d. h. des Auftraggebers des Kommissionärs), auch wenn sie noch nicht an den Kommittenten durch Abtretung übertragen worden sind (wozu der Kommissionär aus dem Kommissionsgeschäft verpflichtet ist). Hat der Kommissionär pflichtwidrig die Forderung aus dem Kommissionsgeschäft an einen seiner Gläubiger abgetreten, dann ist diese Abtretung nur dem Kommittenten gegenüber unwirksam, und der Schuldner der Forderung kann nicht befreiend an den Zessionar leisten, wenn der Kommissionär später die Forderung noch einmal an den Kommittenten abtritt, BGHZ 104, 123.

[50] Vgl. BGHZ 70, 299; BGHZ 108, 172, 176f.; aA *Medicus*, Schuldrecht I, § 62 I 4 c, Rn. 718: Unwirksamkeit kann analog §§ 185, 184 durch eine Genehmigung des Schuldners *rückwirkend* geheilt werden.

V. Wirkungen der Abtretung

1. Übergang der Forderung

Mit Abschluß der Abtretungsvereinbarung wird der Zessionar neuer Gläubi- **783**
ger der Forderung (s. § 398 S. 2). Der bisherige Gläubiger verliert jegliche
Rechtsmacht hinsichtlich der Forderung, sofern ihm nicht der neue Gläubiger
eine Einziehungsermächtigung eingeräumt hat und so die Zession nach außen
hin fast unerkennbar wird (s. auch Rn. 611). Vollrechtserwerb tritt auch bei der
Sicherungszession und der Inkassozession (oben Rn. 606) ein; Bindungen des
Zessionars, der als Sicherungsnehmer bei der Sicherungszession die Forderung
nur unter bestimmten Voraussetzungen „verwerten" darf oder der als Inkassobeauftragter nur einziehen, nicht aber verpfänden oder weiter übertragen darf,
sind nur schuldrechtlicher Natur und verpflichten allein im Verhältnis zum Zedenten: Verwertet der Sicherungsnehmer abredewidrig oder tritt der Inkasso-
beauftragte die Forderung zur Sicherung eigener Verbindlichkeiten an seine
Bank ab, dann sind diese Verfügungen grundsätzlich wirksam, können aber als
Verletzung der schuldrechtlichen Pflichten des Zessionars gegenüber dem Zedenten schadenersatzpflichtig machen.

Nicht durch das der Abtretung zugrunde liegende Kausalgeschäft, sondern **784**
als Folge des Verfügungsvorgangs „Abtretung" selbst werden für den Zedenten
nach den §§ 402, 403 bestimmte Pflichten begründet (Auskunftpflicht und
Verpflichtung zur Auslieferung von Urkunden, die dem Beweis der Forderung
dienen, § 402, und Ausstellung einer öffentlich beglaubigten Urkunde über die
Abtretung auf Verlangen des Gläubigers, § 403 S. 1).

2. Übergang von Sicherheiten

Mit der abgetretenen Forderung gehen nach § 401 I bestimmte Sicherheiten, **785**
die durch eine „Akzessorietät" genannte Verbindung mit der gesicherten Forderung gekennzeichnet sind, ipso iure auf den neuen Gläubiger über. Auch bestimmte für den Fall der Zwangsvollstreckung oder der Insolvenz mit der Forderung verbundene Vorzugsrechte gehen mit der Abtretung auf den Zessionar
über, § 401 II.[51]

Große Bedeutung hat der Übergang akzessorischer Sicherungsrechte nach
§ 401 I. Ihnen werden gleichgestellt unselbständig sichernde Nebenrechte, wie
z.B. die Vormerkung, eine Schuldmitübernahme[52] (dazu unten Rn. 802ff.) und
der Anspruch auf Bestellung einer Hypothek,[53] ferner Hilfsrechte, die der

---

[51] Vgl. § 804 II ZPO, §§ 49ff. InsO.
[52] Vgl. BGH NJW 2000, 575 (§ 401 „entsprechend anzuwenden").
[53] Vgl. OLG Hamm, OLGZ 81, 20; nicht: Anspruch auf Rückgewähr vorrangiger Grund-

Gläubiger zur Geltendmachung der Forderung benötigt, wie Ansprüche auf Auskunft und Rechnungslegung.[54]

Anspruchsverwirklichende Gestaltungsrechte wie Fälligkeitskündigung, Nachfristsetzung gemäß § 323 I, Geltendmachung von Mängelrechten bei Lieferungsansprüchen gehen ebenfalls mit der übertragenen Forderung über.[55] Allerdings wird man bei sekundären Gläubigerrechten darauf abzustellen haben, welcher Zweck im Innenverhältnis zwischen Zedent und Zessionar mit der Abtretung verfolgt worden ist.[56]

786   Der in § 401 normierte Übergang von akzessorischen Sicherungsrechten erfaßt nicht solche Sicherheiten, die nicht akzessorisch sind, z.B. zur Sicherheit übertragene Rechte (aufgrund Sicherungsübereignung oder Sicherungszession), Grundschuld oder beim Kauf unter Eigentumsvorbehalt vorbehaltenes Eigentum des Verkäufers. Eine analoge Anwendung des § 401 auf diese nicht akzessorischen Sicherheiten wird überwiegend abgelehnt, obwohl z.B. die akzessorische Hypothek und die nicht akzessorische Grundschuld für die in § 401 geregelte Sachfrage keine unterschiedliche Behandlung rechtfertigen.[57] Man hilft sich jedoch mit einer Auslegung des der Zession zugrunde liegenden Schuldverhältnisses, die zu einer Verpflichtung des Zedenten führt, die nicht akzessorische Sicherheit rechtsgeschäftlich nach den für sie geltenden Regeln auf den Zessionar zu übertragen.[58] Die mit dem Mittel der Akzessorietät verhinderte Trennung von Forderung und Sicherheit[59] wird also durch schuldrechtliche Pflichten zu erreichen versucht, die die „Wandergemeinschaft"[60] von Forderung und Sicherheit im Falle einer Übertragung der Forderung erhalten und so vermeiden sollen, daß Forderung und Sicherheit unabhängig voneinander und evtl. doppelt realisiert werden. Einer Zustimmung des Inhabers der Sicherheit (Eigentümer, Forderungsgläubiger) zu dieser (Weiter-)Übertragung auf den Zes-

---

schulden, da nicht vom Bestehen der zu sichernden Forderung abhängig, BGH NJW 1988, 1665.

[54] Vgl. *Jauernig/Stürner*, § 401 Rn. 3.

[55] Vgl. für das Recht zur Nachfristsetzung gemäß § 326 a.F. BGH NJW 1985, 2640, 2641, aber auch NJW 1991, 2552 (nicht bei schwebend unwirksamer Abtretung); für Mängelrechte BGHZ 95, 250, 253; für Fälligstellung einer nach § 401 übergegangenen Bürgschaft auf erstes Anfordern durch entsprechende Erklärung s. BGH NJW 1987, 2075.

[56] Vgl. hierzu *Schwenzer* (Lit. vor Rn. 762), AcP 182 (1982), 221 ff.; *Köhler* (Lit. vor Rn. 762), JZ 1986, 516.

[57] Der Hinweis von *Medicus*, Schuldrecht I, § 62 II 2, Rn. 721 auf eine besondere Vertrauensstellung des Sicherungsnehmers, die einen automatischen Personenwechsel verbieten soll, kann nicht überzeugen: Weshalb die kreditgebende Bank, die sich eine Grundschuld statt einer Hypothek bestellen läßt, besonderes Vertrauen in Anspruch nehmen bzw. verdienen soll, ist nicht ersichtlich.

[58] Vgl. BGHZ 92, 374, 378; *Palandt/Heinrichs*, § 401 Rn. 5; *MünchKomm/Roth*, § 401 Rn. 10.

[59] Vgl. hierzu *Schlechtriem*, BT, Rn. 626.

[60] Ausdruck von *Heck*, Grundriß des Sachenrechts, Tübingen 1930, § 78 III 3, S. 331.

sionar der gesicherten Forderung bedarf es grundsätzlich nicht; die Übertragung ist wirksam selbst dann, wenn sie gegen Bestimmungen in der Sicherungsabrede zwischen Sicherungsgeber und Sicherungsnehmer (= Zedent) verstößt.[61] Ob der Zedent mit dem Sicherungsgeber vereinbarte schuldrechtliche Bindungen – vgl. § 137 S. 2 – an den Zessionar „weitergeben" muß, wie der BGH[62] festgehalten hat, und wie er das kann, ist unsicher.[63]

VI. Schuldnerschutz

Die Abtretung erfolgt ohne Mitwirkung, nicht selten sogar ohne Kenntnis des Schuldners. Da er nicht zuzustimmen hat, darf sich seine Stellung durch die Zession nicht verschlechtern. Auch muß er davor geschützt werden, in Unkenntnis der Zession an den Falschen zu zahlen oder die Möglichkeit zu verlieren, rechtzeitig, d.h. solange eine Aufrechnungslage (oben Rn. 379ff.) bestand, aufzurechnen. Die im Folgenden dargestellten Regelungen bezwecken den erforderlichen Schutz des Schuldners.   787

1. Gegenrechte des Schuldners

Der Schuldner behält im Falle einer Abtretung alle Einwendungen und Einreden gegen die abgetretene Forderung, deren Tatbestand im Zeitpunkt der Abtretung voll erfüllt war, also z.B. rechtshindernde Einwendungen (Nichtigkeit der abgetretenen Forderung aufgrund der §§ 134, 138), rechtsvernichtende Einwendungen (Anfechtung, Rücktritt, Kündigung, Erfüllung) oder Einreden wie z.B. die Einrede der Bereicherung oder der Verjährung, § 404. Sind Gegenrechte gegen die Forderung erst nach Abtretung voll entstanden, dann genügt es, wenn das bei Abtretung bestehende Schuldverhältnis rechtliche Grundlage für Einwendungen bzw. Einreden ist, deren Voraussetzungen sich erst nach Abtretung erfüllen. Ist bei Abtretung der Rücktrittsgrund (vertraglicher Rücktritts-   788

---

[61] *Palandt/Heinrichs*, § 398 Rn. 21; dies ergibt sich schon aus § 137 S. 1.
[62] BGH NJW 1997, 461, 463.
[63] Es ist im übrigen auch fraglich, wie dieses „Gebot" des BGH erfüllt werden kann, der Sicherungsnehmer habe bei Weiterübertragung einer Sicherheit auf einen Dritten die Beschränkungen „weiterzugeben", die er gegenüber dem Sicherungsnehmer hinsichtlich der Sicherheit, insbesondere ihrer Verwertung, eingegangen ist. Konstruktiv kommt M.E. nur in Frage, daß der Sicherungsnehmer nicht nur die Sicherheit, sondern gleichzeitig seine Rechte aus der Sicherungsabrede, die im Einzelnen auch seine Verwertungsmöglichkeiten umschreiben, abzutreten hat, so daß insoweit der Sicherungsgeber seine Gegenrechte nach § 404 auch dem Zessionar entgegenhalten könnte. Auch kommt in Betracht, daß der Sicherungsnehmer verpflichtet ist, mit dem Erwerber der Sicherheiten eine Schuldübernahme hinsichtlich der Rückgewährverpflichtung bei Wegfall des Sicherungszwecks, also insbesondere Erlöschen der gesicherten Forderung, zu vereinbaren.

788 – 790 5. Teil: Der Kreis der Beteiligten – Erweiterungen und Veränderungen

vorbehalt oder gesetzliches Rücktrittsrecht, insbesondere nach §§ 323 ff.) bereits gegeben, dann kann der Rücktritt noch nach Abtretung gegenüber dem Altgläubiger erklärt werden.[64] Dies gilt sogar dann, wenn der Rücktrittsgrund erst nach der Abtretung entstanden ist. Die zur vollen Entstehung des Gegenrechts erforderlichen rechtsgestaltenden Willenserklärungen, z.B. Anfechtung oder Rücktritt oder auch rechtsgeschäftsähnliche Handlungen (z.B. Fristsetzung nach § 323 I), sind grundsätzlich gegenüber dem Altgläubiger vorzunehmen.[65] Eine noch während der Innehabung der Forderung durch den Zedenten, also vor Abtretung begonnene Verjährung, die sich erst nach Abtretung vollendet, kann ebenfalls dem Zessionar entgegengehalten werden.[66] Selbst ein erst nach der Abtretung entstandenes Zurückbehaltungsrecht soll dem neuen Gläubiger entgegengehalten werden können, wenn die abgetretene Forderung nicht vor der Entstehung des Zurückbehaltungsrechtes geltend gemacht werden konnte.[67] Die Sperre des § 404 kann auch nicht durch guten Glauben des Neugläubigers beim Erwerb der Forderung überwunden werden; Ausnahme § 405 (oben Rn. 773).

789   Natürlich kann sich der Schuldner auch auf die *Unwirksamkeit der Abtretung* berufen, gleich, ob die Abtretungsvereinbarung als solche nichtig ist (z.B. wegen Sittenwidrigkeit einer Globalzession oder Anfechtung durch den Zedenten) oder wegen Unübertragbarkeit der Forderung (oben Rn. 778 ff.) keine Wirksamkeit entfalten konnte; Ausnahme § 405 (s.o. Rn. 781). Dagegen kann sich der Schuldner nicht auf die Nichtigkeit des *Kausalverhältnisses* zwischen Zedent und Zessionar berufen, das der Abtretung zugrunde lag.

2. Leistung oder Rechtsgeschäft des Schuldners an bzw. mit dem Gläubiger in Unkenntnis des Forderungsübergangs und verwandte Fallgestaltungen

790   Weil der Schuldner von der Abtretung keine Kenntnis haben muß, kann und wird er den alten Gläubiger häufig noch für den richtigen Gläubiger halten. Dieser Rechtsschein legitimiert den alten Gläubiger im Verhältnis zum Schuldner mit der Folge, daß der Schuldner befreiend an den alten Gläubiger leisten kann, § 407 I Alt. 1. Auf den Rechtsschein kann der Schuldner allerdings nur vertrauen, wenn er gutgläubig war, d.h. die Abtretung bei der Leistung nicht kennt. Dem Schuldner schadet nur positive Kenntnis, also z.B. eine Abtretungsanzeige des Neugläubigers, wenn dieser vertrauenswürdig und wirtschaftlich solide ist.

---

[64] Vgl. BGH NJW 1986, 919, 920; *Kornblum*, BB 1981, 1296; entsprechend für die Wirkungen der Kündigung eines Darlehensvertrags vor Valutierung durch die Bank gegenüber dem Zessionar des Anspruchs auf Auszahlung BGH NJW-RR 2004, 1347.

[65] Vgl. *Jauernig/Stürner*, § 404 Rn. 4; offen gelassen in BGH NJW 1986, 919.

[66] BGHZ 48, 181, 183.

[67] BGHZ 58, 327.

Die positive Kenntnis allein der Tatsachen, die eine Forderungsübertragung begründen, reicht aus.[68] Fahrlässige Unkenntnis schließt Gutgläubigkeit nicht aus.[69] Berufung auf Unkenntnis kann jedoch arglistig sein, wenn sich der Schuldner der Kenntnisnahme entzieht.[70]

Die Schuldbefreiung bewirkt, daß die Forderung erlischt und damit dem neu- **791** en (wahren) Gläubiger verloren geht. Dieser kann sich an den bisherigen Gläubiger halten, der durch die Einziehung der ihm nicht mehr zustehenden Forderung im Regelfalle eine Verletzung der Pflichten aus dem Schuldverhältnis, das der Abtretung zugrunde liegt, möglicherweise auch eine vorsätzlich sittenwidrige Schädigung begeht, die einen Schadenersatzanspruch nach § 826 auslöst. Stets jedoch schuldet er Bereicherungsausgleich nach § 816 II.

§ 407 gilt auch für Rechtsgeschäfte, die der Schuldner in Unkenntnis der Ab- **792** tretung mit dem Gläubiger hinsichtlich der abgetretenen Forderung vornimmt, z.B. eine Stundung oder ein Erlaß der Forderung durch den Altgläubiger.

Beispiel: Der Schuldner gibt in Unkenntnis der Abtretung dem alten Gläubiger einen Scheck erfüllungshalber; der Gläubiger löst diesen Scheck erfolgreich ein. Die mit der Hingabe des Schecks verbundene Abrede der Stundung der Forderung, für die der Scheck erfüllungshalber hingegeben wird (s. oben Rn. 376), ist bereits ein Rechtsgeschäft i.S. des § 407, das der neue Gläubiger gegen sich gelten lassen muß. Die durch Einlösung des Schecks aufgrund der Abrede „Hingabe eines Schecks erfüllungshalber" eintretende Erfüllung der Forderung muß der neue Gläubiger ebenfalls gegen sich gelten lassen.[71] Vereinbart der Schuldner mit dem alten Gläubiger und einem Dritten in Unkenntnis der Abtretung eine Verrechnung mit der Forderung, die ihm gegen den Dritten zusteht, dann ist die durch vertragliche Verrechnung herbeigeführte Erfüllung seiner Schuld auch dem neuen Gläubiger gegenüber wirksam.[72]

§ 407 II ergänzt den Schuldnerschutz für den Fall eines zwischen dem Schuld- **793** ner und dem bisherigen Gläubiger anhängig gewordenen Rechtsstreits: Ist die Forderung rechtshängig geworden, bevor der Schuldner von der Abtretung Kenntnis erlangt hat, dann muß der neue Gläubiger ein Urteil, das im Prozeß zwischen altem Gläubiger und Schuldner ergeht, gegen sich gelten lassen, ins-

---

[68] Vgl. BGHZ 102, 68, 74.

[69] BGH NJW 1982, 2371, 2372 für die Vorausabtretung beim – üblichen – verlängerten Eigentumsvorbehalt; BGH ZIP 1997, 890, 891, aber mit zweifacher Einschränkung: Zum einen begründet der Zugang der Abtretungsanzeige die Vermutung, daß der Schuldner auch (positive) Kenntnis von ihr erlangt hat – es ist dann Sache des Schuldners, Umstände dazutun und ggf. zu beweisen, aus denen sich mindestens die ernsthafte Möglichkeit ergibt, daß er dennoch die erforderliche positive Kenntnis von der Abtretung nicht gehabt hat. Zweitens kann es dem Schuldner, dessen Kenntnis nicht erwiesen oder nicht zu vermuten ist, nach Treu und Glauben verwehrt sein, sich auf seine Unkenntnis zu berufen.

[70] Vgl. BGH NJW 1977, 581, 582.

[71] Vgl. BGH NJW 1976, 1842; BGHZ 102, 68: Unschädlich, wenn Schuldner zwischen Scheckhingabe und Einlösung des Schecks die Abtretung erfährt.

[72] Vgl. BGH NJW 1985, 2409.

besondere eine Klageabweisung. Für eine Abtretung *nach* Klageerhebung gelten dagegen die §§ 265, 325 ZPO.

794   Auf dem § 407 zugrunde liegenden Gedanken, daß der Schuldner im Vertrauen auf einen Rechtsschein bei einer Leistung an den Scheinberechtigten geschützt werden muß, beruht auch § 408: Hat der Gläubiger mehrfach abgetreten und ist die zweite Abtretung nur deshalb unwirksam, weil der alte Gläubiger sich durch die erste Abtretung der Forderung begeben hat, und leistet der Schuldner jetzt an den Zessionar der zweiten Abtretung, § 408 I, dann wird er geschützt: Die Leistung an den nichtberechtigten zweiten Zessionar, von dessen scheinbarer Berechtigung aufgrund einer Abtretung durch den ursprünglichen Gläubiger der Schuldner natürlich erfahren haben muß, wird wie eine Leistung an den ursprünglichen Gläubiger bewertet. § 408 gilt auch dann, wenn die zweite Zession von Zedent und Zessionar von der (Rechts-) Bedingung abhängig gemacht worden ist, daß nicht bereits eine erste Abtretung vorausgegangen ist.[73]

Nach § 408 II gilt Entsprechendes bei einem Überweisungsbeschluß in der Zwangsvollstreckung, der an sich wirkungslos ist, falls der Vollstreckungsschuldner die Forderung bereits vorher abgetreten hatte – der Schuldner wird bei Zahlung an den im Überweisungsbeschluß bezeichneten Vollstreckungsgläubiger frei.

Der wirkliche Gläubiger, der durch die wirksame Einziehung durch den Scheingläubiger seine Forderung gegen den Schuldner verliert, kann vom Scheingläubiger wieder Bereicherungsausgleich nach § 816 II verlangen.

795   § 409 schützt den Schuldner im Vertrauen auf eine vom ursprünglichen Gläubiger angezeigte Abtretung oder die Ausstellung einer Abtretungsurkunde. Leistet der Schuldner im Vertrauen auf den durch die Anzeige oder die Abtretungsurkunde geschaffenen Rechtsschein an den in der Anzeige oder in der Urkunde bezeichneten Gläubiger, dann wird er frei.[74] Der ursprüngliche und wahre Gläubiger muß sich nach § 816 II an den Leistungsempfänger halten.

Aus dem Wortlaut des § 409 I wird geschlossen, daß der Schuldner selbst dann befreiend an den falschen, aber in der Anzeige oder der Urkunde bezeichneten Gläubiger leisten kann, wenn er die Unrichtigkeit der Anzeige oder der Urkunde kennt.[75] In der Literatur wird jedoch vertreten, daß sichere Kenntnis des Schuldners von der Unwirksamkeit die Rechtsscheinwirkung von Anzeige oder Urkunde verhindern soll.[76]

---

[73] BGH NJW 1989, 899: Die zusätzliche (Rechts-)Bedingung kann nichts daran ändern, daß die zweite Zession zwar unwirksam war, der gutgläubige Schuldner aber schuldbefreiend an den zweiten Zessionar leisten kann: „Der im Gesetz vorgesehene Schutz des Schuldners kann nicht durch eine derartige Abrede zwischen Zedent und Zessionar umgangen werden".

[74] Natürlich bleibt der Alte – wirkliche – Gläubiger berechtigt, die Forderung geltend zu machen; die inhaltlich falsche Anzeige gibt dem Schuldner kein Leistungsverweigerungsrecht; s. BGH NJW 1975, 1160 zur Verjährungsunterbrechung durch eine Klage des alten Gläubigers.

[75] Vgl. BGHZ 29, 76, 82.

[76] *Jauernig/Stürner*, § 409 Rn. 2; *Medicus*, Schuldrecht I, § 63 IV 4, Rn. 737.

3. Aufrechnung

Abtretung einer Forderung kann bewirken, daß eine dem Schuldner gegen **796**
den alten Gläubiger zustehende Gegenforderung jetzt nicht mehr im Gegenseitigkeitsverhältnis zur abgetretenen Forderung steht und deshalb Aufrechnung
an sich nicht (mehr) möglich ist (zur Aufrechnungsvoraussetzung „Gegenseitigkeit" s. o. Rn. 379). Tatsächlich bleibt aber dem Schuldner Aufrechnung in einer
Reihe von Fällen möglich. Hatte der Schuldner bereits *vor* der Abtretung aufgerechnet, dann kann er die rechtsvernichtende Einwendung der Erfüllung nach
§ 404 dem neuen Gläubiger entgegenhalten. War die Forderung vom Altgläubiger erst nach Entstehung der Aufrechnungslage, d.h. nach dem Erwerb einer
aufrechenbaren Forderung durch den Schuldner, abgetreten worden, dann kann
der Schuldner immer noch aufrechnen: Kennt er die Abtretung noch nicht,
dann bewirkt die Aufrechnung eine Befreiung bereits nach § 407 (Rechtsgeschäft in Unkenntnis der Abtretung). § 406 erlaubt darüber hinaus Aufrechnung auch bei Kenntnis der Abtretung. Das gleiche Ergebnis würde sich aus
dem oben dargestellten Grundsatz ergeben (vgl. Rn. 788), daß Einreden und
Einwendungen, deren Tatbestand bereits vor Abtretung angelegt war, die aber
erst durch eine Gestaltungserklärung nach Abtretung voll wirksam werden,
nach § 404 dem neuen Gläubiger entgegengehalten werden können. § 406 stellt
insoweit nur klar, daß die Aufrechnung nach Kenntnis von der Abtretung gegenüber dem *Zessionar* zu erklären ist.

§ 406 erweitert die Aufrechnungsmöglichkeit des Schuldners jedoch außerdem um weitere Fälle:

a) Hat der Schuldner seine Forderung erst *nach* Abtretung erworben, dann **797**
bestand an sich nie eine Aufrechnungsmöglichkeit, so daß die Aufrechnung
dem neuen Gläubiger nicht als Einwendung nach § 404 entgegengesetzt werden
könnte. Weiß der Schuldner von der Abtretung, dann kann er in diesem Fall
nicht aufrechnen, § 406 Hs. 2 Alt. 1. Kannte aber der Schuldner im Zeitpunkt
des Erwerbs seiner zur Aufrechnung gegenüber dem alten Gläubiger geeigneten Aktivforderung die Abtretung noch nicht, konnte er also m.a.W. auf das
Entstehen einer Aufrechnungslage vertrauen, dann gibt ihm § 406 Hs. 1 eine
Aufrechnungsmöglichkeit.[77]

Beispiel: S schuldet dem G aus Kaufvertrag 1000 DM. Am 1.3. tritt G seine Forderung
zur Sicherheit an seine Bank B ab. S erwirbt am 3.3. eine Gegenforderung gegen G, sei es,
daß G ihn bei einem Verkehrsunfall verletzt und Schaden zufügt, so daß S einen Schaden-

---

[77] Dazu *Schwarz*, zum Schuldnerschutz bei der Aufrechnung abgetretener Forderungen,
AcP 203 (2003), 241 ff.; § 406 macht in diesem Fall nur eine Ausnahme von der Gegenseitigkeit, nicht aber von anderen Aufrechnungsvoraussetzungen, z.B. Gleichartigkeit, doch muß
genügen, daß diese zurzeit der Aufrechnungserklärung vorhanden sind; vgl. *Brox*, ASS,
Rn. 401: Ohne die Abtretung hätte der Schuldner jetzt aufrechnen können.

ersatzanspruch erwirbt, sei es, daß S von einem Dritten eine gegen G gerichtete, fällige und einredefreie Forderung durch Abtretung erlangt. Hatte er in diesem Zeitpunkt noch keine Kenntnis von der Sicherungszession an die B, dann kann er noch aufrechnen, auch wenn er später von der Abtretung erfährt. Die B verliert ihre Forderung durch die mit der Aufrechnung eintretende Tilgung und muß sich an G halten, § 816 II.[78]

Das gleiche gilt, wenn die abgetretene Forderung erst später, d.h. nach Entstehung des Rechtsscheins einer Aufrechnungslage durch Erwerb oder Entstehung einer Aktivforderung des Schuldners, *voll* entsteht, also z.B. eine künftige Gehaltsforderung (voraus-)abgetreten worden ist:[79] Der Schuldner kann nach voller Entstehung der Gehaltsforderung (nur) aufrechnen, wenn er zum Zeitpunkt des Erwerbs seiner Aufrechnungsforderung die Abtretung noch nicht kannte. Sein Vertrauen in die nur noch vom vollen Entstehen der Passivforderung (des Gläubigers) abhängige Aufrechnung, also in eine gleichsam bedingte Aufrechnungslage, wird geschützt.

798   b) Selbst wenn der Schuldner auf die *Gegenseitigkeit* der Forderungen vertrauen darf (also nicht schon ein Fall des § 406 Hs. 2 Alt. 1 vorliegt), so genügt dies noch nicht, um ein berechtigtes Vertrauen in das Entstehen einer Aufrechnungslage zu schaffen. Aufrechnung erfordert nämlich zusätzlich die *Fälligkeit* der Aktivforderung (vgl. oben Rn. 385). Eine Aufrechnungslage kann daher nur mit Sicherheit erwartet, wenn die Aktivforderung vor oder zusammen mit der Passivforderung fällig wird *und Gegenseitigkeit* besteht. Das Gesetz läßt es jedoch im Falle einer Abtretung (d.h. fehlender Gegenseitigkeit) genügen, daß die Aktivforderung vor oder gleichzeitig mit der Passivforderung des Gläubigers fällig wird, auch wenn der Schuldner vor dieser Fälligkeit Kenntnis von der Abtretung erhält: Sein Vertrauen in eine bereits angelegte Aufrechnungslage wird also geschützt. Wird die Aktivforderung dagegen erst *nach* der Passivforderung fällig, so mußte der Schuldner zwischen diesen beiden Fälligkeitszeitpunkten noch damit rechnen, daß es nicht mehr zur Entstehung einer Aufrechnungslage kommt, sei es, daß der Gläubiger schon vor Fälligwerden der Aktivforderung Erfüllung verlangt und durchsetzt, sei es, daß er die Passivforderung abtritt und so die für die künftige Aufrechnungslage notwendige Gegenseitigkeit zerstört. Der Schuldner kann daher zunächst nicht auf die Möglichkeit einer Aufrechnung vertrauen. In diesem Fall beginnt das berechtigte Vertrauen in die Aufrechnungslage daher erst mit ihrem scheinbaren Entstehen, d.h. in dem Moment, in dem die Aktivforderung fällig wird. Von diesem Zeitpunkt an kann der Schuldner aufrechnen, § 406 Hs. 1, auch wenn er *dann* von der Abtretung er-

---

[78] Der im Fall des Erwerbs einer aufrechenbaren Forderung durch den Schuldner dem § 406 zugrunde liegende Vertrauensschutzgedanke soll zweifelhaft sein, wenn dieser Erwerb nicht durch rechtsgeschäftliche Abtretung, sondern durch cessio legis erfolgt, s. *MünchKomm/Roth*, § 406 Rn. 3.

[79] S. BGH NJW 1990, 2545; abweichend OLG Köln NJW-RR 2001, 539.

fährt bzw. erfahren hat. Hat der Schuldner jedoch vorher Kenntnis von der Abtretung der Passivforderung erlangt, scheitert der Rechtsschein des Bestehens einer Aufrechnungslage zum späteren Fälligkeitszeitpunkt daran, daß der Schuldner den Mangel der Gegenseitigkeit kennt. Er kann dem Neugläubiger gegenüber die inzwischen fällig gewordene Aktivforderung daher nicht aufrechnen, wenn „die Forderung erst nach Erlangung der Kenntnis und später als die abgetretene Forderung fällig geworden ist", § 406 Hs. 2 Alt. 2.

S hatte im Beispiel in Rn. 797 eine gegen G gerichtete Forderung am 3. 3. von einem Dritten durch Abtretung erlangt; diese Forderung wurde erst am 31. 3. fällig. Zunächst ist wie oben zu fragen, ob S schon am 3. 3. von der Sicherungszession wußte; Aufrechnung scheidet dann schon nach § 406 Hs. 2 Alt. 1 aus. Ist dies nicht der Fall, so kann es ihm in diesem Fall wegen § 406 Hs. 2 Alt. 2 aber dennoch schaden, wenn er nach dem 3. 3. von der Abtretung erfährt. Die Aufrechnungsmöglichkeit entsteht für ihn jedenfalls, wenn er von der Sicherungszession erst nach dem 31. 3. Kenntnis erlangt. Sie ist aber auch dann gegeben, wenn S vorher Kenntnis erlangt, die Forderung des G aber ebenfalls erst am 31. 3. oder später fällig geworden wäre.

§ 406 ist leider schwer verständlich formuliert, da er aus Beweislastgründen **799** nur die Ausnahmen von der Ausnahme „Aufrechnung, obwohl Gegenseitigkeit infolge der Abtretung fehlt" deutlich regelt und dabei derart in den Vordergrund stellt, daß die Ausnahmegrundtatbestände sich nur schwer erschließen lassen. Hs. 1 begünstigt dabei auch das Mißverständnis, trotz Abtretung und infolgedessen fehlender Gegenseitigkeit könne grundsätzlich – d.h. vorbehaltlich der Ausnahmen in Hs. 2 – stets aufgerechnet werden.

VII. Gläubigerwechsel durch gesetzlichen Forderungsübergang (cessio legis)

In einer Vielzahl von Vorschriften ordnet das Gesetz einen aufgrund beson- **800** derer Voraussetzungen kraft Gesetzes eintretenden **Forderungsübergang – cessio legis** – an, so im Schuldrecht in den §§ 268 III (oben Rn. 219), 426 II (unten Rn. 853), 774 I.[80] Weitere Fälle der cessio legis sind im Sachenrecht geregelt, s. die §§ 1143 I, 1225, 1249, im Familienrecht, s. die §§ 1607 II, 1615b, sowie in anderen Gesetzen (wichtig § 67 VVG: Übergang von Schadensersatzansprüchen gegen einen Schädiger auf die Versicherung, soweit sie dem geschädigten Versicherungsnehmer den Schaden ersetzt hat; § 116 SGB X: Übergang von Schadensersatzansprüchen auf Sozialversicherungsträger (z.B. Krankenkasse), soweit dieser zu Leistungen zur Behebung des Schadens verpflichtet ist; § 94 SGB XII: Übergang von Unterhaltsansprüchen auf den Sozialhilfeträger). Auf einen solchen gesetzlichen Forderungsübergang finden die Vorschriften der §§ 399–404, 406–410 entsprechende Anwendung, § 412. Das bedeutet, daß ein gesetz-

---

[80] S. dazu *Schlechtriem*, BT, Rn. 646.

licher Forderungsübergang unwirksam ist, wenn die Forderung auch durch Abtretung nicht übertragbar ist, § 399, daß der Schuldner seine Gegenrechte gegenüber dem neuen Gläubiger behält, § 404, daß akzessorische Sicherungsrechte mit übergehen, § 401, daß aufgrund eines Rechtsscheins befreiend an den Altgläubiger oder den in einer Anzeige- oder Abtretungsurkunde bezeichneten Gläubiger bezahlt werden kann, §§ 407, 409, daß die Aufrechnungsmöglichkeit, die durch Vertrauen auf den Rechtsschein einer Aufrechnungslage für den Schuldner entsteht, zur Aufrechnungsmöglichkeit gegenüber dem Neugläubiger führt, § 406, und daß der Altgläubiger zur Auskunft, Urkundenauslieferung und – auf Verlangen des Gläubigers – zur Beurkundung des Forderungsübergangs verpflichtet ist, §§ 402, 403.

Gutgläubiger Erwerb nach § 405 ist dagegen nicht möglich, da mangels Rechtsgeschäfts auch kein schützenswertes Vertrauen entstanden sein kann.

VIII. Übertragung anderer Rechte

801   Nach § 413 finden die Vorschriften der Abtretung auf die Übertragung anderer Rechte entsprechende Anwendung, soweit nicht gesetzliche Vorschriften etwas Abweichendes vorschreiben. § 413 beinhaltet deshalb auch den Grundsatz der **Übertragbarkeit** anderer Rechte, wenn nicht das Gesetz oder der Inhalt der Rechte – wiederhole § 399 – eine Übertragung ausschließen.[81] Vor allem ist die Regelung des rechtsgeschäftlichen Übertragungsvorgangs, den § 398 für die Übertragung einer Forderung vorsieht, auf die Übertragung anderer Rechte entsprechend anwendbar. So wird ein GmbH-Anteil (Beteiligungsrecht) nach § 15 III GmbHG *durch Abtretung* übertragen, die freilich in Abweichung von § 398 formbedürftig (notarielle Beurkundung) ist. Sondervorschriften enthalten vor allem die Vorschriften über die Übereignung von Sachen (§§ 873, 925, 929ff.).

§ 2 Befreiende Schuldübernahme

Lit.: *Dörner*, Dynamische Relativität, München 1985; *Friederich*, Die Stellung des Sicherungsgebers bei der privativen Schuldübernahme nach § 418 Abs. 1 BGB, Berlin 1996; *Grigoleit*, Die Schuldübernahme, Jura 2002, 393–401; *Redick*, Haftungsbegründung und Schuldbefreiung bei §§ 415, 416 BGB, Berlin 1991.

---

[81] Vgl. *Jauernig/Stürner*, § 413 Rn. 1; zu Gestaltungsrechten s. hier Rn. 779.

I. Allgemeines

1. Praktische Bedeutung

Das Bedürfnis, den Schuldner aus einem Schuldverhältnis auszuwechseln,   802
entsteht besonders dann, wenn Gegenstände veräußert werden, die Anlaß zur
Begründung der Schulden gegeben haben und die deshalb künftig vom Erwerber des Gegenstandes (der Gegenstände) beglichen werden sollen: Ein Ge-
schäftsbetrieb wird verkauft und übertragen, weil der bisherige Inhaber sich zur
Ruhe setzen will – es ist wirtschaftlich sinnvoll, daß die im Geschäft begründeten Verbindlichkeiten künftig vom neuen Inhaber zu erfüllen sind;[82] ein Haus,
das mit Krediten gebaut ist, wird veräußert – regelmäßig werden die Belastungen des Grundstücks mit Grundpfandrechten und die ihnen zugrunde liegenden
Darlehensverbindlichkeiten unter Anrechnung auf den Kaufpreis vom Erwerber des Hauses übernommen; der Käufer übernimmt die Zahlung von Unkosten, z. B. Frachtgebühren, die vom Verkäufer kontrahiert worden sind, um eine
Freigabe der Ware zu erreichen; im Zuge einer gütlichen Vermögensauseinandersetzung zwischen Eheleuten, die sich scheiden lassen wollen, übernimmt ein
Ehegatte gewisse Verbindlichkeiten des anderen, die aus der Zeit des gemeinsamen Wirtschaftens stammen. Aber auch ohne derartige Übertragung von Ver-
mögensgegenständen kann es zu Schuldübernahmen kommen: Ein Vater, der
eine Strafanzeige gegen seinen Sohn wegen Unterschlagungen verhindern
möchte, übernimmt dessen Schadensersatzverpflichtung gegenüber dem Geschädigten (Gläubiger).

2. Erscheinungsformen und Abgrenzungen

a) In den oben Rn. 802 dargestellten Anwendungsfällen für Schuldübernah-   803
men, vor allem in den Beispielsfällen „Vermögensauseinandersetzung unter
Ehegatten" und „Übernahme von Schadensersatzverbindlichkeiten eines Angehörigen" können zwei zu unterscheidende Formen der Schuldübernahme genutzt werden: Einmal könnte eine **befreiende (privative) Schuldübernahme** beabsichtigt sein, d.h. eine Schuldübernahme, bei der der Altschuldner aus dem
Schuldverhältnis völlig ausscheidet und an seine Stelle der Neuschuldner tritt.
Ein solcher vollständiger Schuldnerwechsel dient primär den Interessen des
Altschuldners und dürfte etwa in den Beispielsfällen der Veräußerung eines Geschäfts oder eines belasteten Grundstücks beabsichtigt und vereinbart sein. Davon zu unterscheiden ist die **kumulative Schuldübernahme (Schuldbeitritt)**, bei
der der Neuschuldner neben den Altschuldner tritt, also beide (als Gesamt-

---

[82] Vgl. BGH WM 2001, 1028: Geschäftsnachfolge in einen Bierlieferungsbetrieb.

schuldner, s. unten Rn. 839 ff.) schulden, womit vor allem die Situation des Gläubigers verbessert wird (zur kumulativen Schuldübernahme s. unten Rn. 819).

803a   b) Die isolierte Übernahme einer Schuld ist von der im Zuge einer Vertrags-übernahme eintretenden Schuldübernahme zu unterscheiden (dazu unten Rn. 826).

804   c) Von der Schuldübernahme, die den Neuschuldner gegenüber dem Gläubi-ger verpflichtet, so daß der Gläubiger vom Neuschuldner die geschuldete Lei-stung i.S. des § 241 I verlangen kann, ist die sog. **Erfüllungsübernahme** zu unter-scheiden, bei der sich der Übernehmer nur dem Schuldner gegenüber verpflich-tet, dessen Schuld zu zahlen (s. § 329 und oben Rn. 735): Der Gläubiger erwirbt dabei keinen Anspruch gegen den Erfüllungsübernehmer, sondern nur die Aus-sicht, daß dieser an Stelle des Schuldners und mit befreiender Wirkung für die-sen (s. § 267) leistet.

805   d) Schuldübernahmen sind auch von **Interzessionen** zu unterscheiden, d.h. Verpflichtungen eines Dritten gegenüber dem Gläubiger, für die Erfüllung der Verbindlichkeit des Schuldners einzustehen, z.B. Bürgschaft oder Garantie.[83] Es ist deutlich, daß durch eine solche Interzession die Verbindlichkeit des Schuldners nicht befreiend übernommen, sondern durch die zusätzliche Ver-pflichtung des Interzedenten gesichert wird. Schwierigkeiten kann freilich die Abgrenzung solcher Verpflichtungen, insbesondere einer Bürgschaft, von ei-nem Schuldbeitritt machen, der ebenfalls zu Sicherungszwecken erfolgt sein kann (hierzu Rn. 819).

806   e) Durch einen echten Vertrag **zugunsten Dritter** erwirbt der Dritte, falls er Gläubiger im Valutaverhältnis zum Versprechensempfänger war, mit dem Ver-sprechenden einen weiteren Schuldner. Verspricht der Versprechende Erfüllung der Schuld des Versprechensempfängers, dann ist der Vertrag zugunsten Dritter technisches Instrument, eine Schuldmitübernahme ohne Mitwirkung des Gläu-bigers zu vereinbaren, s. hierzu unten Rn. 820.

II. Voraussetzungen der befreienden Schuldübernahme

807   Bei der Regelung der Voraussetzungen einer befreienden Schuldübernahme in den §§ 414 und 415 sind Sach- und Strukturprobleme zu unterscheiden: Das Sachproblem besteht darin, daß sich kein Gläubiger *ohne seine Mitwirkung* ei-nen neuen Schuldner aufdrängen lassen muß. Anders als bei der Zession muß die gesetzliche Regelung also die Mitwirkung des Gläubigers am Schuldner-wechsel sicherstellen. Ein strukturelles Problem wird durch die Sicht der Geset-

---

[83] Vgl. hierzu *Schlechtriem*, BT, Rn. 629 ff.

zesverfasser veranlaßt, die privative Schuldübernahme als spiegelbildliches Gegenstück zur Abtretung, d.h. als eine Verfügung über die Passiv-Seite einer Forderung, zu regeln (dazu noch unten Rn. 809), falls sie zwischen Neuschuldner und Altschuldner vereinbart wird (vgl. § 415). An dieser Einordnung ist jedenfalls richtig, daß man die Gültigkeit der Schuldübernahme und damit die Durchsetzbarkeit der übernommenen Verbindlichkeit gegenüber dem Neuschuldner scharf unterscheiden muß von den schuldrechtlichen Beziehungen zwischen Altschuldner und Neuschuldner, die Anlaß und causa der Schuldübernahme sind: So ist z.B. der Kaufvertrag über das Grundstück, in dem der Käufer die Übernahme von Darlehensverbindlichkeiten des Verkäufers in Anrechnung auf den Kaufpreis zu übernehmen *verspricht*, von der in Erfüllung dieses Versprechens vereinbarten Schuldübernahme zu unterscheiden, da Letztere der Zustimmung des Gläubigers bedarf.

1. Schuldübernahme durch Vertrag zwischen Gläubiger und Neuschuldner

Eine **Schuldübernahme** kann nach § 414 **zwischen Neuschuldner** (im Gesetz   **808**
„Dritter") **und Gläubiger**, d.h. ohne Mitwirkung des Altschuldners, vereinbart werden. Dem Altschuldner wird damit ohne sein Dazutun Schuldbefreiung zuteil, u.U. also „aufgedrängt". Teilweise wird deshalb vertreten, daß der Altschuldner diese Befreiung analog § 333 zurückweisen könne.[84] Dem ist entgegenzuhalten, daß der Altschuldner eine Befreiung, die *durch Leistung* eines Dritten für ihn erbracht wird, nicht verhindern kann, sofern der Gläubiger seinen Widerspruch übergeht und die Leistung annimmt, § 267 I 2.

Genau wie im Falle einer Leistung durch einen Dritten nach § 267 kann im Verhältnis zum Altschuldner der Neuschuldner (= Dritter) zur Schuldbefreiung durch Schuldübernahme aufgrund eines zum Altschuldner bestehenden Schuldverhältnisses verpflichtet sein.
Beispiel: Übernahme von Anwaltskosten durch die Rechtsschutzversicherung, die sich mit dem vom Versicherungsnehmer (Altschuldner) beauftragten Anwalt direkt über die Kostenerstattung einigt (Schuldübernahme nach § 414); dazu ist sie aufgrund des Versicherungsvertrages mit ihrem Versicherungsnehmer (Altschuldner) verpflichtet.

Die durch Vereinbarung zwischen Neuschuldner und Gläubiger unternommene Schuldübernahme ist formfrei, es sei denn, die übernommene Verpflichtung ist formbedürftig, z.B. aufgrund des § 311b I.[85]

---

[84] Vgl. *Jauernig/Stürner*, §§ 414, 415 Rn. 1; aA *Grigoleit* (Lit. vor Rn. 802), S. 395 m.w.N.
[85] Vgl. *Jauernig/Stürner*, §§ 414, 415 Rn. 1.

2. Schuldübernahme durch Vertrag zwischen Alt- und Neuschuldner

809   a) Nach § 415 I 1 kann eine Schuldübernahme durch einen **Vertrag zwischen Schuldner** (Altschuldner) **und Übernehmer** (Neuschuldner) erfolgen, doch bedarf sie zu ihrer Wirksamkeit der **Genehmigung des Gläubigers**. Über die dogmatische Deutung dieses rechtsgeschäftlichen Vorgangs herrscht Streit. Die hL sieht in der Vereinbarung zwischen Neu- und Altschuldner entsprechend dem Verständnis der Gesetzesverfasser eine *Verfügung* über die Forderung durch Nichtberechtigte, die erst durch Genehmigung des berechtigten Gläubigers wirksam wird (**Verfügungstheorie**).[86] Eine ältere sog. **Vertragstheorie** (oder Angebotstheorie) nimmt dagegen einen Vertrag zwischen Gläubiger und Neuschuldner an, der durch die als Angebot verstandene Mitteilung der Schuldübernahme durch Schuldner oder Übernehmer (s. § 415 I 2) und die Annahme durch den Gläubiger (Genehmigung) zustande kommt.[87] Die Vertragstheorie konstruiert also einen Vertragsschluß zwischen Gläubiger und Neuschuldner nach den §§ 145 ff., der erst mit „Annahme" = Genehmigung ex nunc zustande kommt und formbedürftig sein kann, z.B. nach § 311 b I. Bei einer Täuschung des Neuschuldners durch den Altschuldner hat die Anfechtung gegenüber dem Altschuldner und dem Gläubiger, der die Täuschung durch den Altschuldner kennen mußte, §§ 143 II, 123 II 1,[88] zu erfolgen. Nach der herrschenden Verfügungstheorie gelten für die Genehmigung dagegen die §§ 182 ff.; sie wirkt auf den Abschluß des Übernahmevertrages zurück, § 184, und ist stets formfrei, § 182 II. Bei Täuschung des Neuschuldners durch den Altschuldner genügt die Anfechtung gegenüber dem Altschuldner als alleinigem Vertragspartner, um der Schuldübernahme die Grundlage zu entziehen (s. zu den weiteren Voraussetzungen unten Rn. 818).

Obwohl die Vertragstheorie eine einheitliche Konzeption der Schuldübernahme und für die Erklärung des § 415 eine elegante Konstruktion anzubieten hat, ist der Sicht der Gesetzesverfasser und der hA zu folgen und jedenfalls die Schuldübernahme nach § 415 als eine Verfügung zu sehen; zu den erforderlichen Korrekturen für den Fall der Anfechtung s. unten Rn. 818.

810   b) Die zwischen Alt- und Neuschuldner nach § 415 I 1 vereinbarte Schuldübernahme bedarf zu ihrer Wirksamkeit der Genehmigung des Gläubigers, die erst erfolgen kann, wenn der Schuldner oder der Dritte dem Gläubiger die Schuldübernahme **mitgeteilt** haben, § 415 I 2. Neuschuldner und Altschuldner können bis zur Genehmigung die Schuldübernahme noch ändern oder aufhe-

---

[86] S. *Larenz*, Schuldrecht I, § 35, 1 a, S. 603f.; *Grigoleit* (Lit. vor Rn. 802), S. 395f. m.w.N.; dagegen neuerdings mit beachtlichen Gründen *Redick* (Lit. vor Rn. 802), § 3, S. 22ff.

[87] S. *Heck*, § 73, S. 222ff.

[88] Str., s. hierzu BGHZ 96, 302, 307, 309ff. Der BGH erörtert hier allerdings eine Vertragsübernahme (s.o. Rn. 826); bei der Schuldübernahme folgt er der Verfügungstheorie.

ben; andererseits hat jede Partei es in der Hand, durch Mitteilung an den Gläubiger dessen Entscheidung herbeizuführen. Insbesondere kann jede Partei den Gläubiger unter Fristsetzung zur Genehmigung auffordern mit der Folge, daß nach Fristablauf Schweigen des Gläubigers als Verweigerung der Genehmigung, § 415 II 2, die Schuldübernahme damit also als nicht erfolgt gilt, § 415 II 1. Der Gläubiger kann der Schuldübernahme jedoch auch schon vorher zustimmen (Einwilligung); einer Mitteilung bedarf es dann nicht.[89]

Die Genehmigung kann auch schlüssig erfolgen, insbesondere durch Klage **811** des Gläubigers gegen den Neuschuldner.[90] Im übrigen ist schlüssiges Verhalten des Gläubigers unter Berücksichtigung der gesamten Umstände, insbesondere der wirtschaftlichen Interessen der Parteien und des Zwecks ihrer Vereinbarung, zu würdigen,[91] wobei an eine stillschweigende Genehmigung strenge Anforderungen gestellt werden.[92]

Erleichtert wird die Genehmigung für den (häufigen) Fall der Übernahme ei- **812** ner hypothekarisch gesicherten Forderung durch den Erwerber des Grundstücks, das mit der Hypothek belastet ist, mit der Regelung des § 416.[93] Hat der Veräußerer dem Gläubiger die Schuldübernahme mitgeteilt und schweigt dieser, so gilt die Genehmigung nach Ablauf von sechs Monaten als erteilt, § 416 I 2.

c) Solange die Schuldübernahme nach § 415 vom Gläubiger noch nicht ge- **813** nehmigt, also in der Schwebe ist, oder wenn sie aufgrund Verweigerung der Genehmigung (durch ausdrückliche Verweigerung oder Fristablauf nach § 415 II 2) als nicht erfolgt gilt, bleibt im Zweifel der Übernehmer (nur) dem Schuldner zur Erfüllung von dessen Verbindlichkeit verpflichtet, § 415 III. Bei schwebend unwirksamer oder gescheiterter Schuldübernahme bleibt im Zweifel also eine **Erfüllungsübernahme** durch den Neuschuldner übrig (hierzu oben Rn. 735).

III. Wirkungen der Schuldübernahme

1. Schuldnerwechsel

Durch die wirksame befreiende Schuldübernahme scheidet der alte Schuld- **814** ner aus der Schuldbeziehung zum Gläubiger aus, während der Neuschuldner in diese Schuldbeziehung eintritt. **Sicherheiten**, die für den alten Schuldner be-

---

[89] RGZ 60, 416.
[90] Vgl. BGH WM 1975, 331.
[91] Vgl. BGH WM 1978, 351.
[92] Vgl. BGH NJW 1983, 678 und dazu die Anm. von *Haase*, JR 1983, 152.
[93] Obwohl § 416 davon spricht, daß die Übernahme „nur" durch Genehmigung des Gläubigers wirksam werden, also an sich nur nach § 415 geschehen kann, ist sie auch nach § 414 möglich, s. *Jauernig/Stürner*, § 416 Rn. 2.

stellt wurden, sind freilich regelmäßig im Vertrauen auf dessen Bonität vereinbart worden und sollen nicht die Verbindlichkeit eines anderen – des Neuschuldners – absichern. Nach § 418 I 1 erlöschen deshalb Bürgschaften und
Pfandrechte; eine Hypothek wird zur Eigentümerhypothek, §§ 418 I 2, 1168 I.
Allerdings können die Sicherungsgeber damit einverstanden sein, fortan für
den Neuschuldner einzustehen bzw. zu haften: Eine Neubestellung der Sicherheiten ist dann nicht erforderlich, sondern es genügt die Einwilligung der Sicherungsgeber, um die von ihnen gestellte Sicherheit jetzt als solche für den Neuschuldner wirken zu lassen, § 418 I 3. Die Vorschrift soll auf nicht-akzessorische
Sicherungsrechte wie Sicherungseigentum und Sicherungsgrundschuld entsprechend anwendbar sein;[94] zu beachten ist, daß sie im Falle einer Schuldüberah-
me aufgrund ihrer Nichtakzessorietät nicht erlöschen können, sondern auf den
Sicherungsgeber zurückübertragen werden müssen, weil und soweit der Sicherungszweck – Sicherung der Verbindlichkeit des alten Schuldners – entfallen ist.
„Einwilligung“ des Sicherungsgebers in die Schuldübernahme bewirkt deshalb
eine einvernehmliche Änderung des Sicherungszwecks dahin, daß das Siche-
rungsrecht jetzt die Verbindlichkeit des Neuschuldners sichern soll.[95]

Vorzugsrechte des Gläubigers für den Fall der Insolvenz erlöschen mit der
Übernahme, § 418 II – der Gläubiger bedarf keines Schutzes, da er seinen
Schuldner und damit sein Vorzugsrecht nicht ohne seine Genehmigung ver-
liert.[96]

2. Einwendungen und Einreden des Neuschuldners

815   a) Der Neuschuldner übernimmt die Schuld in dem rechtlichen Zustand, den
sie vor der Übernahme hatte. Er kann deshalb alle Einwendungen und Einreden
geltend machen, die der Schuld schon vor der Übernahme anhafteten und vom
Altschuldner geltend gemacht werden konnten, § 417 I 1, also rechtsvernichtende Einwendungen wie Erfüllung oder Anfechtung des die Forderung begründenden Schuldverhältnisses, Einreden wie Verjährung, Stundung usw. Die Erklärung der Anfechtung hat jedoch wie die Ausübung anderer Gestaltungsrechte durch den Altschuldner zu erfolgen; der Neuschuldner kann sich auf das Gestaltungsrecht des Altschuldners auch nicht einredeweise berufen, § 770 I ist

---

[94] Vgl. BGHZ, 115, 241, 243 ff.; BGH WM 1991, 2020; *Jauernig/Stürner*, § 418 Rn. 1; *Friederich* aaO (Lit. vor Rn. 802), 146 ff.: Schuldübernahme löst Rückübertragungsanspruch des Sicherungsgebers aus, sofern er nicht zustimmt.

[95] Erforderlich ist eine solche Änderung des Sicherungszwecks durch Zustimmung zur
Schuldübernahme aber nur, soweit die Sicherheit und die Haftung des Sicherungsgebers unmittelbar betroffen sind, vgl. den Fall BGH NJW 1992, 110, 111.

[96] S. *Jauernig/Stürner*, § 418 Rn. 2.

nicht entsprechend anwendbar.[97] Auch kann der Übernehmer nicht mit Forderungen des Altschuldners aufrechnen, da die Gegenseitigkeit fehlt und der Übernehmer dem Altschuldner nicht dessen Aktivforderung durch Aufrechnung nehmen darf, § 417 I 2.

b) Dem Übernehmer (Neuschuldner) können *eigene Gegenrechte* gegenüber dem Gläubiger zustehen: Er kann eine Gegenforderung haben und damit durch Aufrechnung den Anspruch des Gläubigers tilgen oder sich auf § 273 berufen; der Gläubiger kann ihm Stundung gewähren oder in einem „pactum de non petendo" darauf verzichtet haben, gegen den Neuschuldner Klage zu erheben.[98]

c) Das der Schuldübernahme zwischen Altschuldner und Neuschuldner *zugrunde liegende Rechtsverhältnis* geht den Gläubiger grundsätzlich nichts an. Einwendungen aus diesem Rechtsverhältnis kann deshalb der Neuschuldner dem Gläubiger nicht entgegenhalten, § 417 II.

Beispiel: Der Erwerber eines Hausgrundstücks hat durch eine Hypothek gesicherte Verbindlichkeiten des Veräußerers gegenüber einer Bank befreiend und in Anrechnung auf den Kaufpreis übernommen. Er kann der Bank nicht entgegenhalten, daß das Grundstück Sachmängel habe, die ihn zur Minderung oder zum Rücktritt berechtigen.

§ 417 II ist Ausdruck der sog. Abstraktheit der Schuldübernahme. Allerdings gibt es – teilweise umstrittene – Ausnahmen: Grundgeschäft und Schuldübernahme können am gleichen Fehler leiden, z.B. Unwirksamkeit wegen Geschäftsunfähigkeit des Übernehmers. Auch kann, wenn Schuldübernahme und zugrunde liegende Verpflichtung als Teil eines einheitlichen Rechtsgeschäftes gesehen werden können, § 139 anwendbar sein.[99] Ausnahmsweise kann aufgrund besonderer Umstände des Einzelfalles der Gläubiger im Verhältnis zum Neuschuldner verpflichtet sein, zur Erreichung bestimmter, im Innenverhältnis zwischen Alt- und Neuschuldner mit der Schuldübernahme verfolgter Zwecke behilflich zu sein; bei Verletzung dieser Nebenpflicht kann der Gläubiger dem Neuschuldner schadensersatzpflichtig werden.[100]

d) Die als Verfügung zwischen Alt- und Neuschuldner nach § 415 I 1 vorgenommene Schuldübernahme kann auch durch Anfechtung eines der Beteiligten vernichtet werden, so daß sie ungeachtet der Genehmigung durch den Gläubiger hinfällig wird und dies als Einwendung trotz § 417 II dem Gläubiger entgegengehalten werden kann: Es geht nicht um das der Schuldübernahme *zugrunde liegende* Rechtsverhältnis, sondern um die *Schuldübernahme selbst.* Das könnte freilich dazu führen, daß im Falle einer Täuschungsanfechtung durch

---

[97] Vgl. *Jauernig/Stürner*, § 417 Rn. 1, str.; aA *Staudinger-Eckpfeiler/Schmidt-Kessel*, 272.

[98] Zur Anwendbarkeit der Vorschriften über Verbraucherdarlehen s. *Grigoleit* (Lit. vor Rn. 802), 399f. (zum Widerruf nach §§ 495 I, 355).

[99] BGHZ 31, 321, 323; str., s. dagegen *MünchKomm/Möschel*, § 417 Rn. 12.

[100] Vgl. BGH NJW-RR 1990, 812.

den Neuschuldner der durch die Schuldübernahme begünstigte Gläubiger auch dann die Möglichkeit, den Neuschuldner in Anspruch zu nehmen, verlieren würde, wenn er von der Täuschung durch den Altschuldner keine Kenntnis hatte oder haben konnte. Dies kann unbillig sein, wenn der Gläubiger im Vertrauen auf die Wirksamkeit der Schuldübernahme einem Vermögensverfall des Altschuldners tatenlos zugesehen hat. Hätte die Schuldübernahme nach § 414 stattgefunden, so wäre der Gläubiger Erklärungsempfänger, und es würde nach § 123 II 1 jedenfalls darauf ankommen, ob er die Täuschung durch den Altschuldner kannte oder kennen mußte. M.E. darf der Schutz des Gläubigers aber nicht von dem mehr oder weniger zufälligen technischen Vollzug der Schuldübernahme beeinflußt werden. Daher ist die Arglistanfechtung der Schuldübernahme in analoger Anwendung des § 123 II 2 davon abhängig zu machen, ob der Gläubiger die Täuschung durch eine Partei des Übernahmevertrages kannte oder kennen mußte.[101]

U.U. kann eine Täuschung des Gläubigers durch den Altschuldner (z.B. über die Bonität des Neuschuldners) auch eine positive Pflichtverletzung des zum Gläubiger bestehenden Schuldverhältnisses darstellen, die den Altschuldner dem Gläubiger gegenüber nach § 280 zum Schadensersatz verpflichtet.[102]

§ 3 Schuldbeitritt (kumulative Schuldübernahme)

I. Bedeutung und Abgrenzung

819   Der vertragliche **Schuldbeitritt** *unterscheidet* sich von der **befreienden Schuldübernahme** sowohl in den von den Parteien angestrebten Zwecken als auch in den rechtlichen Voraussetzungen und Folgen: Da der Gläubiger für seine Forderung einen zusätzlichen Schuldner bekommt, wird seine Stellung verstärkt und gesichert; Schuldbeitritt ist deshalb regelmäßig ein Sicherungsmittel für den Gläubiger.

Beispiel: Für den bei einer Bank aufgenommenen Kredit zur Anschaffung von Möbeln muß regelmäßig der Ehepartner des Darlehensnehmers „mit unterschreiben“, d.h. der Verpflichtung zur Rückzahlung des Darlehens beitreten.

Die Funktion als Sicherungsmittel macht es erforderlich, den Schuldbeitritt von der Bürgschaft abzugrenzen, insbesondere deshalb, weil die Bürgschaft eines Nichtkaufmanns formbedürftig ist (s. § 766 im Vergleich zu § 350 HGB), der Schuldbeitritt dagegen grundsätzlich formfrei. Entscheidend für die Annah-

---

[101] Vgl. die Anm. zu BGHZ 31, 321 von *Brox*, JZ 1960, 369, 370f.; *Grigoleit* (Lit. vor Rn. 802), 400 m.w.N.; aA BGHZ 31, 321; *MünchKomm/Möschel*, § 417 Rn. 17.
[102] Vgl. OLG Düsseldorf, WM 1986, 1138.

me eines Schuldbeitritts soll – im Unterschied zur Bürgschaft – ein eigenes wirtschaftliches oder rechtliches Interesse des sich Verpflichtenden sein.[103]

Beispiel: Dient der vom Ehemann aufgenommene Kredit zum Ankauf von Möbeln für den gemeinsamen Hausstand, dann ist ein eigenes wirtschaftliches Interesse der Ehefrau und deshalb ein Schuldbeitritt anzunehmen. War der Kredit dagegen für das Unternehmen des Ehemannes bestimmt, an dem die Ehefrau nicht beteiligt ist, dann reicht M.E. ihr Interesse an Erhaltung der Fähigkeit des Ehemannes, ihr Unterhalt aus den Erträgen seines Unternehmens zu leisten, nicht aus, ein eigenes wirtschaftliches Interesse zu begründen; ihre Interzession ist in diesem Falle Bürgschaft.[104]

Die Gefahr übermäßiger Belastung des Beitretenden hat zu einer Verschärfung der Kontrolle durch die Gerichte mit § 138 wie bei anderen Interzessionen (z.B. Bürgschaft) geführt: Den Schuldbeitritt einer gerade volljährig gewordenen, geschäftsunerfahrenen Ehefrau ohne qualifizierte Berufsausbildung zu einer Kaufpreisschuld ihres Ehemannes (für einen Geländewagen zu 50.000,– DM), bei dem ein grobes Mißverhältnis zwischen Verpflichtungsumfang und Leistungsfähigkeit gegeben ist, hat der BGH als sittenwidrig beurteilt.[105]

II Vornahme des Schuldbeitritts

Auch beim Schuldbeitritt ist das *zugrunde liegende Schuldverhältnis* zwischen Altschuldner und Beitretendem vom Rechtsgeschäft des *Beitritts* zu unterscheiden. Der Schuldbeitritt kann durch Vertrag zwischen dem Beitretenden und dem Gläubiger nach § 311 I oder durch einen Vertrag mit dem Altschuldner zugunsten des Gläubigers i.S. des § 328 erfolgen;[106] der Gläubiger kann die zusätzliche Sicherung im Falle einer Vereinbarung zwischen Alt- und Neuschuldner zu seinen Gunsten freilich nach § 333 zurückweisen.   **820**

Der Schuldbeitritt ist grundsätzlich formfrei möglich, setzt aber Bestehen der Verbindlichkeit, welcher beigetreten wird, voraus.[107] Ist die Schuld, die der Beitretende mit übernimmt, selbst nur unter Einhaltung einer bestimmten Form zu   **820a**

---

[103] Vgl. BGH WM 1971, 1498: Schuldbeitritt eines Vaters zu Bankverbindlichkeiten der Tochter, die aus Geschäften des Vaters entstanden waren; BGH NJW 1986, 580; BGH NJW 2001, 815 (Ehefrau als Mitdarlehensnehmerin oder Bürgin); s.a. *Schlechtriem*, BT, Rn. 634.

[104] Vgl. aber BGH DB 1971, 2402: Schuldbeitritt (statt Bürgschaft) eines Ehemannes durch Mitunterzeichnung eines Darlehensvertrages der Schwiegermutter und der Ehefrau als Darlehensnehmer, die mit dem Kredit ein Lebensmittelgeschäft übernehmen (kaufen) wollten.

[105] BGH NJW 1994, 1726, 1727; s. auch oben Rn. 80 Fn. 63; s. aber auch BGH NJW 2001, 815ff., wo Mitverpflichtung an Darlehensvertrag von echter Interzession unterschieden wird. Für die entsprechende Problematik bei der Bürgschaft siehe *Schlechtriem*, BT, Rn. 632.

[106] BGHZ 42, 381, 384f.

[107] Vgl. BGH NJW 1987, 1698, 1699: Schuldbeitritt zu einer nichtbestehenden Darlehensverbindlichkeit ist nicht nichtig, sondern geht ins Leere.

begründen, dann hängt es vom Zweck der Formvorschrift ab, ob sie auch für den Schuldbeitritt gilt: Dient sie (nur) der Schaffung klarer Beweisverhältnisse, dann ist der Schuldbeitritt formfrei.[108] Soll sie dagegen vor Übereilung schützen, dann ist auch vor übereiltem Schuldbeitritt zu bewahren, dieser deshalb auch formbedürftig.

III. Wirkungen des Schuldbeitritts

1. Gesamtschuld

821   Durch den Schuldbeitritt werden Alt- und Neuschuldner zu Gesamtschuldnern i. S. des § 421; Zahlung durch den beitretenden Neuschuldner an den Gläubiger kann also, soweit sich aus dem zwischen ihnen bestehenden Grundverhältnis nichts anderes ergibt, Regreßansprüche nach § 426 gegen den Altschuldner auslösen.

2. Gegenrechte des Beitretenden

822   Der Beitretende tritt der Schuld in ihrem jeweiligen Bestand bei und will, sofern nicht zwischen ihm und dem Gläubiger anderes vereinbart wird, nicht weiter gehend schulden als der Altschuldner. Er hat deshalb entsprechend § 417 I 1 alle Einwendungen und Einreden, die dem Altschuldner im Zeitpunkt des Schuldbeitritts zustanden. *Insoweit* ist das Sicherungsinstitut „Schuldbeitritt" deshalb auch „akzessorisch" wie eine Bürgschaft.[109] Auch gilt die für die Verbindlichkeit des Altschuldners maßgebliche Verjährungsfrist im Verhältnis zum Neuschuldner.[110] *Nach* dem Schuldbeitritt wirken Veränderungen der Schuldbeziehung Altschuldner / Gläubiger auf die Verbindlichkeit des Neuschuldners jedoch nur noch nach den §§ 422–425 ein: Zwar bestimmt sich die Dauer der Verjährungsfrist für die Verbindlichkeit des Neuschuldners nach der für die Forderung gegen den Altschuldner geltenden Norm, doch gilt für ihren Ablauf § 425 II.

823   Ist der Schuldbeitritt zwischen Gläubiger und Neuschuldner vereinbart worden, kann der Neuschuldner keine Einwendungen aus seinem dem Beitritt zugrunde liegenden Rechtsverhältnis zum Altschuldner geltend machen, § 417 II

---

[108] BGH NJW 1993, 584; dazu *Baumann*, Zur Form von Schuldbeitritt und Schuldanerkenntnis, ZBB 1993, 171–178.

[109] Vgl. zunächst §§ 767 I, 768 und zur Akzessorietät der Bürgschaft *Schlechtriem*, BT, Rn. 626, 636 f., 643.

[110] Vgl. BGHZ 58, 251 für die nachträgliche Schuldmitübernahme; BGH NJW 1993, 1914, 1915; für die gleichzeitig mit Entstehung der Schuld vereinbarte Schuldmitübernahme durch einen Dritten s. OLG Frankfurt, NJW 1974, 1336.

analog. Etwas anderes gilt, wenn die Schuldübernahme zwischen Alt- und Neuschuldner als Vertrag zugunsten des Gläubigers vereinbart worden ist, da dann das Schuldverhältnis zwischen Alt- und Neuschuldner als Deckungsverhältnis nach § 334 auch die Rechtsstellung des Gläubigers gegenüber dem Versprechenden begrenzt.[111] Eine Anfechtung der Beitrittsvereinbarung kann deshalb dem Gläubiger entgegengehalten werden.

Die Möglichkeit des Neuschuldners, sich auf Gegenrechte zu berufen, die aus seinem Verhältnis zum Gläubiger stammen, ergibt sich aus § 425.

IV. Funktion und frühere Bedeutung des § 419 a.F.

§ 419 a.F. ließ den Übernehmer eines Vermögens für die Schulden des Veräußerers **824** haften. Dem lag der Gedanke zugrunde, daß das übernommene Vermögen Zugriffsobjekt für die Gläubiger des Veräußerers war und auch nach der Übertragung bleiben sollte.[112] Daneben hatte wohl der deutschrechtliche Gedanke eine Rolle gespielt, Schulden seien ein Teil des Vermögens des Schuldners.[113] Der zugrunde liegende Gedanke findet sich auch in § 25 HGB für die Haftung des Erwerbers eines Handelsgeschäfts, das unter der bisherigen Firma fortgeführt wird, in § 2382 für den Kauf einer Erbschaft, ferner – konstruktiv als Vertragsübernahme und als Schutz nur zugunsten bestimmter Gläubiger aus den jeweiligen Verträgen – in § 613a für den Fall der Übertragung eines Betriebs oder Betriebsteils und in § 566 für den Fall der Veräußerung von Wohnraum (s.u. Rn. 826 zur Vertragsübernahme).

Das der rechtspolitischen Wertung in § 419 a.F. zugrunde liegende Modell einer Ver- **825** mögensübertragung ohne Entgelt oder (nur) gegen eine Rente, bei der der Gläubiger tatsächlich die Haftungsgrundlage beim Altschuldner verlor, traf freilich schon vor dem Wegfall nur noch in Ausnahmefällen zu.[114] Mit der Reform des Insolvenzrechts 1994 ist § 419 a.F. gestrichen worden.[115]

---

[111] S. BGH WM 1976, 111, 112: Neuschuldner kann dem Gläubiger alle Einwendungen aus dem Beitrittsvertrag entgegensetzen, weil wegen der Fortdauer der Verpflichtung des Altschuldners der Gläubiger nicht der Einredebeschränkung bedarf.

[112] Vgl. BGHZ 83, 122, 128: Schutz gegen die „Verflüchtigung von Vollstreckungsobjekten".

[113] Vgl. zu diesem Gedanken *Nörr/Scheyhing*, in: *Gernhuber* (Hrsg.), Handbuch des Schuldrechts in Einzeldarstellungen, Bd. II, 1. Aufl. 1983, S. 320; dagegen *Eisemann*, Die Haftung aus Vermögensübernahme Bundesrepublik, Frankreich, England, Schweiz und Österreich, AcP 176 (1976), 487, 507f.

[114] Vgl. *Eisemann* (oben Fn. 96), S. 508; gute Erörterung des rechtspolitischen Zwecks des § 419 a.F. in BGH NJW 1990, 3141 und bei *Peters*, Zur Haftung wegen Vermögensübernahme, JR 1992, 405, 407.

[115] S. zur neuen InsO – BGBl. 1994 I S. 2866ff. – und der Abschaffung des § 419 a.F. (aaO S. 2911), *K. Schmidt*, Was wird aus der Haftung nach § 419 BGB?, ZIP 1989, 1025–1029.

§ 4 Vertragsübernahme

826   Im Gesetz nicht allgemein geregelt ist die Möglichkeit einer Vertragsübernahme. An sich wäre deshalb die Auswechslung der Partei eines Vertragsverhältnisses nur durch eine Übertragung der Forderungen (durch Abtretung) und der Verbindlichkeiten (durch befreiende Schuldübernahme) auf den anderen, der in den Vertrag eintreten soll, möglich. Das Gesetz kennt allerdings Fälle, in denen aufgrund der **Übertragung bestimmter Gegenstände** der Erwerber auch in die hinsichtlich dieser Gegenstände bestehenden Verträge eintritt. Wird vermieteter Wohnraum veräußert, so tritt der Erwerber in Mietverhältnisse zwischen dem Veräußerer und seinen Mietern ein, falls diesen der Wohnraum bereits überlassen waren, § 566. Wird ein Betrieb oder ein Betriebsteil rechtsgeschäftlich auf einen anderen Inhaber übertragen, so tritt dieser in die Rechte und Pflichten aus den im Zeitpunkt des Übergangs mit dem Veräußerer bestehenden Arbeitsverhältnissen ein, § 613a I 1 – dies, obwohl der Anspruch auf Dienstleistungen im Zweifel nicht übertragbar ist, § 613 S. 2. Weitere Fälle der gesetzlichen Parteiauswechslung ergeben sich aus § 2 UmwG für die Fälle der **Umwandlung** durch Verschmelzung und aus § 131 UmwG für die Umwandlung durch Spaltung.[116]

827   Der Übergang eines Vertrages als Folge der Übertragung eines für den Vertrag wesentlichen Gegenstandes (Grundstück, Betrieb oder Betriebsteil) darf den Vertragspartner dessen, der zugunsten eines anderen aus dem Vertrag ausscheidet, nicht schutzlos lassen: Da der neue Vertragspartner (Vermieter, Arbeitgeber) auch Schuldner ist und sich niemand einen neuen Schuldner gegen seinen Willen aufdrängen lassen muß, ist der im Vertrag bleibende Vertragspartner in seinem Interesse an und in seinem Vertrauen auf den alten Schuldner zu schützen. Dem trägt das Gesetz durch eine **Mithaftung** des alten Vertragspartners Rechnung, s. §§ 566 II 1, 613a II; auch kann sich der betroffene Vertragspartner gegebenenfalls aus der Bindung zur neuen Vertragspartei durch Kündigung lösen.[117]

828   Ein *rechtsgeschäftlich* zwischen dem alten Vertragspartner und dem „Übernehmer" vereinbarter Vertragsübergang[118] muß den Schutz des anderen, am Vertrag festhaltenden Teils ebenfalls berücksichtigen. Zwar muß er sich gefallen lassen, daß er durch Zession einem anderen Gläubiger verpflichtet ist, sofern

---

[116] Dazu *Staudinger-Eckpfeiler/Schmidt-Kessel*, S. 276 f.

[117] Für den Mieter bleibt das ordentliche Kündigungsrecht, s. § 566 II 2; dem Arbeitnehmer wird ein Widerspruchsrecht gegen den Übergang des Arbeitsverhältnisses gegeben, § 613a VI 1.

[118] Vgl. BGH NJW-RR 1993, 562: Gaststättengrundstück erworben, Getränkelieferungsvertrag übernommen; BGH BB 1999, 2157 (Anwendbarkeit des VerbrKrG a.F. auf Übernahme eines Leasingvertrages); zur Entwicklung s. *Lange*, Vertragsübernahme und Insolvenz, ZIP 1999, 1373–1381. Zum Vertragsbeitritt s. BGH NJW-RR 1998, 594.

die Forderung nicht nach § 399 unübertragbar ist. Er braucht sich jedoch nicht ohne seine Zustimmung einen neuen Schuldner aufdrängen zu lassen. Eine Vertragsübernahme, die eine Rechtsnachfolge in einen bestehenden Vertrag herbeiführt und etwas anderes darstellt als die bloße Kombination von Forderungserwerb und Schuldübernahme (dazu oben Rn. 802), bedarf deshalb der Zustimmung aller Beteiligten; sie ist heute als zulässig anerkannt.[119] Gegenüber einem Neuabschluß des am Vertrag festhaltenden Partners mit dem „neuen" hat die Vertragsübernahme den Vorteil, daß akzessorische Sicherheiten wie Bürgschaften oder Hypotheken bestehen bleiben. Allerdings wird man für Sicherheiten, die für die auf den Übernehmer übergehenden Schulden des alten, ausscheidenden Vertragspartners bestellte worden sind, § 418 anwenden müssen (s. hierzu oben Rn. 814): Auch bei einer Vertragsübernahme wollen Bürgen und Verpfänder, die für einen bestimmten Schuldner Sicherheit geleistet haben, nicht ohne ihre Einwilligung für eine andere Person – den Übernehmer – haften.

Schwierigkeiten bereitet die Frage der Anfechtung einer Vertragsübernahme. **829** Der BGH verlangt, daß der Übernehmer die Anfechtung sowohl gegenüber dem ausgeschiedenen Vertragszedenten als auch gegenüber der im Vertrag verbleibenden Partei erklärt.[120]

Beispiel: K kauft von V ein Fahrzeug. Da er in Finanzierungsschwierigkeiten gerät, wendet er sich an die Leasing-Gesellschaft Ü mit der Bitte um Finanzierung. Die Ü teilt V mit, daß sie – „Ihre Zustimmung voraussetzend" – als Käuferin in den Kaufvertrag eintrete. V ist damit einverstanden, und die Ü zahlt den Kaufpreis. Später stellt sie fest, daß das Fahrzeug aus einer überholten Modellserie stammt, ein Umstand, über den K sie getäuscht hatte. Nach der Ansicht des BGH ist die Anfechtung der Vertragsübertragung durch den Übernehmer sowohl gegenüber K als ausscheidender als auch gegenüber V als im Vertrag verbliebener Partei zu erklären.[121]

Kapitel 20: Mehrheiten von Schuldnern und Gläubigern

Lit.: *Costede*, Die Gesamtschuld, vom Kopf auf die Füße gestellt, JR 2005, 45–50; *Ehmann*, Die Gesamtschuld, Berlin 1972; *Jürgens*, Teilschuld-Gesamtschuld-Kumulation, Baden-Baden 1988; *Medicus*, Mehrheit von Gläubigern, JuS 1980, 697–704; *Preißer*, Grundfälle zur Gesamtschuld im Privatrecht, JuS 1987, 208–212, 289–295, 628–634,

---

[119] Vgl. BGH NJW 1985, 2528, 2530; Das gilt auch für das UN-Kaufrecht: *Staudinger* *Eckpfeiler/Schmidt-Kessel*, 277.

[120] BGHZ 96, 302.

[121] Dagegen *Dörner*, Anfechtung und Vertragsübernahme, NJW 1986, 2916–2921 mit Hinweis darauf, daß bei einer Koppelung von Zession und Schuldübernahme nur gegenüber Altschuldner/Altgläubiger anzufechten sei und daß deshalb für eine Vertragsübernahme nichts anderes gelten dürfe; *Dörner* geht von einer Schuldübernahme nach § 415 I 1 und der Verfügungstheorie aus (dazu oben Rn. 809).

710–713, 797–803, 961–967; *Riering*, Gemeinschaftliche Schulden, Berlin 1991; *Rütten*, Mehrheit von Gläubigern, Tübingen 1989; *Selb*, Mehrheiten von Gläubigern und Schuldnern, Tübingen 1984; *ders.*, Die neuere zivilrechtliche Rechtsprechung zu Gläubiger- und Schuldnermehrheiten, JZ 1986, 483–488; *ders.*, Die mehrfach hinkende Gesamtschuld, FS W. Lorenz, Tübingen 1991, S. 245–252; *Weitnauer*, Personenmehrheit auf der Gläubiger- und Schuldnerseite, FS Hauß, Karlsruhe 1978, S. 373–393; *Wernecke*, Die Gesamtschuld: ihre Befreiung von irrationalen Merkmalen und ihre Rückführung in die Gesetzessystematik, Berlin 1990; *M. Wolf/Niedenführ*, Gesamtschuld und andere Schuldnermehrheiten, JA 1985, 369–380.

830   Im sechsten Abschnitt des zweiten Buches regelt das BGB Mehrheiten von Schuldnern und Gläubigern, §§ 420–432. Äußerliche Ähnlichkeiten, die die Mehrheiten von Schuldnern und ihre verschiedenen Formen als Spiegelbild der entsprechenden Mehrheiten von Gläubigern (und vice versa) erscheinen lassen,[1] haben den Gesetzgeber veranlaßt, diese Mehrheiten von Beteiligten nicht nur in einem Abschnitt, sondern teilweise, d.h. bestimmte Erscheinungsformen, in einer Norm zu regeln (s. zunächst § 420). Tatsächlich sind jedoch die Ähnlichkeiten je nach Gestaltungsform der einzelnen Schuldner- oder Gläubigermehrheit unterschiedlich ausgeprägt und reichen von der Strukturverwandtschaft bei teilbaren Leistungen – § 420 – bis zur bloß äußerlichen Ähnlichkeit einer Mehrheit von Personen als Schuldner oder Gläubiger.

830a   Die Regelung der §§ 420–432 ist nicht vollständig. So ist die praktisch wichtige *gemeinschaftliche Schuld*, bei der eine unteilbare Leistung aus rechtlichen oder tatsächlichen Gründen nur von allen Schuldnern gemeinschaftlich erbracht werden kann (hierzu unten Rn. 835), gesetzlich nicht geregelt. Auch die hinsichtlich einer Forderung in einer *Gesamthand* verbundenen Gläubiger sind nach hL nicht in dem hierfür einzig in Betracht kommenden § 432 geregelt (hierzu unten Rn. 866).

831   Die Regelung der §§ 420 ff. ist aber auch deshalb unvollständig und schwer verständlich, weil sie – bis auf Ausnahmen – nicht mitregelt, unter welchen Voraussetzungen die verschiedenen Formen von Schuldner- und Gläubigermehrheit entstehen. Weitgehend offen bleibt schließlich – entsprechend der Technik des BGB, allgemeine Fragen abstrakt und vor die Klammer gezogen zu regeln – auch die den jeweiligen Mehrheiten zugrunde liegende Beziehung *zwischen* den Schuldnern auf der einen oder den Gläubigern auf der anderen Seite (Ausnahmen: § 426 I 1 für das Innenverhältnis der Gesamtschuldner: „… soweit nicht ein anderes bestimmt ist“, § 430 für das Innenverhältnis der Gesamtgläubiger).

832   Da mehrere Personen, die auf einer Seite eines Schuldverhältnisses beteiligt sind, häufig sowohl Gläubiger als auch Schuldner des oder der anderen Partner

---

[1] Zu den spiegelbildlichen Entsprechungen s. *Weitnauer* (Lit. vor Rn. 830), FS Hauß, 373, 374.

sind, könnte man erwarten, daß sich die spiegelbildlichen Regelungsformen jedenfalls in der jeweiligen Gestaltung des Schuldverhältnisses für die Mehrheit der Beteiligten wiederfinden, also z.B. Teilschuldner in ihrer Rolle als Gläubiger auch Teilgläubiger i.S. des § 420, Gesamtschuldner in ihrer Rolle als Gläubiger auch Gesamtgläubiger i.S. der §§ 428 ff. sind. Das ist jedoch zumeist nicht der Fall:

Beispiel: Mitglieder einer Wohngemeinschaft sind als Mieter je nach Mietvertrag Teilschuldner oder Gesamtschuldner, als Gläubiger der Ansprüche gegen den Vermieter je nach Ausgestaltung ihres Innenverhältnisses jedoch Gesamthandsgläubiger oder Mitgläubiger i.S. des § 432.

§ 1 Mehrheit von Schuldnern

I. Teilschuld

1. Voraussetzungen

Die in § 420 normierte Regel, daß mehrere Schuldner einer teilbaren Leistung im Zweifel nur zu gleichen Anteilen verpflichtet seien, ist in der Rechtswirklichkeit fast bedeutungslose Ausnahme, da bei Schuldnermehrheiten regelmäßig Gesamtschuld oder gemeinschaftliche Schuld vorliegt. Beispiele für Teilschuld sind Sammelbestellungen – etwa von Heizöl – durch mehrere Käufer,[2] um Mengenrabatte zu erhalten oder Transportkosten zu verringern; jeder Besteller soll nur für den auf ihn entfallenden Teil der Bestellung zur Kaufpreiszahlung verpflichtet sein. Bei Bauverträgen über die Errichtung eines Hauses mit Eigentumswohnungen, bei denen die künftigen Wohnungseigentümer Bauarbeiten im eigenen Namen vergeben, wird in der Regel nur anteilige Verpflichtung der Besteller anzunehmen sein.[3] Bestellt der Klassenlehrer für seine Klasse einen Gemeinschaftsfahrschein für eine Klassenfahrt, dann sollen im Zweifel die Schüler auch im Außenverhältnis nur ihren jeweiligen Fahrpreis schulden.[4]

833

---

[2] Richtig: LG Augsburg, NJW-RR 2004, 852. S. jedoch KG, ZMR 1984, 249, 250: Bei Bestellung durch berechtigten Geschäftsführer ohne Auftrag haften die Wohnungseigentümer diesem als Gesamtschuldner gemäß §§ 677, 683, 427.

[3] BGHZ 75, 26, 28; 76, 86, 90.

[4] Vgl. OLG Frankfurt, NJW 1986, 1941, 1942; primär ging das OLG von einer Kumulierung einzelner Verträge und nur hilfsweise von einer gemeinschaftlichen Verpflichtung aus; diese sollte aber in Ausnahme von § 427 zu Teilschulden i.S. des § 420 führen.

2. Wirkungen

834   Die Schulden der einzelnen Schuldner sind völlig unabhängig voneinander: Erfüllung durch Zahlung oder Aufrechnung eines Schuldners tilgt nur seine Verbindlichkeit. Allerdings sind die Teilschulden aufgrund des Schuldverhältnisses, das zu ihrer Entstehung geführt hat (z.B. aufgrund eines Vertrages), miteinander verbunden, so daß bestimmte Rechtsbehelfe alle Schuldner betreffen: Ein Rücktrittsrecht kann nach § 351 S. 1 nur von allen und gegen alle ausgeübt werden. Zahlt einer der Teilschuldner aus einem gemeinsamen Vertrag (Beispiel: Sammelbestellung) nicht, dann muß der Gläubiger die Rechte aus den §§ 323, 326 V[5] oder aufgrund eines vorbehaltenen Rücktritts gegenüber allen Schuldnern geltend machen.

II. Gemeinschaftliche Schuld

1. Voraussetzungen

835   Die **gemeinschaftliche Schuld** ist im Gesetz **nicht geregelt**. Sie ist dadurch gekennzeichnet, daß die primäre Leistung aus tatsächlichen oder rechtlichen Gründen nur im Zusammenwirken aller Schuldner, nicht aber von jedem der Schuldner allein erbracht werden kann.[6] Aus *tatsächlichen Gründen* können z.B. Leistungen, die nur von einer Gruppe, nicht aber von ihren einzelnen Mitgliedern vollständig erbracht werden können, gemeinschaftliche Schulden sein.

Beispiel (nach *Weitnauer*)[7]: Wenn sich ein Streichquartett für ein Konzert verpflichtet, kann die Verpflichtung nur von allen gemeinsam erfüllt werden.
Weitere Beispiele: Die Leistung eines Sportteams, einer Schauspieltruppe.

Aus *rechtlichen Gründen* kann gemeinschaftliches Zusammenwirken zur Erbringung einer Leistung durch mehrere Personen erforderlich sein, wenn der Leistungsgegenstand diesen Personen so zugeordnet ist, daß sie nur gemeinsam über ihn verfügen können. Das ist zunächst bei gesamthänderisch gebundenen Vermögen der Fall.

Beispiele: Die Verpflichtung von BGB-Gesellschaftern, ein ihnen zur Gesamthand gehörendes Grundstück auf einen Käufer zu übertragen, kann grundsätzlich nur von ihnen gemeinschaftlich erfüllt werden, s. §§ 709 I, 719 I.[8] Zu beachten ist, daß die Gesellschafter die Erbringung der Leistung aus dem Gesellschaftsvermögen nicht nur gemeinschaftlich

---

[5] Einschränkungen für die Einrede des nichterfüllten Vertrages können sich jedoch aus § 320 II, für das Rücktrittsrecht aus § 323 V 1.
[6] Zur unteilbaren, aber von jedem Schuldner isoliert zu erbringenden Leistung s. unten Rn. 840.
[7] *Weitnauer* (Lit. von Rn. 830), FS Hauß, 375.
[8] Vgl. hierzu *MünchKomm/Ulmer*, § 705 Rn. 136.

schulden und dazu zusammenwirken müssen, sondern daß sie regelmäßig – d. h. sofern nichts anderes vereinbart ist – für die Verpflichtung auch als Gesamtschuldner *haften*.

Entsprechendes wie für die Gesellschaft mit gesamthänderisch zugeordne-   **836** tem Gesellschaftsvermögen gilt für das den Ehegatten gesamthänderisch zugeordnete *Gesamtgut*, wenn sie durch Ehevertrag Gütergemeinschaft begründet und gemeinschaftliche Verwaltung vereinbart haben, s. §§ 1415, 1416, 1419, 1421, 1450, sowie für den einer Miterbengemeinschaft gesamthänderisch gehörenden *Nachlaß*, s. §§ 2032, 2033 II, 2040 I.

Die Einzelheiten dieser Gesamthandsgemeinschaften sind im Gesellschaftsrecht, im Familienrecht und im Erbrecht darzustellen. Ihre Gemeinsamkeit besteht darin, daß ein Vermögen mehreren als Sondervermögen zugeordnet und vom sonstigen Privatvermögen der Beteiligten getrennt behandelt und verwaltet wird. Die besondere Zuordnung „zur gesamten Hand" bedeutet, daß über einzelne Gegenstände des Gesamthandvermögens nur gemeinschaftlich verfügt werden kann. Verpflichtungen zur Leistung aus dem Gesamthandsvermögen können deshalb als gemeinschaftliche Schuld nur von allen im Zusammenwirken erfüllt werden.

Sachenrechtlich, d.h. in der Ausgestaltung der Zuordnungsform, ist von der   **837** Gesamthand die Bruchteilsgemeinschaft nach den §§ 741 ff. zu unterscheiden. Auch bei einer Gemeinschaft mehrerer Personen nach Bruchteilen steht die Verwaltung gemeinschaftlicher Gegenstände den Teilhabern gemeinschaftlich zu, § 744 I. Verfügungen über diese gemeinschaftlichen Gegenstände im Ganzen können von den Teilhabern nur gemeinschaftlich vorgenommen werden, § 747 S. 2. Verpflichten sich die Teilhaber einer Bruchteilsgemeinschaft zur Leistung eines ihnen gemeinschaftlich gehörenden Gegenstandes, dann sind sie aufgrund dieser *gemeinschaftlichen Schuld* wiederum nur im Zusammenwirken zur Erfüllung in der Lage.

2. Wirkungen

Erfüllung einer gemeinschaftlichen Schuld kann nur eintreten, wenn die Lei-   **838** stung im Zusammenwirken der Schuldner dem Schuldinhalt entsprechend erbracht wird. Ob und inwieweit Veränderungen des Schuldverhältnisses, etwa im Falle von Leistungsstörungen durch Gestaltungserklärungen des Gläubigers oder der Schuldner, möglich und von wem sowie wem gegenüber sie zu erklären sind, hängt von den Beziehungen innerhalb der jeweiligen Schuldnergemeinschaft ab. Insbesondere ist von Bedeutung, ob einer der gemeinschaftlichen Schuldner für die anderen Vertretungsmacht hat und deshalb rechtsgeschäftliche Erklärungen (z.B. Rücktritt) für alle vornehmen oder als Erklärungsadressat für alle anderen entgegennehmen kann.

Beispiel: Konnte das Streichquartett zum vorgesehenen Termin nicht auftreten, weil ein Musiker den Termin versäumt hatte, dann hängt die Möglichkeit für den Konzertveranstalter, Rücktritt nach § 323 gegenüber einem Mitglied des Quartetts zu erklären, davon ab, ob dieses Mitglied von den anderen bevollmächtigt worden ist, alle im Zusammenhang mit dem vereinbarten Konzert erforderlichen Rechtsgeschäfte abzuschließen und rechtsgeschäftliche Erklärungen abzugeben und entgegenzunehmen. Ein Rücktrittsgrund gegenüber allen ist nach § 323 gegeben, da jeder einzelne gemeinschaftliche Schuldner durch Versagung seiner Mitwirkung die Leistung aller verhindern und damit eine Pflichtverletzung *aller* verursachen kann. Dann müssen entgegen § 425 II alle anderen gemeinschaftlichen Schuldner auch für die nur von einer Person verursachende Pflichtverletzung einstehen.[9]

III. Gesamtschuld

1. Voraussetzungen

839 § 421 will zeigen, was man unter einer Gesamtschuld zu verstehen hat.[10] Streitig ist jedoch, ob damit auch bereits die *Voraussetzungen* für eine Gesamtschuld – und damit einer Anwendung der §§ 422–426 – normiert sind. Während ein Teil der Literatur in § 421 eine normative Festlegung der Voraussetzungen einer Gesamtschuld sieht,[11] soll nach anderen § 421 noch keine Aussage darüber enthalten, wann eine Gesamtschuld vorliegt und die §§ 422–426 anwendbar sind.[12] Rechtsprechung und h.M. verlangen zusätzlich zu den Voraussetzungen in § 421, der nur „Mindestvoraussetzungen für das Vorliegen einer Gesamtschuld" enthalte, daß zwischen den Verpflichtungsgründen der Schuldner ein innerer Zusammenhang im Sinne einer *Zweckgemeinschaft* bestehe.[13] Dafür muß sich der Leistungsinhalt der Verpflichtungen nicht genau decken, ausreichen soll vielmehr die *Identität des Leistungsinteresses*. Daneben wird in der Literatur als Eingrenzungsmerkmal auf eine *Erfüllungsgemeinschaft* oder auf die *Gleichstufigkeit* der Verpflichtungen abgestellt, die eine *echte Gesamtschuld* von der *unechten Gesamtschuld* unterscheiden soll.[14]

---

[9] Vgl. *Larenz*, Schuldrecht I, § 36 II c, S. 630f.

[10] *MünchKomm/Bydlinski*, § 421 Rn. 1.

[11] So z.B. *Ehmann* (Lit. vor Rn. 830), passim; *Reinicke/Tiedtke*, Gesamtschuld und Schuldsicherung durch Bürgschaft, Hypothek, Grundschuld, Pfandrecht an beweglichen Sachen und Rechten, 2. Aufl., Neuwied 1988, S. 20.

[12] *MünchKomm/Selb*, 3. Auflage, § 421 Rn. 1ff.; anders nunmehr *MünchKomm/Bydlinski*, § 421 Rn. 1.

[13] S. BGHZ 59, 97, 99ff. m.w.N.

[14] Vgl. hierzu *Medicus*, Schuldrecht I, § 69 II 2 b aa, Rn. 798; das Merkmal „Gleichstufigkeit" geht wohl auf *Larenz* zurück, s. Schuldrecht I, 1. Aufl. 1953, 296; s. ferner *MünchKomm/Selb*, § 421 Rn. 8 zur vorgeblich erforderlichen „Erfüllungsgemeinschaft" sowie *ders.* gegen das Eingrenzungsmerkmal *Zweckgemeinschaft*, aaO, Rn 7. Im einzelnen bestehen zwischen dem Merkmal der Gleichstufigkeit und dem Kriterium der Zweckgemeinschaft freilich Unter-

Es geht, wie häufig, um eine Verquickung von terminologischen Problemen und Sachfragen: Wer in § 421 eine Definition der Gesamtschuld sieht und deshalb die Gesamtschuld sehr weit faßt, muß bei den Rechtsfolgen, insbesondere bei der Regreßnorm des § 426, anpassen und einschränken. Wer dagegen die Voraussetzungen der Gesamtschuld eng faßt und Gesamtschuld entweder nur dann annimmt, wenn das Gesetz sie ausdrücklich vorschreibt, oder mit zusätzlichen ungeschriebenen Voraussetzungen wie „Zweckgemeinschaft" oder „Gleichstufigkeit" der mehreren Schuldner den Anwendungsbereich der §§ 422–426 einschränkt, begibt sich der Möglichkeit einer Anwendung der §§ 422–426 auch dort, wo sie an sich passen und einem rechtspolitischen Bedürfnis entsprechen würden (insbesondere § 426 als Regreßnorm); es bleibt dann nur der Weg einer Analogie.

M.E. ist § 421 ein reiner Strukturbegriff,[15] der vom Gesetzgeber bewußt so weit gefaßt worden ist, weil man den gemeinrechtlichen Streit über die Unterscheidung zwischen Korreal- und Solidarobligationen fallen lassen und die Rechtsanwendung erleichtern wollte.[16] Damit ist er aber so umfassend formuliert, daß er neben den gesetzlich angeordneten Fällen gesamtschuldnerischer Haftung an sich ganz heterogene Sachverhalte abdecken kann, für die die in den §§ 422–426 geregelten Rechtsfolgen einer Gesamtschuld nicht oder jedenfalls nicht durchweg passen. Deshalb war man nach Inkrafttreten des BGB um eine Eingrenzung des Anwendungsbereichs der §§ 421–426 bemüht, die heute überwiegend mit dem Merkmal „Zweckgemeinschaft" (s. oben) zu erreichen versucht wird. M.E. ist der Versuch einer begrifflichen Einschränkung jedoch müßig und mißlungen;[17] man muß vielmehr für die Anwendung der §§ 421–426 zwischen verschiedenen Fallgruppen von Schuldnermehrheiten differenzieren, die sich in Entstehungsgrund und -zweck unterscheiden.[18]

---

schiede, und der BGH scheint in einigen Entscheidungen wieder der Voraussetzung „Gleichstufigkeit" zuzuneigen, vgl. zum ganzen mit umfassenden Nachweisen *Doecken/von Sonntag*, Zur Gleichstufigkeit der Schuldner als Voraussetzung einer Gesamtschuld, Jura 1997, 1 ff., die sich mit zutreffenden Argumenten gegen die Voraussetzung einer Gleichstufigkeit zur Bestimmung einer Gesamtschuld wenden.

[15] Vgl. *Heck*, §§ 75, 79, S. 231, 240.

[16] Vgl. hierzu *Ehmann* (Lit. vor Kap. 20), S. 28 ff.; zur Nachwirkung des gemeinrechtlichen Streits auf die heutige Diskussion *Wernecke* (Lit. vor Kap. 20), 30 ff.

[17] Überzeugend gegen die „Leerformel" von der Zweckgemeinschaft *Wernecke* (Lit. vor Kap. 20), die insoweit Einmütigkeit der Dogmatik behauptet (S. 38 ff., 42 f.), aber auch gegen die Voraussetzung „Gleichstufigkeit", S. 43 ff.

[18] Vgl. *v. Caemmerer*, Ausgleichsprobleme im Haftpflichtrecht in rechtsvergleichender Sicht, öst. ZfRvgl. 9 (1968), 81, 82: „Alle begrifflichen Abgrenzungsmerkmale sind gescheitert. Man kann nicht darauf abstellen, ob Einstufigkeit oder Mehrstufigkeit vorliegt. Beides ist Solidarität. Man kann auch nicht auf wechselseitige Tilgungswirkung abheben, denn dann nimmt man ein Problem des Regreßweges und der Regreßtechnik, also eine der Rechtsfolgen, nach denen man sucht, bereits in den Tatbestand der Frage hinein. … Heute setzt sich … immer mehr der Gedanke durch, daß es darum geht, typische Fallgruppen herauszuarbeiten." Krit. –

840   Urtyp der Begründung einer Gesamtschuld ist die **gemeinschaftliche vertragliche Verpflichtung** mehrerer Personen, sei es zu einer teilbaren Leistung, § 427, sei es zu einer unteilbaren Leistung, die aber jeder einzeln erbringen kann, § 431.

> Beispiele: Mehrere Personen mieten eine Wohnung; sie schulden – im Zweifel, d.h. mangels abweichender Vereinbarung mit dem Vermieter – den Mietzins als Gesamtschuldner.
>
> Eheleute nehmen gemeinsam ein Darlehen zur Anschaffung von Möbeln auf und schulden deshalb die Rückzahlung als Gesamtschuldner, obwohl die Leistung teilbar ist und deshalb nach § 420 Teilschuld möglich wäre; § 427 geht jedoch vor.
>
> Eine Anwaltssozietät hat die Wahrnehmung der Interessen eines Klienten übernommen. Die Partner schulden die einzelnen unteilbaren Leistungen als Gesamtschuldner, § 431.[19]

Grundlage der Gesamtschuld ist in diesen Fällen die gemeinschaftliche Verpflichtung durch Vertrag, sei es, daß alle Schuldner gemeinsam handeln, sei es, daß sie gemeinsam vertreten werden. Eine Gesamtschuld kann aufgrund gesetzlicher Anordnung auch entstehen, wenn mehrere Personen, ohne gemeinschaftlich zu handeln, sich dem Gläubiger gegenüber so verpflichten, daß er nur einmal Leistung verlangen kann; eine solche Gesamtschuld sieht das Gesetz z.B. in § 769 für Mitbürgen vor. Schwierigkeiten bereitet dabei die Frage, ob die durch Vertrag gemäß § 427 als Gesamtschuldner Verpflichteten auch für eine Bereicherung gesamtschuldnerisch haften, die aufgrund dieses nichtigen oder fortgefallenen Vertragsverhältnisses erfolgte. Im Prinzip verneint dies der BGH und stellt für die Bereicherungsschuld darauf ab, was jeder Einzelne der ursprünglich gesamtschuldnerisch Verpflichteten selbst erlangt hat. Jeder haftet also unabhängig von den anderen auf seine eigene Bereicherung.[20] In den praktisch wichtigen Fällen der Leistung an eine Gesellschaft wurde für die persönliche Haftung der BGB-Gesellschafter bei Bereicherung des Gesellschaftsvermögens jedoch Gesamtschuld, d.h. Bereicherungshaftung jedes – auch eines ehemaligen – Gesellschafters auf die gesamte Bereicherung angenommen.[21]

841   In einer Reihe von Fällen ordnet das Gesetz eine Gesamtschuld mehrerer Personen an, bei der ein Schuldner im Grunde die primäre Schuld eines anderen durch seine Mitverpflichtung **absichert**, so die gesamtschuldnerische Mitver-

---

ohne *v. Caemmerer* auszuwerten – zu bestimmten Versuchen, Fallgruppen zu bilden, *Wernecke* (Lit. vor Rn. 830), S. 79 ff. *Wernecke* sieht als allen Gesamtschuldverhältnissen gemeinsames Merkmal die *eine* Leistung, d.h. das vom Gläubiger nur *einmal* zu erhaltende „Interesse", sei es vertraglich konkretisiert, ein auszugleichender Vermögensnachteil oder Verschaffung bzw. Abschöpfung desselben Vorteils, S. 109.

[19] *Jauernig/Stürner*, § 431 Rn. 1.

[20] BGH NJW 1982, 2433, 2436; so auch OLG Hamm, NJW 1981, 877, 878; aA RGZ 67, 260; vgl. zum ganzen *Reuter/Martinek*, Ungerechtfertigte Bereicherung, § 17 III 4, 611 ff.

[21] Vgl. hierzu genauer BGHZ 61, 338; BGH NJW 1983, 1905, 1907 f.

pflichtung des alten Arbeitgebers für die Verbindlichkeiten aus dem Arbeitsverhältnis, das auf den neuen Betriebsinhaber übergegangen ist, § 613a II 1, und die Haftung eines das Gesamtgut der in Gütergemeinschaft lebenden Ehegatten verwaltenden Ehepartners für Gesamtgutsverbindlichkeiten des anderen Ehegatten, § 1437 II.

Eine weitere wichtige Fallgruppe stellt die gesamtschuldnerische Verpflichtung **mehrerer Schadensverursacher** dar. Ihre Haftung jeweils auf den gesamten Schaden ergibt sich schon aus der Grundregel unseres Haftungsrechts, „daß jeder, der schuldhaft oder in sonst verantwortlich machender Weise eine Mitursache für den Schaden gesetzt hat, für den ganzen Schaden haftet".[22] § 840 I, der auf die Regeln für die Gesamtschuld verweist, entlastet damit das Schadensersatzrecht: **842**

> Bereits die Erfüllung der Schadensersatzverpflichtung durch *einen* Schädiger führt zur Befreiung aller *gegenüber dem Gläubiger*, § 422 I 1, und nicht nur zu einem Wegfall des Schadens beim Geschädigten nach der Differenzhypothese (dazu oben Rn. 255 ff.).

Die Einordnung als Gesamtschuldner eröffnet aber vor allem einen Regreß zwischen den mehreren Schädigern nach § 426.[23]

> Beispiel: Mehrere Gäste einer Sylvesterparty haben durch fahrlässigen Umgang mit Feuerwerkskörpern einen Brand verursacht; sie haften dem geschädigten Hauseigentümer als Gesamtschuldner nach den §§ 823 I, 840 I. Ausgleich im Innenverhältnis findet nach § 426 statt (dazu noch unten Rn. 845, 857).

Gleiches gilt nicht nur aufgrund gesetzlicher Regelung in anderen Fällen, z.B. **843** § 42 II 2 BGB, § 43 II GmbHG für die Haftung der Mitglieder von Kollegialorganen juristischer Personen, sondern auch bei einer auf ganz unterschiedliche Haftungsgründe gestützten Schadenersatzhaftung mehrerer Personen, die nichts miteinander zu tun haben.

> Beispiele: Bei einem Verkehrsunfall, der durch schuldhaft verkehrswidrige Fahrweise eines Taxi- und eines Lkw-Fahrers verursacht worden ist, wird ein Fahrgast im Taxi verletzt. Das Taxiunternehmen haftet dem Fahrgast (jedenfalls auch) aus Verletzung des Beförderungsvertrages auf Schadensersatz, Halter und Führer des Lkw aus den §§ 7, 18 StVG; alle haften als Gesamtschuldner.
> Mangelhafte Bauausführung durch den Bauunternehmer und nachlässige Bauaufsicht durch den Architekten führen zu einem Baumangel; beide haften auf Mängelbeseitigung bzw. Schadensersatz als Gesamtschuldner.[24] Infolge eines Baumangels sind sowohl der Bauunternehmer (aus Delikt) als auch der Eigentümer des Objekts (aus Mietvertrag) dem Mieter der Räume zum Schadensersatz verpflichtet; Bauunternehmer und Eigentümer

---

[22] *v. Caemmerer* (oben Fn. 18), S. 85.
[23] S. hierzu und zu den Abweichungen von den Verteilungsregeln des § 426 in § 840 II, III, *Schlechtriem*, BT, Rn. 990.
[24] BGHZ 51, 275.

sind Gesamtschuldner.[25] Unternehmer mit unterschiedlichen Gewerken, deren fehlerhafte Leistungen zu Mängeln geführt haben, die nur einheitlich beseitigt werden können, haften ebenfalls als Gesamtschuldner.[26]

844   „Haftungsgesamtschuld" wird auch angenommen, falls Schadensersatzhaftung eines Schädigers mit einer Ausgleichshaftung zusammentrifft, die nicht auf Schadensersatz geht:

Beispiele: Durch Fehler des Architekten kommt es zu Einwirkungen auf das Nachbargrundstück; der Architekt haftet dem Grundstücksnachbarn aus § 823 I, der Bauherr mangels Verschuldens im konkreten Fall nur aus § 906 II; beide sind Gesamtschuldner.[27]
Ein ungetreuer Angestellter hat unterschlagen und die Sache dem bösgläubigen V verkauft, der sie seinerseits an Z weiterveräußert hat. Der betrogene Eigentümer kann vom Deliktstäter Schadensersatz, vom Veräußerer V nach § 816 I 1 den Veräußerungserlös herausverlangen; Deliktstäter und Veräußerer sind Gesamtschuldner.[28]

An den Ausgleichspflichten der mehreren Schuldner muß noch nicht einmal eine Schadensersatzverpflichtung beteiligt sein:

Der Käufer eines Grundstücks kann vom Verkäufer aus einer Abrede im Vertrag und vom Besitzer aus § 987 Nutzungsherausgabe verlangen. Verkäufer und Besitzer sind Gesamtschuldner.[29]

845   In den Fällen mehrerer Ersatzpflichtiger geht es bei der Verweisung auf die Vorschriften der Gesamtschuld letztlich und vor allem um die Eröffnung eines Regreßweges für den zahlenden Schuldner, wobei im Einzelnen zu prüfen ist, in welcher Höhe Regreß zu gewähren oder ob im Innenverhältnis Regreß sogar zu versagen ist.[30] Überblickt man die – hier bei weitem nicht erschöpfend dargestellten – Situationen, in denen Gesamtschuld i.S. des § 421 angenommen worden ist, dann spricht viel für die Lehrmeinung, daß es sich bei der Eingrenzung der Gesamtschuld als Zweckgemeinschaft wie bei der Unterscheidung von echten und unechten, gleichstufigen und mehrstufigen Gesamtschulden nur um eine façon de parler handelt, um die erforderlichen Differenzierungen und Einschränkungen in der Anwendung der §§ 422–426, insbesondere der Regreßmöglichkeiten aus § 426 zu verdeutlichen.[31] Nicht der Begriff der Gesamt-

---

[25] BGH NJW 1994, 2231, 2232. S. zu diesem Fall bereits oben Rn. 746, Fn. 34.
[26] BGH NJW 2003, 2980ff.; dazu Stamm, Die Gesamtschuld auf dem Vormarsch, NJW 2004, 2940–2944.
[27] BGHZ 85, 375, 386f.
[28] Vgl. BGH JZ 1984, 230; aA *Reinicke/Tiedtke* (Fn. 11), 32ff.
[29] OLG Köln, NJW 1984, 1690.
[30] Grundlegend zur Entwicklung des Regresses zwischen mehreren Schadensersatzschuldnern und den unterschiedlichen Entwicklungen in anderen Rechtsordnungen *v. Caemmerer* (oben Fn. 18), 85ff.
[31] Treffend insoweit *Ehmann*, der davon spricht, daß die Angst vor dem „falschen Regreß in der falschen Richtung" auf die Bildung des Gesamtschuldbegriffs zurückgewirkt habe, (Lit. vor Rn. 830), 52.

schuld ist zu klären, sondern die Auslegung und Anwendbarkeit der §§ 422–426 jenseits der eindeutig im Gesetz als Gesamtschuld bezeichneten Fälle (z.B. § 769 oder § 840 I) der Verpflichtung mehrerer in der Weise, „daß jeder die ganze Leistung zu bewirken verpflichtet, der Gläubiger aber die Leistung nur einmal zu fordern berechtigt ist", § 421 S. 1.[32]

2. Rechtswirkungen einer Gesamtschuld

a) Schon nach der Legaldefinition des § 421 kann der Gläubiger von jedem **846** der Gesamtschuldner Erfüllung verlangen, aber nicht mehr als einmal. Bis zur Leistung durch einen Gesamtschuldner und der damit bewirkten Erfüllung – die freilich in Ausnahme von § 362 die Schuld nicht erlöschen läßt, s. § 426 II 1 – bleiben also alle Gesamtschuldner verpflichtet, § 421 S. 2.[33] Soll dagegen der Gläubiger die Leistung mehrfach erhalten, liegt eine kumulierte Verbindlichkeit vor. Die Erfüllung durch einen Schuldner wirkt nicht für die anderen.

Beispiel: Bestelle ich für eine Abendeinladung fünf Flaschen Sekt bei meinem Lieferanten A und später die gleiche Menge noch einmal vom Getränkehändler B, weil ich geruchteweise gehort habe, A könne nicht liefern, dann sind beide verpflichtet und die Leistung durch A befreit nicht etwa den B.[34]

b) Die **Erfüllungswirkung** der Leistung durch einen Gesamtschuldner nach **847** § 422 I 1 gilt auch für **Erfüllungssurrogate** wie Leistung an Erfüllungs statt, Hinterlegung und Aufrechnung, § 422 I 2. Ein Gesamtschuldner kann freilich nur mit einer eigenen Gegenforderung aufrechnen, nicht mit einer solchen eines anderen Gesamtschuldners, § 422 II – für den Schuldner, der nicht selbst eine Forderung gegen den Gläubiger hat, fehlt es für eine Aufrechnung an der erforderlichen Gegenseitigkeit.

c) Kann jeder Schuldner Erfüllung bewirken, dann muß **Gläubigerverzug**, der **848** die Erfüllung verhindert, auch für die anderen Schuldner entlastende Wirkung haben, § 424.

---

[32] Auch das Verhältnis von Bürge und Hauptschuldner gegenüber dem Gläubiger kann man deshalb als Gesamtschuld (*Ehmann* (Lit. zu Kap. 16), § 11, S. 332ff., 360ff.: Sicherungsgesamtschuld) bezeichnen (aA die hL, s. statt aller *Medicus*, Schuldrecht I, § 69 II 3 a, Rn. 800), nur gelten eben in Abweichung von den §§ 422, 425 und 426 die besonderen Regeln des Bürgschaftsrechtes: Zahlung durch den Bürgen führt nicht zum Erlöschen der Hauptschuld nach § 422, sondern zum Übergang der bezahlten Forderung auf den Bürgen, § 774, eine dem Hauptschuldner gewährte Stundung schützt auch den Bürgen, § 768 (statt § 425 I), und für den Bürgenregreß gilt nicht § 426; ebenso *Wernecke* (Lit. vor Rn. 830), S. 68ff. für das Verhältnis Versicherung – (haftbarer) Versicherungsnehmer und die Legalzession aufgrund § 67 VVG.

[33] Nach einem oft kolportierten, nicht eben geschmackvollen Bild von *Heck*, § 76 Anm. 4 a, 234 hat der Gläubiger deshalb die Stellung eines „juristischen Paschas".

[34] S. zu diesem Beispiel *MünchKomm/Bydlinski*, § 421 Rn. 8.

Beispiel: Eheleute haben sich als Gesamtschuldner zur Rückzahlung eines Kredites verpflichtet. Der Darlehensvertrag sieht vor, daß bei einer Verzögerung der Rückzahlung der vertraglich vereinbarte Zins weiter zu entrichten ist. Die Ehefrau bietet im Fälligkeitszeitpunkt vergeblich Rückzahlung an. Der im Gläubigerverzug befindliche Darlehensgeber kann von keinem der Gesamtschuldner weiter Zinsen verlangen, § 301.

849   d) Bei einem **Erlaß** zwischen dem Gläubiger und einem der Gesamtschuldner kommt es darauf an, ob er nur zugunsten des Partners dieser Vereinbarung oder auch zugunsten anderer oder aller Gesamtschuldner wirken sollte, § 423.[35] Ergibt die Auslegung, daß der Erlaß nur zugunsten eines Schuldners wirken sollte, dann ist weiter zu prüfen, ob die Schuld der übrigen Gesamtschuldner (und die Möglichkeit zum Regreß nach § 426) in vollem Umfang bestehen bleiben soll oder ob deren Schuld zumindest um den Betrag gekürzt werden soll, den der frei werdende Schuldner im Innenverhältnis letztendlich hätte tragen müssen. Auch Letzteres, also eine teilweise Befreiung der nicht am Erlaßvertrag beteiligten Gesamtschuldners, darf aber nur angenommen werden, wenn es dafür konkrete Anhaltspunkte in der Erlaßvereinbarung gibt.[36]

Beispiel: G hat sich beim Skilaufen ein Bein gebrochen. Ursächlich waren ein Fabrikationsfehler der Sicherheitsbindung und ein fahrlässig verursachter Montagefehler des Skigeschäfts. Der Hersteller der Bindung haftet aus den §§ 1, 3 ProdHaftG, der Inhaber des Sportartikelgeschäftes aus schuldhafter Vertragsverletzung und Delikt. Ein Abfindungsvergleich, den das Opfer mit dem Hersteller der Bindung schließt und in dem der Produzent alle Heilungskosten übernimmt, wirkt nicht notwendig als Befreiung des Sportartikelhändlers von seiner Haftung. Jedoch kann die Auslegung des Vergleichs ergeben, daß das Opfer gegen den Händler nur noch die um den Gesamtschuldanteil des Herstellers gekürzte Summe geltend machen kann, damit der Hersteller von einem Regreßanspruch des Händlers nach § 426 frei bleibt. Freilich kann diese Gestaltung heute an § 478 IV scheitern.

Von einem Erlaß zu unterscheiden ist das sog. „pactum de non petendo", in dem der Gläubiger sich (nur) verpflichtet, *einen* Schuldner nicht zu verklagen. Die Verpflichtung anderer Gesamtschuldner bleibt davon grundsätzlich unberührt. Insbesondere kann ein anderer Gesamtschuldner, wenn er gezahlt hat, von dem durch das pactum begünstigten Gesamtschuldner Regreß nach § 426 verlangen (dazu unten Rn. 851 ff.).

850   e) § 425 stellt den Grundsatz der **Einzelwirkung** auf, soweit nicht die §§ 422– 424 eingreifen. § 425 II zählt dazu Einzelbeispiele bestimmter Veränderungen der Schuld eines Gesamtschuldners auf, die grundsätzlich nicht zugunsten oder zu Lasten der anderen Gesamtschuldner wirken.

---

[35] Zum Prozeßvergleich s. BGH ZIP 2000, 1000, 1000f. (keine Erstreckung auf einem am Prozeß nicht beteiligten Gesamtschuldner.

[36] S. dazu BGH r + s 1993, 188, 189: Vergleich mit einem Feuerversicherer läßt Haftung eines zweiten Versicherers grundsätzlich unberührt. AA noch die Vorinstanz OLG Oldenburg, VersR 1992, 956f.

Faßt man – wie hier – Gesamtschuld nach § 421 als einen weitgefaßten Strukturbegriff auf, dann wird die Einschränkung in § 425 I „soweit sich nicht aus dem Schuldverhältnis ein anderes ergibt" für die Anwendung dieser Vorschrift besonders wichtig. Beispiel: Für die Mangelfreiheit der Bauleistung des Werkunternehmers U hat die Bank B eine Garantie übernommen. Nach Ablauf der Verjährungsfrist für die Gewährleistung des Bauunternehmers werden Mängel erkennbar. Der Bauherr nimmt die Bank aus der Garantie in Anspruch. M.E. muß sie sich, falls das nicht in den Garantiebedingungen schon ausdrücklich so vereinbart ist, auf die eingetretene Verjährung berufen können, es sei denn, Zweck der Garantie war Schutz des Bauherren gegen einen Verlust seiner Gewährleistungsansprüche durch Verjährung.

Andererseits kann ein durch Verzug des Unternehmers mit der Nachbesserungsleistung eingetretener Schaden von der Garantieverpflichtung mit abgedeckt sein und deshalb die Bank entgegen § 425 II zur Garantieleistung verpflichten. Wer „Zweckgemeinschaft" oder „Gleichstufigkeit" zwischen Garantiegeber und Werkunternehmer und deshalb Gesamtschuld verneint (Gleichstufigkeit vielleicht deshalb, weil im Innenverhältnis der Werkunternehmer der Bank regreßpflichtig ist), muß sich natürlich nicht mehr mit § 425 auseinander setzen.

3. Ausgleich im Innenverhältnis

Die Hauptbedeutung einer Gesamtschuld liegt in der Regreßregelung des **851** § 426. Das gilt sowohl für die unterschiedlichen Regreßwege als auch für den Umfang des Regresses.

a) Regreßwege

§ 426 stellt zwei Regreßwege zur Verfügung: Einen originären Ausgleichsanspruch nach § 426 I und einen gesetzlichen Forderungsübergang nach § 426 II. aa) Nach **§ 426 I** erwirbt der *leistende* Gesamtschuldner einen **originären Ausgleichsanspruch** gegen den oder die anderen, wobei bei mehreren ausgleichspflichtigen Gesamtschuldnern der Ausfall eines Gesamtschuldners von den übrigen zu tragen ist, § 426 I 2. Nach hM kann aber jeder Gesamtschuldner auch schon *vor* eigener Inanspruchnahme anteilige **Befreiung** von dem oder den anderen Gesamtschuldnern verlangen.[37] Dieser Anspruch wird allerdings erst dann fällig, wenn der Gläubiger selbst Leistung fordern kann.[38]

bb) Neben dem originären Ausgleichsanspruch aus § 426 I 1 kann dem lei- **852** stenden Gesamtschuldner aber auch aufgrund des **Innenverhältnisses** zu dem oder den anderen Gesamtschuldnern ein Anspruch zustehen. Ist der Leistende aufgrund Schuldbeitritts Gesamtschuldner geworden und liegt dem Schuldbeitritt ein Auftrag des Altschuldners an den Neuschuldner zugrunde, dann kann

---

[37] BGH NJW 1986, 3131, 3132; *Larenz*, Schuldrecht I, § 37 III, 648f.
[38] BGH NJW 1986, 978, 979.

der zahlende Neuschuldner, sofern nichts anderes vereinbart ist, im Innenverhältnis Aufwendungsersatz nach § 670 verlangen.

Nicht immer freilich gibt es ein rechtsförmiges Innenverhältnis zwischen den verschiedenen Gesamtschuldnern. Hierin liegt die eigentliche Bedeutung von § 426 I: Ohne diese Vorschrift wäre der leistende Gesamtschuldner auf die lückenhaften Mechanismen des Bereicherungsrechts und der Geschäftsführung ohne Auftrag verwiesen.[39]

853   cc) Nach § 426 II geht die vom leistenden Gesamtschuldner erfüllte Forderung des Gläubigers auf den Leistenden über, *soweit* er von dem oder den anderen Gesamtschuldnern Ausgleich verlangen kann. Die **Legalzession** ist also ein weiteres Regreßinstrument zugunsten des leistenden Gesamtschuldners, das über die §§ 412, 401 den Vorteil bietet, daß für die Forderung bestehende akzessorische Sicherheiten auf den leistenden Gesamtschuldner mit übergehen. Auch kann der leistende Gesamtschuldner aufgrund des Forderungsübergangs dann, wenn der Gläubiger gegen einen anderen Gesamtschuldner bereits einen vollstreckbaren Titel, z.B. ein Urteil, erstritten und mit einer Vollstreckungsklausel versehen lassen hat, diese vollstreckbare Ausfertigung nach § 727 ZPO unter den dort genannten engen Voraussetzungen auf sich als Rechtsnachfolger umschreiben lassen. Er kann also gegen den im Vollstreckungstitel genannten Gesamtschuldner vollstrecken, ohne noch einmal klagen und ein Urteil erstreiten zu müssen.[40]

854   dd) Nach hA galten nach altem Verjährungsrecht für die verschiedenen Regreßmöglichkeiten unterschiedliche Verjährungsfristen, die zu krassen Divergenzen je nach Regreß weg führen konnten. Nach dem seit dem SchRModG geltenden Verjährungsrecht können Unterschiede in der Dauer wohl nur bei den Höchstfristen aus § 199 II, III für nach § 426 II übergegangene Ansprüche einerseits und aus § 199 IV für den originären Ausgleichsanspruch andererseits sowie beim Verjährungsbeginn nach § 199 I entstehen, weil die Kenntnis bzw. Kenntnismöglichkeit für den Ausgleichsanspruch später gegeben sein kann als für den übergegangenen Anspruch, für den es auf Kenntnis des Gläubigers ankommt, §§ 412, 404. Die von der Schuldrechtsreformkommission noch vorgesehene eigenständige Verjährungsregelung in einem § 426a BGB-KE ist hingegen – wohl versehentlich – nicht Gesetz geworden.[41]

---

[39] Dazu *Schlechtriem*, BT, Rn. 688 ff. und 718 ff.

[40] Da sich der Übergang auf den zahlenden Gläubiger jedoch nur in Höhe seines Ausgleichsanspruchs vollzieht, und diese Höhe von sehr vielen dem Gericht nicht offenkundigen Faktoren abhängen kann, wird es zumeist an der von § 727 I ZPO geforderten Offenkundigkeit der Rechtsnachfolge mangeln, vgl. BayObLG, NJW 1980, 1800, 1801.

[41] Dazu Staudinger-Eckpfeiler/*Schmidt-Kessel*, 291.

b) Höhe der Ausgleichsverpflichtung

Der leistende Gesamtschuldner kann im Zweifel von dem oder den anderen **855** Gesamtschuldnern Ausgleich „zu gleichen Anteilen" verlangen, § 426 I 1. Auch der durch Zession ermöglichte Regreß geht nicht weiter, denn § 426 II 1 läßt den Forderungsübergang nur insoweit eintreten, als der leistende Gesamtschuldner „von den übrigen Schuldnern Ausgleichung verlangen kann". Im Zweifel sollen also die Gesamtschuldner im Ergebnis **zu gleichen Teilen** belastet sein. Bei Ausfall eines Mitschuldners müssen die anderen dessen Quote mittragen.

Beispiel: Haben sich A, B und C als Gesamtschuldner zur Rückzahlung eines Kredits verpflichtet und zahlt A allein zurück, dann kann er von B und C je ein Drittel verlangen. Kann B nicht zahlen, dann kann A von C nicht 2/3, sondern nur 1/2 verlangen. Von dem Drittel des ausgefallenen B muß er selbst die Hälfte, d.h. 1/6 der Gesamtsumme, insgesamt also 1/3 + 1/6 = 1/2 selbst tragen.

Diese Grundregel ist in der Praxis freilich eine Ausnahme, da sie nur gilt, „so- **856** **weit nicht ein anderes bestimmt ist**", § 426 I 1. Etwas anderes kann aufgrund der zwischen den Gesamtschuldnern bestehenden Rechtsbeziehungen bestimmt sein.[42]

Beispiele: Haben Eheleute einen Darlehensvertrag gemeinsam unterschrieben und sich deshalb als Gesamtschuldner zur Rückzahlung des Kredits verpflichtet, der für die Anschaffung von Maschinen für den Betrieb des Ehemannes bestimmt ist, dann soll im Innenverhältnis der Ehemann die Last der Rückzahlung des Kredits allein tragen. Zahlt die Frau zurück, dann hat sie Anspruch auf Ausgleich in voller Höhe; zahlt der Ehemann zurück, dann entfällt ein Ausgleichsanspruch.

Aus einem von der Ehefrau abgeschlossenen Reisevertrag über eine Ferienreise der Frau, der noch zur „angemessenen Deckung des Lebensbedarfs der Familie" gerechnet werden kann, wird gegenüber dem Reiseveranstalter auch der Ehemann nach § 1357 verpflichtet. Im Innenverhältnis soll aber nach den Abreden der Eheleute die Ehefrau ihre Reise allein bezahlen. Wird der Ehemann jetzt vom Reiseveranstalter in Anspruch genommen, dann kann er von seiner Ehefrau vollen Ausgleich verlangen, während der zahlenden Ehefrau Ausgleich gegen den Ehemann zu versagen ist.

Besonders wichtig ist die Abweichung von der anteiligen Ausgleichsver- **857** pflichtung im Innenverhältnis im Falle von Schadensersatzpflichten mehrerer Schädiger. „Ein anderes" i.S. des § 426 I 1 ist in solchen Fällen aufgrund der Verursachungs- und Verschuldensbeiträge der verschiedenen Schädiger bestimmt.

---

[42] Hierzu 4. Auflage Rn. 664. Zum Ausgleich zwischen Mitbürgern, wenn einer von ihnen nachträglich aus der Haftung entlassen worden ist, s. BGH WM 2000, 408. Besondere Ausgleichsvorschriften finden sich zuweilen versteckt in Sondergesetzen, vgl. zu § 24 des Bundesbodenschutzgesetzes *Wagner*, Ausgleichsansprüche unter mehreren Verantwortlichen nach dem Bundesbodenschutzgesetz, BB 2000, 417ff.

Beispiel: Aufgrund leichter Fahrlässigkeit eines Fahrradfahrers, der es versäumt hat, seine Absicht zum Abbiegen deutlich anzuzeigen, wird ein alkoholisierter und viel zu schnell fahrender Lkw-Fahrer irritiert, kommt von der Fahrbahn ab und rammt ein geparktes Fahrzeug. Wird der Fahrradfahrer vom geschädigten Eigentümer in Anspruch genommen, dann wiegt sein Verursachungs- und Verschuldensbeitrag angesichts der hohen Betriebsgefahr des Lkws und – vor allem – des groben Verschuldens des Lkw-Fahrers so gering, daß er vollen Ausgleich verlangen kann.[43]

Für bestimmte Fälle der außervertraglichen Schadensersatzhaftung mehrerer Schädiger stellt das Gesetz selbst von § 426 I 1 abweichende Regeln auf, so § 840 II, III. Die Rechtsprechung sieht als „etwas anderes bestimmt" auch, „wenn sich eine abweichende Regelung des Innenverhältnisses aus der Natur der Sache ergibt".[44] Damit kann im Einzelfall schwer voraussehbar und unberechenbar werden, welche Ausgleichsquoten ein Gericht „aus der Natur der Sache" als Regelung des Innenverhältnisses festlegt.

858　　Die Anpassung der Ausgleichsverpflichtung im Innenverhältnis, die je nach Beziehung zwischen den Gesamtschuldnern auch zu einem Totalregreß oder entsprechend zu einer völligen Versagung von Ausgleichsansprüchen führen kann, entschärft M.E. die eingangs erörterte Problematik des Begriffs der Gesamtschuld. Im viel diskutierten Dombrand-Fall, in dem für die Wiederherstellung des durch einen Brand vernichteten Fuldaer Doms neben dem schadensersatzpflichtigen Brandstifter das kirchenbaulastpflichtige Land einzustehen hatte,[45] ist deutlich, daß letztendlich der Brandstifter (sofern von ihm etwas zu erlangen ist) für den Schaden aufzukommen hat. Nur für die Regreßrichtung, d.h. für die Gewährung von Regreßansprüchen allein für das kirchenbaulastpflichtige Land und die Versagung von Regreßansprüchen für den Brandstifter, ist das Bild von der „Ungleichstufigkeit" aussagekräftig. Der praktische Vorteil der Annahme einer Gesamtschuld und der Möglichkeit, einen Regreß des ausgleichsberechtigten Landes auf § 426 stützen zu können, liegt auf der Hand.[46]

859　　In einer ganzen Reihe von Fällen, in denen der Gläubiger die von mehreren geschuldeten Leistungen nur einmal erhalten soll, ordnet bereits das Gesetz im Innenverhältnis vollen Regreß, zumeist durch cessio legis, an, so zugunsten des zahlenden Bürgen, § 774 I, oder zugunsten der leistenden Versicherung, § 67 VVG. Wo das Gesetz spezielle Regreßwege vorsieht, bedarf es einer Anwen-

---

[43] Lies § 17 StVG als Beispiel einer Norm, die für den Ausgleich im Innenverhältnis auf Verantwortungsbeiträge abstellt.

[44] BGHZ 120, 50, 59.

[45] RGZ 82, 206, 214.

[46] *MünchKomm/Bydlinski*, § 421 Rn. 67. Die gegenteilige Literaturansicht will dem kirchenbaulastpflichtigen Land mit einer analogen Anwendung des § 255 (dazu unten Rn. 859) helfen, welcher ihm jedoch nur einen *schuldrechtlichen* Abtretungsanspruch gibt. Dieser ist wertlos, wenn der Zessionsschuldner nicht aufzufinden oder insolvent geworden ist.

dung des § 426 nicht.[47] Das gilt auch für den in § 255 geregelten Fall: Kann der Eigentümer einer Sache oder der Inhaber eines Rechts von einem Schädiger wegen Verlusts der Sache oder des Rechtes Schadensersatz verlangen, gleichzeitig aber aufgrund seines Eigentums oder aufgrund des Rechtes gegen Dritte vorgehen, dann kann er von dem schadensersatzpflichtigen Schuldner Schadensersatz nur gegen Abtretung der Ansprüche verlangen, die ihm aufgrund seines Eigentums oder aufgrund des Rechtes gegen Dritte zustehen.

Beispiel: Der von G an M vermietete Pkw wird durch Fahrlässigkeit des M gestohlen. G kann von M nur Schadensersatz verlangen, wenn er ihm seinen Anspruch aus § 985 gegen den Dieb abtritt.

Das Ziel, eine Mehrfachleistung an den Geschädigten zu vermeiden, würde bei großzügigem Verständnis des Strukturbegriffs „Gesamtschuld" auch in Anwendung der Regeln über die Gesamtschuld zu erreichen sein,[48] doch geht § 255 in seinem Anwendungsbereich als lex specialis vor.

Eine praktisch wichtige Ausnahme von der Verteilung nach Köpfen ergibt **860** sich außerdem bei Vorliegen einer sogenannten **Haftungseinheit**. Die zu einer solchen Haftungseinheit zusammengefaßten Personen sind nur für ein und denselben Tatbeitrag verantwortlich und haben daher im Innenverhältnis nur für einen Kopfanteil einzustehen. Praktische Fälle sind etwa das Zusammentreffen einer Haftung von Geschäftsherr und Gehilfe (§§ 278, 831) und das Zusammentreffen von Fahrer- und Halterhaftung (§§ 7, 18 StVG).[49]

4. Gestörter Gesamtschuldnerausgleich

Unter dem Stichwort **gestörter Gesamtschuldnerausgleich** werden Probleme **861** behandelt, die sich bei als Gesamtschuldner haftenden Schädigern aus Unterschieden in den für sie jeweils maßgeblichen Haftungsvoraussetzungen ergeben können. Diese Unterschiede können dazu führen, daß ein Schadensverursacher, der dem Geschädigten (Gläubiger) selbst nicht oder nicht mehr haftet, von einem anderen Gesamtschuldner im Regreßwege doch noch in Anspruch genommen werden kann. Eine solche Situation ist bereits für den früher häufig möglichen Fall einer „Enthaftung" eines Schadensersatzschuldners aufgrund der zu seinen Gunsten abgelaufenen Verjährungsfrist oben behandelt worden (Rn. 854). Sie kann auch in anderen Fällen eintreten:

Beispiele: Autofahrer S 1 nimmt den G als Anhalter mit und läßt sich vorsorglich eine Haftungsfreizeichnung unterschreiben. Es kommt zu einem Unfall, für den neben S 1 der

---

[47] S.a. oben Fn. 42 zu § 24 BundesbodenschutzG.
[48] S. *Jauernig/Teichmann*, § 255 Rn. 1.
[49] Zu Einzelheiten, s. Staudinger-Eckpfeiler/*Schmidt-Kessel*, 290f.

Verkehrsteilnehmer S 2 verantwortlich ist. Gegenüber einer Inanspruchnahme durch G beruft sich S 1 erfolgreich auf die vereinbarte Freizeichnung. G nimmt daraufhin S 2 in voller Höhe in Anspruch. Kann S 2 von S 1 Regreß verlangen und damit dessen Freizeichnungsvereinbarung mit G im Ergebnis teilweise wirkungslos machen?

Ein Vater geht mit seinem Kind auf einen städtischen Spielplatz. Das Kind verletzt sich an einem dort aufgestellten Spielgerät, das einen gefährlichen Defekt aufweist. Die für den Spielplatz verantwortliche Gemeinde hat ihre Verkehrssicherungspflicht verletzt und ist deshalb schadensersatzpflichtig; der Vater, der seine aus dem Recht und der Pflicht zur elterlichen Sorge fließende Aufsichtspflicht vernachlässigt hat, beruft sich zu seiner Entlastung auf § 1664. Kann die Gemeinde, die an das Kind Schadensersatz gezahlt hat, beim Vater Regreß nehmen und damit die Haftungsentlastung aus § 1664 „durchschlagen"?[50]

Der Arbeitnehmer G wird beim Entladen eines Lkws auf der Baustelle schwer verletzt, als ein anderes Fahrzeug auf den haltenden Lkw auffährt. Verkehrswidrig haben sich sowohl der Fahrer des anderen Fahrzeugs als auch der Arbeitskollege des G verhalten, der den Lkw ohne ausreichende Sicherung im Verkehrsraum geparkt hat. Der Arbeitskollege und der Arbeitgeber haften jedoch aufgrund der §§ 104 I, 105 I SGB VII nicht selbst. G nimmt deshalb Fahrer und Halter des anderen Fahrzeugs bzw. deren Haftpflichtversicherung in Anspruch. Kann die Haftpflichtversicherung im Regreßwege den Arbeitskollegen und evtl. den Arbeitgeber in Anspruch nehmen?

862 Für die Lösung werden verschiedene Wege vertreten:

a) Da aufgrund der Haftungsfreistellung oder Haftungsminderung einer der Schadensverursacher gegenüber dem Geschädigten gar nicht haftet, fehle es schon an einer Gesamtschuld, so daß der in Anspruch genommene Drittschädiger schon deshalb keinen Ausgleich haben solle.[51] An dieser Lösung stört, daß der Haftpflichtige durch den für ihn zufälligen Umstand, daß ein Mitverursacher des Schadens privilegiert ist, auf dem gesamten Schaden sitzen bleibt.

b) Ein anderer Lösungsweg will deshalb bereits den Schadensersatzanspruch des Geschädigten um den Anteil kürzen, der im Innenverhältnis auf den privilegierten, d.h. freigestellten Schädiger entfiele.[52]

c) Ein dritter Lösungsweg gibt dem Schadensersatzgläubiger einen ungekürzten Schadensersatzanspruch gegen den nicht haftungsbegünstigten Schädiger und diesem einen vollen (d.h. seinem Anteil im Innenverhältnis entsprechenden) Regreß gegen den privilegierten Schädiger. Gegen diese Lösung kann eingewendet werden, daß der haftungsbegünstigte Schädiger im Regreßwege sein

---

[50] Vgl. hierzu BGHZ 103, 338, 346 f.; s. dazu sowie zu anderen Fällen des gestörten Gesamtschuldnerausgleichs *Lange*, Neuere Rechtsprechung zum Schadensersatzrecht, WM 1990, Sonderbeil. 7, 26 f.; *ders.*, Zur Drittwirkung von Haftungserleichterungen, FS Gernhuber, 227–243.

[51] Das gilt natürlich nicht bei *nachträglicher* Befreiung eines Gesamtschuldners, s. (für Mitbürgen) BGH WM 2000, 408.

[52] So wohl die hM, vgl. *Larenz*, Schuldrecht I, § 37 III, S. 647 m.w.N. in Fn. 38; *Reinicke/Tiedtke* (Fn. 11), 77 ff.

Haftungsprivileg wieder verliert und damit schlechter dasteht, als wenn er allein geschädigt hätte (und dann freigestellt wäre und bliebe).

M.E. kann weder der eine noch der andere Lösungsweg für *alle* Fälle gelten. **863** Vielmehr ist nach dem Schutzzweck der Privilegierung zu differenzieren:

a) Im Falle der Haftungsmilderung von Familienangehörigen – §§ 1359, 1664 (Spielplatzfall) – sollen Auseinandersetzungen zwischen Familienangehörigen wegen bestimmter Schädigungen aus geringfügigem Verschulden vermieden werden. Solche Schäden werden im Familienverband regelmäßig in einer den Verhältnissen der jeweiligen Familie entsprechenden Weise ausgeglichen oder ertragen. Dieser Zweck der Haftungsprivilegierung würde beeinträchtigt, wenn ein außenstehender Schädiger im Regreßwege doch eine Schadensersatzbelastung des privilegierten Familienangehörigen geltend machen und durchsetzen könnte, die mittelbar dann sogar wieder vom Geschädigten mitzutragen wäre. Soweit die Haftungsprivilegierung tatsächlich reicht, muß sie auch einem außenstehenden Schädiger entgegengehalten werden können.[53] Zweifelhaft ist freilich, ob die allgemeinen Verhaltenspflichten zum Schutz der körperlichen Integrität, deren Verletzung Schadensersatzansprüche aus § 823 auslösen kann, von den Haftungsprivilegierungen der §§ 1664, 1359 überhaupt erfaßt werden; für Verletzungen der Pflichten im Straßenverkehr hat der BGH eine vergleichbare Haftungsprivilegierung nicht angewendet.[54]

b) Im Falle der gesetzlichen Haftungsprivilegierung von Arbeitgeber und Arbeitskollegen aus den §§ 104 I, 105 I SGB VII besteht dagegen kein Anlaß, den nicht privilegierten, außenstehenden Schädiger mit dem gesamten Schaden zu belasten. Schadensersatzansprüche gegen ihn sind deshalb um den Anteil des privilegierten Schädigers zu kürzen.[55]

c) Bei einem durch Vertrag vereinbarten Haftungsverzicht kommt es M.E. zunächst darauf an, ob – entsprechend § 423 – der Verzicht nur zugunsten des Vertragspartners oder auch zugunsten Dritter gelten sollte. Das wird man vielleicht zugunsten des aus § 7 StVG Mithaftenden, d.h. neben dem Fahrer haftpflichtigen Fahrzeughalters annehmen können, sicher aber nicht zugunsten außenstehender Dritter. Eine Außenwirkung, die den Drittschädiger nicht mit freistellt, sondern sogar seinen Regreß abschneidet, wäre dagegen im Ergebnis ein Vertrag

---

[53] So auch BGHZ 103, 338.

[54] S. BGHZ 46, 313; ferner BGH NJW 1983, 624, 626.

[55] BGHZ 61, 51, 55; ebenso für den auf einer Dienstfahrt durch Verschulden eines Dritten und eines im öffentlichen Dienst stehenden Mitschädigers verletzten Beamten BGHZ 94, 173: Die Privilegierung des beamteten Schädigers nach § 46 II BeamtVG führt zu entsprechender Kürzung von Ersatzansprüchen des verletzten Beamten gegenüber dem Drittschädiger. Zur „Kürzungslösung" kritisch *Denck*, Enthaftung zu Lasten des Arbeitnehmers bei gestörtem Gesamtschuldnerausgleich, NZA 1988, 265–269. Vgl. auch BGH NJW 2004, 951 (Haftungsfreistellung erfaßt auch den nicht auf der gemeinsamen Betriebsstätte tätigen Geschäftsherrn eines von § 831 erfaßten Verrichtungsgehilfen).

zu Lasten Dritter. Welcher der beiden übrigen Lösungen maßgebend ist, ergibt sich richtigerweise im Wege der Auslegung des Haftungsverzichts: Soll hier wirklich die Haftung des privilegierten Gesamtschuldners vermieden werden, muß der Rückgriff gegen ihn ausgeschlossen sein; dies ist freilich nur um den Preis des Verlusts der im Innenausgleich auf ihn entfallenden Quote möglich. In der Konsequenz dieser Auslegung liegt es dann auch, daß der privilegierte Gesamtschuldner, der von einem anderen gleichwohl vollständig leistenden Gesamtschuldner auf seinen Kopfteil in Anspruch genommen wird, sie dafür beim Gläubiger erholen kann.[56]

§ 2 Gläubigermehrheiten

I. Teilgläubiger

1. Voraussetzungen

864   Gläubiger einer **teilbaren Leistung** sollen im Zweifel nach § 420 Teilgläubiger sein. Wie bei der spiegelbildlichen Entsprechung, der Teilschuld, sind Teilgläubiger freilich die Ausnahme. Erst recht ist die in § 420 vermutete Gleichheit der Teile höchst selten.

> Beispiele: In einem Unterhaltsvergleich aus Anlaß einer Ehescheidung verpflichtet sich der Ehemann und Vater zur Leistung von Unterhalt an Ehefrau und Kinder. Obwohl seine Unterhaltsverpflichtung in einer Summe ausgedrückt wird, steht jedem Unterhaltsgläubiger eine im Einzelnen bezifferte Teilforderung zu.

> In dem bereits oben Rn. 835 für die Teilschuld gebildeten Beispiel einer Sammelbestellung von Heizöl hat jeder Käufer Anspruch auf Auslieferung der auf ihn entfallenden Teilmenge, ist insoweit also Teilgläubiger.

2. Wirkungen

865   Teilforderungen begründen für jeden der Teilgläubiger ein **eigenes**, unabhängig von den Forderungen der anderen Teilgläubiger bestehendes **Forderungsrecht**. Erfüllung einer Teilforderung berührt die Ansprüche der anderen Teilgläubiger nicht. Jeder Teilgläubiger kann über sein Forderungsrecht unabhängig von den anderen verfügen. Jedes Forderungsrecht kann sich durch Pflichtverletzungen des Schuldners selbständig entwickeln und verändern, z.B. bei Nichtlei-

---

[56] So v. *Caemmerer* (oben Fn. 18): Der Geschädigte muß seinen Vertragspartner also auch von der mittelbaren Inanspruchnahme auf dem Wege über Rückgriffsansprüche Dritter freistellen. Damit wird im Ergebnis der Schadensersatzanspruch des Geschädigten doch um die Haftungsquote des freigezeichneten Schädigers gemindert.

stung Grund für einen Schadensersatzanspruch werden. Die Gemeinsamkeit des Entstehungsgrundes wirkt sich nur in Ausnahmesituationen aus, so bei der Erklärung des Rücktritts durch die Gläubiger oder ihnen gegenüber, § 351, und wohl auch bei der Einrede nach § 320, die der Schuldner der Teilforderungen im Rahmen des § 320 II *allen* Gläubigern entgegenhalten kann, wenn auch nur einer von ihnen die von ihm geschuldete Leistung nicht Zug um Zug bewirkt.[57] Soweit ein Anspruch auf Schadensersatz statt der ganzen Leistung über den betreffenden Leistungsteil hinaus ausgreifen soll, ist § 351 entsprechend anzuwenden.[58]

II. Gläubigergemeinschaften und Mitgläubigerschaft

1. Gläubigergemeinschaften

Steht eine Forderung einer Mehrheit von Gläubigern *zur gesamten Hand* zu, **866** dann gelten die speziellen Normen für die jeweilige Gesamthand, d.h. Gesellschaft, Gütergemeinschaft oder Miterbengemeinschaft. Bei einer Gesellschaft steht die Forderung den Gesellschaftern grundsätzlich zur gesamten Hand zu;[59] für die Einziehung der Forderung ist maßgebend, ob die zur Einziehung von Gesamthandsforderungen erforderliche Rechtsmacht entsprechend der gesetzlichen Regelung in § 709 I nur allen Gesellschaftern gemeinsam oder aufgrund Gesellschaftsvertrags Einzelnen oder einer Mehrheit von Gesellschaftern zugeordnet ist (§ 710). Die spezielleren Organisationsvorschriften der §§ 709–711 verdrängen den § 432. Gleiches gilt für die Verwaltungsbefugnis hinsichtlich des Gesamtguts in der Gütergemeinschaft, s. die §§ 1421, 1422, 1450. Für die Miterbengemeinschaft enthält § 2039 S. 1 eine Regel, die § 432 entspricht, aber als speziellere Norm dem § 432 vorgeht. Bei einer Bruchteilsgemeinschaft findet § 432 hingegen Anwendung und überspielt teilweise die Regeln der §§ 744ff.[60] Differenziertere Regeln gelten jedoch für Ansprüche einer Wohnungseigentümergemeinschaft.[61]

---

[57] Vgl. *Brox*, ASS, Rn. 427.
[58] Staudinger-Eckpfeiler/*Schmidt-Kessel*, 279.
[59] S. für Honorarforderung einer Anwaltssozietät BGH NJW 1996, 2859f.
[60] BGH NJW 1983, 2020f.
[61] Zu den Einzelheiten, s. Staudinger-Eckpfeiler/*Schmidt-Kessel*, 289, sowie unten Rn. 867 a.E. für einen Sonderfall.

2. Mitgläubigerschaft

867 Da für mehrere Gläubiger einer unteilbaren Leistung zumeist die oben sub 1, Rn. 866, skizzierten Sondervorschriften für Gesamthandsgemeinschaften gelten, bleibt für § 432 nur ein beschränkter Anwendungsbereich. Man kann die von § 432 erfaßten mehreren Gläubiger einer unteilbaren Leistung **Mitgläubiger** nennen.[62]

> Beispiele: Mehrere Personen nehmen am Taxenstand des Bahnhofs ein Taxi zum Hotel. Ihr Anspruch auf Beförderung ist auf eine unteilbare Leistung gerichtet. Der Schuldner (Taxifahrer) kann nur an alle gemeinschaftlich leisten, und jeder Gläubiger kann die Leistung nur an alle fordern.[63]
>
> Ein unter Eigentumsvorbehalt gekaufter Pkw wird bei einem Verkehrsunfall beschädigt. Schadensersatz kann sowohl der Vorbehaltseigentümer als auch der anwartschaftsberechtigte Käufer verlangen. Die Schadensersatzleistung kann aber nur an beide zusammen erbracht werden und von jedem nur als Leistung an beide verlangt werden.[64]
>
> Wird der gemeinsame Hausrat von Ehegatten durch einen Dritten zerstört, so sind sie Mitgläubiger des Schadensersatzanspruchs.[65]
>
> Hat ein Bauunternehmer ein Haus mit Eigentumswohnungen errichtet, und weisen die im Gemeinschaftseigentum der Wohnungseigentümer stehenden Teile (z.B. Außenmauern, Dach, Treppenhaus usw.) Mängel auf, dann müssen die Wohnungseigentümer Mängelbeseitigungsansprüche gegen den Unternehmer nicht gemeinschaftlich geltend machen. Aufgrund ihrer jeweiligen Werkverträge mit dem Unternehmer, die diesen jedem Wohnungseigentümer / Besteller gegenüber zur Mängelbeseitigung verpflichten, und aufgrund des Umstandes, daß eine solche Mängelbeseitigung am Gemeinschaftseigentum stets allen zugute kommt, kann jeder der Wohnungseigentümer diese Leistung an alle fordern.[66]

868 Rechtsfolge im **Außenverhältnis** ist, daß der Schuldner schuldbefreiend nur an alle gemeinschaftlich leisten kann,[67] jeder Gläubiger aber diese Leistung an alle fordern kann.[68] Leistung an einen der Mitgläubiger befreit den Schuldner also nicht. Anders als bei gesamthänderisch zugeordneten Forderungen kann

---

[62] S. z.B. *Medicus*, Schuldrecht I, § 68 II 3, Rn. 787f. und *ders.*, Mehrheit von Gläubigern, JuS 1980, 697, 703.

[63] Beispiel nach *Brox*, AS, Rn. 442. Die Anwendbarkeit des § 432 scheidet aber aus, falls die Fahrgäste etwa in einer Gelegenheitsgesellschaft verbunden sind – wer über die Gesellschaftskasse verfügen und daraus den Fahrpreis bezahlen kann, richtet sich ebenso wie die hier interessierende Geltendmachung von Ansprüchen der Gesellschaft nach Gesellschaftsrecht und Gesellschaftsvertrag (s.o. Rn. 866).

[64] Vgl. zu diesem Beispiel *Baur/Stürner*, Lehrbuch des Sachenrechts, 17. Aufl., München 1999, § 59 B IV 5a, Rn. 45 m.w.N.

[65] OLG Koblenz, NJW-RR 1992, 706, 707.

[66] Der BGH hat offen gelassen, ob die Wohnungseigentümer in diesem Falle Mitgläubiger nach § 432 oder Gesamtgläubiger nach § 428 sind, NJW 1985, 1551, 1552. Für Mietzinsansprüche einer Miteigentümergemeinschaft s. BGH WM 2000, 2379: § 432.

[67] Das kann auch durch Leistung an einen Dritten geschehen, wenn dadurch sämtliche Gläubiger befriedigt werden, OLG Zweibrücken, NJW-RR 1997, 973.

[68] S. für Mietzinsansprüche einer Miteigentümergemeinschaft BGH WM 2000, 2379.

aber jeder Gläubiger über seine Mitberechtigung verfügen, also seinen Anspruch, daß an ihn mitgeleistet werde, abtreten.[69] Die Unabhängigkeit der
Rechtsposition der Mitgläubiger zeigt sich auch an der Regelung des § 432 II:
Rechtsändernde Umstände in der Person eines Gläubigers wirken nur für oder
gegen diesen Gläubiger, nicht aber für oder gegen die Übrigen. § 432 II gilt auch
für die Gesamthandsgemeinschaft und die Bruchteilsgemeinschaft, wenn nicht
spezielle Vorschriften die Handlung eines Gesamthandgläubigers bzw. Bruch-
teilsberechtigten den übrigen zurechnen (vgl. dazu oben Rn. 866).

Beispiel: Arglistiges Verhalten eines Mitgläubigers genügt nicht, dem Schuldner den
Einwand unzulässiger Rechtsausübung zu gewähren, falls ein anderer Mitgläubiger die
Leistung an alle fordert.[70]

Zu beachten ist für die Anwendung von § 432 II jedoch, daß für die Erfüllungswirkung erforderliche Rechtshandlungen und Rechtsgeschäfte entsprechend der Grundregel des § 432 I nur für und gegen alle Gläubiger gemeinsam
wirken können: Die gemeinschaftliche Annahmeverpflichtung macht Annahmeverweigerung durch einen Gläubiger zum Annahmeverzug für alle;[71] mahnt
einer der Gläubiger, so kommt der Schuldner, da § 432 I als eine besondere Ge-
schäftsführungsregel zu sehen ist, gegenüber allen Gläubigern in Verzug.[72]

Für den **Innenausgleich** der Mitgläubiger im Falle der Leistung des Schuld-   868a
ners enthält § 432 keine Regel. Maßgebend sind die für das Innenverhältnis ge-
troffenen Vereinbarungen, hilfsweise die §§ 741ff.[73]

III. Gesamtgläubiger

Die Gesamtgläubigerschaft ist strukturell das Gegenstück zur Gesamtschuld: 869
Jeder der Gläubiger kann vom Schuldner die ganze Leistung fordern, der
Schuldner braucht jedoch nur einmal zu leisten und wird mit der Leistung an ei-
nen Gläubiger frei, § 428. Auch die Gesamtgläubigerschaft ist jedoch praktisch

---

[69] *Brox*, AS, Rn. 443.

[70] Vgl. den Fall BGHZ 44, 367, in dem es um Miterben ging. S. aber auch BGH NJW 1992,
1095: Der Schadensersatzanspruch von Miteigentümern wegen Beschädigung von Sachen, die
in ihrem gemeinsamen Eigentum stehen, mindere sich regelmäßig auch dann, wenn nur einem
der Miteigentümer ein Mitverschulden bei der Beschädigung zur Last fällt. Das ist überraschend, weil nach § 432 II die Wirkungen von Obliegenheitsverletzungen nur eines Miteigentü-
mers auf dessen Person beschränkt bleiben. Der BGH stützt seine Entscheidung deshalb auch
auf „§ 254 bzw. § 242".

[71] *MünchKomm/Bydlinski*, § 432 Rn. 9.

[72] *MünchKomm/Bydlinski*, § 432 Rn. 9; aA *Medicus*, Schuldrecht I, § 68 II 3 a, Rn. 787, der
Mahnung und Verzug als Beispiele für die Einzelwirkungen nach § 432 II nennt.

[73] BGH NJW 1982, 928; BGH WM 1998, 1879. S. auch OLG Düsseldorf NJW-RR 1997,
604 zur Auszahlung einer Brandversicherungssumme an einen Miteigentümer: kein partieller
Auseinandersetzungsanspruch.

sehr selten, da eine Mehrheit von Gläubigern zumeist in Gesamthandsgemeinschaft oder in Bruchteilsgemeinschaft hinsichtlich der Forderung gegen den
Schuldner verbunden ist und dann grundsätzlich die für diese Gemeinschaften
geltenden Regelungen Vorrang haben.[74]

1. Voraussetzungen

870   Die **Gesamtgläubigerschaft** kann **durch Vertrag**, d.h. durch entsprechende
Ausgestaltung der vertraglichen Beziehungen zwischen mehreren Gläubigern
und einem Schuldner, entstehen.[75] Ausnahmsweise ordnet das Gesetz eine Gesamtgläubigerschaft in § 2151 III an.[76]

> Als Beispiel wird vor allem das sog. „Oder-Konto" genannt,[77] dessen rechtliche Ausge-
> staltung freilich die Besonderheit aufweist, daß der Schuldner an den fordernden Gläubi-
> ger leisten *muß*,[78] also nicht bei einem Auszahlungsverlangen durch einen Kontoinhaber
> noch an den anderen befreiend auszahlen darf. Der von einem Ehepaar geschlossene
> Bausparvertrag bewirkt im Zweifel Gesamtgläubigerschaft hinsichtlich der angesparten
> Bausparsumme.[79]
>
> Schließt ein Ehegatte einen Kaufvertrag zur angemessenen Deckung des Lebensbe-
> darfs der Familie, kauft er also etwa Lebensmittel oder ein Möbelstück, dann sind bereits
> nach § 1357 I 2 beide Ehegatten berechtigt; jeder von ihnen kann die Leistung an sich
> selbst fordern und schuldbefreiend in Empfang nehmen.[80]

2. Außenverhältnis

871   Im **Außenverhältnis gegenüber dem Schuldner** hat jeder der Gesamtgläubiger ein selbständiges Forderungsrecht, § 428 S. 1. Im Unterschied zu § 432 kann
er Leistung an sich selbst fordern, also nicht nur Leistung an alle verlangen. Entsprechend wird der Schuldner bei Leistung an einen Gläubiger, aber auch bei
Erfüllungssurrogaten wie Leistung an Erfüllungs statt, Hinterlegung oder Auf-

---

[74] Zu den Besonderheiten bei Wohnungseigentümergemeinschaften, s. oben Rn. 866,
867.

[75] S. BGHZ 64, 67: Gesamtgläubigerschaft bedarf der Mitwirkung des Schuldners.

[76] § 2151 III 1 regelt den Fall, daß der Erblasser mehrere mit einem Vermächtnis bedacht hat
und die endgültige Bestimmung, wer von den mehreren das Vermächtnis erhalten soll, durch
den dazu Berechtigten nicht geschieht: Jeder Vermächtnisnehmer kann dann Leistung an sich
fordern, und der Erbe wird durch Leistung an einen der Vermächtnisnehmer (Gesamtgläubiger) frei.

[77] Vgl. BGHZ 93, 315, 320; 95, 185, 187; OLG Celle, WM 1995, 1871 f.

[78] BGHZ 95, 185, 187; *Gernhuber*, Oder-Konten von Ehegatten, WM 1997, 645 ff.

[79] OLG München, NJW-RR 1992, 498.

[80] Vgl. *Medicus*, Schuldrecht I, § 68 III 2, Rn. 790; *Jauernig/Berger*, § 1357 Rn. 6, str. – Zum
Erwerb von Allein- oder Miteigentum des/der Ehegatten in solchen Fällen s. BGH NJW 1991,
2284.

rechnung gegen die Forderung nur eines Gläubigers frei, s. § 428 S. 1 zur Erfüllung durch Erbringung der geschuldeten Leistung, § 429 III i.V.m. § 422 I 2 für Erfüllungssurrogate. Ob ein mit einem Gläubiger vereinbarter Erlaß den Schuldner auch gegenüber den anderen Gläubigern befreit, hängt von der von den Parteien des Erlaßvertrages gewollten Reichweite der Erlaßwirkungen ab, § 429 III i.V.m. § 423.

Nach hL soll der **Erlaß** durch einen Gesamtgläubiger Verfügungsbefugnis 871a über das gesamte Schuldverhältnis voraussetzen, um Gesamtwirkungen eintreten zu lassen.[81] M.E. sind jedoch Außen- und Innenwirkungen zu trennen: Der erlassende Gesamtgläubiger kann sich ebenso wie bei einer Einziehung der Forderung einer Pflichtverletzung gegenüber den anderen Gesamtgläubigern aufgrund eines zwischen ihnen bestehenden Rechtsverhältnisses schuldig und deshalb schadensersatzpflichtig gemacht haben. Davon zu unterscheiden ist jedoch die zugunsten des Schuldners eintretende Befreiungswirkung aufgrund der in den §§ 428, 429 III i.V.m. § 423 dem Gläubiger eingeräumten Verfügungsmacht.

Ein Erlöschen der Schuld tritt auch dann ein, wenn sich Forderung und Schuld 872 nur in der Person *eines* Gesamtgläubigers vereinigen (**Konfusion**), § 429 II. Schließlich wirkt nach § 429 I der Verzug eines Gesamtgläubigers auch gegen die übrigen Gläubiger.

Beispiel: Das Möbelhaus S hat die von der Ehefrau zur angemessenen Deckung des Lebensbedarfs der Familie angeschafften Stühle zur Wohnung der Eheleute gebracht; der Ehemann, der mit dem Kauf nicht einverstanden war, verweigert jedoch die Annahme. Beim Rücktransport werden die Stühle aufgrund leichter Fahrlässigkeit eines Angestellten des Möbelhauses zerstört. Der Gläubigerverzug des Ehemannes entlastet S nach § 300 I (oben Rn. 697) auch gegenüber der Ehefrau.

Andere in der Person eines Gläubigers eintretende Tatsachen wirken nach 873 § 429 III 1 i.V.m. § 425 nur im Verhältnis zwischen dem Schuldner und diesem Gläubiger. So wirkt z.B. der durch Anerkenntnis der Forderung gegenüber einem Gläubiger bewirkte Neubeginn der Verjährung – § 212 I Nr. 1 – nur gegenüber dem Adressaten des Anerkenntnisses, so daß die Verjährung gegenüber anderen Gesamtgläubigern unberührt von diesem Anerkenntnis ablaufen kann.

3. Innenverhältnis

Für das Innenverhältnis der Gesamtgläubiger regelt § 430 Ausgleichung „zu 874 gleichen Anteilen . . ., soweit nicht ein anderes bestimmt ist." Es geht um den Fall, daß einer der Gesamtgläubiger die Leistung ganz oder teilweise erhalten hat und der Schuldner entsprechend befreit ist, § 428 S. 1. Voraussetzung ist ei-

---

[81] Vgl. BGH NJW 1986, 1861, 1862.

ne teilbare Leistung, z. B. Geld. Sind die mehreren Gläubiger ausnahmsweise hinsichtlich einer unteilbaren Leistung Gesamtgläubiger, muß der Ausgleichsanspruch auf Wertausgleich in Geld gerichtet sein. Hat der Gesamtgläubiger hingegen nur einen Teil der Forderung eingezogen, der seinen Anteil im Innenverhältnis nicht übersteigt, dann ist er nicht ausgleichspflichtig.[82]

875   Eine Ausgleichung zu gleichen Anteilen findet nur statt, soweit nicht für das Innenverhältnis etwas anderes bestimmt ist. Die von § 430 abweichende Regelung des Innenverhältnisses kann sich aus Gesetz, Vereinbarung der Gesamtgläubiger oder aus der Natur der Sache ergeben. Aus Gesetz ergibt sie sich für den Fall des Bestimmungsvermächtnisses für mehrere Vermächtnisnehmer: Nach § 2151 III 3 soll der Bedachte *im Zweifel* nicht zur Teilung, also auch nicht zur Ausgleichung verpflichtet sein. Bei Anlage eines sog. „Oder-Kontos", das die Bank als Schuldnerin gegenüber den Inhabern des Kontos als Gesamtgläubiger zur Auszahlung verpflichtet, können die Inhaber vereinbart haben, daß eine Ausgleichungspflicht nur zugunsten dessen besteht, der das Konto durch Einzahlung errichtet hat.

Schwierigkeiten bereiten „Oder-Konten" für Eheleute, falls das Guthaben auf dem Konto ausschließlich aus dem Arbeitseinkommen eines Ehegatten finanziert worden ist. Soll der andere Gesamtgläubiger die Möglichkeit, vom Konto Geld abzuheben, vor allem zur Bestreitung des gemeinsamen Lebensbedarfs nutzen dürfen, dann dürfte intern keine Ausgleichungspflicht gegeben sein. Nach Trennung dürfte dagegen eine Ausgleichsforderung nur zugunsten dessen bestehen, der das Konto auffüllt.[83] Behauptet einer der Gesamtgläubiger, die Einräumung einer Verfügungsbefugnis über das vom anderen angelegte Sparkonto, die ihm die Gesamtgläubigerstellung verschafft hat, sei schenkweise geschehen, dann kann diese Schenkung im Innenverhältnis bedeuten, daß der Beschenkte abheben kann, ohne ausgleichspflichtig zu sein.[84]

Sind Eheleute aufgrund eines Rechtsgeschäftes nach § 1357 I 2 Gesamtgläubiger für die Leistung eines Gegenstandes, z. B. eines Möbelstücks, geworden, dann kommt eine Ausgleichung während der gemeinsamen Benutzung des Möbelstückes M. E. aus § 430 nicht in Betracht, wenn die Ehegatten auch Miteigentum erwerben, für den Kaufpreis als Gesamtschuldner einzustehen haben und insoweit nach § 426 ausgleichspflichtig sind. Auch wenn der Besitz des Möbelstücks vorwiegend einem der Ehegatten zugute kommt, der Fernsehsessel vielleicht Privileg des Hausvaters ist, scheidet insoweit ein Ausgleich seines „Nutzungsprivilegs" aus.

Das zur Gesamtschuld behandelte Phänomen einer Änderung des Innenausgleichs durch Besonderheiten im Verhältnis zwischen einzelnen Beteiligten (s. oben Rn. 856ff.) kann auch bei der Gesamtgläubigerschaft auftreten: In einem vom BGH entschiedenen Fall waren mehrere Sozialversicherungsträger Gesamtgläubiger von Schadenersatzansprüchen, die auf sie übergegangen waren.

---

[82] *Palandt/Heinrichs*, § 430 Rn. 1.
[83] Vgl. zu einem solchen Fall OLG Köln, FamRZ 1987, 1139.
[84] Vgl. OLG Düsseldorf, WM 1988, 98: Für die Behauptung einer Schenkung trifft den Behauptenden die Beweislast.

Einer der Gesamtgläubiger schloß mit dem Schuldner (Schädiger bzw. dessen Haftpflichtversicherer) einen Abfindungsvergleich, in dem die Schuld zur Hälfte erlassen wurde. Gemäß § 429 III 1 i.V.m. § 423 war zunächst zu klären, ob der Erlaß Gesamtwirkung auch zu Lasten der anderen Gesamtgläubiger haben sollte. Dies war im konkreten Fall zu verneinen.[85] Der verzichtende Sozialversicherungsträger hatte mit dem Vergleich lediglich die ihm im Innenverhältnis zustehende Quote um die Hälfte verkürzt. Der andere, am Abfindungsvergleich nicht beteiligte Gesamtgläubiger (Sozialversicherungsträger) kann aber nun vom Schuldner nur noch einen um den Anteil des vergleichsweise verzichtenden anderen Gesamtgläubigers gekürzten Teil seiner Forderung verlangen.[86] Der Abfindungsvergleich mit einem Gesamtgläubiger mindert also die Verpflichtung des Schuldners auch gegenüber anderen Gesamtgläubigern in Höhe des Anteils, der seinem Vergleichsgegner im Innenverhältnis zusteht und auf den er im Abfindungsvergleich verzichtet hat.

---

[85] Nach Ansicht des BGH kann im Regelfall ein Gesamtgläubiger sogar *nie* zu Lasten der anderen ohne deren Zustimmung erlassen (hierzu oben Rn. 871).

[86] Vgl. BGH NJW 1986, 1861; demnach kann ein Gesamtgläubiger nach dem BGH zwar nie mit Gesamtwirkung erlassen (s. vorangegangene Fn. 85), der sich auf seine eigene Ausgleichsforderung beschränkende Erlaß hat aber nicht Einzelwirkung, sondern die im Text beschriebene Verminderung der Forderung des/der Gläubiger um den Anteil des Verzichtenden zur Folge.

Stichwortverzeichnis

(Die Einträge verweisen auf Randnummern)

Paragraphenregister

(Die Einträge verweisen auf Randnummern, z.T. mit Fußnoten.
Fette Ziffern kennzeichnen Hauptfundstellen)

I. Einheitsrecht

CISG

Art. 3 Abs. 2	572, Fn. 18
Art. 6	50
Art. 14 Abs. 1	100, Fn. 107
Art. 28	454, 466, 598
Art. 35	31
Art 55	104, Fn. 113
Art. 71 Abs. 1	195
Art. 72	514
Art. 76 Abs. 1	280, Fn. 71
Art. 76 Abs. 1 S. 1	281, Fn. 75
Art. 79	568, Fn. 9; 572, 599
Art. 79 Abs. 1	577, 598
Art. 79 Abs. 5	598
Artt. 85f.	572, Fn. 18
Art. 87	402, 406
Art. 88	402, 406
Art. 88 Abs. 1	413, Fn. 8
Art. 88 Abs. 2	413, Fn. 8
Art. 88 Abs. 3 S. 2	406

UNIDROIT-PRINCIPLES (PICC)

Art. 1.1	50
Art. 2.1.1.5	31, 57
Art. 3.10	80, Fn. 65
Art. 3.18	31
Art. 4.6	91, Fn. 90
Art. 5.3	682, Fn. 35
Art. 6.2.3	119
Art. 7.1.7	568, Fn. 9
Artt. 7.2.1–7.2.5	454, 466
Art. 7.3.1(2)(b)-(e)	503, Fn. 2

PECL

Art. 1:102	50
Art. 1:202	682, Fn. 35
Art. 2:301	31, 57
Art. 4:106	31
Art. 4:109	80, Fn. 65
Art. 5:103	91, Fn. 90
Art. 6:111	119
Art. 8:108	568, Fn. 9
Artt. 9:101–9:103	454, 466
Art. 9:401	556

II. Gemeinschaftsrecht

EGV

Art. 5 Abs. 1	13, 208, Fn. 50
Art. 44 Abs. 2 lit. g	13
Art. 65	13
Art. 71	13
Art. 80 Abs. 2	13
Art. 81	12, Fn. 28; 54, Fn. 10; 162, Fn. 5
Art. 82	162, Fn. 5
Art. 95	13
Art. 137	13
Art. 234	17, 98
Art. 249 Abs. 3	14
Art. 308	13

Richtlinien

Richtlinie des Rates vom 20. Dezember 1985 betreffend den Verbraucherschutz im Falle von außerhalb von Geschäftsräumen geschlossenen Verträgen (85/577/EWG)

12, Fn. 29

415

§ 206	599; Fn. 50	§ 249 Abs. 2	255, 267, 294
§ 212 Abs. 1 Nr. 1	873	§ 249 Abs. 2 S. 1	231, 291, Fn. 86;
§ 214 Abs. 1	386		294 321
§ 215	177, 386	§ 249 Abs. 2 S. 2	253
§ 218	533, 535, 549	§ 250	297
§ 228	460	§ 251	279, 283, 641
§ 229	460	§ 251 Abs. 1	278, **288ff.**, 291,
§§ 232 ff.	777		293, Fn. 91; 339
§ 232	197	§ 251 Abs. 2	231, 263, 267, 278,
§ 237	777		291, Fn. 86; 293,
§§ 241 ff.	**159, 163**		Fn. 91; 294, 296,
§ 241	**2**		339
§ 241 Abs. 1	3, 446, Fn. 1; 456,	§ 251 Abs. 2 S. 1	263, Fn. 16; 283
	457, 607, 804	§ 251 Abs. 2 S. 2	263, Fn. 16; 293
§ 241 Abs. 1 S. 1	159, **160**, 465	§ 252	
§ 241 Abs. 1 S. 2	159, **162**, 465, 509	§ 252 S. 1	255, 259, 276
§ 241 Abs. 2	2, 3, 29, 32f., 39f.,	§ 252 S. 2	45, Fn. 55; 276,
	42, 57, 124, 142,		281, Fn. 75; 321,
	146ff., 159, **162**,		340, 641
	285, 446, Fn. 1;	§ 253	648
	456, 468, 509, 510,	§ 253 Abs. 1	**261**, 263, 265,
	Fn. 11; 512, 516,		269f.
	522, 566, 607, 612,	§ 253 Abs. 2	**261**, 263
	623, Fn. 62; 741	§ 254	267, 495, 531, 586,
§ 241a	**48**		641, 867, Fn. 70
§ 242	16, 60, Fn. 29; 78,	§ 254 Abs. 1	317
	80, 86f., 111, 131,	§ 254 Abs. 2 S. 1	275, 280, 317
	136, 162f., 181,	§ 254 Abs. 2	325
	213, 246, 395, 534,	§ 254 Abs. 2 S. 2	314, 759
	578, 591, 684, 713,	§ 254 Abs. 2 S. 2 Hs. 2	534
	755, Fn. 50; 760,	§ 255	**334**, 859
	867, Fn. 70	§ 256 S. 1	243
§ 243	**222**	§ 257 S. 1	651
§ 243 Abs. 1	102, 228	§ 257 S. 2	244
§ 243 Abs. 2	203, 208, 695	§ 258 S. 1	245
§ 244	232, 241	§ 258 S. 2	245
§ 245	232	§§ 259–261	246
§ 246	232	§§ 262 ff.	102, 229
§ 247	232, 236, Fn. 77;	§ 262	**229**
	676, Fn. 31	§ 264 Abs. 2	229
§ 248	232, 677	§ 264 Abs. 2 S. 2	229
§§ 249 ff.	45, **248ff.**, 283,	§§ 266 ff.	202
	287, 558 640	§ 266	**212**, 537, Fn. 29;
§ 249	45, 279, 291,		685
	Fn. 86; 298, 320,	§ 267	219, 244, 326, 379,
	Fn. 147		353, 355, 735, 804,
§ 249 Abs. 1	255, **286**, 291,		808
	Fn. 86; 298	§ 267 Abs. 1	**215**
		§ 267 Abs. 1 S. 2	808

§379	403, 415	§407	361, **790ff.**, 792,
§379 Abs.1	409		794, 796, 800
§379 Abs.2	409f.	§407 Abs.1 Alt.1	790
§379 Abs.3	410	§407 Abs.2	793
§380	412	§408	794
§382	412	§408 Abs.1	794
§§383ff.	**413**	§408 Abs.2	794
§383	405, 697	§409	795, 800
§383 Abs.1 S.1	413, 415	§409 Abs.1 S.1	771
§383 Abs.1 S.2	413	§412	220, 762, **800**,
§383 Abs.3	414		853f.
§384 Abs.1 S.1 Hs.1	413	§413	**801**
§384 Abs.1 S.1 Hs.2	413	§414	244, 807, **808**, 818
§384 Abs.2	413	§415	244, 807, **809**, 813
§384 Abs.3	413	§415 Abs.1 S.1	809f., 818, 829, Fn.
§385	414		121
§§387–396	**372**	§415 Abs.1 S.2	809f., 813
§387 S.1	381	§415 Abs.3	813
§388 S.1	373, 396	§416	812
§388 S.2	396	§416 Abs.1 S.2	812,
§389	379, 529	§417 Abs.1 S.1	815, 822
§390 S.1	385	§417 Abs.1 S.2	815
§391 Abs.1	383	§417 Abs.2	817f., 823
§391 Abs.2	383, 393	§418	814, 827
§393	390	§§420ff	**830ff.**
§394	391	§420	830, 832f., 833,
§395	392		Fn.4; 840, 864
§396	400	§421	335, 821, **839ff.**,
§397	3, 738, Fn.22		845f.
§397 Abs.1	**439f.**	§421 S.1	845
§398	801	§421 S.2	846
§§398ff.	220, 380, 762,	§§422ff.	822, 839, 845, 850
	763ff., 800	§422	845, Fn.32
§398 S.2	771, 783	§422 Abs.1 S.1	842, 847
§399	800, 828	§422 Abs.1 S.2	847, 871
§399 Hs.1	779	§422 Abs.2	847
§399 Hs.2	772, 780	§423	849, 863, 871f.,
§400	778		875
§401	220, 785, Fn.55;	§424	848
	786, 800, 853	§425	823, 845, Fn.32;
§402	784, 800		850, 873
§403	784, 800	§425 Abs.1	3, 850
§404	786, Fn.63; 788,	§425 Abs.2	822, 838, 850
	796, 800, 854	§426	4, Fn.8; 334, 821,
§405	773, 788f., 800		839, 845, 845,
§405 Alt.2	781		Fn.32; 849, **851ff.**,
§406ff.	800		858f., 875
§406	380, **796ff.**, 800	§426 Abs.1	851

§426 Abs.1 S.1	382, 831, 852, 855ff.	§447	203, 205, 335, 499, 513, 532
§426 Abs.1 S.2	851	§447 Abs.2	603
§426 Abs.2	800, 853f.	§475 Abs.1	78
§426 Abs.2 S.1	846, 855	§475 Abs.1 S.2	94
§427	833, Fn.4; 840	§477	597
§§428ff.	832	§478 Abs.1	525, 629
§428	867, Fn.66; 869ff., 871	§478 Abs.2	459
§428 S.1	871, 874	§478 Abs.4	849
§429 Abs.1	872	§482	123
§429 Abs.2	872	§485	123, 126
§429 Abs.3	871f., 873, 875	§488 Abs.1	26f.
§430	831, 874f.	§488 Abs.1 S.2	26
§431	840	§488 Abs.3 S.3	210, Fn.52
§432	335, Fn.190; 403, 830a, 832, 866, 867ff, 871	§490	436
		§490 Abs.3	550
		§§491ff	123, 134
§432	867	§491 Abs.1	354
§433 Abs.1 S.1	474	§497	642, Fn.78
§433 Abs.1 S.2	135, 366, 538, 610	§497 Abs.1	642
§433 Abs.2	684; 691	§497 Abs.4	354
§434	366	§498	436
§434 Abs.3	228, Fn.65	§§499ff	122, Fn.135; 354
§435	366	§506	354
§435 S.1	538	§516 Abs.1	27, 718, 720
§436 Abs.1	143, Fn.9	§518 Abs.1 S.1	4
§§437ff.	366	§518 Abs.2	718, 720
§437	135	§519	111, Fn.118
§437 Nr.2	429, 526, 535	§521	42, 582, 675
§437 Nr.3	559, 577	§§523f.	366, Fn.39
§438	46f.,	§523 Abs.1	284
§438 Abs.1		§524 Abs.1	284
§438 Abs.2		§527	111, Fn.118
§438 Abs.3		§528	111, Fn.118
§438 Abs.4		§530	111, Fn.118
§439		§535 Abs.1 S.2	468
§439 Abs.1	228, 283	§536	497, 554
§439 Abs.1 Alt.1	610	§536 Abs.1 S.2	555
§439 Abs.3	470 Fn.9	§536a	525
§440	525f., 629	§536a Abs.1	459, 754
§441	553,	§536a Abs.1 Var.1	600, 654
§441 Abs.1	557	§536a Abs.2	459
§441 Abs.3	497, 555, 557	§538	47
§442 Abs.1 S.1	74, Fn.57	§539 Abs.2	245, Fn.85
§443	436, 597	§541	468
§444	78, 90	§542 Abs.1	435
§446	499, 532	§543	459
		§546	437
		§546 Abs.1	622, 624

IV. Ausländische Gesetze

Lehrbücher zum Öffentlichen Recht

Peter Badura • **Wirtschaftsverfassung und Wirtschaftsverwaltung**
Ein exemplarischer Leitfaden
2., völlig neubearbeitete Auflage 2005. XII, 265 Seiten. ISBN 3-16-148708-7 Broschur

Ekkehart Stein / Götz Frank
Staatsrecht
19., neubearbeitete Auflage 2004. XV, 502 Seiten. ISBN 3-16-148392-8 Broschur

Verfassungsrechtsprechung
Hundert Entscheidungen des Bundesverfassungsgerichts in Retrospektive.
Herausgegeben von Jorg Menzel
2000. XVI, 692 Seiten. ISBN 3-16-147315-9 Broschur

Theodor Schilling
Internationaler Menschenrechtsschutz
Universelles und europäisches Recht
2003. XV, 302 Seiten. ISBN 3-16-148212-3 Broschur

Gerhard Werle • **Völkerstrafrecht**
Unter Mitarbeit von Florian Jeßberger, Wulf Burchards, Barbara Lüders, Stephan Meseke und Volker Ner
2003. XXXI, 553 Seiten. ISBN 3-16-148087-2 Leinen

Oliver Dörr • **Kompendium völkerrechtlicher Rechtsprechung**
Eine Auswahl für Studium und Praxis
2004. XIII, 806 Seiten. ISBN 3-16-148311-1 Broschur

Andreas von Arnauld • **Völkerrecht**
Klausurfälle und Lösungen
2005. XII, 182 Seiten. ISBN 3-16-148578-5 Broschur

Christian Koenig / Andreas Haratsch
Europarecht
Unter Mitarbeit von Friederike Meurer und Christiane Busch
4., neubearbeitete Auflage 2003. XXVIII, 420 Seiten. ISBN 3-16-148058-9 Broschur

Matthias Pechstein / Christian Koenig
Die Europäische Union
3., neubearbeitete Auflage 2000. XVII, 340 Seiten. ISBN 3-16-147359-0 Broschur

Christian Koenig / Matthias Pechstein / Claude Sander • **EU-/EG-Prozessrecht**
Mit Aufbaumustern und Prüfungsübersichten. Unter Mitarbeit von Christiane Busch und Philipp Kubicke
2., erweiterte Auflage 2002. XXII, 557 Seiten. ISBN 3-16-147884-3 Broschur

Frank Fechner • **Medienrecht**
Lehrbuch des gesamten Medienrechts unter besonderer Berücksichtigung von Presse, Rundfunk und Multimedia
6., überarbeitete und ergänzte Auflage 2005. XXX, 428 Seiten (UTB 2154 M).
ISBN 3-8252-2154-7 Broschur

Christoph Gusy • **Polizeirecht**
5., neubearbeitete Auflage 2003. XVII, 329 Seiten. ISBN 3-16-148010-4 Broschur

Franz J. Peine • **Öffentliches Baurecht**
Grundzüge des Bauplanungs- und Bauordnungsrechts unter Berücksichtigung des Raumordnungs- und Fachplanungsrechts
4., vollständig neubearbeitete Auflage 2003. XXII, 418 Seiten. ISBN 3-16-148021-X Broschur

Völkerrechtsprechung
Ausgewählte Entscheidungen zum Völkerrecht in Retrospektive
Herausgegeben von Jörg Menzel, Tobias Pierlings und Jeannine Hoffmann
2005. XXV, 900 Seiten. ISBN 3-16-148515-7 Broschur

Mohr Siebeck
Postfach 2040
D-72010 Tübingen
Fax 07071 / 51104
e-mail: info@mohr.de
www.mohr.de

Lehrbücher zum Privatrecht

Reinhard Bork • **Allgemeiner Teil des Bürgerlichen Gesetzbuches**
2001. XXXIII, 724 Seiten. ISBN 3-16-147570-4 Leinen

Dieter Leipold • **BGB I – Einführung und Allgemeiner Teil**
Ein Lehrbuch mit Fällen und Kontrollfragen
3., neubearbeitete Auflage 2004. XVIII, 430 Seiten. ISBN 3-16-148433-9 Broschur

Peter Schlechtriem / Martin Schmidt-Kessel
Schuldrecht
Allgemeiner Teil
6., neubearbeitete Auflage 2005. XXXIII, 431 Seiten. ISBN 3-16-148781-8 Broschur

Peter Schlechtriem • **Schuldrecht**
Besonderer Teil
6., neubearbeitete Auflage 2003. XXXIII, 461 Seiten. ISBN 3-16-147686-7 Broschur

Peter Schlechtriem
Internationales UN-Kaufrecht
Ein Studien- und Erläuterungsbuch zum Übereinkommen der Vereinten Nationen über Verträge über den internationen Warenkauf (CISG)
3., neubearbeitete Auflage 2005. XXI, 283 Seiten. ISBN 3-16-148646-3 Broschur

Wolfgang Brehm / Christian Berger
Sachenrecht
2000. XXVI, 553 Seiten. ISBN 3-16-147389-2 Broschur

Dieter Leipold • **Erbrecht**
Grundlagen mit Fällen und Kontrollfragen
15., neubearbeitete Auflage 2004. X, 352 Seiten. ISBN 3-16-148315-4 Broschur

Barbara Grunewald • **Gesellschaftsrecht**
6., vollständig überarbeitete Auflage 2005. XXI, 436 Seiten. ISBN 3-16-148594-7 Broschur

Haimo Schack
Urheber- und Urhebervertragsrecht
3., neubearbeitete Auflage 2005. XXIV, 577 Seiten. ISBN 3-16-148595-5 Broschur

Walter Zeiss / Klaus Schreiber
Zivilprozeßrecht
10., neubearbeitete Auflage 2003. XI, 411 Seiten. ISBN 3-16-147787-1 Broschur

Reinhard Bork
Einführung in das Insolvenzrecht
4., neubearbeitete Auflage 2005.
XX, 245 Seiten (JZ-Schriftenreihe 5).
ISBN 3-16-148650-1 fadengeheftete Broschur

Jan Kropholler
Internationales Privatrecht
einschließlich der Grundbegriffe des Internationalen Zivilverfahrensrechts
5., neubearbeitete Auflage 2004. XXXIX, 719 Seiten. ISBN 3-16-148316-2 Broschur

Konrad Zweigert / Hein Kötz
Einführung in die Rechtsvergleichung
Auf dem Gebiete des Privatrechts
3., neubearbeitete Auflage 1996. XVII, 729 Seiten. ISBN 3-16-146548-2 Broschur

Thomas Kadner Graziano • **Europäisches Internationales Deliktsrecht**
Ein Lehr- und Studienbuch
2003. XVIII, 184 Seiten. ISBN 3-16-148023-6 Broschur

Hein Kötz / Hans-Bernd Schäfer
Judex oeconomicus
12 höchstrichterliche Entscheidungen kommentiert aus ökonomischer Sicht
2003. XII, 284 Seiten. ISBN 3-16-148159-3 Broschur

Eichenhofer • **Sozialrecht**
5., bearbeitete Auflage 2004. XX, 326 Seiten. ISBN 3-16-148501-7 Broschur

Mohr Siebeck
Postfach 2040
D-72010 Tübingen

Fax 07071 / 51104
e-mail: info@mohr.de
www.mohr.de

Peter Schlechtriem

Internationales UN-Kaufrecht

Ein Studien- und Erläuterungsbuch zum Übereinkommen der Vereinten Nationen
über Verträge über den internationen Warenkauf (CISG)

Das UN-Kaufrecht ist zu einer internationalen *lingua franca* des Kaufrechts geworden, und das Verständnis seiner Grundstrukturen und zentralen Begriffe eröffnet den Zugang zu vielen Kaufrechten der Welt. In der Neuauflage werden die inzwischen durch Rechtsprechung und neue Literatur im In- und Ausland unternommene Auslegung und Konkretisierung einzelner Vorschriften und Regelungszusammenhänge, aber auch Vorschläge und Ansätze zur Fortentwicklung des UN-Kaufrechts erläutert und kritisch beleuchtet. Das Studienbuch hat auch international viel Anerkennung erfahren; eine chinesische Ausgabe wird in diesem Jahr erscheinen und Ausgaben in Englisch, Französisch, Griechisch und in anderen Sprachen sind in Vorbereitung.

Aus Rezensionen zur zweiten Auflage:

»... Es gelingt dem Verfasser auf relativ knappem Raum alle entscheidenden Probleme in einer überaus verständlichen Darstellung anzusprechen, die Problemlagen zu verdeutlichen und Auslegungsfragen recht intensiv zu klären. ...«
Ralf Hansen www.jurawelt.com 08.04.2003

»... Insgesamt überzeugt das Buch nicht nur durch die überaus klare Darstellung der Regeln des UN-Kaufrechts, sondern auch durch die kontinuierlich gezogenen Vergleiche zum deutschen Recht. ... Alles in allem ein hervorragendes Einführungsbuch sowohl für Studierende als auch für Praktiker, die sich mit dem UN-Kaufrecht beschäftigen. ...«
Peter Huber JZ, 2004, 85

3. neubearbeitete Auflage 2005.
XXI, 283 Seiten (Mohr Lehrbuch).
ISBN 3-16-148646-3 Broschur

Mohr Siebeck
Postfach 2040
D-72010 Tübingen

Fax 07071 / 51104
e-mail: info @ mohr.de
www.mohr.de

Peter Schlechtriem
Schuldrecht
Besonderer Teil

»... Das Werk von Schlechtriem ist ein sicherer Führer durch die Untiefen des allgemeinen und des besonderen Teiles des deutschen Schuldrechts nach den Schuldrechtsrechtsreform und weiteren Änderung des BGB. Die Erstklassigkeit dieser Darstellung erschließt sich allerdings erst durch mehrfache Lektüre maßgeblicher Passagen. Neuauflagen dieser beiden Bände sind stets eine vortreffliche Gelegenheit die eigenen Auffassungen zu bestimmten Kernfragen des Schuldrechts neu zu hinterfragen.«
www.kanzlei-hansen.de 07.05.2003

»Es ist kein Geheimnis, daß die beiden Lehrbücher von Peter Schlechtriem zum Schuldrecht zu den besten und niveauvollsten ihrer Art gehören. Die Neuauflage bestätigt dies eindrucksvoll. ... Der Verfasser ist ein anerkannter Experte auf dem Gebiet der internationalen Schuldrechtsvergleichung. ...«

Inhaltsübersicht

I. Einzelne Schuldverhältnisse aus Rechtsgeschäft
  1. Auf endgültige Übertragung von Vermögensgütern gerichtete Verträge
  2. Gebrauchsüberlassungen
  3. Verträge über Tätigkeiten
  4. Personenvereinigungen: Gesellschaft und Gemeinschaft
  5. Sonstige Schuldverhältnisse aus Vertrag
II. Die gesetzlichen Schuldverhältnisse

6., neubearbeitete Auflage 2003.
XXXIII, 461 Seiten (Mohr Lehrbuch).
ISBN 3-16-147686-7 Broschur

Mohr Siebeck
Postfach 2040
D-72010 Tübingen

Fax 07071 / 51104
e-mail: info@mohr.de
www.mohr.de